John Julius Norwich

BYZANZ

John Julius Norwich

BYZANZ

Der Aufstieg des Oströmischen Reiches

Aus dem Englischen von
Esther Mattille, Ulrike und Manfred Halbe
Verlagsbüro Neumeister-Taroni, Zürich

Econ

Titel der englischen Originalausgabe: Byzantium. The Early Centuries. Originalverlag: Viking, London. Übersetzt von: Esther Mattille, Ulrike und Manfred Halbe (Verlagsbüro Neumeister-Taroni, Zürich).

Sonderausgabe 1998

Der Econ Verlag ist ein Unternehmen der Econ & List Verlagsgesellschaft.

Lektorat: Brigitta Neumeister- Taroni. Gesetzt aus der Sabon, Linotype. Satz: LHF Satzstudio GmbH, Düsseldorf. Druck und Bindearbeiten: Franz Spiegel Buch GmbH, Ulm. Printed in Germany.
ISBN 3-430-17161-X.

Für Moll

Once out of nature I shall never take
My bodily form from any natural thing,
But such a form as Grecian goldsmiths make
Of hammered gold and gold enamelling
To keep a drowsy Emperor awake;
Or set upon a golden bough to sing
To lords and ladies of Byzantium
Of what is past, or passing, or to come.

W. B. Yeats
»Sailing to Byzantium«

Inhalt

Mein aufrichtiger Dank gebührt Mollie Philipps für ihre intensive Bearbeitung des Bildmaterials und Kim Erkan für ihre unschätzbare Hilfe in Istanbul.

Und einmal mehr möchte ich der London Library meine Dankbarkeit und meine Bewunderung ausdrücken; dort nämlich ist dieses Buch praktisch Wort für Wort entstanden.

Einführung

> Im allgemeinen Urteil der Geschichte über das Byzantinische Reich stellt dieses in seiner gesamten Dauer die allerverächtlichste Form gesellschaftlichen Zusammenlebens dar... Keine andere Kultur von langem Bestand ermangelt so gänzlich aller Elemente und Formen von Größe... Seine Fehler waren die Fehler von Menschen, denen es an Kühnheit fehlte und die nicht gelernt haben, tugendhaft zu leben... Als Sklaven, und noch dazu freiwillige Sklaven in ihrem Handeln und Denken, verstrickt in Sinnlichkeit und frivole Vergnügungen, haben die Menschen von ihrer Lüsternheit nur gelassen, wenn theologische Haarspaltereien oder die Rivalität bei Wagenrennen sie zu unbeherrschten Aufständen stimulierten... Die Geschichte dieses Reiches ist eine eintönige Geschichte von Intrigen und Machtspielen von Kirchenmännern, Eunuchen und Frauen, von Vergiftungen, Verschwörungen, allseitiger Treulosigkeit und ständiger Brudermorde.

Diese schon fast alarmierende Tirade stammt aus W. E. H. Leckys *History of European Morals* des Jahres 1869. Und wenn sie sich für heutige Ohren auch nicht ganz so überzeugend anhört, wie der Autor beabsichtigt haben mag – der letzte Satz läßt die byzantinische Geschichte ja gerade nicht eintönig, sondern abwechslungsreich erscheinen –, so ist doch nicht zu übersehen, daß das sogenannte Spätrömische Reich in den vergangenen mehr als zweihundert Jahren nicht eben schmeichelhaft beurteilt worden ist. Der Anstoß zu dieser lang anhaltenden Verunglimpfungskampagne scheint im achtzehnten Jahrhundert von Edward Gibbon ausgegangen zu sein; wie alle klassisch gebildeten Engländer und Engländerinnen seiner Zeit begriff er Byzanz als Betrug am Besten, was die griechische und römische Antike zu bieten hatte, und der Gedanke setzte sich bis in das zwanzigste Jahrhundert hinein fort. Nach dem Ersten Weltkrieg begann dann das Pendel unter dem Einfluß von Robert Byron, David Talbot-Rice, Steven Runciman sowie ihren Freunden und ihrer Gefolgschaft auf die andere Seite auszuschlagen. Aber erst nach dem Zweiten Weltkrieg, als die Kulturdenkmäler aus byzantinischer Zeit allgemein zugänglich wurden, als Reisen in die Levante immer leichter und komfortabler möglich waren, widerfuhr dem Reich Gerechtigkeit, und es wurde in seiner Eigenart als der Nachfolge der beiden vorangegangenen mächtigen Kulturen für würdig befunden und anerkannt.

Für meine Generation bestand die Schwierigkeit darin, daß wir so wenig darüber wußten. Die alten Vorurteile waren nur schwer zu überwinden. In den fünf Jahren, die ich an einer der ältesten und renommiertesten öffentlichen Schulen Englands verbrachte, muß Byzanz Opfer einer Verschwörung des Schweigens gewesen sein. Ich kann mich wahrlich nicht erinnern, daß es auch nur am Rande erwähnt, geschweige denn, daß darüber unterrichtet worden wäre. Als Folge davon war meine Unwissenheit so groß, daß ich nicht einmal eine grobe Vorstellung davon hatte, als ich nach Oxford kam. Vielen Menschen geht es vermutlich heute noch so. Für sie insbesondere ist dieses Buch gedacht.

Es enthält nicht die ganze Geschichte. Das Byzantinische Reich bestand von seiner Gründung durch Konstantin den Großen am Montag, den 11. Mai 330, bis zur Eroberung durch den osmanischen Sultan Mehmet II. am Donnerstag, den 29. Mai 1453, insgesamt 1123 Jahre und 18 Tage. Eine so große Zeitspanne ist, wie mir schon sehr bald klar wurde, als ich vor ein paar Jahren eine Geschichte Venedigs schrieb, in einem Band von erträglichem Umfang nicht unterzubringen. Einzelne derartige historische Versuche haben mich in ihren Ergebnissen nie ganz überzeugt. Entweder wird in so großen Zügen und zusammenhanglos informiert, daß man beim Lesen die Orientierung verliert, oder man wird einer erbarmungslosen Kanonade von Fakten ausgesetzt, vor der man schnellstens in Deckung geht. Ich habe einen bequemeren Weg eingeschlagen und den ersten Band auf die ersten rund fünfhundert Jahre beschränkt. Die beiden Anfangskapitel bilden einen Prolog, der sich hauptsächlich mit dem jungen Konstantin und seinem Aufstieg zur Macht befaßt, einer Zeitspanne, die mich nicht nur als solche fasziniert, sondern ohne die das folgende nicht zu verstehen wäre. Erst im dritten Kapitel wird die Einweihung Konstantinopels als Neues Rom dargestellt. Von diesem Zeitpunkt an kann man das Römische Reich, obwohl es seinen alten Titel nie abgelegt hat, mit Fug und Recht das Byzantinische nennen. Der erste Band endet 470 Jahre später mit der Krönung Karls des Großen zum Kaiser des Weströmischen Reiches an Weihnachten des Jahres 800 – wem wäre dieses Datum nicht bekannt? –, womit zum ersten Mal dem alten Kaiserthron am Bosporus ein Rivale erwuchs. Der zweite Band wird die Ereignisse bis zur legendären Geschichte der Kreuzzüge fortführen, während ein dritter Band sich mit dem heroischen und überaus tragischen Ende befassen soll.

Nun mag man sich fragen, was mich bewogen hat, ein so gewaltiges Projekt zu wagen. Tatsache ist, daß die Idee ganz und gar nicht von mir stammt. Sie geht vielmehr auf meinen Freund Bob Gottlieb zurück, der mich dazu anregte, bevor er bei meinem amerikanischen Verleger ausschied, um den *New Yorker* herauszugeben. Obwohl ich vor der Größe der Aufgabe, die er mir vorschlug, zunächst zurückschreckte, habe ich im Grunde keinen Augenblick gezögert. Seit gut fünfundzwanzig Jahren fasziniert mich die byzantinische Welt, nämlich seit meinem ersten Aufenthalt in Griechenland 1954, auf den im Jahr darauf eine Anstellung an der britischen Botschaft in Belgrad folgte. Danach lebte ich drei Jahre in Beirut – zu einer Zeit, da jene bezaubernde Stadt noch einer der angenehmsten Aufenthaltsorte der Welt war –, und dies hat meine Liebe zum östlichen Mittelmeerraum und allem, was sich an Vorstellungen damit verbindet, noch vertieft. Nicht zufällig wandte ich mich, nachdem ich 1964 den auswärtigen Dienst quittiert hatte, um mich ausschließlich dem Schreiben zu widmen, in meinem ersten Buch – ich habe es gemeinsam mit Reresby Sitwell verfaßt – dem Ort zu, der mehr als jeder andere den Geist des alten Byzanz atmet: dem Berg Athos.

Mein jüngstes Projekt galt Venedig, einstmals Provinz und später eigenständiger Ableger des Reiches. Im Markusdom, der zufällig nach dem Vorbild der Apostelkirche Konstantins erbaut ist, sowie im Dom von Torcello finden sich byzantinische Mosaiken, die sich mit jenen von Konstantinopel durchaus messen können. Doch wie unterschiedlich muß ein Autor die beiden Städte darstellen! Venedig, das vor dem Festland durch die ruhigen flachen Gewässer der Lagune geschützt liegt, strahlt seine ganze Geschichte hindurch Sicherheit aus; bis zum Ende ihrer Herrschaft ist diese Stadt unangetastet geblieben und hat ein entsprechendes Selbstbewußtsein entwickelt. Konstantinopel mußte sich dagegen ständiger Angriffe erwehren. Belagerung folgte auf Belagerung; immer wieder konnte die Stadt nur durch den Heldenmut des Kaisers und seiner Untertanen gerettet werden. Auch die Bevölkerung in beiden Städten hätte unterschiedlicher kaum sein können. In Venedig gab man sich zynisch; als welterfahrene Kaufleute wußte man seinen Vorteil zu wahren. In Konstantinopel dagegen war man dem Mystizismus zugetan: Christus, Maria und die Heiligen waren so real wie die Mitglieder der eigenen Familie. Und schließlich, und das ist besonders von Bedeutung, wurde Venedig von einem unsichtbaren Rat regiert, von gewählten Vertretern in schwarzen Roben, die im geheimen tätig waren, deren Zusammensetzung ständig wechselte, die ihre Entscheidungen kollektiv fällten und ein individuelles Hervortreten tunlichst vermieden. Byzanz dagegen war eine Autokratie mit einem Kaiser an der Spitze, der nahezu göttliche Verehrung erheischte, sich als den Aposteln gleich und Gottes Statthalter auf Erden sah und der das Leben all seiner Untertanen in seinen Händen hielt. Ein paar dieser Kaiser waren Helden, andere waren Ungeheuer – aber langweilig waren sie nie.

Schon allein aus diesem Grund war es ein Vergnügen, dieses Buch zu schreiben. Aber es soll darüber hinaus eine Wiedergutmachung sein, wenn auch in bescheidenem Umfang. Unser Kulturkreis hat niemals angemessen zu schätzen gewußt, was er diesem Reich im Osten zu verdanken hat. Was für eine Chance hätte Europa ohne diese große östliche Bastion des Christentums gegen die Heere der Perserkönige im siebten oder die der Kalifen von Bagdad im achten Jahrhundert gehabt? Welche Sprache würden wir wohl heute sprechen und welchen Gott verehren? Auch auf kulturellem Gebiet verdanken wir dem Reich viel. Nach dem Einfall nichtrömischer Stämme und dem Fall des Kaisers in Rom erlosch das Licht der Gelehrsamkeit im Westreich fast vollständig, sieht man von den wenigen Leuchten in den Klöstern ab. An den Gestaden des Bosporus erstrahlte es jedoch weiter in vollem Glanz und bewahrte das klassische Erbe. Vieles von dem, was wir über die Antike wissen, insbesondere über die griechische und lateinische Literatur und das römische Recht, wäre ohne die Gelehrten, Schreiber und Kopisten in Konstantinopel auf immer verloren.

Diese hervorragenden Leistungen hat man als selbstverständlich hingenommen, aber nicht gewürdigt. In unseren Tagen erinnert nur noch der Glanz der byzantinischen Kunst an die einstige Größe des Reiches. Niemals wieder in der Geschichte des Christentums – ja, vielleicht sogar aller Weltreligionen – hat eine Kunstrichtung so innige Spiritualität in ihre Werke eingebracht. Byzantinische Kirchenmänner haben darauf bestanden, daß religiöse Malereien und Mosaiken zum Ziel hatten, ein Abbild vom Wesen Gottes zu sein. Fürwahr kein geringer Anspruch. Und doch findet man ihn in den Kirchen und Klöstern des Reiches immer und immer wieder triumphal verwirklicht.

Zum Schluß möchte ich darauf hinweisen, daß mein Buch keinen streng wissenschaftlichen Anspruch erhebt. Wer sich professionell mit dem Byzantinischen Reich beschäftigt, wird darin kaum etwas finden, was er oder sie noch nicht kennt, höchstens vielleicht gelegentliche Stellungnahmen und Ansichten, die man nicht teilt. Sei's drum. Die Quellen über so weit zurückliegende Zeiten sprudeln selten reichlich, und gibt es zu einem Ereignis einmal mehrere Berichte, so widersprechen sie sich meist gegenseitig. Als solcherart geplagtem Historiker blieb mir nichts anderes übrig, als abzuwägen und meine Geschichte möglichst überzeugend zu erzählen.

Aber obwohl so manche toten Arme dieses Flusses trüb sind, fließt der Hauptstrom doch recht klar dahin. Diesen Strom entlang bin ich möglichst direkt und genau gesteuert. Nun ist zwar der Weg bis zum Meer noch sehr weit, aber ich glaube, schon allein der Weg ist ein lohnendes Ziel.

John Julius Norwich
London

1

Konstantin der Große

(bis 323)

Da nun eine so große und so drückende Gottlosigkeit auf den Menschen lastete . . . welch eine Erleichterung, welch eine Rettung aus dem Unheil ersann da die Gottheit? . . . Meinen Dienst hat Gott gewollt und zur Ausführung seines Entschlusses für geeignet erachtet; und so habe ich, angefangen vom Meer dort bei den Britannen und von den Ländern, in denen die Sonne nach dem Gesetze der Natur untergehen muß, in höherer Macht die überall herrschenden Schrecknisse vertrieben und zerstreut, damit das Menschengeschlecht, durch meine Vermittlung belehrt, zum Dienste des heiligsten Gesetzes zurückkehre und zugleich der seligste Glaube unter der mächtigen Leitung des Höchsten sich ausbreite.

Konstantin der Große, zitiert nach Eusebius, II, 28

Im Anfang war das Wort – die Geschichte hat nur wenige Namen mit ähnlich geheimnisvollem Klang aufzubieten. Selbst wenn das Imperium nie existiert, selbst wenn es keinen W. B. Yeats gegeben hätte, es zu preisen, selbst wenn es geblieben wäre, was es zu Beginn gewesen, nämlich eine unbedeutende griechische Siedlung im äußersten Winkel Europas, ohne irgendwelche Ansprüche oder Ambitionen: Byzanz hätte dennoch einen nachhaltigen Eindruck bei uns hinterlassen, schon allein durch den Klang seines Namens. Bis heute ruft er die gleichen Vorstellungen wach – von Gold, Malachit und Porphyr, von prächtigen und feierlichen Zeremonien, von Brokat, der schwer behängt ist mit Rubinen und Smaragden, und von verschwenderischen Mosaiken, deren schwacher Glanz durch weihrauchverhangene Räume schimmert. Lange hat man angenommen, die Stadt sei 658 v. Chr. von einem gewissen Byzas, dem Anführer einer Gruppe von Kolonisten aus der griechischen Stadt Megara, gegründet worden. Heute herrscht jedoch die Ansicht vor, Byzas habe es gar nie gegeben, und man kann nur hoffen, daß dem so ist. Ein Zauber bleibt stets besser unentdeckt.

Und dann die Lage, auch sie war einmalig. Direkt an der Schwelle zu Asien gelegen, an der östlichen Spitze eines ausladenden, dreieckigen Vorgebirges, im Süden von der Propontis, dem heutigen Marmarameer, umspült und im Nordosten von jener breiten, tiefen und schiffbaren Meerenge, die seit Urzeiten den Namen Goldenes Horn trägt, schmiegte sich Byzanz zwischen einen großartigen natürlichen Hafen und war ein praktisch uneinnehmbares Bollwerk, das eine Befestigung nur nach der Landseite hin erforderlich machte. Selbst ein Angriff vom Meer her war äußerst schwierig, da das Marmarameer seinerseits durch zwei lange Meerengen – den Bosporus nach Osten und den Hellespont (die Dardanellen) nach Westen – geschützt ist. Ja, der Ort war für eine Kolonisierung so phantastisch geeignet, daß die Blindheit der Einwohner von Chalkedon, die ihre Stadt siebzehn Jahre zuvor an der gegenüberliegenden Seite des Bosporus gegründet hatten, sprichwörtlich wurde. Wie sonst, so hieß es, wäre es möglich gewesen, daß sie eine um so vieles besser geeignete Stelle nur eine oder zwei Meilen entfernt übersehen hatten.

Und schließlich der Mensch: der römische Kaiser Konstantin I. Keiner führenden Gestalt in der Geschichte – weder Alexander noch Alfred, weder Karl, Katharina noch Friedrich, nicht einmal Gregor – steht der Titel der oder die »Große« eher zu als ihm; denn in der kurzen Zeitspanne von etwa fünfzehn Jahren hat er zwei Entscheidungen gefällt, deren jede für sich genommen schon die Zukunft unserer Welt verändert hätte. Die erste war die Einsetzung des Christentums als offizielle Religion des Römischen Reiches, jenes Christentums, das nur eine Generation zuvor noch Gegenstand offizieller Verfolgung war, brutaler als irgendeine vorher und seitdem. Die zweite war die Verlegung des Zentrums des Imperiums von Rom in eine neue Stadt, die er an der Stelle des alten Byzanz erbauen ließ und die mehr als eineinhalbtausend Jahre lang seinen Namen trug: Stadt

Konstantins, Konstantinopel. Diese beiden Entscheidungen und ihre Folgen machen ihn zu einer der einflußreichsten Persönlichkeiten der Geschichte, und mit ihm soll unsere Geschichte beginnen.

Es ist nur zu typisch für unser bruchstückhaftes Wissen über das Spätrömische Reich, daß wir das Geburtsjahr Konstantins, der – soviel steht fest – in Naissus in der römischen Provinz Dakien (dem heutigen Niš in Exjugoslawien) am 27. Februar geboren wurde, nicht mit letzter Sicherheit kennen. Überliefert ist zwar das Jahr 274 n. Chr., doch könnte es genausogut ein bis zwei Jahre früher oder später gewesen sein. Sein Vater Constantius – er trug den Beinamen Chlorus, der Blasse – galt zu dem Zeitpunkt bereits als glänzender, erfolgreicher römischer Heerführer. Seine Mutter Helena war Tochter eines einfachen Schankwirts aus Bithynien und nicht die Tochter Coels, des sagenhaften Gründers von Colchester, wie uns der Historiker Geoffrey von Monmouth aus dem zwölften Jahrhundert glauben machen möchte. Es herrschen sogar Zweifel, ob Helena und Constantius jemals verheiratet waren; ja, manche gingen noch weiter und behaupteten, als Nichtchristen der Familie allerdings besonders feindlich gesinnt, sie habe in jungen Jahren als Freudenmädchen im Etablissement ihres Vaters gedient und den Kunden für einen geringfügigen Aufpreis zur Verfügung gestanden. Erst in späteren Jahren, nachdem ihr Sohn an die Macht gekommen war, stieg sie zu der am höchsten verehrten Frau des Reiches auf, und erst 327 n. Chr. – da war sie schon über siebzig Jahre alt – trat sie als leidenschaftlich überzeugte Konvertitin ihre berühmte Pilgerreise ins Heilige Land an, grub dort wie durch ein Wunder das echte Kreuz aus und verdiente sich dadurch einen Platz im Heiligenkalender.

In welchem Jahr Konstantin auch zur Welt gekommen sein mag, er muß noch ein Kind gewesen sein, als sein Vater zu einem der vier Herrscher des Römischen Reiches ernannt wurde. Nachdem Kaiser Diokletian zum Schluß gekommen war, das Reich sei unregierbar geworden, ringsum von Feinden umgeben und die Verwaltung aufgrund der langen Kommunikationswege durch einen Herrscher nicht mehr möglich, machte er 286 einen alten Kampfgefährten namens Maximian zum Mitregenten. Da er selbst von jeher mehr Interesse für die östlichen Teile des Reiches gezeigt hatte, regierte er von Nikomedia (dem heutigen Izmit) am Marmarameer aus, das von Donau und Euphrat etwa gleich weit entfernt liegt. Unter seiner Schirmherrschaft erreichte Nikomedia an Größe und Pracht Antiochia und Alexandria – ja, schließlich sogar Rom. Allerdings hatte Rom zu Diokletians Zeit außer der Erinnerung an vergangenen Ruhm kaum etwas vorzuweisen; es war schon allein durch die geographische Lage im dritten Jahrhundert als Hauptstadt des Reiches ungeeignet. Als Maximian den Thron des Westreiches bestieg, war von Anfang an klar, daß er im Grunde von Mediolanum, dem Ort, der uns unter dem Namen Mailand vertrauter ist, regieren würde.

Zwei Kaiser waren besser als einer. Schon bald jedoch beschloß Diokletian, die kaiserliche Macht noch weiter aufzuspalten, indem er zwei weitere »Cäsaren« ernannte – Feldherren, die Maximian (dem er den Titel »Augustus« verliehen hatte) und ihm selbst zwar untergeordnet waren, in den ihnen zugeteilten Territorien jedoch die höchste Gewalt ausüben und ihnen später als »Augusti« nachfolgen sollten. Einer der beiden ersten Cäsaren, ein roher, brutaler Berufssoldat aus Thrakien namens Galerius, erhielt den Oberbefehl über den Balkan; der andere, in Gallien stationierte und für die Wiederherstellung der römischen Herrschaft über das rebellische Britannien verantwortliche, war unser Constantius Chlorus.

Die Nachteile einer derartigen Einrichtung müssen schon damals offensichtlich gewesen sein. Diokletian mochte noch so sehr beteuern, das Reich bleibe eins und ungeteilt, mit gleichem Recht und gleicher Befehlsstruktur. Es war unvermeidlich, daß er oder seine Nachfolger es früher oder später mit vier Reichen statt einem zu tun haben würden, die sich alle gegenseitig bekämpften. Und genau das trat denn auch ein. Einige Jahre funktionierte das System leidlich, und diese Jahre verbrachte der junge Konstantin am Hof Diokletians, vermutlich als eine Art Geisel, um sich der Treue seines Vaters zu versichern (denn keiner der Tetrarchen vertraute den anderen vollumfänglich), aber auch als wichtiges Mitglied des kaiserlichen Gefolges.

In dieser Funktion begleitete er den Kaiser in den Jahren 295 und 296 auf einem Feldzug nach Ägypten. Der Rückweg führte ihn durch Cäsarea in Palästina, wo er, wie nachzulesen ist, bleibenden Eindruck auf einen jungen christlichen Gelehrten namens Eusebius machte. Später wurde dieser Mann dort Bischof und Konstantins erster Biograph; zu dieser Zeit war er jedoch erst ein etwa dreißig Jahre alter Laie, Freund und Schüler des Pamphilus, des führenden Vertreters der theologischen Schule des Origenes. Er berichtete später in seinem Werk *Über das Leben des Kaisers Konstantin* folgendes:

> ... schien er [Konstantin] allen, die ihn zu sehen wünschten, überaus herrlich, und schon damals gab er Beweise hohen königlichen Sinnes. An Anmut und Schönheit des Körpers wie an Leibesgröße war nicht einer ihm zu vergleichen, und an Kraft und Stärke übertraf er seine Altersgenossen so sehr, daß er ihnen sogar furchtbar erschien.[1]

Zwei Jahre darauf begegnen wir Konstantin als rechter Hand seines Herrn erneut in einem Feldzug, und zwar gegen die Perser. Und da er Diokletian in jenen Jahren offenbar so gut wie nie von der Seite gewichen ist, muß man annehmen, daß er 303 Zeuge war, als die gerade fertiggestellte Kathedrale von Nikomedia eingeäschert wurde, was den dramatischen Beginn jener bekannten Verfolgungen markierte, die über acht Jahre hinweg nahezu unkontrolliert dort wüteten. Doch trat 305 ein Ereignis ein, das in der Geschichte des Römischen Reiches seinesgleichen sucht: die freiwillige Abdankung des Kaisers. Nach zwanzig Jahren auf dem Kaiserthron war Diokletian der Macht überdrüssig geworden; er zog sich fortan aus der Welt in die relative Abgeschiedenheit des weiträumigen Palastes zurück, den er in Salona (dem heutigen Split) an der dalmatinischen Küste hatte errichten lassen. Er zwang Maximian, gemeinsam mit ihm abzudanken, obwohl dieser sich heftig dagegen sträubte.[2]

Es geht hier zum Glück nicht um die Vollständigkeit der teuflisch verwickelten Ereignisse, die auf diesen beispiellosen Schritt folgten; es genügt festzuhalten, daß Galerius und Constantius Chlorus – der die Verbindung zu Helena inzwischen gelöst hatte, um Maximians adoptierte Stieftochter Theodora zu heiraten – vorschriftsmäßig zu Augusti ausgerufen wurden, daß aber die Ernennung ihrer Nachfolger, der beiden neuen Cäsaren, heiß umstritten war, daß Konstantin, der sich übergangen fühlte und um sein Leben fürchtete, bei Nacht und Nebel vom Hof des Galerius in Nikomedia zu seinem Vater nach Boulogne floh und, um eine Verfolgung unmöglich zu machen, die zurückbleibenden Postpferde lähmte, indem er ihnen die Beinsehnen durchtrennte. In Boulogne erfuhr er, daß sich unter Constantius' Befehl ein römisches Heer auf eine Expedition nach Britannien vorbereitete, das die marodierenden Pikten hinter den Hadrianswall zurückjagen sollte. Vater und Sohn überquerten gemeinsam den Kanal. Ihrer Operation war schon nach wenigen Wochen Erfolg beschieden, aber kurze Zeit darauf, am 25. Juli 306, starb Constantius Chlorus in York. Kaum hatte er den letzten Atemzug getan, als auch schon sein Freund und Verbündeter mit dem blumigen Namen König Crocus der Alemannen, der die Reiterei der fränkischen Hilfstruppen befehligte, Konstantin als Nachfolger seines Vaters zum Augustus ausrief. Der junge Mann scheint während des kurzen Sommerfeldzugs die Bewunderung und den Respekt der dortigen Legionen errungen zu haben, denn sie begrüßten die Proklamation lautstark. An Ort und Stelle legten sie ihm die kaiserliche Purpurtoga um, hoben ihn auf ihren Schild und ließen ihn hochleben.

Dies war ein bemerkenswerter Triumph, und er vergrößerte sich noch, als die Kunde davon sich in Gallien verbreitete und eine Provinz nach der anderen dem jungen Feldherrn ihre Loyalität und Unterstützung gelobte. Aber noch war Konstantin nicht offiziell anerkannt. Darum setzte er gleich nach der Proklamation Galerius in Nikomedia nicht nur offiziell vom Tod seines Vaters in Kenntnis, sondern schickte ihm gleichzeitig ein Bildnis von sich mit den Kennzeichen des Augustus des Westens und im Schmuck des kaiserlichen Lorbeerkranzes. Laktanz berichtet, Galerius habe es, kaum empfangen, instinktiv ins Feuer geworfen; nur mit Mühe hätten ihn seine Ratgeber zu überzeugen vermocht, wie gefährlich es sei, sich einem weit populäreren Rivalen entgegenzustellen. In einem Punkt jedoch blieb der Kaiser unbeugsam: Er weigerte sich rundweg, den jungen Rebellen – denn ein solcher war Konstantin fraglos – als Augustus anzuerkennen. Er war, und auch dies nur widerstrebend, bereit, ihn als Cäsar zu akzeptieren, mehr jedoch nicht.

Konstantin genügte dies – für den Augenblick. Vielleicht fühlte er sich noch nicht reif genug, die höchste Gewalt auszuüben; jedenfalls blieb er in den folgenden sechs Jahren in Gallien und Britannien und regierte diese Provinzen insgesamt geschickt und gut. Ging es nicht nach seinem Willen, konnte er aber durchaus auch grausam und brutal sein. So ließ er nach einem Aufstand fränkischer Stämme im Jahre 306 Tausende im Zirkus den wilden Tieren zum Fraß vorwerfen, so daß, wie ein zeitgenössischer Chronist berichtete, die Tiere das endlose Töten schließlich satt hatten. Andererseits verbesserte er die Lage der Sklaven und anderer Bedrängter erheblich, und seine Nüchternheit und sexuelle Zurückhaltung standen in scharfem Kontrast zum Verhalten der meisten seiner Vorgänger.

Diese Rechtschaffenheit hinderte ihn jedoch nicht daran, seine erste Frau, eine gewisse Minervina, im Jahre 307 um einer weit bedeutsameren Alliance willen zu verstoßen, nämlich mit Fausta, der Tochter des alten Kaisers Maximian. Dieser hatte inzwischen die zwei Jahre zuvor erzwungene Abdankung widerrufen, sich Galerius widersetzend den Purpur erneut angelegt und mit seinem Sohn Maxentius gemeinsame Sache gemacht. Zusammen hatten die beiden nicht nur ganz Italien für sich gewinnen können, sondern vermutlich auch, soweit sich das feststellen läßt, Spanien und Nordafrika. Ihre Position war allerdings noch nicht gesichert. Ein massiver Angriff von Galerius mit Hilfe seiner an der Donau stationierten und höchstwahrscheinlich durch die östlichen Legionen verstärkten Truppen konnte ihnen immer noch gefährlich werden. Sollte zur gleichen Zeit Konstantin von seinem Standort Trier aus gegen sie marschieren, sah ihre Zukunft nicht gerade rosig aus. Aus diesem Grund war diese Eheschließung für beide Seiten politisch von Vorteil. Durch Fausta konnten Maximian und Maxentius vermutlich mit Konstantins Unterstützung rechnen, wenn sie diese benötigten, während Konstantin durch sie nun familiäre Bindungen an zwei Kaiser anstatt an nur einen geltend machen konnte.

Wie lange sich Konstantin damit zufriedengegeben hätte, über ein relativ entlegenes Gebiet des Reiches zu herrschen, das er sich doch insgesamt unterwerfen wollte, bleibe dahingestellt. Im April 311 starb, nur wenige Tage nachdem er ein Toleranzedikt zugunsten des Christentums erlassen – und damit zumindest theoretisch die Christenverfolgung beendet – hatte, in Sirmium (dem heutigen Sremska Mitrovica) an der Sava (Save) der oberste Augustus Galerius. Eusebius und auch der Chronist Laktanz lassen sich genüßlich in morbider, höchst unchristlicher Weise darüber aus, wie dies geschah:

> Inmitten der Teile, die man nicht nennen mag, bildete sich plötzlich eine Erhöhung, sodann ein tiefliegendes fistelartiges Geschwür. Dadurch wurden unheilbar seine innersten Eingeweide zerfressen. Eine zahllose Menge von Würmern wuchs daraus hervor, und ringsum verbreitete sich Leichengeruch; denn die ganze Masse des Körpers hatte sich infolge der Völlerei schon vor der Erkrankung in einen Fettklumpen verwandelt, der nun faulte und seiner Umgebung einen unerträglichen und ganz schauerlichen Anblick bot. Von den Ärzten wurden die einen, die den über alle Maßen abscheulichen Gestank schlechthin nicht zu ertragen vermochten, niedergemacht, die anderen, die für die um und um aufgeschwollenen und unrettbar verlorene Masse des Körpers kein Heilmittel finden konnten, erbarmungslos hingerichtet.[3]

Nach dem Tod des Galerius teilten sich drei Männer die oberste Gewalt: Valerius Licinianus, genannt Licinius, einer der Zechkumpane des verstorbenen Kaisers, den er drei Jahre zuvor zum Mitaugustus erhoben hatte und der nun über Illyrien, Thrakien und die Donauprovinzen herrschte, sein Neffe Maximin Daia, den er im Jahre 305 zum Cäsar ernannt hatte und der nun die östlichen Provinzen des Reiches übernahm, und Konstantin. Doch es gab noch einen vierten Anwärter; dieser sah sich, obwohl er formal keinen kaiserlichen Rang beanspruchen konnte, zu Unrecht seiner Thronrechte beraubt: Galerius' Schwiegersohn Maxentius. Als Sohn des alten Kaisers Maximian – dieser war ein Jahr zuvor entweder hingerichtet oder zum Selbstmord gezwungen worden, nachdem er sich dazu hatte verleiten lassen, in Konstantins Abwesenheit im Süden Galliens Legionen gegen ihn aufzustellen – haßte Maxentius seinen erfolgreichen jungen Schwager und hatte, wie bereits erwähnt, die Jahre seit Konstantins Aufstieg dazu benutzt, seine Machtgrundlage rund um das Mittelmeer beständig zu festigen. Schon 306, als er und sein Vater sich gerade erst in Italien festgesetzt hatten, hatte er den Titel »Princeps invictus« angenommen und sich von der Prätorianergarde in Rom so ausrufen lassen; jetzt, fünf Jahre später, war er an Macht seinen drei Rivalen ebenbürtig – jedenfalls mächtig genug, um den Tod seines Vaters zum Vorwand zu nehmen, seine Feindschaft gegen Konstantin offen zu erklären, ihn als Mörder und Rebellen zu brandmarken und seinen Namen aus allen Inschriften und von allen Denkmälern in Italien entfernen zu lassen.

Unter diesen Umständen mußte es zum Krieg kommen, und gleich nach Erhalt der Nachricht von Galerius' Tod begann Konstantin sich darauf vorzubereiten. Bevor er gegen seinen Feind zog, mußte er sich jedoch mit Licinius verständigen, dem die Gebiete, die Maxentius für sich beanspruchte, eigentlich zustanden. Zum Glück für Konstantin konnte Licinius nicht selbst an der Spitze eines Heeres diese Gebiete zurückfordern, da er alle Hände voll zu tun hatte, seine Position gegen Maximin Daia im Osten zu behaupten. Er scheint deshalb Konstantin nur zu gern die Rückeroberung Italiens zu seinen Gunsten überlassen zu haben. Die Übereinkunft wurde durch eine weitere eheliche Verbindung besiegelt, diesmal zwischen Licinius und Constantia, einer Schwester Konstantins.

Nachdem sich Konstantin machtpolitisch abgesichert hatte, zog er im Herbst des Jahres 311 von Trier nach Colmar, wo er überwinterte, seine Strategie ausarbeitete und die Versorgung der Truppen vorbereitete. Nach Zosimos soll das Heer aus einer achttausend Mann starken Reiterei und neunzigtausend Fußsoldaten bestanden haben, was vermutlich nur ein Drittel der gesamten Streitmacht war, die ihm zur Verfügung stand; allein, es wäre zu gewagt gewesen, alle Truppen aus Gallien abzuziehen. Konstantin hatte jedoch eine ungefähre Vorstellung von Maxentius' Stärke und hielt diese Truppengröße für ausreichend. Um ganz sicherzugehen, übernahm er selbst den Oberbefehl. Im Frühsommer des Jahres 312 brach man schließlich auf.

Die Fakten über Konstantins Feldzug nach Italien und über die Überwältigung von Maxentius sind rasch aufgezählt. Nachdem die Truppen die Alpen über den Mont Cenis überquert hatten, nahmen sie Susa – die erste bedeutende Stadt auf dem Weg – im Sturm ein. Konstantin gestattete den Soldaten jedoch nicht, wie üblich, zu plündern und Beute zu machen, denn, so erklärte er ihnen, sie kämen nicht als Eroberer, sondern als Befreier. Vor Turin hatte das Heer nicht so leichtes Spiel. Maxentius' Truppen hatten hier mehrere Einheiten von *Clibinarii* aufgeboten, Reitern, die samt ihren Tieren in schwerer Rüstung und Bewaffnung kämpften. Diese Kampfweise stammt vermutlich von den Persern und wurde rund tausend Jahre später im Mittelalter von den Rittern nachgeahmt und verfeinert. Aber selbst diese mußten weichen, als sich Konstantins stärkste Abteilungen mit mächtigen eisenbeschlagenen Keulen auf sie stürzten, die sie in Schulterhöhe schwangen. Als die *Clibinarii* in Auflösung begriffen auf die Stadt zu flüchteten, weigerte sich die Bevölkerung, die Tore für sie zu öffnen. So fiel Turin, dann Mailand, dann, wenngleich erst nach heftigem Kampf, Brescia und Verona. Konstantin setzte seinen Marsch nach Osten bis nach Aquileia unweit von Triest fort; erst dort kehrte er um und zog über Ravenna und Modena nach Süden gen Rom.

Während dieses langen Vormarsches war Maxentius in der Hauptstadt geblieben, wo er nach Berichten der meisten christlichen und sogar einiger nichtchristlicher Chronisten die Zeit mit immer abstruseren okkulten Praktiken verbrachte, Zauberei betrieben, Teufel beschworen und in der Hoffnung, seinem Schicksal zu entrinnen, sogar ungeborene Kinder geopfert haben soll. Derlei Geschichten sind jedoch wie immer mit Vorsicht zu genießen. Maxentius hatte zwar viele Fehler, aber Feigheit vor dem Feind hatte er nie gezeigt. Da er sich auf den ihm ergebenen Prätorianerpräfekten Ruricus Pompeianus und mehrere ausgezeichnete Provinzheerführer – von denen sich leider zu seinem Unglück keiner als Konstantin ganz ebenbürtig erwies – stützen konnte, war seine Entscheidung, in Rom zu bleiben, strategisch richtig. Als Konstantins Truppen heranrückten und Pompeianus in der Schlacht gefallen war, übernahm er persönlich den Oberbefehl und marschierte mit seinen letzten und besten Reserveleuten aus der Stadt.

Die beiden Heere stießen am 28. Oktober 312 – es war der siebte Jahrestag der Machtergreifung von Maxentius – bei Saxa Rubra zusammen, den »roten Felsen« auf der Via Flaminia, etwa sieben oder acht Meilen nordöstlich von Rom, an der Stelle, an der das Flüßchen Cremera in den Tiber fließt.[4] Nach späteren Legenden soll

Konstantin hier die bekannte Vision widerfahren sein, und zwar direkt vor der Schlacht, wenn nicht sogar mittendrin. Eusebius berichtet darüber folgendes:

> Während der Kaiser aber so betete und eifrig darum flehte, erschien ihm ein ganz unglaubliches Gotteszeichen, das man wohl nicht leicht gläubig hinnehmen würde, wenn ein anderer davon berichtete; da es aber der siegreiche Kaiser selber uns, die wir diese Darstellung schreiben, lange Zeit hernach, als wir seiner Freundschaft und des Verkehrs mit ihm gewürdigt worden waren, erzählt und sein Wort mit Eidschwüren bekräftigt hat, wer sollte da noch Bedenken tragen, der Erzählung Glauben zu schenken, zumal auch die Folgezeit der Wahrheit seines Wortes Zeugnis gab? Um die Mittagszeit, da sich der Tag schon neigte, habe er, so sagte der Kaiser, mit eigenen Augen oben am Himmel über der Sonne das Siegeszeichen des Kreuzes aus Licht gebildet und dabei die Worte gesehen: »Durch dieses siege!« Staunen aber habe bei diesem Gesichte ihn und das ganze Heer ergriffen, das ihm eben auf seinem Marsche, ich weiß nicht wohin, folgte und dieses Wunder schaute.[5]

Konstantin, so heißt es, habe sich so untrüglich von göttlicher Gnade erfüllt gefühlt, daß er das Heer des Maxentius in die Flucht schlug und nach Süden jagte bis zu der Stelle, an der der Tiber eine scharfe Biegung nach Westen macht und sich die alte Milvische Brücke befindet.[6] Direkt neben dieser Brücke – sie war nur schmal – hatte Maxentius eine Pontonbrücke angelegt, über die er nötigenfalls einen geordneten Rückzug antreten und die anschließend in der Mitte abgebrochen werden konnte, um eine Verfolgung zu vereiteln. Über diese flüchtete nun sein Heer in Panik; die Soldaten rannten um ihr Leben, denn Konstantins Leute waren ihnen hart auf den Fersen. Vielleicht wären sie entkommen, hätten nicht die für die Brücke verantwortlichen Konstrukteure den Kopf verloren und die Bolzen zu früh herausgezogen. Plötzlich brach die ganze Konstruktion zusammen, und Hunderte von Soldaten stürzten in den reißenden Strom. Die Nachfolgenden wandten sich blindlings der alten Steinbrücke zu, die ihnen nun als einzige Rettung blieb; diese aber war, wie Maxentius vorhergesehen hatte, zu schmal. Viele Männer wurden erdrückt, andere fielen und wurden totgetrampelt, wieder andere von den eigenen Kameraden in den Fluß gestoßen. Unter den letzten war der Usurpator selbst, dessen Leichnam später ans Ufer trieb. Seinen Kopf ließ Konstantin, als er am nächsten Tag im Triumph in Rom einzog, auf einer Lanze vor sich hertragen und später als Warnung nach Nordafrika schicken. Dazwischen wurde der Name Maxentius ebenso von allen öffentlichen Monumenten getilgt, wie es mit jenem des Eroberers ein Jahr zuvor geschehen war.

Der Sieg an der Milvischen Brücke machte Konstantin zum absoluten Herrscher über ganz Europa, vom Atlantik bis zur Adria, vom Hadrianswall bis zum Atlas. Er markierte auch, wenn nicht seinen förmlichen Übertritt zum Christentum, so doch zumindest den Zeitpunkt, an dem er sich zum Beschützer und tatkräftigen Schirmherrn seiner christlichen Untertanen aufwarf. Während seines zweieinhalbmonatigen Aufenthaltes in Rom förderte er nicht nur generös aus seinem privaten Säckel fünfundzwanzig bereits bestehende Titularkirchen, sondern legte auch den Grundstein zu etlichen neuen und wies zudem die Statthalter der Provinzen an, überall in seinem Herrschaftsbereich das gleiche zu tun. Bei seinem Auszug aus der Stadt schenkte er dem neugewählten Papst Melchiades den alten Palast der Familie der Laterani auf dem Cäliushügel, den Kaiserin Fausta, die Konstantin kurz nach dessen Ankunft gefolgt war, während ihres Aufenthaltes bewohnt hatte. Er diente fortan tausend Jahre lang als Papstpalast. Konstantin ordnete außerdem auf eigene Kosten den Bau der Kirche S. Giovanni in Laterano an, der ersten konstantinischen Basilika in Rom, die heute noch eigentliche Bischofskirche der Stadt ist. Sinnigerweise wurde sie mit einem gewaltigen freistehenden Baptisterium[7] ausgestattet, war doch in den kommenden Jahren eine beträchtliche Zunahme an Übertritten zum Christentum zu erwarten.

Wie groß waren nun die Auswirkungen des visionären Kreuzes, das dem Kaiser an der Milvischen Brücke erschienen sein soll? Nicht nur als entscheidender Wendepunkt auf sein Leben – vergleichbar dem, was Paulus auf der Straße nach Damaskus widerfuhr –, sondern auch im Hinblick auf ein neues Kapitel der Weltgeschichte? Die

Frage läßt sich nicht so einfach beantworten, und bevor wir auch nur den Versuch einer Antwort wagen, müssen wir uns fragen, was sich denn nun tatsächlich abgespielt hat. Die früheste Version der Geschichte stammt aus der zweiten Hauptquelle für diesen Zeitabschnitt, dem Bericht des christlichen Gelehrten und Rhetors Laktanz, der, nachdem er der Verfolgung entgangen war, um diese Zeit von Konstantin zum Erzieher seines Sohnes Crispus erkoren wurde. Ob Laktanz auch bereits zum kaiserlichen Gefolge gehörte, sei dahingestellt, er hätte so oder so kurz nach dem Ereignis des öfteren Gelegenheit gehabt, den Kaiser direkt zu fragen, was geschehen sei. Der Bericht, den er vermutlich ein oder zwei Jahre nach dem Ereignis abfaßte, lautet:

> Konstantin ward im Traume ermahnt, das himmlische Zeichen Gottes auf den Schilden anbringen zu lassen und so die Schlacht zu beginnen. Er kommt dem Befehle nach, und indem er den Buchstaben X waagerecht legte und die oberste Spitze umbog, zeichnete er das ☧ (Christus) auf die Schilde.[8]

Mehr sagt er nicht. Keine Rede von einer Vision, nur von einem Traum. Ja, dieser ergebene christliche Apologet legt nicht einmal nahe, der Erlöser oder das Kreuz seien dem Kaiser erschienen. Und was das sogenannte »himmlische Zeichen« betrifft, so handelt es sich schlicht um das Monogramm aus Chi (X) und Rho (P), den beiden ersten griechischen Buchstaben des Namens Christos, und dieses war seit langem ein vertrautes Symbol auf christlichen Inschriften.

Vielleicht noch bedeutender ist der Umstand, daß selbst Eusebius keinen Hinweis auf einen Traum oder eine Vision im Zusammenhang mit der Schlacht gibt, die er in seiner um 325 abgefaßten *Kirchengeschichte* erwähnt. Erst in der Biographie *Über das Leben des Kaisers Konstantin*, die viele Jahre nach Konstantins Tod entstanden ist, findet sich die oben zitierte Passage, auf die eine weiter ausgeschmückte Version des Berichts von Laktanz folgt. Darin heißt es, in der Nacht nach der Vision sei dem Kaiser Christus im Traum erschienen und habe ihm aufgetragen, eine Standarte mit dem Abbild des Zeichens, das er am Himmel erblickt habe, anzufertigen und es als

Schutzschild bei allen Zusammenstößen mit seinen Feinden zu verwenden. Dies, heißt es weiter bei Eusebius, habe Konstantin am nächsten Tage befolgt. Das Ergebnis, das sogenannte *Labarum*, bestand aus einem Kreuz aus einem mit Goldblech beschlagenen Speerschaft mit einer Querstange, über dem ein Kranz mit dem heilige Monogramm schwebte. Als Eusebius es ein paar Jahre später zu Gesicht bekam, waren ein Bildnis des Kaisers und seiner Kinder in Gold überraschenderweise vom Querbalken getilgt.

Welcher Schluß ist aus alldem zu ziehen? Zunächst sicherlich, daß es die Vision des Kreuzes über dem Schlachtfeld – die Vision, die so unendlich oft auf künstlerischen Darstellungen in Kirchen und Museen des Abendlandes zu finden ist – gar nie gegeben hat. Hätte es sie gegeben, kann man sich nicht vorstellen, warum sich in keiner zeitgenössischen Chronik bis hin zu Eusebius' Loblied über das Leben Konstantins auch nur der kleinste Hinweis darauf findet. Der Kaiser scheint sie niemals erwähnt zu haben – außer anscheinend Eusebius gegenüber –, und zwar selbst bei solchen Gelegenheiten nicht, bei denen man es von ihm wohl hätte erwarten können. Zudem wurde seinem Sohn Constantius II. kurz nach seinem Tod von Bischof Kyril von Jerusalem versichert, Meteoren hätten vor kurzem ein Kreuz an den Himmel gezeichnet, und dies sei als eine noch größere Gnade anzusehen, als die, daß seine Großmutter Helena im Heiligen Land das echte Kreuz gefunden habe. Könnte der Bischof wirklich vergessen haben, Konstantins Vision zu erwähnen, hätte er um sie gewußt? Und schließlich gibt es da noch Eusebius' speziellen Vermerk, das ganze Heer habe das Wunder mit angesehen. Falls dem so war, hätten an die hunderttausend Menschen dieses Geheimnis erstaunlich gut bewahrt.

Trotzdem steht wohl außer Zweifel, daß der Kaiser kurz vor der schicksalhaften Schlacht ein tiefgreifendes spirituelles Erlebnis hatte. Laktanz' gewagter Bericht mag durchaus im Kern wahr sein; doch sind solche Erlebnisse nicht so ohne weiteres in Gestalt von eindeutig wiederzugebenden Träumen erfaßbar. Es gibt Anzeichen dafür, daß Konstantin seit der Hinrichtung seines Schwiegervaters Maximian zwei Jahre zuvor eine Phase schwerwiegender religiöser Verunsicherung durchgemacht hat und immer mehr dem Monotheismus zuneigte. Nach 310 ist auf seinen Münzen anstelle der alten römischen Götter nur noch ein Gott abgebildet, und zwar Helios oder, wie er in der Regel genannt wurde, *Sol invictus*, der unbesiegte Sonnengott. Schon während der Kämpfe in Gallien will Konstantin eine Erscheinung dieses Gottes erlebt haben. Dennoch scheint dieser Glaube – er war zu jener Zeit der bekannteste und verbreitetste im ganzen Reich – ihm nicht genügt zu haben. So berichtet Eusebius, Konstantin habe auf seinem Zug nach Italien im Wissen um die Bedeutung der bevorstehenden Schlacht für seine gesamte Zukunft inbrünstig um ein göttliches Zeichen gebetet. Im Spätsommer 312 war Konstantin sicherlich einer Bekehrung mehr als zugeneigt; da ist es kaum verwunderlich, daß seine Gebete erhört wurden.

Akzeptiert man diese Hypothese, wird Eusebius' Darstellung weit besser verständlich, entpuppt sie sich doch weniger als eine absichtliche Fälschung denn als wahrscheinlich unbeabsichtigte Übertreibung, deren Ursprung mehr auf den Kaiser zurückgeht als auf den Chronisten. Sein ganzes Leben hindurch und besonders nach der Schlacht an der Milvischen Brücke sah Konstantin sich als Vollstrekker einer göttlichen Sendung, und in späteren Jahren nahm diese Überzeugung immer mehr überhand. Ist es da verwunderlich, wenn er am Ende seines Lebens in Rückblick auf die großen Ereignisse seiner Laufbahn die Erinnerung hin und wieder mit einem Glorienschein verklärte? Zu seiner Zeit glaubte man allgemein an Wunder und göttliche Vorzeichen; von der Vorstellung, daß eine Vision möglich sei, und dem Gedanken, daß eine solche unter den gegebenen Umständen wünschenswert wäre, ist es nicht weit zur Behauptung, es habe tatsächlich etwas Entsprechendes stattgefunden. Und Eusebius wäre gewiß der letzte gewesen, der Konstantin ins Kreuzverhör genommen hätte.

Eine Frage steht noch offen. Wie tiefgreifend war Konstantins Bekehrung? Zweifellos hat sich der Kaiser von 312 an als oberster Schirmherr der christlichen Kirche und für ihr Gedeihen als verantwortlich betrachtet; andererseits zeigen ihn die Münzen zumindest bis 324 an der Seite des »unbesiegten Sonnengottes«, und – das ist noch bedeutsamer – er scheute davor zurück, sich taufen zu lassen. Erst auf dem Totenbett, ein Vierteljahrhundert später, ist dies angeblich geschehen. Daß er sich weigerte, mag wie vieles andere bis zu einem gewissen Grad politisches Kalkül gewesen sein: Konstantin wollte die Untertanen, die noch den alten Göttern anhingen, nicht gegen sich aufbringen. Allerdings zögerte er andererseits auch nicht, sie tödlich zu beleidigen, etwa indem er sich während seines Romaufenthaltes weigerte, an der traditionellen Prozession zum Kapitol teilzunehmen, um Jupiter zu opfern.

Die Wahrheit ist vermutlich komplizierter. Konstantin empfand wohl echte Sympathie für das Christentum und glaubte wirklich, der christliche Gott habe ihm das mystische Erlebnis (was immer dies auch gewesen sein mag) auf dem Weg zur Milvischen Brücke gesandt, aber er war dennoch nicht bereit, die christliche Religion ohne Abstriche anzunehmen; während er die Auffassung eines *Summus Deus* (Höchsten Gottes) mit ziemlicher Sicherheit akzeptierte, hat er wohl geglaubt, dieser Gott erscheine in unterschiedlicher Gestalt, als Apollo, als *Sol invictus*, als Mithras (dessen Kult, besonders im Heer, immer noch in Ansehen stand) oder eben als Gott der Christenheit. Von all diesen göttlichen Gestalten mag er den letztgenannten vorgezogen haben, doch als Beherrscher der Welt, der sich über allen Sekten und Hierarchien wähnte, gab es für ihn keinen Grund, all seine übrigen Optionen fahrenzulassen.

Der römische Senat stimmte darin mit ihm überein. Um seinen Sieg über Maxentius und die Wiederherstellung von Gesetz, Ordnung und kaiserlicher Verwaltung in der Stadt zu feiern, errichtete man ihm zu Ehren einen Triumphbogen. Der Reliefschmuck stammt größtenteils von früheren Denkmälern, die zu Ehren von Domitian, Trajan, Hadrian und Marcus Aurelius angefertigt worden waren. Gibbon beschreibt das Bauwerk insgesamt als trauriges Beispiel für den Niedergang der Kunst, als einzigartiges Zeugnis niedrigster Vergänglichkeit. Die Inschrift jedoch stammt aus der Zeit Konstantins und lautet in der Übersetzung:

> Dem Kaiser Cäsar Flavius Konstantin, der durch göttliche Eingebung und aufgrund der Überlegenheit seines Geistes den Staat in einem gerechten Krieg gegen den Tyrannen und seinen ganzen Anhang rächte.

Durch göttliche Eingebung *(instinctu divinitatis)*: Diese Umschreibung ist merkwürdig und muß wegen ihrer Mehrdeutigkeit bewußt gewählt worden sein. Weder Christus wird erwähnt noch das Kreuz. Der Ausdruck enthält auch keinen Hinweis darauf, welche Gottheit gemeint ist. Dennoch muß Konstantin den Text gebilligt haben, bevor er den Steinmetzen übergeben wurde. Es liegt nahe, daß er mit höchster Vorsicht zu Werke ging, wie wohl auch die Senatoren, die die Inschrift vorschlugen. So oder so ist zu vermuten, daß er nichts dagegen einzuwenden hatte, hatte er sich zu dem Zeitpunkt doch noch nicht für eine bestimmte Gottheit entschieden. *Instinctu divinitatis*: Er hätte selbst keine bessere Formulierung finden können.

Außer mit dem Triumphbogen – und der Kolossalstatue, die den Kaiser sitzend in siebenfacher Lebensgröße zeigt und in der wiederaufgebauten und (rasch umbenannten) Maxentius-Basilika aufgestellt wurde und deren schrecklich blickender, neun Tonnen schwerer Kopf im Kapitolinischen Museum aufbewahrt wird – erwies der römische Senat Konstantin in den beiden letzten Monaten des Jahres 312 ein weiteres Zeichen seiner Gunst, indem er ihn zum obersten Augustus ausrief. Mit diesem Titel geschmückt, brach er Anfang Januar 313 von Rom nach Mailand auf, um sich mit Licinius zu treffen.

Die beiden Augusti hatten drei vordringliche Themen zu erörtern. Das erste betraf die Zukunft Italiens. Theoretisch war Italien ein Teil des Licinius zugeordneten Reichsgebietes, aber da dieser für Konstantin bei der Rückeroberung bislang keinen Finger gerührt hatte, kann er nicht ernsthaft damit gerechnet haben, Konstantin gebe es nun freiwillig in seine Hand zurück. Das zweite Thema betraf die Tolerierung der Religionen und besonders den künftigen Status des Christentums. Einerseits war klar, daß im ganzen Reich eine einheitliche Politik herrschen sollte, andererseits fühlte sich Licinius vermutlich nicht in der Weise zum Christentum hingezogen wie sein Mitregent, so daß sie sich diesbezüglich untereinander verständigen mußten. Und schließlich war da noch das Problem des dritten lebenden Augustus: Maximin Daia.

Der verhaßte junge Mann – sein genaues Geburtsdatum ist nicht bekannt, doch scheint er erst Anfang Dreißig gewesen zu sein – hatte 310 n. Chr. für Unruhe gesorgt, als er, mittlerweile fünf Jahre Cäsar, den Titel eines Augustus forderte. Sein Onkel Galerius, der betrübt erkannte, daß dieser Titel, nachdem Konstantin, Maximian und Maxentius ihn alle in jüngster Zeit begehrt hatten, in seinem Wert mehr und mehr bedroht war, hatte es ihm schlichtweg verweigert und ihm statt dessen den Titel eines *Filius augusti* (Sohn des Augustus) angeboten; dieses Titelchen aber hatte Maximin Daia wütend zurückgewiesen und sich eigenmächtig die Attribute eines Augustus angelegt. Nach Galerius' Tod hatte er das Ostreich bis zum Hellespont in seine Gewalt gebracht. Von diesem günstigen Standort aus hatte er Licinius in Thrakien ständig belästigt, um dann mit ihm schließlich im Winter 311/12 auf einer Barke mitten auf dem Bosporus einen reichlich brüchigen Waffenstillstand zusammenzuschustern.

Dazu kam, daß ihm das Christentum verhaßt war. Unverhohlen hatte er das Toleranzedikt seines Onkels aus dem Jahre 311 ignoriert und vergoß noch immer Ströme christlichen Blutes; gelegentlich ließ er seine Soldaten fliehende Christen sogar über die Reichsgrenze bis nach Armenien verfolgen, dessen König deshalb nahe daran war, ihm den Krieg zu erklären.

Die Gespräche zwischen den beiden Herrschern fanden in recht freundlicher Atmosphäre statt. Licinius scheint Konstantin großmütig die eroberten Territorien überlassen zu haben und wurde – nach welchem Ritus, ist leider nicht aufgezeichnet worden – mit Constantia vermählt. Was das Christentum betraf, so einigten sich die nun Verschwägerten schließlich auf ein neues Edikt, welches jenes von Galerius bestätigte und den Christen im ganzen Reich die volle rechtliche Gleichstellung garantierte. Noch bevor dieses jedoch verkündet werden konnte, traf eine Nachricht in Mailand ein, die das Treffen abrupt beendete: Maximin Daia hatte den Waffenstillstand vom vergangenen Winter gebrochen, die Meerenge mit seinem Heer – nach Laktanz zählte es siebzigtausend Mann – überquert und die kleine Stadt Byzanz auf der europäischen Seite eingenommen. Licinius schritt unverzüglich zur Tat. Mit der kleinen Streitmacht, die er in Mailand bei sich führte, brach er gen Osten auf, verstärkte seine Truppen in Illyrien und Thrakien und sammelte an Einheiten während des ganzen Marsches, was er nur konnte. Ende April befand er sich nur wenige Meilen von Heraklea Propontis entfernt, einer anderen kleinen, von Maximian belagerten Ansiedlung am Marmarameer. Am letzten Tag des Monats prallten die beiden Heere auf dem *Campus serenus*, ungefähr achtzehn Meilen vom Ort entfernt, aufeinander.

Zwar waren Licinius' Truppen zahlenmäßig unterlegen, er selbst längst nicht mehr der Jüngste und seine Soldaten von den vielen Eilmärschen erschöpft, aber er erwies sich als der überlegene Feldherr. Maximins Heer wurde schmachvoll aufgerieben, er selbst floh, als Sklave verkleidet, vom Schlachtfeld. Er vermochte noch Kilikien zu erreichen, wo er im Jahr darauf starb, und zwar auf ebenso unerquickliche Weise wie seine Mitverfolger, was Laktanz genüßlich mitteilt.

> Er nahm Gift ... das in seinen Eingeweiden brannte, so daß er vor Schmerzen wahnsinnig wurde. Während eines solchen Anfalls, der vier Tage lang anhielt, grub er mit bloßen Händen die Erde auf und verschlang sie gierig. Nach mehreren gräßlichen Torturen stieß er den Kopf gegen die Wand; seine Augen traten aus ihren Höhlen ... Zum Schluß erkannte er seine Schuld und flehte Christus um Barmherzigkeit an. Während er wie ein bei lebendigem Leibe Verbrannter stöhnte, hauchte er seine schuldbeladene Seele in einem gräßlichen Tod aus.[9]

Licinius war in der Zwischenzeit im Triumph in Nikomedia, der Hauptstadt des Ostens, eingezogen und verkündete dort am 13. Juni mit einiger Verspätung das Edikt, welches er und Konstantin in Mailand erlassen hatten:

> Nachdem wir, sowohl ich, Konstantinus Augustus, als auch ich, Licinius Augustus, glücklich zu Mailand uns eingefunden hatten und alle Angelegenheiten der öffentlichen Wohlfahrt und Sicherheit in Beratung nahmen, so glaubten wir unter den übrigen Anordnungen, von denen wir uns Nutzen für die Gesamtheit versprachen, vor allem die Dinge ordnen zu müssen, auf denen die Verehrung der Gottheit beruht, und zwar in der Art, daß wir sowohl den Christen wie auch allen übrigen freie Befugnis gewährten, der Religion sich anzuschließen, die jeder sich wählen

> würde, auf daß alles, was von göttlicher Wesenheit auf himmlischem Sitze thront, uns und allen, die unter unserer Herrschaft stehen, gnädig und gewogen seine möge.[10]

Auch dieser Text zeichnet sich durch vorsichtige Bearbeitung aus. Jesus Christus wird wiederum nicht erwähnt; es ist nur von »den Christen« als einer Sekte die Rede, und obwohl sie die einzige Gruppe ist, die namentlich aufgeführt ist, wird deutlich, daß »alle anderen« (etwa die Manichäer) mitgemeint sind, so daß es sich also praktisch um ein allgemeines Toleranzedikt handelt. Eine Belegstelle wie *quo quicquid est divinitatis* (Was von göttlicher Wesenheit auf himmlischem Sitze thront) ist vermutlich eine Konzession an den Nichtchristen Licinius, aber der Vergleich mit der Inschrift auf dem Triumphbogen legt nahe, daß eine solche Vorstellung auch nicht weit von Konstantins Denken entfernt war. Lediglich in einem Punkt ist die Verordnung einseitig zugunsten der Christen gehalten, sollten doch nur sie das gesamte Eigentum, Land, Kirchen und bewegliches Gut zurückerhalten, das während der Verfolgungen konfisziert worden war. Dabei ist in Rechnung zu stellen, daß keine andere Sekte soviel verloren hatte.

Durch den Untergang Maximian Daias standen sich zwei Reichsteile gegenüber. Einmal mehr gab es zwei Augusti: Konstantin im Westen und Licinius im Osten, der dort sofort eine Schreckensherrschaft errichtete. Sämtliche führenden Minister seines Vorgängers ließ er hinrichten, ebenso mehrere Mitglieder der Familie Maximins. Unter diesen befanden sich, bedingt durch die diversen mittels Heirat bekräftigten Allianzen unter ehemaligen Augusti und ihren Cäsaren, auch die Familien von Diokletian und Galerius. Licinius verschonte weder des letztgenannten Witwe Valeria noch seine Schwiegermutter und Diokletians Witwe Priska, die ihm Galerius auf dem Totenbett anvertraut hatte. Beide Frauen wurden in ihrem Wohnsitz in Thessalonike gefangengenommen und durch das Schwert hingerichtet.

Der Grund für dieses Blutbad war nicht nur Rachsucht. Licinius war vielmehr der festen Überzeugung, im Reich sei nur Platz für eine Herrscherfamilie, und zwar für die Familie Konstantins, zu der er durch seine Vermählung mit Constantia ja gehörte. Diese Überzeugung band ihn jedoch nicht enger an den anderen Augustus. Die in Mailand angetretenen Flitterwochen hielten nicht lange vor. Binnen sechs Monaten nach der Abreise der beiden Kaiser aus der Stadt beteiligte sich Licinius an einer Verschwörung gegen Konstantin, die jedoch zum Glück aufgedeckt wurde, bevor sie Schaden anrichten konnte. Kurze Zeit darauf, im Frühsommer des Jahres 314, ließ er alle Statuen und Bildnisse seines Kollegen in Aemona (dem heutigen Ljubljana), also direkt an der Grenze zur Provinz Italien, entfernen.

Dies kam einer Kriegserklärung gleich. Konstantin, der nach Gallien zurückgekehrt war, marschierte denn auch unverzüglich mit dreißigtausend Soldaten nach Südosten zur Pannonischen Ebene. Die beiden gegnerischen Heere trafen in der Nähe von Cibalae (dem heutigen Vinkovci) im Savetal aufeinander. Im Morgengrauen des 8. Oktober kam es zur Schlacht. Licinius' Truppen kämpften zwar entschlossen und mutig, mußten schließlich aber das Feld räumen und fliehen. Konstantin verfolgte sie mit seinen Soldaten über die ganze Balkanhalbinsel bis nach Byzanz. Dort verständigten sich die beiden Herrscher dann doch noch: Licinius gab all seine Herrschaftsgebiete im östlichen Europa, zu denen Pannonien und der heutige Balkan gehörten, mit Ausnahme von Thrakien auf, und Konstantin erklärte sich dazu bereit, Licinius' Herrschaft über Asien, Libyen und Ägypten anzuerkennen.

Damit waren die beiden einmal mehr versöhnt. Doch auch diese Versöhnung hatte keinen Bestand. Innerhalb der folgenden zehn Jahre verschlechterte sich die Beziehung zwischen ihnen stetig. 317 ernannte Konstantin seine beiden jugendlichen Söhne, nämlich den vierzehnjährigen Crispus von seiner ersten Frau Minervina und einen weiteren Konstantin, den Thronfolger von Kaiserin Fausta, der fast noch in den Windeln lag, gemeinsam zu Cäsaren des Westens. Gleichzeitig übertrug Licinius in Nikomedia seinem natürlichen Sohn Licinianus den gleichen Titel. Diese Maßnahmen waren aber zweifellos vorher abgesprochen worden und sind nicht notwendig als Ausdruck von Rivalität zu deuten. Ein Jahr später jedoch verlegte Konstantin seine Hauptstadt von Sirmium nach Serdika (dem heutigen Sofia), eine höchst abwegige Wahl für einen Herrscher, dessen Gebiete sich bis zur Straße von Gibraltar und darüber hinaus erstreckten. Sie ist nur unter der Voraussetzung zu verstehen, daß Schwierigkeiten eher vom östlichen Reich her zu erwarten waren als von der gallischen und fränkischen Bevölkerung oder der Anhängerschaft des Donatus in Nordafrika.

Provokateur und damit Verursacher der kommenden Schwierigkeiten war also in Wirklichkeit größtenteils Konstantin, wenn auch seine Apologeten alles tun, um die Schuld Licinius zuzuschieben, dessen Falschheit, Ungläubigkeit und unleugbar zunehmenden Feindschaft der christlichen Religion gegenüber. Nun hatte dieser zwar etwa von 320 an in der Tat alle Bischofssynoden mit einem Bann belegt, eine große Anzahl von Bischöfen und Priestern (aber längst nicht alle) vertrieben und aus seinem Haus alle Bediensteten entlassen, die nicht den alten Göttern opfern wollten. Aber inzwischen war immer deutlicher zu erkennen, daß Konstantin der folgenschweren Teilung des Reiches durch Diokletian ein Ende setzen und alleine herrschen wollte. So ließ er ab 320 entgegen der Tradition nicht mehr zu, daß einer der beiden jährlich zu wählenden Konsuln aus dem Osten stammte, sondern nominierte statt dessen sich selbst und seinen jüngeren Sohn und 321 seine beiden Söhne.[11] Und noch im gleichen Jahr begann er eine mächtige Kriegsflotte zusammenzuziehen und den Hafen von Thessalonike zu erweitern und zu vertiefen, damit er sie aufnehmen konnte.

Auch Licinius rüstete zum Krieg, und für geraume Zeit belauerten sich die Augusti gegenseitig abwartend. Im Herbst 322 marschierte Konstantin jedoch in Thrakien ein, nachdem er einen Angriff der nomadischen Sarmaten mit Stammland im Gebiet nördlich des Donauunterlaufes abgewehrt hatte; ob in feindlicher oder anderer Absicht bleibe dahingestellt. Licinius protestierte scharf und warf ihm vor, dies sei eine absichtliche Grenzverletzung, um die Lage zu peilen, und ganz offensichtlich der Auftakt zu einer großangelegten Invasion. Darauf machte er sich seinerseits mit einer etwa hundertsiebzigtausend Mann starken Streitmacht nach Adrianopel (dem heutigen Edirne) auf. Wenn Konstantin marschierte, würde er ihm einen gebührenden Empfang bereiten.

In der letzten Juniwoche des Jahres 323 überschritt das Westheer die Grenze nach Thrakien und traf am 3. Juli auf einer weiten abschüssigen Ebene vor den Toren Adrianopels auf das Ostheer. Konstantins Streitmacht war zahlenmäßig etwas schwächer, aber sie bestand größtenteils aus hartgesottenen Veteranen, die ihre recht unerfahrenen Gegner verhältnismäßig leicht niederrangen. Auch diesmal kämpften Licinius' Soldaten außerordentlich tapfer, und er befahl den Rückzug erst, als an die vierunddreißigtausend von ihnen tot auf dem Schlachtfeld lagen. Dann zog er sich, wie neun Jahre zuvor, nach Byzanz zurück. Diesmal suchte er jedoch keine Verständigung. Statt dessen erklärte er Konstantin für abgesetzt, ernannte an seiner Stelle seinen leitenden Magistraten Marcus Martianus zum Augustus und richtete sich auf eine Belagerung ein.

Konstantin verschanzte sich zunächst und wartete geduldig auf seine Flotte; man ist versucht zu vermuten, daß er dabei einmal mehr über die strategische Lage und die ausgezeichnete natürliche Verteidigungsposition der kleinen Ansiedlung nachdachte. Das Kommando über die Flotte hatte er seinem Sohn Crispus anvertraut – inzwischen ein Mann von zwanzig Jahren, verheiratet und Vater –, der bereits fünf Jahre Kampferfahrung hinter sich hatte. Die Flotte bestand aus etwa zweihundert Kriegsgaleeren mit je dreißig Ruderern und, so heißt es, zweitausend Transportschiffen für den Nachschub. Zur Verteidigung des Hellesponts stand Licinius eine noch größere Armada zur Verfügung, nämlich dreihundertfünfzig Kriegsschiffe unter dem Oberbefehl von Admiral Abantus. Aus ganz und gar unerklärlichen Gründen hatte dieser jedoch beschlossen, nicht auf der ägäischen Seite der Meerenge Stellung zu beziehen, wo er die zahlenmäßige Überlegenheit zu seinem Vorteil hätte nutzen können, sondern im äußersten Nordosten, wo sie sich zum Marmarameer hin öffnet. Die Invasionsflotte griff sofort nach ihrem Eintreffen an. Der nachfolgende Kampf tobte zwei Tage lang, aber schließlich kämpften sich Crispus' leichtere, schnellere und manövrierfähigere Schiffe den Weg frei und segelten, nachdem sie hundertfünfzig Schiffe der Verteidigungsflotte versenkt hatten, nach Byzanz.

Als Licinius hörte, daß sie herannahten, stahl er sich mit seinen Getreuen aus der Stadt und überquerte den Bosporus in Richtung Asien. Aber damit hatte Konstantin gerechnet. Er befahl sein Heer unverzüglich in die gerade angekommenen Schiffe und machte sich mit ihnen an die Verfolgung. Am 18. September errangen er und seine Truppen einen weiteren großen Sieg, und zwar bei Chrysopolis (heute Üsküdar, bekannter als Skutari). Licinius erreichte in Eilmärschen seine Hauptstadt Nikomedia. Trotz der schweren Verluste war er nicht etwa entmutigt, sondern wollte sich Konstantin noch einmal zur Schlacht stellen. Seine Frau vermochte ihn davon abzuhalten. Wenn er sich jetzt geschlagen gebe, so legte sie ihm überzeugend dar, könne er mit dem Leben davonkommen. Tags darauf suchte sie ihren Halbbruder im Heerlager auf, um für ihren Mann um Gnade zu bitten.

Konstantin entsprach ihrem Ersuchen. Er rief Licinius zu sich, begegnete ihm mit allen Zeichen der Herzlichkeit und lud ihn zum Mahl. Dann sandte er ihn unter strenger Bewachung, aber in einem seinem Rang angemessenen Stil ins Exil nach Thessalonike. Dem von Licinius als Nachfolger nominierten Martianus gegenüber zeigte sich Konstantin ähnlich großherzig; er verbannte ihn lediglich, und zwar nach Kappadokien. Vergleicht man dies mit Licinius' Betragen, als er das Ostreich übernahm, erscheint solche Milde außerordentlich bemerkenswert. Aber ach, auch Konstantin ließ es schließlich nicht dabei bewenden. Wenige Monate später ließ er beide Männer kurzerhand umbringen.

Warum der Kaiser seine Haltung so plötzlich änderte, ist nicht bekannt. Möglich – das behauptet jedenfalls der christliche Historiker Sokrates, dessen Bericht allerdings erst hundert Jahre später entstanden ist –, daß Licinius wieder in altbewährter Weise mit Barbarenstämmen (vermutlich den Sarmaten) konspirierte, um Konstantin aus dem Weg zu räumen und selbst wieder an die Macht zu gelangen. Das ist denkbar, aber unwahrscheinlich. Eine viel wahrscheinlichere Erklärung bieten die Worte eines Gebets, das Konstantin etwa um diese Zeit verfassen und im ganzen Reich in Form einer Enzyklika verbreiten ließ. Nach einer ausführlichen Einleitung, in der die früheren Verfolgungen beschrieben und beklagt werden, fährt er fort, es sei sein Wunsch zum allgemeinen Wohl der Welt und der Menschheit, daß Gottes Volk in Frieden und ungestörter Eintracht leben könne.

Dies entsprach der Wahrheit. Nach dem Krieg gegen Licinius hat Konstantin derlei Gedanken bis an sein Lebensende immer wieder geäußert und Krieg und alles, was dazu führen könnte, auch zu verhindern versucht. Zu dem Zeitpunkt, da er das Edikt verbreiten ließ, herrschte aber bei ihm ohne Zweifel die Überzeugung vor, das Römische Reich könne nur unter der Herrschaft eines einzigen befriedet werden. Und wie die Dinge lagen, wollte er sich der Gefahr entledigen, daß sein Konkurrent Licinius sich mit einem Leben im verborgenen möglicherweise nicht bescheiden würde. Kurz gesagt: Das Reich war trotz seiner riesigen Ausmaße immer noch nicht groß genug für zwei. Und wenn die von ihm angestrebte Macht nichts außer die Eliminierung der beiden anderen Anwärter auf den Titel des Augustus erforderte, dann erschien ihm dies gewiß als ein geringer Preis.

2

Bekehrung zum Christentum

(323–326)

Denn für schlimmer als jeder Krieg und jeder furchtbare Kampf gilt mir der innere Zwist der Kirche Gottes, und schmerzlicher scheint mir dies als Kämpfe nach außen.

Konstantin der Große bei der Eröffnung des Konzils von Nikäa 325 n. Chr., zitiert nach Eusebius, III, 12

In den Jahren des Bürgerkriegs, in dem das heilige *Labarum* stets in der Schlacht vor ihm hergetragen wurde und nie darin versagte, ihm den Sieg zu bescheren – so sah er es jedenfalls –, wandte sich Konstantin immer eindeutiger dem Christengott zu. Schon seit einigen Jahren hatte er Gesetze zugunsten der Christen erlassen. Konfisziertes Eigentum wurde zurückgegeben, der Klerus war von staatsbürgerlichen Verpflichtungen entbunden, und die bischöflichen Gerichte hatten das Recht, als Appellationsgerichte (Berufungsinstanz) in zivilen Angelegenheiten zu fungieren. Auch andere Gesetze verraten christlichen Einfluß. So zum Beispiel das Verbot aus dem Jahre 319, Sklaven zu töten, und zwar unabhängig von ihrem jeweiligen Vergehen, weiter jenes von 320, das den Ordnungsmächtigen die Mißhandlung von Gefangenen untersagte, oder das von allen besonders begrüßte Gesetz vom 7. März 321, das den Sonntag, »den Ehrentag der Sonne«, als Ruhetag verkündete. (Man könnte darin einen Rückfall zur Verehrung des *Sol invictus* sehen; tatsächlich hatte der Sonntag den Samstag als christlichen Ruhetag seit den Tagen des heiligen Paulus immer mehr verdrängt und war schon seit dem Kirchenkonzil in Spanien vor fünfzehn Jahren für die Gläubigen als solcher vorgeschrieben.)

In keinem dieser Gesetze wird jedoch der Name Christi oder der christliche Glaube überhaupt erwähnt.

Nachdem das Reich unter seiner Alleinherrschaft wieder geeint und befriedet war, brauchte Konstantin seine Ansichten nicht länger zu verbergen. In dem am Ende des letzten Kapitels erwähnten langen Gebet legte er seine Überzeugung dar:

> Es fiel aber das Menschengeschlecht, durch mancherlei Trug betört. Doch du hast durch deinen Sohn, damit nicht das Unheil noch mehr niederdrücke, ein reines Licht aufgehen lassen und alles wieder an dich erinnert.[1]

Andererseits, fährt er fort, dürfe es keinerlei Zwang geben; den Ungläubigen solle gestattet sein, ihrem alten Glauben treu zu bleiben, wenn sie dies für richtig hielten. Dann heißt es in dem Gebet weiter:

> Doch darf keiner mit dem, was er selbst aus Überzeugung angenommen hat, einem anderen schaden. Was der eine gesehen und erkannt hat, damit soll er dem Nächsten, wenn es geschehen kann, nützen, andernfalls lasse er es sein; denn etwas anderes ist es, den Kampf um die Unsterblichkeit freiwillig aufzunehmen, etwas anderes, mit Strafen dazu zu zwingen.[2]

Die alten Religionen wurden also toleriert. Nicht aber Häresie! Diese sollte es nicht geben. Durfte die Kirche denn, so sie doch fortan geistiger Arm eines unteilbaren Reiches sein sollte, mit sich selbst zerstritten sein? Leider war sie es doch. Jahrelang schlug sich Konstantin vergeblich mit sektiererischen Gruppen herum, so mit den Donatisten in Nordafrika und den Meletianern in Ägypten. Diese christlichen Gläubigen ließen nicht mit sich reden und weigerten sich standhaft, einen jener Bischöfe oder Priester als Autorität anzuerkennen, die während der Christenverfolgung von der Kirche abgefallen waren und sich ihr später, da ihnen keine Gefahr mehr drohte, wieder zugewandt hatten. Damit lehnten sie die orthodoxe Auffassung ab, daß die moralische Integrität geistlicher Würdenträger – die, wie Augustinus später darlegte, nur Stellvertreter Christi sind –

keinerlei Auswirkung auf die Gültigkeit des Sakramentes habe. Die Donatisten gingen sogar noch weiter, indem sie behaupteten, alle, die mit den Verrätern Umgang pflegten, fielen selbst dem Verderben anheim, und da es nur eine einzige heilige Kirche gebe, gehörten ihr nur sie, die Donatisten selbst, an. Inzwischen tauchte noch eine dritte Fraktion auf, und diese war, beurteilt man sie nach der Größe der Anhängerschaft, die sie innerhalb und außerhalb der Kirche um sich scharte, sowie der Verbissenheit, mit der sie unterstützt oder aber bekämpft wurde, bedrohlicher und stiftete mehr Uneinigkeit als die beiden anderen zusammen.

An der Spitze dieser Gruppe stand ein Presbyter in Alexandria namens Arius, ein hochgebildeter Mann von blendender Erscheinung, Schüler des berühmten heiligen Lukian von Antiochien, der während der Verfolgungen den Märtyrertod gestorben war. Seine Lehre war einfach genug: Jesus Christus sei nicht von Ewigkeit an da und wesensgleich mit Gottvater, sondern von ihm zu einer bestimmten Zeit zur Erlösung der Welt geschaffen worden. Darum stehe der Sohn, obwohl ein vollkommener Mensch, doch immer unter dem Vater, denn er sei von Natur Mensch und nicht Gott.

Diese Lehre erachtete Arius' Erzbischof Alexander als gefährlich, und er traf deshalb sofort Anstalten, sie auszurotten. Im Jahre 320 wurde ihr Verkünder vor eine Versammlung von nahezu hundert Bischöfen aus Ägypten, Libyen und Tripolitanien zitiert und als Häretiker exkommuniziert.

Der Schaden ließ sich allerdings kaum noch begrenzen; die Lehre verbreitete sich wie ein Lauffeuer. Es sei daran erinnert, daß in jenen Tagen theologische Kontroversen auf leidenschaftliches Interesse stießen, und zwar nicht nur bei Vertretern der Kirche und bei Gelehrten, sondern im gesamten griechischen Kulturkreis. Es wurden Flugblätter verteilt, auf den Marktplätzen aufwiegelnde Reden gehalten und Losungen an die Häuserwände gemalt. Jedermann bezog Position: Man war entweder für oder gegen Arius. Dieser war im Unterschied zu den meisten Theologen ein glänzender Werber für seine Theorie. So verfaßte er zur besseren Verbreitung seiner Ansichten eine ganze Reihe volkstümlicher Lieder und eingängiger Verse für Seeleute, Reisende, Zimmerleute und alle möglichen anderen Handwerker, und sie wurden auf den Straßen gesungen und gepfiffen.[3]

Nachdem Arius exkommuniziert worden war, konnte er in Alexandria nicht bleiben. Überstürzt brach er auf und begab sich zunächst nach Cäsarea, wo Eusebius, mittlerweile Bischof, für seine Sache begeistert Partei ergriff. Dann reiste er weiter nach Nikomedia. Dort hießen ihn Licinius und Constantia herzlich willkommen, und der Bischof – der verwirrenderweise ebenfalls Eusebios hieß – berief eine regionale Synode ein, die sich mit überwältigender Mehrheit für Arius' Lehre aussprach. Eine weitere Synode, diesmal aus syrischen Prälaten, die Eusebius von Cäsarea zusammengetrommelt hatte, äußerte sich im gleichen Tenor. Daraufhin kehrte Arius, nun in erheblich gestärkter Position, nach Ägypten zurück und forderte die Wiedereinsetzung. Als Alexander sich weigerte, brach ein regelrechter Aufstand aus.

Im Herbst des Jahres 323, als Konstantin das Reich mittlerweile vollständig unter Kontrolle hatte, war, was als innertheologische Spitzfindigkeit begonnen hatte, zum gefährlichen Präzedenzfall geworden, und zwar nicht nur in Ägypten, sondern in der ganzen Levante. Strenge Maßnahmen schienen unausweichlich, wenn sich die Situation nicht noch verschlimmern sollte. Der Kaiser entsandte daher Bischof Hosius von Córdoba, der seit zehn Jahren in Angelegenheiten des Christentums als sein Hauptberater amtierte, nach Ägypten, um den Streit unter allen Umständen und ein für allemal beizulegen. Dem Bischof gelang dies jedoch nicht, was nicht weiter überrascht. Ein Jahr darauf versuchte er es erneut. Diesmal überreichte er einen Brief Konstantins, in dem sich dieser, ohne Partei zu ergreifen, an die beiden Protagonisten wandte:

> Der Sieger Kaiser Konstantin, der höchste Augustus, an Alexander und Arius:
> Da ich mir nun den Anfang und den Gegenstand all dessen überlegte, stellte sich heraus, daß die Ursache eine ganz geringfügige und durchaus nicht eines so heftigen Streites wert ist ... Darum soll ein jeder von euch in gleicher Weise dem andern Verzeihung gewähren und das annehmen, was euch euer Mitknecht mit vollem Rechte rät.
> Was ist aber dies? Man hätte weder von Anfang an über solche Dinge fragen noch auch auf die Frage eine Antwort geben sollen;

denn wenn auch solche Fragen, zu denen keine Vorschrift eines Gesetzes zwingt, sondern nur die Streitsucht unnützen Nichtstuns verleitet, aufgestellt werden können, daß die Geisteskraft daran geübt werde, so müssen wir sie doch im Innern unseres Herzens verschließen und dürfen sie nicht leichthin in öffentliche Versammlungen bringen oder unbedachtsam den Ohren des Volkes anvertrauen. Denn wie wenige gibt es, die imstande wären, die Tragweite so bedeutender und überaus schwieriger Fragen genau zu überschauen oder entsprechend darzulegen.[4]

Fürwahr, ein weiser Rat. Hätte die Kirche ihn durch die Jahrhunderte befolgt, wäre der Menschheit ungezähltes Leid und Blutvergießen erspart geblieben. Er traf jedoch auf taube Ohren. Statt dessen trugen Arius und Alexander ihren Fall getrennt dem Kaiser in Nikomedia vor.

Gegen Ende des Jahres 324 beschloß Konstantin, das Problem ein für allemal folgendermaßen zu lösen: Es sollte von nun an keine weiteren regionalen Bischofssynoden mehr geben, sondern nur noch ein allgemeines Kirchenkonzil. Dieses war mit so viel Autorität und Entscheidungsbefugnis ausgestattet, daß die streitenden Parteien an seine Beschlüsse gebunden waren. Zuerst wurde Ankyra (das heutige Ankara) als Konzilsort vorgeschlagen, doch entschied man sich schließlich für Nikäa (Iznik). Dieser Ort war einerseits besser erreichbar, lag andererseits aber auch näher an Nikomedia, und das war nicht unwichtig, denn schon sehr bald stellte sich heraus, daß der Kaiser auf jeden Fall persönlich daran teilnehmen wollte.

Nikäa vermochte zudem mit einem Kaiserpalast aufzuwarten, und dort fand denn auch vom 20. Mai bis zum 19. Juni 325 das große Konzil statt. Entgegen den Erwartungen des Kaisers, daß auch die westlichen Kirchen zahlreiche Vertreter entsenden würden, waren diese kaum repräsentiert, denn die Kontroverse war für sie bedeutungslos. Außer Bischof Hosius waren nur die Bischöfe von Kalabrien und Karthago erschienen; daneben noch zwei aus Gallien und Illyrien und einige Priester, die Papst Sylvester aus Rom in erster Linie als Beobachter geschickt hatte. Dagegen trafen die Delegierten aus dem Osten in großer Zahl ein: Nach niederster Zählung waren es zweihundertsiebzig, wahrscheinlich jedoch über dreihundert

Bischöfe, von denen viele mehrmals um ihres Glaubens willen verfolgt und eingekerkert worden waren. Kaiser Konstantin eröffnete das Konzil persönlich:

> Als sich aber die ganze Versammlung mit der geziemenden Würde niedergelassen hatte, herrschte in der Erwartung des Einzugs des Kaisers allgemeines Schweigen. Es zog nun erst einer, dann noch ein zweiter und dritter aus der Umgebung des Kaisers ein; voran gingen auch noch andere, nicht aus der Schar seiner gewöhnlichen Trabanten und Leibwächter, sondern aus dem Kreise seiner gläubigen Freunde. Auf das Zeichen aber, das die Ankunft des Kaisers verkündete, erhoben sich alle, und nun trat er selber mitten in die Versammlung, wie ein Engel Gottes vom Himmel her, leuchtend in seinem glänzenden Gewande wie von Lichtglanz, strahlend in der feurigen Glut des Purpurs und geschmückt mit dem hellen Schimmer von Gold und kostbarem Edelgestein ... Als er aber bis zur vordersten Reihe der Plätze gegangen war und dort, wo ihm ein kleiner Sessel aus Gold hingestellt worden war, mitten in der Versammlung stand, wollte er sich nicht eher setzen, als bis die Bischöfe ihn durch Winke dazu aufgefordert hatten. Dasselbe tat auch die ganze Begleitung des Kaisers.[5]

Aus Konstantins Brief an die beiden Kontrahenten geht eindeutig hervor, daß ihn die Streitfrage überhaupt nicht interessierte. Wenn auch nicht durch seine Herkunft, so gehörte er doch aufgrund seiner Erziehung dem Westen zu. Und trotz religiöser Neigungen hatte sein militärisch geprägter Geist wenig Verständnis für theologische Feinheiten. Er war einfach fest entschlossen, dem Streit so oder so ein Ende zu setzen. In diesem Sinn spielte er eine wichtige Rolle in der nachfolgenden Debatte. Er redete und munterte auf, er besänftigte aufgewühlte Gemüter, unterstrich immer wieder die Bedeutung der Einheit, wies auf die Tugenden des Kompromisses hin und wechselte im Bemühen, seine Zuhörerschaft zu überzeugen, gelegentlich gar vom Lateinischen ins Griechische über, das er nur gebrochen sprach.

Auf sein Betreiben hin wurde schließlich das Schlüsselwort in den Entwurf des Glaubensbekenntnisses aufgenommen, welches, zumindest vorerst, das Schicksal von Arius und seiner Lehre entschied, nämlich *homousios*, was »gleichen Wesens« bedeutet und das Verhältnis zwischen Gott dem Vater und dem Sohn definiert. Es zeugt von Konstantins Überzeugungskraft – sowie ohne Zweifel auch von seiner Einschüchterungsgabe –, daß er seinen Vorschlag durchsetzte. Viele Bischöfe, die mit Arius sympathisierten, protestierten erwartungsgemäß, aber allmählich brachte er sie zum Schweigen, indem er ihnen vorgaukelte, das Wort sei natürlich nur in seinem »göttlichen und mystischen« Sinn zu deuten, was nichts anderes hieß, als daß es einfach die Bedeutung haben sollte, die sie ihm unterlegten. Nachdem er geendigt hatte, gaben nahezu alle Arius-Anhänger, einschließlich der Bischöfe Eusebius und Eusebios, wenn auch widerstrebend, ihr Einverständnis, das Schlußdokument zu unterzeichnen. Nur siebzehn blieben bei ihrer oppositionellen Haltung, eine Anzahl, die sich nach Androhung von Verbannung und Exkommunikation schließlich auf zwei reduzierte.[6] Das Konzil hatte das Urteil gesprochen: Arius wurde mitsamt seiner Gefolgschaft verurteilt, seine Schriften galten als Anathema, das heißt, sie wurden verboten und sollten den Flammen übergeben werden. Es wurde ihm überdies verboten, jemals nach Alexandria zurückzukehren. Seine Verbannung nach Illyrien war jedoch nicht von langer Dauer; dank ständiger Appelle der arianischen Bischöfe befand er sich schon bald wieder in Nikomedia, und dort zeigte sich umgehend, daß seine stürmische Laufbahn noch keineswegs zu Ende war.

Nachdem die arianische Frage allem Anschein nach befriedigend gelöst war, wandte sich das Konzil anderen Themen zu, darunter auch der Frage nach einem geeigneten Termin für das Osterfest. In den meisten östlichen Kirchen wurde es immer noch nach dem jüdischen Kalender ohne Rücksicht auf den Wochentag errechnet, in Alexandria und im Westen dagegen stets an einem Sonntag gefeiert, und zwar am ersten Sonntag, der auf den ersten Vollmond nach der Frühjahrs-Tagundnachtgleiche folgte. In Nikäa entschied über den Fall vermutlich der leidenschaftliche Judenhaß des Kaisers. In einem Rundschreiben, das Konstantin nach dem Konzil an die einzelnen Kirchen schickte,[7] ließ er keinen Zweifel daran, daß ihn der Gedanke, die Auferstehung Christi am Tag des Paschafestes zu feiern, mit

Abscheu erfülle. So kam das Konzil schließlich überein, daß die gesamte Christenheit inskünftig das westliche Vorgehen übernehmen, daß das genaue Datum jährlich in Alexandria errechnet, nach Rom übermittelt und von dort an die Kirchen weitergegeben werden sollte.[8]

Damit war das erste ökumenische Konzil der christlichen Kirche zu Ende, einen Tag weniger als einen Monat nach seiner Eröffnung. Für Konstantin war es ein Triumph. Er hatte alles durchgesetzt, was er gewollt hatte. Noch bedeutender aus seiner Sicht war, daß die Beschlüsse fast einstimmig gefaßt wurden. So war nicht nur eine große Konföderation zwischen den östlichen und westlichen Kirchen entstanden, sondern er war selbst außerdem zur obersten moralischen Autorität geworden; er hatte Kirche und Staat so zusammengeschmiedet, daß die Legierung über tausend Jahre lang hielt. Er war also mit gutem Grund auf diese Leistung stolz, und das galt auch für die Bischöfe, die er nun drängte, noch ein paar Wochen länger in Bithynien zu bleiben, um an den *Vicennalia*, der Feier seiner Thronbesteigung vor zwanzig Jahren, teilzunehmen, bei welcher Gelegenheit er ihnen zu Ehren ein großartiges Bankett geben wollte. Eusebius von Cäsarea, der ebenso wie sein Namensvetter aus Nikomedia in der arianischen Frage mit sich ins reine gekommen war, befand sich an Ort und Stelle und berichtet ganz hingerissen über das Ereignis:

> Kein Bischof fehlte an der Tafel des Kaisers. Jeder Beschreibung aber spottet, was da geschah; denn Leibwächter und Trabanten wachten, die scharfen Schwerter gezückt, rings um den Vorhof des kaiserlichen Palastes; mitten zwischen ihnen konnten aber furchtlos die Gottesmänner hindurchgehen und bis ins Innerste des Palastes gelangen. Da nun lagen die einen auf demselben Polster zu Tisch wie der Kaiser, während die andern auf Polstern zu beiden Seiten ruhten. Leicht hätte man das für ein Bild vom Reiche Christi halten oder wähnen können, es sei alles nur ein Traum und nicht Wirklichkeit.[9]

Als die Bischöfe schließlich abreisten, hatte der Kaiser jedem persönlich ein Geschenk überreicht. Sie waren, wie Eusebius berichtet, von allem, was sie gesehen hatten, tief beeindruckt, und genau das hatte Konstantin beabsichtigt.

Konstantin machte sich Anfang 326 auf den Weg nach Rom. Daß er die *Vicennalia* in Nikäa abgehalten hatte und nicht der Tradition entsprechend in Rom, hatte die Römer schwer gekränkt. Er erklärte sich deshalb einverstanden, die Feier dort zu wiederholen, einmal, um die Wogen zu glätten, zum anderen, um der römischen Bevölkerung zu demonstrieren, daß er sie nicht einfach übergangen hatte. Auf dieser Reise begleiteten ihn mehrere Familienmitglieder, nämlich seine Mutter Helena, Kaiserin Fausta, seine Halbschwester Constantia, ihr Stiefsohn Licinianus und sein erstgeborener Sohn, der Cäsar Crispus. Die Reise stand unter keinem guten Stern, denn die Beziehungen zwischen diesen Personen hätten schlechter kaum sein können.

Helena konnte nicht vergessen, daß Fausta die Tochter von Kaiser Maximinian war, des Adoptivvaters jener Theodora, die ihr vor fast vierzig Jahren ihren Mann Constantius Chlorus weggenommen hatte. Fausta konnte sich nicht damit abfinden, daß Konstantin seine Mutter während der Feierlichkeiten im letzten Jahr, so wie sie selbst, in den Rang einer Augusta erhoben hatte. Constantia quälten die Erinnerungen an ihren Mann Licinius, der knapp zwei Jahre zuvor beseitigt worden war, obwohl sein Schwager Konstantin ihr versprochen hatte, sein Leben zu schonen. Ihr Stiefsohn Licinianus war darüber noch mehr verbittert, da seine eigenen Hoffnungen auf die Macht zerstört waren und er nun ohnmächtig mit ansehen mußte, wie seinem jüngeren Rivalen Crispus die Ehren erwiesen wurden, die ihm in gleicher Weise zugestanden hätten. Und Crispus war sich der aufkeimenden Eifersucht seines Vater schon seit längerem bewußt; sie ging zurück auf seinen glänzenden Sieg im Hellespont (er war dafür kaum belobigt worden) und beruhte wohl noch mehr auf seiner Beliebtheit beim Heer und bei der Bürgerschaft, die inzwischen die des Kaisers bei weitem übertraf. Im Jahr zuvor hatte er den Oberbefehl in Gallien an seinen Stiefbruder Konstantin II., der noch ein halbes Kind war, abtreten müssen und war bei der Konsulatsernennung für das Jahr 326 zugunsten seines noch jüngeren Bruders Constans übergangen worden.

Dennoch vermag all dies allein nicht zu erklären, was sich, soweit es sich noch herausfinden läßt, offenbar ereignete, als der kaiserliche Troß im Februar in Serdika oder Sirmium eintraf. Ohne jede Vorwarnung wurden Crispus und Licinianus gefangengesetzt und ein paar Tage später in Pola (dem heutigen Pula) hingerichtet. Und schon bald danach folgte ihnen ein weiteres Opfer von noch höherem Rang nach, nämlich Kaiserin Fausta, die das Schicksal im *Caldarium* (Wärmeraum) eines Bades ereilte: Ob durch kochendheißes Wasser, durch Erstechen oder Ersticken mittels Dampf, werden wir niemals erfahren.

Was, so fragt man sich, veranlaßte Konstantin plötzlich zu einem derart wahnsinnigen Gemetzel, dem, nach Eutropios' Aussage, der nur kurze Zeit später lebte, anschließend auch noch viele seiner Getreuen zum Opfer fielen? Die dürftigen Quellen lassen nur Vermutungen zu. Eine Annahme drängt sich auf: daß Crispus, der Eifersucht und Feindseligkeit seines Vaters innewerdend, sich um seine Zukunft ernstlich zu sorgen begann und sich mit Licinianus zusammentat – den für eine Verschwörung zu gewinnen, es wohl keiner großen Überzeugungskünste bedurfte –, um den Kaiser zu entmachten. In diesem Fall hätte Konstantin den Coup rechtzeitig entdeckt und wie immer rasch entschlossen gehandelt. Die späteren Hinrichtungen hätten dann all jene aus seinem Gefolge betroffen, deren Beteiligung an den Tag kam.

Diese Rekonstruktion hat einiges für sich, vermag aber Faustas Beseitigung nicht hinreichend zu erklären. Es ist zwar durchaus denkbar, daß auch sie in den Schlag gegen Konstantin verwickelt war; schließlich klebte auch das Blut ihres Vaters Maximian an seinen Händen. Das Ereignis lag aber immerhin sechzehn Jahre zurück, und Maximian hatte den Tod verdient; außerdem hatte sie mittlerweile als Konstantins Frau fünf Kinder geboren, was dafür spricht, daß sie zumindest bis zu einem gewissen Grad mit ihrer Lage versöhnt war. Aus all diesen Gründen muß man vielleicht doch nach einer anderen Lösung für das Problem suchen.

Mindestens vier antike Historiker haben Fausta in Verbindung mit dem Schicksal ihres Stiefsohnes gebracht, auffälligerweise alle zum Nachteil ihrer Ehrenwertigkeit. Aurelius Victor behauptet, sie habe Konstantin dringend geraten, Crispus zu beseitigen; dem stimmt Philostorgos mit der Ergänzung zu, sie habe gegen den jungen Cäsar Verleumdungen erfunden und selbst eine Affäre mit einem Mann vom Zirkus unterhalten. Zosimos, dessen Bericht allerdings erst aus dem folgenden Jahrhundert stammt, bringt einen ganz neuen Aspekt in die Diskussion ein. Crispus, so schreibt er nämlich, sei hingerichtet worden, weil er im Verdacht stand, ehebrecherische Beziehungen mit seiner Stiefmutter Fausta unterhalten zu haben.[10] Man wäre geneigt, diese doch eher unwahrscheinliche Geschichte der bekannten feindseligen Haltung des Chronisten gegenüber Konstantin und seiner ganzen Familie anzulasten, würde sie nicht von einem anderen Autor des fünften Jahrhunderts gestützt, nämlich von Apollinaris Sidonius, dem Bischof der Auvergne, der voller Schadenfreude den frechen Vers erwähnt, der angeblich an den Toren des Palastes auf dem Palatin gestanden haben soll, als der Kaisertroß endlich in Rom eintraf: »Wer begehrt denn heute noch das goldene Zeitalter des Saturn? Unseres ist mit Juwelen geschmückt, allerdings nach Neros Art.«[11]

Wenn diese Konstellation zutrifft, gibt es drei Möglichkeiten. Erstens: Fausta und Crispus hatten tatsächlich eine Affäre; warum wurden sie dann aber nicht gleichzeitig hingerichtet? Zweitens: Crispus versuchte Fausta für das Komplott zu gewinnen, was diese empört zurückwies, um Konstantin umgehend zu informieren; warum wurde sie dann aber überhaupt hingerichtet? Bleibt noch eine dritte, ebenfalls eine Hypothese: Crispus hatte keinerlei Pläne oder aber solche, die Fausta nicht einschlossen – Gibbon wühlt genüßlich im Schlamm und deutet an, *er* habe *ihre* Avancen zurückgewiesen –, und wurde von ihr zu Unrecht gewisser Dinge beschuldigt, und als Konstantin nach dem Tod seines Sohnes herausfand, daß ihre Behauptungen nicht zutrafen, ordnete er kurzerhand an, ihr das gleiche Schicksal zu bereiten. Aurelius Victor will seine Informationen darüber von Konstantins Mutter Helena haben, was mit Vorsicht zu genießen ist, dürfte sie doch kaum bedauert haben, daß ihre Schwiegertochter erhielt, was sie ihrer Ansicht nach verdiente.

Konstantins zweiter Aufenthalt in Rom hatte also nicht gerade verheißungsvoll begonnen. Aber es sollte noch schlimmer kommen. Die Nachrichten von dem Familiendrama waren ihm in die Stadt vorausgeeilt und hatten das Mißtrauen, das man dort vor allem in Adelskreisen seit langem gegen ihn hegte, nicht gerade verringert. Dafür gab es mehrere Gründe. Als römische Adelige verziehen sie ihm nun einmal nicht, daß er seine eigentlichen *Vicennalia* anderswo gefeiert hatte. Außerdem waren sie zunehmend beunruhigt über die Berichte, die von der glanzvollen neuen Stadt eintrafen, welche am Bosporus rasch emporwuchs. Als Republikaner – oder zumindest als Erben der republikanischen Tradition – empfanden sie zudem einen Herrscher als Skandal, der weniger als römischer Imperator denn als orientalischer Potentat auftrat, in Seide und Damast gehüllt und von einem großen Gefolge schmeichlerischer Höflinge umgeben. Und nicht zuletzt mißbilligten sie als unerschütterliche Wahrer der traditionellen Religionen, daß er von den alten Gottheiten abgefallen war und den verhaßten christlichen Glauben angenommen hatte, dessen Anhängerschaft in ihren Augen zum Straßenpöbel gehörte und den Bodensatz der römischen Gesellschaft bildete. Kurz, sie sahen in ihrem Kaiser nicht nur einen Verräter an der eigenen Religion, sondern auch – und dies war für sie beinahe genauso wichtig – an der eigenen gesellschaftlichen Klasse. Ohnmächtig hatten sie zusehen müssen, wie die Wände seiner großen, neuen Basilika in der Nähe des alten Lateranpalastes immer höher wuchsen; und am 3. Januar 326, nur ein paar Monate vor seiner Ankunft in der Stadt, hatten sie in düster grollendem Schweigen dagesessen, als sein Kandidat, ein gewisser Acilius Severus, als erster christlicher Statthalter formell in sein Amt eingesetzt wurde.

Nun, nach dreizehn Jahren, weilte er wieder unter ihnen. Zwar erwiesen sie ihm die ihm zustehenden Ehren, ließen aber keinen Zweifel an ihrer wirklichen Einstellung. Konstantin wiederum gab sich kaum Mühe, die seinige zu verbergen. Pflichtschuldigst nahm er an den Feierlichkeiten seiner *Vicennalia* teil; wie bei seinem ersten Besuch weigerte er sich jedoch strikt, an der traditionellen Prozession zum Tempel des Jupiter teilzunehmen. Berichten zufolge soll er seine Entscheidung erst bekanntgegeben haben, als man sich schon zur Parade aufgestellt hatte. Das war in jeder Hinsicht sehr riskant, stellte es doch eine unnötige Provokation Roms, aber auch seiner eigenen Soldaten dar, die noch überwiegend der überlieferten Religion anhingen. Daß er glaubte, sich über ihre Empfindungen rücksichtslos hinwegsetzen zu können, sagt viel über ihre Loyalität und Konstantins Selbstgewißheit aus. Sollte ihn die Familientragödie doch aus dem Gleichgewicht gebracht haben? Anders läßt sich dieses selbst für seine Verhältnisse ungewöhnlich provokative, herrische Gebaren kaum verstehen.

Zeigte sich der Kaiser gegenüber seinen römischen Untertanen bei weitem nicht so taktvoll und diplomatisch wie bei seinem Aufenthalt nach der Schlacht an der Milvischen Brücke, so war er um so eifriger bemüht, Rom zu einer christlichen Stadt zu machen. Er stiftete eine weitere große Basilika, diesmal zu Ehren des heiligen Paulus über dessen Grab an der Straße nach Ostia, wo er den Märtyrertod erlitten haben soll.[12] Eine weitere Kirche entstand zu Ehren der Apostel an der Via Appia. Berichten zufolge soll Konstantin dort die ersten zwölf Körbe mit Erde eigenhändig von der Baustelle fortgeschafft haben, einen Korb für jeden Apostel.[13] Die bedeutendste Gründung war aber die Basilika, die er über dem angeblichen Grab des heiligen Petrus auf dem Vatikanischen Hügel in der Nähe des Neronischen Circus errichten ließ. Mit dem Bau dieser Basilika muß bereits ein oder zwei Jahre vorher begonnen worden sein, denn sie wurde am 18. November 326, also nur wenige Monate nach dem Eintreffen des Kaisers, in Rom geweiht.[14]

Konstantins Bauwut beweist zweifellos, daß er in der Stadt den Stammsitz des christlichen Glaubens erblickte, sieht man einmal von Jerusalem ab. Er wollte alles tun, was in seiner Macht stand, um sie architektonisch und finanziell würdig auszustatten. Geliebt hat er sie allerdings persönlich nie; er hat sich weder jemals dort zu Hause gefühlt noch länger als unbedingt nötig in ihren Mauern aufgehalten. Seine Liebe gehörte dem Osten, wo auch seine eigentliche Lebensaufgabe seiner harrte. Kurz nach der Weihe der Basilika auf dem Vatikan verließ er die alte Kaiserstadt zum letzten Mal. Mehr als achthundert Meilen entfernt lag eine Stadt, in der ihn ungeduldig ganze Heerscharen von Architekten, Baumeistern und Ingenieuren erwarteten.

Er hatte in Byzanz zu tun.

3

Konstantinopel

(326–337)

Konstantinopel übereignet: fast jede andere Stadt geplündert.

Hieronymus

Als Konstantin Byzanz zum ersten Mal erblickte, war die Stadt schon an die tausend Jahre alt. Auch wenn man die Geschichte ihrer Gründung durch Byzas für fragwürdig hält, gibt es doch keinen Zweifel daran, daß an dieser Stelle von etwa 600 v. Chr. an eine kleine Siedlung aufgeblüht war, in welcher an der Stelle, wo heute die Hagia Sophia und der Topkap-Palast stehen, eine Akropolis aufragte. 73 n. Chr. war diese Siedlung von Vespasian dem Römischen Reich einverleibt worden. Als Septimius Severus hundertzwanzig Jahre später um die Herrschaft im Reich kämpfte, hielt die schlechtberatene Stadt zu seinem Widersacher und mußte deshalb eine dreijährige Belagerung in Kauf nehmen, nach der sie der siegreiche Severus unbarmherzig plündern und ihre gewaltigen Schutzmauern dem Erdboden gleichmachen ließ; diese sollen so prächtig anzusehen gewesen sein, als wären sie aus einem einzigen Stück Stein gehauen. Aber da derselbe Kaiser die ausgezeichnete strategische Lage erkannte, beschloß er schon bald darauf, das Zerstörte vollständig wiederaufzubauen, und das Erbe dieser Stadt des Severus trat nun Konstantin an.

Die Entscheidung, der Stadt ein neues Gesicht zu geben, scheint Konstantin gegen Ende des Jahres 324 n. Chr. getroffen zu haben, etwa sechs Monate vor dem Konzil von Nikäa. Während das neuerbaute Konstantinopel Zentrum der spätrömischen Welt und glanzvollste Metropole der Menschheit wurde, kamen zwangsläufig alle möglichen Legenden – an denen Konstantin höchstwahrscheinlich persönlich mitgesponnen hat – in Umlauf, die von allerlei übernatürlichen Umständen bei der Neugründung berichteten: Der Kaiser habe zunächst beabsichtigt, seine neue Hauptstadt in der Ebene von Troja zu bauen, aber Gott sei ihm nachts im Traum erschienen und habe ihm statt dessen den Weg nach Byzanz gewiesen.[1] Als er dann in Chalkedon gezögert habe, seien Adler von den Bergen herabgeflogen, hätten Werkzeuge und Material der Baumeister an sich genommen und in ihren Fängen zum Bosporus getragen. William of Malmesbury erzählt, Konstantin habe von einer runzligen alten Frau geträumt, die sich unversehens in ein wunderschönes Mädchen verwandelte, und ein paar Nächte darauf sei ihm in einem anderen Traum der verstorbene Papst Sylvester erschienen und habe ihm dargelegt, diese Frau stehe für Byzanz, das er in gleicher Weise zu verjüngen ausersehen sei. Und schließlich ging die Legende, Konstantin habe persönlich den Verlauf der Stadtmauern mit seinem Speer ausgezogen und, als seine Gefährten sich über deren Länge erstaunt zeigten, geantwortet, er werde so lange weiterziehen, bis der, welcher vor ihm hergehe, ihm Einhalt gebiete.[2] In Wirklichkeit gab es für einen solch übernatürlichen Auftrag keine Veranlassung; der Kaiser hatte damals bloß eine denkwürdige Stadt nach dem Vorbild Adrianopels oder Cäsareas im Auge, die seinen Namen tragen und allein durch ihre Prachtentfaltung künftigen Generationen ein unvergängliches Denkmal seiner Größe und seines Ruhms sein sollte. Eine schöne Stadt zwar, mehr aber ganz gewiß nicht.

Mit einiger Sicherheit hat ihn der zweite Romaufenthalt dazu bewogen, Byzanz zur Reichshauptstadt zu machen, denn dabei waren seine sämtlichen Illusionen über Rom verflogen. Weder für die dort vorherrschenden republikanischen noch für die altrömischen Traditionen war im neuen christlichen Reich, dem er ganz bewußt Gestalt verlieh, noch Platz. Sowohl intellektuell wie kulturell verknöcherte die alte Hauptstadt zusehends; mehr und mehr ging der Kontakt zum neuen fortschrittlichen Denken der hellenistischen Welt verloren. Die Akademien und Bibliotheken Roms konnten sich mit denen von Alexandria, Antiochia oder Pergamon nicht messen. Auch wirtschaftlich zeigte sich ein ähnlicher Trend. Nicht nur in Rom, sondern auf der gesamten Halbinsel war die Malaria auf dem Vormarsch, was einen Rückgang der Bevölkerung zur Folge hatte. In einem Jahrhundert aber, da finanzielle Dauernöte das ganze Reich an den Rand des Zusammenbruchs brachten, waren die erheblich gewinnträchtigeren ökonomischen Möglichkeiten der sogenannten *Pars orientalis* (des östlichen Reichsteils) so attraktiv, daß keine Regierung es sich leisten konnte, diesen Tatbestand zu übergehen.

In strategischer Hinsicht waren die Nachteile der alten Hauptstadt noch gravierender, und zwar schon seit geraumer Zeit. Keiner von Diokletians Tetrarchen zum Beispiel hatte in Rom residieren wollen. Schon seit nahezu hundert Jahren gingen die größten Gefahren für die Reichssicherheit von den Völkern an den östlichen Grenzen aus: den Sarmaten am Unterlauf der Donau, den Ostgoten nördlich des Schwarzen Meeres und vor allem von den Persern, deren großes Sassanidenreich sich inzwischen von den früheren römischen Provinzen Armenien und Mesopotamien bis zum Hindukusch erstreckte. Knapp siebzig Jahre war es her, seit der römische Kaiser Valerian vom Sassanidenherrscher Schapur I. 260 n. Chr. gefangengenommen worden war und den Rest seines Lebens als Gefangener unter äußerst unwürdigen Umständen verbracht hatte, mußte er dem König doch regelmäßig beim Besteigen des Pferdes als Trittstufe dienen. Im Jahre 298 n. Chr. hatte Galerius mit einem entscheidenden Sieg über König Narses die Rechnung beglichen und einen vierzig Jahre dauernden Frieden besiegelt, doch standen von dieser Zeitspanne nur noch etwa zwölf Jahre aus, und nach Ablauf dieser Frist war ein neuer Krieg zu erwarten. Welche Rolle, so könnte man fragen, hätte Rom in einem solchen Fall überhaupt spielen können? Es war einfach nicht zu übersehen, daß der Brennpunkt des Reiches sich unwiderruflich nach Osten verlagert hatte. Italien war tiefste Provinz geworden.

Es gab aber noch andere, weniger handgreifliche Gesichtspunkte. So war zum Beispiel die Ansicht weit verbreitet, Roms Tage seien gezählt. Das Sibyllinische Orakel hatte in einem jener schreckenerregenden Wortspiele, die die Alten so liebten, prophezeit, die mächtige *Roma* werde eines Tages zu einer *Rhume* (Maultierpfad) verkommen; außerdem fürchteten viele Menschen, das Ende der Stadt bedeute auch das Ende der Welt. Diese Vorstellung stammte aus verschiedenen literarischen Werken, zum Beispiel den *Institutiones divinae* des Laktanz, der als Erzieher des Cäsars Crispus mit dem Kaiser immer wieder darüber gesprochen haben könnte, und von Konstantin selbst, der sogar nach dem Maßstab seiner Zeit außergewöhnlich abergläubisch war und durchaus geglaubt haben mag, durch die Gründung eines »Neuen Rom« im Namen Christi des Erlösers, in dem der Geist des alten irgendwie aufgehoben würde, könne er der ganzen Welt eine neue Lebensfrist verschaffen.

Bei der Einweihung seiner Stadt trat sein abergläubisches Wesen noch deutlicher in Erscheinung. Nach qualvoll langen Befragungen seiner Auguren und Astrologen setzte der Kaiser als günstigsten Tag für die Zeremonie den 4. November 328 fest, im ersten Jahr der 276. Olympiade, als die Sonne im Zeichen des Schützen stand und die Stunde des Krebses herrschte. Dabei wurden keineswegs nur christliche Riten vollzogen; auch der hellenistische Oberpriester Praetextus und der neuplatonische Philosoph Sopater spielten dabei eine wichtige Rolle. Die zeitgenössischen Berichte zeigen unmißverständlich, daß sich Konstantin nach allen Seiten abzusichern trachtete und von überall her Segen erhoffte, um der Stadt, die seinen Namen tragen sollte, allseitige Gunst zu erwirken. Auch der bereits oben erwähnte bekannte Ausspruch, er werde so lange weiterziehen, bis der, der vor ihm hergehe, ihm Einhalt gebiete, deutet auf dergleichen hin. Um wen, ist man versucht zu fragen – und einmal mehr drängt sich unwillkürlich Gibbons Formulierung auf –, handelt es sich überhaupt bei diesem »außerordentlichen Führer«? Konstantin hat ihn, soweit bekannt, niemals benannt; vielleicht deshalb, weil er es selbst nicht so genau wußte.

Für die Mitglieder des kaiserlichen Gefolges, die auf ihr Fragen eine so dürftige Antwort erhielten, kann man durchaus Verständnis aufbringen, denn die Mauer, die der Kaiser so selbstverständlich vermaß, verlief über zweieinhalb Meilen in einem weitgeschwungenen Bogen, heute etwa begrenzt vom Sitz des orthodoxen Patriarchen am Golden Horn und dem Psamathia-Tor an der Küste des Marmarameeres, und sie umschloß ein über fünfmal so großes Gebiet wie ihre Vorgängerin. Klar, daß es viele Jahre der Bautätigkeit erfordern würde, eine Stadt von solcher Größe anzulegen, denn wie das alte konnte schließlich auch das neue Rom nicht an einem Tag erbaut werden. Doch Konstantin hatte schon befohlen, daß die offiziellen Einweihungsfeierlichkeiten zusammen mit seinem silbernen Jubiläum im Frühsommer des Jahres 330 stattfinden sollten, das heißt in nur eineinhalb Jahren. Die Arbeiten wurden daher fieberhaft vorangetrieben; man konzentrierte sich vor allem auf den östlichen Teil der Halbinsel, auf das Gebiet der alten Akropolis und deren Umgebung.

Das Zentrum bildete das *Milion*, der erste Meilenstein. Es bestand aus vier Triumphbögen rund um einen Platz, über den sich eine Kuppel wölbte; darauf hatte man die heiligste christliche Reliquie montiert, nämlich das echte Kreuz, das Kaiserin Helena ein oder zwei Jahre zuvor aus Jerusalem hatte herbeischaffen lassen. Von hier aus wurden alle Entfernungen im Reich gemessen; es galt somit als der Nabel der Welt. Etwas weiter östlich, dort, wo in früheren Zeiten ein Heiligtum der Aphrodite gestanden hatte, erhob sich die erste große christliche Basilika der neuen Hauptstadt; sie war nicht einer heiligen oder Märtyrergestalt geweiht, sondern dem heiligen Gottesfrieden, Irene. Einige Jahre später wurde in ihrer unmittelbaren Nähe eine noch größere und prächtigere Kirche errichtet, die Hagia Sophia oder Kirche der heiligen Weisheit, die die erste in den Schatten stellte, doch zum gegenwärtigen Zeitpunkt suchte die Irenenkirche an Pracht ihresgleichen. Etwa fünfhundert Meter entfernt in Richtung Marmarameer befand sich Konstantins riesiges Hippodrom, auf dessen zentraler *Spina* (Mittelachse) die sogenannte »Schlangensäule« stand, eine der altehrwürdigsten Trophäen der Stadt aus der Zeit der klassischen Antike. Konstantin hatte sie aus Delphi herbeischaffen lassen, wo einunddreißig griechische Städte sie aus Dankbarkeit für ihren Sieg über die Perser in der Schlacht von Platäa im Jahre 479 v. Chr. im Tempel des Apollo hatten aufstellen lassen.[3] Etwa in der Mitte der Ostseite gelangte man von der kaiserlichen Loge aus über eine Wendeltreppe in den Palast, einen großen Gebäudekomplex mit Empfangshallen, einem Verwaltungstrakt, Wohnräumen, Bädern, Kasernen und Exerzierplätzen.

Unmittelbar im Westen des *Milion* verlief die sogenannte *Mesé*, die Prachtstraße der Stadt, deren Bau schon Severus in Angriff genommen hatte, und am Schnittpunkt dieser Straße mit der alten Severischen Mauer ließ der Kaiser ein großartiges neues Forum in ovaler Form anlegen, ganz und gar mit Marmor verkleidet; vermutlich hatte dafür das Forum von Gerasa (Jerasch) in Arabia als Vorbild gedient. Im Zentrum stand eine gewaltige, mehr als dreißig Meter hohe Säule aus Porphyr, die aus dem ägyptischen Heliopolis (der Sonnenstadt) stammte und auf einem gut sieben Meter hohen Marmorsockel ruhte. Dieser Sockel barg mehrere berühmte Reliquien, unter anderem das Beil, mit dem Noah die Arche gebaut hatte, die Körbe und Überreste der Brote, mit denen Jesus die Menge gespeist hatte, ein Salbgefäß der Maria Magdalena und die Statue der Athene, die Äneas aus Troja gerettet hatte. Ganz oben aber stand eine Statue mit dem Körper eines Apollo von Phidias, auf den man einen Kopf mit den Zügen Konstantins gesetzt hatte, umgeben von einer Gloriole mit einem die Sonnenstrahlen symbolisierenden Strahlenkranz. In der rechten Hand hielt sie ein Szepter, in der linken den Reichsapfel mit einem Splitter des echten Kreuzes.[4]

Einmal mehr finden sich christliche und hellenistische Elemente vereint, doch diesmal scheinen Apollo, *Sol invictus* und Jesus Christus einem neuen höchsten Wesen zu unterstehen: Kaiser Konstantin. Zwar wird man es nie mit Sicherheit wissen, aber die vorhandenen Zeugnisse legen mehr als nahe, daß der Kaiser in der letzten Dekade seines Lebens vollends dem religiösen Größenwahn anheimfiel. Von der Annahme, er sei Gottes auserwähltes Werkzeug, war es für ihn nicht mehr weit zu der, er sei Gott selbst, der *Summus Deus*, also der höchste Gott, in dem alle anderen Gottheiten und Religionen aufgehen.

Außerhalb des Forums wurde praktisch noch gar nicht gebaut; die Prachtstraße bog dort nach Nordwesten ab, verlief etwa eine Meile durch offenes Gelände und teilte sich dann, wobei der linke Ast die Richtung auf Thessalonike und der andere die Richtung auf Adrianopel nahm. Um den Palast, die Kirche und das Hippodrom waren dagegen Zehntausende von Arbeitern und Handwerkern Tag und Nacht im Einsatz, und dank der Plünderung im großen Stil, durch die Europas und Asiens Städte ihrer schönsten Statuen, Trophäen und Kunstwerke beraubt worden waren, gab es hier schon eine, wenn auch noch nicht sehr große, so doch prächtige und vornehme Stadt, die auf Konstantins Befehl im Rahmen einer besonderen Zeremonie als Höhepunkt der Feierlichkeiten zu seinem silbernen Jubiläum eingeweiht wurde.

Die Feiern dauerten vierzig Tage und Nächte an und stellen möglicherweise den Beginn jener außerordentlichen jährlichen Huldigungen an den Kaiser dar, die später jeweils am Geburtstag der Stadt abgehalten wurden. Bei dieser Gelegenheit zog praktisch die gesamte Bevölkerung zum Hippodrom, um dem prächtigen Umzug beizuwohnen, dessen Kernstück wiederum eine Kolossalstatue Konstantins aus vergoldetem Holz bildete; sie hielt in der linken Hand eine kleine Verkörperung der *Tyché*, das heißt des Genius der Stadt, und wurde bei einem Rundgang durch das Theater feierlich auf einem Triumphwagen mitgeführt, eskortiert von Soldaten in Paradeuniform, von denen ein jeder eine brennende Fackel trug. Wenn sie vorüberzogen, verbeugte sich männiglich, und wenn der Zug auf der gegenüberliegenden Seite die Höhe der Kaiserloge erreichte, erhob sich auch der Kaiser und verneigte sich tief.

Ob Konstantin selbst seinem eigenen Abbild jemals in dieser Weise Ehre angetan hat, ist nicht überliefert. Aus den wenigen auf uns gekommenen Quellen gewinnt man in erster Linie den Eindruck, daß das christliche Element bei den Weihezeremonien erheblich stärker in Erscheinung trat als noch bei der Einweihung der Stadt achtzehn Monate zuvor. Als schließlich die vierzig Tage ihren Höhepunkt erreichten, besuchte der Kaiser das Hochamt in der Irenenkirche, während die heidnische Bevölkerung in den Tempeln, die er für ihren Gottesdienst bestimmt hatte, für sein Wohl und das Gedeihen der Stadt beteten.[5] Mit dieser Messe, mit der die Stadt offiziell dem Gott der Christenheit geweiht wurde, beginnt die eigentliche Geschichte Konstantinopels und damit auch die des Byzantinischen Reiches.

Sie fand am 11. Mai 330 n. Chr. statt, an einem Montag, wie uns glaubhaft überliefert ist.

Nur wenige Jahre zuvor war Byzanz eine kleine griechische Stadt unter anderen gewesen, hatte nichts anderes zu bieten gehabt als eine ausgezeichnete Lage, die es von tausend anderen Orten Europas unterschied; jetzt, wiedergeboren und neu benannt, war es das Neue Rom: Diese offizielle Bezeichnung (obwohl nie allgemein angewandt) war mit Stolz auf einer Säule im eben fertiggestellten Gerichtshof eingemeißelt. Konstantin hatte bis zu dem Zeitpunkt nur allzu deutlich demonstriert, daß dies kein bloßer Titel sein sollte. Das alte Rom sollte unter dieser Hintansetzung jedoch auf keinen Fall zu leiden haben. Die Bevölkerung behielt all ihre alten Privilegien und genoß weiterhin unentgeltlich ihre Ration an Brot und andere Annehmlichkeiten. Auch der Handel ging wie eh und je weiter; Ostia blieb ein belebter Hafen. Aber etliche alte römische Senatorenfamilien begannen bereits nach Konstantinopel umzuziehen, angelockt von den vielversprechenden großartigen Palästen am Bosporus und nicht zuletzt von den weit ausgedehnten Landgütern in Thrakien, Bithynien und Pontus; zudem war in der neuen Hauptstadt ein größeres und weit luxuriöseres Senatsgebäude entstanden, in dem ihnen im Rahmen eines zweiten Senats, jenem von Konstantinopel, als den *Clari*, in einer Entsprechung zu den *Clarissimi* in Rom, eine neue Wirkungsstätte geboten wurde.

Inzwischen waren alle großen Städte des Reiches nach Kunstwerken durchstöbert worden, um die aufblühende Stadt zu schmücken. Vor allen Dingen begehrt waren Tempelstatuen der alten Gottheiten, denn indem Konstantin die Statuen aus ihren angestammten Heiligtümern entfernte und an öffentlichen, ungeweihten Plätzen und eher zu ästhetischen als religiösen Zwecken aufstellen ließ, konnte er den alten Religionen deutlich einen Schlag versetzen. Beschlagnahmt wurden unter anderem so bedeutende Stücke wie der Zeus von Dodona, die Athene von Lindos – möglicherweise erst durch Theodosios den Großen ein halbes Jahrhundert später – und der Apollo von Delphi. Neben diesen wurden jedoch Tausende von unbedeutenderen Plastiken aufgestellt, von denen weder bekannt ist, wie sie aussahen noch wo sie herkamen. Die Eile, mit der die neue Stadt ihr neues Gesicht erhielt, kam der Bevölkerung, den Alteingessenen wie den Neuankömmlingen, fast wie ein Wunder vor.[6] Und es war um so wundersamer, als der Kaiser sich gleichzeitig mit einem weiteren riesigen Werk zu seinem Ruhm in Cirta in Numidien (das er ebenfalls nach seinem Namen Konstantin benennen wollte) beschäftigte sowie zu Ehren seiner Mutter die kleine Stadt Depranum an der asiatischen Seite des Marmarameeres vollständig wiederaufbauen ließ, der er, wie vorauszusehen war, den Namen Helenopolis gab.

Unterdessen hatte sich Helena im Jahre 327 mit der Zielstrebigkeit einer leidenschaftlichen Konvertitin im Alter von zweiundsiebzig Jahren ins Heilige Land aufgemacht, wo Bischof Makarios von Jerusalem sie zu den heiligen Stätten führte und wo sie, nach der Überlieferung, in einer Zisterne unter dem Tempel der Aphrodite das Kreuz gefunden haben soll. Man erkannte es als das richtige im Gegensatz zu jenen der beiden Schächer, indem man es auf eine sterbende Frau legte, die daraufhin auf wunderbare Weise geheilt wurde. Eigenartigerweise erwähnt Eusebius, der sich weitschweifig über die Reise der Kaiserin und ihre Spenden an die verschiedenen Kirchen ausläßt, dieses bedeutsame Ereignis nicht; andererseits spricht Makarios' zweiter Nachfolger, Bischof Kyril, der sich damals mit ziemlicher Sicherheit als sehr junger Mann in Jerusalem aufhielt, nur ein Vierteljahrhundert später davon, als wäre es allgemein bekannt. Eine weitere Bestätigung liefert eine charakteristische Handlung Konstantins: Bald nachdem das Kreuz in der neuen Hauptstadt eingetroffen war, schickte er ein Stück davon nach Rom, wo es im alten Sessorianischen Palast aufbewahrt werden sollte, den seine Mutter während ihrer Aufenthalte in der Stadt stets bewohnt hatte und der nun auf sein oder ihr Geheiß in eine Kirche umgewandelt werden sollte. Das heute noch als S. Croce in Gerusalemme bekannte Bauwerk ist seither stets unlösbar mit der heiligen Helena verbunden gewesen.[7]

Nach Eusebius soll Kaiserin Helena von ihrem Sohn Konstantin die Verfügungsgewalt über den kaiserlichen Schatz erhalten haben, um daraus Mittel nach ihrem Gutdünken zu verwenden, ohne darüber Rechenschaft ablegen zu müssen, und von diesem Vorrecht reichlich Gebrauch gemacht haben. So stellte sie eine Stiftung für die Geburtskirche in Bethlehem und die Himmelfahrtskirche am Ölberg, außerdem für weitere Kirchen in Mamre (dem mit Abraham in Verbindung stehenden Heiligtum bei Hebron), Tyros und Antiochia. Am bedeutendsten aber war ihre Unterstützung für die Grabeskirche in Jerusalem, indem sie den Anstoß gab zur Wiederaufnahme des ehrgeizigen Bauprojekts, das ihr Sohn 325 zum Dank für den erfolgreichen Abschluß des Konzils von Nikäa in Angriff genommen hatte. Für dieses Vorhaben wurde die gesamte unebene Oberfläche des Felsens rund um das Grab zu einem weiträumigen Hof eingeebnet, der an der einen Seite von einem Portikus und an den drei anderen von Kolonnaden gesäumt war. Auf der einen Seite befand sich in einer kleinen runden Anastasis genannten Ädicula (Kapelle) das Grab; direkt östlich davon erhob sich Konstantins neue Basilika mit je zwei Seitenschiffen und einem die ganze Breite einnehmenden tiefen Atrium. Die Außenmauern bestanden aus glatt poliertem Stein, während die Innenwände mit buntem Marmor verkleidet und mit einer vergoldete Kassettendecke versehen waren.

Von diesen herrlichen Gebäuden ist heute kaum noch etwas übrig. Brände und Erdbeben haben ihren Tribut gefordert, und die Zeitspanne von mehr als anderthalb Jahrtausenden hat den Rest besorgt. Man muß aber auch einräumen, daß ein großer Teil der kaiserlichen Bauwerke, für die überall nur wenige erstklassige Architekten und Handwerker zur Verfügung standen, zu schnell und reichlich schludrig hochgezogen wurde; die Wände waren zu dünn, die Fundamente nicht tief genug. Klar im Blick hatte man jeweils das Ziel und damit auch die Energie und die Entschlossenheit, die großen Heiligtümer des christlichen Glaubens zu schützen, zu bewahren und auszuschmücken. Und wenn auch nur wenige dieser Heiligtümer tatsächlich noch Teile enthalten, die nachweislich aus der Zeit Konstantins stammen, so bleibt immer noch eine bemerkenswerte Anzahl übrig, deren Existenz zum großen Teil auf seine Initiative zurückgeht.

Und natürlich auf die seiner Mutter. Sie genoß viele Jahre lang im ganzen Reich höchstes Ansehen; ihr Eifer für die Religion, der sie mit Begeisterung anhing, hatte Ungezählte zur Konversion bewogen, die Reise zu den heiligen Stätten die Phantasie der ganzen Christenheit entfacht. Und selbst wer bezweifelt, daß sie das echte Kreuz tatsächlich gefunden hat, kann nicht in Abrede stellen, daß sie eine stattliche Anzahl von Kirchen, Klöstern, Hospitälern und Waisenhäusern gestiftet und sie mit großzügigen Wohltaten unterstützt hat, wo immer sie weilte. Es ist nicht bekannt, wie lange sie sich in der Levante aufgehalten hat, und auch nicht, wie sie gestorben ist. Da es keinen sicheren Hinweis darauf gibt, daß sie nach Konstantinopel zurückkehrte, und da sie bei keiner der Weihezeremonien zugegen gewesen zu sein scheint, ist es gut möglich, daß sie, wie sie es sich gewünscht haben mag, im Heiligen Land gestorben ist – als erste überlieferte christliche Wallfahrerin und Begründerin der Pilgertradition, die seither ihre Fortsetzung gefunden hat bis in unsere Tage.

Während der triumphalen Feierlichkeiten, die Konstantin zu Ehren seiner neuen Hauptstadt – und, wie er glaubte, einer neuen Ära des Römischen Reiches – beging, war er sich sehr wohl darüber im klaren, daß er dennoch in einer entscheidenden Hinsicht versagt hatte. Trotz des Konzils von Nikäa, trotz all seiner Versuche, die Einheit der christlichen Kirche zu wahren, blieb sie so zerstritten wie zuvor. Bis zu einem gewissen Grad war er daran nicht ganz unschuldig, obwohl er dies wahrscheinlich nicht einmal sich selbst eingestanden hätte. Da ihn die feinen theologischen Unterschiede innerhalb der Lehre persönlich nicht interessierten und er fest entschlossen war, die Einheit von Kirche und Staat herzustellen und alle Seiten für diese Vorstellung zu gewinnen, lavierte er ständig zwischen den opponierenden Gruppen und ließ sich von jedem beschwatzen, wann immer er jemandem sein geneigtes Ohr lieh. Aber die christlichen Führer trifft die größere Schuld. Sie glaubten ganz offensichtlich, daß zentrale Fragen auf dem Spiel standen; viele hatten dies schon bewiesen, indem sie bereit waren, in die Verbannung zu gehen und sogar den Märtyrertod zu erleiden. Und trotzdem gaben sie mit ihrem ewigen Gezänk, dem Haß und der Bigotterie, der Intoleranz und der Mißgunst, mit der sie einander begegneten, und der Bereitwilligkeit, mit der sie sich jedes schmutzigen Mittels zur Erreichung ihrer Ziele bedienten, ihrer Herde ein trauriges Beispiel, ein Beispiel zudem, welchem unzählige Generationen ihrer Nachfolger nur allzu bereitwillig gefolgt sind.

Erzbischof Alexander starb 328 n. Chr.; sein Nachfolger im Bistum Alexandria wurde sein ehemaliger Kaplan Athanasius. Dieser hatte mit seinem Lehrer schon am Konzil von Nikäa teilgenommen und ihn dort an dialektischer Wendigkeit noch übertroffen. In den folgenden Jahren erwies er sich als noch etwas mehr, nämlich als führender Kirchenmann seiner Zeit, als eine der herausragenden Gestalten in der gesamten Geschichte der christlichen Kirche, die dann auch heiliggesprochen wurde. (Man hat ihn irrtümlicherweise lange für den Autor des Athanasianischen Glaubensbekenntnisses gehalten, das immer noch seinen Namen trägt.) Niemals mehr hatten Arius und seine Gefolgschaft es mit einen gewaltigeren Gegner zu tun.

Im Augenblick ging jedoch ihr Stern noch einmal auf. Auch nach

Nikäa hatte Arius die Unterstützung der kaiserlichen Familie, und zwar vor allem von Kaiserin Helena und Konstantins Halbschwester Constantia, nie verloren. Und im Gegensatz zu den Bischöfen aus Europa und Nordafrika sympathisierten auch die Bischöfe aus Asia sehr stark mit seiner Lehre und nutzten die Nähe zum kaiserlichen Hof für ihre Sache ausgiebig. Schon 327 hatten sie Konstantin überredet, Arius aus der Verbannung zurückzurufen und ihm Audienz zu gewähren. Der Kaiser, gleichermaßen beeindruckt von der Brillanz und offensichtlichen Aufrichtigkeit des Mannes wie von seiner Bereitschaft, alle in Nikäa festgelegten Glaubensartikel zu akzeptieren, war so weit gegangen, Erzbischof Alexander persönlich mindestens zwei Briefe zu schreiben, in denen er ihn drängte (ihm jedoch niemals direkt befahl), Arius die Rückkehr nach Ägypten zu gestatten. Er scheint tatsächlich echt überrascht gewesen zu sein, als der Bischof sich diesem Ersuchen widersetzte – und vermutlich noch mehr, als im Jahr darauf Alexanders Herde sich mit der Wahl des Unruhestifters Athanasius als ebenso hartnäckig erwies.

Dabei war Athanasius nicht einmal in seinem Stammland allgemein beliebt; das sind Unruhestifter selten. Vielmehr war die aus internen politischen Gründen nicht in die Kontroverse mit Arius verwickelte, ortsansässige meletianische Kirche unter ihrem Bischof Johannes Arkaph auf seinen Ruin aus und klagte ihn innerhalb weniger Jahre in schneller Folge des Betrugs, der Bestechlichkeit und sogar eines Sakrilegs an. Als alle drei Anklagen ihm nichts anhaben konnten, erhob man Mordanklage gegen ihn: Ein meletianischer Bischof sei durch seine Aufwiegelung zu Tode geprügelt und zerstükkelt worden. Nach einer Version dieser Geschichte konnte Athanasius den vermißten Bischof unzerstückelt der prüfenden Behörde vorstellen. Auf alle Fälle konnte er, wie auch immer, offenbar tatsächlich beweisen, daß sein angebliches Opfer lebendig und gesund war, denn auch diese Anklage erledigte sich. Für Arkaph und seine Anhängerschaft blieb nun noch ein Straftatbestand übrig, nämlich Vergewaltigung. Man trieb eine junge Frau auf, die man entweder durch Bestechung oder durch Einschüchterung dazu brachte, auszusagen, der Erzbischof habe sich an ihr vergangen, ein Vergehen, so führte sie aus, das besonders schwerwiegend sei, da sie lebenslange Enthaltsamkeit gelobt habe. Leider konnte sie ihren Schänder vor

Gericht nicht identifizieren, so daß Athanasius auch diesmal juristisch nicht belangt werden konnte.

Ob diese fortgesetzten Anklagen Konstantin, wie er vorgab, in der Tat ernsthaft beunruhigten, wo sie sich doch allesamt als gegenstandslos erwiesen, oder ob er einfach immer stärker unter den Einfluß der arianischen Gefolgschaft in seiner Umgebung geriet, bleibe dahingestellt; er scheint jedenfalls allmählich zu dem Schluß gekommen zu sein, daß nicht Arius, sondern inzwischen Athanasius das Haupthindernis für jene kirchliche Einheit war, um die er kämpfte. Dazu kam, daß er sich in dieser Zeit mit Plänen befaßte, den dreißigsten Jahrestag seines Regierungsantritts im Jahre 335 mit einer offiziellen Einweihung der wiederaufgebauten Grabeskirche in Jerusalem feierlich zu begehen. Dazu wollte er möglichst viele Bischöfe aus dem ganzen Reich um sich versammeln, und es war seine feste Absicht, daß unter ihnen in Fragen der Lehre Harmonie herrschen sollte. So gab er Befehl, die Bischöfe sollten auf ihrem Weg nach Jerusalem in Tyros in Anwesenheit eines hohen kaiserlichen Beamten eine Synode abhalten, um, wie er entwaffnend formulierte, »die Kirche vor Blasphemie zu bewahren und mich von meinen Sorgen zu befreien«.

Die Synode wurde für Juli einberufen. Es zeigte sich schon sehr bald, daß fast ausschließlich arianische Bischöfe daran teilnahmen und daß es sich weniger um eine Versammlung berühmter Kirchenleute als um ein Tribunal zur Verurteilung des Athanasius handelte. Dem Erzbischof scheint dies nicht entgangen zu sein. Im Jahr zuvor hatte er sich noch kategorisch geweigert, an einem ähnlichen geplanten Treffen in Cäsarea teilzunehmen, so daß man den Plan aufgegeben hatte. Jetzt aber war er entschlossen, den Kampf mit seinen Feinden aufzunehmen, und erschien deshalb vor dem Tribunal. Diese Entscheidung sollte er bald zu bereuen haben. Sämtliche alten Anklagen wurden erneuert und neue hinzugefügt. Ganze Scharen von Zeugen und Zeuginnen wurden aufgerufen, und sie waren offensichtlich alle darauf vorbereitet, Stein und Bein zu beschwören, daß er gegen jedes Gebot verstoßen und alle im Gesetzbuch aufgeführten Verbrechen begangen habe. Er setzte sich mit charakteristischer Schlagfertigkeit zur Wehr und begegnete den Anklagenden mit ihren eigenen Waffen. Schon bald artete die Synode in einen allseitigen Tumult von Lügen und Gegenlügen, Schmähungen und Verfluchungen, Beleidigungen und Aggression aus. Schließlich wurde eine Untersuchungskommission aus sechs der unversöhnlichsten Gegner von Athanasius gegründet, die nach Ägypten reisen sollte, um weitere Beweise zusammenzutragen. An diesem Punkt floh der Erzbischof, da er, vermutlich zu Recht, um sein Leben fürchtete, nach Konstantinopel. Nachdem man ihn in Abwesenheit abgesetzt hatte, wurde die Synode beendet, und die Teilnehmer setzten ihre Reise nach Jerusalem fort.

Kaum in der Hauptstadt, begab sich Athanasius zum Palast, wo ihm aber eine Audienz verweigert wurde. Wir wissen von Konstantin selbst, daß sich ihm eines Tages auf einem Ritt in die Stadt der Erzbischof plötzlich in den Weg stellte und vor seinem Pferd niederwarf. »Er und seine Gefährten sahen so niedergedrückt von ihren Kümmernissen aus, daß ich unsägliches Mitleid empfand, als ich bemerkte, daß dies Athanasius war, dessen heiliger Anblick einst genügt hatte, die Völker zur Verehrung des Gottes aller Menschen zu bewegen.« Der Vorfall, so ist anzunehmen, war von Athanasius perfekt inszeniert, aber trotz des verheißungsvollen Auftaktes blieb ihm der Erfolg versagt. Sechs Bischöfe, darunter auch Eusebius und Eusebios, eilten auf des Kaisers Geheiß nach Konstantinopel, allerdings mit der neuen und höchst bedrohlichen Anschuldigung, der Erzbischof beabsichtige, die Hafenarbeiter von Alexandria zum Streik aufzuwiegeln: Wenn er nicht sofort wieder eingesetzt werde, würden sie die Transportschiffe mit dem Getreide, von dem das Überleben Konstantinopels abhing, so lange nicht beladen, bis die Hauptstadt sich ausgehungert fügen müsse. Vergeblich leugnete Athanasius diese Beschuldigungen; wenn es um seine geliebte Stadt ging, zeigte sich Konstantin der Stimme der Vernunft gegenüber taub. In einem Wutausbruch verbannte er den immer noch protestierenden Erzbischof nach Augusta Treverorum (dem heutigen Trier) und wandte sich dann der aufgeschobenen Wiedereinstellung von Arius in Alexandria zu.

Jetzt aber war der Kaiser an der Reihe, eine Runde zu verlieren. Jeder Versuch von Arius, in die Stadt zurückzukehren, hatte neue Aufstände zur Folge, an deren Spitze der große, mittlerweile sechsundachtzigjährige heilige Antonius stand. Er hatte seine Einöde verlassen, um für die Sache der Orthodoxie zu kämpfen, und schrieb jetzt persönlich mehrere Briefe zugunsten von Athanasius an den Kaiser. Obwohl diese Briefe in koptischer Sprache abgefaßt waren, da Antonius kein Griechisch sprach, scheinen sie nicht ohne Auswirkung geblieben zu sein und Konstantin veranlaßt zu haben, Arius, vermutlich im Jahre 336, zur erneuten Überprüfung seines Glaubens nach Konstantinopel vorzuladen. Während dieser letzten Untersuchung, so berichtete Athanasius später nicht ohne Häme seiner ägyptischen Herde, und noch während die arianischen Bischöfe den Patriarchen von Konstantinopel dazu zu überreden versuchten, Arius die Teilnahme an der Messe am folgenden Tag (einem Sonntag) zu erlauben, habe sich dieser, durch den Schutz seiner Anhänger kühn geworden, der leichtfertigen und törichten Unterhaltung hingegeben und sei daraus plötzlich von der Natur abberufen worden, indem er, wie geschrieben stehe, unvermutet vornübergestürzt und mitten entzweigeborsten sei und den Geist aufgegeben habe.[8]

Sicher, diese Beschreibung der Umstände stammt aus der Feder von Arius' Erzfeind. Doch obwohl es – wie könnte es anders sein – mehrere und unterschiedliche Versionen[9] dessen gibt, was wirklich vorgefallen sein soll, sind die unerquicklichen Umstände von Arius' Tod in zeitgenössischen Berichten zu gut bezeugt, als daß man sie im Kern ernsthaft in Zweifel ziehen könnte. Natürlich betrachteten alle, die ihn gehaßt hatten, dies als Gottesurteil; die vom Erzbischof zitierte Bibelstelle beschreibt das allgemein bekannte Schicksal des Judas Ischariot. Die Kontroverse war damit aber noch nicht zu Ende, ja nicht einmal Athanasius' Verbannung, die über Konstantins Tod im Jahre 337 hinaus andauerte. Erst am 23. November dieses Jahres kehrte er nach Alexandria zurück und eröffnete in dieser unglückseligen Diözese eine neue Phase im Streit der Parteien. Konstantins Traum einer geistlichen Harmonie der ganzen Christenheit sollte sich zu seinen Lebzeiten nicht verwirklichen; und wir warten heute noch darauf.

Gerne würde man mehr über die *Tricennalia* in Jerusalem erfahren. Eusebius äußert sich erstaunt über die große Zahl der versammelten Bischöfe und von wie weit her sie angereist kamen; so befand sich unter ihnen, so berichtet er, ein heiliger Prälat aus Persien, der sich hervorragend in den heiligen Orakeln auskannte. Und alle, so fährt er fort, seien vom kaiserlichen Bevollmächtigten empfangen und mit Festen und Banketten unterhalten worden; gleichzeitig sei auch an die Armen der Stadt großzügig Getreide, Kleidung und Geld ausgeteilt worden. Sein Bericht widmet sich aber hauptsächlich der endlosen Abfolge von Predigten und Dissertationen, die auf dem Programm standen, und besonders einem nicht enden wollenden Sermon aus eigener Feder, den er nach seiner Rückkehr nach Konstantinopel in Anwesenheit des Kaisers wiederholen mußte. Die Einweihung der Grabeskirche dagegen kommt in seinem Bericht nicht vor.

Noch weniger konkret ist bekannt, wie die *Tricennalia* in Rom begangen wurden. Die Christen, so erfahren wir lediglich, feierten sie, indem sie die angeblichen Überreste von Petrus und Paulus aus den Katakomben von Sankt Sebastian in die beiden prachtvollen neuen Basiliken überführten, die Konstantin an der Stelle ihres vorbildlichen Märtyrertods hatte erbauen lassen. Wie aber begingen die anderen Konstantins Ehrentag, jene, die weiter ihrer alten Religion anhingen, die den Kaiser als Apostaten (als Abtrünnigen) und seine neue Stadt als Emporkömmling verachteten, die der Überzeugung waren, Rom sei die ewige Hauptstadt des Reiches und der Welt, unanfechtbar und unwandelbar? Luden sie ihn zur Teilnahme ein wie zehn Jahre zuvor? Waren sie beleidigt oder erleichtert, da er nicht erschien? Wir wissen es nicht. Und es ist sehr zweifelhaft, ob derlei Fragen den Kaiser auch nur einen Augenblick beschäftigt haben.

Sein Platz in jener Zeit konnte nur in der neuen Hauptstadt sein, wo nun die Feiern im Unterschied zu denen zur Einweihung und Namensgebung ausschließlich christlich geprägt waren. Zwischen 331 und 334 hatte Konstantin mehrere Dekrete veröffentlicht, die die endgültige Schließung aller altehrwürdigen Tempel im Reich verfügten. Im Verlauf der Festivitäten gab er die Verleihung von Schlüsselpositionen im Staate an seine beiden Neffen (die Söhne seines Halbbruders Delmatius) bekannt. Der ältere Junge, der nach seinem Vater benannt war, wurde zum Cäsar ernannt, und der jüngere, Hannibalianus, zum König von Pontus; außerdem wurde er seiner ranghöchsten Cousine, der Kaisertochter Constantina angetraut.

Mit dem zusätzlichen Titel eines »Königs der Könige«, den man ohne Skrupel von den Persern übernahm, wurden er und seine Braut als Herrscher nach Pontus geschickt, in jenes wilde Bergland, das sich hinter der niederschlagreichen Südküste des Schwarzen Meeres erhebt.

Mit der Ernennung der beiden jungen Männer erhöhte sich die Zahl der regierenden Cäsaren auf fünf, denn die drei Söhne von Fausta und Konstantin hatten diesen Rang bereits erhalten; Constans, der jüngste, gerade erst zwei Jahre zuvor als Zehnjähriger. Es ist zu vermuten, daß der Kaiser durch die Erhöhung der Anzahl die Bedeutung der Cäsaren bewußt zu schmälern versuchte; je älter er wurde, desto mehr war er von seiner einzigartigen göttlichen Sendung überzeugt, die ihn über seinesgleichen erhob, auch über die Mitglieder seiner Familie. Die Cäsaren übten in den Provinzen des Reiches, für die sie ernannt waren, zwar königliche Macht aus, aber alle Herrlichkeit, die mit dieser Position verbunden sein mochte, sollte nach seinem festen Vorsatz nur ein Abglanz seiner eigenen sein. Zu keiner Zeit hat er daran gedacht, einen zweiten Augustus zu ernennen, wie es Diokletians Wille gewesen war.

Aber gerade mit diesem Widerstreben, Verantwortung zu delegieren, lud Konstantin sich in der Hauptstadt eine Arbeitslast von nahezu herakleischen Ausmaßen auf. Anfang des Jahres 337 scheint er sich krank gefühlt zu haben. Den Winter hatte er in Kleinasien mit der Mobilmachung des Heeres verbracht, denn der junge Sassanidenkönig Schapur II. von Persien machte aus seinen territorialen Gelüsten keinerlei Geheimnis, womit offenkundig wurde, daß ein Krieg bevorstand. Dabei hatte Konstantin einmal mehr das Stehvermögen, die Energie und die Ausdauer gezeigt, die ihn in den Augen seiner Männer seit langem als geradezu legendäre Gestalt erscheinen ließen. Kurz vor Ostern kehrte er nach Konstantinopel zurück, um dort die Fertigstellung der großen Apostelkirche zu überwachen, mit deren Bau man auf sein Geheiß ein paar Jahre zuvor auf dem vierten Hügel der Stadt begonnen hatte.[10] Mag sein, daß er schon zu diesem Zeitpunkt sein Ende nahen fühlte, denn er erließ Anweisungen für seine Grablegung in der Kirche. Aber erst nach Ostern zeigte sich, daß seine Gesundheit offensichtlich ernsthaft angegriffen war. Nachdem die Bäder der Hauptstadt keine Besserung gebracht hatten, suchte er jene von Helenopolis auf, der Stadt, die zu Ehren seiner Mutter wiederaufgebaut worden war. Und dort sei ihm, so berichtet Eusebius, als er auf dem Kirchenboden kniete, erstmals eine Handauflegung zuteil gewordem,[11] was ihn zum Katechumenen (Taufanwärter) machte. Auf dem Rückweg in die Hauptstadt sah er sich dann, als er die Vororte von Nikomedia erreichte, außerstande, die Reise fortzusetzen; auch duldete nun der denkwürdige Schritt, den er schon so lange erwogen hatte, keinen weiteren Aufschub. Nachdem er die dortigen Bischöfe hatte kommen lassen, sprach er sie folgendermaßen an:

> Dies ist der Augenblick, auf den ich schon längst gehofft habe, danach verlangend und mich sehnend, das Heil in Gott zu erlangen. Die Stunde ist gekommen, daß auch wir das Unsterblichkeit verleihende Siegel empfangen, die Stunde, daß wir der Besiegelung des Heiles teilhaftig werden. In den Fluten des Jordan hatte ich einst gedacht dies zu erlangen, in denen auch unser Erlöser, uns zum Vorbild, die Taufe empfangen hat, wie berichtet steht. Gott aber, der weiß, was uns frommt, will uns schon hier dieser Gnade würdigen. Nicht soll darum noch ein Zweifel herrschen; denn wenn auch der Herr über Leben und Tod uns hier noch länger leben lassen wollte, auch dann ist ein für allemal bestimmt, daß ich mich fürder dem Volke Gottes zugeselle und im Gebete mit allen an der Feier des Gottesdienstes teilnehme.[12]

Damit also ward Konstantin der Große, seit Jahren selbsternannter Bischof der christlichen Kirche, von Bischof Eusebios von Nikomedia getauft. Nach dem Vollzug soll er sich in kaiserliche Gewänder, so weiß und leuchtend wie das Licht, gehüllt, auf eine makellos weiße Liege gelegt und gelobt haben, niemals wieder Purpur zu tragen.

Warum hat Konstantin seine Taufe so lange hinausgezögert, bis er auf dem Totenbett lag? Diese Frage ist in der Geschichte immer wieder aufgeworfen worden. Die naheliegendste und wohl auch die wahrscheinlichste Antwort stammt von Gibbon:

> Man glaubte, daß das Sakrament der Taufe alle Sünden vollständig und unbedingt hinwegtilge, sich die Seele durch sie unmittel-

bar ihre ursprüngliche Reinheit erhalte und an der Verheißung ewiger Seligkeit Theil habe. Unter den christlichen Proselyten gab es Viele, welche es für unklug hielten, einen solchen heilsamen Ritus, der nicht mehr wiederholt werden durfte, zu beschleunigen und ein unschätzbares Vorrecht, das man nicht wieder erlangen konnte, hinweg zu werfen.[13]

In jener Frühzeit des Christentums war es also durchaus nichts Ungewöhnliches, die Taufe bis zum letztmöglichen Augenblick hinauszuzögern; vierzig Jahre später, so erfahren wir, tat der fromme Theodosios der Große genau dasselbe. Konstantin scheint diese Erklärung zudem mit dem letzten Satz seiner Rede zu untermauern, wobei natürlich alles andere als sicher ist, ob Eusebius die Worte überliefert hat, die sein Held tatsächlich gesprochen hat, oder vielmehr solche, die er als guter Bischof gerne gehört hätte. Ein jüngerer Historiker[14] geht davon aus, daß der erste Satz des Kaisers möglicherweise etwas anderes enthülle: Wenn Konstantin so lange auf etwas warten mußte, was er sich sehnlichst wünschte, lasse sich dies nur dadurch erklären, daß man es ihm bislang schlicht verweigerte. Diese Interpretation ist sicherlich möglich, leuchtet allerdings nicht unmittelbar ein. Konstantin hatte zahlreiche schwere Sünden auf sich geladen – darunter etwa die Ermordung seiner Frau und seiner Söhne –, doch selbst diese wären durch die Taufe getilgt worden. Und obwohl sein Auftreten und seine Erscheinung insbesondere in amtlicher Funktion vielleicht bei eher traditionell gesinnten Untertanen gelegentlich Schauder hervorriefen,[15] gibt es keinen zeitgenössischen Beleg dafür, daß sein Privatleben im siebten Lebensjahrzehnt Anlaß gegeben hätte, ihm den Eintritt in die Kirche zu verweigern. (Spätere Geschichten über seine zunehmende Neigung zur Homosexualität dürften mit ziemlicher Sicherheit unbegründet sein.) Auf alle Fälle hätten nur wenige Kirchenmänner ihre Laufbahn oder gar mehr aufs Spiel gesetzt, indem sie dem Kaiser den Taufwunsch zu einem früheren Zeitpunkt verweigerten.

Konstantin starb nach einer Regierungszeit von einunddreißig Jahren am Pfingstsonntag, dem 22. Mai 337 n. Chr. Seit Augustus hatte kein römischer Kaiser mehr so lange regiert. Sein Leichnam wurde in einen goldenen, mit Purpur ausgelegten Sarkophag gebettet, nach Konstantinopel überführt und im großen Saal des Palastes auf einem hohen Sockel aufgebahrt, umgeben von Kerzen in üppigen goldenen Ständern. Laut Eusebius war das Ganze als derart grandioses Spektakel inszeniert, wie es noch keinem Sterblichen seit Erschaffung der Welt je zuteil wurde. Der Leichnam scheint nicht nur ein paar Tage, sondern rund dreieinhalb Monate dort verblieben zu sein, und in dieser Zeit lief das Hofzeremoniell in Konstantins Namen weiter, als wäre er noch gar nicht tot, denn zu diesem Zeitpunkt wußte niemand, welcher der fünf jungen Cäsaren den vakanten Thron besteigen würde. Ein offen eingestandenes Interregnum barg allerhand Unwägbarkeiten, und diese wollte man nicht leichtfertig riskieren.

In Angelegenheiten der Nachfolge meldete zuerst die Armee ihre Wünsche an. Obwohl ein Augustus, wenigstens in der Theorie, immer noch gewählt werden mußte, ließen die Soldaten überall verlauten, sie würden nur Söhne Konstantins, und zwar gemeinsam regierend, als künftige Herrscher akzeptieren. Da Crispus tot war, blieben die drei Söhne der Fausta, nämlich Konstantin II. (Cäsar in Gallien), Constantius (Cäsar des Ostens) und Constans (Cäsar in Italien).[16] Von diesen war es natürlich der mittlerweile zwanzigjährige Constantius, der nach seines Vaters Tod am schnellsten in die Hauptstadt eilte und dessen Bestattung in die Hand nahm.

Sie gestaltete sich als das große Ereignis, zu dem Konstantin sie ausersehen hatte. Die eigentliche Bestattungszeremonie hatte er selbst bis ins letzte Detail entworfen, und angesichts seiner bekannten Vorliebe für Feiern und Paraden wurde auch alles übrige mit ziemlicher Sicherheit nach seinen Anweisungen durchgeführt. Den Bestattungszug führte Constantius mit Truppenabteilungen in voller Schlachtordnung an, dann folgte der goldene Sarkophag mit dem Leichnam, geleitet von Kompanien von Speerträgern und schwerbewaffneter Infanterie. Daran schloß sich eine unübersehbare Menschenmenge an. Vom großen Palast bewegte sich der Zug entlang der Nordostseite des Hippodroms zum *Milion* und dann auf der *Mesé* zu einer Stelle, die etwa eine Viertelmeile vor der Konstantinmauer lag; dort bog er nach rechts in Richtung auf die eben fertiggestellte Apostelkirche ab.

Laut Eusebius hat Konstantin dieses Bauwerk zu außerordentlicher Höhe aufrichten lassen und glänzend geschmückt, indem er es von den Fundamenten bis zum Dach mit Platten aus buntem Marmor auskleiden ließ. Die Decke war mit feinem, durchweg mit Gold überzogenem Gitterwerk verziert, und die Außenmauern waren nicht mit Kacheln, sondern mit Metallplatten gedeckt. Auch diese waren üppig mit Gold verziert, welches die Sonnenstrahlen mit einer Helligkeit reflektierte, daß man beim Betrachten sogar aus der Entfernung noch geblendet wurde. Um die Kuppel herum lief feingearbeitetes, aus Messing und Gold geschmiedetes Maßwerk. Doch das war erst der Anfang. Immer noch laut Eusebius hatte Konstantin die Stelle im Hinblick auf seinen Tod ausgewählt und in seinem Glaubenseifer daran geglaubt, daß seine Überreste namentlich mit den Aposteln gleichgesetzt würden und er so nach seinem Tod mit ihnen zusammen einer Verehrung teilhaftig würde, die hier zu ihrem Gedenken statthaben sollte. Er veranlaßte daher, daß in dieser Kirche zwölf Sarkophage gleich heiligen Pfeilern zur Ehre und zum Andenken der zwölf Apostel aufgestellt würden und in der Mitte sein eigener, so daß er an jeder Seite von je sechs Sarkophagen flankiert war.

In seinen letzten beiden Lebensjahren hatte Konstantin regelmäßig den Titel *Isapostolos*, das heißt »den Aposteln gleich«, geführt. Nun, mit seinem Tod, verlieh er diesem Titel materielle Substanz. Seit dieser Gedanke sich erstmals in ihm geregt hatte, fahndeten seine Agenten im östlichen Mittelmeerraum nach angeblichen Überresten der zwölf, um sie in die entsprechenden Sarkophage zu legen. Daß er sich selbst in ihrer Mitte plazieren ließ, sechs zur einen und sechs zur anderen Seite, kann im Grunde nichts anderes heißen, als daß er sich über sie erhob, sozusagen an die Stelle des Salvators, des Erlösers, selbst setzte, als Gottes Statthalter auf Erden.

In der Tat eine vornehme Ruhestätte. Doch Konstantin sollte sie nicht sehr lange behaupten. Sowohl in der Hauptstadt wie auch in vielen Städten des Reiches hatte er zuviel zu schnell bauen lassen. Die Folge war ein chronischer Facharbeitermangel und eine allgemeine Tendenz, an Fundamenten, Mauer- und Stützwerk zu sparen. Die Apostelkirche war trotz ihres äußeren Glanzes im Grunde schlampig gebaut. Kaum ein Vierteljahrhundert nach ihrer Fertigstellung gab ihr Zustand denn auch bereits Anlaß zur Besorgnis. Da die große goldene Kuppel einzustürzen drohte, ordnete der unbeliebte Patriarch Makedonios an, die Überreste des Kaisers zur Sicherheit in die nahe gelegene Kirche des Märtyrers Akazius zu überführen. Unglücklicherweise kam diese Maßnahme für viele fast einem Sakrileg gleich, und weitere ergriffen begierig die Gelegenheit, den Patriarchen anzugreifen. Es kam zu einem regelrechten Aufstand, bei dem nach Sokrates' Bericht etliche Menschen getötet wurden, der Hof der Kirche in Blut schwamm und der dort befindliche Brunnen von Blut überquoll, welches in die angrenzende Säulenhalle und von dort sogar bis auf die Straße strömte.

Die Apostelkirche stürzte jedoch, wie der Patriarch befürchtet hatte, bei dem Ereignis nicht ein. Sie stand, wenn auch nicht sehr sicher, noch zweihundert Jahre und wurde 550 unter Justinian von Grund auf erneuert. Von den zwölf Apostelsarkophagen und auch von dem großen Kaisergrab mitten unter ihnen ist indes keine Spur übriggeblieben.

4

Julian Apostata

(337–363)

Oh, du Mutter der Götter und der Menschen, die du den Thron des großen Zeus teilst...
Oh, du lebensspendende Gottheit, die du die Weisheit, Vorsehung und Schöpferin unserer Seelen bist...
Gib allen Menschen Glückseligkeit und laß sie jenes höchsten Glücks, der Gotteserkenntnis, teilhaftig werden; und mach, daß das römische Volk sich vom Makel der Gottlosigkeit reinwäscht...

Julian, *Hymnus an Kybele, die Große Muttergottheit*

Der junge Constantius hatte sich in der ersten Zeit nach dem Tod des Kaisers in Konstantinopel untadelig verhalten und außerdem viele der Stadtoberen durch sein Betragen bei den Feierlichkeiten der Bestattung für sich eingenommen. Sowie sein Vater jedoch sicher in der riesigen apostolischen Gruft verwahrt und er mit seinen beiden Brüdern gemeinsam am 9. September zum Augustus ernannt worden war, ließ er die Maske der Milde fallen, die er bis zu diesem Augenblick getragen hatte. Nun wurde, gezielt, das Gerücht in Umlauf gesetzt, der tote Konstantin habe in seiner zusammengekrampften Hand einen Pergamentfetzen gehalten, auf dem er seine beiden Halbbrüder Julius Constantius und Delmatius des Giftmordes an ihm beschuldigt und seine drei Söhne zur Rache aufgerufen habe.

Die Geschichte klingt reichlich unwahrscheinlich, doch der Bischof von Nikomedia verbürgte sich dafür, und die Truppen in Konstantinopel griffen sie unverzüglich auf. Die Folgen waren entsetzlich. Julius Constantius wurde bis in seinen Palast hinein verfolgt und auf der Stelle mit seinem ältesten Sohn zusammen abgeschlachtet. Dasselbe Schicksal wurde auch Delmatius und seinen beiden Söhnen, dem Cäsaren Delmatius sowie Hannibalianus, dem König von Pontus, zuteil. Und bald darauf ereilte die beiden Schwäger Konstantins – seine Freunde Flavius Optatus und Popilius Nepotianus, die Ehemänner seiner beiden Halbschwestern Anastasia und Eutropia, beide Senatoren und ehemalige Konsuln – das nämliche Los. Schließlich fiel dem Anschlag auch noch der Prätorianerpräfekt Ablavius zum Opfer, dessen Tochter Olympias mit dem jüngeren Bruder des neuen Kaisers Constans verlobt war. Außer drei kleinen Knaben, und zwar den beiden Söhnen des Julius Constantius und dem einzigen Sprößling des Nepotianus und der Eutropia, die vermutlich wegen ihres zarten Alters geschont wurden, waren die drei regierenden Augusti, als sie sich im Frühsommer des Jahres 338 in Viminacium an der Donau trafen, um ihr riesiges Patrimonium unter sich aufzuteilen, die einzigen überlebenden männlichen Mitglieder der Kaiserfamilie.

Die Grenzlinien, die von eminenter Bedeutung für den Frieden und die Stabilität des Reiches waren, lagen schnell fest, da die Brüder dieselben Gebiete, über die sie zuvor als Cäsaren geherrscht hatten, mit geringfügigen Korrekturen auch weiterhin behielten. An Constantius gingen die östlichen Teile des Reiches einschließlich ganz Kleinasiens und Ägyptens. Damit oblag ihm die Verantwortung für die ständig angespannten Beziehungen zum christlichen Armenien und für den Krieg mit Persien, der zu der Zeit gerade so richtig losging. Sein älterer Bruder Konstantin II. behielt die Herrschaft über Gallien, Britannien und Spanien, während der mit erst fünfzehn Jahren jüngste Bruder Constans das größte Gebiet zugesprochen erhielt: Afrika, Italien, den Donauraum, Makedonien und Thrakien. Diese Aufteilung bescherte Constans theoretisch auch die Herrschaft über die Hauptstadt. Da aber weder er noch Constantius in den kommenden Jahren sich jemals dort aufhielten und Constans 339 die Stadt freiwillig seinem Bruder dafür überließ, daß dieser ihn gegen Konstantin II. unterstützte, ergab sich daraus keinerlei Konflikt.

Angesichts ihrer Erziehung und ihrer Wesensart war wohl nicht zu vermeiden, daß es unter den drei Augusti früher oder später zu Streitigkeiten kommen würde. Dennoch wäre der Frieden gut ein wenig länger zu halten gewesen, wenn sie sich nur etwas mehr in der Gewalt gehabt hätten. In erster Linie muß man wohl Konstantin II. dafür verantwortlich machen. Als Ältester der drei – er ist 317 geboren und wurde schon mit einem Monat zum Cäsar ernannt – konnte er sich einfach nicht dazu durchringen, seine Mitregenten als ebenbürtig anzuerkennen und versuchte bei jeder Gelegenheit, die Vorherrschaft über sie zu gewinnen. Als sich Constans 340 seinem Willen nicht fügen wollte, fiel Konstantin von Gallien aus in Italien ein, um seinem störrischen Bruder Fersengeld zu geben. Doch war dieser ihm trotz seiner Jugend überlegen und lockte ihn samt seiner Armee vor Aquilea in einen Hinterhalt. Konstantin II. wurde getötet, sein Leichnam in den Fluß Alsa geworfen. Jetzt gab es nur noch zwei Augusti, und Constans behauptete im Alter von siebzehn Jahren das Supremat im Westen.

Leider taugte er aber charakterlich nicht viel mehr als sein noch lebender Bruder. Sextus Aurelius Victor, der römische Statthalter von Pannonien, dessen *Geschichte der Cäsaren* als Hauptquelle für diese Epoche dient, beschreibt ihn als abgründig verdorbenen und habsüchtigen Führer und berichtet, die Soldaten hätten ihn verachtet. Sicher ist, daß er die ungemein wichtigen Legionen am Rhein und am Oberlauf der Donau vernachlässigte, deren Aufgabe es war, die östliche Grenze des Reiches gegen das unbarmherzige Andrängen nichtrömischer Stämme zu sichern, und sich statt dessen mit germanischen Gefangenen amüsierte, die genauso zügellos und verkommen waren wie er selbst. Anfang 350 stand das Heer nahe vor einem Aufstand, und bald spitzte sich die Situation zu. Am 18. Januar gab ein hoher Beamter in Augustodunum (dem heutigen Autun) ein Bankett; Constans veranstaltete derweil eine Jagd. Im Verlauf der Feierlichkeiten legte ein heidnischer Offizier britischer Herkunft namens Magnentius unversehens den kaiserlichen Purpur an und wurde von den versammelten Gästen zum Kaiser ausgerufen. Als Constans dies erfuhr, floh er, wurde aber schon bald gefangen und umgebracht.

Der Usurpator vermochte sich jedoch nicht lange zu halten. Als Constantius merkte, daß der Aufstand im Westen möglicherweise noch schwerwiegender war als die Bedrohung durch die Perser, marschierte er ihm mit einem großen Heer entgegen und unterbrach den Marsch nur, um seinen jungen Vetter Gallus – einen der drei Überlebenden des Massakers vom Jahre 337 – zum Cäsar des Ostens zu ernennen und ihn mit seiner Schwester Constantina, der Witwe des glücklosen Hannibalianus, zu vermählen. Im September 351 wurde Magnentius bei Mursa schwer geschlagen. Da er während der beiden folgenden Jahre seine Anhänger nicht zurückzugewinnen und sein zersplittertes Heer nicht zu reorganisieren vermochte, sah er keine Hoffnung mehr und stürzte sich in sein Schwert. Der Kaiser fühlte sich aber weiterhin bedroht. Da er Ende 354 – wenn auch wahrscheinlich ganz zu Unrecht – fürchtete, der junge Cäsar Gallus wolle ihn absetzen, ließ er ihn kurzerhand enthaupten und machte damit die überaus glücklose Constantina zum zweitenmal zur Witwe.

Damit war Constantius unangefochtener Herrscher des Römischen Reiches. Sein Sieg über Magnentius bedeutete allerdings nicht das Ende der Probleme in Gallien. Die germanischen Verbündeten jenseits des Rheins waren durch Constans' Vernachlässigung der Grenze und den anschließenden Aufstand kühn geworden und machten mehr und mehr Schwierigkeiten. Auch in seinem eigenen Heer waren etliche kleinere Verschwörungen aufgedeckt worden. Und am anderen Ende des Reiches war der Krieg mit Persien keineswegs vorüber, so daß Constantius nicht ständig im Westen bleiben konnte. So gern er die Macht allein in seiner Hand behalten hätte, sah er sich im Herbst des Jahres 355 doch gezwungen, einen neuen Cäsar zu ernennen. Da er davon ausging, daß jeder neue Cäsar Mitglied der kaiserlichen Familie sein müsse, gab es für ihn nur einen möglichen Anwärter.

Als Philosoph und Gelehrter verfügte dieser zwar über keinerlei militärische oder auch nur administrative Erfahrung, aber er war intelligent, besonnen und arbeitete unermüdlich. Auch hatte seine Loyalität niemals in Frage gestanden. Eiligst sandte man daher Eilboten nach Athen, um ihn zu holen: die Rede ist von des Kaisers dreiundzwanzigjährigem Vetter Flavius Claudius Julianus, den die Nachwelt als Julian Apostata kennt.

In der Kindheit wird, wie man weiß, bereits das erwachsene Wesen gebildet. Da die Geschichtsschreibung der vergangenen sechzehn

Jahrhunderte Julians ungewöhnlichen, komplexen Charakter immer wieder anhand seiner Lebensumstände in der Jugendzeit zu erklären versucht hat, verlohnt es sich, diese formenden Jahre hier ganz kurz zu skizzieren. Sein Vater Julius Constantius war der jüngere der beiden Söhne von Theodora und Kaiser Constantius Chlorus, stammte also aus jenem Teil der kaiserlichen Familie, dessen Mitglieder nach der Machtergreifung Konstantins des Großen und der Erhebung Helenas (dessen erster Frau und Todfeindin ihrer Nachfolgerin Theodora) in den Rang einer Augusta kaum noch eine Rolle hatte spielen können. Julius Constantius hatte folglich die ersten etwas über vierzig Jahre seines Lebens zumeist in zwar recht komfortabler, jedoch unproduktiver Verbannung verbracht. Schon bald nach Helenas Tod hatte ihn Konstantin aufgefordert, sich mit seiner zweiten Frau Basilina, einer Griechin aus Kleinasien, in der neuen Hauptstadt niederzulassen. Dort, in Konstantinopel, brachte sie Julian im Mai oder Juni des Jahres 332 zur Welt; für Julius Constantius war es der dritte Sohn. Julians Mutter Basilina starb ein paar Wochen nach der Geburt, und der Knabe wuchs in Gesellschaft seiner beiden erheblich älteren Stiefbrüder und einer Stiefschwester unter der Obhut von Ammen und Erziehern auf. Sein Vater nahm an seiner Erziehung etwas distanziert, aber wohlwollend Anteil. Als er als erstes Opfer des Familienblutbades, das auf die Thronbesteigung seines Neffen folgte, ermordet wurde, war Sohn Julian gerade fünf Jahre alt.

Nie vergaß er diesen Tag. Ob er Zeuge des Mordes an Vater und Stiefbruder war, ist nicht bekannt, auch nicht – aber dies kann man sich leicht vorstellen –, wie nah er daran war, ihr Schicksal zu teilen. Aber das Erlebnis hinterließ eine nie verheilende Wunde. Wenn auch ein Kind seines Alters kaum verstanden haben dürfte, warum dies alles geschah oder wer dafür verantwortlich war, begriff er die Zusammenhänge doch, sobald er heranwuchs. Die frühere Bewunderung für seinen Vetter schlug in unauslöschlichen Haß um.

Constantius sah seinerseits zwar in dem jungen Julian keinen ernst zu nehmenden Rivalen, aber er war ihm im Weg und er wußte nicht so recht, was er mit ihm anfangen sollte. So sandte er ihn zunächst einmal nach Nikomedia. Dort würde er unter den Fittichen seines Mentors Eusebios auf jeden Fall eine sorgfältige, wenn auch enge christliche Erziehung erhalten. Als Julian elf Jahre alt war, wurden er und sein Bruder Gallus nach Macellum in den alten Palast des Königs von Kappadokien verbannt. Dort verblieben sie sechs Jahre lang nur in Gesellschaft von Büchern. Erst 349 durften sie in die Hauptstadt zurückkehren. Gallus berief man an den Kaiserhof, Julian dagegen, mittlerweile ein ausgezeichneter Kenner der klassischen wie der christlichen Literatur, erhielt die Erlaubnis, seine Studien zu vertiefen.

Die nächsten sechs Jahre zählten zu den glücklichsten seines Lebens. Er ging auf Wanderschaft, zog durch die griechische Welt von einer Philosophenschule zur anderen und saß zu Füßen der größten Denker, Gelehrten und Rhetoriklehrer seiner Zeit: Er las, argumentierte, diskutierte und disputierte. Zuerst war er in Konstantinopel; von dort kehrte er nach Nikomedia, nicht jedoch zum alten Eusebios zurück. Nun zog ihn bezeichnenderweise der gefeierte Philosoph Libanios an, der das Christentum und alles, wofür es stand, rigoros ablehnte und sich stolz zur alten Religion bekannte. Zu dem Zeitpunkt war zu erraten, wo Julians Sympathien lagen, denn als ihm einer seiner früheren christlichen Lehrer den feierlichen Schwur abrang, Libanios' Vorlesungen nicht mehr zu besuchen, ließ er sich auf eigene Kosten eine Mitschrift kopieren. Nachdem er sich eine Zeitlang in Nikomedia aufgehalten hatte, reiste er nach Pergamon weiter, von dort nach Ephesos und schließlich nach Athen. Den Entschluß, dem Christentum auf immer abzuschwören und den heidnischen Göttern des Altertums zu dienen, scheint er während seines Aufenthaltes in Ephesos gefaßt zu haben. Da eine solche Einstellung jedoch langsam heranreift, läßt sich kein genauer Zeitpunkt dafür angeben. Es blieb ihm so oder so in seiner exponierten Stellung keine andere Wahl, als seinen neuen Glauben geheimzuhalten. Erst nach weiteren zehn Jahren bot sich Julian die Möglichkeit, sich offen dazu zu bekennen.

Er traf im Frühsommer des Jahres 355 in Athen ein. Schon bald zog er die Aufmerksamkeit eines Mitstudenten auf sich: Gregor von Nazianz schrieb später:

> Keinen guten Charakter schien mir zu verraten sein wenig fester Nacken, seine zuckenden, schaukelnden Schultern, seine leidenschaftlichen, unruhigen Augen, sein aufgeregter Blick, sein nervö-

> ser, unsicherer Gang, seine Nase, die Hochmut und Geringschätzung zeigte, sein verächtlicher Gesichtsausdruck, der die gleiche Gesinnung verriet, sein ungezügeltes, erschütterndes Lachen, sein unbegründetes Zunicken und Abweisen, sein stockendes, durch Atmen unterbrochenes Sprechen, sein ungeordnetes, törichtes Fragen, seine nicht besseren Antworten, welche sich widersprachen und Klarheit, Konsequenz und Bildung vermissen ließen.[1]

Als einer der führenden christlichen Theologen des Reiches steckt Gregor natürlich voller Vorurteile; folglich fällt das Porträt, das er von Julian zeichnet, nicht sehr schmeichelhaft aus. Trotz der offensichtlichen Übertreibungen enthält es aber wohl auch authentische Züge. Das Bild wird jedoch durch andere überlieferte Beschreibungen ergänzt. Julian war kein besonders schöner Mann. Er hielt den Kopf merkwürdig vorgestreckt, war von untersetzter, kräftiger Statur, hatte zwar schöne dunkle Augen und elegant geschwungene Augenbrauen, aber deren Wirkung wurde durch einen zu großen Mund und die herunterhängende Unterlippe beeinträchtigt. In seinem Auftreten war er – was bei einem Menschen, der ohne auch nur einen einzigen gleichaltrigen Freund aufgewachsen ist, nicht weiter überrascht – verlegen, unsicher und so scheu, daß es fast peinlich wirkte: also nicht gerade aus dem Holz, aus dem Kaiser geschnitzt werden. Aber damals zeigte er ohnehin keinerlei Ambitionen in dieser Richtung. Er wünschte sich vielmehr nichts sehnlicher, als bei seinen Lehrern und Büchern in Athen bleiben zu dürfen. Als er zu Constantius nach Mailand beordert wurde, hat er, laut eigener Aussage, Athene angefleht, ihn lieber sterben als eine so verhängnisvolle Reise antreten zu lassen.

Aber seine Gebete verhallten ungehört; dem Befehl des Kaisers konnte man sich nicht widersetzen. Als Julian in Mailand eintraf, fand er genau die Situation vor, die er befürchtet hatte. Man ließ ihn sieben qualvolle Tage warten, dann endlich empfing ihn Constantius – die beiden waren einander sieben oder acht Jahre zuvor zum ersten Mal in Macellum begegnet – und teilte ihm mit, daß er zum Cäsar ernannt sei. Er bekam die Haare geschnitten und den Bart abrasiert; den Körper zwängte man in eine straffsitzende Militäruniform. Am 6. November fand die offizielle Ernennung vor versammeltem Heer statt. Als er die zögernden Hochrufe vernahm, muß ihm – und den Soldaten – der glücklose Gallus eingefallen sein, der auf ganz ähnliche Weise knapp fünf Jahre vorher ernannt worden war und nun schon seit einem Jahr im Grab lag. Die Worte, mit denen der Kaiser den Legionen den neuen Cäsar präsentierte, waren voller Wohlwollen. Doch Julian war sich darüber im klaren, daß er, wollte er nicht das Schicksal seines Halbbruders teilen, sehr auf der Hut sein mußte. Die endlose Lobrede, die er damals auf Constantius verfaßte, läßt keinen Zweifel daran aufkommen, daß er dazu entschlossen war.

Nach herkömmlicher Auffassung – eine Einschätzung, die auf ihn selbst zurückgeht – soll Julian im Spätherbst 355 in der Funktion eines Cäsaren lediglich als Galionsfigur nach Gallien geschickt worden sein. Libanios behauptete später in seiner Leichenrede, er sei im Grunde nur gerade zum Tragen einer Uniform ermächtigt gewesen. Man hat sogar vermutet, Constantius habe ihn absichtlich dorthin geschickt, um ihn zu beseitigen. Doch das ist so nicht haltbar. Zwar konnte der Kaiser in der Tat bereits auf eine respektable Liste von Morden an Familienmitgliedern zurückblicken; hätte er aber Julian – der für ihn als von Ort zu Ort ziehender Gelehrter ja keine Bedrohung darstellte – im Ernst aus dem Weg räumen wollen, hätten ihm einfachere und sicherere Mittel und Wege zur Verfügung gestanden. Außerdem hätte er ihm dann wohl kaum seine Schwester Helena zur Frau gegeben. Im übrigen war ein Cäsar im Westen wirklich dringend erforderlich. In Wahrheit mußte Julian, der davon ausgegangen war, die volle Befehlsgewalt über das Heer in Gallien zu erhalten, erkennen, daß der Prätorianerpräfekt und der *Magister equitum*, das heißt der zivile und der militärische Befehlshaber, direkt Constantius unterstanden. Julian faßte dies als bewußten Versuch des Kaisers auf, seine Autorität einzuschränken. Daß er erst vierundzwanzig und im Feld völlig unerfahren war, scheint er dabei übersehen zu haben.

Aber er lernte schnell. Im Sommer 356 war er es, und nicht seine zögernden Heerführer, der das Heer im Sturmschritt von Vienne nach Autun, Troyes und Reims, dann weiter nach Metz und durch die Vogesen nach Koblenz und bis Köln führte, das die Franken zehn Monate zuvor eingenommen hatten und das er nun für das Imperium wieder zurückgewann. Und im Jahr darauf feierte er bei Straßburg einen noch größeren Sieg: Dreizehntausend Legionäre schlugen mindestens dreißigtausend feindliche Franken vernichtend, und von diesen blieben sechstausend tot auf dem Schlachtfeld, während die Verluste auf seiner Seite nur zweihundertsiebenundvierzig Mann betrugen. Und auch während der folgenden beiden Jahre blieb er siegreich. Am Ende des Jahrzehnts war an der gesamten Grenze die römische Macht wiederhergestellt. Unangefochten herrschte Julian nun von Paris aus.

Im Osten, wohin Constantius nach einem kurzen Romaufenthalt schon lange zurückgekehrt war, standen die Dinge wesentlich schlechter. Im Jahre 359 hatte der Kaiser eine Botschaft vom persischen König erhalten. Schapur II. rief ihm in Erinnerung, daß das ganze Gebiet zwischen Strymon (der heutigen Struma) und Makedonien einstmals zum Reich seiner Ahnen gehört habe; er werde sich jedoch mäßigen und sich mit der Rückgabe von Mesopotamien und Armenien begnügen. Im übrigen ließ er keinen Zweifel daran, daß er beabsichtigte, einer Weigerung seitens Constantius' noch vor dem Ende des Winters kriegerisch entgegenzutreten.

Constantius war natürlich keineswegs gewillt, auch nur eines der fraglichen Gebiete an König Schapur II. zu übergeben; aber er war sich darüber im klaren, daß er der größten Belastungsprobe seiner Herrschaft gegenüberstand. Im Januar 360 schickte er einen Tribun nach Paris, der für das Heer im Osten Verstärkung großen Ausmaßes anforderte. Vier Hilfskontingente der gallischen und fränkischen Stämme, die dem Reich loyal dienten, sollten sich auf den Marsch nach Mesopotamien begeben, alle anderen Einheiten je dreihundert Mann stellen. Der kaiserliche Befehl wurde vom Cäsar und seinen Soldaten mit Entsetzen aufgenommen. Julian würde mit einem Schlag gut die Hälfte seines Heeres verlieren; außerdem hatte er den Soldaten der gallischen Abteilungen zugesichert, sie nie in den Osten zu schicken. Diesen war ihrerseits klar, daß sie ihre Familienangehörigen vermutlich nie wiedersahen, wenn sie sich auf den Weg nach Osten begaben. Diese würden vielmehr ohne Schutz zurückgelassen, eine leichte Beute für marodierende Banden, die über die kaum noch bewachte Grenze sofort wieder in römisches Reichsgebiet einfallen würden.

Was in jenen schicksalhaften Frühlingstagen in Paris wirklich vorgefallen ist, läßt sich wohl nie mehr in Erfahrung bringen. Nach Julians eigenem Bericht – in einem Brief, den er Ende des folgenden Jahres an die Athener Bevölkerung schrieb – war er entschlossen, dem Befehl des Kaisers zu gehorchen, auch wenn er ihm persönlich noch so ungelegen kam. Er versammelte deshalb alle angeforderten Truppenteile in Paris, teilte ihnen den Befehl mit und ermahnte sie, das Unausweichliche zu akzeptieren, wobei er auf die Einmaligkeit der Gelegenheit und die reiche Beute hinwies, die sie nach einem Sieg erwartete. Um sie mit ihrem Schicksal zu versöhnen, versprach er ihnen, die Familien auf Staatskosten ebenfalls in den Osten bringen zu lassen. Aber darauf ließen sich die Legionäre nicht ein. Ihre Wut wurde durch anonyme Pamphlete, die von Hand zu Hand gingen und in denen Constantius verunglimpft und der Kaiserwürde für unwürdig erklärt wurde, noch angestachelt. Gegen Abend mußte Julian einsehen, daß ihm nicht nur Unmut entgegenschlug, sondern daß er es mit offener Meuterei zu tun hatte. Aber selbst da – er hat dafür alle Götter zu Zeugen angerufen – will er noch keine Ahnung davon gehabt haben, was die Soldaten im Sinn hatten: ob sie ihn zum Augustus ausrufen oder in Stücke reißen wollten.

Gerade als Julian sich bei Sonnenuntergang in ein höher gelegenes Zimmer in seinem Palast zurückgezogen hatte, da er dringend der Ruhe bedurfte, meldete ein Bediensteter zitternd, das Heer marschiere auf den Palast zu. Julian schreibt:

> Da betete ich zu Zeus, während ich durch ein Fenster spähte. Als der Lärm anschwoll und der Tumult auf den Palast übergriff, flehte ich den Gott um ein Zeichen an; und er sandte es auch, bat mich, mich dem Willen des Heeres zu beugen und mich ihm nicht entgegenzustellen. Aber selbst da gab ich nur widerstrebend nach und widerstand so lange wie möglich, wies Akklamation und Diadem zurück. Da ich jedoch allein gegen so viele nicht bestehen konnte und vor allem die Götter, deren Wille es war, meinen Widerstand schwächten, ließ ich zu, daß mir um die dritte Stunde ein Soldat die Kette reichte; ich bekränzte mich damit und kehrte zum Palast zurück – die Götter seien meine Zeugen, daß ich dies zutiefst bedauerte.[2]

Protestiert Julian nicht etwas zu vehement? Nun, es gibt zwar keinerlei Hinweis darauf, daß er sich ohne diesen schicksalhaften

Befehl, Truppen auszuheben, der Loyalität letztlich unmöglich machte, gegen Constantius verschworen oder in seiner Loyalität geschwankt hätte. Aber die viereinhalb Jahre in Gallien hatten ihm Mut und Selbstvertrauen gegeben, und zum ersten Mal hatte er auch politischen Ehrgeiz entwickelt. Außerdem scheint er eine göttliche Berufung gespürt zu haben, im Reich die alte Religion wiederzubeleben. Und spätestens als Zeus ihm ein Zeichen gesandt hatte – beziehungsweise er glaubte, eines erhalten zu haben –, wird er sich wohl kaum gegen das Diadem gesträubt haben.

Nur gab es da ein Problem: Es war kein Diadem vorhanden. Ammianus Marcellinus, der zur kaiserlichen Leibgarde gehörte und sich zu jener Zeit mit ziemlicher Sicherheit in Paris aufgehalten hat, also wohl Augenzeuge der Ereignisse gewesen ist, berichtet, die Soldaten hätten Julian zuerst mit einer Halskette seiner Frau Helena bekränzen wollen, und nachdem er diesen Schmuck als für einen solchen Zweck ungeeignet zurückgewiesen habe, hätten sie das Stirnband eines Pferdes nehmen wollen, und gegen das habe er wiederum Einwände erhoben. So habe schließlich einer der Standartenträger seine große goldene Kette – das Zeichen seiner Amtswürde – abgenommen und Julian aufs Haupt gelegt.

Damit hatte dieser den Fehdehandschuh, ob gewollt oder ungewollt, aufgenommen. Die Würfel waren gefallen; es führte kein Weg mehr zurück.

Julian ließ sich mit dem Marsch nach Osten Zeit. Eine gewaltige Wegstrecke lag vor ihm. Und daß die am Weg liegenden kaiserlichen Garnisonen sich ihm gegenüber loyal verhielten, war keineswegs garantiert. Falls sie treu zu Constantius standen, würde ihm der Weg versperrt sein – und höchstwahrscheinlich auch der Rückzug. So wollte er lieber den rechten Augenblick abwarten und schickte zunächst einmal Gesandte, um seinen Vetter über die Vorkommnisse ins Bild zu setzen und ihn auf die Möglichkeit etwaiger Absprachen aufmerksam zu machen.

Die Gesandtschaft traf Constantius in Cäsarea (heute Kayseri) in Kappadokien an, ironischerweise auf dem Gut in Macellum, wo er den heranwachsenden Julian sechs Jahre gefangengehalten hatte. Auf die Nachricht hin geriet er so außer sich, daß die Gesandten um ihr Leben fürchteten. Da er im Osten gebunden war, konnte er im Augenblick Julian offiziell nur eine ernste Warnung zukommen lassen; im geheimen ermunterte er jedoch die barbarischen Stämme, ihre Angriffe am Rhein wiederaufzunehmen. Auf diese Weise hoffte er seinen Rivalen zu binden und davon abzuhalten, weiter nach Osten vorzudringen. Kurzfristig erwies sich dieser Plan als nicht ganz erfolglos, hatte Julian doch fast noch das ganze Jahr über an der Grenze alle Hände voll zu tun. Am 6. November feierte er südlich von Vienne den fünften Jahrestag seiner Ernennung zum Cäsar. »Dabei«, so berichtet Ammianus, »trug er ein prächtiges, mit glänzenden Edelsteinen geziertes Diadem, während er im Anfang seiner Herrschaft nur einen bescheidenen Kranz genommen und sich ums Haupt gelegt hatte, so daß er mehr einem in Purpur gekleideten Xystarchen (Leiter eines Gymnasiums) glich«.[3]

Mit Eintritt des Frühjahrs nahmen die Schwierigkeiten am Rhein noch zu, und man wurde ihrer erst nach einer reichlich anrüchigen Angelegenheit Herr, in deren Verlauf der dortige römische Befehlshaber den Anführer der Alemannen bei einem Gastmahl – mit ziemlicher Sicherheit auf Julians Anordnung hin – gefangennahm, kaum daß er die Schwelle seines Gastgebers überschritten hatte. Zu diesem Zeitpunkt hatte sich bereits herausgestellt, daß die Verhandlungen zwischen den beiden Kaisern zu keinem Ergebnis führten, so daß Constantius während einer Verschnaufpause im Krieg gegen die Perser eine großangelegte Offensive gegen seinen Vetter vorbereitete. Julian, heißt es, sei noch unentschlossen gewesen, wie er reagieren sollte: Sollte er ihm entgegenziehen (in diesem Fall hätte er sich der Unterstützung der an der Donau stationierten Heeresteile versichern müssen), oder sollte er ihn in Gallien erwarten, auf eigenem Gebiet, wo er sich auf seine Truppen verlassen konnte? Auch diesmal bat er um ein göttliches Zeichen, und wieder soll ihm eines gewährt worden sein. Rasch opferte er der Kriegsgöttin Bellona einen Stier, versammelte dann sein Heer bei Vienne und brach gen Osten auf.

Indes durfte auch jetzt die Rheingrenze nicht ungeschützt bleiben. Zudem müssen etliche Heeresteile sich geweigert haben, dem Kaiser auf seinem Feldzug zu folgen, falls die ganze Geschichte über die Weigerung der gallischen Truppen, ihre Heimat zu verlassen, nicht frei erfunden ist. Julian konnte sich in der Folge nur auf rund dreiundzwanzigtausend kämpfende Legionäre stützen, und das ist erbärmlich wenig im Vergleich mit der Anzahl, die Constantius ihm entgegenwerfen konnte. Um das Ungleichgewicht zu verhehlen und stärker zu erscheinen, als er war, teilte Julian das Heer in drei Truppenteile auf. Zehntausend Mann sollten die Alpen in Richtung Italien überschreiten und von dort in das heutige Kroatien vordringen, eine gleich große Anzahl zur selben Zeit durch Rätien und Noricum, ein Gebiet, das in etwa die heutige Schweiz und Tirol umfaßt, marschieren, und schließlich war vorgesehen, daß eine ausgewählte Truppe von dreitausend Mann unter Julians Führung durch den südlichen Schwarzwald zum Oberlauf der Donau bei Ulm vorstoßen und von dort auf Flußschiffen stromabwärts fahren sollte. Diese drei Heeressäulen sollten sich bei Sirmium an der Save etwa zwanzig Meilen westlich von Belgrad schließlich vereinigen.

Es versteht sich beinahe von selbst, daß Julians Abteilung zuerst dort eintraf. Der rastlose Kaiser wollte auch nicht lange warten, sondern drängte nach Süden und ließ das Heer erst in Naissus ausruhen, um zu überwintern und neue Kräfte zu sammeln. Man war dort gerade erst drei oder vier Wochen, da traf die Botschaft vom Tod Constantius' aus der Hauptstadt ein. Er, Julian, sei von den gesammelten Truppen des Ostens bereits zum Kaiser ausgerufen. Damit war dieser Machtkampf vorüber, bevor er richtig begonnen hatte.

Die Boten berichteten, Constantius habe – höchst widerwillig – in Hierapolis (dem heutigen Mambij in Nordsyrien) den Entschluß gefaßt, seinem Rivalen entgegenzumarschieren. Hinter Antiochia, auf dem siebenhundert Meilen langen Marsch nach Konstantinopel, habe er am Wegrand einen Leichnam ohne Kopf liegen sehen und dies sofort als böses Omen gedeutet. In Tarsos angekommen, habe ihn ein Fieber befallen, aber er wollte nicht haltmachen und schleppte sich weiter bis zu dem eine oder zwei Meilen entfernt gelegenen Ort Mopsucrenae. Dort habe er einsehen müssen, daß er nicht weiterziehen könne, und sei daselbst am 3. November 361 gestorben. Bis zu dieser Krankheit hatte sich Constantius bester Gesundheit erfreut. Er wurde vierundvierzig Jahre alt.

Julian sah darin einen weiteren Beweis dafür, daß die Götter ihn begünstigten. Weder damals noch später hat er jedoch auch nur das kleinste Zeichen der Erleichterung oder des Triumphes erkennen lassen. Er eilte nach Konstantinopel, um dort zu sein, wenn der Leichnam seines Vorgängers in die Hauptstadt überführt wurde. Am Tag der Ankunft trug er Trauerkleidung, und solche hatte er auch der ganzen Stadt verordnet. Die Ausschiffung des Sarkophags am Kai überwachte er persönlich.

Später führte er den Zug zur Apostelkirche an. Hemmungslos ließ er den Tränen freien Lauf, als der Mörder seines Vaters und sein lebenslanger Feind zur letzten Ruhe gebettet wurde, und das war, soweit man es überhaupt beurteilen kann, nicht geheuchelt. Erst nach den Bestattungsfeierlichkeiten legte er die Insignien des Reiches an.

Danach hat er nie wieder eine christliche Kirche betreten.

Als Julian den kaiserlichen Thron bestieg, war es jedermann in Konstantinopel klar, daß die neue Regierung in deutlichem Kontrast zur alten stehen würde. In Chalkedon, dem Ort jenseits des Bosporus, wurde ein Militärgericht eingerichtet, das jene obersten Beamten und Ratgeber von Constantius aburteilen sollte, die der neue Kaiser im Verdacht hatte ihre Amtsgewalt mißbraucht zu haben. Einige von ihnen wurden freigesprochen, andere kamen mit zeitweiliger Verbannung davon oder erhielten Hausarrest. Etliche wurden aber auch zum Tod verurteilt, darunter zwei, von denen der eine den merkwürdigen Namen Paul Catena (Kettenpaul) trug sowie sein Mittäter Apodemios, die an der Spitze von Constantius' abscheulichem Agentennetz gestanden hatten; sie sollten bei lebendigem Leibe begraben werden. Ursulus allerdings hätte mehr Nachsicht verdient. Er hatte Julian in Gallien als ausgezeichneter Finanzmagistrat gedient und sich, auch nachdem er in den Osten versetzt worden war, ihm gegenüber nie illoyal verhalten. Ein paar Jahre zuvor hatte er sich jedoch während der Belagerung Amidas in Mesopotamien abfällig über die militärische Schlagkraft des Reiches geäußert; dies konnten ihm die Militärs des Ostens niemals vergeben. Julian hatte sorgfältig vermieden, persönlich als Mitglied des Tribunals aufzutreten. Als Kaiser hätte er jedoch ohne weiteres zugunsten seines alten Freundes eingreifen können. Daß er es nicht tat, hat viele, die ihn bewunderten, enttäuscht.

Den Palast kehrten die neuen Besen noch gründlicher aus. Seit den Tagen Diokletians war der Kaiser mehr und mehr zu einem Wesen geworden, das sich von seinen Untertanen durch ein ständig exklusiver werdendes Hofzeremoniell absetzte. Zugang hatten nur noch die wichtigsten politischen Berater, und auch diese nur, indem sie die Pausen zwischen den dauernd verlangten Bücklingen nutzten. Außerdem war er von wahren Heerscharen von Domestiken umgeben, und ihre Zahl schwoll Jahr für Jahr an. So berichtete Libanios in seiner Leichenrede auf Julian später:

> Es gab tausend Köche und genauso viele Barbiere und sogar noch mehr Diener. Schwärme von Lakaien füllten den Palast, Eunuchen gab es mehr als Fliegen bei den Herden im Frühling und eine Unzahl von Drohnen jeder Art. Der Hof war eine einzige Zufluchtstätte für solch faule Vielfraße, die den Namen und Titeln nach zum Haus des Kaisers gehörten. Ein Goldstück vermochte sie augenblicklich in Bewegung zu setzen.[4]

Die Säuberung, die auf Julians Ankunft folgte, war kurz und sehr gründlich. Tausende von Kammerdienern und Haushofmeistern, Pferdeknechten, Barbieren und Leibwächtern wurden mit einem Schlag ersatzlos entlassen. Der Kaiser behielt nur die für seine dringlichsten Bedürfnisse erforderlichen Diener: die Bedürfnisse eines allein, asketisch und zölibatär lebenden Mannes – Julians Frau Helena war mittlerweile gestorben –, für den Speis und Trank kaum und die übrigen Annehmlichkeiten des Lebens keine Bedeutung hatten.

Regierung und Verwaltung wurden, in der Regel nach dem Vorbild der alten republikanischen Tradition, ähnlich radikalen Reformen unterzogen. Der Senat bekam wieder wesentlich größere Machtbefugnis. Julian nahm regelmäßig persönlich an den Sitzungen teil und begab sich als Zeichen seiner Achtung zu Fuß dorthin. Das Steuersystem wurde gestrafft und vereinfacht, ebenso das Verkehrswesen des Reiches, und zwar insbesondere der *Cursus publicus* (der öffentliche Verkehr), so daß immer Nachschub an Pferden, Maultieren und Ochsen zur Verfügung standen, sei es für die Beförderung von Staatsdienern, die mit Aufträgen unterwegs waren, oder für offizielle Gütertransporte. Dieses öffentliche Transportwesen war einst für seine Effektivität berühmt gewesen, aber Constantius hatte es den Händen skrupelloser Geschäftemacher überlassen, und deren Tiere waren oft derart geschunden, daß laut Libanios die meisten von ihnen tot zusammenbrachen, sobald man sie ausspannte oder sogar schon vorher im Geschirr.[5]

Solche Maßnahmen hätte vielleicht auch ein anderer starker Regent nach einem schwachen, korrupten Regime durchgeführt. Was Julian vor allen anderen byzantinischen Kaisern auszeichnet, ist seine entschiedene Wiederherstellung der alten Religion. Als Cäsar hatte er dem christlichen Glauben Lippendienste erweisen müssen. Noch im April 361 hatte er in Vienne die Ostermesse besucht. Doch war es immer ein offenes Geheimnis gewesen, daß er diesen Glauben innerlich ablehnte. Von dem Augenblick an, da ihn in Naissus die Nachricht von Constantius' Tod erreichte, verstellte er sich nicht mehr. An der Trauerfeier zu Ehren seines Vorgängers in der Apostelkirche nahm er als Anhänger der alten Religion teil; und als Anhänger dieser alten Religion umriß er nach innigem Gebet um göttlichen Beistand die Gesetze, die nach seiner Auffassung mit der Zeit das Christentum eliminieren und die Verehrung der alten Götter im gesamten Römischen Reich wieder zur Geltung bringen würden.

Ihm lag nichts daran, die Christen zu verfolgen. Eine Verfolgung schafft Märtyrer, und Märtyrer hatten bisher das Christentum noch immer gestärkt. Als erstes hob er vielmehr die Dekrete auf, die die Schließung der alten Tempel, die Beschlagnahme ihres Eigentums und das Verbot von Opfern verfügt hatten. In dem darauffolgenden Klima religiöser Toleranz erließ er eine Amnestie für all jene orthodoxen christlichen Würdenträger, die von der proarianischen Regierung Constantius' verbannt worden waren. Für ihn bestand kein Zweifel, daß sich Orthodoxe und Arianer bald wieder bis aufs Messer bekämpfen würden, denn wie Ammianus berichtet, »hatte er erfahren, daß keine Raubtiere den Menschen so gefährlich seien wie die Mehrzahl der Christen sich selbst in ihrem tödlichen Haß«.[6] Es würde also lediglich eine Frage der Zeit sein, bis die Christen ihre Irrtümer einsehen und sich wieder dem alten Glauben zuwenden würden, dem sie niemals hätten untreu werden sollen.

Ein solches Denken, das hier allerdings stark vereinfacht umrissen ist, muß aus heutiger Sicht naiv erscheinen. Julian vereinigte indes auf einzigartige Weise die unterschiedlichsten Wesenszüge: Er war römischer Kaiser, griechischer Philosoph und Mystiker. Als Kaiser war ihm klar, daß sein Reich krank daniederlag. Das goldene Zeitalter des Antoninus Pius zweihundert Jahre zuvor war dahin, das Heer längst nicht mehr unbesiegbar, ja, häufig kaum in der Lage, den Frieden an den Grenzen zu sichern. Die Verwaltung funktionierte nicht mehr, längst herrschten Pluralismus und Korruption. Auch die alten römischen Tugenden Realitätssinn und Pflichtbewußtsein, Ehrgefühl und Unbestechlichkeit galten nicht mehr. Und die Kaiser selbst, seine direkten Vorgänger, waren sinnliche Genußmenschen gewesen, die in einer unwirklichen phantastischen Welt der Laster lebten; sie konnten zwar ihre Truppen noch, wenn es sich gar nicht umgehen ließ, in den Kampf führen, gaben sich aber lieber in ihren Palästen in Gesellschaft ihrer Frauen und Eunuchen dem Vergnügen hin.

Dies alles war offensichtlich das Ergebnis moralischen Verfalls. Als Philosoph war Julian aber nicht gewillt, diese Verhältnisse einfach hinzunehmen, sondern entschlossen, ihnen auf den Grund zu gehen. Und als tiefreligiöser Mensch in einer Zeit, in der die Menschen instinktiv spirituelle Lösungen für weltliche Probleme suchten, glaubte er in dem einen Wort Christentum den Schlüssel zur Beantwortung dieser Grundfrage in der Hand zu haben. Dieser Glaube ging, so sah er es jedenfalls, rücksichtslos über die alten Tugenden hinweg und hob statt dessen schwächliche, weibliche Eigenschaften wie Sanftmut, Demut und Nächstenliebe auf den Schild. Und noch schlimmer wirkte sich in seinen Augen die Verkündigung des katastrophalen Glaubens an die so leicht erhältliche vollständige Vergebung der Sünden aus. In einer merkwürdigen kleinen Schrift mit dem Titel *Die Cäsaren*, die er für die Saturnalien im Dezember 362 verfaßte, legte Julian seine Auffassung unmißverständlich dar: Er zeigt Jesus als einen, der sein Haus zu einer Lasterhöhle gemacht hat und seinen Gästen zuruft: »Jeder Verführer, jeder Mörder, jeder, der ein Sakrileg begangen hat, jeder Schurke komme furchtlos zu mir, denn ich will ihn mit Wasser waschen und auf diese Weise augenblicklich von aller Schuld reinigen. Auch wenn er dieselben Sünden wieder begeht, mache ich ihn wieder rein, wenn er sich nur an die Brust klopft und an den Kopf schlägt.«[7]

Mit einem Wort, das Christentum hatte das Reich verweichlicht, es seiner Stärke und Männlichkeit beraubt und eine verkommene Moral eingeführt, deren Auswirkungen sich nun überall zeigten. Nun sind Vergleiche zwischen verschiedenen Ländern und Zeiten immer etwas problematisch, aber in Julians Beurteilung des Christentums im vierten Jahrhundert finden sich vielleicht doch Parallelen zu dem, was ein Konservativer der alten Schule über die Hippies und Flower-Power-Bewegung der sechziger Jahre sagen würde.

Indes sind Konservative der alten Schule meist keine Mystiker wie Julian. Sosehr er die philosophische und theologische Diskussion auch schätzte, war sein Verhältnis zur Religion doch stärker vom Temperament als vom Intellekt bestimmt. Nur selten ließ er sich während seiner kurzen Regierungszeit eine Gelegenheit entgehen, seine Ansichten öffentlich kundzutun, indem er auf dem Marktplatz öffentliche Vorlesungen hielt und leidenschaftliche Brandreden gegen zeitgenössische Denker abfeuerte, die sich seiner Ansicht nach auf Abwegen befanden – womit er viele seiner Untertanen, christliche genauso wie solche, die der alten Religion anhingen – schockierte. Griff er zur Feder, steigerte er sich regelrecht in eine Produktionswut hinein und verfaßte seine Schriften mit unglaublicher Geschwindigkeit. Die siebzehntausend Wörter seines *Hymnus an Kybele* will er in einer einzigen Nacht zu Papier gebracht haben. Leider ist sie auch danach. Julians Stil ist verworren, undiszipliniert und peinlich selbstgefällig; seine Hymne enthält alle Fehler, über die er sonst selbst am meisten herzog und die er im täglichen Leben so sorgfältig zu vermeiden suchte. Dieser Stil hätte vielleicht bei den verwaschenen Neuplatonikern, die er bewunderte, Anklang gefunden, aber wohl kaum ein müdes Lächeln bei Sokrates oder Aristoteles hervorgerufen. Er selbst jedoch war fest davon überzeugt, unter göttlicher Eingebung zu schreiben. Stets standen ihm Gottheiten zur Seite, sie inspirierten seine Rede, führten seine Feder, sandten ihm ermutigende oder warnende Zeichen, damit er nicht vom Pfad der Gerechtigkeit und Wahrheit abwich. Niemals, so scheint es, hat er auch nur einen einzigen Augenblick daran gedacht, er könnte sich irren oder die alte Religion sei letztlich nicht mehr zu halten.

Aber gerade dies sollte sich in nicht allzu ferner Zukunft erweisen. Im Sommer 362 machte Julian Antiochia zur Hauptstadt als vorbereitende Maßnahme für den Persienfeldzug, den er für das kommende Jahr plante. Auf seinem Marsch quer durch Kleinasien – er benötigte für die siebenhundert Meilen keine sechs Wochen – bemerkte er bekümmert, daß die christlichen Gemeinden, die ihre anfängliche Furcht vor einer neuen Welle der Verfolgung durch den Kaiser verloren hatten, sich wieder gefestigt hatten und ihre Mitglieder sich keineswegs gegenseitig zerfleischten. Auch die Angehörigen der alten Religionen – ein Schmelztiegel von nahezu unendlicher Glaubensvielfalt, angefangen vom ursprünglichen Animismus der Landbevölkerung bis hin zu den obskuren Mysterien der neuplatonischen Intellektuellen – waren nicht nennenswert stärker oder einheitlicher als zu Zeiten Konstantins. Die überwältigende Mehrheit von ihnen befolgte vermutlich keinerlei religiöse Riten oder aber nur aus Respekt für die Tradition und nicht aus echter spiritueller Überzeugung. Vergeblich reiste Julian von Tempel zu Tempel und brachte immer wieder Opfer dar, so daß er schließlich den Spitznamen »der Schlächter« erhielt. Vergeblich versuchte er auch seinen Glaubensangehörigen eine organisierte Priesterschaft mit eigener Hierarchie nach christlichem Modell zu verpassen. Er drängte sie, Hospitäler und Waisenhäuser, ja sogar Klöster zu gründen, um die Christen auf ihrem eigenen Gebiet auszustechen, doch die vorherrschende Gleichgültigkeit war durch nichts zu erschüttern. Tief enttäuscht trug Julian der ansässigen Bevölkerung persönlich vor, was er anläßlich seiner Teilnahme am großen Fest zu Ehren des Apollo erlebt hatte, welches jährlich in Daphne stattfand, dem reichen Wohnviertel von Antiochia:

> Dorthin eilte ich vom Tempel des Zeus Kasios, in dem Glauben, daß ich, wenn irgendwo, dann in Daphne mich des Anblicks eures Reichtums und Gemeinschaftssinnes erfreuen könnte. Und wie in einer Traumvision sah ich die Prozession vor mir: die Opfertiere, die Trankopfer, die Chöre zu Ehren des Gottes, den Weihrauch, die um den heiligen Bezirk versammelte Jugend der Stadt, in Anbetung versunken und in weiße Gewänder gehüllt. Doch als ich das Heiligtum betrat, fand ich dort weder Weihrauch noch Gerstenkuchen, noch ein einziges Opfertier ... Und als ich fragte, mit welchem Opfer die Stadt das Jahresfest des Gottes feierlich zu

begehen gedenke, gab der Priester zur Antwort: »Ich habe von zu Hause eine Ziege als Opfergabe mitgebracht, die Stadt hat dagegen noch keinerlei Anstalten getroffen.«[8]

Konnte der alte Glaube aber nicht wieder zum Leben erweckt werden, gab es keine andere Möglichkeit, als den Druck auf die Christen zu verstärken. Am 17. Juni 362 gab Julian ein Edikt heraus, das dem christlichen Glauben einen Tiefschlag versetzte, obwohl es auf den ersten Blick ganz harmlos wirkte. Für jeden Lehrer, so hieß es darin, sei das erste und bedeutendste Erfordernis ein moralisch untadeliger Charakter. Dies bedeutete, daß es künftig keinem Lehrer mehr erlaubt war, seiner Berufung zu folgen, ohne zuerst die Zustimmung der örtlichen Behörden und über sie jene des Kaisers selbst eingeholt zu haben. In einem erläuterndem Rundschreiben ließ Julian keinen Zweifel daran, daß kein Christ, der die klassischen Autoren lehren wollte – und diese machten in jenen Tagen praktisch den gesamten Lehrstoff an den Schulen aus –, über die erforderliche moralische Qualität verfüge, da er Dinge lehren wolle, an die er nicht selbst glaube. Er müsse also entweder auf seinen Lebensunterhalt oder auf seinen Glauben verzichten.

Dieses Edikt ist von den christlichen Autoren jahrhundertelang als das verabscheuungswürdigste Verbrechen Julians gegen die Kirche gebrandmarkt worden. Sogar der Heide Ammianus Marcellinus bemerkte damals schon dazu, es sei besser, den Mantel des Schweigens darüber zu breiten. Die Auswirkungen des Edikts waren außerdem weit über die akademische Welt hinaus spürbar. Es wurden christliche Protestaktionen veranstaltet, und nachdem der Kaiser, der herausgefunden hatte, daß der Apollotempel zu Daphne durch die Bestattung eines christlichen Märtyrers im heiligen Bezirk (ironischerweise auf Anordnung von Julians Halbbruder Gallus hin) entweiht worden war, die Exhumierung und Entfernung seiner Überreste angeordnet hatte, kam es zu Ausschreitungen. Bei diesen Unruhen wurden mehrere Demonstrierende verhaftet. Sie kamen zwar später wieder frei, aber erst nachdem mindestens eine der inhaftierten Personen gefoltert worden war. Dennoch brannte man am 26. Oktober den ganzen Tempel bis auf die Grundmauern nieder. Julian reagierte darauf, indem er die große Kirche von Antiochia schließen und das goldene Gerät konfiszieren ließ.

Die Spannungen erreichten nun schnell einen Höhepunkt. Es kam zu weiteren Vorfällen, und als die Situation immer mehr eskalierte, liebäugelte mancher heißblütige junge Christ mit der Märtyrerkrone und verdiente sie sich dann auch. Sicherlich kam es nicht zu solch allseitigen Verfolgungen wie unter Decius oder Diokletian, aber Julian, der seine Leidenschaften längst nicht so unter Kontrolle hatte wie jene, wäre zu derartigen Verfolgungen durchaus fähig gewesen, hätte er sie für nötig erachtet. Für das Christentum war daher der 5. März 363 ein gesegneter Tag: An diesem Tag nämlich brach Julian an der Spitze eines Heeres von etwa neunzigtausend Mann nach Osten auf. Und von dort kehrte er nicht wieder lebend zurück.

Im Krieg mit Persien gab es nichts Neues. Die beiden Riesenreiche kämpften seit nahezu zweieinhalb Jahrhunderten an der gemeinsamen Grenze, wobei die Heere gelegentlich tief in das Territorium der feindlichen Macht eindrangen. Galerius' Sieg über König Narses im Jahre 298 hatte zumindest auf dem Papier einen vierzigjährigen Frieden nach sich gezogen. Diese Niederlage aber beschloß Narses' zweiter Nachfolger Schapur II. im Jahre 363 zu rächen. Schapur II. war zu diesem Zeitpunkt vierundfünfzig Jahre alt und saß bereits genauso lange, ja, genaugenommen sogar noch etwas länger, auf dem Thron, denn er ist wahrscheinlich als einziger Monarch der Weltgeschichte schon im Mutterleib gekrönt worden. Gibbons Schilderung dieses Ereignisses ist durch nichts zu ersetzen:

> Hormuz hinterließ nämlich, als er starb, seine Gattin schwanger, und die Ungewißheit des Geschlechtes so wie des Ausganges erregte bereits die ehrsüchtigen Hoffnungen der Fürsten aus dem Hause Sassan. Die Besorgnisse des Bürgerkrieges wurden endlich durch die ausdrückliche Versicherung der Magier entfernt, daß die Witwe des Hormuz einen Knaben empfangen habe und glücklich gebären werde. Der Stimme des Aberglaubens gehorsam schritten die Perser ohne Verzug zur Krönungsfeier. Ein königliches Bett, worauf die Königin im Prachtgewande lag, wurde inmitten des Palastes aufgestellt, ein Diadem auf den Platz gelegt,

> von dem man glaubte, er verberge den künftigen Erben des Artaxerxes, und die Satrapen beteten, zur Erde gebeugt, die Majestät ihres unsichtbaren und unempfindlichen Souveraines an.[9]

Zum Glück für Constantius, der den größten Teil der sechziger Jahre des vierten Jahrhunderts mit dem Aufstand des Magnentius und seinen Folgen zu tun gehabt hatte, war auch Schapur II. anderweitig beschäftigt gewesen. In der übrigen Zeit seiner Regierung, sowohl vor als auch nach dieser Periode, hatte der Perserkönig ihn ständig bedroht. Diese Bedrohung erreichte im Jahre 359 ihren Höhepunkt, als Schapur nach langer Belagerung die strategisch wichtige Festung Amida (die heutige türkische Stadt Diyarbakir) einnahm, von der aus die Quellflüsse des Tigris sowie die Zugänge nach Kleinasien von Osten kontrolliert wurden, und von diesem Standort aus eine gefährlich starke Position im oberen Mesopotamien aufzubauen begann. Es war also höchste Zeit für eine großangelegte römische Offensive, wenn die Situation dem Imperium nicht entgleiten sollte. Und Julian, der sich in den Fußstapfen von Pompeius, Trajan und Septimius Severus sah und vermutlich gar für eine Reinkarnation Alexanders des Großen hielt, brannte darauf, ähnlichen Ruhm zu erringen.

Sein Weg führte zunächst direkt nach Osten, und zwar über Beröa (das heutige Aleppo), wo er auf der Akropolis Zeus zu Ehren einen weißen Stier opferte. In Hieropolis wandte er sich nach Norden und überquerte den Euphrat sowie die heutige türkisch-syrische Grenze, vermutlich um im großen Mondtempel in Carrhae (heute Harran) zu opfern. Von dort zog er die Flußläufe entlang: bis Raqqa den Belikh und dann den Euphrat bis zu der Stelle südlich von Bagdad, wo dieser sich dem Tigris bis auf dreißig Meilen nähert, so daß das Heer einen der zahlreichen kleinen Wasserwege benutzen konnte, welche beide Flüsse miteinander verbinden. So erreichte Julian nach mehreren unproblematischen Belagerungen und Scharmützeln ohne nennenswerte Schwierigkeiten das Westufer des Tigris. Vor ihm ragten nun die Mauern der persischen Hauptstadt Ktesiphon[10] auf.

Am jenseitigen Ufer lagerte jedoch zwischen den Stadtmauern und dem Fluß das persische Heer in Erwartung der Schlacht, und die römischen Feldherren mußten zu ihrem Schrecken feststellen, daß es außer der üblichen Kavallerie auch über Kampfelefanten verfügte;

diese stellten eine furchtbare Waffe dar, einmal weil das römische Heer keine Erfahrung damit hatte und zum anderen weil die Pferde durch den Geruch in Panik gerieten. Trotzdem gab Julian den Befehl, den Fluß zu überqueren. Der erste Versuch, am anderen Ufer zu landen, wurde zurückgeschlagen; der zweite, den die Hauptstreitmacht tatkräftig unterstützte, gelang, und die Schlacht begann. Sie endete zur Verblüffung vieler auf beiden Seiten mit einem überwältigenden Sieg des römischen Heeres. Nach Ammianus, der an der Schlacht teilgenommen hat, fielen ihr an die zweitausend Perser, aber nur siebzig Römer zum Opfer.

Man schrieb den 29. Mai. Aber schon am folgenden Tag änderte sich die Situation plötzlich und unerwartet. Zweifel und Unsicherheit breiteten sich im römischen Lager aus. Und innerhalb einer Woche wurde die Belagerung von Ktesiphon aufgegeben, bevor sie richtig begonnen hatte. Das Heer dachte nur noch an Rückzug. Was war geschehen? Julians Apologeten haben den Schwarzen Peter eifrig angeblicher persischer Hinterlist in die Schuhe geschoben. Daß Julian Befehl gab, seine nicht unbedeutende Flußflotte zu verbrennen, mag ein bewußter Schachzug gewesen sein; ob ihm das auf seinem Rückzug flußaufwärts genützt hat, ist allerdings zu bezweifeln. Einleuchtender klingt die Erklärung von Ammianus, und der müßte es eigentlich wissen: Es sei dem Kaiser nichts anderes übriggeblieben, als schließlich die militärischen Realitäten zur Kenntnis zu nehmen, daß nämlich Ktesiphon praktisch uneinnehmbar war und Schapurs Hauptstreitmacht, die erheblich größer war als die gerade besiegte, sich eilends näherte. Und es gab noch ein weiteres Problem: Trotz des gerade errungenen Sieges war es um die Moral im römischen Heer nicht gut bestellt. Die Versorgung war knapp, denn die Perser hatten im Umkreis vieler Meilen das Prinzip der verbrannten Erde angewendet. Und weil die Flüsse Hochwasser führten, mußten sich die Soldaten immer wieder durch Sümpfe quälen, dies bei mörderischer Hitze. Nach Ammianus' Bericht waren die Fliegen so zahlreich, daß sie sogar das Licht der Sonne verdunkelten. Julian habe aber trotzdem noch tiefer in persisches Gebiet eindringen wollen; allein seine Feldherren hätten sich dem widersetzt. Aber selbst wenn diese bereit gewesen wären, hätten sie die Soldaten keinesfalls dazu zu überreden vermocht. Am 16. Juni begann der Rückzug.

Erbarmungslos getrieben von der persischen Kavallerie, schleppte sich das Heer das linke Tigrisufer entlang nach Nordwesten. Am 26. Juni wurde es kurz nach Samarra überraschend in heftige Kämpfe verwickelt. Wieder wurden die gefürchteten Elefanten eingesetzt, wieder schwirrte die Luft von Speeren und Pfeilen. Ohne sich die Zeit zu nehmen, den Brustpanzer anzulegen, stürzte sich Julian mitten ins Kampfgetümmel und feuerte seine Leute mit großem Geschrei an. Gerade als sich das Schlachtenglück zu ihren Gunsten wendete und die Perser den Rückzug antraten, traf ihn ein gezielter Wurfspeer in die Seite. Beim Versuch, ihn herauszuziehen durchtrennte er die Sehnen der rechten Hand; die Männer in seiner Nähe hoben ihn auf und trugen ihn in sein Zelt. Der Speer, der tief in der Leber steckte, wurde zwar entfernt, aber es half ihm nicht mehr. Kurz vor Mitternacht starb er.

Julian ist einunddreißig Jahre alt geworden. Neunzehn und einen halben Monat nur hatte er den Kaiserthron innegehabt und als Kaiser keine große Wirkung erzielt. Er erließ keine Gesetze von Dauer, vergeudete Zeit und Energie für die Wiederbelebung einer überlebten Religion zum Nachteil jener, die sich in den folgenden tausend Jahren als das einheitliche Band des Imperiums erwies, und war bei vielen Untertanen, und zwar solchen, die der alten Religion anhingen, ebenso wie christlichen unbeliebt, weil ihnen seine asketische Einstellung und seine flammenden Reden nicht zusagten. Außerdem hat er um ein Haar das gesamte römische Heer, wie sich selbst, dem Untergang geweiht, indem er einen Feldzug unternahm, der zwar hervorragend organisiert war, jedoch mangels vorausschauender Planung und klar definierter Ziele fast in einer Katastrophe endete.

Und dennoch ist Julian von den achtundachtzig byzantinischen Kaisern derjenige, der mehr als jeder andere – Konstantin den Großen inbegriffen – die Phantasie der Nachwelt beschäftigt hat, angefangen von Gregor von Nazianz im vierten Jahrhundert bis zu Gore Vidal im zwanzigsten. Die Autoren des Mittelalters haben ihn als Teufel, als Schlange, ja sogar als Antichrist beschrieben, die der Renaissance als tragischen Helden, die des achtzehnten Jahrhunderts als Urbild eines Philosophen-Königs, den Künder von Vernunft und Aufklärung, und schließlich die Romantiker in ihrem Lieblingsgewand als Außenseiter und Rebellen: edel, mutig, aber schließlich doch besiegt. Die Meinung, daß diese letztgenannte Deutung der Wahrheit am nächsten kommt, ist durchaus zulässig, selbst wenn dabei, wie es immer wieder geschehen ist, sein Leben mit einer Zuneigung betrachtet wird, die ihm zu Lebzeiten wohl nicht entgegengebracht wurde.

Die wirkliche Tragik Julians liegt weder in seiner verfehlten Politik noch in seinem frühen Tod, sondern darin, daß er um Haaresbreite jene Größe verfehlte, für die er auf so vielfältige Weise prädestiniert war. Nur wenige Monarchen haben überragende Fähigkeiten in solchem Überfluß besessen: Intelligenz, umfassende Bildung und Kultur, Energie und nie erlahmenden Fleiß, Mut und vorbildliche Führungseigenschaften, die er in jeder Schlacht zeigte, ein Höchstmaß an Integrität im öffentlichen wie im Privatleben, offensichtliches Gefeitsein gegen die Versuchung leiblicher Lüste jeder Art sowie die erstaunliche Fähigkeit, sich im Einsatz für das Imperium und vor allem im Dienst der von ihm verehrten Gottheiten zu vervollkommnen. Leider besaß er aber auch zwei Schwächen, und diese hinderten ihn wohl daran, Bleibendes zu hinterlassen. Es sind dies zunächst der religiöse Fanatismus, der sein Urteil trübte und ihm das instinktive und für erfolgreiches Herrschen unerläßliche Gespür für das Wesentliche nahm, und sodann eine gewisse Verschwommenheit im Denken. Dieser Zug, der sich in seinen literarischen Ergüssen zeigt und der schließlich auch für das Scheitern des Persienfeldzugs mitverantwortlich war, mag eine Folge der ersten Schwäche sein. Julian war gelegentlich merkwürdig unschlüssig. Immer wieder bittet er die Götter, ihm den rechten Weg zu weisen, anstatt selbst Entscheidungen zu treffen. Auf der anderen Seite gab ihm dieselbe Schwäche, hatte er sich erst einmal zum Handeln entschlossen, außerordentliches Selbstvertrauen: Selbst wenn ringsum allen klar war, daß ein folgenschwerer Fehler unterlaufen war, verließ ihn immer noch nicht der Mut.

Vielleicht wäre es Julian, hätte er nur länger gelebt, gelungen, diese Schwächen zu überwinden und sich zu einem wirklich großen römischen Kaiser aufzuschwingen. Aber dies war ihm nicht beschieden. Er starb auf eine für ihn überaus charakteristische Art: tapfer, aber ganz unnötig, der Nachwelt nichts hinterlassend als das wirkungslose Phantombild eines phantastischen jungen Visionärs auf falscher Fährte, der vergeblich die Welt zu verändern versuchte, der seine Talente und hervorragenden Eigenschaften verschleuderte und nicht zu halten vermochte, was er versprach.

5

Das Reich in der Krise

(363–395)

Was kann sich noch erträumen, wer vom Brunnen des lebendigen Wassers getrunken hat? Welche Königreiche? Welche Macht? Welche Schätze? Wenn man sieht, wie elend die Lage der Könige schon in dieser Welt ist, wie veränderlich die kaiserliche Stellung, wie kurz die Zeitspanne dieses Lebens, was für eine Sklaverei selbst souveräne Herrscher erdulden, wenn man sieht, daß sie nicht nach ihrem eigenen Willen leben, sondern nach dem von anderen.

Ambrosius, Brief XXIX, 18

Da das römische Heer nach Julians unerwartetem Tod nicht nur ohne Kaiser, sondern – was in einem so kritischen Augenblick noch entscheidender war – auch ohne Führer war, versammelte man sich am frühen Morgen des folgenden Tages, um einen Nachfolger zu ernennen. Die erste Wahl fiel auf Sallustius Secundus, den Prätorianerpräfekten des Ostens, doch dieser berief sich auf sein Alter und seine Gebrechlichkeit und lehnte ab. Dann begann eine offenbar relativ kleine Gruppe Soldaten den Namen von Jovian zu brüllen, des Befehlshabers der kaiserlichen Garde. Jovian war zweiunddreißig Jahre alt, ein Angeber, der geborene Soldat und bei seiner Mannschaft beliebt; vielleicht ist es bezeichnend, daß er auch Christ war, was im übrigen seiner notorischen Vorliebe für Wein, Weib und Gesang keinen Abbruch tat. Er hatte sich in keiner Weise ausgezeichnet und war mit Sicherheit nicht von kaiserlichem Format. Weshalb er vorgeschlagen wurde, bleibt ein Rätsel, aber noch verblüffender ist, daß der Ruf danach vom ganzen römischen Heer offenbar aufgenommen wurde, und dies muß in der Tat so unverständlich gewesen sein, daß Ammianus Marcellinus (mit großer Wahrscheinlichkeit einmal mehr Augenzeuge) erklärt, die ganze Sache sei ein Mißverständnis gewesen, denn die meisten Anwesenden hätten den Ruf nicht als »Jovianus!«, sondern als »Julianus!« verstanden und daraus geschlossen, der vorherige Kaiser sei wider Erwarten genesen und habe Rang und Titel wieder angenommen. Erst als die großgewachsene, vorzeitig gebeugte Gestalt Jovians vor ihnen durchmarschierte, »da ahnten sie, was geschehen war, und alle brachen in Tränen aus und trauerten«.[1]

Und so traten sie unter einem neuen und äußerst enttäuschenden Führer, bedrückt und erschöpft, den Rückzug am Ostufer des Tigris entlang an, unter fortgesetzten Belästigungen durch die Perser, die von einem Deserteur über Julians Tod informiert worden waren und hofften, aus der daraus entstehenden Verwirrung einen Vorteil herausschlagen zu können. Innerhalb weniger Tage jedoch zeigte sich, daß sie offene Feldschlachten vermieden, und nachdem es dem römischen Heer gelungen war, eine Flußüberquerung zu erzwingen, obwohl Schapur alles versucht hatte, um dies zu verhindern, beschloß dieser, ihnen seine Friedensbedingungen zu unterbreiten. Sie waren ausgesprochen demütigend, doch Jovian willigte ein. Das daraus resultierende Abkommen garantierte dreißig Jahre Frieden, die Rückgabe von fünf von Diokletian eroberten Grenzprovinzen und achtzehn wichtigen Festungen an Persien, darunter auch die beiden wichtigen Bollwerke Nisibis (Nusaybin) und Singara (Sindschar). Außerdem verpflichteten sich die Römer, König Arsakes von Armenien im Fall von persischen Angriffen nicht zu unterstützen, ein Versprechen, das praktisch einem Verzicht auf jeglichen Anspruch auf dieses Land gleichkam.

Ein katastrophaler Beginn für Jovians Herrschaft. »Zehnmal hätte man lieber kämpfen sollen, damit nichts davon ausgeliefert werde«, begehrt Ammianus auf,[2] und es muß viele im Heer gegeben haben, die ihm leidenschaftlich zustimmten. Und er fährt fort, da die Verhandlungen nur etwa hundertfünfzig Kilometer von römischem Gebiet entfernt stattgefunden hätten, wäre es für das römische Heer ein leichtes gewesen, sich den Weg in die Sicherheit ohne diese umfassende Kapitulation zu erkämpfen; Jovian sei jedoch nur daran gelegen gewesen, so schnell wie möglich nach Hause zu kommen, um seinen Anspruch auf den Thron geltend machen zu können. Ob dieser Vorwurf nun berechtigt war oder nicht, es ist nichts als gerecht, wenn man zu Jovians Verteidigung unterstreicht, daß hundert Kilometer durch die Wüste ein langer Weg sind für ein Heer, das ständig angegriffen wird und bereits über gefährlich wenig Lebensmittel verfügt. Allenfalls ließe sich einwenden, daß Jovian als Gegenleistung für all das, was er dem persischen König zugestanden hatte, zumindest das Recht gehabt hätte, um genügend Proviant zu bitten, um mit dem Heer sicher auf Reichsgebiet zurückzukommen; doch falls er je solche Forderungen gestellt haben sollte, sind sie abgelehnt worden. Der nächste Marschabschnitt führte die Soldaten vom Tigris Richtung Westen durch Hatra nach Nisibis; sie mußten an die hundert Kilometer gnadenlose Wüste durchqueren und waren gezwungen, sämtliche Kamele und Packesel zu töten, und selbst so kamen sie nur knapp mit dem Leben davon. Als sie schließlich Nisibis erreichten, weigerte sich der Kaiser, die Stadt zu betreten, die er gerade aufgegeben hatte, und zog es vor, das Lager vor den Mauern aufzuschlagen. Als am folgenden Tag ein Abgesandter Schapurs II. eintraf, um die persische Flagge zu hissen, ordnete er eine Massenevakuierung an; keine einzige Person sollte sich innerhalb der Mauern befinden, um die Eroberungsmacht zu empfangen. Vergeblich baten die Leute, bleiben und ihre Stadt verteidigen zu dürfen. Jovian hielt Wort. Ammianus zeichnet ein bewegendes Bild dieses Ereignisses.

> Jammer und Trauer erfüllt daraufhin den ganzen Mauerring, und über alle Stadtteile hin war nichts als die einzige Stimme der Klage zu vernehmen. Verzweifelt zerrauften die Matronen ihre Haare, da sie als Verbannte Haus und Hof verlassen sollten, wo sie geboren und erzogen worden waren, ebenso die ihrer Kinder beraubte Mutter oder die einsame Witwe, die nun alle weit weg von ihren lieben Toten gejagt wurden. Die bejammernswerte Masse aber umklammerte unter Tränen Pfosten und Schwellen ihrer Häuser. Alsbald aber füllten sich die verschiedenen Straßen mit den Unglücklichen, die nach allen Seiten hin, wie es jedem gerade möglich war, auseinanderstrebten. Dabei rafften viele in der Hast

nur jene Habseligkeiten zusammen, die sie fortschaffen zu können glaubten, während sie den sonstigen reichen und wertvollen Hausrat aus Mangel an Gespannen liegenlassen mußten.[3]

In Nibisis wurde Julians einbalsamierter Leichnam, den die Soldaten die ganze Strecke von der Stelle, an der er gefallen war, hergetragen hatten, seinem alten Freund und entfernten Verwandten Procopius anvertraut – von dem manche sagten, Julian habe ihn heimlich zu seinem Nachfolger bestimmt –, damit er ihn in Tarsos begraben ließe, wo er nach seiner siegreichen Rückkehr hatte hofhalten wollen. Jovian führte das Heer weiter nach Antiochia, und wie zu Zeiten Konstantins und seiner Söhne wurde das heilige *Labarum* vorangetragen. Bei seiner Ankunft erließ er unverzüglich ein Edikt allgemeiner religiöser Toleranz, das den Christen im ganzen Reich ihre vollen Rechte und Privilegien zurückgab. Daß seine Sympathien eher beim orthodoxen nikänischen Bekenntnis lagen als beim Arianismus, den Konstantin bevorzugt hatte, zeigt sich mehr als deutlich in der Ehrerbietung, die er dem alten Athanasius von Alexandria erwies, indem er ihn wieder in das Bistum einsetzte, aus dem ihn Julian entfernt hatte, und der sofort nach Antiochia gereist war, um dem neuen Kaiser zu seiner Erhebung zu gratulieren. Zweifellos zuversichtlich, denn der große alte Patriarch hatte beteuert, die Wiederherstellung des wahren Glaubens werde mit einer langen und friedvollen Regierungszeit belohnt, verließ Jovian Antiochia Mitte Oktober und zog mit seinem Heer in lockeren Etappen quer durch Anatolien. In allen Städten, durch die er kam (fast alle waren christlich), wurde er mit Begeisterung empfangen. Nur in Ankyra (dem heutigen Ankara), wo er gemeinsam mit seinem Sohn Varronian, den er im Säuglingsalter als Konsul eingesetzt hatte, am 1. Januar 364 das Amt antrat, ließ das ohrenbetäubende Geschrei des Winzlings bei der Einsetzungszeremonie die abergläubischeren unter den Anwesenden trotz Athanasius' Voraussagen befürchten, dies sei ein böses Vorzeichen.

Und es war durchaus begründet. Nur wenige Wochen später, nämlich am 16. Februar 364 – unterdessen war Jovian bis in die kleine Stadt Dadastana, etwa auf halbem Weg zwischen Ankyra und Nikäa, vorgerückt – fand man den neuen Kaiser tot im Schlafzimmer. »Die Ursache dieses plötzlichen Todes«, schreibt Gibbon, »wurde verschiedentlich angegeben. Einige schrieben denselben den Folgen einer Magenüberladung zu, vielleicht entweder durch die Eigenschaft der Schwämme, die er des Abends verschlungen hatte. Nach anderen wurde er im Schlafe durch Kohlendunst erstickt, der aus den frischgetünchten Wänden des Gemachs die schädliche Feuchtigkeit zog.«[4] Überraschenderweise bestand offenbar keinerlei Mordverdacht.

Die Wahl Jovians zum Kaiser bedeutete die Wiedereinsetzung des Christentums als offizielle Religion des Römischen Reiches, aber sie signalisierte zusätzlich noch etwas anderes: das Ende einer Dynastie, die das Imperium mehr als ein halbes Jahrhundert lang beherrscht hatte. Die männliche Linie von Constantius Chlorus war nun erloschen, womit das Diadem theoretisch wieder für alle zu haben war. Und es hätte kaum ein klareres Zeichen für diesen veränderten Sachverhalt geben können als die praktische Einstimmigkeit, mit der das Heer etwa zehn Tage nach Jovians Tod Valentinian als seinen Nachfolger bejubelte. Auf den ersten Blick mochte der neue Kaiser noch weniger für den Purpur geeignet erscheinen. Er war ungehobelt in seinem Auftreten, konnte kaum lesen und schreiben und war von jähzornigem, unberechenbarem Wesen. Sein Vater, ein pannonischer Seiler, war aus den unteren Rängen zu einflußreichen Positionen in Afrika und Britannien aufgestiegen, und wie bereits dieser versuchte auch Valentinian nicht, seine kleinbäuerliche Herkunft zu verbergen. Trotz seiner zweiundvierzig Jahre hatte er immer noch eine hervorragende Konstitution, und er hatte eine achtunggebietende – manche sagen bedrohliche – Ausstrahlung. Er war ein frommer Christ und ein ausgezeichneter Soldat, allerdings unsäglicher Grausamkeit fähig, wenn es ihn gerade überkam. Als man ihn nach seiner Ernennung drängte, sofort einen Mitkaiser zu bestimmen, ließ er sich nicht beirren. Er nominierte ihn erst, als er mit dem Heer am 28. März schließlich in Konstantinopel ankam: Zur allgemeinen Bestürzung war es sein jüngerer Bruder Valens.

Dies war eine eigenartige Wahl. Valens war Arianer und von fast groteskem Äußeren: O-Beine, ein Schmerbauch, und dazu schielte er furchtbar. Er war sieben Jahre jünger als sein Bruder und besaß nichts von dessen Tollkühnheit oder Durchhaltevermögen und nur wenige von seinen Fähigkeiten; das einzige, was er mit ihm gemeinsam hatte, war sein Ruf für Grausamkeit. Dennoch verkörperte er genau das, was Valentinian wollte: einen treuen Statthalter, der die Überlegenheit seines Bruders freimütig anerkannte und der mit Sicherheit keinen Anlaß zu Schwierigkeiten oder Klagen bieten würde. Valens, kündigte der Kaiser reichlich überraschend an, werde für den Osten des Reiches verantwortlich sein, während er, Valentinian, von seiner Hauptstadt Mailand aus den Westen regieren werde.

Ob er die Rollen vertauscht hätte, fragt man sich unweigerlich, wenn er die Krise hätte voraussehen können, mit der sich sein Bruder innerhalb eines Jahres nach seinem Amtsantritt in Konstantinopel konfrontiert sah? Anfang Frühjahr 365, wenige Tage nachdem er nach Syrien abgereist war, wo es dem weniger als zwei Jahre zuvor unterzeichneten Abkommen zum Trotz neuerliche Schwierigkeiten an der persischen Grenze gab, wurde Valens mit der Nachricht zurückgerufen, daß Procopius, der entfernte Vetter von Kaiser Julian, der für dessen Bestattung verantwortlich war, das Signal zum Aufstand gegeben habe. An die alte Loyalität zum Hause Konstantins appellierend, dem er, allerdings nicht sehr überzeugend, anzugehören behauptete, hatte Procopius in der Hauptstadt rasch die Unterstützung des Heeres gewonnen; Thrakien und Bithynien folgten bald darauf. In Panik floh Valens nach Ankyra, und seine Verzweiflung wuchs noch, als er erfuhr, daß von seinem Bruder keine Hilfe zu erwarten war, da dieser bereits all seine Kräfte gegen Barbarenstämme in Gallien eingesetzt hatte. Procopius sei »einzig und allein sein und seines Bruders Feind«, soll Valentinian bezeichnenderweise bemerkt haben, als er den Hilfsappell ablehnte, »die Alamannen aber die Feinde des gesamten römischen Erdkreises«.[5]

Zum Glück für die beiden Kaiser hatte sich der Rebell jedoch bald schon übernommen und mehrere einflußreiche Männer gegen sich aufgebracht, die sich zuvor für ihn ausgesprochen hatten und nun Valens unterstützten. Unzählige folgten ihrem Beispiel, und Ende Mai war der Aufstand zu Ende. Procopius wurde in der thrakischen Stadt Philippopel – dem heutigen Plovdiv – gefangengenommen und enthauptet und der abgetrennte Kopf als Trophäe Valentinian nach Gallien gesandt. In der Zwischenzeit hatte Valens eine Reihe von abschreckenden Vergeltungsmaßnahmen gegen all jene in Kraft gesetzt, deren Loyalität auch nur einen Augenblick gewankt hatte. In sämtlichen betroffenen Provinzen ordnete er Folterungen und Hinrichtungen, Verbannungen und das Niederbrennen allen Hab und Guts an, und zwar in einem solch ungeheuerlichen Ausmaß, daß selbst eine fünfundzwanzigprozentige Steuerermäßigung im Jahr darauf die Furcht und den Haß, die ihm sein Vorgehen eingebracht hatte, nicht völlig beseitigen konnte.

Während des folgenden Jahrzehnts blieben beide Kaiser nahezu ununterbrochen in Kämpfe verstrickt. Valens war zunächst mit den gotischen Stämmen entlang der Donaugrenze beschäftigt, er baute Festungen und richtete auf der gesamten Länge Garnisonen ein; dann unternahm er im Jahre 371 die immer wieder verschobene Reise in den Osten, wo Schapur II. König Arsakes gefangengenommen, zum Selbstmord gezwungen und Armenien zu einem persischen Satelliten reduziert hatte. Valentinian mußte sich um die wiederholten Einfälle nichtrömischer Stämme in Gallien kümmern und, nach 367, um einen gefährlichen Aufstand in Britannien, eine Folge der Invasionen von Pikten und Schotten. Da er auf dem Kontinent unabkömmlich war, betraute er einen gewissen Theodosios mit der Bewältigung dieser Krise, einen seiner besten Generäle. Dieser marschierte mit sensationellem Erfolg ein und ließ die Insel 370 glücklicher und friedlicher zurück, als sie es während einer Generation oder länger gewesen war. Erst drei Jahre später konnte der Kaiser selbst Gallien gefahrlos verlassen. Fast unmittelbar darauf brachen jedoch neue Unruhen aus, diesmal bei dem sonst ruhigen und gesetzestreuen Stamm der Quaden, die auf der anderen Seite der Donau, direkt gegenüber des Kaisers pannonischer Heimat, lebten. Sie hatten sich schon darüber geärgert, daß man die Reichsfestungen auf der ihrer Meinung nach ihnen gehörenden Flußseite errichtet hatte, und als sie auch noch vermuteten, die Römer seien schuld an der vor kurzem erfolgten Ermordung ihres Königs, fielen sie aus Protest in das Reich ein und verwüsteten einen Landstrich entlang der Grenze. Darauf schickten sie eine Gesandtschaft zu Valentinian, um ihm zu erklären, weshalb sie das Recht selbst in die Hände genommen hatten und daß die wahren Aggressoren die Römer seien.

Es scheint, daß die Quaden triftige Gründe für ihre Behauptung hatten. Valentinian betrachtete das Ganze jedoch als eine unverzeihliche Unterstellung, als eine Beleidigung Roms. Während er noch zuhörte, stieg die Wut in ihm hoch, sein normalerweise leicht gerötetes Gesicht lief erst purpurn und dann blau an, und plötzlich fiel er, vom Schlag getroffen, vornüber. So starb er am 17. November 375 in Bregetio in Valeria. In seiner elfjährigen Regierungszeit hatte er sich wie kaum ein Kaiser vor ihm für das Wohl des Reiches eingesetzt, insbesondere für die Wahrung der Grenzen. Als orthodoxer Christ hatte er sich auch denen gegenüber tolerant gezeigt, die seinen strengen nikänischen Glauben nicht teilten; so hatte er zum Beispiel darauf verzichtet, arianische Bischöfe, die ihren Sitz noch innehatten, zu ersetzen. Als Herrscher hatte er Schulen und ärztliche Dienste eingerichtet und fair und unparteiisch Recht gesprochen. Allerdings waren seine Strafen oft streng, ja ausgesprochen grausam gewesen, doch galten sie zumindest den Schuldigen und nicht Unschuldigen. Trotzdem war er mit seiner Härte und Strenge bei seinen Untertanen auf wenig Gegenliebe gestoßen, und wohl nur wenige trauerten über seinen Tod.

Bereits im Jahre 367 hatte Valentinian nach einer schweren Krankheit, während der er sich mit großen Sorgen um seine Nachfolge geplagt hatte, die Truppen überredet, seinen siebenjährigen Sohn Gratian als zweiten Augustus anzuerkennen. Im Wissen, daß Gratian sich weit weg in Trier und Valens noch ein gutes Stück weiter in Antiochia aufhielt, ließ er seinen erst vierjährigen Sohn Valentinian aus zweiter Ehe an sein Sterbebett rufen und ernannte ihn zum Mitregenten seines Halbbruders Gratian. Bei seinem Tod standen dem Reich zur Fortführung der Regierung theoretisch also drei Herrscher zur Verfügung: ein mißgebildeter Sadist mittleren Alters, dem jegliche Vernunft oder Urteilskraft abging, ein herzerfrischender sechzehn Jahre alter Jüngling sowie ein Kind, das kaum der Wiege entstiegen war. Und von diesen dreien hing nun die Zukunft des Römischen Reiches ab, und zwar in einem der kritischsten Augenblicke seiner Geschichte. Denn nur gerade ein Jahr nach Valentinians Tod wurde das Imperium mit einer neuen Welle von Invasoren konfrontiert, und diese waren unendlich viel gefährlicher als alles, was sich ihm bislang entgegengestellt hatte: die Hunnen.

In oberflächlicher Vereinfachung neigen wir heute dazu, die Stämme, die im vierten und fünften Jahrhundert von Norden und Osten her in das Reich einfielen, als mehr oder weniger gleichgeartet zu betrachten, doch dies ist ein großer Irrtum. Zu der fraglichen Zeit waren die Goten ein seßhaftes, nach unseren Begriffen relativ »zivilisiertes« Volk, das mehrheitlich dem arianischen Christentum anhing. Während die Westgoten von lokalen Stammesführern gelenkt wurde, hatten sich die Ostgoten zu einem blühenden vereinigten Königreich entwickelt. Die Hunnen dagegen waren ungezähmte, nichtchristliche Nomaden mongolischer Herkunft, die in riesigen Verbänden von der zentralasiatischen Steppe herkamen und alles, was in ihrem Weg lag, überrannten. Im Jahre 376 fielen sie mit unverminderter Heftigkeit über die Goten her. Nachdem sich König Ermanarich ihnen mehrmals entgegengestellt hatte, nahm er sich das Leben; sein Nachfolger wurde kurz darauf in einer weiteren aussichtslosen Schlacht getötet. Der Widerstand der Ostgoten war gebrochen. Ein alter westgotischer Stammesfürst namens Athanarich tat zwar sein Bestes, um seine Leute zu sammeln, und zog sich unbesiegt in das Bergland von Transsylvanien zurück, aber eine viel größere Zahl ersuchte Valens um die Erlaubnis, sich in der thrakischen Ebene, also innerhalb der Reichsgrenzen, niederzulassen.

Dem Begehren wurde stattgegeben. Laut ausdrücklichem kaiserlichen Befehl sollten die örtlichen Behörden alle Flüchtlinge mit Lebensmitteln und Unterkünften versorgen, bis sie sich in ihrem neuen Zuhause eingerichtet hatten. Diese Anordnungen wurden jedoch ignoriert: Die zuständigen Beamten, allen voran Lupinus, der *Comes* von Thrakien, sahen in den Neuankömmlingen eine Möglichkeit zur Ausbeutung und Erpressung; man beraubte sie praktisch all ihrer Habe, bis sie fast am Verhungern waren. Im Sommer 377 gingen die gotischen Siedler, von Verzweiflung getrieben, zum aktiven Widerstand über. Sie marschierten nach Markianopel, der Hauptstadt der Reichsprovinz Niedermösien (etwa zwanzig Meilen landeinwärts der heutigen bulgarischen Hafenstadt Varna gelegen), und verlangten, Lupinus zu sprechen. Dieser weigerte sich jedoch, sie zu empfangen. Vielmehr tauchte er ein, zwei Tage später mit einem Heer auf, um ihnen eine Lektion zu erteilen. Aber er hatte sich verrechnet: Er wurde tüchtig geschlagen und kam nur knapp mit dem Leben davon. Innerhalb weniger Tage waren alle Goten in Thrakien kampfbereit, und die Westgoten und selbst die Hunnen schlossen sich ihnen zu einem Großangriff auf das Römische Reich an.

Trotz großer, von den Kaisern des Ostens und des Westens entsandter Verstärkungstruppen tobten den ganzen Winter über erbitterte Kämpfe. Im Frühjahr des Jahres 378 machte sich Valens schließlich persönlich nach dem Balkan auf, ermutigt vom Versprechen Gratians, ihm rasch zu Hilfe zu kommen. Nachdem er an der Maritza nordwestlich von Adrianopel eine ansehnliche Zahl gotischer Streitkräfte geschlagen hatte und während er sich auf dem Weg in Richtung Philippopel befand, um seinen Neffen zu treffen, zwang ihn die Nachricht, daß man versuche, ihm den Weg zu seiner Hauptstadt abzuschneiden, zum Rückzug. Wieder in Adrianopel, erhielt er eine Mitteilung von Gratian; er bat ihn, größere Konfrontationen zu vermeiden, bis Verstärkung eintreffe. Doch die befand sich noch meilenweit entfernt, und zuverlässigen Quellen zufolge war das gotische Heer klein, insgesamt nur etwa zehntausend Mann. Valens' Truppenführer Sebastian plädierte für den sofortigen Angriff, und der Kaiser ließ sich überreden. Dies war der größte Fehler seines Lebens – und gleichzeitig sein letzter. Die folgende Schlacht vom 9. August 378 war ein Debakel. Der Kaiser wurde von einem Pfeil getötet, Sebastian und Trajan, sein stellvertretender Truppenführer, fielen an seiner Seite und mit ihnen zwei Drittel des römischen Heeres.

Nun hing alles vom gerade knapp neunzehnjährigen Gratian ab. Obwohl er im Februar zuvor im elsässischen Argentaria einen glorreichen Sieg über einen weiteren nichtrömischen Stamm, nämlich die Lentienser, errungen hatte, konnte er den Westen noch nicht verlassen. Deshalb wandte er sich an Theodosios, den Sohn jenes Theodosios, der zehn Jahre zuvor so durchschlagenden Erfolg in Britannien erzielt hatte. Dessen Vater war im Jahre 376 aufgrund einer Intrige am Hof bei Valens in Ungnade gefallen und hingerichtet worden, worauf sich der Sohn auf die Familiengüter im spanischen Galizien zurückzog. Der Aufforderung des Kaisers folgte er jetzt jedoch bereitwillig, und innerhalb weniger Monate hatte er sich als so ausgezeichneter Führer erwiesen, daß ihn Gratian im Januar 379 zum

Mit-Augustus erhob. Theodosios richtete sein Hauptquartier in Thessalonike ein und verbrachte die zwei folgenden Jahre damit, in Thrakien die Ordnung wiederherzustellen und das Vertrauen der Goten zurückzugewinnen, von denen viele für die Legion rekrutiert wurden.

Natürlich ging es dabei nicht ohne Opfer ab: Die Goten erhielten die vollständige Autonomie, mußten keine Steuern bezahlen und erhielten außerordentlich hohen Sold für ihren Militärdienst als Verbündete *(Foederati)* oder direkt dem Kaiser unterstellte Söldner. Dies wiederum bedeutete eine höhere finanzielle Belastung und damit proportional höhere Steuern für die übrige Bevölkerung. Eine weitere Folge war die anhaltende Abneigung gegen alles Nichtrömische und die Befürchtung, der germanische Anteil in der Armee werde allmählich gefährlich stark. Wenn der östliche Teil des Reiches sich jedoch nur zu diesem Preis halten ließ, war Theodosios nur allzugern bereit, ihn zu bezahlen. Dank seiner ruhigen, geduldigen Diplomatie hatten sich die Goten bis im Sommer 380 zufrieden in ihrer neuen Heimat niedergelassen, und in Thrakien herrschte wieder Frieden. Am 24. November hielt er seinen offiziellen Einzug in Konstantinopel, und am 11. Januar 380 hieß er den alten Athanarich in der Hauptstadt willkommen; er empfing ihn außerhalb der Mauern und geleitete ihn persönlich zu seiner Residenz. Die aufregenden Dinge in der prachtvollen Stadt und die aufwendige Unterhaltung, die man ihm bot, waren offenbar zuviel für den alten Mann, denn er starb zwei Wochen danach. Man richtete ihm ein kostspieliges Begräbnis aus, und der Kaiser geleitete seine sterblichen Überreste persönlich zum Grab. Eine solche Anteilnahme für ihren ehemaligen Anführer schmeichelte den Goten zutiefst und machte sie einer dauerhaften Versöhnung noch wohlgesinnter. Auch den Römern war die neue Harmonie willkommen. Nun, da die Wunden des Kampfes geheilt seien, erklärte Hofredner Themistios, würden Roms mutigste Feinde zu seinen wahrsten und ergebensten Freunden.

Daß Gratian Theodosios zu höchster Regierungsgewalt erhob, war möglicherweise langfristig der beste Dienst, den er dem Reich erwies. Und trotzdem erlebte dasselbe Jahr (383), in dem der endgültige Friedensvertrag mit den Goten geschlossen wurde, auch den

Sturz des Kaisers. Den Überlieferungen nach hatte kaum je einer vielversprechender begonnen. Sein ganzes kurzes Leben lang soll er christliche Frömmigkeit und Reinheit des Herzens bewahrt haben. Als Anhänger des nikänischen Glaubensbekenntnisses hatte er als erster Kaiser den Titel und die Insignien des *Pontifex maximus* zurückgewiesen, in Rom den Altar und die Statue der Siegesgöttin, die Julian wieder in den Senat zurückgebracht hatte, schleifen lassen und, was insbesondere der Reichskasse sehr zugute kam, den Tempel der Vesta und dessen Priesterinnen ihres enormen Reichtums enteignet. Neben der Religion hatte er aber noch andere Interessen. Sein Lehrer Ausonios beschrieb ihn stolz als einen mit einer *Mens aurea*, einem »goldenen Verstand«. Er war bemerkenswert belesen und, wenn man den Berichten glauben darf, ein leidlicher Dichter, außerdem ein hervorragender Athlet und großartiger Reiter. Seine Begabung als Jäger grenzte – wiederum laut Ausonios – ans Übernatürliche, konnte er doch einen Löwen mit einem einzigen Pfeil erlegen. Und nicht zuletzt blieb er sein Leben lang ein glänzender Feldherr. Aber bereits im Alter von vierundzwanzig Jahren begann er faul zu werden. Das Jagdfieber und der Reiz des Amphitheaters nahmen immer mehr von seiner Zeit in Anspruch. Und was noch gefährlicher war: Er versuchte nicht einmal mehr, seine Vorliebe für nichtrömische Armeeangehörige – vor allem für seine persönliche Garde große blonde Alanen – zu verbergen, die er auf Kosten und gegen den zunehmenden Widerwillen ihrer römischen Kollegen offen bevorzugte. Die Dinge spitzten sich zu, als Magnus Clemens Maximus, einer der in Britannien dienenden Reichsbefehlshaber, von seinen Männern überraschend zum Augustus ausgerufen wurde. Wenige Tage später ging er in Gallien an Land und stieß mit seinem Heer außerhalb von Paris auf die Soldaten Gratians. Nach einem unentschiedenen Geplänkel hätte der Kaiser wahrscheinlich den Sieg davongetragen, wäre nicht plötzlich seine maurische Kavallerie völlig unerwartet zu Maximus übergelaufen. Gratian floh, wurde jedoch kurz darauf in Lyon gefangengenommen und dort am 25. August anläßlich eines Banketts, für das man ihm sicheres Geleit zugesagt hatte, mitsamt seinen Verfolgern ermordet.

In Konstantinopel nahm Theodosios diese Nachricht mit Schrekken auf. Im Augenblick war er jedoch machtlos. Der Sassanidenkönig Ardaschir II., der vier Jahre zuvor seinen Bruder Schapur II. abgelöst hatte, war soeben zugunsten seines Neffen Schapur III. abgesetzt worden, einer unbekannten Größe, die es zu beobachten galt. In der Zwischenzeit sorgten an der Nordgrenze die Hunnen noch immer für Unruhe. Es war nicht der richtige Moment, um sich auf einen langen Bestrafungsfeldzug gegen Maximus einzulassen. Widerwillig anerkannte der Kaiser daher, wie die meisten Provinzen des Westens, den Usurpator.

Nicht aber Italien. Dorthin wurde der Hof von Gratians Halbbruder und Mit-Augustus Valentinian II., der inzwischen zwölf Jahre alt war, hastig von Sirmium verlegt; und dort, in Mailand, hielt er, wenn auch etwas unsicher, seine Regierungsgewalt aufrecht. Für ihn regierten zur Hauptsache seine nicht über jeden Verdacht erhabene sizilianische Mutter Justina[6] und der noch immer ernst zu nehmende Bischof Ambrosius, der im Winter 383/384 nach Trier gereist war, um zu einer Einigung mit Maximus zu gelangen. Die Machenschaften seiner vom Arianismus überzeugten Mutter, die sich gegen den wachsenden Einfluß des Bischofs auf ihren Sohn zu wehren hatte und fortwährend gegen ihn intrigierte, machten dem jungen Kaiser das Leben vermutlich nicht gerade leichter. Ambrosius aber, der nicht zögerte, sie in seinen Schriften mit Isebel und Herodias zu vergleichen, zahlte mit gleicher Münze zurück und versuchte sie auf jede erdenkliche Art auszubooten. Zur Gänze scheiterte er freilich in seinen Bemühungen, den Jungen vom arianischen Glauben seiner Mutter abzubringen. Erst nach Justinas Tod gelang es ihm, Valentinian zum nikänischen Glauben zu überreden. Doch da war es bereits zu spät: Maximus hatte den Vorwand, den er brauchte, bekommen.

Im Jahre 387 überquerte der Thronanwärter die Alpen nach Italien unter dem Vorwand, das Reich vom Makel der Häresie zu befreien. Justina und Valentinian flohen zuerst nach Aquilea und von da nach Thessalonike, wo Theodosios mit ihnen zusammentreffen konnte. Das vergangene Jahr war für den Kaiser des Ostens nicht leicht gewesen. Im Januar hatte er sich mit ernsten Unruhen in Antiochia auseinandersetzen müssen, wo die Bevölkerung randaliert hatte und aus Protest gegen eine Sondersteuer, die er der Stadt für die Finanzierung seiner bevorstehenden Zehnjahresfeier der Thronbesteigung auferlegt hatte, die öffentlichen Bäder zerstört und die Statuen des Kaisers und seiner Familie zertrümmert hatte. Die Behörden an Ort und Stelle hatten überreagiert, und unter den Opfern des angerichteten Massakers, das der Augenzeuge Johannes Chrysostomos mitsamt seinen Folgen plastisch geschildert hat, befanden sich auch viele Frauen und Kinder. Es wurde Ostern, bis es den kaiserlichen Emissären gelang, die Ordnung wiederherzustellen und eine der stolzesten Städte Asiens den kaiserlichen Pardon erhielt, der sie wieder in ihre vorherigen Rechte und Privilegien einsetzte. Dann hatte es die üblichen Schwierigkeiten mit den Persern gegeben. Der neue Sassanidenkönig hatte Theodosios durch eine mit großspurigen Geschenken – darunter sogar Elefanten – beladene Gesandtschaft formell von seinem Regierungsantritt in Kenntnis gesetzt. In den folgenden diplomatischen Verhandlungen hatte sich jedoch erwiesen, daß er ebenso harte Vereinbarungen treffen konnte wie sein Vater. Aus der Teilung Armeniens, die schließlich 387 daraus hervorging, blieb dem Reich nur gerade ein Fünftel, vier Fünftel hatte sich Schapur angeeignet.

Doch wenigstens war der Frieden gesichert, und der lange geplante Feldzug gegen Maximus konnte endlich in die Wege geleitet werden. Theodosios verbrachte den Winter in Thessalonike bei Valentinian und Justina, mit deren Tochter Galla er seit kurzem in zweiter Ehe verheiratet war,[7] und traf aktive Kriegsvorbereitungen. Im Juni 388 war er dann endlich bereit, gemeinsam mit Valentinian loszumarschieren. Einmal in Bewegung gesetzt, drängte er jedoch rasch vorwärts über die Pässe von Makedonien und Bosnien, vereitelte unterwegs erfolgreich einen geplanten Mordanschlag und traf schließlich bei Siscia (dem heutigen Sisak) an der Save auf Maximus. Trotz ihrer Müdigkeit vom langen Marsch sprangen seine Truppen vollbewaffnet in den Fluß, schwammen an das andere Ufer und schlugen die Rebellen in die Flucht. Ein, zwei weitere Schlachten folgten, doch von da an beschränkte sich der Feldzug mehr oder weniger auf eine Verfolgungsjagd, bis Maximus sich schließlich bei Aquilea zur Aufgabe gezwungen sah. Vor Theodosios geführt, gestand er, daß er behauptet hatte, dieser sei mit seiner gesetzwidrigen Machtergreifung einverstanden. Einen Moment lang sah es aus, als würde der Kaiser das Leben seines ehemaligen Kollegen verschonen. Die Soldaten schleppten den Gefangen jedoch weg, bevor es dazu kommen konnte. Theodosios war bekannt für seine Milde, und sie zogen es vor, das Risiko gar nicht erst einzugehen.

Theodosios und Valentinian ernannten den fränkischen Feldherrn Arbogast zum *Comes* und damit eigentlichen Statthalter von Gallien und verbrachten den Winter in Mailand. Im folgenden Jahr zogen sie mit Theodosios' vierjährigem Sohn Honorius nach Rom, wo sie am 13. Juni 389 feierlich Einzug hielten. Die energischen Bemühungen des rangälteren Kaisers, den Einfluß nichtchristlicher Religionen zu entkräften, wird ihn der örtlichen Gefolgschaft des alten Regimes nicht gerade sympathisch gemacht haben. Doch seine Zugänglichkeit und sein persönlicher Charme brachten ihm eine Popularität ein, wie sie seit über hundert Jahren keiner seiner Vorgänger mehr errungen hatte. Die beiden Augusti kehrten nach Mailand zurück, wo sie das ganze folgende Jahr verbrachten, jenes Jahr, das die Konfrontation von Theodosios und Ambrosius brachte, in deren Zusammenhang man die beiden Namen, wenn auch vielleicht zu Unrecht, heute noch am ehesten kennt.

Auf Kollisionskurs brachte sie ein Vorfall, bei dem keiner von beiden persönlich anwesend war, nämlich die Ermordung des Befehlshabers der kaiserlichen Garnison in Thessalonike. Bereits in den Jahren zuvor hatte die Abneigung der Einwohner gegen die Einquartierung der Truppen zugenommen. Es hieß, mit den römischen Soldaten in der Vergangenheit sei es schlimm genug gewesen, aber diese neuen Barbaren seien noch um einiges schlimmer. Das Faß lief über, als der Befehlshaber, ein Gote namens Botherich, allen Protesten zum Trotz den beliebtesten Wagenlenker der Stadt unter dem Vorwurf gröblicher Verletzung der Moral ins Gefängnis steckte. Überraschend und – so sah es zumindest aus – spontan griff der Mob das Garnisonshauptquartier an, bahnte sich gewaltsam den Weg ins Gebäude und erschlug Botherich auf der Stelle. Als Theodosios in Mailand davon erfuhr, hatte er einen Tobsuchtsanfall. Vergeblich bat ihn Ambrosius, sich nicht an der Mehrheit für das Vergehen einer Minderheit zu rächen. Er befahl den Truppen, unbarmherzig gegen die Stadt vorzugehen und ihre Autorität auf jede erdenkliche Weise wiederherzustellen, die sie für nötig befanden. Kurze Zeit später bereute er und widerrief den Befehl, aber es war zu spät. Er war bereits an die Soldaten ergangen, und sie führten ihn nur allzu gerne aus. Sie warteten bewußt, bis sich das ganze Publikum für die Spiele im Hippodrom versammelt hatte, und stürzten sich dann auf ein Zeichen hin mit ungezügelter Brutalität auf die Menge. Bei Einbruch der Dunkelheit zählte man siebentausend Tote.

Die Nachricht vom Massaker in Thessalonike verbreitete sich in Windeseile durch das Reich und gewiß ohne in der Schilderung von seiner Grausamkeit das geringste einzubüßen. Die Unruhen in Antiochia drei Jahre zuvor waren im Vergleich dazu ein Nichts gewesen. Vor allem aber hatten damals die lokalen Behörden die Verantwortung dafür getragen. Diesmal fiel die Schuld auf den Kaiser, noch dazu auf einen Kaiser, der seit je den Ruf genossen hatte, menschlich und gerecht zu sein. Ein Verbrechen diesen Ausmaßes konnte man nicht einfach übergehen, und mit Sicherheit war Ambrosius nicht der Mann, der dies tat.

Man muß sich vergegenwärtigen, daß Ambrosius zu jener Zeit der mächtigste und einflußreichste Geistliche der Christenheit war, viel einflußreicher als der Papst in Rom, nicht nur weil Mailand als politische Hauptstadt wichtiger war, sondern vor allem seines persönlichen Hintergrundes wegen. Als Mitglied einer der ältesten christlichen Familien der römischen Aristokratie, als Sohn eines Prätorianerpräfekten von Gallien und ehemaliger *Consularis*, das heißt Statthalter von Ligurien und der Emilia, hatte er nie die Absicht gehabt, Priester zu werden. Doch als nach dem Tod von Bischof Arian Auxentius im Jahre 374 zwischen den orthodoxen und den arianischen Parteien der Stadt ein erbitterter Streit ausbrach, mußte er ihn von Amts wegen schlichten. Als sich dabei herausstellte, daß er als einziger genügend Prestige besaß, um von beiden Parteien gleichermaßen akzeptiert zu werden, ließ er sich widerwillig nominieren. So kam es, daß er innerhalb nur einer Woche Laie, Taufbewerber, Priester und auch schon Bischof war.

Kaum war Ambrosius eingesetzt, verhielt er sich so, wie er auch weiterzumachen gedachte: Er verteilte sein ganzes Vermögen unter die Armen und führte ein streng asketisches Leben. Seit er zum ersten Mal vom Mord an Botherich gehört hatte, hatte er alles in seiner Macht Stehende unternommen, um Theodosios zur Mäßigung zu bewegen. Als er erkannte, daß er versagt hatte, zog er sich aus der

Stadt zurück, um dem Kaiser nicht zu begegnen, und schrieb ihm dann eigenhändig einen Brief. Darin teilte er ihm mit, er müsse ihm leider, trotz der Hochachtung, die er ihm noch immer entgegenbringe, die Kommunion versagen, bis er öffentlich für sein Verbrechen Buße getan habe.

Und Theodosios fügte sich, wie wir annehmen dürfen, weniger aus Gründen politischer Zweckdienlichkeit als aus einem Gefühl echter Reue. Wie er in der Sache gehandelt hatte, war nicht nur unter seiner Würde gewesen, sondern für ihn auch untypisch. Es ist zu vermuten, daß er sich von seinem militärischen Beraterstab hatte beeinflussen lassen. Auf alle Fälle scheint es ihm ungemeine Erleichterung verschafft zu haben, barhäuptig und in Sacktuch gehüllt in der Kathedrale von Mailand zu erscheinen, um seine Missetaten einzugestehen und demütig um Vergebung zu bitten. Doch dem Vorgang kam noch eine andere, größere Bedeutung zu. Es war ein Wendepunkt in der Geschichte des Christentums, denn zum ersten Mal hatte ein Diener des Evangeliums den Mut gehabt, die Rechte der geistlichen Gewalt über die der weltlichen zu stellen, und zum ersten Mal hatte sich ein christlicher Herrscher in aller Öffentlichkeit dem Urteil, der Verdammung und der Bestrafung durch eine Autorität unterzogen, die er als höher als seine eigene anerkannte.

Anfang 391 verließen die beiden Herrscher Mailand: Theodosios, um nach Konstantinopel zurückzukehren, Valentinian, um in Gallien die Macht zu übernehmen, wo der Franke Arbogast in seiner Abwesenheit als *Comes* regiert hatte. Als er in Vienne eintraf, wurde jedoch rasch klar, daß Arbogast keineswegs die Absicht hatte, ihm die Führung zu übergeben, wie es seine Pflicht gewesen wäre. Statt dessen regierte er weiter wie bisher, ignorierte den Kaiser und gab nicht einmal vor, ihn in wichtigen Angelegenheiten zu konsultieren. Entschlossen, seine Autorität durchzusetzen, übergab ihm Valentinian deshalb eines Tages den schriftlichen Befehl, sofort zurückzutreten. Arbogast betrachtete das Papier einen Augenblick lang und zerriß es dann langsam und verächtlich. Damit war der Krieg zwischen den beiden erklärt, und wenige Tage später, am 15. Mai 392, fand man den erst gerade einundzwanzigjährigen Kaiser tot in seinen Gemächern. Mit großem Aufwand stellte man die Sache als

Selbstmord dar, und tatsächlich konnte ein Mord nie schlüssig bewiesen werden. Valentinian könnte sich durchaus in dem Bewußtsein das Leben genommen haben, daß es, wenn nicht er, fraglos ein anderer tun würde. Auch Ambrosius sprach in seiner Grabrede nicht von Mord – es sei denn verhüllt, in der Versicherung den trauernden Prinzessinnen gegenüber, die Seele ihres Bruders sei sogleich in den Himmel getragen worden, eine Gnade, die theoretisch jenen, die durch die eigene Hand starben, nicht zuteil wurde.[8]

Arbogast wußte, daß er als Nichtrömer und Nichtchrist das Diadem nicht selbst tragen konnte. Doch er gab sich vollkommen zufrieden mit der Rolle des Königsmachers. Er ernannte seinen Gefolgsmann Eugenios zum neuen Augustus, einen christlichen Grammatiker mittleren Alters, der zuvor die kaiserliche Kanzlei geleitet hatte. Eugenios dürfte keine besonders große Lust auf diese Ehre verspürt haben, allein es stand ihm nicht zu, sich zu weigern. Gesandte wurden losgeschickt, um Theodosios über das unglückliche Ableben seines Schwagers und die einstimmige Wahl von Eugenios als Nachfolger in Kenntnis zu setzen. Theodosios wollte jedoch nichts davon hören. Das Recht, seinen Mitregenten zu bestimmen, lag bei ihm und bei ihm allein. Neun Jahre zuvor, als eine ähnliche Gesandtschaft in Maximus' Auftrag eingetroffen war, war er zum Abwarten gezwungen gewesen. Diesmal fühlte er sich stärker, denn er wußte zumindest, daß sowohl die Nord- als auch die Ostgrenze im Augenblick ungefährdet war. So sandte er eine ausweichende Antwort und begann sogleich Vorbereitungen zu treffen.

Diese dauerten bis Ende 393 an, und in dieser Zeit gelang es Arbogast trotz heftigen Widerstandes von Ambrosius, seinen Günstling auch in Italien durchzusetzen. Am meisten Unterstützung genoß er dabei von der nichtchristlichen alten Garde in Rom und den anderen alten Städten. Obwohl Eugenios als Christ bekannt war, begrüßten sie es, einen Kaiser zu haben, der allgemeine Toleranz ausrief und die Wiedererrichtung der alten Altäre bereitwillig gestattete. Bis Mitte des Jahres erlebte Rom eine umfassende heidnische Wiedererwekkung. Der Himmel über den wiederhergestellten Tempeln war getrübt vom Rauch der Opfergaben, während die betagten Auguren in ihren dunklen Nischen forschend in die noch dampfenden Eingeweide ihrer Opfertiere blickten; girlandengeschmückte Prozessionen wanden sich einmal mehr durch die Straßen, und Frauen und Mädchen wurden wie früher von außer sich geratenen Anhängern der ekstatischen Floralien, Luperkalien und Saturnalien umschwärmt. Als Theodosios im Frühsommer 394 zum zweiten Mal gegen einen erfolgreichen Emporkömmling und Thronprätendenten zog, tat er es im Bewußtsein, nicht nur für Rechtmäßigkeit, sondern auch für seinen Glauben zu kämpfen. Er war für sein Vorhaben gut gerüstet, denn abgesehen von den römischen Legionären zählten rund zwanzigtausend Goten zu seinem Heer. Viele leisteten unter ihren Stammesführern Dienst, und unter diesen war auch ein hervorragender junger Anführer namens Alarich. Als stellvertretenden Heerführer hatte Theodosios Stilicho ernannt, einen Vandalen, den er kurz zuvor mit seiner Nichte Serena verheiratet hatte. Doch wie zuversichtlich er dem Ausgang des Feldzugs auch entgegengesehen haben mag, sein Herz war schwer. Am Vorabend seiner Abreise war Galla, seine geliebte zweite Frau, vermutlich im Wochenbett gestorben. Sie war die Liebe seines Lebens gewesen. Die wenigen Jahre, die sie zusammen verbracht hatten, waren sehr glücklich gewesen. Zum Glück hatten sie bereits ein gemeinsames Kind, die Tochter Galla Placidia, die er abgöttisch liebte. Von ihr wird im Verlauf unserer Geschichte noch die Rede sein.

Das Heer von Arbogast und Eugenios war ungefähr gleich stark wie das von Theodosios, als es Ende Juli in der Lombardei aufbrach. Aber dennoch war vor allem Eugenios in Sorge; Ambrosius hatte sich während des Aufenthaltes des Pseudokaisers demonstrativ aus Mailand zurückgezogen, ihn später öffentlich als Glaubensverräter verurteilt und die örtlichen Geistlichen angewiesen, ihm und seiner christlichen Gefolgschaft die Kommunion zu verweigern. Beim Verlassen der Stadt schwor Arbogast, er werde seine Pferde, sollte er siegreich zurückkehren, in der Basilika unterbringen, und es könnte ebensogut Trotz wie ein anderer Grund gewesen sein, was ihn bewog, dem Heer nicht das *Labarum* des christlichen Kaisers, sondern ein Abbild des *Hercules Invictus* als Standarte vorneweg tragen zu lassen.

Die beiden Heere trafen am 5. September etwas nördlich von Triest aufeinander, und zwar am Frigidus, dem kleinen Zufluß des Isonzo, der heute besser unter dem Namen Wippach (oder Vipacco) bekannt ist. Der erste Tag endete für Theodosios und seine Soldaten mit einer Katastrophe: Mindestens die Hälfte der gotischen Krieger war niedergemetzelt, und der Rest des Heeres hatte sich unkontrolliert zurückgezogen. Der folgende Morgen begann jedoch unter etwas günstigeren Vorzeichen. Ein ansehnliches Sonderkommando traf ein; Arbogast hatte es entsandt, um Theodosios den Rückzug abzuschneiden, aber dessen Angehörige erklärten sich nun bereit, ihre Loyalität gegen einen annehmbaren Preis auf Theodosios zu übertragen. Mit neuem Optimismus begab man sich wieder in die Schlacht. Als weitere Bestätigung göttlicher Wohlgesinntheit zog von Osten her ein heftiger Sturm mit orkanartigen Windböen auf. Theodosios und seine Leute hatten den Wind im Rücken, während die Soldaten von Arbogast und Eugenios von Staubwolken geblendet und derart vom Sturmwind durchgeschüttelt wurden, daß sie sich kaum auf den Beinen halten konnten. Das Werfen von Speeren, ja selbst das Abschießen von Pfeilen kam nicht in Frage. Es machte ganz den Anschein, als hätten sich die Götter samt und sonders gegen sie verschworen. Erschöpft und demoralisiert gaben sie bald auf. Eugenios wurde geköpft, während er sich vor dem Kaiser im Staub wand, Arbogast entkam. Nachdem er mehrere Tage in den Hügeln umhergeirrt war, griff er auf die alte römische Lösung für seine Probleme zurück und stürzte sich in sein Schwert.

Der triumphierende Theodosios zog nach Mailand weiter, wo seine erste Amtshandlung darin bestand, allen überlebenden Anhängern Eugenios' Pardon zu gewähren. Dann wandte er seine Aufmerksamkeit der Nachfolgefrage zu. Da Valentinian unverheiratet und kinderlos gestorben war, schien es nur logisch, das Reich unter seinen eigenen zwei Söhnen aufzuteilen. Arkadios, dem älteren, sollte die östliche Reichshälfte zufallen, dem jüngeren Honorius die westliche. Zu dieser Zeit befanden sich beide in Konstantinopel. Honorius erhielt deshalb die Anweisung, sofort nach Mailand zu kommen. Bis die kaiserlichen Boten ihre Nachricht überbracht hatten, war es Winter geworden. Und es wurde Mitte Januar, bis der zehnjährige Herrscher, begleitet von seiner Cousine Serena, der Frau von Stilicho, durch den Schnee nach Mailand reisen konnte. Als er endlich eintraf, entdeckte er zu seinem Schrecken, daß sein Vater ernstlich krank war. Theodosios' Freude über das Wiedersehen mit seinem Sohn wirkte für kurze Zeit wie Medizin. Er konnte sogar dem Anfang der Spiele im Hippodrom beiwohnen, die er zur Feier der sicheren Ankunft des Jungen angeordnet hatte. Etwa in der Halbzeit brach er jedoch plötzlich zusammen, und in der folgenden Nacht, es war der 17. Januar 395, starb er in seinem fünfzigsten Lebensjahr. Vierzig Tage lang lag der einbalsamierte Leichnam in vollem Staat auf der purpurbedeckten Bahre im Atrium des Palastes. Am 25. Februar wurde er in den Dom überführt, wo man das Hochamt feierte und Bischof Ambrosius seine Gedächtnisrede hielt (deren Text bis heute erhalten ist). Erst dann brach der Zug unter dem Schutz einer starken Eskorte auf und machte sich auf die lange Heimreise nach Konstantinopel.

Auf den ersten Blick ist Theodosios' Regierungszeit unspektakulär verlaufen. Weder hat er wichtige Eroberungen gemacht noch radikale oder weitreichende Reformen in die Wege geleitet. In all den Jahren, in denen er die höchste Regierungsgewalt besaß, hat er dem Reich auch nicht den Stempel einer ausgeprägten und dominierenden Persönlichkeit aufgedrückt, wie das Julian in einem Bruchteil der Zeit tat. Er war im Gegenteil sehr zurückhaltend gewesen, fast übervorsichtig und ohne jede Extravaganz. Nach dieser kurzen Schilderung seiner Karriere mag man sich weniger fragen, ob er den Beinamen »der Große« verdiente, als vielmehr, wie er überhaupt dazu gekommen ist. Aber vielleicht stellt sich auch noch eine andere Frage: Was wäre aus dem Reich geworden, wenn ihn der junge Gratian in jener kritischen Stunde nach der Schlacht von Adrianopel nicht von seinen spanischen Ländereien wegberufen und die Zukunft des Ostens in seine Hände gelegt hätte?

Solche Fragen lassen sich natürlich niemals zufriedenstellend beantworten. Es ist durchaus denkbar, daß an seiner Statt eine andere Führerpersönlichkeit mit derselben hervorragenden Mischung von geschickter Taktik und Diplomatie aufgetaucht wäre, die erforderlich war, um die Goten in kaum mehr als zwei Jahren von unnachgiebigen Feinden zu einer friedlichen, ja sogar geschätzten Volksgruppe im Reich zu machen. Doch es ist unwahrscheinlich. Und noch unwahrscheinlicher ist, daß diese das Ziel mit derselben Eleganz und sicheren Hand erreicht hätte. Wäre aber niemand von der Art zur Stelle gewesen, wäre wahrscheinlich der gesamte Ostteil des Reiches verlorengegangen, verschluckt von einem wiedererstandenen gotischen Königreich mit kaum abschätzbaren Folgen auf die Weltgeschichte. Im besten Fall hätten die Goten für den Osten das dargestellt, was die Alemannen – und bald sie selbst – lange für den Westen: eine unablässige Bedrohung für die Reichssicherheit, einen stetigen menschlichen Aderlaß und einen Hemmschuh für den Fortschritt im Reich, weil sie den Kaiser und die Armee immer irgendwo festhielten, wenn deren Anwesenheit an einem anderen Ort erforderlich war.

Darin lag also Theodosios' wichtigstes Vermächtnis, doch war es nicht das einzige. Bisher kamen auf diesen Seiten nur seine Feldzüge oder seine Besuche in Mailand und Rom zur Sprache. Dabei wird leicht übersehen, daß er von den sechzehn Jahren seiner Amtszeit mehr als die Hälfte in Konstantinopel verbrachte, wo er sich unermüdlich für das Doppelanliegen von guter Amtsführung und religiöser Orthodoxie einsetzte. In der Zivilrechtsprechung zeigte er immer wieder Rücksicht auch auf die niedrigsten seiner Untertanen, was unter den Herrschern des vierten Jahrhunderts wahrhaft selten vorkam. Welcher andere Herrscher hätte ein Dekret erlassen, das allen Kriminellen, seien sie zur Hinrichtung, zu Gefängnis oder zur Verbannung verurteilt, dreißig Tage Aufschub einräumte, damit sie ihre Angelegenheiten in Ordnung bringen konnten? Oder der bestimmt hätte, daß ein gewisser Teil ihres weltlichen Besitzes an ihre Kinder gehen mußte, weil an ihnen des Vaters Verbrechen auf keinen Fall vergolten werden durften? Oder gar, daß kein Bauer gezwungen werden durfte, dem Staat seine Ware zu einem tieferen Preis zu verkaufen, als auf dem freien Markt zu erzielen war?

Für religiöse Fragen hatte Theodosios bereits im Februar 380 klar Interesse gezeigt, nur dreizehn Monate nach seiner Erhebung, als sich sein Hauptquartier noch in Thessalonike befand. Wir wissen, daß er zu jener Zeit schwer krank wurde und sich im Glauben, daß er im Sterben liege, taufen ließ. Es kann gut sein, daß dies der Anlaß war, noch bevor er sich wieder völlig erholt hatte, am letzten Tag jenes Monats ein Edikt des Inhalts zu erlassen, daß nur diejenigen, die sich zur Wesenseinheit der Trinität (mit anderen Worten zum nikänischen Glaubensbekenntnis) bekannten, als *katholische* Christen galten. Katholisch – dieser Begriff taucht hier zum ersten Mal auf. Alle anderen, so das Edikt, seien hiermit als verrückt und dumm erklärt; sie hätten in Zukunft den schändlichen Namen Häretiker zu tragen – und ihre Andachtsstätten dürften nicht Kirchen genannt werden. Diese sollte vielmehr als erstes die göttliche Rache treffen und dann der Arm des kaiserlichen Gesetzes, dessen Macht in Einklang mit Gottes Willen gegeben sei. Der Erlaß erhielt weitere Bekräftigung im folgenden Jahr durch das erste Konzil von Konstantinopel, an dem rund hundertfünfzig Bischöfe aus Thrakien, Ägypten und Kleinasien teilnahmen. Sie versammelten sich in der Irenenkirche und verurteilten den Arianismus und mit ihm alle verwandten Sekten offiziell als Häresie. Unter anderem erließen sie ein Dekret, nach dem das Bistum Konstantinopel ab sofort an Ehre und Würde nur dem römischen nachstand. Zur selben Zeit wurde den arianischen Gläubigen auch ausdrücklich untersagt, in Städten zusammenzukommen. Außerdem mußten sämtliche kirchlichen Gebäude umgehend dem orthodoxen Glauben zugeführt werden. Auch die Nichtchristen bekamen die härtere Gangart des Kaisers zu spüren. Im Jahre 385 verstärkte er die bestehende Gesetzgebung gegen ihre Opferfeiern, 391 verbot er in Rom und Ägypten alle nichtchristlichen Zeremonien und 392 schließlich im ganzen Reich jegliche Form heidnischer Kulthandlungen, seien sie öffentlicher oder privater Natur.

Diese stetig zunehmende religiöse Intoleranz war Theodosios' Ruf über die Jahre nicht gerade förderlich. Wir dürfen jedoch nicht vergessen, daß er in jedem Augenblick seiner Herrschaft dafür kämpfen mußte, das Reich stark und gegen die Bedrohung von außen vereint zu erhalten, und daß sich in jenen sorgenvollen Zeiten die Religion, die im Leben jedes einzelnen eine so wichtige Rolle einnahm wie vergleichsweise die Politik heute, als ein einmaliges Machtmittel zur Vereinigung oder Spaltung erweisen konnte. Und selbst Theodosios versuchte nie direkt, den Glauben seiner Untertanen zu ändern. Es wurde nie verlangt, daß jemand seinen Glauben widerrief oder ihm abschwor. Auch sank Theodosios nie so tief, daß er Andersgläubige hätte verfolgen lassen.

Seine größte Schwäche war der Jähzorn, den er zwar zu beherrschen versuchte, was aber nur allzuoft scheiterte, und der ihn Mal um Mal zu Worten und Handlungen verleitete, die er später bitter bereute. Sobald sein Wutanfall vorüber war, war er jeweils rasch bereit, sich zu entschuldigen, Strafen, die er allzu hastig angeordnet hatte, zu erlassen oder zu mildern, oder, wenn nötig, sogar öffentlich Buße zu tun.

Hat er nun seinen Beinamen verdient? Vielleicht nicht in dem Sinn wie Konstantin vor oder wie Justinian nach ihm. Doch wenn er auch letztlich nicht wirklich groß war, kam er doch gewiß wahrer Größe sehr nahe. Und seine Leistungen hätten sich möglicherweise mit den ihren durchaus messen können, hätte er so lange regiert wie sie. Wer weiß, vielleicht hätte er sogar das Weströmische Reich erhalten. Ganz gewiß aber ist nur eines: Es vergingen an die hundertfünfzig Jahre, bis das römische Volk wieder seinesgleichen sah.

6

Der Fall Roms

(395–410)

Ein schreckliches Gerücht erreicht uns aus dem Westen. Rom ist besetzt: Seine Bürger kaufen ihr Leben um Gold; doch kaum sind sie ihrer Güter beraubt, werden sie wieder belagert, und nachdem sie ihre Habe bereits verloren haben, müssen sie nun auch ihr Leben lassen. Meine Stimme wird von Tränen erstickt, während ich diese Worte diktiere. Die Stadt, die die Welt eroberte, ist nun selbst erobert ... sie stirbt Hungers, bevor sie durch das Schwert zu Tode kommt – kaum jemand überlebt, um in Gefangenschaft geführt zu werden. Die Wut der Hungernden richtet sich auf unsägliche Nahrung; sie reißen einander in Stücke, wobei die Mutter nicht den Säugling an ihrer Brust verschont ...

Hieronymus, Brief 127, 12

Thedosios der Große herrschte als letzter Kaiser über ein geeintes römisches Reich vor dem endgültigen Untergang des Westens. Mit seinem Tod begann für das Weströmische Reich der unerbittliche achtzig Jahre währende Niedergang. Es fiel Raubzügen germanischer und anderer Stämme zum Opfer, die einen immer stärkeren Druck ausübten, bis sich schließlich der junge, ironischerweise Romulus Augustulus genannte Kaiser einem nichtrömischen König unterwarf. Die Staaten, die aus der Asche Westroms aufstiegen, ein Amalgam von Teutonen und Latinern, von Eroberern und Eroberten, hatten nur noch wenig mit der alten Ordnung gemeinsam. Ihre Gesetze, ihre Sprachen und Institutionen wurden von neuen Einflüssen aus dem Norden und Osten geprägt. Die Kraft, die sie einst von innen zusammenhielt, bestand nicht mehr, und so bewegten sie sich auseinander, erlagen der Fliehkraft, alle in eine eigene Richtung. Das Oströmische Reich dagegen überlebte. Aus verschiedenen Gründen, aber nicht zuletzt aufgrund der hoffnungslosen Mittelmäßigkeit seiner Herrscher im fünften Jahrhundert, ging die Entwicklung zu Beginn nur langsam voran. Allmählich gewann sie jedoch an Beschleunigung, und das Reich erhielt ein individuelles, orientalisches Gepräge. Mehr und mehr wich das Lateinische dem Griechischen, das rein Verstandesmäßige dem Spirituellen. Die klassische Tradition blieb dabei jedoch ungebrochen. Das Byzantinische Reich verkörperte damit weniger das Erbe als die Fortsetzung der antiken Welt. Die antike Welt aber war vergangen, und für manche Historiker und Historikerinnen der Moderne beginnt an jenem schicksalhaften Abend des 17. Januar 395 das Mittelalter.

Als Theodosios starb, war sein älterer Sohn Arkadios noch keine achtzehn Jahre alt. Honorius, wie wir gesehen haben, war zehn. Er hatte sie deshalb beide der Obhut seines angeheirateten Neffen Stilicho übergeben, dem vertrauenswürdigsten seiner noch lebenden männlichen Familienmitglieder. Stilichos Stern war im Aufgehen. Über sein früheres Leben ist nur wenig bekannt, außer, daß sein Vater ein Vandalenführer gewesen war, der loyal, aber ohne sich besonders auszuzeichnen, unter Valens gekämpft hatte, und daß er selbst Mitglied der diplomatischen Mission gewesen war, die in Persien das Abkommen mit Schapur III. ausgehandelt hatte. Damals hatte er vermutlich Theodosios' Aufmerksamkeit auf sich gezogen. Wenige Monate später war er nämlich mit Serena verheiratet, der Nichte und Adoptivtocher des Kaisers und dessen ganz besonderem Liebling. Gerüchten zufolge war sie die einzige, die ihn bei seinen schrecklichen Anfällen von Jähzorn beruhigen konnte, wenn sich sonst niemand in seine Nähe traute.

Der Dichter Claudian, dessen Bewunderung für Stilicho allerdings an Vergötterung grenzt, schreibt, der große, gutaussehende junge Vandale mit dem vorzeitig ergrauten Haar habe eine so starke Ausstrahlung gehabt, daß ihm die Leute auf der Straße intuitiv Platz machten. Trotz dieses Vorzugs und seiner Verbindungen zum Hof scheint er die Aufmerksamkeit zeitgenössischer Chronisten jedoch erst anläßlich der Schlacht am Wippach geweckt zu haben. In Anerkennung seiner Tapferkeit in dieser Begegnung wurde er zum *Magister militum* in Italien ernannt. Deshalb kümmerte sich Stilicho vor allem um Honorius, der nun Kaiser des Westens war, obwohl er genaugenommen für beide jungen Kaiser verantwortlich war. Arkadios, weit weg in Konstantinopel, war weniger günstigen Einflüssen ausgesetzt; den stärksten und gefährlichsten übte der Prätorianerpräfekt Rufinus aus.

Rufinus hatte mit großer Wahrscheinlichkeit Theodosios fünf Jahre zuvor in Mailand dazu angestiftet, das Massaker von Thessalonike anzuordnen. Er war ursprünglich Rechtsvertreter, stammte aus Aquitanien und galt als ausnehmend schöner Mann. Im Gegensatz zu Stilicho hatte er jedoch die Position, die er zu Beginn seiner mittleren Lebensjahre innehatte, weniger militärischen oder diplomatischen Leistungen zu verdanken als einer Mischung von großer Klugheit und rascher, von Skrupeln gänzlich unbehinderter Erkenntnis dessen, was ihm zum Vorteil gereichte. Seine Habgier und sein Geiz waren in ganz Konstantinopel ebenso berüchtigt wie seine Bestechlichkeit. Es überrascht deshalb nicht, daß er über enorme und stetig wachsende Reichtümer verfügte. Vor allem aber war er ehrgeizig, und sein Ehrgeiz richtete sich auf ein einziges Ziel: den Kaiserthron.

Ein Mann wie Rufinus hätte wohl auch für einen energischen und eigenwilligen Kaiser eine Gefahr dargestellt. Arkadios war jedoch leider weder das eine noch das andere. Er sprach und bewegte sich schleppend, und seine Augenlider hingen, als drohte er ständig einzuschlafen, was ihn nicht eben geistreich aussehen ließ. Und er war auch tatsächlich keines vernünftigen Gedankens fähig, und sein Charakter war ebenso schwach ausgebildet wie sein Intellekt. Wer ihm zum ersten Mal begegnete, konnte kaum glauben, einen Sohn von Theodosios vor sich zu sehen. Nur ein Umstand bewahrte ihn davor, zur geistlosen Marionette von Rufinus zu werden: der Einfluß des sogenannten Vorstehers des Heiligen Schlafzimmers *(Praepositus Sacri Cubiculi)*[1], eines älteren Eunuchen namens Eutropios. Mit seinem glänzenden Kahlkopf und dem runzligen gelblichen Gesicht war Eutropios äußerlich noch weniger einnehmend als sein Gebieter. Auch wäre wohl seine Vergangenheit als außerordentlich erfolgreicher Lustknabe und später als Zuhälter an sich nicht gerade als ideale Voraussetzung für eine Vertrauensstellung im kaiserlichen Haushalt gewertet worden. Doch wie Rufinus, den er natürlich verabscheute, war auch er klug, skrupellos und ehrgeizig. Auch er wollte den Kaiser beherrschen und war deshalb entschlossen, seinen Feind zu hintertreiben, wo er nur konnte.

Er wußte, daß Rufinus plante, seine Tochter mit Arkadios zu verheiraten. Und er wußte auch, daß seine eigene Überlebenschance praktisch gleich Null war, wenn dieser erst einmal Mitglied der kaiserlichen Familie war, denn dann war der Schritt auf den Thron nur noch klein. Die einzige Hoffnung von Eutropios bestand daher darin, eine Rivalin um die Gunst des Kaisers zu finden. Mangels eigener Nachkommenschaft wählte er eine junge, unwiderstehlich attraktive Fränkin, die in Konstantinopel eine gute Erziehung und Bildung genossen hatte, daraufhin ihren fremden Namen mit einem vertrauter klingenden griechischen vertauscht hatte und sich nun Eudoxia nannte. Als nun Rufinus sich für kurze Zeit in Antiochia aufhielt, um die Hinrichtung eines höheren Beamten zu überwachen, nutzte Eutropios die Gunst der Stunde und führte Eudoxia in den Palast ein. Aufgrund seiner langjährigen Übung gelang es ihm rasch, das Interesse des Kaisers auf sie zu lenken, und als der Prätorianerpräfekt in die Hauptstadt zurückkehrte, waren Arkadios und Eudoxia verlobt. Es war jedoch typisch, daß Eutropios, listig und verschlagen, wie er war, nicht erlaubte, den Namen der Braut bekanntzugeben. So erzählt Zosimos mit großer Schadenfreude und sehr anschaulich die etwas unwahrscheinliche Geschichte, wie sich am Hochzeitsmorgen eine beeindruckende Prozession von Hofbeamten durch die Straßen wand, um die Braut abzuholen. Begierig, einen Blick auf ihre künftige Kaiserin zu werfen, hatte sich vor Rufinus' Haus bereits eine erwartungsvolle Menge versammelt, und die Leute staunten nicht schlecht, als der Zug geradewegs daran vorbeimarschierte und bei der viel bescheideneren Residenz von Eudoxia anhielt, die kurz darauf in vollem Brautstaat erschien, um feierlich in den Palast zum wartenden Bräutigam getragen zu werden.

Die Hochzeit fand am 27. April 395 statt, und etwa zur gleichen Zeit erhoben sich die Goten im Reich erneut zu einem Aufstand. In der

Zwischenzeit hatten sie den fünfundzwanzigjährigen Alarich zu ihrem Führer gemacht, und er hatte erkannt, daß sich der Großteil der Osttruppen, die Theodosios in den Westen begleitet hatten, noch immer in Mailand befand, das Oströmische Reich also folglich praktisch schutzlos war. Die Gelegenheit war zu günstig, um sie nicht beim Schopf zu packen. Unter dem Vorwand, es geschehe aus Zorn darüber, daß Stilicho und nicht er nach der Schlacht am Wippach *Magister militum* geworden war, richteten Alarich und seine Banden in ganz Mösien und Thrakien Verwüstungen an und rückten bis kurz vor die Mauern von Konstantinopel vor. Dort aber machten sie kehrt. Wahrscheinlich hatte sich Alarich von Rufinus bestechen lassen; dieser hatte nämlich dem Lager, wie man weiß, als Gote verkleidet mehrere Besuche abgestattet, und seine angrenzenden Ländereien blieben verdächtig unversehrt. Alarich wandte sich dann Richtung Westen gegen Makedonien und Thessalien. Zwar konnte die Bevölkerung der Hauptstadt aufatmen, doch war die Situation so bedrohlich gewesen, daß Arkadios an Stilicho eine dringende Botschaft mit dem Befehl nach Mailand sandte, die Ostarmee so rasch wie möglich zurückzuführen.

Stilicho brach auf, sobald er konnte, nachdem er die Truppen mit mehreren Elitekontingenten aus dem Westen verstärkt hatte. Anstatt direkt nach Konstantinopel, marschierte er mit dem Heer jedoch geradewegs nach Süden, um Alarich in Thessalien entgegenzutreten. Zu seinem Ärger hatten sich die Goten dort jedoch hinter befestigten Palisaden verschanzt. Er versuchte immer noch, sie zum Kampf zu bewegen, da erhielt er einen neuerlichen Befehl des Kaisers: Die Armee solle umgehend in die Hauptstadt kommen. Er selbst aber dürfe sie nicht mehr weiter begleiten, sondern müsse in den Westen zurückkehren, wo er hingehöre. Dieser Befehl war vermutlich ein harter Schlag für Stilicho, der gewiß bereits Appetit auf das Oströmische Reich verspürte. Er tat jedoch, wie ihm geheißen wurde. Die Armee des Ostens unterstellte er dem Befehl des gotischen Truppenführers Gainas, und sie setzte sich gleich in Marsch. Darauf machte er selbst sich mit den westlichen Einheiten auf den Weg nach Hause.

Nach dem Abzug der kaiserlichen Armee konnten Alarich und seine Anhänger ihren Vormarsch ungehindert fortsetzen. Sie zogen

Richtung Süden durch Thessalien, gelangten ohne Widerstand durch den historischen Engpaß der Thermopylen und nach Böotien und Attika. Nur wenige Städte oder Dörfer auf ihrem Weg entgingen ihrer Aufmerksamkeit. Der Hafen von Piräus wurde vollständig zerstört, und Athen hätte gewiß dasselbe Schicksal erlitten, hätten seine Mauern nicht so furchterregend ausgesehen. Zosimos schreibt, Alarich habe der Mut nach einer Vision der Göttin Athene verlassen; sie habe in voller Rüstung auf dem Schutzwall gestanden, während Achilles fürchterlich grollend auf den Zinnen patrouillierte. Was daran wahr ist, bleibe dahingestellt; fest steht, daß er vom Befehlshaber der Festung mit einem fürstlichen Bankett bewirtet und zu einer Einigung überredet wurde. Nachdem er kurz angehalten hatte, um den bedeutenden Demetertempel in Eleusis in Brand zu stecken, überquerte Alarich mit seiner Armee den Golf von Korinth zum Peloponnes, verwüstete die Argolis und zog weiter südwärts, um Sparta und die reichen Städte der Ebene zu plündern. Dann, im Frühjahr des Jahres 396, wandten sich die Goten nach Westen, wo sie bei Pylos das Meer erreichten und der Küste entlang wieder Richtung Norden zogen, und zwar bis Elis. Doch dort erwartete sie eine nette Überraschung: Stilicho war, mit einer neuen Armee, auf dem Seeweg von Italien zurückgekommen. In Pholoe am Alphios, nicht weit von Olympia, fanden sich die Goten umzingelt. Endlich, so schien es, waren sie dem *Magister militum* ausgeliefert. Doch da nahmen die Dinge eine jener unerklärlichen Wendungen, von denen es in der Frühgeschichte zum Verzweifeln viele gibt, weil man sich auf schlechte und spärliche zeitgenössische Zeugnisse darüber stützen muß: Als Stilicho kurz davor stand, den Sieg zu erringen und den Goten den Gnadenstoß zu geben, ließ er sie absichtlich entkommen.

Weshalb? Zosimos' Erklärung, Stilicho habe »seine Zeit mit Huren und Possenreißern vergeudet«, ist geradezu lächerlich. Claudians Vorschlag, er habe den Befehl dazu von Arkadios erhalten und dieser habe mit Alarich ein geheimes Abkommen getroffen, wird von den Fakten kaum erhärtet. Hätte ein solcher Vertrag bestanden, wären die Goten kaum mordend und plündernd über den Golf von Korinth weiter nach Norden bis in die Berge von Epirus gezogen. Einen Friedensvertrag mit dem Imperium schlossen sie schließlich erst im folgenden Jahr. Er bestimmte unter anderem, daß Alarich der Titel des *Magister militum per Illyricum* verliehen wurde, eine eigenartige Belohnung für all die Verwüstungen, die er und seine Soldaten angerichtet hatten. Offenbar hatte er in Pholoe tatsächlich eine Vereinbarung getroffen, allerdings mit Stilicho und nicht mit Arkadios. Über deren Wesen und Inhalt wird im Verlauf dieses Kapitels noch zu spekulieren sein – auch wenn das alles ist, was wir tun können. Für den Augenblick müssen wir uns allerdings gedulden und der Geschichte ihren Lauf lassen.

Was aber, so fragt man sich, geschah mit der großen Ostarmee, die so hastig von Kaiser Arkadios nach Hause berufen wurde? Gainas, ihr frisch ernannter Feldherr, führte sie wie befohlen auf der Via Egnatia[2] nach Konstantinopel und hielt auf dem Marsfeld vor dem Goldenen Tor, wo der Kaiser seine zurückkehrenden Truppen traditionellerweise zu empfangen pflegte. Hier erschien denn auch am 27. November pflichtgetreu Arkadios, und zwar in Begleitung von Rufinus, der – nanu? – erwartete, noch am selben Tag zum Mitkaiser gemacht zu werden, und deshalb den Kopf noch höher trug als gewöhnlich. Nach der Parade schien er sich jedoch etwas zu entspannen; er mischte sich unter die Truppen und suchte sich ihre Unterstützung für seine bevorstehende Erhebung zu sichern. Zunächst achtete er nicht darauf, daß sie sich langsam um ihn zusammenschlossen. Und als er es merkte, war es bereits zu spät. Plötzlich blitzte ein Schwert auf, andere folgten, und einen Augenblick später fiel Rufinus tot zu Boden. Sein Körper wurde in Stücke gehauen und sein Prachthaupt auf einer Pike durch die Straßen getragen. Eine Gruppe Soldaten mit besonderem Sinn fürs Makabre hieb ihm die rechte Hand beim Gelenk ab, ging damit von Haus zu Haus mit dem Ruf: »Gebt dem Unersättlichen!« und zog dabei so an den Sehnen, daß die Hand auf und zu sprang.

Laut Claudian soll einer der Attentäter, als er zustach, gebrüllt haben, er handle im Auftrag von Stilicho. Es gibt jedoch keinen anderen Hinweis darauf, daß der Mord vom *Magister militum* des Westens veranlaßt worden wäre. Der Plan kann ebensogut von Eutropios gefaßt worden sein oder von Gainas und seinen Soldaten auf dem Weg zur Hauptstadt oder aber auch von allen miteinander.

Wer auch immer dafür verantwortlich war, Rufinus' Tod hatte kaum Einfluß auf den weiteren Verlauf der Dinge. Nun, da der Kaiser nur noch auf Eutropios hörte, waren Korruption, Veruntreuung und der offene Kauf und Verkauf von Ämtern einfach noch etwas weiter verbreitet denn zuvor. »Der eine«, klagt Claudian,

> gibt seinen Landsitz für die Regierung von Asien, ein anderer benutzt die Juwelen seiner Frau für den Kauf von Syrien, ein dritter kauft Bithynien und bezahlt zu teuer dafür, indem er seine Heimat opfert. Im öffentlichen Vorzimmer von Eutropios hängt eine Gebührenordnung mit den Preisen der verschiedenen Provinzen ... Der Eunuch versucht, seine persönliche Schändlichkeit mit der allgemeinen Schande zu tilgen, und wie er sich selbst verkauft hat, will er nun alles andere verkaufen.[3]

Im Jahre 399 schaffte es Eutropios, zum Konsul ernannt zu werden – ein Schritt, der seinen Fall zweifellos beschleunigte. Obwohl der Titel seit langem nur noch mit Ehre verbunden war, blieb er dennoch die höchste Auszeichnung, die das Imperium zu verleihen hatte, eine Auszeichnung, die selbst die Kaiser während ihrer Regierungszeit (in der Regel mehr als einmal) mit Stolz trugen. Wenn er außerhalb der kaiserlichen Familie vergeben wurde, war er ausnahmslos Römern von hoher Geburt vorbehalten gewesen, die sich durch lange, hervorragende Dienste ausgezeichnet hatten. Den Titel jetzt einem ehemaligen Sklaven und entmannten Prostituierten verliehen zu sehen war mehr, als die freigeborene römische Bevölkerung von Konstantinopel ertragen konnte. Ironischerweise wurde die Entscheidung nicht durch den Senat oder die römische Aristokratie herbeigeführt, sondern durch einen Goten, denselben Gainas nämlich, dem Stilicho die Armee des Ostens anvertraut hatte und dessen Soldaten vier Jahre zuvor Rufinus erschlagen hatten. Bei seiner Ankunft in der Hauptstadt war seine Ernennung zum *Magister militum per orientem* bestätigt worden, so daß er – obwohl selbst gotischer Abkunft – als einer der beiden Feldherren nach Phrygien entsandt wurde, um die im Frühjahr 399 unter den gotischen Siedlern ausgebrochene Revolte niederzuschlagen. Dort eingetroffen, wechselte er jedoch heimlich die Seite. In der darauffolgenden Schlacht zerschlugen er und die

Rebellen rasch die römischen Einheiten der Armee und blieben als Sieger auf dem Schlachtfeld zurück. Noch immer als loyaler Diener des Kaisers posierend, sandte er Arkadios eine Nachricht des Inhalts, die Aufständischen seien zu zahlreich, als daß er sie mit Gewalt besiegen könne, und man werde sich mit ihnen einigen müssen; zum Glück, so fuhr er fort, stellten sie nur wenige und bescheidene Forderungen, deren Annahme er ohne Aufschub empfehle. An erster Stelle aber stand die Forderung nach der Auslieferung von Eutropios. Arkadios zögerte. Er hatte seinen alten Haushofmeister bitter nötig, er war von ihm abhängig. Doch nun meldete sich eine neue mächtige Stimme zu Wort: die Stimme von Kaiserin Eudoxia.

Eudoxia ist die erste in einer langen Reihe byzantinischer Kaiserinnen, die schön, weltlich gesinnt und ehrgeizig waren und deren Namen für Pracht und Sinnlichkeit stehen. Wie so rasch wurde weitherum gemunkelt, sie unterhalte ganze Trauben von Liebhabern, wobei einer davon, ein Edelmann, den wir nur unter dem Namen Johannes kennen, wahrscheinlich der Vater ihres Sohnes Theodosios war. Es heißt, sie habe sich ohne Scheu zu ihrer Freizügigkeit bekannt, indem sie und ihre Hofdamen tief in die Stirn gekämmte Stirnfransen trugen: das bekannte Markenzeichen der Kurtisane. Sie verdankte ihre Stellung Eutropios, aber dieser hatte sie zu seinem Unglück einmal zuviel daran erinnert. Auch paßte es ihr nicht, daß er auf ihren Mann soviel Einfluß ausübte. In den vier Jahren seit ihrer Hochzeit hatte sich die Beziehung zwischen ihr und Arkadios verschlechtert, und beide machten aus ihrer gegenseitigen Abneigung keinen Hehl.

So erteilte der Kaiser widerwillig den Befehl, Eutropios auszuliefern. Dieser floh voller Schrecken in die Hagia Sophia und warf sich Bischof Johannes Chrysostomos zu Füßen, der seine Erhebung ebenfalls ihm verdankte, was der Eunuch nun wimmernd in Erinnerung rief. Der unglückliche Geistliche, der im Jahr zuvor mit einer List in die Hauptstadt gelockt worden war und dieses Bistum gar nie gewollt hatte, verspürte zwar nicht mehr Zuneigung für den selbsternannten Wohltäter als Eudoxia, aber er konnte ihm das Asyl nicht verwehren. Als die Soldaten kurz darauf eintrafen und die Auslieferung des Flüchtigen verlangten, stellte er sich ihnen tapfer und sandte sie weg, während Eutropios zitternd unter dem Hochaltar kauerte.

Eutropios war sicher in der Hagia Sophia. Unglücklicherweise, und das wußte er wohl, war er dort jedoch auch gefangen. Am folgenden Tag, einem Sonntag, mußte er nach einer kalten, unbequemen Nacht, zusätzlich die Demütigung einer ätzenden Predigt über sich ergehen lassen: Johannes Chrysostomos trug seinen Namen nicht unverdient.[4] Vor einer großen Zuhörerschaft, aber allein an Eutropios gerichtet, sprach er ausführlich über die Bibelstelle: *Vanitas vanitatum, et omnia vanitas.* (Es ist alles ganz eitel.)[5] Es war vermutlich die Auslegung der Bibelstelle, die seinen Widerstand mehr denn je zusammenbrechen ließ und ihn schließlich dazu bewegte, einer Auslieferung unter der Bedingung zuzustimmen, daß er am Leben gelassen würde. Weil Gainas darauf bestand, wurde er nach Zypern verbannt, kurz darauf jedoch wieder zurückgebracht. Unter dem trügerisch durchsichtigen Vorwand, daß seine Immunität nur in Konstantinopel gewährleistet werden könne, wurde er in Chalkedon vor Gericht gestellt, verurteilt und hingerichtet.

Gainas hatte gewonnen, doch er konnte seinen Sieg nicht lange genießen. Früh im Jahre 400 kehrte er in die Hauptstadt zurück und versuchte wie Rufinus und Eutropios vor ihm, dort eine Hausmacht aufzubauen. Die gegnerischen Gruppierungen in der Stadt verhinderten jedoch, daß er je einen ähnlichen Grad von Autorität errang. Ein Versuch, den kaiserlichen Palast zu stürmen – wohl mit dem Ziel, die darin waren zu ermorden und selbst den Thron zu besteigen –, wurde im Keim erstickt. Da hinreichende zeitgenössische Informationen fehlen, ist es unmöglich, die ganze Geschichte zu rekonstruieren. Irgendwann gegen Ende des Sommers, nach sechs Monaten zunehmender Unruhe, befahl Gainas seiner Armee gotischer Soldaten jedenfalls unvermutet, sich auf den Abmarsch vorzubereiten. Die besorgte Einwohnerschaft befürchtete einen neuen Anschlag und lief in den Straßen zusammen; die Stimmung war so spannungsgeladen, daß es zu Kämpfen zwischen den Einheimischen und den abziehenden Soldaten kam. Die meisten von ihnen hatten die Stadt bereits verlassen, doch der Rest fiel dem über Jahre gewachsenen Fremdenhaß zum Opfer, eine leichte Beute, denn sie waren stark in der Minderheit. Man schloß die Tore, um sie an der Flucht zu hindern, und nach dem folgenden Gemetzel zählte man bei Tagesanbruch siebentausend Tote. Viele von ihnen waren in ihrer Kirche in der Nähe des Kaiserpalastes, wo sie Zuflucht gesucht hatten, bei lebendigem Leib verbrannt.

Entmutigt und ohne große Hoffnungen zog Gainas mit den Resten seiner Armee durch Thrakien und versuchte dann, den Hellespont nach Asien zu überqueren. Auf der anderen Seite erwartete ihn jedoch eine kaisertreue Armee, und er mußte noch größere Verluste hinnehmen. Darauf kämpfte er sich wieder Richtung Norden vor zur Donau, wo er schließlich dem Hunnenkönig Uldin in die Hände fiel; dieser ließ ihm den Kopf abschlagen und als Präsent an Arkadios senden. Damit hatte ein weiterer Abenteurer, der versuchte, die wachsende Verworrenheit im Imperium zu seinen Gunsten zu nutzen, den Preis für seine Verwegenheit bezahlt.

Das vierte Jahrhundert hatte sich für das Römische Reich als wahrhaft schicksalhaft erwiesen. Eine neue Hauptstadt am Bosporus war entstanden, eine Hauptstadt, die zwar noch nicht Brennpunkt eines politisch geeinten Staates war, jedoch stetig an Größe und Bedeutung zunahm, während der westliche Mittelmeerraum wachsender Anarchie zum Opfer fiel, und das Christentum war zur offiziellen Religion des Kaisers und seiner Untergebenen geworden. Doch das Jahrhundert endete mit einem Mißton; im Westen mit Schweigen und Untätigkeit angesichts der Bedrohung von außen, im Osten mit einem Wimmern. Ja, dies ist die einzig passende Umschreibung für die Reaktion des hilflosesten Kaisers, der je auf dem Thron von Konstantinopel gesessen hat und zusah, wie ein starker Mann nach dem anderen einen gewaltsamen Tod fand, während seine starke und mit allen Wassern gewaschene Frau ihn öffentlich beleidigte und demütigte, ihn als Narren, Unfähigen und Gehörnten entlarvte und der Lächerlichkeit preisgab. Das neue Jahrhundert dagegen begann mit einem Knall: Im Frühsommer des Jahres 401 marschierte der Gote Alarich mit seinen Truppen in Italien ein.

Alarich, der größte aller Gotenfürsten und der einzige, dessen Name in der Geschichtsschreibung Eingang fand, beherrschte die ersten Jahre des fünften Jahrhunderts. Bei der Jahrhundertwende war er knapp über dreißig und seit seinem fünfundzwanzigsten Altersjahr Anführer der Westgoten. Er hatte das gesamte Gebiet von den Mauern Konstantinopels bis zum südlichen Peloponnes in

Angst und Schrecken versetzt und Freunden wie Feinden keinen Zweifel an seinem Naturell gelassen. In der klaren Bereitschaft, mit der er den Titel des *Magister militum* annahm, als er ihm angeboten wurde, zeigte sich aber auch noch etwas anderes: daß er dem Römischen Reich nicht grundsätzlich feindlich gesinnt war. In der Tat lag die Wahrheit im Gegenteil. Alarich und sein Volk kämpften nicht, um das Reich zu vernichten, sondern um sich darin ein bleibendes Zuhause zu schaffen, und zwar in einer Form, in der sie ihre lokale Autonomie behalten konnten und ihm als ihrem Oberhaupt ein hoher souveräner Rang zugestanden wurde. Hätten der Kaiser des Westens und der römische Senat diese einfache Tatsache erkannt, hätten sie die endgültige Katastrophe vielleicht noch abwenden können. Durch ihr mangelndes Verständnis machten sie sie jedoch unvermeidbar.

Für alle, die den Lauf der Dinge mit Sachverstand verfolgten, war das einzige Überraschende an Alarichs Invasion, daß er so lange damit gewartet hatte. Es waren immerhin vier Jahre vergangen, seit er sich mit seiner Armee nach Illyrien zurückgezogen hatte, und es war klar, daß er dort nicht für immer bleiben wollte. Man hätte wohl erwarten können, daß das Reich in diesen vier Jahren gewisse Maßnahmen ergriffen hätte, um den bevorstehenden Angriff abzuwehren. Es war jedoch typisch für Honorius, dessen einziges Interesse zu dieser Zeit der Geflügelzucht gegolten zu haben scheint, daß überhaupt nichts unternommen wurde. So breitete sich bei der Nachricht vom Einmarsch eine blinde Panik aus. Claudian führt eine ganze Liste von Vorzeichen und Prophezeiungen auf, darunter unerwartete Hagelstürme, eine Mondfinsternis, sogar das Auftauchen eines Kometen und schließlich das Erscheinen zweier Wölfe, die plötzlich unter dem Pferd des Kaisers hervorbrachen, als dieser die Parade der Kavallerie abnahm, und in deren Mägen man darauf Menschenhände fand! Langsam und offenbar unaufhaltsam wälzte sich derweil das riesige gotische Heer das Tal des Isonzo hinunter, gefolgt von den übrigen Angehörigen des Volkes. Wie so oft zu dieser Zeit war nicht nur eine Armee auf dem Vormarsch, sondern ein ganzes Volk auf Wanderschaft. Sie hielten nicht an, weder um Aquilea noch um Ravenna zu belagern, die zwei damals größten Städte Nordostitaliens (wo heute Venedig ist, gab es erst ein paar kaum bewohnte Sandbänke in der Lagune). Vielmehr wandten sie sich nach Westen Richtung Mailand. Der junge Kaiser floh vor ihnen nach Asti im Piemont, und erst wenige Kilometer vor Asti wurden sie denn auch von der römischen Armee erwartet – mit dem vertrauten Stilicho an der Spitze.

Die Schlacht fand am Ostersonntag des Jahres 402 vor der damals bedeutenden Handwerkerstadt Pollentia (heute das kleine Dorf Pollenzo) statt. Über ihren Ausgang gehen die Berichte der zeitgenössischen Chronisten diametral auseinander. Es scheint die schlimmstmögliche Art von Gemetzel gewesen zu sein: überlang, sehr blutig und letztlich ohne Entscheidung. Die Goten rückten jedenfalls nicht weiter vor, sondern zogen sich wieder in den Osten zurück. Unterwegs führte Alarich einen Überraschungsangriff auf Verona aus, wo ihm, wenn man Claudian glauben darf, Stilicho eine unleugbare Niederlage zufügte. Einmal mehr erlaubte ihm der Vandale jedoch, sich mit seiner noch immer schlagkräftigen Armee hinter die Grenzen von Illyrien zurückzuziehen.

Alarich war Stilicho nun schon zweimal ausgeliefert gewesen, ja, möglicherweise sogar dreimal, wenn wir den eigenartigen Vorfall im Jahre 395 in Thessalien mitrechnen, und jedesmal hatte ihn dieser wieder ziehen lassen. Es ist an der Zeit, seine Gründe dafür genauer unter die Lupe zu nehmen. Stilichos Haltung Alarich gegenüber scheint von Anfang an merkwürdig zweideutig gewesen zu sein. J. B. Bury äußert in seiner *History of the Later Roman Empire* zum ersten Mal mögliche Begründungen im Zusammenhang mit der Tatsache, daß Stilicho nach der Schlacht am Wippach mit der Armee des Ostens in Mailand blieb. Vielleicht, so Bury, sei er vor Alarichs Revolte gewarnt worden und habe sich absichtlich zurückgehalten, damit sein Eingreifen zu einem späteren Zeitpunkt um so wichtiger würde. Als nächstes folgte der Vorfall mit den Palisaden in Thessalien: Hört sich denn das, so fragt man sich, überhaupt wahrscheinlich an? Widerstrebte es Alarich wirklich zu kämpfen? Oder widerstrebte es vielleicht eher Stilicho, ihn zu schwächen? Am merkwürdigsten aber ist die Flucht der Goten in Pholoe. Sollten wir sie vielleicht mit Stilichos bekanntem Ziel in Verbindung bringen, Illyrien und die Balkanhalbinsel dem Osten zu entreißen und der westlichen Reichshälfte – möglicherweise unter der Herrschaft seines Sohnes

Eucherios als Mitkaiser – hinzuzufügen, und daraus schließen, daß Alarich zustimmte, als Gegenleistung für seine Freilassung als Komplize in diesem Plan mitzuwirken? Im Licht der nachfolgenden Ereignisse erscheint diese Hypothese recht glaubwürdig. Wir wissen zudem, daß Stilicho immer größeren dynastischen Ehrgeiz entwikkelte. Tatsächlich war er bereits Schwiegervater des Kaisers, denn er hatte im Jahre 398 seine Tochter Maria mit Honorius verheiratet.[6] Aber was auch immer der Wahrheit entspricht, klar scheint jedenfalls, daß Stilicho die Goten als potentiell nützliche Verbündete in künftigen Aktionen gegen den Ostteil des Reiches betrachtete und nicht die Absicht hatte, ihre Stärke völlig zu brechen oder ihr Wohlwollen zu verwirken.

Zu der Zeit hielt Stilicho seine langfristigen Pläne jedoch noch geheim. Erst fünf Jahre später bekannte er Farbe. In der Zwischenzeit hatten sich die Beziehungen zwischen Ost und West konstant verschlechtert, was zu einem großen Teil auf das Wesen, aber auch auf die Nöte von Johannes Chrysostomos, des Bischofs von Konstantinopel, zurückzuführen war. Dieser heiligmäßige, aber unausstehliche Prälat hatte sich mit flammenden Geißelungen der Kaiserin und der Lebensweise am Hof gefährlich unbeliebt gemacht. Im Jahre 403 lieferte sein langer, leidenschaftlicher Disput mit Theophilos, dem Bischof von Alexandria, Eudoxia den Vorwand, auf den sie gewartet hatte. Chrysostomos wurde abgesetzt und nach Bithynien verbannt. Doch wie viele Feinde er auch in höheren Kreisen gehabt haben mochte, er genoß beträchtliche Unterstützung unter der breiten Bevölkerung. Unruhen brachen aus, gefolgt von wüsten Straßenkämpfen zwischen Ansässigen und jenen, die von Alexandria nach Konstantinopel geeilt waren, um ihrem Bischof zu helfen. Hinzu kam, daß sich am Abend ein Erdbeben ereignete, was bei dem damals verbreiteten Aberglauben als schlechtes Omen galt. Es erschreckte die Kaiserin so sehr, daß sie eine Fehlgeburt gehabt haben soll, und der verbannte Prälat wurde zurückberufen und wiedereingesetzt.

Johannes hatte die erste Runde gewonnen, und wenn er nur bereit gewesen wäre, seinen Tonfall etwas zu mildern, wäre wohl alles gutgegangen. Er tat jedoch nichts dergleichen. Nur wenige Wochen später protestierte er heftig, als im Augusteum, direkt neben der Hagia

Sophia, eine silberne Statue von Eudoxia aufgestellt wurde, die drei Jahre zuvor zur Augusta ausgerufen worden war. Er behauptete, der Lärm der Einweihungsfeier habe den Gottesdienst gestört. Damit war der Bruch zwischen ihm und der kaiserlichen Familie vollzogen. Eudoxia erlaubte ihrem Mann keinerlei Kontakt mit dem führenden Kirchenmann des Reiches mehr. Im Verlauf einer weiteren Synode, die Anfang des folgenden Frühjahrs einberufen wurde, um über den Disput mit Alexandria zu entscheiden, wurde Chrysostomos erneut verurteilt. Eine Predigt, die er kurz zuvor gehalten hatte, war seiner Sache wohl auch nicht gerade förderlich gewesen. Sie enthielt den Satz: »Und wieder rast Herodias... und einmal mehr fordert sie Johannes' Kopf auf einem Tablett.« Diesmal begnügte sich Arkadios damit, den Bischof aus seiner Kirche auszuschließen. Doch die Lage spitzte sich zu, als sich an Ostern zweitausend Taufbewerber statt dessen in den Konstantinthermen versammelten. Was als Gottesdienst begonnen hatte, artete rasch zu einer Protestkundgebung aus. Die Soldaten wurden gerufen, um die Ordnung wiederherzustellen, und das Taufwasser, so heißt es, färbte sich rot vom Blut. Am 24. Juni wurde der aufsässige Bischof zum zweiten Mal verbannt, und erneut wurde Konstantinopel von Unheil heimgesucht: Am selben Abend wurde die Hagia Sophia bei einem Brand zerstört. Man vermutete Brandstiftung, konnte es jedoch nie beweisen. Ein starker Nordwind trug die Funken auf das nahe gelegene Senatsgebäude. Bis zum Morgengrauen waren von beiden Gebäuden nur noch verkohlte, geschwärzte Trümmer übrig, und die wichtigste Sammlung antiker Skulpturen der Stadt war auf immer verloren. Am 6. Oktober, weniger als vier Monate später, folgte das letzte als unmißverständliches Zeichen göttlichen Mißfallens gedeutete Ereignis: Die Kaiserin hatte eine weitere Fehlgeburt. Sie starb daran.

Kurz vor seiner Abreise hatte Chrysostomos in einem Appell an Papst Innozenz I. in Rom gegen das ungerechte Urteil protestiert. Er verlangte einen formellen Prozeß, um sich der Anklage stellen zu können. Der Papst berief eine Synode römischer Bischöfe ein; diese erklärte die vorangegangene Synode einstimmig für ungültig und forderte Arkadios via Innozenz und Honorius auf, Chrysostomos wieder in seinem Bistum einzusetzen. Eine Versammlung sämtlicher griechischer und römischer Bischöfe sollte dann in Thessalonike zusammenkommen, um die Frage ein für allemal zu klären. In der Zwischenzeit hatte Honorius seinem Bruder Arkadios einen strengen Brief geschrieben und ihm die Widrigkeiten vorgehalten, unter denen die Hauptstadt zu leiden hatte, weil er der Angelegenheit nicht Herr geworden sei. Auch tadelte er ihn für die unziemliche Hast, mit der das Verbannungsurteil ohne päpstliche Zustimmung in Kraft gesetzt worden war. Tief beleidigt beantwortete Arkadios den Brief nicht. Es kam zu einer Unterbrechung der Beziehungen; beide Seiten überlegten sich die nächsten Schritte. Schließlich wurde im Jahre 406 eine gemeinsame Delegation von Honorius und Innozenz nach Konstantinopel entsandt. Da nicht weniger als vier ranghohe Bischöfe dabei waren, konnte sie nicht ignoriert werden.

Doch einmal mehr machte Arkadios seine Haltung nur allzu deutlich. Man erlaubte den Gesandten nicht einmal, die Stadt zu betreten. Statt dessen wurden sie in ein thrakisches Kastell gebracht, wo sie verhört und wo ihnen die Briefe abgenommen wurden. Erst nach dieser Kränkung und Demütigung durften sie die Heimreise nach Italien antreten.

Als Johannes Chrysostomos im September 407, möglicherweise als Folge der schlechten Behandlung seitens seiner Wachmannschaft, in einer entlegenen Gegend von Pontus starb, war das Römische Reich tief gespalten, und Stilicho befand die Zeit für reif, um seinen lange geplanten Anschlag auf Illyrien in die Tat umzusetzen. Er wußte, daß sich Alarich in Bereitschaft hielt, um ihm zu helfen, und nur auf das Zeichen zum Abmarsch wartete. Als ersten Schritt ordnete er eine Blockade für die östliche Reichshälfte an und schloß alle italienischen Häfen für Arkadios' Schiffe. Dies kam einer Kriegserklärung gleich. Als Stilicho sich aber noch in Ravenna befand, um die Armee für den bevorstehenden Feldzug vorzubereiten, traf ein Bote von Honorius ein, der zu dieser Zeit in Rom weilte. Dieser überbrachte ihm Neuigkeiten, die ihn abrupt innehalten ließen. Alarich, so lauteten sie, sei tot. In der Zwischenzeit habe sich Constantinus, der römische Gouverneur von Britannien, zum Augustus ausrufen lassen, nach Gallien übergesetzt und dort einen Aufstand angezettelt. Klar, daß Illyrien noch etwas länger warten mußte. Es gab dringendere Geschäfte. Stilicho ließ die Armee in Ravenna zurück und eilte nach Rom, um sich mit Honorius abzusprechen.

Dort eingetroffen, erfuhr er, daß die erste Hälfte der Botschaft auf einem falschen Gerücht beruht hatte. In Wirklichkeit befand sich Alarich gesund und munter in Illyrien, war allerdings sehr ungehalten, daß das von ihm und Stilicho geplante Unternehmen weiter aufgeschoben worden war. Er betonte, die Vorbereitungen hätten ihn viel Zeit und beträchtliche Summen gekostet und er erwarte dafür unverzüglich eine Entschädigung in der Höhe von viertausend Pfund Gold. Die Mitglieder des römischen Senats, an die er diese Forderung gerichtet hatte, gaben sich wie erwartet entsetzt. Stilicho wußte jedoch, daß die Summe aufgebracht werden mußte. Unter Ausschöpfung seines besonderen Ansehens als Schwiegervater des Kaisers gelang es ihm schließlich, die anderen zu überzeugen. Nur ein einziger Senator hatte den Mut zu protestieren. Dies sei kein Frieden, soll er gerufen haben, dies sei eine Verdingung in die Sklaverei. Doch auch er scheint seine Worte bereut zu haben, denn nach der Überlieferung suchte er in einer christlichen Kirche Zuflucht vor Stilichos Zorn, kaum daß die Sitzung zu Ende war.

Anfang Mai 408 starb Kaiser Arkadios im Alter von einunddreißig Jahren und überließ den Thron Eudoxias siebenjährigem Sohn, den sie nach seinem Großvater Theodosios benannt hatte. Für Stilicho hätte es kaum erfreulichere Nachrichten geben können. Wenn er seine Karten nur richtig ausspielte, konnte er nun im Osten all seine Pläne verwirklichen, und das ohne Blutvergießen oder großen Aufwand. Für Alarich und seine Goten würde keinerlei Bedarf mehr bestehen, so daß sie sich mit dem Usurpator Konstantin in Gallien befassen konnten. Indem Stilicho hervorhob, daß die Ankunft eines weströmischen Kaisers in der Hauptstadt des Ostens mehr Probleme schaffen als lösen würde, brachte er Honorius schnell davon ab, persönlich nach Konstantinopel zu reisen: Es sei viel besser, wenn Honorius in Ravenna bleibe, wo er nach der Schlacht von Pollentia sechs Jahre zuvor seinen Hof eingerichtet hatte; als *Magister militum* habe er, Stilicho, keine Schwierigkeiten, alles im Interesse seines Schwiegersohnes zu regeln.

Doch zum zweiten Mal in nur zwei Jahren sollte nichts aus seinen Plänen werden. Vielleicht war sein persönlicher Ehrgeiz etwas zu offensichtlich geworden. Gewiß waren zahlreiche Christen darüber schockiert gewesen, wie rasch er Honorius nach dem Tod seiner Tochter, der Kaiserin Maria, dazu gebracht hatte, deren jüngere Schwester Thermantia zu ehelichen. Vielleicht hatte er mit seinem Beharren auf den enormen Zahlungen an Alarich auch mehr Unwillen erregt, als ihm bewußt war. Möglicherweise kam auch der alte Neid wieder zum Tragen: Stilicho war schließlich kein Römer, sondern ein Vandale, und als solcher sollte er wissen, wo sein Platz war. Im übrigen hatte er mit seiner unnachgiebig strengen Disziplin in der Armee ernstzunehmenden Mißmut ausgelöst. Im vergangenen Jahr war es zweimal, zuerst in Bologna und dann noch einmal in Pavia, zu Meutereien gekommen. Kurzum, Stilicho war gefährlich unbeliebt geworden. Am ausgeprägtesten manifestierte sich die feindselige Stimmung am Hof von Ravenna bei einem geistlichen Würdenträger, einem gewissen Olympios. Er war es denn auch, dem es auf seiner Reise mit Honorius durch Italien in Stilichos Abwesenheit gelang, den Kaiser davon zu überzeugen, daß sein Schwiegervater plane, ihn zu verraten.

Weder ist die Art der Vorwürfe genau bekannt, noch läßt sich im nachhinein beurteilen, ob sie fundiert waren. Die einzigen gesicherten Tatsachen dieser Geschichte sind, daß Stilicho festgenommen, unter Anklage vor Gericht gestellt, schuldig gesprochen und am 23. August 408 umgebracht wurde. Sein Sohn Eucherios floh nach Rom, wo es ihm gelang, seinen Tod um ein paar Monate hinauszuzögern. Dessen Schwester Thermantia wurde aus dem Kaiserpalast verbannt, wie es heißt, ohne die Ehe vollzogen zu haben, wie vor ihr schon Maria. Sie ging zu ihrer Mutter Serena zurück. Diese blieb vorerst verschont, wurde jedoch einige Monate später auf Geheiß des römischen Senats unter dem Vorwurf der Pietätlosigkeit stranguliert: Sie hatte Jahre zuvor, anläßlich einer Reise mit ihrem Onkel Theodosios, in Rom im Tempel der Göttermutter Rhea der Statue der Göttin eine Halskette abgenommen und sie sich spöttisch selbst umgehängt, ein Vorfall, den man ihr nie verzieh.[7]

Mit Stilichos Hinrichtung fand der ganze angestaute Haß Roms gegen alles Barbarische plötzlich ein Ventil. Im ganzen Reich griffen die römischen Legionäre in einer Garnison nach der anderen zu den Waffen, fielen über die gotischen, hunnischen und vandalischen Hilfstruppen her und verschonten auch ihre Familien nicht. Die

Massaker waren schrecklich, und ihren Grausamkeiten entsprachen die Folgen. Die nichtrömischen Überlebenden, die dem Tod hatten entrinnen können, schlossen sich zum eigenen Schutz in Gruppen zusammen und zogen raubend und plündernd durch die Lande, bis sie bei Alarich anlangten; sie verstärkten sein Heer um rund dreißigtausend Mann. Aus vorher loyalen und nützlichen Untertanen des Imperiums waren unversöhnliche Feinde geworden, entschlossen, nicht zu ruhen, bis sie den Mord an ihren Brüdern und Schwestern gerächt hatten. An einem Großteil des Leids, das die Bevölkerung von Rom in den folgenden zwei Jahren erlitt, trugen sie selbst und ihre Landsleute die Schuld.

Außerdem wurde klar, daß dem Weströmischen Reich ein Befehlshaber fehlte, und zwar in einem besonders kritischen Augenblick seiner Geschichte. Was für dunkle Pläne Stilicho auch gegen den Ostteil des Reiches geschmiedet haben mag, dem Westen war er immer ein treuer Diener gewesen. Sonst hätte er den schwachsinnigen Kaiser Honorius mit Sicherheit schon Jahre zuvor ohne Schwierigkeiten aus dem Weg geräumt. Seine engen Verbindungen mit dem Kaiserhaus hätten dann wahrscheinlich mehr Gewicht gehabt als der Makel seiner nichtrömischen Herkunft und ihm gewiß erlaubt, den Purpur anzulegen oder zumindest für einen fähigen und vertrauenswürdigen Nachfolger zu sorgen. Wenn wir also Olympios' Anschuldigungen – der ohnehin seinerseits von Zosimos als jemand beschrieben wird, der hinter einer Fassade tiefer christlicher Frömmigkeit den vollkommenen Schurken verborgen habe – nicht glauben wollen, dürfen wir annehmen, daß Stilichos Loyalität nie ins Wanken geriet. Er war vielmehr ein Nichtrömer, der an das Reich glaubte, und trotz seiner Strenge und gelegentlichen Unaufrichtigkeit war er den Soldaten ein guter Führer gewesen. Erst als er tot war, merkte man in Rom, daß er nicht leicht zu ersetzen war.

Auf seine Art glaubte auch Alarich an das Reich. Aber er hatte kein Vertrauen zu Honorius und noch weniger zum römischen Senat, der ihm die Entschädigungszahlung zunächst, wenn auch widerwillig zugestanden hatte, nun aber versuchte, ihn mit einem Teil davon abzuspeisen. Es kam einer offenen Aufforderung zum Einmarsch gleich, und das hätte den Herren Senatoren klar sein müssen. Sie machten jedoch keine Anstalten, das Heer, das nach Stilichos Tod aufgelöst worden war, zu mobilisieren oder ihre Befestigungen zu verstärken. Und so marschierten Alarich und das riesige gotische Heer auf Rom zu und standen im September des Jahres 408 vor den Stadtmauern. Jetzt endlich begann man in Rom das wahre Ausmaß der Katastrophe zu erkennen, die man selbst über sich gebracht hatte. Die Bevölkerung hatte nie wirklich daran geglaubt, daß das, was sie noch immer hartnäckig als einen undisziplinierten Haufen von fellbekleideten Wilden betrachtete, eine ernsthafte Gefahr für die größte Stadt der in festen Grenzen geordneten Welt darstellen könnte. Und selbst jetzt gab es noch welche, die behaupteten, den Goten fehle es an Geduld und Ausdauer, um einen erfolgreichen Belagerungskrieg führen zu können, und in ein paar Tagen würden sie sich einem anderen Ziel zuwenden.

Ein paar Tage genügten den Goten jedoch vollauf, um die Stadt in ihre Gewalt zu bringen. Jede Straße, jede Brücke, jeder noch so kleine Fußpfad und jeder Mauerabschnitt wurde ständig überwacht. Patrouillen am Tiber stellten sicher, daß keine Lebensmittel oder andere Versorgungsgüter auf dem Wasserweg eingeschmuggelt wurden. Innerhalb der Stadt führte man eine strenge Rationierung ein. Bald schrumpfte diese tägliche Ration um die Hälfte und kurz darauf auf ein Drittel. Zu dem Zeitpunkt gab es bereits mehrere Fälle von Kannibalismus. Mit dem Nahen des Winters wurde es täglich kälter, und es dauerte nicht lange, bis die Verbindung von Kälte und Unterernährung unweigerlich zu Krankheiten führte. Die Wachttürme waren, in der Hoffnung auf ein Entlastungsheer von Ravenna, das die Stadt noch rechtzeitig retten würde, in Richtung Nordosten noch immer bemannt. Allmählich wurde jedoch klar, daß ein solches Heer nicht zu erwarten war. Honorius krümmte keinen Finger, um die alte Hauptstadt zu retten.

Als Weihnachten näherrückte, wußten die Römer, daß sich die Lage nicht mehr länger halten ließ. Sie schickten Gesandte zu Alarich, und man einigte sich auf ein Lösegeld: fünftausend Pfund Gold, dreißigtausend Pfund Silber, viertausend seidene Tuniken, dreitausend scharlachrot gefärbte Tierhäute und dreitausend Pfund Pfeffer. Die ersten beiden Posten bedeuteten, daß sowohl Kirchen als auch Tempel ihrer Statuen und ihres Dekors beraubt und unzählige Kunstwerke eingeschmolzen werden mußten. Doch diesmal gab es weder ein Zurück noch Halbheiten. Rom hatte seine Lektion gelernt. Das Lösegeld wurde vollständig entrichtet.

Doch die Zukunft blieb ungewiß; Alarich und sein Volk suchten noch immer nach einer Heimat. Auf dem Weg zurück von Rom Richtung Norden traf sich Alarich in Rimini mit dem Prätorianerpräfekten Jovius, um ihm neue Vorschläge zu unterbreiten: Honorius sollte ihm die Provinzen Venetien, Dalmatien und Noricum[8] zur Verfügung stellen; sie sollten dem Reich zugehörig bleiben, dem gotischen Volk jedoch als dauerhafte Heimat zugeteilt werden. Außerdem sollte eine jährliche Unterstützung in Form von Geld und Getreide entrichtet werden, damit Alarich seine Truppen in Kampfbereitschaft halten konnte.

Als Gegenleistung war Alarich zu einer formellen militärischen Allianz bereit, die ihn zum wirksamen Streiter für die Sache Roms und zum Verteidiger des Reichs gegen jegliche Feinde machen würde. So manchem Römer erschien das Angebot durchaus nicht unzumutbar. Auch Jovius selbst schlug es nicht rundweg ab, sondern leitete es mit dem Kommentar an den Kaiser weiter, daß Alarich möglicherweise bereit wäre, seine Forderungen zu mäßigen, wenn man ihm den Titel des *Magister utriusque militias* anböte, den Stilicho vor ihm getragen hatte: des Befehlshabers beider Truppen, der Kavallerie und der Infanterie.

Honorius wollte jedoch nichts davon wissen. Das Abtreten von Land verweigerte er schlankweg. Und was den Titel betreffe, so antwortete er Jovius, sei er entschlossen, daß weder Alarich noch irgendeinem seines Volkes je eine solche Ehre zuteil werden solle. Soweit wir wissen, war dies das erste Mal, daß er eine Spur von Denken oder so etwas wie einen eigenen Willen zeigte, aber er hätte dafür kaum einen ungünstigeren Zeitpunkt wählen können. Seine Armee war demoralisiert und führungslos, ohne die geringste Chance gegen Alarich, wenn die Goten erneut angriffen, und das würden sie früher oder später tun. Auf die östliche Reichshälfte, die er um Hilfe gebeten hatte, war kein Verlaß. Seit der Thron an ein siebenjähriges Kind übergegangen war, herrschte dort ein einziger Aufruhr. Im Westen befanden sich Gallien, Britannien und Spanien in den Händen eines Usurpators; der einzige, halbherzig geführte Feldzug gegen ihn war fehlgeschlagen, und er konnte jeden Augenblick in Italien einmarschieren. In diesem Fall hätten sich Alarich und seine Goten sehr wohl als unschätzbares Bollwerk erweisen können.

Obwohl faktisch schutzlos, bestand Honorius auf seiner trotzigen Haltung, während Alarich, der ihn ohne große Anstrengung hätte überwältigen können, noch immer den Frieden anstrebte. Jovius' Versehen – wir können nur hoffen, daß es ein Versehen war –, ihm den Brief des Kaisers laut vorzulesen, trug allerdings nicht gerade dazu bei, seine Stimmung zu heben. Er war jedoch so sehr darauf bedacht, eine Einigung zu erzielen, daß er wenige Wochen später eine Delegation von Bischöfen nach Ravenna entsandte, die ihren Einfluß auf Honorius geltend machen sollten. Zugleich verringerte er seine Bedingungen um Wesentliches, nämlich um den Anspruch auf Venetien und Dalmatien. Alles, was er nun noch für sein Volk verlangte, war Noricum an der Donau, eine Provinz somit, die von gegnerischen Einfällen bereits so verwüstet war, daß sie praktisch wertlos war, und genügend Hilfsmittel, damit die Leute sich ernähren konnten.

Unter den gegebenen Umständen war die Großzügigkeit dieser Friedensbedingungen verblüffend. Außerdem muß sich der Kaiser der Folgen einer weiteren Ablehnung bewußt gewesen sein. Und dennoch widersetzte er sich erneut einem Vertrag mit dem gotischen Führer. Schließlich war Alarichs Geduld zu Ende. Zum zweiten Mal innerhalb von zwölf Monaten marschierten die Goten auf Rom und errichteten sofort eine Blockade. Diesmal änderte Alarich jedoch die Taktik. Er ließ wissen, daß man nicht die Absicht habe, die Stadt in Brand zu setzen und die Bevölkerung hinzurichten, sondern einzig Honorius zu stürzen, das nunmehr alleinige Hindernis für einen dauerhaften Frieden in Italien. Wenn sie damit einverstanden seien, sollten sie ihren Kaiser absetzen und einen vernünftigeren Nachfolger wählen. Dann würde das Heer die Belagerung umgehend aufheben.

Der römische Senat brauchte in seiner Dringlichkeitssitzung nicht lange, um sich zu entscheiden. Niemand konnte die Aussicht auf eine weitere Belagerung mit all den Schrecken, die sie nach sich gezogen hätte, ernstlich in Betracht ziehen. Außerdem, so wurde betont, hatte Honorius keine Anteilnahme für sein Volk gezeigt, weder jetzt noch im vergangenen Jahr. Solange er persönlich sicher hinter den Wällen und Gräben von Ravenna saß, schien er blind für das Schicksal aller anderen zu sein. Kurz gesagt, er hatte ihre Loyalität verwirkt, sie wollten nichts mehr von ihm wissen. Also wurden die Tore geöffnet, und Alarich marschierte friedlich in Rom ein. Man erklärte Honorius für abgesetzt und bestimmte als Nachfolger und Augustus den Stadtpräfekten Priscus Attalus, einen ionischen Griechen.

Auf den ersten Blick war es keine schlechte Wahl. Attalus war ein intelligenter Mann mit ausgesprochen künstlerischen Neigungen, ein Christ, aber aufgrund seiner toleranten Ansichten und seiner Liebe zur Literatur und Kultur der Antike auch für Nichtchristen akzeptierbar. Zudem war er von einem arianisch-gotischen Bischof getauft worden und genoß deshalb die Unterstützung sämtlicher christlichen und allesamt ebenfalls arianischen Goten. Er ernannte Alarich zu seinem *Magister militum* und bereitete sogleich den Marsch auf Ravenna vor. Vor seiner Abreise gab es jedoch noch ein wichtiges Problem zu lösen. Die kleine, aber lebenswichtige Provinz Afrika (die in etwa dem heutigen Norden Tunesiens entsprach), auf die Rom für sein Getreide vollkommen angewiesen war, wurde damals von Heraklian regiert, dem für Stilichos Hinrichtung verantwortlichen Beamten, und es war deshalb zu erwarten, daß er zu Honorius halten würde. Für Alarich gab es nur eine Lösung: die sofortige Entsendung einer Armee nach der Hauptstadt Karthago, um Heraklian abzusetzen und die Versorgung weiterhin sicherzustellen. Attalus zog hingegen ein diplomatischeres Vorgehen vor und entsandte den jungen Constans mit dem Befehl, die Provinz in seinem Namen friedlich zu übernehmen. Sobald dies in die Wege geleitet war, machte er sich mit seinem *Magister militum* und dem Heer auf den Weg nach Ravenna.

Als die Nachricht von den Ereignissen in Rom und dem drohenden Näherrücken der Feinde Honorius erreichte, verließ ihn endlich seine Kaltblütigkeit doch, und er geriet in Panik. Er entsandte Botschaften an Attalus und erklärte sich unter der Bedingung, daß er als Augustus in Ravenna bleiben könne, damit einverstanden, daß dieser in Rom regierte. Inzwischen ließ er im benachbarten Hafen Classis Schiffe bereitmachen, die ihn und sein Gefolge nach Konstantinopel in Sicherheit bringen sollten. Gerade wollten sie die Segel setzen, da trafen im selben Hafen sechs byzantinische Legionen ein – laut Zosimos sollen es rund vierzigtausend Männer gewesen sein –, entsandt im Namen des jungen Theodosios II., der den Hilferuf seines Onkels erhalten und sofort reagiert hatte. Das Auftauchen einer Verstärkung von diesem Ausmaß gab dem Kaiser neuen Mut. Er werde in Ravenna ausharren, ließ er nun verkünden, zumindest so lange, bis er Nachrichten aus Afrika habe. Wenn Heraklian widerstanden habe, sei möglicherweise noch nicht alles verloren.

Und siehe da, ein paar Tage später erhielt Honorius in der Tat einen Bericht, der nichts zu wünschen übrigließ. Heraklian war mit dem unglückseligen Constans genauso wirksam und auf ähnliche Art und Weise verfahren wie vor weniger als zwei Jahren mit Stilicho. Dies war ein schwerer Schlag für Alarich. Es bedeutete in erster Linie, daß er nicht mehr darauf hoffen konnte, den Kaiser aus Ravenna zu vertreiben. Doch – und das war vielleicht noch besorgniserregender – es deutete auf einen ernsthaften Mangel an politischem Scharfsinn bei Attalus. Wieder drängte er auf eine gewaltsame Absetzung des afrikanischen Gouverneurs, doch Attalus blieb stur. Als Augustus könne er kein gotisches Heer gegen eine römische Provinz schicken. Und der Senat stimmte ihm zu. Andererseits mußte etwas unternommen werden, und zwar rasch: Heraklian hatte die Getreidelieferungen bereits unterbrochen. Es drohte erneut eine Hungersnot. Angeblich ertönte eines Tages, als Attalus im Zirkus zugegen war, von den obersten Rängen der Ruf: »*Pretium pone carni humanae!*« – »Setz einen Preis auf Menschenfleisch!«

Alarich reichte es. Im Frühsommer des Jahres 410 berief er Attalus nach Rimini. Auf einem weiten, offenen Platz direkt vor den Stadtmauern nahm er ihm in aller Öffentlichkeit das Diadem und den Purpurmantel ab. Dann marschierte er, nach einem weiteren erfolglosen Versuch, sich mit Honorius zu einigen, nach Rom zurück und belagerte die Stadt zum dritten Mal. Es ist ein Jammer, daß wir nur so wenig über die Einzelheiten wissen: Zosimos, der irritierendste aller Chronisten, gab in diesem kritischen Moment auf, und die Quellen, die sonst noch erhalten sind, bleiben erbärmlich unvollständig. Da Lebensmittel bereits knapp waren, hielt die Bevölkerung nicht lange durch. Irgendwann gegen Ende August durchbrachen die Goten das in der Nordmauer am Fuße des Pincianischen Hügels eingelassene Salaria-Tor.

Der Einnahme folgten die den Truppen traditionell zugestandenen drei Tage der Plünderung. Diese Eroberung Roms scheint jedoch immerhin um einiges weniger grausam gewesen zu sein, als uns die Schulbücher bisher glauben machten. In der Tat waren die Goten fast zurückhaltend, verglichen mit den Verwüstungen, die die Normannen 1084 anrichteten oder die Armeen Karls V. 1527. Als gläubiger Christ hatte Alarich den Befehl erlassen, keine Kirchen oder religiösen Bauwerke anzurühren und das Recht auf Zuflucht überall zu respektieren. Doch wie gebändigt sie auch durchgeführt wird: Plünderung bleibt Plünderung. Die gotischen Männer waren nicht besser als andere, und trotz gelegentlicher Übertreibungen steckt wahrscheinlich nur allzuviel Wahres in den Seiten, die Gibbon den begangenen Greueltaten widmet: Mengen von Unschuldigen wurden erschlagen, Frauen und Mädchen vergewaltigt, Kinder geschändet und die herrlichsten Bauwerke in Brand gesteckt.[9]

Danach marschierten Alarich und seine Truppen Richtung Süden, um sich nach Afrika einzusegeln, dort ein für allemal mit Heraklian abzurechnen und Italien vom Hunger zu befreien. Sie hatten jedoch erst Cosenza erreicht, da befiel Alarich plötzlich ein heftiges Fieber, dem er innerhalb weniger Tage, im Alter von erst vierzig Jahren, erlag. Seine Gefolgsleute trugen den Leichnam an das Ufer des Busento, errichteten einen Damm, um den Fluß vorübergehend umzuleiten, und begruben ihren Anführer dort im trockengelegten Flußbett. Dann öffneten sie den Damm, und das Wasser wogte über sein Grab hinweg.

7

Von Ketzerinnen und Hunnen

(410–453)

Bittet man einen Menschen um Kleingeld, hält er einen Vortrag über den Gezeugten und Ungezeugten; fragt man nach dem Preis eines Brotes, erhält man zur Antwort, der Vater sei größer als der Sohn; fragt man, ob das Bad angerichtet sei, lautet die Antwort, der Sohn sei aus dem Nichts erschaffen.

Gregor von Nyssa

Einem gängigen Klischee zufolge soll man sich Konstantinopel vom Meer her nähern. Nur dann könne man die Einzigartigkeit seiner geographischen Lage richtig würdigen, nicht zu reden von der bekannten Silhouette von Kirchen und Minaretten, die seit Menschengedenken als Wahrzeichen für die Wunder des Orients gilt. Dieser Ansicht kann man sich in der Tat nicht so leicht entziehen. Aber für all jene, die Byzanz mehr in Bann schlägt als der Islam, gibt es einen Zugang, der genauso lohnend ist und fast ebenso spektakulär. Niemand, der sich der Stadt zum ersten Mal von der Straße von Edirne her nähert, wird jemals wieder den ersten, unvergleichlichen Eindruck vergessen, den der Anblick der aus der Ebene aufragenden Landmauer mit den rötlich gestreiften, teils geborstenen oder zertrümmerten Türmen bietet, eindrucksvollen Zeugen jener Keulenschläge durch angreifende Heere – und neuerdings den türkischen Straßenverkehr –, denen sie nunmehr seit über anderthalbtausend Jahren standgehalten hat. Die Mauer zieht sich gut sechs Kilometer vom Marmarameer bis zum oberen Teil des Goldenen Horns (sie schließt also ein weit größeres Gebiet ein als die früheren von Konstantin angelegten Befestigungen) und schottet damit die Stadt vollständig vom Land ab. Nur einmal, nach mehr als tausend Jahren, ist sie gefallen, und dieser Fall bedeutete gleichzeitig das Ende des Byzantinischen Reiches.

Doch dies liegt über fünfhundert Jahre zurück; die Mauer steht heute noch, als Theodosianische Mauer bekannt und benannt nach Theodosios II., während dessen Regierungszeit sie gebaut wurde. Die gewaltige Anlage ruft als einzige große Leistung seiner zweiundvierzigjährigen Regierungszeit heute noch seinen Namen allgemein in Erinnerung, aber nicht einmal dazu hat er selbst Bedeutendes beigetragen. Mit dem Bau der ursprünglichen Mauer, einer einfachen anstelle der dreifachen von heute, wurde im Jahre 413 begonnen. Damals war Theodosios gerade zwölf Jahre alt, und er hat sie weder geplant noch zur Vollendung geführt. Dies besorgte der Prätorianerpräfekt Anthemios, der in den ersten sechs Jahren von Theososios' Regierungszeit nicht nur dessen Vormund, sondern auch eigentlicher Regent des Ostens war.

Anthemios war der erste Laie von Rang in Konstantinopel, der seit Theodosios dem Großen feste Prinzipien und Können zu kombinieren verstand. Außer für die Errichtung der Mauer kommt ihm noch das Verdienst zu für einen neuen Friedensvertrag mit Persien, für die erhebliche Verstärkung der Donauflotte, die bei einer letztlich erfolglosen Invasion des Hunnenkönigs Uldin dezimiert worden war, für eine verbesserte Versorgung mit Getreide aus Alexandria und schließlich für die Wiederherstellung guter Beziehungen zum Weströmischen Reich nach dem Tod von Arkadios. Er vermochte sich jedoch nicht lange zu halten. Nach 414 verschwindet er von der Bildfläche und wird ersetzt durch Pulcheria, die Schwester des Kaisers und Drahtzieherin im Hintergrund. Mit dieser schillernden Persönlichkeit begann eine Zeitspanne von sechsunddreißig Jahren – nämlich die verbleibende Regierungszeit des Bruders –, in der sich Macht und Einfluß im Staat praktisch insgesamt in Frauenhand befanden.

Pulcheria war nur zwei Jahre älter als Theodosios, also fünfzehn, als sie zur Augusta erhoben wurde und die Regierungsgewalt übernahm. Schon damals muß für jedermann erkennbar gewesen sein, daß ihr Bruder keinen Deut mehr zu bieten hatte als Arkadios: Er war schwach, unentschlossen und leicht beeinflußbar. Sie dagegen zeigte sich stark und entschlossen, und sie liebte die Macht. Aber sie war auch überaus fromm und machte sich mit besonderem Eifer daran, die zerstörte Hagia Sophia wiederaufzubauen. Unter ihrem Einfluß entwickelten ihre jüngeren Schwestern Arkadia und Marina ähnliche Neigungen. Es ging das Gerücht, im Kaiserpalast gehe es zu wie im Kloster und nicht wie an einem Hof; es wimmle dort von morgens bis abends von Mönchen und Priestern, und die jungen Prinzessinnen hätten allesamt ewige Jungfräulichkeit gelobt und stichelten unter Hymnenklängen, Psalmodien und Gebetsgemurmel in einem fort an Altartüchern und Meßgewändern. Manche empfanden es fast wehmütig als einen fernen Nachhall aus Eudoxias Tagen.

Wieweit sich Theodosios von der Frömmigkeit seiner Schwester anstecken ließ, läßt sich nur mutmaßen. In Purpur geboren[1] und bei seiner Geburt zum Mit-Augustus ernannt, »bewilligte« er bereits unmittelbar nach seiner Taufe, also im Alter von gerade ein paar Tagen, die erste an ihn gerichtete Petition; Porphyrios, der Bischof von Gaza, ersuchte ihn darin um die Erlaubnis, die heidnischen Tempel in seiner Diözese zerstören zu dürfen.[2] Von frühester Kindheit an war Theodosios gezwungen, in der verdummenden Trennung von Altersgenossen zu leben, die man für einen Statthalter Gottes als angemessen betrachtete. Doch trotz der Bedingungen, unter denen er aufwuchs, und trotz seiner wohl auch erblich bedingten Charaktermängel scheint er eine gewisse Ausstrahlung gehabt zu haben. Der Kirchenhistoriker Sokrates schreibt, er sei bei Senat und Volk sehr beliebt gewesen. Auch war er bei weitem nicht dumm. Die Religion gehörte im fünften Jahrhundert so selbstverständlich zum alltäglichen Leben, daß sie ihn allein schon darum bis zu einem bestimmten Grad interessieren mußte. Aber seine Neigungen galten vor allem weltlicher Bildung und Kultur: den klassischen griechischen und lateinischen Autoren, der Mathematik und den Naturwissenschaften und vor allem der Illumination von Handschriften; seine Fähigkeiten auf diesem Gebiet trugen ihm bald den Spitznamen *Kalligraphos*, das heißt Schönschreiber, ein. Seine Interessen waren aber nicht ausschließlich intellektueller und künstlerischer Natur. Er jagte leidenschaftlich gern, und es gibt Hinweise darauf (allerdings keine zeitgenössischen), daß er das persische *Tsukan*, uns heute unter dem Namen Polo bekannt, in Konstantinopel eingeführt hat. Mit alledem war er vollauf beschäftigt und überließ die Regierungsgeschäfte bereitwillig seiner Schwester, auch dann noch, als er längst alt genug gewesen wäre, sie selbst in die Hand zu nehmen. Erst im Jahre 420, als er neunzehn Jahre alt war, wandten sich seine Gedanken anderen Zielen zu; er ließ Pulcheria in einer bedeutenden Staatsangelegenheit rufen und sie wissen, es sei an der Zeit, daß sie ihm eine Frau besorge.

Das folgende wird uns erst von späteren Chronisten überliefert, aber wie dürften wir uns anmaßen, es anzuzweifeln: Etwa um diese Zeit fand sich im Palast ein griechisches Mädchen namens Athenais von staunenerregender Schönheit ein. Sie war die Tochter eines gewissen Leontios, eines Lehrers der Universität von Athen, und gekommen, um die Hilfe des Kaisers gegen ihre beiden Brüder zu erbitten, die sich weigerten, das Erbe ihres Vaters nach dessen Tod mit ihr zu teilen, und sie somit der Armut preisgaben. Nach einer besonderen Version der Geschichte soll Leontios sie bewußt mit nur hundert Goldstücken abgefunden haben, da sie, so stand angeblich in seinem Testament, ohnehin einem Glück entgegensehe, wie es kaum einer anderen Frau zuteil werde. Falls das zutrifft, hat er recht behalten. Pulcheria, die sie als erste sah, zeigte sich tief beeindruckt, nicht allein von ihrer Schönheit, sondern besonders auch von ihrem ausgezeichneten Griechisch, in dem sie ihr Anliegen vortrug. Sie führte sie geradewegs zu Theodosios, und dieser verliebte sich sofort leidenschaftlich in sie. Die möglichen Schwierigkeiten, die dadurch hätten entstehen können, daß sie keine Christin war, räumte man rasch aus dem Weg. Bereits nach wenigen Wochen Unterweisung durch Bischof Attikos wurde sie getauft und nahm den Namen Eudokia an. Ihre neue Schwägerin, das versteht sich fast von selbst, wurde ihre Patin. Am 7. Juni 421 wurden sie und Theodosios getraut.

In der nachgerade unerträglichen Atmosphäre des Kaiserpalastes wirkte Athenais[3] wie ein erquickendes Frühlingslüftchen. Auch sie war sehr religiös – unter den erwähnten Umständen hätte dies kaum anders sein können –, doch hellte der hellenistische Hintergrund ihr Christentum etwas auf. Der Vater hatte sie von Kindesbeinen an mit der hellenistischen Tradition vertraut gemacht, so daß sie die griechischen Dichter und Philosophen eher besser kannte als die Bibel und die Kirchenväter. Ihr geistiger Horizont wies demnach ganz andere Dimensionen auf als jener der drei trübseligen Prinzessinnen und färbte auf den gesamten Hof ab. Und ihr Stern erstrahlte noch heller, als sie ein Jahr nach der Hochzeit eine Tochter gebar; diese wurde zum Gedenken an die Mutter des Kaisers, ebenso unangemessen wie verwirrend, Eudoxia genannt. 423 erhob Theodosios II. seine Frau in den Rang einer Augusta, was ihre Schwägerin, so selbstverständlich ein solcher Schritt auch war, übel aufnahm.

Pulcheria hatte Athenais stets als ihr Geschöpf betrachtet, denn sie hatte sie entdeckt, Theodosios vorgestellt, ihre Konversion betrieben, die Patenschaft bei der Taufe übernommen und sie in die Hofetikette eingeführt; sie war ihr Schützling und verdankte somit alles, was sie besaß und geworden war, ihr allein. Und nun bekleidete sie plötzlich den gleichen Rang wie sie. Zudem war sie begehrter, gebildeter und wesentlich beliebter. Und sie stand ihrem Ehemann weit näher und übte auf ihn einen sehr viel größeren Einfluß aus, als die Schwester je erhoffen durfte. Je stärker Pulcherias Eifersucht wurde, um so mehr kam ihr die Kaiserin nun leichtfertig, unehrerbietig und – was vermutlich zutraf – ihr gegenüber zunehmend respektloser vor. Sie beschloß, sie früher oder später auf jede erdenkliche Weise in ihre Schranken zu weisen.

Im selben Sommer empfing das kaiserliche Paar im Palast die zur Zeit dritte Augusta des Reiches, nämlich Galla Placidia, durch ihre Mutter Tochter von Theodosios dem Großen und auch Enkelin des älteren Valentinian, die mit ihren beiden kleinen Kindern in Konstantinopel eintraf. Placidia hatte bereits ein ungewöhnlich bewegtes Leben hinter sich, obwohl sie erst Anfang Dreißig war. Sie hatte das Leben am Hof ihres Halbbruders Honorius in Ravenna nicht mehr ausgehalten, sich in Rom niedergelassen und dort alle drei Belagerungen durch Alarich überlebt. Nach der dritten hatten die Goten sie jedoch als Geisel vier Jahre gefangengehalten, bis Honorius im Jahre 414 schließlich einwilligte, daß sie Alarichs Schwager und Nachfolger Athaulf heiratete. Die Hochzeit wurde in Narbonne aufwendig gefeiert; anschließend etablierte das Paar seinen Hof in Barcelona. Athaulf starb jedoch bereits nach gut einem Jahr, und

Placidia kehrte nach Ravenna zurück. Dort ging sie 417 auf Drängen ihres Bruders mit dessen engstem Ratgeber, einem dunkelhäutigen Illyrer namens Constantius, ihre zweite Ehe ein.

Trotz seines unangenehmen Gehabes – er soll stets eine beleidigte Miene zu Schau getragen und sich ständig mißtrauisch umgesehen haben – und seiner erbärmlichen Reitkunst hatte Constantius eine erfolgreiche Militärlaufbahn vorzuweisen. Höhepunkt war der Sieg über den Usurpator Constantinus im Jahre 411 in Arles gewesen.[4] Er scheint Placidia wirklich begehrt zu haben, hatte er doch bereits vor ihrer ersten Heirat um ihre Hand angehalten. In rascher Folge brachte Galla Placidia zwei Kinder zur Welt: Honoria und Valentinian. Als Constantius 421 zum Mitregenten von Honorius ernannt wurde, erhielt Placidia den Titel Augusta. Am Hofe von Theodosios sah man das nicht gern. Theodosios weigerte sich, diese Ernennung anzuerkennen und ebenso bei ihrer Ankunft aus Ravenna die traditionsgemäßen Standbilder aufzustellen. Doch dieser Mißklang hielt nicht lange vor, denn Constantius, der sich in seiner neuen Stellung nicht wohl fühlte, verfiel von Anfang an sichtlich und starb nach knapp halbjähriger Regierungszeit.

So begann Placidias zweite Witwenschaft am Hofe von Ravenna, und diese gestaltete sich für sie noch unangenehmer als die erste. Honorius, der nie eine starke Persönlichkeit gewesen war, geriet vollends aus dem Gleichgewicht. Zunächst bezeugte er ihr seine Liebe auf höchst peinliche Art und Weise, indem er sie in aller Öffentlichkeit mit sabbernden Küssen überhäufte. Als er inne wurde, daß seine Zuneigung nicht auf Gegenliebe stieß, wurde er zuerst argwöhnisch, dann eifersüchtig und schließlich offen feindselig. Diese Feindseligkeit blieb nicht auf ihn beschränkt, sondern griff auch auf sein Gefolge über, selbst auf die Leibwache. Als diese in den Straßen von Ravenna Placidias Diener angriff, hielt sie es nicht mehr aus und suchte mit ihren Kindern zu Beginn des Jahres 423 bei ihrem Neffen in Konstantinopel Zuflucht.

Die beiden Familien scheinen miteinander so gut ausgekommen zu sein, daß die Vermählung des kleinen Valentinian, der gerade erst vier Jahre alt war, mit dem Säugling Eudoxia für einen etwas späteren Zeitpunkt beschlossen wurde. Es ist ungewiß, wie lange Placidia sich mit ihrer Familie am Bosporus aufgehalten hätte, wäre nicht im

Spätsommer des Jahres eine Nachricht eingetroffen, die ihr und den Gastgebern sehr gelegen kommen mußte: Honorius war am 26. August im vierzigsten Lebensjahr an Wassersucht gestorben. Leider folgte auf diese Nachricht unmittelbar eine zweite: Den leeren Thron usurpierte ein gewisser Johannes, der bis dahin das nicht gerade illustre Amt eines *Primicerius notariorum* (Oberster Notar) innegehabt hatte.

Theodosios handelte unverzüglich, mit ziemlicher Sicherheit auf Drängen Pulcherias und vielleicht auch Athenais' hin. Er zeigte keinerlei Absicht, mit anzusehen, wie das Weströmische Reich von einem unbedeutenden Zivilbeamten weggeschnappt wurde, mochte es auch noch so dahinsiechen. Er bestätigte Placidia an Ort und Stelle im Rang einer Augusta, verlieh Valentinian den Titel eines Cäsaren und ließ ein Heer zusammenstellen, das die beiden nach Italien zurückbringen und wieder auf ihren angestammten Thron setzen sollte.

Der Zug brach im folgenden Jahr, bis Thessalonike in Begleitung des Kaisers, auf und wurde zu einem triumphalen Erfolg. Damals sah die Umgebung von Ravenna ganz anders aus als heute. In den vergangenen fünfzehnhundert Jahren ist das Meer um etliche Meilen zurückgewichen; wo sich heute flache Weiden und Felder ausbreiten, befand sich einst eine Lagune mit vielen Inseln wie bei Venedig, und Ravenna galt daher praktisch als uneinnehmbar. Darum hatte der feige Honorius ja fast fünfundzwanzig Jahre zuvor seinen Hof nach der Schlacht von Pollentia dort eingerichtet; aber nicht einmal dies hatte ihn davon abgehalten, entlang der zahlreichen Kanäle und Fahrdämme, die auf die Stadt zuliefen, zusätzlich Befestigungen anzulegen. Diese mied das byzantinische Heer nun klugerweise; statt dessen gelang es den Soldaten, eine Furt zu finden und die Lagune zu durchwaten. Sokrates behauptet, ein als Schafhirt verkleideter Engel habe sie dabei geführt. Sie überraschten die Verteidiger und nahmen Ravenna zu Beginn des Jahres 425 fast kampflos.

Johannes, der den Thron nur gerade achtzehn Monate behauptet hatte, wurde gefangengenommen und in Ketten nach Aquilea gebracht, wo Placidia mit ihren Kindern wartete. Nachdem man ihm im Hippodrom die rechte Hand abgeschlagen hatte, wurde er zum Gespött der Menge auf einem Esel durch die Stadt geführt und schließlich hingerichtet. In der Zwischenzeit hatten die siegreichen Soldaten die Erlaubnis erhalten, Ravenna drei Tage lang zu plündern, und zwar angeblich, um die Bevölkerung für die Unterstützung des Usurpators zu strafen. Valentinian, der nun sechs Jahre alt war, wurde zur Krönung nach Rom gebracht.

In Konstantinopel war Athenais' Hellenismus inzwischen weit über die Mauern des Kaiserhofes hinaus zu spüren. Seit vielen Jahren schon wich in der Hauptstadt das lateinische Element mehr und mehr dem Griechischen, ein Prozeß, der sich unter ihrem Einfluß und dem ihres Günstlings Kyros von Panopolis, der viele Jahre als Prätorianerpräfekt der Stadt amtierte, jedoch beträchtlich beschleunigte. Als Dichter, Philosoph und Kunstliebhaber, ein Grieche durch und durch, der als erster Präfekt seine Anordnungen in griechischer Sprache herausgab, leistete Kyros einen unschätzbaren Beitrag zur glänzenden baulichen Ausgestaltung Konstantinopels. Er hat mehr öffentliche Bauwerke errichten lassen als irgendwer seit Konstantin dem Großen. Er war gemeinsam mit dem kaiserlichen Paar auch maßgeblich daran beteiligt, die vergleichsweise bescheidene, von Konstantin geschaffene Bildungsstätte in eine große bedeutende Universität umzuwandeln. Damit verband sich die Absicht, ein christliches Pendant zur hellenistischen Universität von Athen zu schaffen, die bis dahin allen Versuchen, sie zu schließen, erfolgreich widerstanden hatte. Die Statuten der Neugründung machten deutlich, daß, wenn eine heidnische Universität griechisch war, eine christliche nicht notwendig lateinisch sein mußte: Zwar verfügte sowohl die griechische wie die lateinische Abteilung jeweils über zehn Lehrstühle für Grammatik, aber die griechische konnte sich mit fünf Lehrstühlen für Rhetorik brüsten, während die lateinische sich mit dreien bescheiden mußte.

Als Nebenprodukt dieser Universität fiel die Zusammenstellung des sogenannten Theodosianischen Kodexes an. Im Jahre 429 wurde damit eine Gruppe von neun Gelehrten betraut. Dabei handelt es sich im Grunde um eine Sammlung aller im Oströmischen und Weströmischen Reich seit den Tagen Konstantins erlassenen Gesetze. Viele dieser Gesetze waren inzwischen außer Kraft, andere überarbeitet, und eine beträchtliche Anzahl, so fand man heraus, widersprachen einander. Das Dickicht war so verschlungen, daß die erste Kommission sich außerstande sah, das Werk zu bewältigen. Erst nach neun Jahren gelang es einer anderen Gruppe, die Aufgabe zu vollenden. Am 15. Februar 438, nur wenige Monate nach der von langer Hand geplanten Vermählung von Valentinian und der fünfzehnjährigen Eudoxia, wurde der Kodex vom oströmischen und weströmischen Kaiser gemeinsam verkündet, klar in der Absicht, die Einheit des Reiches zu betonen.

Diese Einheit wurde jedoch mehr beschworen, als daß sie real vorhanden gewesen wäre. Das kaiserliche Gesetz, wie es sich bis dahin im östlichen und westlichen Reich entwickelt hatte, bekam jetzt zwar endlich eine feste Grundlage, aber die beiden Teile des Reichs drifteten danach sofort wieder auseinander, weil die neuen Edikte und Erlasse der einen Hälfte nur selten bis in die andere gelangten. Konstantinopel und Ravenna unterhielten zwar weiterhin freundschaftliche Beziehungen, aber sie gingen getrennte Wege, und diese führten immer weiter voneinander weg.

Etwa um diese Zeit tat sich im byzantinischen Leben zudem eine Kluft auf, deren Bedeutung man nur ermessen kann, wenn man sich vor Augen führt, wie intensiv religiöses Gedankengut jeden Bereich der christlichen Gesellschaft des Ostens durchdrang. Schon am Ende des vierten Jahrhunderts hatte Gregor von Nyssa geschrieben, was diesem Kapitel als Motto vorangestellt ist, und die ihrem Wesen nach griechische Leidenschaft für theologische Spekulation, die darin zum Ausdruck kommt, hatte sich seither durch so charismatische Persönlichkeiten wie Johannes Chrysostomos und Bischof Theophilos von Alexandria noch verstärkt. Wie schon erwähnt, rührten derlei Streitigkeiten die Gemüter der Massen so sehr auf, daß es zu Demonstrationen, Ausschreitungen und Straßenkämpfen kam. Und von allen Themen, über die ernsthaft diskutiert wurde und welche die Gemüter zum Siedepunkt brachten, war jenes der Beziehung zwischen Jesus Christus und Gottvater am heißesten umstritten.

Diese ganz offensichtlich letztlich nicht zu beantwortende Frage hatte schon der arianischen Häresie zugrunde gelegen, mit der sich das Christentum im Ost- und Westreich über hundert Jahre lang herumgeschlagen hatte. Der Arianismus war 325 zwar vom Konzil in

Nikäa verurteilt worden, hatte aber in der einen oder anderen Form das ganze Jahrhundert hindurch weiter geschwelt und manchmal sogar Einfluß auf den Kaiser ausgeübt. Constantius zum Beispiel unterstützte den Kompromiß, nach dem der Sohn nicht wesensgleich *(homoousios)*, sondern wesensähnlich *(homoiousios)* mit dem Vater sei.[5] Valens sympatisierte dagegen überhaupt nicht mit Arius' Auffassung. Auf dem Konzil von Konstantinopel im Jahre 381 bestätigte dann der durch und durch orthodoxe Theodosios der Große die Beschlüsse von Nikäa und gab mehrere ergänzende Edikte dazu heraus, die den von ihm so genannten Katholizismus seiner Untertanen unterstützen sollten; allerdings ohne Erfolg. Der Streit flammte immer wieder auf, obwohl es längst überfällig war, daß ihm ein Ende bereitet wurde.

Unter der Regierung des Namensvetters und Enkels von Theodosios dem Großen entbrannte er in neuer Form, und diesmal kam es zu einer Polarisierung zweier widerstreitender Schulmeinungen in der nikänischen Orthodoxie. Zunächst erregte die Auffassung eines gewissen Nestorios Aufsehen, der im Jahre 427 Bischof von Konstantinopel geworden war und somit von prominenter Stelle aus seine Theorien verbreiten konnte. Nestorios war ein Fanatiker, der nach nur fünf Tagen auf dem Bischofsthron eine Kirche in seiner Nachbarschaft niederbrennen ließ, weil ihm zu Ohren gekommen war, daß dort im geheimen arianische Gottesdienste stattfanden. Nach Nestorios war Christus nicht, wie im Konzil von Nikäa festgelegt, nur eine Person, also Gottmensch, sondern vereinigte in sich eine göttliche und eine menschliche Person. Nestorius schrieb, man könne zum Beispiel nicht sagen, Gott sei zwei oder drei Monate alt; das heißt, er weigerte sich schlicht, menschliche und deshalb unvermeidliche Schwächen einem Teil der Trinität zuzuordnen. Weitaus folgenschwerer für die Allgemeinheit erwies sich aber der Schluß, den er daraus zog, nämlich daß Maria nicht die Mutter Gottes sei, da eine solche Auffassung eine Frau zur Urheberin des Göttlichen mache. Seiner Lehrmeinung nach war sie die irdische Mutter Jesu und mehr nicht.

Da der Arm des Bischofs weit reichte, gewannen seine Lehren in der Hauptstadt und in den großen Städten des Ostens rasch an Boden. Bald fand sich jedoch ein würdiger Gegner: Kyril, der Neffe des Bischofs Theophilos und dessen Nachfolger im Bistum Alexandria, war entschlossen, den Streit, der zwischen seinem Onkel und Johannes Chrysostomos entbrannt war, fortzuführen – vermutlich weniger der Lehre wegen als aus persönlichem Neid und weil er seit langer Zeit den Ehrgeiz hegte, den Primat des alten Bistums von Alexandria über den Emporkömmling Konstantinopel zu behaupten. Als der Streit zwischen den beiden Protagonisten und ihrer Gefolgschaft immer heftiger wurde, beschloß der Kaiser, der dazu neigte, denen zu glauben, die sich in seiner Nähe befanden, und daher überzeugter Nestorianer war, im Jahre 430 ein Konzil einzuberufen, das einhellig seinen Bischof unterstützen sollte. Doch er unterschätzte die Alexandriner gewaltig. Kyril setzte jede ihm zur Verfügung stehende Waffe ein, selbst sein Wissen um die Rivalität zwischen den beiden Augustae. Da er wußte, daß Athenais ebenfalls Nestorios anhing, rechnete er sich gute Chancen aus, Pulcheria auf seine Seite zu ziehen. Theodosios bekam allerdings bald Wind von seinen Machenschaften und hielt sie ihm vor; da war es aber schon zu spät.

Das Konzil trat am 22. Juni 431 in der Marienkirche in Ephesos zusammen, und dies sagt schon alles. Kyril, der seine Diözese geplündert hatte, um die nötigen zivilen und kirchlichen Beamten bestechen zu können, zog die Angelegenheit an sich. Es bereitete ihm keine Mühe, den Konzilsvorsitz zu erhalten. Er lud Nestorios vor das Konzil, damit er sich gegen den Vorwurf der Häresie verteidige, der gegen ihn erhoben worden war. Natürlich legte Nestorios dagegen Widerspruch ein und erklärte, er sei als Delegierter nach Ephesos gekommen und nicht als einer, der sich zu verteidigen habe; er werde in der Kirche erst erscheinen, wenn auch wirklich sämtliche Bischöfe, die ihr Kommen zugesagt hätten, eingetroffen seien. Kyril wollte jedoch nicht so lange warten. Er las aus Briefen vor, die sie ausgetauscht hatten und die er vermutlich in seinem Sinne redigiert hatte, woraufhin die ganze Versammlung prompt das Anathema, also den Bann, über den armen Nestorios verhängte. Er wurde als Bischof abgesetzt und aus der Gemeinschaft der Priester ausgeschlossen. Zu diesem Zeitpunkt waren hundertachtundneunzig Delegierte anwesend, aber Nestorios hatte dennoch nicht ganz unrecht, wenn er später behauptete, das Konzil habe nur aus Kyril bestanden. Er zog sich ins Privatleben zurück, doch war damit sein Leidensweg noch nicht zu Ende. 435 verbannte ihn der Kaiser, der sich inzwischen vollständig vom Nestorianismus abgewendet hatte, zuerst nach dem arabischen Petra (heute Jordanien) und später in eine ferne Oase in Libyen oder Oberägypten, wo er schließlich starb.[6]

Viele Jahre zuvor, vielleicht schon als Galla Placidia mit ihren Kindern sich noch in Konstantinopel aufhielt, hatte Athenais gelobt, sie werde zum Dank nach Jerusalem pilgern, falls ihre Tochter tatsächlich Valentinian heiraten und Kaiserin des Weströmischen Reiches werden sollte. Die Vermählung fand wie geplant im Sommer 437 statt, und im Jahr darauf brach sie in das Heilige Land auf. Die Reise führte sie jedoch zunächst nach Antiochia, wo der hellenistische Geist, in dem sie aufgewachsen war, stärker ausgeprägt war als der von ihr angenommene Glaube. Obwohl die Bevölkerung von Antiochia inzwischen überwiegend dem Christentum anhing, hatte die Stadt mehr als irgendeine andere in Kleinasien den alten hellenistischen Geist bewahrt, und man wußte deshalb die Vertrautheit der Kaiserin mit den literarischen und kulturellen Traditionen des Altertums wie auch die Reinheit und Brillanz ihres Griechisch hier nachhaltiger zu würdigen als jemals in Konstantinopel. Den Höhepunkt stellte eine großartige Feier im Senatsgebäude der Stadt dar, bei der sie aus dem Stegreif eine glänzende Rede auf die Stadt und ihre Geschichte hielt; sie schloß mit dem Zitat aus der *Odyssee*: »Eures Geschlechts und Blutes rühme ich mich zu sein.«[7]

Das romanisierte, aber keineswegs hellenisierte Jerusalem zeigte sich in ganz anderem Licht. Vielleicht lebten dort noch einige Männer und Frauen, deren Eltern sich noch an den Besuch von Kaiserin Helena vor hundertelf Jahren erinnern konnten. Athenais trat jedenfalls betont wie ihre Vorgängerin auf. Sie blieb ein ganzes Jahr in der Stadt, besuchte als einfache Pilgerin die heiligen Stätten, nahm an Einweihungen von Kirchen teil, gründete wohltätige Einrichtungen und eröffnete Klöster und Spitäler. Als sie schließlich nach Konstantinopel zurückkehrte, brachte auch sie eine Fülle von Reliquien mit – der Bischof von Jerusalem soll einen schwunghaften Handel damit getrieben haben –, unter anderem die Gebeine des Stephanus und die Ketten, die Petrus bei seiner Festnahme durch König Herodes getragen haben soll.[8] Ihr Gatte begrüßte sie herzlich. Eine Zeitlang war alles wieder wie zuvor; doch dies sollte sich leider bald ändern.

Was letztlich zu Athenais' Sturz geführt hat, läßt sich nicht mehr sicher festellen. Johannes Malalas, Historiker des sechsten Jahrhunderts, überliefert eine merkwürdige Geschichte, die, so unglaubhaft sie sich auch anhört, wert ist, hier wiedergegeben zu werden. Eines Tages, so berichtet er, habe dem Kaiser auf seinem Weg zur Kirche ein armer Mann einen phrygischen Apfel von enormer Größe überreicht. So riesig sei er gewesen und Theodosios von seinem Anblick so beeindruckt, daß er befohlen habe, dem Mann hundertfünfzig *Nomismata* zu überreichen. Er habe den Apfel sofort Athenais überbringen lassen. Sie habe ihn jedoch nicht selbst gegessen, sondern dem hohen Beamten Paulinos gebracht, den eine Fußverletzung gerade an das Haus fesselte; Paulinos, der nicht wußte, woher die Kaiserin ihn hatte, habe ihn als eigenes Geschenk Theodosios in den Palast bringen lassen. Der Kaiser habe ihn sehr verblüfft in Empfang genommen. Schließlich habe er, da ihm die Sache zwar rätselhaft vorkam, aber keineswegs verdächtig, seine Frau rufen lassen und sie, ohne ihr den Apfel zu zeigen, gefragt, was sie damit gemacht habe.

Arme Athenais, hätte sie doch aufrichtig geantwortet, alles wäre gut ausgegangen! Aber in diesem kritischen Augenblick habe sie den Kopf verloren. »Ich habe ihn gegessen« sei ihre Antwort gewesen. In Weißglut habe Theodosios ihr daraufhin die verhängnisvolle Frucht gezeigt und gebrüllt, durch ihre Lüge habe sie die Wahrheit über ihr Verhältnis zu Paulinos offenbart, und er werde diesen unverzüglich hinrichten lassen. Da aber habe Athenais zurückgeschlagen. Ließe er ihn hinrichten, würde dies auf eine öffentliche Anklage wegen Ehebruchs hinauslaufen, was sie kategorisch abstreite. Nach einer solchen Beleidigung könne sie auf keinen Fall länger unter dem Dach ihres Gatten weilen; sie ersuche also um seine Erlaubnis, nach Jerusalem zurückkehren zu dürfen, wo sie ihr Leben zu beschließen gedenke.

Neben anderen[9] will auch Bury in dem Apfel ein antikes Symbol der Keuschheit sehen, was bedeute, daß diese seltsame Geschichte allegorisch zu verstehen sei und Athenais mit Paulinos tatsächlich ein Verhältnis hatte. Das mag zwar durchaus möglich sein, aber die Interpretation paßt nicht zu ihrem Charakter. Zudem war Paulinos, soweit wir wissen, ein untadeliger Ehrenmann, der treueste Freund von Theodosios von Kindesbeinen an, und Athenais hatte ihn bereits von ihrer Eheschließung gekannt; er hatte diese persönlich gefördert und war bei der Trauung als Trauzeuge aufgetreten. Zwanzig Jahre später beteuerte die Kaiserin auf dem Totenbett noch einmal ihre Unschuld unter Eid. Für sie spricht schließlich noch, daß Paulinos im Jahre 440 hingerichtet wurde, während sie anscheinend erst drei Jahre später nach Jerusalem abreiste: ein langes Ausharren in einer Stadt, in der sie sich so entehrt fühlte.

Da man die Geschichte mit dem phrygischen Zankapfel also für eine Legende halten muß, steht das Schicksal des Paulinos, der zuerst nach Cäsarea in Kappadokien verbannt und kurz darauf auf Befehl des Kaisers ermordet wurde, wohl in keinem Zusammenhang mit dem Entschluß der Kaiserin, der Hauptstadt für immer den Rükken zu kehren. Die erbarmungslosen Machenschaften Pulcherias bieten sich als Erklärung eher an. Sie dürfte durch das enorm gestiegene Ansehen der nach ihrem Aufenthalt in Jerusalem wie eine Heilige verehrten Schwägerin in Wut geraten sein und zweifellos mit noch größerer Entschlossenheit gegen sie intrigiert haben. Athenais muß, wie auch immer, auf alle Fälle des Kaisers Gunst verlustiggegangen sein, denn auf diese Weise hätte sie ihn sonst nie verlassen können. Und auch nach ihrer Abreise konnte sie offenbar vor seiner Rache keineswegs sicher sein. Denn schon wenige Monate nach ihrer Ankunft in Jerusalem tauchte ein gewisser Saturninus auf, ein Hauptmann der kaiserlichen Leibwache, und brachte die beiden wichtigsten Mitglieder ihres Gefolges um, einen Priester und einen Diakon, die ihr aus Konstantinopel gefolgt waren. Sie rächte sich, indem sie ihrerseits Saturninus ermorden ließ, und vielleicht unbewußt auch, indem sie sich mit großem Eifer dem Monophysitismus[10] zuwandte. In ihren letzten Lebensjahren vermochte Papst Leo der Große sie dann schließlich doch noch der Rechtgläubigkeit wiederzugewinnen. Sie lebte bis 460, frustriert, einsam und verbittert, ein trauriger Schatten der glänzenden und begabten jungen Frau, die dem jungen Kaiser und dem Hof einst den Atem verschlagen hatte und fünfzehn Jahre später der Bevölkerung von Antiochia in so strahlendem Licht erschienen war. Nach ihrem Tod wurde sie in der Stephanuskirche, die sie gegründet hatte, beigesetzt – in Konstantinopel wohl längst vergessen und sogar in Jerusalem vielleicht eher gefürchtet als geliebt.

Die Laufbahn des jungen weströmischen Kaisers Valentinian III. ist bisher, wenn auch nur skizzenhaft, so doch für ein Buch, das in erster Linie das Reich von Byzanz beschreibt, ausreichend nachgezeichnet worden: Kindheit in Ravenna und Konstantinopel, Krönung in Rom und Vermählung mit Athenais' Tochter Eudoxia. Er erwies sich als schwache, wirkungslose Figur und stand ganz im Schatten seiner übermächtigen Mutter Placidia. Sie hielt die Regierungsgeschäfte in seinem Namen noch in ihren Händen, als er längst zum Mann herangewachsen war, ja, bis zu ihrem Tod im Jahre 450.[11] Er soll uns hier deshalb nicht länger beschäftigen. Seine Schwester Honoria verdient in diesem Buch aus einem Grund Erwähnung, der jedem Bericht über ihre Zeit zumindest eine Fußnote wert ist, denn in der ganzen Weltgeschichte hätten wohl nur sehr wenige Frauen, ganz gleich, welchen Alters und unter welchen Umständen, aus freiem Entschluß angeboten, eine Ehe mit dem Hunnen Attila einzugehen.

Als Historiker muß ich wie alle auf diesem Gebiet, die etwas auf sich halten, versuchen, meine Geschichte mit eigenen Worten möglichst gut zu erzählen. Man mag zwar gelegentlich direkt aus Primärquellen zitieren, wenn geeignete Zitate der Darstellung Farbe und Würze zusetzen, aber man sollte sich im allgemeinen vor Sekundärquellen hüten, wenn nicht zwingende Gründe das Gegenteil erfordern. Ein solcher Fall aber liegt hier vor, hat Honoria doch Edward Gibbon zu einem Paragraphen angeregt, der so typisch und brillant ist, daß wir ihn unserem Publikum in voller Länge nicht vorenthalten wollen:

> Die Schwester Valentinians wurde in dem Pallaste von Ravenna erzogen und, weil ihre Vermählung dem Staate etwaige Gefahr bringen konnte, durch den Titel Augusta über die Hoffnungen auch des verwegensten Unterthanes erhoben. Die schöne Honoria hatte jedoch kaum das sechzehnte Jahr ihre Alters erreicht, als sie auch diese lästige Größe verabscheute, die sie für immer von dem

> Glück ehrenvoller Liebe ausschloß; in Mitte eines alten und unerfreulichen Ranges seufzte Honoria, gab dem Antriebe der Natur nach und warf sich in die Arme ihres Kämmerers Eugenius. Ihre Schuld und Schande (das ist die unsinnige Sprache des herrischen Mannes) wurde bald durch die Zeichen der Schwangerschaft verrathen, und die Schmach des regierenden Hauses der Welt durch die Unklugheit der Kaiserin Placidia bekannt, welche ihre Tochter nach engem und schimpflichem Gewahrsame in ferne Verbannung nach Konstantinopel schickte. Die unglückliche Fürstin brachte hier zwölf bis vierzehn Jahre in der unleidlichen Gesellschaft der Schwestern des Theodosius und ihrer auserwählten Jungfrauen zu, auf deren Krone sie keinen Anspruch mehr erheben konnte, und deren klösterliche Emsigkeit im Beten, Fasten, und Nachtwachen sie mit Widerstreben nachahmte. Ihre Unzufriedenheit mit einem so langen und so hoffnungslosen Cölibate trieb sie zu einem seltsamen und verzweifelten Entschlusse. Attilas gefürchteter Name war zu Konstantinopel in Aller Munde, und seine häufigen Gesandschaften unterhielten einen beständigen Verkehr zwischen seinem Lager und dem kaiserlichen Pallaste. Im Durste nach Liebe oder vielmehr nach Rache opferte die Tochter der Placidia jede Pflicht und jedes Vorurtheil und erbot sich ihre Person den Armen eines Barbaren zu überliefern, dessen Sprache sie nicht verstand, dessen Gestalt kaum menschlich war und dessen Sitten und Religion sie verabscheute. Durch die Vermittelung eines treuen Eununchen übersendete sie Attila einen Ring als Pfand ihrer Zuneigung und ließ ihn beschwören sie als seine rechtmäßige Gattin, der er insgeheim verlobt worden sei, zu fordern. Dieses unanständige Entgegenkommen wurde jedoch mit Kälte und Verachtung aufgenommen, und der König der Hunnen fuhr fort die Zahl seiner Weiber zu vermehren, bis seine Liebe durch die stärkeren Leidenschaften des Ehrgeizes und der Habsucht geweckt wurde.[12]

Attila hatte gemeinsam mit seinem Bruder Bleda den Hunnenthron im Jahre 434 bestiegen. Seit dieser äußerst wilde Volksstamm auf dem Weg von den Steppen Zentralasiens nach Europa 376 erstmals alles niedergewalzt hatte, verursachte er überraschenderweise dem

Römischen Reich kaum mehr Schwierigkeiten. Weder der Einfall von 395 in Armenien und Kappadokien, den Rufinus vermutlich gefördert hatte, noch ein kurzer Vorstoß nach Bulgarien durch König Uldin dreizehn Jahre später hatte dauernde Auswirkungen gezeitigt. Und um sein Sicherheitsbedürfnis weiter zu untermauern, entrichtete Theodosios seit etwa 430 Subsidien – die man ebensogut als Tribut bezeichnen könnte – von jährlich dreihundertfünfzig Pfund Gold, um die Nachbarn zu bewegen, den Frieden zu wahren.

Mit dem Auftreten Attilas, der Geißel Gottes, wie man ihn nannte, begann sich jedoch diese relativ ruhige Zeit der Koexistenz zu wandeln. Nach über einem halben Jahrhundert Berührung mit dem Römischen Reich waren die Hunnen vielleicht nicht mehr ganz so wild wie unmittelbar nach ihrer Ankunft, aber die große Mehrheit, so wird uns berichtet, lebte und schlief immer noch im Freien, verachtete den Ackerbau und alles Gekochte und machte das rohe Fleisch mürbe, indem sie es unter ihre Sättel legten. Sie kleideten sich in Tuniken, die aus zusammengenähten Fellen von Feldmäusen gefertigt waren, und diese trugen sie so lange, ohne sie jemals auszuziehen, bis sie auseinanderfielen. Und wie von jeher lebten sie praktisch auf ihren Pferdchen, aßen, handelten, hielten Rat und schliefen sogar im Sattel. Attila war ein typischer Vertreter seines Volkes: untersetzt, dunkelhäutig, mit flachem Gesicht und dünnem Bart. Die schmal und schräg geschnittenen Augen saßen in einem für den Leib zu groß wirkenden Kopf. Er war kein großer Herrscher und nicht einmal ein sehr fähiger Heerführer. Laut Gibbon soll er von Ehrgeiz und Habsucht besessen gewesen sein, ganz zu schweigen von seinem Eigendünkel und Stolz auf sein Volk sowie seinen Machtgelüsten, und so verbreitete er schon nach wenigen Jahren überall in Europa Angst und Schrecken: Die kollektive Furcht vor ihm war wohl so groß wie vor keinem anderen Menschen vor oder nach ihm, vielleicht mit Ausnahme Napoleons.

Über den genauen Verlauf seiner früheren Feldzüge gibt es kaum Berichte, aber schon sieben Jahre nach seiner Thronbesteigung war er Herr eines ausgedehnten Reiches, das sich vom Balkan bis zum Kaukasus und darüber hinaus erstreckte. Die ersten Angriffe gegen das Oströmische Reich erfolgten 441, und in den folgenden sechs

Jahren kam es sporadisch zu Kampfhandlungen in Pannonien und entlang der Donau. Aber erst 447 versetzte er Theodosios und seine Ratgeber ernsthaft in Schrecken. Um diese Zeit starb sein Bruder Bleda – für später auftauchende Spekulationen, Attila habe ihn ermorden lassen, gibt es allerdings keine zeitgenössischen Belege –, und er stand danach allein an der Spitze eines viele Tausende umfassenden Volkes. Seine Truppen stießen gleichzeitig in zwei Richtungen vor, und zwar südwärts bis nach Thermopylae in Thessalien und ostwärts bis Konstantinopel. Die Theodosianische Mauer war anscheinend genau zur rechten Zeit gebaut worden. Die Hunnen verfügten weder über die Geduld noch über die Strategie und nötige Disziplin, die eine längere Belagerung erfordert, und so wandten sie sich auf der Suche nach leichterer Beute bald ab. Sie brachten jedoch dem byzantinischen Heer bei Gallipoli eine empfindliche Niederlage bei und zogen erst ab, nachdem der Kaiser zugesichert hatte, die jährlichen Geldzahlungen an ihr Volk zu verdreifachen und außerdem riesige Summen aus alten Forderungen nachzuzahlen, die Attila nach seiner vermutlich richtigen Aussage wohl in der Tat nie bekommen hatte.

Von dieser Zeit an verkehrten Gesandtschaften zwischen Attilas Lager und Theodosios' Hof. Jene von hunnischer Seite überwogen, da Attila festgestellt hatte, daß seine Gesandten jeweils reich beschenkt aus Konstantinopel zurückkehrten und er auf diese Weise leicht ohne eigene Unkosten seinen Günstlingen Wohltaten erweisen konnte. Seine Gewißheit, daß der Kaiser ihn nun fürchtete, erwies sich als durchaus richtig. Theodosios' ohnehin bescheidene Geistesgaben hatten sich längst verflüchtigt, und seine Politik beschränkte sich auf eine Taktik des faulen Friedens, wofür er nicht nur seinen eigenen Schatz zu plündern bereit war, sondern auch seine Untertanen ausbluten ließ. Hätten ihm Athenais oder auch nur Pulcheria zur Seite gestanden, wäre es ihnen vielleicht gelungen, ihm zu einer entschiedeneren Politik zu verhelfen. Doch die eine war weit weg in Jerusalem, und die andere hatte seit langem jeden Einfluß auf ihren Bruder verloren. Einflußreichste Figur am Hof war zu der Zeit der Eunuch Chrysaphos; er vermochte im Jahre 448 Edeko, einen der Gesandten Attilas, in ein Komplott zur Beseitigung des Hunnenkönigs hineinzuziehen.

Zur Durchführung dieser Verschwörung machte sich noch im selben Jahr eine besonders prächtig ausstaffierte byzantinische Gesandtschaft auf den Weg. Sie stand unter der Leitung eines erfahrenen Offiziers von vornehmer Herkunft (darauf legte Attila großen Wert) namens Maximin und seines Freundes Priscus. Keiner von ihnen war eingeweiht, daß einige der Gesandten von Chrysaphos damit beauftragt waren, während ihrer Mission Attila zu ermorden. Doch dazu kam es nicht. Edeko, der vermutlich von Anfang an als Agent provocateur gehandelt hatte, entdeckte Attila die Verschwörung sogleich, und die Lage wurde von dem, der ihr zum Opfer fallen sollte, mit bemerkenswertem Geschick gehandhabt. Zwar geriet die Gesandtschaft anfangs in eine etwas beschämende Situation, aber Attila empfing sie schließlich doch sehr freundschaftlich.

Die Bedeutung dieses Ereignisses für die Nachwelt liegt nicht in den meuchlerischen Aspekten, zumal die Gesandtschaft kaum etwas erreicht hat, sondern in dem langen und fast unwahrscheinlich genauen Bericht, den Priscus hinterlassen hat. Ihm verdanken wir ein unvergeßliches Bild des Hunnenhofes und seines Königs, der Festgelage und Zechereien, der Rechtsprechung, der Unterhaltung der römischen Gesandten mit Stammesangehörigen, aber auch des Wechsels zwischen unbändigen, beängstigenden Wutausbrüchen und der ausgeglichenen Stimmung, in welcher der König seinen Gästen höflich entgegentrat und sich gelegentlich auch charmant gab. Darüber hinaus wunderten sich die Römer sehr über die Einfachheit seines Geschmacks während des Banketts, das er ihnen zu Ehren ausrichtete:

> Während für die anderen Barbaren und für uns üppig zubereitete Mähler auf Silberplatten serviert wurden, gab es für Attila nur Fleisch auf einem Holzbrett... Den Festgästen überreichte man Silberbecher, er dagegen trank aus einer hölzernen Schale. Er trug einfache Kleidung, die sich in nichts von der aller übrigen unterschied, außer daß sie sauber war. Weder sein Schwert, das er umgegürtet trug, noch die Schnallen seiner Barbarenstiefel, noch das Zaumzeug seines Pferdes waren wie etwa die der Skythen mit Gold oder Edelsteinen oder anderen Kostbarkeiten geschmückt.[13]

Priscus läßt keinen Zweifel daran aufkommen, daß Attila trotz seiner unkultivierten Lebensart ein bemerkenswert kluger Diplomat war. Und es sei dahingestellt, wie lange er noch den Reichtum des Oströmischen Reiches aufgezehrt hätte, wäre nicht Theodosios am 28. Juli 450 während einer Jagd durch einen Sturz vom Pferd ums Leben gekommen. Er und Athenais hatten zwar keinen männlichen Nachkommen gezeugt, aber Pulcheria löste das Problem der Nachfolge. Ihr Keuschheitsgelübde hinderte sie nicht daran, den thrakischen Senator und ehemaligen Soldaten Markian nominell zu ehelichen. Sie erhob ihn unverzüglich in den Rang eines Augustus und an ihre Seite auf den Kaiserthron. Dabei gab sie vor (ob das zutrifft, ist schwer zu sagen), Theodosios habe ihn auf dem Totenbett dazu bestimmt.

Eine der ersten Amtshandlungen des neuen Kaisers bestand darin, dem Hunnenkönig den jährlichen Tribut zu verweigern. Das war ein kühner Schritt, aber vielleicht doch nicht gar so gewagt, wie es den Anschein hatte. Markian war sicherlich darüber im Bilde, daß Attila gerade einen großangelegten Feldzug gegen das Weströmische Reich vorbereitete, und wird damit gerechnet haben, daß er diesen wohl kaum um einer Strafexpedition nach Osten willen hinauszögern würde. Trotzdem war die Maßnahme nicht ohne Risiko. Daher wird der Jubel in Konstantinopel groß gewesen sein, als die Nachricht eintraf, das Hunnenheer habe sich nach Italien und Gallien in Marsch gesetzt.

Doch solch ein Jubel hält natürlich nicht lange vor. Nur zu rasch machten sich nach dem Freudentaumel die Alltagsprobleme wieder bemerkbar. Kaum schien die Hunnengefahr vorläufig gebannt, sah sich Markian einer neuen Bedrohung gegenüber, und diese kam mehr von innen als von außen, war eher spiritueller als materieller Natur, aber dennoch genauso ernst zu nehmen: der sich immer weiter vertiefenden Kluft innerhalb der byzantinischen Gesellschaft, die durch die Häresie der Monophysiten entstanden war.

Ihr Grund lag in demselben Rätsel wie eh und je, nämlich in der genauen Beziehung Gott des Vaters zu seinem Sohn innerhalb der Dreieinigkeit. Die Geschichte des Nestorianismus haben wir bereits erwähnt, auch deren harte Moral, die all jene erwartete, die am Prinzip zweier verschiedener Personen Jesu festhielten, des Menschen und des Gottes. Diese Auffassung hatte in Ephesos 431 eine recht unsanfte Abfuhr erlitten. Seither war allerdings das Pendel in das entgegengesetzte Extrem ausgeschlagen, so daß 448 ein bejahrter Archimandrit (Erzabt) namens Eutyches angeklagt wurde, die gleichermaßen subversive Lehre zu verbreiten, der fleischgewordene Christus besitze nur eine einzige Natur, und zwar eine göttliche. Der für schuldig befundene, verurteilte und abgesetzte Eutyches wandte sich umgehend an Papst Leo I. (den Großen), Kaiser Theodosios II. und die Mönche von Konstantinopel. Dieser Schritt löste einen äußerst heftigen Sturm aus. Drei Jahre lang war die Kirche in Aufruhr, wurden Konzile einberufen und in Mißkredit gebracht, Bischöfe abgesetzt und wieder eingesetzt. Es kam zu Intrigen, Verschwörungen und Gewalttätigkeiten; man verfluchte einander, und der Bannstrahl zuckte zwischen Rom und Konstantinopel, zwischen Ephesos und Alexandria hin und wider. Im Oktober 451 fand schließlich in der Kirche St. Euphemia in Chalkedon das Vierte Ökumenische Konzil[14] statt, mit dem Ziel, dem Chaos ein Ende zu setzen. Angesichts der etwa fünf- bis sechshundert Bischöfe, deren Ansichten die ganze Breite des christologischen Spektrums umfaßten, ist es erstaunlich, daß dieses Konzil überhaupt Beschlüsse faßte; aber man erreichte in der Tat alles, was man sich vorgenommen hatte, und sogar noch mehr.[15]

Eutyches, 449 rehabilitiert und wiedereingesetzt, wurde zum zweiten Mal verurteilt und mit der sogenannten Chalkedonensischen Formel ein neuer Glaubensartikel aufgesetzt, nach der die Lehren des Nestorios und Eutyches verworfen wurden. Christus war fortan nur eine Person mit zwei Naturen, die er unvermischt, unveränderlich, unteilbar und untrennbar in sich vereinigte: ganz Gott und ganz Mensch.

Aber so erfolgreich das Konzil von Chalkedon zunächst auch war, hat es doch für künftige Zeiten mehr Schwierigkeiten geschaffen, als vorauszusehen war. Die Lehre der Monophysiten war, wie sich schon bald zeigte, keineswegs besiegt. In den folgenden Jahren wies in Ägypten und Syrien – letzteres seinerzeit eine Bastion der Nestorianer – ein Bischof nach dem anderen ganz offen die Lehren des Konzils zurück. Als diese Provinzen dann den Kampf um die Unabhängigkeit von der byzantinischen Herrschaft aufnahmen, machten sie die Lehre von der einen Natur Jesu Christi zu ihrem Kampfruf.[16]

Auch im Westen fiel die Saat der Uneinigkeit auf fruchtbaren Boden; sie zeigte sich vor allem in einem der dreißig Dekrete, das die Delegierten noch verbreiteten, als der eigentliche Zweck erreicht war. In dem als Kanon achtundzwanzig bekannten Dekret wird dem Bischof von Konstantinopel der Titel des Patriarchen zugestanden und die theodosianische Verordnung von 381 erneuert, die ihm den zweiten Rang in der christlichen Hierarchie direkt nach dem Papst von Rom einräumt. So weit durften die anwesenden päpstlichen Gesandten mitgehen. Dagegen konnten sie nicht akzeptieren, daß die Suprematie des Papstes künftig nur noch in seinem Titel bestehen und in jeder anderen Hinsicht zwischen den Oberhäuptern Roms und Konstantinopels völlige Gleichberechtigung herrschen sollte. Vor allem sollten die östlichen Provinzen Thrakien, Pontus und Asia dem Patriarchen allein unterstehen, und er durfte künftig deren Metropoliten einsetzen. Dies war die Geburtsstunde der kirchlichen Rivalität zwischen dem alten und dem neuen Rom, die im Lauf der Jahrhunderte immer unversöhnlicher wurde und sechshundert Jahre später im Schisma zur endgültigen Trennung führte.

Johannes Malalas, ein syrisch-byzantinischer Geschichtsschreiber des sechsten Jahrhunderts, dessen Anekdoten zwar apokryph, aber glänzend formuliert sind, berichtet, Attila habe kurz vor dem Tod von Theodosios II. zum Kaiser des Weströmischen und zu dem des Oströmischen Reiches Gesandte mit folgender Botschaft geschickt: »Attila, Euer Herr und meiner, bittet um die Bereitstellung eines Palastes zu seinem Empfange.« Nun gibt es zwar dafür keine zeitgenössischen Belege, doch ist die Geschichte an sich durchaus glaubwürdig. Attila hatte es schließlich tatsächlich auf beide Hälften des Römischen Reiches abgesehen, und er genoß es, seine Feinde in Furcht und Schrecken zu versetzen. Bis jetzt hatte er seine Kräfte hauptsächlich gegen den Osten eingesetzt, aber die Vorgänge um die Barbarenstämme der westlichen Provinzen hatten ihm in letzter Zeit hervorragende Vorarbeit für einen Einmarsch geleistet. Und unerwartet eröffneten sich ihm außerdem weitere Möglichkeiten durch Prinzessin Honoria, deren kaiserlichem Bruder er nun den Ring, den sie ihm hatte überbringen lassen, mit einer in herrischem Ton verfaßten Forderung schicken konnte: Valentinian solle unverzüglich den

Teil des Imperiums an sie zurückgeben, der ihr zustehe und den er ihr widerrechtlich entrissen habe.

Die Einzelheiten von Attilas Kriegszug gegen das Weströmische Reich brauchen uns hier nicht weiter zu interessieren; immerhin sollte man nicht vergessen, daß im Sommer 451 und dann wieder 452 das Schicksal des Abendlandes auf dem Spiel stand. Wären die hunnischen Heere in den beiden aufeinanderfolgenden Kriegszügen nicht aufgehalten worden, hätte ihr Führer Valentinian vom Thron gestoßen und Ravenna oder Rom zu seiner Hauptstadt gemacht, wären Gallien und Italien wahrscheinlich ebenso verödet wie tausend Jahre später die Balkanhalbinsel nach der Eroberung durch die osmanischen Türken. 451 überquerte Attila den Rhein, zerstörte die Grenzstadt Metz und etliche andere bedeutende Garnisonsstädte und drang schließlich bis zu den Mauern von Orléans auf gallisches Gebiet vor. Aber er mußte sich zurückziehen, bevor er die Stadt einnehmen konnte, da ein kaiserliches Heer unter der Führung des römischen Feldherrn Aetius, des eigentlichen Herrn von Gallien, sich von Osten her näherte, verstärkt durch westgotische, burgundische, bretonische und fränkische Hilfstruppen, die hier zum ersten Mal gegen einen gemeinsamen Feind vereinigt waren. Obwohl die folgende Schlacht, die unter dem Namen »Schlacht auf den Katalaunischen Feldern« (manchmal auch »Schlacht auf den Maurikanischen Feldern«)[17] in die Geschichte eingegangen ist, unentschieden ausging, da beide Seiten ungeheure Verluste erlitten und keine Macht siegreich das Schlachtfeld behauptete, bereitete sie doch dem Vormarsch der Hunnen ein Ende. Am nächsten Morgen gab Attila das Zeichen zum Rückzug und kehrte in seinen Stammsitz Ungarn zurück, damit seine Leute dort neue Kräfte sammeln konnten, bevor das Frühjahr den alten Kampfgeist aufs neue erregte.

Zu Beginn des Jahres 452 führte Attila sein Heer nach Italien. Anfangs verlief dieser Feldzug nicht gerade erfolgreich: Aquilea vermochte drei Monate lang dem hunnischen Ansturm standzuhalten. Attila habe gerade die Belagerung abbrechen wollen, so berichtet Jordanes, da habe er eine Schar Störche mit ihren Jungen von der Stadt wegfliegen sehen. Er habe diesem Omen die gleiche Bedeutung beigemessen, die man heute mit Ratten in Verbindung bringt, sie also seinen Soldaten gezeigt als sicheres Anzeichen dafür, daß die

Stadt zum Untergang verurteilt sei. Daraufhin hätten sich die Hunnen mit neuer Kraft in den Kampf gestürzt. Kurze Zeit darauf lag die neuntgrößte Metropole des Römischen Reiches in Schutt und Asche. Concordia, Altino und Padua fielen in rascher Folge. Vincenza, Verona, Brescia und Bergamo wäre es genauso ergangen, hätten sie nicht beim Herannahen des Eroberers die Tore geöffnet; das gilt auch für Pavia und Mailand, wo Attila im Kaiserpalast triumphal hofhielt. Die letztgenannten Städte gingen nicht in Flammen auf wie die des Veneto; sie wurden jedoch erbarmungslos geplündert, und ein großer Teil der führenden Bevölkerungsschicht geriet in Gefangenschaft.

Diesmal war dem Hunnenkönig großer Erfolg beschieden. Aetius, der den Oberbefehl in Italien übernommen hatte, standen keine nichtrömischen Hilfstruppen zur Verfügung, die er wie im vergangenen Jahr in Gallien hätte zu Hilfe rufen können, und das kaiserliche Heer alleine hatte der heranstürmenden Übermacht nichts entgegenzusetzen. Nichts schien Attila von seinem Marsch auf Rom aufhalten zu können. Die Folgen wären wohl noch weit schrecklicher gewesen als alles, was man sich bei der Eroberung Roms durch den vergleichsweise zivilisierten Christen Alarich vorstellte. Doch siehe da, er zögerte plötzlich, obwohl bereits alle Vorbereitungen für den Marsch nach Süden getroffen waren. Bis heute rätselt man in der Geschichtsforschung über die Gründe seines Verhaltens.

Bislang wurde sein Zögern durchweg auf das Eingreifen Papst Leos des Großen zurückgeführt. Dieser reiste mit zwei kaiserlichen Würdenträgern von höchstem Rang Attila von Rom entgegen, um sich mit ihm am Ufer des Mincio, vermutlich bei Peschiera, wo der Fluß aus dem Gardasee austritt, zu treffen. Dort sollen sie ihn davon überzeugt haben, seinen Feldzug nicht fortzusetzen. Allerdings hat der nichtchristliche Hunne dem Papst wohl kaum aus bloßem Respekt vor seinem Amt gehorcht, so daß die Frage bleibt, womit ihn dieser zur Umkehr bewogen hat. Als Erklärung bietet sich zunächst ein beträchtlicher Tribut an, und zwar abgesehen von der Hand Honorias samt einer entsprechenden Mitgift. Aber es gibt noch eine andere Möglichkeit: Attila war äußerst abergläubisch. Der Papst könnte ihn darauf aufmerksam gemacht haben, daß Alarich gleich nach der Plünderung Roms gestorben sei und man wisse, daß jeden Eindringling, der die Hand gegen die heilige Stadt erhebe, das gleiche Schicksal erwarte. Vielleicht haben die Hunnen ihren Anführer aber auch selbst zur Umkehr bewogen. Es gibt Anzeichen dafür, daß sie nach der Verheerung der ganzen Umgebung an Nahrungsmangel zu leiden hatten und in ihren Reihen Seuchen ausbrachen. Und schließlich mag auch noch von Bedeutung gewesen sein, daß von Markian zur Unterstützung des römischen Heeres entsandte Truppen aus Konstantiopel eintrafen. Attila mag geahnt haben, daß ein Marsch auf Rom nicht ganz so reibungslos ablaufen könnte, wie er zunächst gedacht hatte.

Aus irgendeinem Grund oder auch all diesen Gründen entschied sich Attila zur Umkehr; warum, wird sich nie genau klären lassen, denn die Primärquellen aus jener Zeit bieten leider kaum Anhaltspunkte dazu. Ein Jahr später erlitt er in der Hochzeitsnacht mit einer weiteren in seiner bereits beachtlichen Schar von Frauen ob der Anstrengung einen plötzlichen Blutsturz, und wie sein Leben verrann, atmete Europa auf. Während die Feierlichkeiten für die Bestattung in Gang waren, bereiteten ausgewählte Gefangene seinen Leichnam für die Grablegung vor. Man legte ihn in einen Sarg aus drei Schichten aus Gold, Silber und Eisen. Dieser wurde in die Erde hinabgelassen und mit reicher Kriegsbeute bedeckt, das Grab mit Erde aufgefüllt und eingeebnet. Danach wurden alle, die an der Bestattung teilgenommen hatten, umgebracht, denn die letzte Ruhestätte des großen Königs sollte für immer unentdeckt bleiben und nicht zerstört werden können.

Und dies ist sie bis auf den heutigen Tag geblieben.

8

Der Untergang des Weströmischen Reiches

(455–493)

Das Weströmische Reich ... ging mit diesem Augustulus unter ... danach herrschten in Rom die Gotenkönige.

Marcellinus

Im Jahre 455 um die Iden des März ritt Kaiser Valentinian III., der seine Residenz von Ravenna nach Rom verlegt hatte, aus der Stadt, um sich auf dem Marsfeld mit dem Bogen zu üben und den Athleten bei ihren Übungen in der Frühlingsonne zuzuschauen. Als er neben einem Lorbeerstrauch anhielt, sprangen plötzlich zwei Soldaten barbarischer Herkunft aus dem Gebüsch und durchbohrten ihn mit ihren Schwertern. Keiner aus seinem Gefolge oder aus seiner Leibwache rührte, soweit bekannt ist, einen Finger zu seiner Verteidigung. Man ist versucht anzunehmen, daß Valentinian sich dies bis zu einem gewissen Grad selbst zuzuschreiben hatte. Nur wenige Monate zuvor hatte er auf ganz ähnliche Weise Aetius, seinen *Magister militum* (Heerführer), der das Weströmische Reich während der letzten dreißig Jahre recht erfolgreich regiert hatte, eigenhändig getötet, weil jener seinen Sohn mit einer Tochter des Kaisers zu vermählen gedachte; Freunde und Anhänger des Ermordeten hatten damals noch am Ort des Verbrechens Rache geschworen.

Da Valentinian keinen Sohn hinterließ, wählte das Heer den schon recht betagten Senator Petronius Maximus, den man allgemein für den Enkel des von Theodosios dem Großen vernichteten Usurpators Maximus hielt. Als junger Mann hatte er einen außergewöhnlichen Aufstieg zu verzeichnen, war bereits mit achtunddreißig Jahren Konsul gewesen und sechs Jahre später Prätorianerpräfekt für Italien. Jetzt hatte er den Zenit seiner Laufbahn überschritten, und sollte er tatsächlich, wie es das Gerücht wissen wollte, mit Bestechung an die Macht gelangt sein, mußte er dies schon sehr bald bedauern. Gleich nach seinem Amtsantritt wuchs ihm die Sorge für das rasant auseinanderfallende Weströmische Reich über den Kopf. Außerdem offenbarte er einen beklagenswerten Mangel an politischem Urteil und menschlichem Einfühlungsvermögen, zunächst indem er sich weigerte, die Mörder seines Vorgängers zu bestrafen und sie statt dessen in den Kreis seiner persönlichen Freunde aufnahm,[1] und zweitens weil er darauf bestand, unverzüglich die verwitwete Kaiserin Eudoxia zur Frau zu nehmen. Eudoxia, die inzwischen siebenunddreißig Jahre alt und wie ihre Mutter eine der schönsten und in ihrem Wesen eindrucksvollsten Frauen ihrer Zeit war, trauerte noch um ihren Mann, den sie offenbar trotz seiner Seitensprünge und Fehler aufrichtig geliebt hatte. Vor allem aber graute ihr davor, sich gegen ihren Willen mit einem verbrauchten, fast doppelt so alten Mann zu vermählen. Da sie wußte, daß ein Einspruch in Konstantinopel ziemlich sicher ungehört verhallen würde, entschloß sie sich zu einer ähnlichen Flucht nach vorn wie vor ein paar Jahren ihre Schwägerin Honoria: Sie ersuchte einen Barbarenkönig um Hilfe.

So zumindest lautet die traditionell überlieferte Geschichte. Sie klingt aber nicht sonderlich überzeugend, und Johannes von Antiochia, einer der beiden Chronisten, die darüber berichten, will sie denn bezeichnenderweise auch nur vom Hörensagen kennen. Nach einer weniger romantischen, dafür aber viel glaubwürdigeren Version soll Eudoxia sehr wohl imstande gewesen sein, für sich selbst zu sorgen, und die Avancen des neuen Kaisers indigniert zurückgewiesen haben. In diesem Fall hatte sie auch keinen Grund, sich an König Geiserich zu wenden. Sein Einfall in Italien bedarf in der Tat auch keiner Erklärung dieser Art. Weder Alarich noch Attila hätten nach einem Vorwand für ihren Angriff gesucht: Roms Ruhm war Antrieb genug für jeden, der auf Beute aus war. Aber der Grund ist in diesem Zusammenhang auch kaum von Belang. Die Stadt sah sich einmal mehr einer Bedrohung gegenüber, diesmal durch das letzte der gefürchteten Völker, die im fünften Jahrhundert auf ihren Wanderungen und Feldzügen große Teile Europas verheerten: die Vandalen.

Da die Vandalen im Vergleich zu den Goten und den Hunnen auf das Byzantinische Reich direkt keinen nachhaltigen Einfluß ausgeübt haben, wird ihnen in diesem Buch nicht viel Raum gewidmet. Die Angehörigen dieses fest dem arianischen Glauben anhängenden Volkes waren Ende des vierten Jahrhunderts vor den Hunnen nach Westen geflohen und hatten sich, nachdem sie große Teile Galliens verwüstet hatten, 409 in Spanien niedergelassen. Dort blieben sie bis 428. Dann führte der gerade gekrönte König Geiserich den Stamm, der vermutlich an die hundertsechzigtausend Mitglieder zählte, geschlossen über das Meer an die nordafrikanische Küste. (Besonders bemerkenswert daran ist, daß die Vandalen als einziger dieser Stämme eine Flotte besaßen.) Ein Vertrag mit Valentinian, durch den der Vandalenstaat als Teil des Römischen Reiches anerkannt wurde, blieb nur kurze Zeit in Kraft. 439 zerriß ihn Geiserich und rief einen unabhängigen Staat aus. Einen solchen Schritt hatte noch kein anderer Barbarenherrscher gewagt. Bald darauf verleibte er seinem Herrschaftsbereich Sizilien ein. Nachdem er schließlich Karthago zu seiner Hauptstadt gemacht hatte, war er unangefochtener Herr über den gesamten westlichen Mittelmeerraum.

Auch ohne den Ruf von Eudoxia wäre er also imstande und willens gewesen, entsprechend zu reagieren; Valentinian ruhte noch keine drei Monate unter der Erde, da stach die vandalische Flotte auch schon in See. In Rom reagierte man auf diese Nachricht mit Panik. Der Kaiser, der sich in seinem Palast verkrochen hatte, erließ einen Aufruf, aber nicht, wie zu erwarten gewesen wäre, um alle waffenfähigen Männer zur Verteidigung des Reiches zusammenzurufen, sondern um zu verkünden, daß alle, die gehen wollten, dies auch tun dürften. Dies eigens zu erwähnen hätte es allerdings nicht bedurft, denn man war in Rom bereits so verschreckt, daß Frauen und Mädchen begannen, sich und die Kinder in Sicherheit zu bringen, und die Straßen nach Norden und Osten von den Wagen verstopft waren, in denen die wohlhabenden Familien – ja, eigentlich alle, die etwas Wertvolles besaßen, das sie vor dem Zugriff der Vandalen retten wollten – aus der Stadt strömten.

Diese Panik war nicht so sehr eine Reaktion auf die Eindringlinge, sondern ging vielmehr auf Petronius Maximus zurück, denn dieser dachte selbst an Flucht; seine Untertanen jedoch, die ihn für all ihr

Mißgeschick verantwortlich machten, wollten ihn unter keinen Umständen entkommen lassen. Die vandalische Flotte näherte sich bereits der Küste Italiens, als am 31. Mai die Palastwache meuterte, über ihren hilflosen Herrn herfiel, ihn tötete, seinen Leib zerstückelte und die Leichenstücke in den Tiber warf. Seine Herrschaft hatte gerade siebzig Tage gedauert. Drei Tage nach seinem Tod landete König Geiserich bei Ostia. Damit stand zum vierten Mal in nur knapp fünfzig Jahren ein Barbarenheer vor den Toren Roms.

Hätte nicht Papst Leo drei Jahre vorher Attila an den Ufern des Mincio zur Umkehr bewogen, wäre es sogar das fünfte Mal gewesen. Und auch jetzt machte sich der Papst auf den Weg ins Lager der Barbaren, um Schonung für seine Stadt zu erbitten. Doch schien die Mission diesmal weitaus schwieriger: Geiserich befand sich bereits auf der Schwelle zu seinem Ziel, seine Männer waren gesund und wohlgenährt, und außerdem marschierte in seinem Rücken kein Heer auf. Andererseits war er zwar Arianer, aber immerhin Christ. Vielleicht war aus diesem Grunde ein gewisser Respekt für die Würde des Papstes zu erwarten. Leos Mission verlief, wie zu erwarten, zwar nicht ganz erfolgreich, aber auch nicht gänzlich erfolglos. Der Vandale wollte sich die Plünderung nicht entgehen lassen; er versprach aber, nicht zu morden und nicht zu foltern, um an verborgene Schätze zu kommen, und sowohl öffentliche wie private Gebäude nicht zu zerstören. Das mag ein schwacher Trost gewesen sein, aber immer noch mehr als nichts.

Die Tore öffneten sich also, und die Vandalentruppen strömten in eine widerstandslose Stadt. Vierzehn Tage lang entfernten sie zielstrebig und systematisch deren Reichtümer: den goldenen und silbernen Zierat der Kirchen, die Statuen aus den Palästen, die heiligen Gefäße der jüdischen Synagoge, ja sogar das vergoldete Kupferdach – oder zumindest die Hälfte – vom Tempel des Jupiter Capitolinus. Alles wurde nach Ostia geschafft, in die wartenden Schiffe verladen und zur Ausschmückung von Karthago mitgenommen. Nach getaner Arbeit entschwanden Geiserich und seine Leute wohlgeordnet; Eudoxia und ihre beiden Töchter nahmen sie mit.[2] Zurück blieb eine entweihte und gedemütigte Stadt. Die Vandalen hielten aber ihr Wort, Menschen und Gebäude nicht anzutasten. Zwar hatten sie sich wie Räuber benommen, aber nicht wie »Vandalen«.

Knapp zwei Jahre nach dem Tod Valentinians folgte ihm Ende Januar oder Anfang Februar 457 der oströmische Kaiser Markian ins Grab; mit ihm erlosch die männliche theodosianische Linie (da er mit Pulcheria verheiratet war, kann man ihn wohl ohnehin nur als deren Ehrenmitglied betrachten). Wenn immer eine Dynastie erlosch, entstand eine für das Römische Reich besonders gefährliche Situation. Theoretisch wurde der Augustus immer noch vom Heer gewählt; war das Diadem lange Zeit wie ein Erbtitel erschienen, so nur deshalb, weil zahlreiche Kaiser ihre Söhne nominiert und noch zu ihren Lebzeiten formell anerkannt hatten. Da Markian und Pulcheria keine männlichen Nachfolger hatten, war auch niemand nominiert. Pulcheria hätte die Situation zweifellos wie schon einmal gerettet, wäre sie noch am Leben gewesen. Aber sie war schon 453 gestorben, nur wenige Monate nach Attila.[3] Ihre beiden jüngeren Schwestern, die sich in Regierungsgeschäfte aber ohnehin niemals eingemischt hatten, waren ihr vorangegangen. Seit Julians Tod war der Thron nicht mehr derart verwaist gewesen. Die Bevölkerung von Konstantinopel erwartete, daß das Heer, genauer gesagt dessen Oberbefehlshaber Aspar, der *Magister militum per orientem*, ihn wieder besetzte.

Aspar hatte sich erstmals im Jahre 424 während der Expedition nach Ravenna ausgezeichnet, in deren Verlauf Johannes abgesetzt worden war und der junge Valentinian den Thron bestiegen hatte. Acht Jahre später hatte er das Heer befehligt, das Theodosios zur Verstärkung der dortigen Legionen nach Nordafrika gesandt hatte und von dem man erhofft hatte, daß es der Vandaleninvasion Einhalt gebieten werde. Der Fehlschlag dieses Unternehmens hatte indes seinem Ansehen als Führer und mutiger Mann keinen Abbruch getan. Danach war er Konsul gewesen, später auch seine Söhne. Er trug jetzt den Titel *Patrikios* (Erster Patrizier) und wäre vermutlich Theodosios anstelle Markians nachgefolgt, der, als er mittellos aus Thrakien in Konstantinopel eingetroffen, in Aspars persönliche Dienste eingetreten und dort fast zwanzig Jahre geblieben war. Doch standen dem zwei Gründe entgegen: Zum einen war Aspar Alane, gehörte also jenem vormals nomadisierenden germanischen Hirtenvolk an, das 370 die Hunnen aus ihrer Heimat jenseits des Schwarzen Meeres vertrieben hatten, zum anderen war er wie nahezu alle christlichen Nichtrömer Arianer.

Aspar kam daher als Nachfolger nicht in Frage. Wie der fränkische Heerführer Arbogast, dessen Situation im Westen vierundsechzig Jahre zuvor ganz ähnlich gewesen war, gab er sich indes mit der Rolle eines Königsmachers zufrieden. Der Mann seiner Wahl war bezeichnenderweise einer seiner Untergebenen, nämlich Leon, der Verwalter seines Hauses, ein orthodoxer Christ aus der Provinz Dakien. Die Legionen erhoben den neuen Kaiser nach alter Sitte zum Zeichen ihrer Zustimmung auf den Schild, doch wurde jetzt zusätzlich eine neue Zeremonie zu seiner Ernennung eingeführt. Am 7. Februar 457 wurde Leon während einer feierlichen Messe in der Hagia Sophia offiziell vom Patriarchen Anatolios gekrönt. Dies erhellt die wachsende Bedeutung des Patriarchats seit dem Konzil von Chalkedon und zeigt, daß die alte Ordnung im Umbruch war. Man entfernte sich von der militärischen Tradition, auf der das Reich begründet war, und an deren Stelle trat jenes religiös mystische Verständnis des Herrschers, das im Lauf der Jahrhunderte mehr und mehr dominierte.

Leon war nicht sehr gebildet, aber er verfügte über ein gerüttelt Maß an gesundem Menschenverstand und, was nicht zu unterschätzen ist, ein eigenes Urteil. Wenn Aspar geglaubt hatte, er setze eine Marionette auf den Thron von Byzanz, so sah er sich schon bald getäuscht. Nur wenige Wochen nach Leons Thronbesteigung kam es zu einer heftigen Auseinandersetzung zwischen den beiden, vermutlich weil sich Leon weigerte, einen von Aspars Söhnen in eine einflußreiche Position zu hieven. Dieser Streit verschärfte sich, als der Kaiser daranging, dem gefährlich mächtigen germanischen Element im Staat und damit dessen führendem Repräsentanten Aspar die Flügel zu stutzen. Ziel dieser Politik war, das Heer von Germanen zu säubern und die Isaurier zur Kerntruppe zu machen, Angehörige eines zähen Bergvolkes aus dem wilden Taurus südlich von Ikonion und Lystra rund um das Becken des Kalykadnos. Aspar, ebenso entschlossen, den Status quo zu erhalten, nahm den Fehdehandschuh auf. Die Rivalität zwischen Kaiser und Heerführer wurde schon bald zum eigentlichen Leitmotiv der Regierung Leons.

Diese Rivalität mußte zwangsläufig zur Bildung zweier Parteien innerhalb der Regierung führen. Auf der Seite des Kaisers übte den größten Einfluß ein isaurischer Häuptling aus, dessen Name ursprünglich Tarasikodissa Rusumbladeotes lautete; als er Leons Tochter Ariadne heiratete, nahm er vernünftigerweise den Namen Zenon an. Aber auch Aspar hatte im Palast Gefolgschaft; an ihrer Spitze stand Basiliskos, der Bruder von Kaiserin Verina. Die beiden hätten verschiedener kaum sein können. Aspar war ein ungebildeter Nichtrömer, der laut Priscus seine freien Stunden mit Schauspielern, Jongleuren und Theateramüsements aller Art verbrachte. Als überzeugter Arianer leugnete er mehr oder weniger die Göttlichkeit Jesu Christi, als Heerführer dagegen kam ihm zu seiner Zeit niemand gleich. Im Gegensatz dazu war Basiliskos ein hellenisierter gebildeter Römer, ein fanatischer Monophysit, für den Christus mehr Gott als Mensch war. Seine wachsende Begierde nach dem kaiserlichen Diadem, aus der er keinen Hehl machte, war in Konstantinopel bereits zum Gespött geworden und auch daß er, wie sich schon bald erweisen sollte, völlig ungeeignet war, ein Heer zu führen. Trotz dieser Unterschiede verband die beiden ihr gemeinsamer Haß auf die Isaurier; und als der Kaiser sich 468 zu einem großangelegten Seefeldzug gegen Geiserich und die Vandalen entschloß, überredeten ihn Verina und Aspar dazu, Basiliskos an die Spitze zu stellen.

Viele Römer hielten dieses Unternehmen für überfällig. Dreizehn Jahre waren nun schon seit der Plünderung Roms durch Geiserich verstrichen, und das Reich hatte noch immer nichts gegen ihn unternommen. Das Weströmische Reich war dem Zusammenbruch nah und dadurch außerstande, die Schmach zu rächen; die Apathie des Oströmischen Reiches war dagegen kaum verständlich. Man hat Markians Untätigkeit mit dem folgenden angeblichen Ereignis zu entschuldigen versucht. Als junger Teilnehmer am unglückseligen Feldzug Aspars 432 gegen die Vandalen sei er in Gefangenschaft geraten, mit anderen Mitgefangenen in den Palast nach Karthago geschafft und dort stundenlang im Hof schutzlos der sengenden Sonne ausgesetzt gewesen. Dabei sei er eingeschlafen und Geiserich habe, als er aus einem Fenster auf ihn herabblickte, wie vom Donner gerührt einen Adler über ihm schweben sehen, der ihm mit seinen Flügeln Schatten spendete. Dies habe Geiserich als ein Zeichen des Himmels erkannt und auch daß dem jungen Mann noch eine große Zukunft bevorstehe. Er habe ihn zu sich gerufen und angeboten, ihn auf der Stelle freizulassen, wenn er ihm verspreche, daß er, ganz gleich, was das Schicksal mit ihm vorhabe, niemals gegen das Königreich der Vandalen die Waffen erhebe. Markian habe eingewilligt und sein Wort sein Leben lang gehalten.

Diese nette Anekdote dürfte wohl kaum allgemein Glauben gefunden haben. Markian war ein einfaches, realistisches Gemüt, einer der Menschen, denen keine Wunder zu widerfahren pflegen. Andererseits hatte mit ihm eine gute Zeit des Friedens, der wirtschaftlichen Blüte und erfolgreichen Regierung begonnen, und sie dauerte nach seinem Tod unter Leon an. Nach achtzehnjähriger Friedenszeit gab es deshalb keine Rechtfertigung mehr, die Vandalen ungeschoren zu lassen. Außerdem bestand ein weiterer, sogar noch einsichtigerer Grund für ein Eingreifen. Der Arianer Geiserich hatte begonnen, die orthodoxen christlichen Gemeinden heftig zu verfolgen. Eine Reihe von Kirchen und Klöstern waren in Flammen aufgegangen, viele kirchliche Würdenträger entweder getötet oder enteignet, aus ihrer Heimat vertrieben und manchmal sogar gefoltert worden. Leons lang erwartete Ankündigung eines Feldzugs wurde deshalb mit Erleichterung und Befriedigung begrüßt, und die Vorbereitungen konnten beginnen. Das Unternehmen wurde ganz groß angelegt; es heißt, es seien tausend Schiffe und hunderttausend Mann aus dem gesamten östlichen Mittelmeerraum aufgeboten worden. Wenn diese Zahlen stimmen, hätte es der vereinigten See- und Landstreitmacht keine Schwierigkeit bereiten dürfen, die Vandalen aus Afrika zu vertreiben, und unter jedem anderen Oberbefehlshaber wäre das wohl auch geschehen.

Nicht jedoch unter Basiliskos. Laut Prokop, der einzigen Quelle für diesen Feldzug,[4] begann dieser recht vielversprechend: Einmal vertrieb Marcellinus, Herr von Dalmatien, durch einen erfolgreichen Entlastungsangriff die Vandalen aus Sardinien, zum anderen landete der byzantinische Feldherr Herkalios mit einer kleinen Streitmacht in Tripolitanien und rückte von Südosten aus gegen Karthago vor. In der Zwischenzeit war Basiliskos in Merkurion in der Nähe von Cap Bon gelandet. Doch anstatt direkt auf die Hauptstadt der Vandalen zuzumarschieren und den Feind durch einen Überraschungsangriff zu schlagen, setzte er sich dort fest und zeigte keinerlei Neigung weiterzuziehen. Dadurch erhielt Geiserich die Chance, die er brauchte. Er schickte Unterhändler mit der Botschaft nach

Merkurion, er wolle dem Kaiser in jeder Hinsicht willfahren, wenn dieser ihm nur fünf Tage Aufschub gewähre, damit er die notwendigen Vorbereitungen treffen könne. Basiliskos, der sich schon zu dem unblutigen Sieg beglückwünschte, stimmte nur zu gerne zu.

Es war der größte Fehler seines Lebens. Während dieser fünf Tage formierte Geiserich seine Flotte und ließ unter anderem leere Schiffsrümpfe als Feuerboote präparieren. Dann drehte der Wind, genau wie er es vorausgesehen hatte, und am fünften Tag segelten seine Schiffe, die Schiffsrümpfe im Schlepp, unter einer frischen Brise nach Merkurion. Kaum dort im Hafen eingelaufen, setzten die Seeleute die Schiffsrümpfe in Brand, und diese trieben lodernd mitten in die dichtgestaffelte byzantinische Flotte hinein. Basiliskos und seine Männer konnten sie weder aufhalten noch die Flammen ersticken, die sofort von einem Schiff auf das nächste übergriffen. Prokop berichtet:

> Während nun so der Brand heranwogte, wurde die römische Flotte natürlich von Panik erfaßt: Es erhob sich lautes Geschrei, wurde aber fast übertönt vom Sturm und dem Prasseln des Feuers. Soldaten und Seeleute riefen einander Befehle zu und versuchten mit Ruderstangen die Brander und eigenen Schiffe, die sich gegenseitig entzündeten, voneinander zu trennen... Und da waren auch schon die Vandalen zur Stelle. Sie rammten und versenkten die Schiffe und machten sich die Soldaten, die da lebend entkamen, samt ihren Waffen zur Beute.[5]

Innerhalb weniger Stunden war alles vorüber. Der arme Basiliskos, der schon zu Beginn der Schlacht geflohen war, kehrte nach Konstantinopel zurück, wo Wut, Enttäuschung und ein Gefühl der Demütigung im Volk so um sich griffen, daß er in der Hagia Sophia Zuflucht suchen mußte. Nur durch engagiertes Eintreten seiner Schwester, der Kaiserin, für ihn ließ Leon sich erweichen, ihm das Leben zu schenken.

Zum Glück für Leon wurde die Schande für das nordafrikanische Debakel allein dem Heerführer zur Last gelegt. Wenn überhaupt noch ein anderer für mitverantwortlich gehalten wurde, dann Aspar, den man verdächtigte, sich heimlich auf die Seite seines arianischen Glaubensgenossen Geiserich geschlagen und Basiliskos zum Verrat angestiftet zu haben. Zwar entbehrte dieses Gerücht jeder Grundlage, doch spiegelt es Aspars Unbeliebtheit wider. Das änderte sich auch nicht, als er zwei Jahre später den Kaiser vermutlich durch Drohungen dahin brachte, der Verbindung seiner jüngeren Tochter Leontia mit seinem zweiten Sohn Patricios und dessen Ernennung zum Cäsar zuzustimmen. Womit er Leon unter Druck gesetzt hat, läßt sich nur vermuten. Doch angesichts der strengen Orthodoxie des Kaisers und seines Widerwillens gegen einen arianischen Nachfolger muß dieser Druck beträchtlich gewesen sein.

Auch in anderer Hinsicht gaben die Aktivitäten Aspars und seiner Söhne Anlaß zu Besorgnis. Schon 469 hatten sie Zenon zu ermorden versucht, und fast wäre es ihnen geglückt; gegen Ende des Jahres 471 wurde Ardabur, Aspars älterer Sohn, des Versuches überführt, durch dunkle Machenschaften die isaurische Partei auf die Seite seines Vaters zu ziehen. Nun war für Leon das Maß voll. Eines Morgens zogen die Wachen im Kaiserpalast unvermutet die Schwerter und stachen Aspar und Ardabur nieder; Patricios wurde zwar schwer verwundet, doch soll er überlebt haben.

Vermutlich hat der zeitgenössische Historiker Malchus Leon dieser Morde wegen den Beinamen *Makelles* (der Schlächter) gegeben; seine Abneigung gegen ihn zeigt sich außerdem darin, daß er ihn als einen wahren Hort des Lasters bezeichnet und ihn der Gewalttätigkeit und der Habsucht bezichtigt. Aber selbst Malchus räumt ein, daß Leon von Glück und Erfolg begünstigt gewesen sei wie kein Kaiser vor ihm, und zweifellos wurde er von der großen Mehrheit seiner Untertanen, wenn auch vielleicht nicht geliebt, so doch zumindest geachtet. Den Titel »der Große« hat er indes kaum verdient. Dieser wurde ihm auch eher für seine religiös orthodoxe Haltung verliehen und nicht für eine herausragende Persönlichkeit oder hervorragende Staatsführung. Alles in allem war er jedoch ein gerechter und mildtätiger Herrscher, und als er am 3. Februar 474 starb, klebte, gemessen an den Gepflogenheiten seiner Zeit, bemerkenswert wenig Blut an seinen Händen.

Fünf Monate vor seinem Tod hatte er seinen Nachfolger nominiert, und zwar nicht wie allgemein erwartet Zenon, den Mann seiner Tochter Ariadne, sondern deren siebenjährigen Sohn, der nach seinem Großvater Leon benannt war. Ob er diese Entscheidung aus persönlicher Abneigung gegen Zenon traf, ob er die Isaurier nicht des Kaiseramtes für wert erachtete oder das Diadem an sein eigen Fleisch und Blut vererben wollte, läßt sich nicht klären, aber angesichts der folgenden Ereignisse erübrigt sich diese Frage ohnehin. Ariadne hatte ihren Sohn angewiesen, seinen Vater auf der Stelle zum Mitkaiser zu krönen, wenn er ihm im Hippodrom huldige. Gut, daß sie dafür gesorgt hatte, denn neun Monate später war der junge Leon tot.

Sofort nach der Inthronisierung zeigte sich Zenon entschlossen, den Krieg gegen die Vandalen zu beenden. Als Friedensunterhändler ernannte er den angesehenen Senator Severus, den er als Zeichen der Bedeutung, die er seiner Mission beimaß, in den Rang eines *Patrikios* erhob. Er hätte keine bessere Wahl treffen können. Severus beeindruckte Geiserich aufs höchste, denn er wies jegliche persönlichen Geschenke zurück und bat statt dessen um die Freilassung der römischen Gefangenen. Geiserich entsprach dem ebenso nobel und ließ augenblicklich alle seine Gefangenen sowie die seiner Familie frei und erlaubte Severus, so viele, wie er konnte, auszulösen.[6] Noch vor Jahresende wurde der Friede unterzeichnet; die Vandalen wurden niemals wieder veranlaßt, dem Reich Schwierigkeiten zu bereiten.

Dies war ein vielversprechender Auftakt. Doch schon bald zogen Gewitterwolken auf, denn mittlerweile hatten sich die Isaurier höchst unbeliebt gemacht. Im Unterschied zu den germanischen Stammesangehörigen waren sie Reichsuntertanen und konnten als solche nicht als Barbaren bezeichnet werden; in ihrem Verhalten erwiesen sie sich dagegen als weit unangenehmer als alle sogenannten barbarischen germanischen Völker. Die bevorzugte Behandlung, die ihnen Leon hatte angedeihen lassen, war ihnen zu Kopf gestiegen; sie benahmen sich arrogant und proletenhaft und legten eine bedauerliche Neigung zu Gewalttätigkeit an den Tag. Fast zwangsläufig richtete sich die Feindseligkeit, die sie dadurch auslösten, zu einem guten Teil auf ihren berühmtesten Repräsentanten, den Kaiser; dieser sah sich zudem konfrontiert mit dem unversöhnlichen Haß zweier mächtiger Feinde innerhalb seines Hauses: dem der Kaiserinmutter Verina und dem ihres Bruders Basiliskos.

Die beiden verfolgten unterschiedliche Ziele: Basiliskos, dessen Ansehen infolge des Feldzugs gegen Karthago acht Jahren zuvor verständlicherweise gesunken war, hatte nach Leons Tod seine Zurückhaltung wieder aufgegeben und war weiterhin entschlossen, sich selbst das Diadem zu sichern. Verina strebte es dagegen für ihren vor kurzem angeeigneten Geliebten Patricius an, den ranghöchsten Beamten am Hofe.[7] Einig waren sich die beiden in ihrem vorrangigen Ziel, Zenon loszuwerden. Mit Unterstützung eines isaurischen Generals namens Illos, der sich aus unbekannten Gründen mit einemmal gegen seinen kaiserlichen Wohltäter gestellt hatte, vermochten sie eine Reihe mächtiger Verbündeter für ihr Ziel zu gewinnen. Als der Kaiser im November 475 den Spielen im Hippodrom beiwohnte, erhielt er eine dringende Botschaft von seiner Schwiegermutter: Heer, Senat und Bevölkerung hätten sich gegen ihn verbündet, er müsse sofort aus der Stadt fliehen. Der Gedanke an Widerstand oder der Verdacht, Verinas Botschaft könnte ein Bluff gewesen sein, scheint ihm nicht gekommen zu sein. Noch in derselben Nacht stahl er sich mit seiner Frau Ariadne und seiner Mutter aus Konstantinopel und suchte in den Bergen seiner Heimat Isaurien Zuflucht.

Da Zenon fort war und Patricius nur als Geliebter Verinas von Bedeutung war, wurde Basiliskos zum Kaiser ausgerufen. Dies ist ein bedenkenswertes Zeugnis dafür, was Ehrgeiz vermag. Basiliskos ordnete sogleich an – oder verhinderte zumindest nicht –, daß unter den Isauriern der Hauptstadt ein Blutbad angerichtet wurde. Falls diese Eliminierung der feindlichen Partei seinen Thron hätte sicherer machen sollen, muß man sie als Fehlschlag bezeichnen. Basiliskos konnte sich nicht lange halten. Er verlor jegliche Unterstützung seiner Schwester, als er ihren Geliebten ermorden ließ; er brachte seine Untertanen gegen sich auf, indem er sie mit ungerechtfertigten Steuern belastete, und er machte sich die Kirche auf Dauer zum Feind, da er öffentlich monophysitische Ansichten äußerte und diese auch noch linkisch im ganzen Reich durchzusetzen versuchte. Dazu hatte ihn der frühere monophysitische Bischof von Alexandria mit dem sprechenden Namen Timotheos das Wiesel verleitet, der nach dem Konzil von Chalkedon aus seiner Diözese vertrieben worden war; ihn wollte Basiliskos wieder einsetzen. Auf Drängen des verschlagenen Klerikers erklärte er nicht nur die Beschlüsse von Chalkedon für ungültig, sondern versuchte auch das Patriarchat von Konstantinopel aufzuheben, indem er Patriarch Akakios veranlaßte, den Hochaltar der Hagia Sophia schwarz zu verhüllen und seine gesamte Priesterschaft zum Trauern anzuhalten. Unterdessen war Daniel, der berühmte Säulenheilige der Stadt,[8] zum ersten Mal seit fünfzehn Jahren von seiner Säule herabgestiegen, sprach zu den Menschen und jagte Basiliskos soviel Angst wie möglich ein, damit er sein Edikt aufhebe. Selbst der Himmel schien sich gegen den Usurpator zu stellen; anders konnte man sich jedenfalls den verheerenden Brand von 476 nicht erklären, der vom Basar der Bronzeschmiede ausging und übergriff auf die von Julian gegründete öffentliche Bibliothek *Basilike* mit angeblich hundertzwanzigtausend Bänden, darunter auch dem vierzig Meter langen Darm einer Schlange, auf dem die *Ilias* und die *Odyssee* in voller Länge und in goldenen Buchstaben niedergeschrieben waren. Den Flammen fiel außerdem der Palast des Lausos samt seiner berühmten Sammlung antiker Skulpturen zum Opfer, unter anderem die Hera von Samos, die Athena von Lindos und die Aphrodite von Knidos. Nach alldem überrascht es nicht weiter, daß Illos des mit seiner Hilfe auf den Thron gelangten Herrschers überdrüssig wurde, die Partei erneut wechselte und sich zu Zenon in dessen Schlupfwinkel in den Bergen begab, um seine Wiedereinsetzung vorzubereiten.

Hauptverantwortlich für den Sturz des Basiliskos waren jedoch weder Zenon noch Illos, sondern sein eigener Neffe Harmatios. Dieser lächerliche junge Mann, in ganz Konstantinopel als Stutzer und Geck bekannt, war von seinem Onkel trotz der skandalösen Affäre, die er und Basiliskos' Frau, seine Tante Zenonis, unterhielten, in den Rang eines *Magister militum* erhoben worden. Diese Ernennung stieg ihm so zu Kopf, daß er als Achilles verkleidet im Hippodrom paradierte. Als er an der Spitze des Heeres gegen Zenon und Illos erschien, luden ihn die beiden zu Verhandlungen ein. Sie versprachen, ihm das Amt des Prätorianerpräfekten und seinem Sohn den Titel eines Cäsaren zu verschaffen, worauf er sich nur zu gern auf ihre Seite schlug. So kehrte Zenon im Juli 477 in die Hauptstadt zurück, ohne daß sich Widerstand geregt hätte. Der Möchtegernaugustus, der einmal mehr in der Hagia Sophia Zuflucht suchte, kapitulierte gegen das Versprechen, sein Blut werde nicht vergossen;

der rechtmäßige Kaiser schickte ihn getreu seinem Wort mit seiner Familie in die Wildnis Kappadokiens in die Verbannung, wo im darauffolgenden Winter Kälte und Hunger ihr Los besiegelten.

Nach zwanzig Monaten Exil konnte sich Zenon endlich wieder den Staatsgeschäften widmen. Während seiner Abwesenheit war manches geschehen, das seine volle Aufmerksamkeit beanspruchte, unter anderem vor allem der endgültige Zusammenbruch des Weströmischen Reiches.

Nach dem Tod von Aetius und Valentinian war das Weströmische Reich siebzehn Jahre lang vom Suebenfürsten Rekimer (Ricimer) beherrscht worden,[9] einem der für diese Zeit so typischen Königsmacher aus den Reihen der Barbaren. Er hatte nicht weniger als fünf Marionettenkaiser auf den Thron gesetzt. Einen von diesen, Avitus, hatte er gezwungen abzudanken (ihn jedoch zum Bischof von Piacenza gemacht), und zwei andere, Maiorian und Anthemius, ermorden lassen. Nur zwei hatten ihren Thron behauptet: Libius Severus und Olybrius; letzterer war im Oktober 472, zwei Monate nach Rekimer, an Wassersucht gestorben. Nach einem viermonatigen Interregnum hatte Rekimers Sohn und designierter Nachfolger Gundobad einen gewissen Glycerius, von dem gleichfalls nichts Nennenswertes zu berichten ist, auf den Thron gebracht, doch hatte Leon I. in Konstantinopel ihn nicht anerkannt und statt dessen den Ehemann der Nichte seiner Frau, einen gewissen Julius Nepos, eingesetzt. Zu Beginn des Jahres 474 landete Nepos in Italien, vertrieb seinen Rivalen nahezu kampflos und wurde bald darauf in Rom offiziell zum Kaiser ausgerufen. Mag sein, daß die Menschen glaubten, die Zeit des Chaos gehe damit zu Ende: Rekimer war tot, Gundobad und Glycerius diskreditiert, Julius Nepos hatte den Segen des Kaisers in Konstantinopel – zu dieser Zeit hatte Zenon zwar Leon abgelöst, aber die Politik gegenüber Rom blieb unverändert –, und vielleicht würde es ihm mit Hilfe des Ostens gelingen, die römische Herrschaft über die nichtrömischen Abenteurer wiederherzustellen.

Aber solche Hoffnungen erhielten nur zu bald einen Dämpfer. Im August 475 putschte Orestes, der Oberbefehlshaber des Heeres, gegen den neuen Kaiser. Er hatte eine kurvenreiche Laufbahn hinter sich. Er war in Pannonien zur Welt gekommen und schon in jungen Jahren an Attilas Hof gelangt, wo ihn der Hunnenkönig zu seinem persönlichen Sekretär ernannte, und hatte bei dem geplanten Mordanschlag im Zusammenhang mit der Gesandtschaft des Priscus eine wichtige Rolle gespielt. Nach Attilas Tod war er in den Dienst des Reiches getreten und hatte während der kurzen Herrschaft von Kaiser Anthemius dessen Leibgarde befehligt. Nach Nepos' Amtsantritt und seiner Ernennung zum Oberbefehlshaber war Orestes nach Gallien beordert worden, um dort die Übergabe der Auvergne zu veranlassen, die der Senat dem Westgotenkönig Eurich überlassen hatte. Statt diesen Befehl auszuführen, erhob Orestes die Waffen gegen seinen Herrn und marschierte an der Spitze des Heeres auf Rom.

Unter diesen Umständen blieb Julius Nepos nichts anderes übrig, als zu fliehen, zunächst nach Ravenna und dann, als Orestes ihn weiter verfolgte, über die Adria nach Salona. Dort muß eine peinliche Begegnung mit seinem Vorgänger Glycerius stattgefunden haben, und dort erhielt er noch vor Ende dieses verhängnisvollen Jahres die Nachricht, sein Mitkaiser Zenon habe sich fast gleichzeitig mit ihm vor seinen Feinden in Sicherheit bringen müssen. Natürlich stand unter solchen Umständen vom Osten keine Hilfe zu erwarten. Nepos schickte sich ins Unvermeidliche und wartete ab.

Orestes war in der Zwischenzeit nach Rom zurückgekehrt, wo er am 31. Oktober seinen Sohn Romulus, der vielleicht erst später so verächtlich Augustulus (Augustelchen) genannt wurde, zum Kaiser proklamierte. Dessen Geburtsdatum ist nicht bekannt, aber er wird noch ein halbes Kind gewesen sein, und sein Vater war fest entschlossen, die Regierungsgewalt nicht aus der Hand zu geben. Das gelang ihm auch fast ein ganzes Jahr lang, doch dann wandte sich das Heer gegen ihn, wie er sich gegen Julius Nepos gestellt hatte. Über hundert Jahre bestand es nun schon zum großen Teil aus nichtrömischen Söldnern, und seit Attilas Tod waren deren Stammesangehörige unbemerkt und unkontrolliert in wachsender Zahl in das Reich geströmt. Sie suchten, was nichtrömische Völker im Reich immer gesucht und viele auch gefunden hatten: ein Gebiet, in dem sie sich niederlassen konnten. Sie forderten von Orestes ein Drittel des italienischen Bodens und daß von jedem römischen Gutsbesitz dieser dritte Teil einem germanischen Einwanderer übereignet werde.

Die Forderung war nicht gar so unerhört, wie sie sich vielleicht anhört; 418 hatte Constantius III. ohne weiteres zwei Drittel des südwestlichen Gallien den Westgoten überlassen. Diese Schenkung war allerdings freiwillig erfolgt; es handelte sich um eine abgelegene Region des Reiches, und deren Abtreten sollte dem Schutz des übrigen Kontinents dienen. Jetzt setzte man dagegen Rom das Schwert an die Kehle und forderte das Stammland. Da Orestes wohl der Ansicht war, es bestehe noch ein Verhandlungsspielraum, wies er die Forderung empört zurück. Aber er hatte die Stimmung seiner Leute falsch eingeschätzt. Unter Führung seines Standartenträgers Odoaker[10] vom Stamm der Skiren kam es zu einer Meuterei. Am 23. August 476 erhoben ihn die Söldner auf den Schild, und der Kampf begann. Orestes floh zunächst nach Ticinum (dem heutigen Pavia) und suchte Zuflucht bei Bischof Epiphanius. Als Odoaker ein paar Tage später die Stadt erstürmte und plünderte, entkam er nach Placentia (Piacenza). Diesmal gab es kein Entrinnen. Die Meuterer nahmen ihn gefangen und brachten ihn um.

Nur wenige hätten in diesem Augenblick auf das Leben des armen Romulus Augustulus, der einsam und voller Furcht im Palast von Ravenna hockte, mehr als einen Heller gesetzt. Doch als Odoaker in die Stadt einzog und das bedauernswerte Bürschchen vor sich sah, empfand er Mitleid mit ihm. Romulus war sehr jung, rührend elend und außerdem hübsch. Anstatt ihn dem Schwert zu übergeben, befahl er ihm deshalb nur abzudanken, gewährte ihm eine großzügige Pension und schickte ihn fort, um bei Verwandten in Campanien in friedlicher Abgeschiedenheit zu leben. Sobald er hörte, daß Zenon wieder eingesetzt war – er hatte Basiliskos nie anerkannt –, schickte er Gesandte nach Konstantinopel, um ihn von der neuen Lage in Kenntnis zu setzen und ihm die Insignien des Weströmischen Reiches zu übergeben, als Zeichen dafür, daß er, Odoaker, die Herrschaft für sich nicht beanspruche. Er bat nur um den Titel eines *Patrikios* und schlug vor, in dieser Eigenschaft im Namen des Kaisers die Verwaltung Italiens zu übernehmen.

Mit der Abdankung von Romulus Augustulus am 4. September 476 geht nach allgemeiner Auffassung das Weströmische Reich zu

Ende. Es gibt aber in der Geschichtsschreibung jede Menge Versuche, uns davon zu überzeugen, daß dem nicht so sei. Das Reich, so lautet das Argument, sei eines und unteilbar gewesen; ob es nun zu Zeiten von nur einem Augustus, von zweien oder sogar dreien oder vieren regiert worden sei, betreffe lediglich die Verwaltung. Außerdem habe Odoaker peinlich darauf bestanden, daß der Kaiser auch weiterhin Herr über Italien sei. Hier liege einfach eine Rückkehr zu jener Zeit vor, als das Imperium noch von einem Herrscher regiert worden sei, so wie unter Constantius II. und später unter Julian.

All dies ist natürlich nicht von der Hand zu weisen. Es ist auch nicht abzustreiten, daß die meisten Menschen, die damals in Italien lebten und miterlebten, wie der junge Exkaiser sich in seiner komfortablen Villa in Campanien niederließ, sehr erstaunt gewesen wären, hätte man ihnen gesagt, sie seien Zeugen eines markanten Wendepunktes in der europäischen Geschichte. Seit fast hundert Jahren waren sie nun gewohnt, daß an den Schalthebeln der Macht Barbarenfürsten saßen: zunächst einmal der Franke Arbogast, dann der Vandale Stilicho, dann Aetius, der zwar Römer, aber väterlicherseits mit ziemlicher Sicherheit germanischen Ursprungs war, und dann noch der Suebe Rekimer. Was unterschied also den Skiren Odoaker von ihnen?

Und doch war er etwas Besonderes, wenn auch nur aus einem Grund: Er hatte sich geweigert, einen Weströmischen Kaiser anzuerkennen. In der Vergangenheit waren jene Kaiser kaum mehr als Marionetten gewesen, aber sie trugen immerhin den Titel eines Augustus, und somit waren sie zum einen ein Symbol für kaiserliche Autorität und zum anderen eine ständige Erinnerung daran. Ohne sie schwand diese Autorität den Menschen schon bald aus dem Bewußtsein. Zwar hatte Odoaker den Rang eines *Patrikios* beansprucht, aber gewöhnlich benutzte er den Titel *Rex* (König). In knapp sechzig Jahren war Italien dann soweit, daß es einer regelrechten Rückeroberung durch Justinian bedurfte. Erst nach weit über zweihundert Jahren sollte es im Weströmischen Reich wieder einen Kaiser geben. Und als es soweit war, lag seine Hauptstadt nicht in Italien, sondern in Germanien, und außerdem war er kein Kollege des oströmischen Kaisers, sondern vielmehr dessen Rivale: kein Römer, sondern ein Franke.

Odoakers Entscheidung hatte aber noch eine andere und ebenso weitreichende Konsequenz. Das Fehlen eines kaiserlichen Repräsentanten in Italien erzeugte ein politisches Vakuum in der alten Hauptstadt. Instinktiv suchten die Menschen nach einer anderen Führungsgestalt, nach einer Person, die genügend Ansehen besaß und eine Kontinuität verhieß, die weit über die Träume der größten Optimisten unter den nichtrömischen Abenteurern hinausging. Für diese Rolle bot sich der Bischof von Rom an, zumal er ja Oberhaupt der Christenheit war. Dieses Amt verlieh ihm weltliche und geistliche Autorität und umgab ihn mit jenem Pomp und jener halbmystischen Atmosphäre, die früher den Kaisern vorbehalten war. Damit begann das Zeitalter des mittelalterlichen Papsttums.

Was sich aus historischer Sicht im Weströmischen Reich ereignete, durchschaute Kaiser Zenon sicherlich genausowenig wie die große Mehrheit seiner Untertanen, als er seine Zustimmung dazu gab. Ihm ging es vor allem anderen erst einmal darum, die Absetzung des von ihm ernannten Mitaugustus Julius Nepos nicht länger hinzunehmen. Von diesem erhielt Zenon schon bald nach seiner Rückkehr nach Konstantinopel aus Dalmatien einen Brief, worin er ihn zur Beendigung seines Exils beglückwünschte und ihn um Hilfe bat, damit er gleichfalls wiedereingesetzt werde. Dieses Gesuch hat sicherlich Zenons Behandlung der kurze Zeit später eintreffenden Gesandtschaft Odoakers beeinflußt. Zenon wies sie darauf hin, daß Nepos Kaiser des Weströmischen Reiches sei. Es liege an ihm, den Wunsch ihres Herrn, ihn zum *Patrikios* zu ernennen, zu erfüllen. Das war unter diesen Umständen fraglos ein angemessener Bescheid. Seine Wirkung wurde jedoch durch die Botschaft wiederaufgehoben, die Zenon den Gesandten für Odoaker mit auf den Weg gab. Darin wird letzterer nämlich bereits mit seinem neuen Titel angeredet. Der Schnitzer eines Schreibers oder subtile Diplomatie? Das läßt sich nicht mehr feststellen.

Im Augenblick schienen jedenfalls interne Angelegenheiten weit dringlicher zu sein. Basiliskos' Verbannung hatte die Harmonie im Staate nicht wiederherstellen können. Zenons früheres Mißtrauen konzentrierte sich nun auf Harmatios, dessen Arroganz und Narzißmus ein Ausmaß erreicht hatten, daß man um seinen Verstand fürchten mußte. Um selbst Prätorianerpräfekt zu werden und seinen Sohn zum Cäsar zu machen, hatte er skrupellos seinen Onkel und seine Geliebte hintergangen. Warum sollte er also seinem Kaiser gegenüber loyal sein, vor allem nachdem der junge Cäsar erwachsen geworden war? Die Chronisten betonen einhellig, daß Zenon mit seinem Gewissen rang, doch stand die Entscheidung bereits fest: Harmatios mußte weg. Es war nicht schwer, unter dessen vielen Feinden einen Mörder zu dingen, und die Tat war rasch ausgeführt. Dem Sohn des Toten gegenüber, der den Namen seines Großonkels Basiliskos trug, war der Kaiser nachsichtiger: Er wurde bloß seines Ranges und Titels entkleidet und gezwungen, in den Kirchendienst einzutreten. Ein paar Jahre später taucht er als *Lector* in der Kapelle des kaiserlichen Blachernenpalastes auf, und er beschloß sein Leben als Bischof von Kyzikos. Kann sein, daß ihm seine Entlastung von kaiserlicher Verantwortung durchaus gelegen kam; falls dies zutrifft, kann man es ihm nicht verübeln.

Im Verlauf der Zeit muß Zenon selbst oft den Wunsch verspürt haben, der Verantwortung entfliehen zu können. 479, nur zwei Jahre nachdem er die Macht wieder übernommen hatte, sah er sich erneut einem Aufstand gegenüber. Diesmal ging er von Markian aus, dem Enkel seines kaiserlichen Namensvetters und Sohn des Weströmischen Kaisers Anthemius, der mit Leontia, der jüngeren Tochter Leons des Großen – deren Verlobung mit Patricios natürlich nach dem Sturz Aspars gelöst worden war –, verheiratet war. Bis zu einem gewissen Grad brach diese Revolte als Folge der Behandlung seiner Schwiegermutter Verina aus, die vor nicht allzu langer Zeit für ihre Teilnahme am Komplott zur Ermordung von Illos gefangengesetzt worden war. Markian hingegen rechtfertigte sich damit, daß Leontia, da sie in Purpur geboren sei, einen höheren Rang einnehme als ihre ältere Schwester Ariadne, Zenons Frau, die unter der vorherigen Regierung geboren war. Markian und seine Gefolgschaft stürmten den Palast und hätten vermutlich den Kaiser zum zweiten Mal zu Flucht gezwungen, hätte nicht Illos blitzschnell eingegriffen, indem er in stockfinsterer Nacht eine Abteilung Isaurier über den Bosporus führte und die Rebellen überraschte. Deren Anführer wurde ins Kloster verbannt, und zwar nach Cäsarea in Kappadokien. Er konnte entkommen und versuchte es ein zweites Mal, hatte aber wieder keinen Erfolg. Auch jetzt ließ Zenon, vielleicht wegen seiner kaiserlichen Abstammung, einmal mehr Gnade walten: Markian wurde zum Presbyter geweiht, Leontia trat ins Kloster der *Akoimetai* ein, und dies ist das letzte, was man von den beiden hörte.[11]

Die beiden Aufstände Markians, zweifellos gefährlich und Ausdruck der allgemeinen Unzufriedenheit, wurden schnell niedergeschlagen. Bedrohlicher und nicht so leicht zu erledigen war dagegen jener, der im Jahre 483 ausbrach und in dessen Mittelpunkt nun Illos stand. Dieser war allerdings regelrecht dazu provoziert worden. Schon sechs Jahre zuvor, kurz nachdem Zenon die Amtsgeschäfte wiederaufgenommen hatte, war ein kaiserlicher Sklave dabei entdeckt worden, wie er ihm mit gezogenem Schwert auflauerte. Keiner machte den Kaiser direkt dafür verantwortlich, und dieser übergab den Sklaven sofort seinem mutmaßlichen Opfer zur Bestrafung. Doch der Vorfall erregte unweigerlich Verdacht. Dann entdeckte die Palastwache erneut einen Mordgesellen, diesmal einen Alanen, der später gestand, er sei vom Präfekten Epinikos und Kaiserin Verina gedungen worden. Da Illos sein Leben in Konstantinopel bedroht sah, gab er vor, sein Bruder sei kürzlich gestorben, und zog sich für eine Weile in seine isaurische Heimat zurück. Als im September 479 jedoch ein Erdbeben die Stadtmauern schwer beschädigte, beorderte ihn Zenon, der befürchtete, die Goten würden diese Gelegenheit zum Angriff nutzen, in die Hauptstadt zurück, ja, er ritt ihm sogar bis Chalkedon entgegen. Allein der Feldherr weigerte sich rundweg, die Stadt zu betreten, bevor nicht Verina in seine Gewalt gegeben ward. Da Zenon an seiner Schwiegermutter nichts lag, stimmte er nur zu gerne zu. So wurde diese zunächst nach Tarsos geschickt, wo sie den Schleier nehmen mußte, und dann kurzerhand in einer isaurischen Festung gefangengesetzt.

Danach hellte sich die Atmosphäre für eine Zeitlang auf; Illos wurde zum obersten Magistrat ernannt, und das galt normalerweise als Zeichen hoher Gunst. Doch eines Tages im Jahre 482 stürzte sich auf den Stufen zu seiner Loge im Hippodrom ohne Vorwarnung ein Mitglied der kaiserlichen Leibwache auf ihn. Illos' Waffenträger vermochte den Hieb abzulenken, so daß die Schneide seinen Kopf zwar verfehlte, aber sie trennte sein rechtes Ohr ab, und er mußte für den Rest seiner Tage eine Kopfbedeckung tragen. Diesmal war es nicht so leicht, mit dem Ursprung des Verbrechens fertig zu werden, stellte sich doch heraus, daß niemand anders als Kaiserin Ariadne dahintersteckte, die sich an Illos für das, was er ihrer Mutter – und möglicherweise auch ihrer Schwester – angetan hatte, rächen wollte.

Was dann geschah, ist unklar, denn die ganze Geschichte über den Illos-Aufstand beruht auf so bruchstückhafter und gelegentlich widersprüchlicher Überlieferung, daß man immer wieder auf Spekulationen und Raten angewiesen ist. Der oberste Magistrat scheint sich klugerweise erneut nach Anatolien zurückgezogen zu haben. Jedoch brach fast unmittelbar nach seiner Abreise in Syrien ein Aufstand los, wo ein gewisser Leontios einen Versuch in letzter Minute unternahm, die althergebrachte Religion wiedereinzusetzen; Illos wurden Boten nachgejagt mit dem Befehl, er habe den Oberbefehl über die östlichen Heere zu übernehmen und die Herrschaft des Kaisers wiederherzustellen. Da er vermutlich für die Gelegenheit, sich in den Augen seines Herrn erneut zu beweisen, dankbar war, begab er sich unverzüglich nach Syrien. Erst bei seiner Ankunft wurde er gewahr, daß der dortige Oberbefehlshaber ausgerechnet des Kaisers inkompetenter und liederlicher Bruder Longinos war, der diese Maßnahme, die er für eine Usurpation seiner Autorität hielt, schärfstens mißbilligte. Es kam zu einem heftigen Streit, der dazu führte, daß Illos Longinos verhaftete und gefangensetzte.

Eine derartige Aktion gegen einen so einflußreichen und mächtigen Rivalen war natürlich hoch riskant. Als die Neuigkeit in Konstantinopel eintraf, nahm der Kaiser die Nachricht jedoch noch schlechter beraten auf. Er befahl die unverzügliche Freilassung seines Bruders, erklärte Illos zum Staatsfeind und ließ sein gesamtes Eigentum konfiszieren und verkaufen. Dadurch trieb er ihn praktisch ins Lager seiner Gegner. Illos verbündete sich nun mit dem Aufrührer; gemeinsam befreiten sie die alte Kaiserin Verina. Bereitwillig krönte sie Leontios in Tarsos und folgte ihm nach Antiochia, wo er am 27. Juni 484 als Gegenkaiser einen Hof einsetzte.

Die beiden scheinen vorerst zufriedengestellt gewesen zu sein; zumindest trafen sie keinerlei Vorbereitungen für einen Marsch auf Konstantinopel. Dadurch erhielt Zenon Zeit, neue Verbündete zu gewinnen. Zu diesen zählte auch ein junger Ostgotenfürst namens Theoderich, der seit zehn Jahren eine ständige Bedrohung für Byzanz darstellte, sich aber jetzt bereit erklärte, an der Spitze seiner

Leute im Namen des Kaisers gegen die Rebellen zu ziehen. In der Folge wurden diese rasch aus Antiochia und in ihr Stammland Isaurien getrieben; die Führer suchten schließlich im Schloß Papyrios Unterschlupf. Dort starb Verina, von niemandem betrauert, und dort endete der Aufstand nach einer vierjährigen Belagerung, die Illos, von jeher Gelehrter und Intellektueller, mit seinem Freund, dem ägyptischen Sophisten und Neuplatoniker Pamprepios, mit philosophischen Studien verbracht haben soll. Er und Leontios wurden von seiner Schwägerin verraten, die 488 durch eine List – vermutlich das leere Versprechen, sie zu schonen – in das Schloß gelangt war und den Belagerern die Tore öffnete. Da sie so lange Widerstand geleistet hatten, wurden die Verteidiger natürlich nicht geschont, sondern enthauptet und ihre Köpfe nach Konstantinopel gesandt.

Der Ostgote Theoderich, der mit dafür gesorgt hatte, daß Illos sich mitsamt seinen Freunden in die isaurische Kasematte hatte zurückziehen müssen, war an der anschließenden Belagerung nicht beteiligt gewesen, da er andernorts Wichtigeres zu tun hatte. Er war um 454 als Sohn des Ostgotenhäuptlings Theodemir geboren und hatte zehn Jahre seiner Kindheit als Geisel in Konstantinopel verbracht. Obwohl er in dieser Zeit kaum Bildung genossen hat – so soll er zeitlebens für Unterschriften eine goldene Schablone verwendet haben –, hatte er instinktiv byzantinische Wesens- und Lebensart verstehen gelernt. Dies kam ihm zustatten, als er nach dem Tod seines Vaters im Jahre 471 diesem als oberster Führer der Ostgoten nachfolgte. Er war aber nicht der einzige: Ein zweiter Theoderich, Sohn von Triarios mit dem Beinamen Strabon (der Schieler), stellte sich ihm entschlossen entgegen. Aber die Geschichte der kaleidoskopisch wechselnden Beziehung zwischen den beiden wie auch zwischen ihnen und dem Kaiser in Konstantinopel ist für unsere Zwecke zu lang und verwickelt. Triarios' Sohn starb 481, und damit fanden die Namensverwechslungen ein Ende.

Das zentrale Anliegen sah der junge Theoderich wie so viele Anführer germanischer Stämme dieser Zeit darin, für sein Volk eine Heimat zu finden und zu sichern. Für dieses Ziel setzte er sich beinahe zwanzig Jahre lang ein, zuweilen für und manchmal auch gegen das Reich, zuweilen heftig streitend, dann wieder verhandelnd, überredend oder auch drohend. Er stand Zenon während beiden gegen seine Herrschaft gerichteten Aufständen bei, dem des Basiliskos ebenso wie dem des Illos. Danach wurde er nacheinander *Patrikios*, dann *Magister militum* und im Jahre 484 sogar Konsul. Aber er verwüstete 479 auch Makedonien, verheerte 482 Thessalien und marschierte 487 sogar auf Konstantinopel. Dieses beständige Schwanken zwischen Freundschaft und Feindschaft zahlte sich auf lange Sicht für beide Parteien nicht aus. Zenon und Theoderich haben gewiß aufgeatmet, als ein Beschluß unter Dach und Fach war, der die gesamte Zukunft Europas, des Ostens wie des Westens, beeinflussen sollte, wenn dies auch damals wohl keinem von beiden bewußt gewesen ist. Wem genau das Verdienst für diese Idee zukommt, ist nicht mehr auszumachen. Jordanes, der allerdings Theoderichs obersten Magistrat Kassiodor zitiert, schreibt es der ostgotischen Seite zu, Prokop behauptet mit gleicher Überzeugungskraft, die Idee gehe auf die kaiserliche Seite zurück. Sicher ist nur, daß noch im Jahre 487 oder zu Beginn des Jahres 488 zwischen ihnen vereinbart wurde, daß Theoderich sein ganzes Volk nach Italien führen, Odoaker stürzen und das Land als ostgotisches Königreich unter kaiserlicher Oberherrschaft regieren sollte.

Die Vorteile dieses Planes für beide Seiten lagen auf der Hand. Für Theoderich erfüllte sich damit der Traum seines Lebens, ein reiches, fruchtbares Land für sein Volk zu erhalten, für Zenon eröffnete sich die Aussicht, die Goten ein für allemal loszusein. Die beiden Herrscher gingen gewiß ohne das geringste Bedauern auseinander, und schon zu Beginn des Jahres 488 begann der große Exodus: Männer, Frauen und Kinder zogen mit ihren Pferden und Packtieren, ihren Rindern und Schafen langsam auf dem Weg in die saftigen und friedlichen Weidegründe durch die mitteleuropäischen Ebenen.

Diese waren indes nicht ohne heftige Kämpfe zu bekommen. Volle fünf Jahre lang wehrte sich Odoaker, ja, 490 schloß er gar seinen Feind in Pavia ein und hätte ihn fast vernichtet, wären ihm nicht rechtzeitig die Westgoten zu Hilfe geeilt. Ein paar Monate darauf drehte Theoderich den Spieß um, schloß Odoaker in den Mauern von Ravenna ein und nagelte ihn dort bis Februar 493 fest; schließlich vermittelte der Bischof der Stadt einen Waffenstillstand. Zu der Zeit war die Eroberung Italiens, größtenteils dank der kräftigen

Unterstützung durch die Kirche, fast abgeschlossen. Diese hatte sich ganz auf Theoderichs Seite geschlagen, obwohl er wie Odoaker Arianer war. Und es wird viele überrascht haben, daß der Eroberer großzügig einem Vertrag zustimmte, der vorsah, daß Italien künftig von ihm und Odoaker vom Palast in Ravenna aus gemeinschaftlich regiert werde.

Der wahre Grund für diese offensichtliche Großzügigkeit sollte sich schon bald zeigen: Theoderich dachte nicht im Traum daran, seine Zusage einzuhalten, denn er hatte seinen Rivalen nur in trügerischer Sicherheit wiegen wollen. Nur zehn Tage nach seinem offiziellen Einzug in Ravenna lud er am 15. März Odoaker, dessen Frau, Bruder, Sohn und militärischen Stab zu einem Bankett in seinen Flügel des Palastes. Nachdem der Skire auf dem Ehrensitz Platz genommen hatte, schritt Theoderich auf ihn zu und spaltete ihn mit einem gewaltigen Schwertstreich von oben bis unten. Die Gewalt des Schlages und die Wirkung überraschten offenbar sogar ihn selbst: Der Elende habe wohl keinen einzigen Knochen im Leib gehabt, soll er lachend bemerkt haben.

Mit Odoakers Gefolgsleuten machten die Wachen kurzen Prozeß. Sein Bruder, der durch die Palastgärten zu entkommen versuchte, sank unter einem Pfeilhagel nieder. Seine Frau Sunigilda wurde ins Gefängnis geworfen, wo man sie verhungern ließ; sein Sohn Thelane, den er Theoderich als Geisel überlassen hatte, wurde zuerst nach Gallien geschickt, aber schließlich auf königlichen Befehl doch hingerichtet. Kurz, die skirische Linie wurde ausradiert. Der Ostgote Theoderich aber, jetzt am Ziel seiner Wünsche, legte die Häute und Felle ab, die traditionelle Bekleidung seines Stammes, und kleidete sich, was Odoaker nie getan hatte, als Herr Italiens in kaiserlichen Purpur. Über allem Pomp und dem Hofzeremoniell vergaß er jedoch nicht seine Abmachung mit Zenon. Obwohl er nun als König der Ostgoten regierte, war er in bezug auf das Reich weiterhin nur *Patrikios* und *Magister militum*, ein Vasall mithin, der dem Kaiser wie der Geringste seiner Untertanen Gefolgschaft schuldete. Die von ihm erlassenen Gesetze waren nur *Edicta* und keine *Leges*, die kaiserliches Vorrecht blieben, und obwohl seine Münzen sein Monogramm trugen, war auf ihnen ausschließlich der Kaiser abgebildet. Es erübrigt sich fast zu erwähnen, daß Theoderich dagegen nichts einzuwenden hatte. Die römische Bevölkerung Italiens, die weit zahlreicher war als die gotische, fühlte sich unter der Herrschaft eines kaiserlichen Vizekönigs sehr viel wohler als unter der eines, in ihren Augen fremden Unterdrückers, und sie zu Gegnern zu haben war das letzte, was er gewünscht hätte. Er gestattete ihnen, so zu leben wie zuvor und tastete ihre Güter nicht an. Lediglich vom Militärdient waren sie ausgeschlossen. Dagegen war der zivile Dienst ausschließlich ihnen vorbehalten.

Theoderichs Herrschaft hatte mit Betrug und Blutvergießen begonnen, und ihr Ende war mit der Einkerkerung und brutalen Hinrichtung des Philosophen Boethius[12] durch langsames Erdrosseln im Halseisen im Jahre 524 gleichfalls von dunklen Schatten umgeben, ein bleibender Makel, der die Erinnerung an ihn trübt. Man muß indes fairerweise ergänzen, daß er diese Tat später bereut und bis an sein Lebensende bedauert hat. Ansonsten brachten die dreiunddreißig Jahre seiner Herrschaft dem Land Frieden und Wohlstand. Das gewaltige Mausoleum, das er errichten ließ und welches man heute noch in den nordöstlichen Vororten von Ravenna bestaunen kann, symbolisiert in seiner Verbindung von klassisch-antiker und germanischer Kraft[13] auf vollkommene Weise diesen Diener zweier Kulturen, der nichts unversucht ließ, einen Ausgleich zwischen seinem Volk und der römischen Bevölkerung zu schaffen. Kein anderer germanischer Herrscher, der seinen Thron auf den Ruinen des Weströmischen Reiches errichtete, besaß auch nur einen Bruchteil seiner Staatskunst und politischen Weitsicht. Als Theoderich am 30. August 526 starb, verlor Italien den größten Herrscher des frühen Mittelalters; bis zu Karl dem Großen gab es niemand seinesgleichen.

9

Justinians Aufstieg

(493–532)

Als Herrscher über unser Reich, das uns Gott in seiner göttlichen Macht anvertraut hat, kennen wir sowohl den Triumph des Krieges als auch die Zierde des Friedens; wir tragen das Gerüst dieses Staates; und wir erheben so unsere Herzen und gedenken der Unterstützung, die wir von Gott dem Allmächtigen erhalten haben, daß wir unser Vertrauen weder in unsere eigenen Arme setzen noch in die unserer Soldaten, noch in unsere Führer im Krieg, noch in unsere Fähigkeiten; sondern wir setzen unsere Hoffnung in die Vorsehung der höchsten Dreieinigkeit, aus der die Elemente des gesamten Universums hervorgingen und ihre Anordnung auf der ganzen Welt.

Justinian in seinem Vorwort zu den *Digesten*

Während im Frühjahr 491 der Ostgote Theoderich damit beschäftigt war, den Skiren Odoaker in Ravenna zu belagern, starb in Konstantinopel Kaiser Zenon. Die letzten drei Jahre seiner Herrschaft waren die besten gewesen, zumindest was die Sicherheit des Staates betraf. Der Aufstand von Illos und seinen Freunden war niedergeschlagen, und seine Anführer waren ausgeschaltet. Was jedoch weit wichtiger war, das Reich – zumindest jener Teil, der noch immer von der Hauptstadt kontrolliert wurde – war seit Theoderichs Abzug endlich von den Goten befreit. Das einzige wichtige Problem, das Zenon nicht hatte lösen können, war das kirchenpolitische. Trotz der Beschlüsse von Chalkedon hatte die monophysitische Häresie weiter an Boden gewonnen, und zwar vor allem in den Ostprovinzen, in denen daraufhin die Unzufriedenheit gefährlich zunahm. Der Versuch, diesen Riß mit Hilfe eines als *Henocticon* bekannt gewordenen Zirkularschreibens zu kitten, den der Kaiser im Jahre 482 gemeinsam mit dem Patriarchen Akakios unternommen hatte, erwies sich als Fehlschlag. Ziel war gewesen, die Differenzen zu überkleistern, indem man zwar bestätigte, daß Christus sowohl Gott als auch Mensch war, das heikle Wort »Natur« jedoch vermied. Wie alle Kompromisse dieser Art hatte das Schreiben eine unversöhnliche Feindseligkeit auf beiden Seiten zementiert. Am empörtesten waren Papst Simplicius und sein Nachfolger Felix III. in Rom, deren Ärger noch verstärkt wurde, als ein gewisser Paul der Stotterer mit Zenons und Akakios' Segen in das Patriarchat von Alexandria berufen wurde – ein Geistlicher, dessen Äußerungen, sofern sie überhaupt zu verstehen waren, extrem monophysitischen Charakter hatten. Im Jahre 484 war Papst Felix III. an einer Synode in Rom deshalb soweit gegangen, den Patriarchen von Konstantinopel zu exkommunizieren.[1] Weil aber kein orthodoxer Geistlicher den Mut hatte, diesem das Urteil zu verkünden, wurde es auf ein Stück Pergament geschrieben und, als Akakios gerade nicht hinsah, ihm in der Hagia Sophia hinten an den Chormantel geheftet. Als er es wenige Augenblicke später entdeckte, exkommunizierte er Felix III. sofort seinerseits, womit er nicht nur das Bistum von Konstantinopel mit Rom auf dieselbe hierarchische Stufe stellte, sondern zugleich das offene Schisma zwischen den beiden Kirchen bekräftigte, welches die folgenden fünfunddreißig Jahre andauern sollte.

Gegen das Ende des Jahrzehnts ging es dem Kaiser offensichtlich sowohl körperlich als auch geistig immer schlechter. Sein Sohn, der ebenfalls Zenon hieß, war bereits in jungen Jahren in schlechte Gesellschaft geraten und bald darauf gestorben – wie es hieß, von homosexuellen Exzessen und Geschlechtskrankheiten aufgezehrt. Als erwartungsgemäßer Nachfolger galt deshalb des Kaisers liederlicher Bruder Longinos, dessen Stern höher und höher gestiegen war, während der seines Feindes Illos sank. Bis 490 – als er zum zweiten Mal zum Konsul ernannt wurde – kontrollierte er de facto den ganzen Staat. Zenon war jedoch besessen von der Prophezeiung eines bekannten Wahrsagers, der vorausgesagt hatte, sein Rang werde nicht von Longinos eingenommen, sondern »von einem, der als Silentiar gedient hat«. Die *Silentiarii* waren ein Korps ausgewählter Beamter, die das persönliche Gefolge des Kaisers bildeten. Ihr Name rührte von ihrer besonderen Aufgabe her, vor seinen privaten Gemächern Wache zu halten und sicherzustellen, daß seine Ruhe nicht gestört wurde; in Tat und Wahrheit war ihr Status jedoch ungleich höher, als diese Funktion vermuten läßt. Es handelte sich um gebildete Männer von guter Herkunft und vom selben Rang wie die Senatoren, und sie waren für verschiedene wichtige, vertrauliche Dienste zuständig, darunter auch für das Abfassen der Hofchronik. Ihre Zahl war auf dreißig festgelegt, doch Zenons seniler Verstand kaprizierte sich darauf, daß sich die Prophezeiung nur auf einen beziehen könne: auf das ehemalige Korpsmitglied Pelagios, inzwischen zum bedeutenden Staatsmann und *Patrikios* aufgestiegen. Der Unglückliche erhielt keine Gelegenheit, seine Verteidigung vorzubereiten. Sein Besitz wurde kurzerhand konfisziert, er wurde verhaftet und kurz darauf stranguliert.

Pelagios war beliebt und überall geachtet gewesen – Zenon weder das eine noch das andere. In seiner Jugend hatte er sich einen Namen als Sportler gemacht – Anonymos Valesii schreibt seine Schnellfüßigkeit der eher unwahrscheinlichen Tatsache zu, daß er ohne Kniescheiben geboren wurde –, aber auf allen anderen Gebieten versagt. Obwohl er gewiß nicht allein schuld war an der nahezu ununterbrochenen Reihe von Aufständen während seiner Regierungszeit, wurden diese doch zwangsläufig als Auswirkungen seiner Unfähigkeit betrachtet, und der Verlust der westlichen Reichshälfte fügte seinem Ruf – wenn auch überwiegend zu Unrecht – unwiderruflichen Schaden zu. Mit dem sinnlosen Mord an Pelagios opferte Zenon auch noch den letzten Rest des geringen Wohlwollens, das ihm seine Untertanen entgegengebracht hatten, und es gab kaum Wehklagen, als er am 9. April 491 an einem epileptischen Anfall starb. Es heißt, die Menge habe seine Witwe Ariadne mit dem Ruf empfangen: »Gib dem Reich einen *orthodoxen* Kaiser! Gib dem Reich einen *römischen* Kaiser!« Klar, was damit gemeint war: keine Häretiker und keine Isaurier mehr. Longinos wurde übergangen, und die Vorhersage des Wahrsagers erwies sich als richtig: Die Wahl fiel auf Anastasios, ehemals Silentiar. Dies war vor allem Ariadnes Einfluß zu verdanken, die ihn rund sechs Wochen später heiratete. Er stammte aus Dyrrhachion[2] und war Anfang Sechzig – und daß er ein blaues und ein schwarzes Auge hatte, tat offenbar weder seinem überaus ansprechenden Äußeren noch seinem Ruf, rechtschaffen und integer zu sein, den geringsten Abbruch.

»Herrsche, Anastasios!« brüllte die Menge, als er am 11. April zum ersten Mal im kaiserlichen Purpur vor sie trat. »Herrsche, wie du gelebt hast!« Dies tat er denn auch, und wenn seine Untertanen das Leben unter ihrem neuen Kaiser in den ersten Jahren verdrießlicher fanden, als sie erwartet hatten, waren sie selbst schuld daran. Er war intelligent und sehr kultiviert, und er litt weder unter plötzlichen Anwandlungen von Grausamkeit noch unter Anfällen unkontrollierbarer Wut, wie sie so viele seiner Vorgänger gekennzeichnet hatten. Sein größter Fehler war sein fast krankhafter Geiz – eine Schwäche, die, in Verbindung mit seiner ausgeprägten puritanischen Ader, Konstantinopel zu einem langweiligeren Ort machte, als dies dessen Bevölkerung jemals erlebt hatte. Wettkämpfe mit wilden Tieren waren im gesamten Reich verboten, und die öffentliche Moral wurde so rigide, daß keine nächtlichen Feste mehr abgehalten werden durften, mit der Begründung, diese arteten ja doch in hemmungslose Zügellosigkeit aus, was zugegebenermaßen oft der Fall war. Schließlich eröffnete der Kaiser eine Kampagne gegen unnütze öffentliche Ausgaben, mit dem Resultat, daß die kaiserliche Kasse am Ende seiner siebenundzwanzigjährigen Herrschaft um dreihundertzwanzigtausend Pfund Gold[3] reicher war als bei seinem Regierungsantritt – eine um so bemerkenswertere Leistung, als man auch weiß, daß er das sogenannte *Chrysargyron* abschaffte, eine Art Gewerbesteuer, die besonders schwer auf den Armen lastete und zu den unbeliebtesten kaiserlichen Abgaben zählte.

Mit der Kirchenpolitik war Anastasios weniger Erfolg beschieden. Er war selbst nach den Maßstäben der damaligen Zeit ein Mann von ergebener christlicher Frömmigkeit, hatte unter seinem Vorgänger regelmäßig theologische Seminare in der Hagia Sophia abgehalten und in Kirchen der ganzen Stadt gepredigt, obwohl ihm dies als Laie eigentlich gar nicht zustand; er war sogar einer von drei Kandidaten für die freigewordene Diözese von Antiochia gewesen. Später hatte er sich jedoch mehr und mehr dem Monophysitismus angenähert, und schließlich sah sich der Patriarch Euphemios gezwungen, ihn von den Kanzeln zu verbannen. Auch verweigerte er ihm nach der Machtübernahme die Krönung, bis er eine schriftliche Erklärung zugunsten der orthodoxen Lehre unterzeichnet hatte.

Anastasios unterschrieb, ohne zu zögern. Er war garantiert kein Zyniker, und es scheint auch sicher, daß er damals – zu Recht oder zu Unrecht – glaubte, fest im chalkedonischen Lager verankert zu sein. Es gab jedoch andere, die nicht restlos davon überzeugt waren und seine Handlungsweise eigennützigen Absichten zuschrieben, der Bereitschaft nämlich, seine Prinzipien dem politischen Vorteil zu opfern. Ihnen hätten schon die geringsten Ansätze monophysitischer Neigungen von seiner Seite genügt, um sich darauf zu stürzen, sie zu übertreiben und als perfekte Waffe gegen ihn zu verwenden. Sie verkörperten im wesentlichen die isaurische Faktion und wurden von Zenons aufgebrachtem Bruder Longinos angeführt, der Anastasios nie verziehen hatte, daß er auf einem Thron saß, der seiner Meinung nach rechtmäßig ihm hätte zukommen sollen. Es dauerte nicht lange, bis Longinos eine Gruppe anrüchiger Unruhestifter und Randalierer um sich geschart hatte, hauptsächlich, wenn nicht ausschließlich, Isaurier. Die darauf ausbrechenden Straßenkämpfe führten zu Bränden, bei denen mehrere der schönsten Bauwerke der Stadt, darunter auch ein großer Teil des Hippodroms, beschädigt oder völlig zerstört wurden.

Der Kaiser schlug zurück. 492 wurde Longinos verhaftet und nach Alexandria verbannt, wo man ihn zwang, Priester zu werden. Die Kämpfe in der Stadt hielten jedoch an und eskalierten bald zu einem eigentlichen Bürgerkrieg. Im folgenden Jahr kam es zu noch gravierenderen Unruhen, Herrscherstatuen wurden umgestürzt und durch die Straßen geschleift. Nur unter großen Schwierigkeiten ließ sich die Ordnung wiederherstellen. Daraufhin wurde ein Edikt erlassen, das sämtliche Isaurier aus der Hauptstadt verbannte. Unter ihnen befanden sich auch Lali, Zenons alte Mutter, sowie seine übrigen Familienmitglieder; ihr gesamter Besitz – selbst Zenons Amtsroben – wurden beschlagnahmt und verkauft. Nun wurde es, zumindest in der Hauptstadt, endlich ruhig. In Anatolien hielt der Krieg jedoch noch drei weitere Jahre an. Erst im Jahre 496 kehrte auch dort schließlich Frieden ein.

Nun kann man aber die Isaurier, so unausstehlich sie gewesen sein mögen, nicht allein für die anhaltenden Unruhen in Konstantinopel verantwortlich machen. Ein wesentlicher Grund lag auch in der Spaltung der Bevölkerung in zwei rivalisierende Gruppen, nämlich in die Blauen und die Grünen. Die Namen stammten ursprünglich aus dem Hippodrom und entsprachen den Farben der wichtigsten Wagenlenkermannschaften.[4] Diese sogenannten Zirkusparteien hatten die engen Grenzen der Arena jedoch längst überwunden. Ihre Anführer wurden mittlerweile von der Regierung ernannt, und diese vertraute ihnen wichtige öffentliche Aufgaben wie den Wachdienst und den Unterhalt der Verteidigungsmauern an. Deshalb waren die Blauen und die Grünen nicht nur in der Hauptstadt vertreten, sondern bildeten in allen wichtigen Städten des Reiches zwei unabhängige, halbpolitische Parteien, die sich wenn nötig zusammenschlossen und die Funktion einer lokalen Miliz übernahmen. Ihre politische Ausrichtung variierte natürlich je nach örtlichen Gegebenheiten und aktuellen Problemen; zu jener Zeit waren die Blauen eher die Partei der Großgrundbesitzer und der alten griechisch-römischen Aristokratie, während die Grünen das Gewerbe, die Handwerker und die Beamtenschaft vertraten. Viele Angehörige der Grünen stammten aus den Ostprovinzen, wo Häresie weitverbreitet war. Die Blauen wurden deshalb immer stärker mit der orthodoxen und die Grünen mit der monophysitischen Lehre in Verbindung gebracht. Doch dies waren nur lose Assoziationen, es gab Ausnahmen auf beiden Seiten. Die Bevölkerung hing dagegen mit undifferenzierter Begeisterung entweder der einen oder aber der anderen Partei an. Anastasios versuchte zunächst neutral zu bleiben. 493 wurde er von ein paar Grünen mit Steinen beworfen, als er sich weigerte, mehrere ihrer Anhänger freizulassen, die nach einer Schlägerei festgenommen worden waren. Bald fühlte er sich jedoch aufgrund seiner Wirtschaftspolitik – die Handwerksbetriebe begünstigte – und seiner instinktiven, ihm nicht ganz bewußten monophysitischen Neigungen zu den Grünen hingezogen, und schließlich bekannte er sich offen zu ihnen.

Im Verlauf seiner Herrschaft nahm die Feindschaft zwischen den beiden sogenannten Demen stetig zu. Wie sich zeigen sollte, stellten die Unruhen von 493 nur den Anfang einer neuen Welle von internen

Kämpfen in der Hauptstadt dar. Größere Probleme gab es im Jahre 501 während der Festspiele der Bryten, als die Grünen im Hippodrom die Blauen attackierten; unter den Opfern befand sich auch der illegitime Sohn des Kaisers. (Deshalb wurde die Feier im folgenden Jahr verboten.) Am schlimmsten waren jedoch die Unruhen von 511, die Anastasios in erster Linie sich selbst zuzuschreiben hatte und die seinen Thron gefährlich ins Wanken brachten. Mit fortschreitendem Alter – er war nun über achtzig – waren seine monophysitischen Sympathien ausgeprägter geworden und nun für alle offensichtlich. Der Patriarch Euphemios konnte nicht mehr protestieren, denn er war angeklagt worden – mit welchem Recht, läßt sich nicht beurteilen –, insgeheim die Isaurier unterstützt zu haben, und man hatte ihn in eine entlegene Gegend Anatoliens verbannt. Sein Nachfolger Makedonios war der sanftmütigste und gütigste Mann, den man sich nur denken kann, doch selbst für ihn wurde es mit der Zeit unmöglich, mit seinem Souverän halbwegs vernünftig umzugehen.

Mittlerweile hatten die Monophysiten ihrerseits einen Schlachtruf gefunden. Dem sogenannten *Trishagion*, dem feierlichen »Heiliger Gott, heiliger Starker, heiliger Unsterblicher«, das in der byzantinischen Liturgie wiederholt gesungen wird, fügten sie die Worte »der du für uns gekreuzigt wardst« hinzu: das nachdrücklichste Glaubensbekenntnis, daß nicht der Mensch Jesus, sondern Gott der Allmächtige am Kreuz gestorben war. In Anastasios' Konstantinopel waren dies kämpferische Worte, und die Gemüter erhitzten sich, als die Nachricht sich wie ein Lauffeuer in der Stadt verbreitete, man habe sie in der Kapelle des Erzengels vernommen, die sich innerhalb der Mauern des Kaiserpalastes befand. Doch es sollte noch schlimmer kommen: Am folgenden Sonntag waren sie erneut zu hören, trotzig gerufen während der Morgenmesse in der Hagia Sophia. Die orthodoxe Gemeinde schrie noch lauter zurück. Ein Streit brach aus, und die Predigt endete in einem Aufruhr.

Bei der folgenden Untersuchung kamen die mit dem Fall betrauten Richter – möglicherweise auf Anordnung des Kaisers – zum Schluß, die Schuld liege nicht bei den monophysitischen Eindringlingen, sondern laste auf den Schultern des harmlosen alten Patriarchen Makedonios. Für die Einwohner Konstantinopels, von denen weitaus die meisten eisern hinter den Beschlüssen von Chalkedon standen, machte dieser leicht durchschaubare und ungerechtfertigte Angriff auf ihren geliebten Patriarchen das Maß voll. Sie marschierten drohend zum Palast, und es läßt sich kaum abschätzen, was geschehen wäre, hätte Makedonios Anastasios' erschrockenem Hilferuf nicht Folge geleistet: Er eilte an seine Seite. Hastig wurde eine Art Versöhnung inszeniert, und die Menge zerstreute sich.

Der Kaiser war noch einmal knapp davongekommen, und er hätte die Sache als das nehmen sollen, was sie war: eine heilsame Lehre. Doch er war zu alt, um sich noch zu ändern. Makedonios – dem er wahrscheinlich sein Leben verdankte – wurde wie sein Vorgänger im stillen in die Verbannung geschickt, und am 4. November 512 hallten die unheilvollen Worte »der für uns gekreuzigt wurde« erneut durch die große Basilika. Diesmal waren die Ausschreitungen um einiges heftiger; als wieder Ordnung herrschte, war der Boden rot vom Blut der Toten und Verwundeten. Ein ähnlicher Vorfall am folgenden Tag in der Theodorkirche forderte weitere Opfer. Am 6. November waren die Orthodoxen jedoch zum Gegenschlag bereit. Auf einer Mammutversammlung im Hippodrom schworen sie den Häretikern Tod und Vernichtung. Dann strömten sie hinaus in die Stadt, um ihre Worte wahrzumachen. Erneut wurden die Herrscherstatuen von den Sockeln gestürzt und zertrümmert. Unter den vielen Häusern, die bis auf die Grundmauern abbrannten, war auch das des Prätorianerpräfekten sowie jenes von Pompejus, einem Neffen des Kaisers. Die Kämpfe hielten noch zwei volle Tage an; erst dann schritt Anastasios endlich zur Tat. Bedächtig nahm er vor rund zwanzigtausend wutentbrannten Untertanen im Zirkus das Diadem vom Kopf und legte den kaiserlichen Purpurmantel ab. Er sei bereit, verkündete er, auf der Stelle die Bürde des Reiches niederzulegen; sie müßten ihm einzig einen Nachfolger nennen. Anderenfalls, so sie dies vorziehen sollten, werde er sein Amt mit dem Versprechen weiterführen, ihnen nie mehr Grund zur Unzufriedenheit zu geben. Die hochgewachsene, weißhaarige Gestalt sah noch immer sehr gut aus, die Stimme klang fest und überzeugend. Allmählich verstummte der Lärm; die Situation war einmal mehr gerettet.

Es gab aber noch viele andere Bedrohungen für den Frieden während Anastasios' langer Herrschaft. Ein dreijähriger Krieg mit Persien führte zum Verlust mehrerer wichtiger Festungen an der Ostgrenze. Wiederholte bulgarische Einfälle in Thrakien zwangen ihn, über die gut fünfzig Kilometer von Selymbria (dem heutigen Silivri) am Marmarameer eine Verteidigungsmauer hinüber zum Schwarzen Meer zu errichten. Am gefährlichsten aber war der Aufstand, den ein militärischer Abenteurer gotischer Abstammung namens Vitalian anführte. Dieser genoß beim Volk breite Unterstützung, weil er sich zum Verteidiger der Orthodoxie gegen einen monophysitischen Kaiser hochstilisierte. Dreimal drang er mit seinem Heer bis zu den Mauern von Konstantinopel vor. Doch keine dieser Bedrohungen hatte längerfristige Auswirkungen.

Es schien mir wichtig, die religiös bedingten Kämpfe etwas detaillierter zu beschreiben, um einmal mehr jenen Aspekt des Alltags im Byzantinischen Reich hervorzuheben, der im zwanzigsten Jahrhundert so schwer zu verstehen ist: die leidenschaftliche Beteiligung aller sozialen Schichten an etwas, was den meisten von uns heute als unmögliche, ja abstruse Spitzfindigkeiten theologischer Doktrin erscheint. Daß derlei Fragen tiefreligiöse und gelehrte Männer wie Anastasios beschäftigten, überrascht nicht weiter; daß sich der Zorn der Plebs jedoch nicht an politischen Parolen entzündete, sondern an Fragen wie der nach dem Verhältnis von Gottvater zu seinem Sohn oder dem Ausströmen des Heiligen Geistes, ist für uns zwar schwerer vorstellbar, aber deshalb nicht weniger wahr.

Gegen Ende seiner Herrschaft verzehrte sich der alte Anastasios vor Neugier, herauszufinden, welcher von seinen drei Neffen nach seinem Tod seine Nachfolge antreten würde. Abergläubisch wie immer lud er alle drei zum Abendessen in den Palast und ließ drei Liegen bereitstellen, auf denen sie nach dem Essen ruhen konnten. Unter eines der Kopfkissen hatte er ein Stück Pergament mit dem Wort REGNUM gesteckt. Jener Neffe, der diese Liege wählte, würde – so glaubte er – zu gegebener Zeit den Thron besteigen. Doch eine traurige Überraschung erwartete ihn: Zwei der jungen Männer, deren gegenseitige Zuneigung das Familiäre zu übersteigen schien, teilten sich eine Liege, und diejenige, die Anastasios heimlich gekennzeichnet hatte, blieb unberührt. Von diesem Moment an zweifelte er nicht mehr daran, daß der nächste Kaiser nicht seiner Abstammungslinie angehören würde. Aber er hätte noch immer zu gern gewußt, wer es war. Nachdem er inbrünstig um ein Zeichen gefleht hatte, wurde ihm offenbart, sein Nachfolger werde der Mann sein, der am folgenden Tag als erster sein Schlafzimmer betrete. In der Regel war dies sein persönlicher Haushofmeister, aber der Zufall wollte es, daß just an jenem Morgen Justin, der *Comes Excubitorum*, eintrat, gekommen, um die Ausführung gewisser kaiserlicher Befehle zu melden. Anastasios neigte den Kopf, wußte er doch, es war der Wille Gottes.

So jedenfalls will es die Legende, und wir können uns gut vorstellen, wie der alte Mann, wohl nicht zum ersten Mal, über die verschlungenen Wege des Herrn rätselte. Justin war ein thrakischer Bauer, Mitte Sechzig, ungebildet, ja Analphabet. Wie Theoderich soll er eine Schablone benutzt haben – zwar nur eine hölzerne, keine goldene –, in die das Wort LEGI (»Ich habe es gelesen«) geschnitten war. Da nur er das Recht hatte, Purpurtinte zu verwenden, war eine persönliche Unterschrift gar nicht nötig. Und trotzdem, erzählt uns Prokop, mußte die Hand des Kaisers geführt werden.[5]

Aus derselben Quelle erfahren wir, wie Justin mit seinen beiden Brüdern vom Heimatdorf Bederiana rund hundert Kilometer südlich von Naissus (dem heutigen Niš) zu Fuß nach Konstantinopel wanderte, »auf ihren Schultern Säcke, in die sie daheim nur hartes Brot gesteckt hatten«.[6] Seine Frau Lupicina war von noch bescheidenerer Herkunft; sie war Sklavin und Konkubine des Mannes gewesen, dem Justin sie abgekauft hatte.

Deshalb war der neue Herrscher trotz des in Isaurien geleisteten hervorragenden Kriegsdienstes und unbestrittener militärischer Fähigkeiten kaum von kaiserlichem Format. Prokop geht sogar so weit, ihn mit einem trägen Esel zu vergleichen, »der sich von seinem Treiber am Zügel führen läßt und dabei nur mit den Ohren wackelt«;[7] doch dies ist bestimmt übertrieben. Justin war immerhin vom einfachen Soldaten zum *Comes Excubitorum* aufgestiegen, zum Kommandeur einer Elitetruppe im Palast. Er scheint sehr viel Selbstvertrauen und Ehrgeiz besessen zu haben und nicht wenig Bauernschläue. Einem anderen Bericht zufolge hatte der Obereunuch Amantios nämlich in der Nacht des 9. Juli 518, als Anastasios schließlich im Alter von siebenundachtzig Jahren starb, einen eigenen Kandidaten für den Purpur in petto. Er vertraute Justin seine

Pläne an und übergab ihm eine beträchtliche Summe in Gold, um damit die Soldaten zu bestechen. Justin behielt das Geld jedoch für sich und versetzte seine Männer in Alarmbereitschaft. Als die Menge am folgenden Morgen ins Hippodrom strömte und der Senat hinter verschlossenen Türen über die Nachfolge beriet, brach Streit aus. Man holte die Exkubitoren, um Ordnung zu schaffen, und sie begannen von sich aus ihren *Comes* als nächsten Kaiser zu verlangen. Dieser hielt sich zunächst zurück, doch als der Senat, der wie immer den Weg des geringsten Widerstandes ging, den Soldaten zustimmte, ließ er sich überreden.

Der Bericht, seine Männer hätten darauf einen Schutzschirm um ihren Kommandanten gebildet, und als sie wieder zur Seite getreten seien, habe er in kaiserlicher Aufmachung dagestanden, deutet darauf hin, daß Justin allem Anschein zum Trotz nicht ganz unvorbereitet auf seine Erhebung in den Kaiserstand gewesen sein kann. Man mag sich trotzdem fragen, wie es kam, daß ein derart ungehobelter und ungebildeter Mann soviel Unterstützung genoß. Da war zuallererst wohl die Tatsache, daß er kompromißlos orthodox war; er stellte sich entschieden gegen Anastasios' Partei und ihre monophysitischen Sympathien und setzte sich offen für die Blauen und gegen die mittlerweile höchst unbeliebten Grünen ein. Zweitens war er in der Armee beliebt und geachtet, und man konnte darauf vertrauen, daß er gegen erneute Aufstandsversuche seitens Vitalians, der sich in Thralien immer noch in Freiheit befand, hart durchgreifen würde. Sein größter Pluspunkt war aber sein Neffe, die treibende Kraft hinter dem Thron, eine graue Eminenz, die ihn unfehlbarer lenkte als alle Sekretäre, die ihm die unsichere Hand die hölzerne Schablone entlangführten. Dieser Neffe hatte höchstwahrscheinlich schon Justins Inthronisation in die Wege geleitet; er war es, der mit Vitalian nach typisch byzantinischer Manier verfuhr, ihn nach Konstantinopel einlud, seinen Argwohn zerstreute, indem er ihm das Konsulat und den Rang des *Magister militum* verlieh, um ihn dann ohne Aufsehen ermorden zu lassen; er war es, der nach fünfunddreißig Jahren Schisma die Versöhnung mit dem Papsttum herbeiführte; und er war es auch, der 521 seine Einsetzung als Konsul mit den aufwendigsten Spielen und Spektakeln im Hippodrom feierte, die Konstantinopel je erlebt hatte. Nicht weniger als zwanzig Löwen, dreißig Panther und eine nicht näher bestimmte Anzahl anderer exotischer Tiere wurden in dem großen Zirkus getötet – soviel zu Anastasios' Reformen. Umgerechnet dreitausendsiebenhundert Pfund Gold wurden für Dekorationen, Theatertrickmaschinen und großzügige Gaben an das Volk ausgegeben, und die Wagenrennen waren von so überlegener Qualität und lösten eine derartige Erregung aus, daß das letzte Rennen aus Angst vor ernsthaften Übergriffen abgesagt werden mußte. Der Gegensatz zur gestrengen, pfennigfuchserischen Regierungszeit zuvor hätte kaum größer sein können, die Botschaft war ebenso klar: Das Reich stand an der Schwelle zu einem neuen, glorreichen Zeitalter – einem Zeitalter, in dem es unter einem wieder wohlgesinnten Gott, vertreten durch einen erhabenen und schillernden Kaiser, seine verlorenen Gebiete wiedergewinnen und zu alter Größe und Macht aufsteigen würde.

Symbol jener Ära und Person jenes Kaisers war aber nicht Justin, sondern sein Neffe Justinian.

Justinian wurde im Jahre 482 in Tauresium, einem kleinen Dorf unweit des Heimatortes seines Onkels, geboren. Seine Muttersprache war wie die Justins mit ziemlicher Sicherheit Thrakisch (das wenige Jahrhunderte später ausstarb). Die gesamte Region der Balkanhalbinsel war jedoch schon lange gründlich romanisiert, und Justinian wuchs wahrscheinlich zweisprachig auf. Wir wissen nicht, wie und wann er nach Konstantinopel kam, ziemlich sicher aber auf Justins Initiative und noch als Kind. Er galt später als Mann von Bildung und Kultur, die er sich kaum an einem anderen Ort als in der Hauptstadt angeeignet haben konnte. Als er seine Ausbildung beendet hatte, muß sein Onkel ein Offizierspatent für ihn arrangiert haben, denn zur Zeit von Anastasios' Tod war er Offizier der *Scholae*, einer der Palasttruppen. Auch scheint ihn Justin bereits offiziell adoptiert zu haben, denn er hatte seinen ursprünglichen Namen Petrus Sabbatius abgelegt und als Zeichen der Dankbarkeit gegenüber seinem Wohltäter den Namen angenommen, unter dem er Geschichte machen sollte.

Doch all dies sind kaum mehr als Spekulationen. Erst nach 518 ist Justinians außergewöhnliche Laufbahn historisch belegt. Eine der ersten Amtshandlungen seines Onkels nach der Thronbesteigung war, ihn in den Rang eines *Patrikios* zu erheben und ihn zum *Comes* der Hofangestellten zu ernennen, eine Position, die ihm Zugang zu den innersten Machtzentren gewährte. Damit begann seine eigentliche Herrschaft. Auch wenn Justin die Inthronisation nicht seinem Neffen verdankt haben sollte, so war er doch bereit, sich in allen Bereichen von ihm leiten zu lassen, und es genügte ihm für den Rest seines Lebens – abgesehen von wenigen Monaten im Winter 524/525, als Justinian schwer krank war –, diesem als Sprachrohr und Marionette zu dienen.

Die wichtigste Leistung von Justins Regierungszeit, nämlich das Überwinden des Zerwürfnisses mit Rom, das mit dem Anheften des Exkommunikationsurteils am Chormantel von Patriarch Akakios im Jahre 484 begonnen hatte, ist also das Verdienst seines Neffen. Er betrachtete das Zerwürfnis als Schmach für die grundlegende Einheit, die im Zentrum seiner politischen Philosophie stand. So wie es nur einen Gott gab, durfte es auch nur ein Reich und eine Kirche geben. Justin war noch keinen Monat auf dem Thron, als er (nach dem Diktat seines Neffen) an Papst Hormisdas schrieb und ihn über seine Erhebung in Kenntnis setzte. Diese Ehre habe er, wie er nicht ganz aufrichtig hinzufügte, nur sehr widerstrebend angenommen. Der Papst antwortete ebenso herzlich, weitere Briefe folgten. Am 25. März 519 traf eine päpstliche Gesandtschaft in Konstantinopel ein, die am zehnten Meilenstein von einem von Justinian persönlich angeführten Empfangskomitee begrüßt worden war. Zwei Tage später erklärte der Patriarch Johannes die Kirche des alten und des neuen Rom zur unteilbar ein und derselben und verhängte feierlich den Kirchenbann über eine ganze Reihe von Häretikern, darunter auch über Timotheos das Wiesel, Paul den Stotterer und seinen Vorgänger Akakios, »den ehemaligen Bischof von Konstantinopel, der sich zum Komplizen und Anhänger dieser Häretiker gemacht hat, zusammen mit allen, die an ihrer Religions- und Glaubensgemeinschaft festhalten«. Zuletzt wurden die Namen von Zenon, Anastasios und der Patriarchen Euphemios und Makedonios, der nie vom Pfad der Orthodoxie abgewichen, ja in Wahrheit wegen seines Glaubens verbannt worden war, feierlich von den Diptychen entfernt.[8] Das Schisma war zu Ende. Aus byzantinischer Sicht kam dies zwar praktisch einer bedingungslosen Kapitulation gleich, für die der Ruf zweier Unschuldiger hatte geopfert werden müssen, doch Justinian befand diesen Preis zur Verwirklichung seines Ziels einer vereinigten Kirche als nicht zu hoch.

Nur ein Jahr später – das genaue Datum ist nicht belegt, doch muß es kurz nach 520 gewesen sein – kam es zur zweiten großen Wende in Justinians Leben: Er lernte seine zukünftige Kaiserin kennen. Theodora erscheint, milde gesagt, nicht als die ideale Partnerin. Ihr Vater war ein von den Grünen im Hippodrom angestellter Bärenhalter gewesen, ihre Mutter eine Art Zirkusartistin, vermutlich Akrobatin. Diese Abstammung hätte bereits genügt, sie von der respektablen Gesellschaft auszuschließen. Doch das war noch lange nicht alles. Schon als Kind war sie mit ihrer älteren Schwester in seichten Komödien, Farcen und Burlesken aufgetreten: sehr attraktiv und lebhaft, eine hervorragende Schauspielerin. Schon bald hatte sie eine begeisterte Anhängerschaft erworben. Es dauerte nicht lange und sie war zu Konstantinopels berühmtester Kurtisane avanciert. Trotzdem ist es mehr als zweifelhaft, daß sie selbst in ihren abenteuerlichsten Zeiten die Beschreibung, die Prokop von ihr gibt, auch nur annähernd verdiente; es ist eine der schlimmsten Schmähreden, die über eine Königin oder Kaiserin in der gesamten Geschichte jemals verfaßt wurde:

> Damals konnte sich Theodora, für intimen Verkehr mit Männern noch nicht reif, zwar noch nicht als Frau betätigen; doch hielt sie dies nicht ab, mit üblen Burschen wie ein Lustknabe schmählichen Umgang zu pflegen, und dies mit Sklaven, die ihren Herrn ins Theater begleiteten und als Nebenbeschäftigung in diesem günstigen Augenblick solche Schandtat begingen. Mit dieser widernatürlichen Preisgabe ihres Körpers brachte sie ziemlich lange Zeit in einem Bordell zu. Sobald sie erwachsen und reif war, ging sie gleich unter die Schauspielerinnen und wurde eine gewöhnliche Hetäre, eine »Hetäre zu Fuß«, wie die Alten sagten ... Nie kannte das Weib irgendwelche Scham, und niemals sah sie irgendeiner verlegen; ohne jedes Bedenken fand sie sich zu unzüchtigen Dienstleistungen bereit ... Sie entblößte Vorder- und Hinterteil und zeigte dem Nächstbesten unverhüllt, was Männern verborgen und unsichtbar sein sollte ...

> Nirgends war eine Frau jeder Art von Lust so unterworfen. Mit zehn oder mehr jungen Männern auf der Höhe ihrer Kraft, die selber Wollust als Tagewerk betrieben, ging sie oft zu einem gemeinschaftlichen Mahl und schlief dann bei sämtlichen Gästen die ganze Nacht hindurch. Wenn aber alle davon genug hatten, suchte dieses Weib noch deren Sklaven auf, etwa dreißig an Zahl, und schlief mit jedem einzelnen von ihnen. Auch dann bekam sie dieses Schandleben nicht satt ...
> Sie kleidete sich wiederholt auch im Theater vor den Augen des ganzen Publikums aus und trat so mitten auf die Bühne. Lediglich um die Hüfte und Brust trug sie eine Binde ... Mit dieser Bekleidung lag sie ausgestreckt rücklings auf dem Boden. Einige Bühnenarbeiter streuten über den Schoß Gerstenkörner, und die Gänse, die dazu abgerichtet waren, pickten sie mit ihren Schnäbeln einzeln auf. Theodora aber schämte sich dessen auch nicht im mindesten, im Gegenteil, man konnte den Eindruck gewinnen, als tue sie sich darauf noch etwas zugute.[9]

So geht es weiter, und der scheinheilige alte Lüstling kostet offensichtlich jedes Wort aus, das er schreibt. Ebenso eindeutig ist diese Schilderung mit größter Vorsicht zu genießen. Prokop haßte beide, Theodora wie ihren Mann, und dies ist nicht die einzige Passage in seiner skurrilen »Geheimgeschichte«, in der er sich anschickt, Justinians oder Theodoras Ruf zu zerstören. Es gibt keinen Hinweis darauf, daß er Theodora jemals auftreten gesehen hätte, deshalb kann seine Quelle nur der Klatsch von der Straße sein, und der war durch das Nacherzählen bestimmt nicht ärmer geworden. Trotzdem, so schwarze Rauchschwaden kommen bekanntlich von einem Feuer, und es bestehen wohl kaum Zweifel, daß Theodora, wie es unsere Großeltern ausgedrückt hätten, eine »Vergangenheit« hatte. Ob sie schlimmer war als andere, bleibt offen.

Jedenfalls begann sie sich bald nach Besserem umzusehen und nahm sich als Liebhaber einen nicht allzu hervorragenden Beamten, den sie nach Nordafrika begleitete. Dort kam es zu einem heftigen Streit. Theodora wurde weggeschickt und soll sich ihre Heimreise, natürlich laut Prokop, auf die einzige Art verdient haben, die sie kannte. Dabei gelangte sie nach Alexandria. Es hieß, sie habe dort

Kontakt zu führenden Kirchenmännern gehabt, was einen guten Teil der ausgeprägten monophysitischen Neigungen erklären dürfte, die sie später an den Tag legte. Vielleicht widerfuhr ihr sogar eine besondere religiöse Erfahrung, denn als sie nach Konstantinopel zurückkam, scheint sie völlig verändert gewesen zu sein.

Ein Merkmal, das ihr ganzes Leben kennzeichnete, war ihre starke Bindung an die blaue Partei und ihr Haß auf die Grünen. Es hieß, ihre Mutter habe nach dem Tod ihres Vaters, als Theodora sechs Jahre alt war, sogleich wieder geheiratet, in der Hoffnung, ihr zweiter Mann könne die Stelle seines Vorgängers als Bärenhalter der Grünen übernehmen. Doch sie wurde enttäuscht: Die Stelle wurde einem anderen Kandidaten gegeben. Am Rande der Verzweiflung sei sie eines Tages im Zirkus erschienen, ihre drei kleinen Mädchen mit Blumenkränzen im Haar neben sich, und habe an das versammelte Volk appelliert. Die Grünen, von denen man eine gewisse moralische Verpflichtung gegenüber der Witwe ihres ehemaligen Angestellten erwartet hätte, ignorierten sie. Die Blauen aber – wahrscheinlich eher aus dem Wunsch heraus, ihre Rivalen in einem schlechten Licht erscheinen zu lassen, als aus echtem Mitleid – erbarmten sich ihrer und boten ihr eine Stelle für ihren Mann. Von diesem Augenblick an habe Theodoras Loyalität festgestanden – und sie sei ihr Leben lang nicht mehr davon abgewichen.

Justinian bevorzugte ebenfalls die Blauen und hatte vor seiner Inthronisation viel Zeit und Energie darauf verwandt, sich ihre Unterstützung zu sichern. Wahrscheinlich lernte er dabei Theodora kennen. Sie war unterdessen Mitte Dreißig, schön und intelligent wie eh und je, hinzu kam jedoch jene Weisheit und Reife, an der es ihr in früheren Jahren offenbar gemangelt hatte. Sie bezauberte ihn auf der Stelle, und er war ihr in kurzer Zeit verfallen. Die beiden wurden ein Liebespaar und zeugten ein Kind, das aber schon als Baby starb. Doch nicht genug damit: Trotz ihrer Herkunft war Justinian entschlossen, daß sie seine Frau werden sollte. Dabei gab es zwangsläufig gewisse Hindernisse. Eines war das Gesetz, das die Heirat von Senatoren und anderen ranghohen Männern mit Schauspielerinnen ausdrücklich verbot. Ein zweites, viel ernster zu nehmendes Hindernis stellte die unnachgiebige Opposition der Kaiserin dar. Bei der Einsetzung ihres Mannes hatte sie den Namen Lupicina zugunsten des vornehmeren, wenn auch weniger ausgefallenen Euphemia abgelegt. Im Grunde war sie aber einfache Bäuerin geblieben, und nachdem sie nun in ihrer unmittelbaren Umgebung jemanden von noch niedrigerer Abkunft als sie selbst gefunden hatte, machte sie Theodora auf jede erdenkliche Weise schlecht. Solange Euphemia lebte, war an eine Heirat daher selbst für Justinian nicht zu denken; doch zu seinem Glück starb sie im Jahre 524. Der alte Kaiser machte keine Schwierigkeiten, denn er versuchte ohnehin nie, sich seinem Neffen entgegenzustellen. In wenigen Wochen stimmte er einem Gesetz zu, das Schauspielerinnen im Ruhestand, denen ein hoher Rang verliehen worden war, freistellte, zu heiraten, wen sie wollten. Damit war der Weg frei, und im Jahre 525 erklärte der Patriarch Justinian und Theodora in der Hagia Sophia zu Mann und Frau. Nur zwei Jahre später, am 4. April 527, wurden sie zu Mitkaiser und Kaiserin gekrönt, und als der alte Justin am 1. August an seinem langwierigen Krebsleiden starb, besaßen sie die alleinige und unumschränkte Herrschaft über das Byzantinische Reich.

Diese Mehrzahl ist wichtig. Theodora war keine Kaisergemahlin, die ihr Leben zurückgezogen mit ihren Hofdamen im *Gynäceum* verbrachte und nur bei höchst feierlichen Anlässen mit ihrem Mann auftrat. Justinian bestand sogar darauf, daß sie an seiner Seite regierte, Entscheidungen traf und sie in seinem Namen ausführte sowie ihn in den wichtigsten Staatsgeschäften beriet. Sie hatte es in fünf Jahren sehr weit gebracht. Ihre künftigen öffentlichen Auftritte unterschieden sich stark von den aus der Vergangenheit überlieferten.

Was die Leute in Konstantinopel von Justinians Eheschließung mit Theodora hielten, ist nicht dokumentiert. Falls an Prokops Schilderung ihres früheren Lebenswandels etwas Wahres ist, müßte es viele gegeben haben, die sie als eine Schande für das Reich betrachteten. Es ist jedoch zu vermuten, daß es auch welche gab, die ihr weniger kritisch gegenüberstanden. Justinian hatte sich von jeher von der Masse abgehoben, wirkte distanziert auf seine zukünftigen Untertanen, kühl und zurückgezogen. Hier gab es endlich ein Zeichen dafür, daß auch er nur ein Mensch wie alle anderen war.

Ein Mensch zu sein bedeutet jedoch noch lange nicht, beliebt zu sein. Wie prächtig die Spiele im Zirkus auch gewesen sein mochten, wie großzügig die Gaben, die er zur Feier seines zweiten Konsulats ein Jahr nach seiner Einsetzung an die Menge verteilte, wie freigebig die finanzielle Unterstützung erdbebengeschädigter Städte auch war – 528 gab es in Antiochia an die fünftausend Tote und 529 nochmals halb so viele in Laodikäa –, Justinian wurde nie geliebt. Seine Extravaganzen waren ja schön und gut, doch sie mußten auch bezahlt werden. Dasselbe galt für den Krieg mit Persien, der nur wenige Monate nach seiner Thronbesteigung ausgebrochen war und auch nach dem Tod von König Kawat im Jahre 513 sporadisch wiederaufflammte. Und dasselbe galt auch für den »ewigen Frieden«, mit dem der Krieg im September 532 beendet wurde, als Justinian mit Kawats Nachfolger Chosrau einen Vertrag unterzeichnete, demzufolge das Reich einen jährlichen Tribut – der natürlich nie als solcher bezeichnet wurde – von elftausend Pfund Gold leisten mußte. Dasselbe galt schließlich für Justinians gigantische Bauvorhaben. Während der Regierungszeit seines Onkels hatte man auf seine Veranlassung hin an der Stelle, wo die Theodosianische Mauer hinunter zum Goldenen Horn führte, mit der großen, Maria geweihten Blachernenkirche begonnen, und danach wurden nicht weniger als sieben andere, einige davon ursprünglich von Konstantin gegründete Kirchen zum Gedenken an frühchristliche Märtyrer, die in und um Byzanz ihr Leben gelassen hatten, wiederaufgebaut. Dies allein wäre bereits eine Leistung gewesen, die sich sehen lassen kann, doch es stellte sich heraus, daß es erst der Anfang war. Schon in den ersten Tagen nach seiner Inthronisierung fuhr Justinian mit einer eigenen Gründung fort und ließ in dankbarem Andenken an zwei weitere Märtyrer die Kirche der Heiligen Sergios und Bacchus erbauen. An architektonischer Originalität und Reichtum geschnitzter Verzierungen steht sie in Konstantinopel nur der Hagia Sophia nach.[10]

Die finanziellen Mittel für all dies und noch viel mehr konnten durch eine Straffung und Rationalisierung des Steuersystems aufgebracht werden. Solche Maßnahmen sind jedoch bei denen, die sie entrichten müssen, nie besonders beliebt, und die Person des Beamten, der vom Kaiser zu ihrer Durchsetzung ernannt worden war, verstärkte die allgemeine Unzufriedenheit zusätzlich. Es handelte sich um einen gewissen Johannes von Kappadokien. Über seine Herkunft ist nur bekannt, daß er aus Cäsarea in Kleinasien stammte und nicht viel an Bildung genossen hatte. Er war roh und ungehobelt, ohne jegliches Taktgefühl. Justinian hatte in ihm jedoch auf den ersten Blick den hervorragenden Verwaltungsbeamten erkannt und beförderte ihn 531 zum Prätorianerpräfekten. In dieser Eigenschaft veranlaßte er strenge Sparmaßnahmen bei der Verpflegung der Armee, lancierte eine entschlossene Kampagne gegen die Korruption, führte neue Steuern ein – Johannes von Lydien, eine der wertvollsten Quellen für jene Zeit, gibt sechsundzwanzig an –, die vielleicht zum ersten Mal sowohl die reichen und mächtigen Landbesitzer als auch die arme Bauernschaft trafen, und unternahm zudem große Anstrengungen, um die Regierung zu zentralisieren, indem er die Macht der ranghohen Provinzbeamten stark beschnitt. Viele dieser Reformen waren seit langem überfällig, und Johannes ließ den Finanzapparat des Reiches mit Sicherheit in einem viel besseren Zustand zurück, als er ihn angetroffen hatte. Leider waren sein Fleiß und seine Effizienz mit einer moralischen Verworfenheit gepaart, mit der er überall Verachtung und Schrecken verbreitete. Wo er versteckte, nicht deklarierte Schätze vermutete, zögerte er nicht, die betreffende Person ins Gefängnis werfen, auspeitschen oder sogar foltern zu lassen. Außerdem war er ein Vielfraß, Trunkenbold und Wüstling, der seinem lydischen Namensvetter zufolge der Provinz Lydien nicht nur sämtliche Schätze entzog, sondern der unglücklichen Bevölkerung des Landes kein einziges Schiff irgendwelcher Bauart übrigließ; zudem habe es weder verheiratete noch unverheiratete Frauen und auch keine Jugendlichen dort gegeben, die er nicht geschändet habe. Da sich Johannes' Aktivitäten in all diesen Bereichen höchstwahrscheinlich nicht auf eine einzige Provinz beschränkten, verwundert es niemanden, daß er zu Beginn des Jahres 532 der verhaßteste Mann im Reich war.

Ein anderer Beamter machte ihm jedoch zunehmend Konkurrenz, und dies war der Rechtsgelehrte Tribonian, der 529 zum Quästor des Heiligen Palastes und damit höchsten Justizbeamten der Regierung ernannt wurde. So schrecklich Johannes von Kappadokien auch in anderen Belangen gewesen sein mag, er war wenigstens Christ und persönlich unbestechlich, Tribonian dagegen, ein Pamphylier aus Side, war Heide, schamlos und stets käuflich, wenn er einen Vorteil für sich herausschlagen konnte. Prokop schreibt dazu:

»[Tribonian] war jedoch unglaublich geldgierig und stets bereit, das Recht um einen schnöden Gewinn zu verkaufen. Und was die Gesetze anbelangt, so hob er fast jeden Tag alte auf und verfaßte neue, wobei er von den Bittstellern je nach Bedarf sich beides bezahlen ließ.«[11] Im Gegensatz zu Johannes war er zudem ein Mann von unwiderstehlichem Charme, und alle, die mit ihm in Kontakt kamen, staunten über seine enorme Belesenheit und breite Bildung. Es muß diese letzte Eigenschaft gewesen sein, die Justinian gefiel. Selbst ein bedeutender Gelehrter, hatte er lange ein fast übermenschliches Unterfangen erwogen; in Tribonian fand er den Mann, der zu seiner Verwirklichung fähig war. Es ging um die vollständige Neukodifizierung des Römischen Rechts. Einen ähnlichen Versuch hatte 438 bereits Theodosios II. unternommen, doch seitdem waren an die hundert Jahre vergangen, und Justinians Vorhaben war entschieden ehrgeiziger. Während sich sein Vorgänger mit einer einfachen Zusammenstellung der kaiserlichen Erlasse begnügt hatte, plante er die Schaffung eines völlig neuen Kodexes mit Beseitigung aller Wiederholungen und Widersprüche sowie jener Gesetze, die mit der christlichen Lehre nicht zu vereinbaren waren: ein Werk also, das an die Stelle von Verwirrung und Chaos Klarheit und Prägnanz setzen sollte.

Unter Tribonians Vorsitz und dank seines enzyklopädischen Wissens arbeitete die vom Kaiser eingesetzte Sonderkommission mit fast unglaublicher Geschwindigkeit. Am 8. April 529, kaum vierzehn Monate nach Aufnahme ihrer Tätigkeit, war der neue *Codex* fertiggestellt. Eine Woche später wurde er in Kraft gesetzt und diente jedem Gericht im gesamten Reich als maßgebliche Grundlage. Eine vervollständigte Ausgabe, die auch Justinians Gesetze enthielt, erschien fünf Jahre später. Bereits im Jahre 530 begann jedoch eine zweite Kommission unter Tribonians Leitung mit einer weiteren Kodifizierung, diesmal der Hauptwerke aller römischer Rechtsgelehrten. Diese wurden in den sogenannten *Digesten* oder *Pandekten* zum ersten Mal methodisch erfaßt. Es heißt, die Kommission habe die Weisheit von fast zweitausend Abhandlungen auf fünfzig Bücher zusammengefaßt und drei Millionen »Verse« der älteren Verfasser auf hundertfünfzigtausend verdichtet: eine erstaunliche Leistung in nur drei Jahren. Im Jahre 533 erschienen schließlich die *Institutio-*

nes, ein Handbuch mit Auszügen der beiden Hauptwerke, das für den Unterricht in den kaiserlichen Rechtsschulen gedacht war. Alle vier Sammlungen waren in Latein abgefaßt, das noch immer die Sprache der Justiz, doch sonst kaum noch in Gebrauch war; das Reich hatte sich seit Konstantin dem Großen stark verändert, und die Hellenisierung seiner Stadt war nahezu abgeschlossen.

In Anbetracht der enormen Bedeutung von Tribonians Beitrag zur kaiserlichen Justiz scheinen die Unregelmäßigkeiten in seinem Berufsleben vernachlässigbar, vor allem wenn wir uns Prokops unverbesserlichen Hang zur Übertreibung in Erinnerung rufen. Es besteht jedoch kein Zweifel, daß Johannes von Kappadokien und er zu einem großen Teil verantwortlich waren für die zunehmende Unbeliebtheit, welche die ersten fünf Jahre von Justinians Herrschaft kennzeichneten. Nur wenige Erinnerungen sind so schwer zu verwinden wie die an verlorene Prozesse, die man eigentlich hätte gewinnen sollen. Und zu den Stimmen enttäuschter Kläger kamen die von Männern, die ihre Stellung verloren hatten (egal, ob es sich dabei um Pfründen handelte oder nicht), und solchen, deren Betrügereien in der Folge der Steuerreformen entlarvt und beendet worden waren; letztere äußerten sich natürlich nicht ganz so laut. Doch jegliche Zurückhaltung in dieser Beziehung wurde von einer anderen Gruppe Unzufriedener mehr als kompensiert: den Blauen und den Grünen. Sobald sich Justinian auf dem Thron sicher fühlte, glaubte er, die Unterstützung der Blauen nicht mehr nötig zu haben, und betrieb eine Repressionspolitik, die sich ohne Unterschied gegen beide Parteien richtete. Er beschnitt ihre Macht und ihre Vorrechte und belegte ihre Exzesse mit strengen, ja zum Teil grausamen Strafen. So zögerte er nicht, als es am 10. Januar 532 nach den Rennen im Hippodrom zu einer Schlägerei kam, zur Wiederherstellung der Ordnung Truppen einzusetzen. Nicht weniger als sieben Rädelsführer wurden zum Tode verurteilt. Davon wurden fünf richtig hingerichtet, die anderen zwei atmeten jedoch noch, als man sie abschnitt. Sie wurden von ein paar Mönchen gerettet und eiligst über den Bosporus an eine Zufluchtsstätte im Kloster des heiligen Laurentius gebracht. Dort beschloß der Stadtpräfekt Eudämon, sie so lange auszuhungern, bis sie sich ihm bedingungslos unterwarfen, und postierte eine bewaffnete Wache vor dem Tor. In der Zwischenzeit protestierte ihre Anhängerschaft lautstark und verlangte die Freilassung der beiden.

Zufällig handelte es sich bei den beiden Männern um je einen Angehörigen der Blauen und der Grünen. So sahen sich die beiden Gruppen zum ersten Mal in einem gemeinsamen Anliegen vereint. Als Justinian drei Tage später wie üblich seinen Platz im Hippodrom einnahm und das Zeichen zum Beginn der Spiele gab, wurde sein Erscheinen von einem Aufruhr begrüßt. Zuerst schien es ihm nicht ungewöhnlich, doch dann wurde ihm plötzlich klar, daß dieser Tumult anders war als alle anderen, die er je erlebt hatte. Die Grünen und die Blauen waren vereint, ihr Geschrei richtete sich nicht gegeneinander, sondern gegen ihn. »Nika! Nika!« riefen sie, den üblichen Siegesruf zum Anfeuern der Wagenlenker. Bisher war darauf jedoch immer der Name der Gruppe gefolgt, die sie unterstützten, und jede Seite hatte versucht, die andere zu übertönen. Nun riefen sie aber nur das eine Wort im Chor, in einem bedrohlichen Refrain, immer und immer wieder. Alle Differenzen waren vergessen. Die Menge rief wie aus einem Mund, und ihre Stimme verhieß nichts Gutes.

Die Rennen begannen, konnten die Spannung jedoch nicht mildern und wurden bald abgebrochen. Das Volk drängte aus dem großen Zirkus, versessen auf Zerstörung. Erstes Ziel ihrer Wut war der Palast des Stadtpräfekten, wo sie sich Einlaß verschafften, indem sie die ihnen im Weg stehenden Wachen töteten. Darauf befreiten sie alle Gefangenen aus ihren Zellen und steckten das Gebäude in Brand. Von dort zogen sie weiter zur Prätorianerpräfektur und von da zum Senat, zu den Zeuxippos- und Alexanderthermen und sogar zur Irenenkirche und der Hagia Sophia, ein breites, loderndes Band von Flammen hinter sich zurücklassend. Bis zum Ende des Tages waren all diese Gebäude und zahlreiche andere entlang der Mesé nur noch qualmende Ruinen.

In der Zwischenzeit wurden dauernd neue Feuer entfacht. Während fünf Tagen und Nächten lag eine dicke Rauchdecke über der Stadt. Am zweiten Tag, wieder im Hippodrom, verlangte die Menge die sofortige Entlassung von Johannes von Kappadokien, Tribonian und des Stadtpräfekten Eudämon – eine Forderung, der Justinian, nun ernsthaft alarmiert, sofort zustimmte. Am dritten Tag hatte sich ihr Zorn noch immer nicht gelegt, und sie begannen nach einem neuen Kaiser zu rufen, und zwar nach einem von Anastasios' Neffen, einem Mann namens Probus. Als sie herausfanden, daß er die Stadt verlassen hatte, steckten sie sein Haus in Brand und zogen lärmend weiter. Am 18. Januar fand Justinian wieder etwas von seinem Mut und stellte sich dem Volk im Hippodrom, nahm die gesamte Schuld für die Ausschreitungen auf sich und versprach eine umfassende Amnestie, falls sie alle ruhig nach Hause gingen. Diese Strategie war zwanzig Jahre zuvor von seinem Vorgänger mit vollem Erfolg angewandt worden. Die gegenwärtige Situation war jedoch viel ernster als alles, mit dem Anastasios je konfrontiert gewesen war. Die wenigen halbherzigen Beifallsrufe gingen rasch in einem Meer von Pfiffen unter, und der Kaiser zog sich hastig in den Palast zurück.

Unterdessen hatten die Aufständischen einen neuen Favoriten gefunden: Hypatios, ebenfalls ein Neffe des früheren Kaisers. Er konnte auf eine hervorragende militärische Laufbahn zurückblicken, hatte er doch sowohl in Persien als auch in Thrakien gegen den Rebellen Vitalian byzantinische Truppen befehligt. Als alter Mann hegte er keinerlei kaiserliche Ambitionen und versuchte sich im Gegenteil zu verstecken, als die Menge seinen Namen zu rufen begann. Irgendwie stöberten sie ihn dennoch auf und trugen ihn auf den Schultern ins Hippodrom, wo er, in Ermangelung eines Diadems, mit einem geborgten goldenen Halsband gekrönt und in die kaiserliche Loge gesetzt wurde. Während dies geschah, besprach sich im Palast dahinter der verzweifelte Justinian mit seinen Beratern. Bereits mehrere Tage zuvor hatte er Vorbereitungen treffen lassen, um sofort mit seinem Hofstaat aus der Hauptstadt fliehen zu können, falls dies nötig würde. Nun, glaubte er, sei der Augenblick gekommen.

Da griff Theodora ein. Sie sagte, es sei ihr gleichgültig, ob es sich für eine Frau gezieme, furchtsamen Männern tapfer zu raten. Denn in Augenblicken großer Gefahr sei das Gewissen die einzige Führung. Was sie betreffe, so ziehe sie die Möglichkeit der Flucht keine Sekunde in Betracht, selbst wenn sie eine solche in Sicherheit brächte. Dann fuhr sie fort:

> ... denn wie ein Mensch, einmal geboren, dem Tode nicht entrinnen kann, so muß jedem, der einmal den Kaiserpurpur trug, ein

Flüchtlingsdasein unerträglich erscheinen. Niemals möchte ich daher dieses Purpurkleid verlieren und auch jenen Tag nicht erleben, an dem jene, die vor mir hintreten, mich nicht mehr als Herrin ansprechen werden. Mein Kaiser, wenn du dich in Sicherheit bringen willst, so macht dies keine Schwierigkeit. Wir verfügen ja über viel Geld, und dort ist das Meer, und hier sind die Schiffe. Sieh aber zu, ob nach glücklicher Rettung du nicht am liebsten den Tod fürs Leben eintauschen würdest! Mir jedenfalls gefällt ein altes Wort, daß das Kaisertum ein schönes Totenkleid ist![12]

Danach stand eine Abreise nicht mehr zur Diskussion. Man war sich einig, daß die Krise mit Waffengewalt bewältigt werden mußte. Glücklicherweise waren zwei der besten Generäle des Reichs im Palast anwesend. Der erste, Belisar, war noch keine dreißig Jahre alt, ein romanisierter Thrakier wie Justinian und erst vor kurzem von der persischen Front zurückgerufen und zum Oberbefehlshaber befördert worden. Der zweite, Mundus, war ein Illyrer, der sich nur zufällig in der Hauptstadt aufhielt, doch eine ansehnliche Truppe skandinavischer Söldner mit sich führte. Die beiden einigten sich rasch auf ein Vorgehen.

Sie schlüpften heimlich aus dem Palast, sammelten ihre Soldaten und marschierten auf getrennten Wegen zum Hippodrom. Dann drangen sie auf ein bestimmtes Signal hin gleichzeitig zu der schreienden und rufenden Menge ein, und die Überraschung gelang vollkommen. Es gab keine Schonung. Grüne und Blaue wurden ohne Unterschied niedergemetzelt. In der Zwischenzeit hatte Narses, der Kommandant der kaiserlichen Garde, ein älterer, täuschend zerbrechlich wirkender armenischer Eunuch, seine Männer an den Hauptausgängen postiert, mit dem Befehl, alle zu erschlagen, die zu entkommen versuchten. Innerhalb weniger Minuten wichen die wütenden Rufe im großen Amphitheater den Schreien und dem Stöhnen der Verwundeten und Sterbenden. Bald verstummten auch sie, und dann herrschte Schweigen in der Arena, deren Sand nun mit dem Blut der Opfer getränkt war.

Während sich die von der Schlächterei erschöpften Soldaten einen Weg durch die rund dreißigtausend Toten bahnten, wo nötig noch dem einen oder anderen den Todesstoß versetzten und alle ihrer

Wertsachen beraubten, wurde der zitternde Hypatios vor den Kaiser geführt. Justinian, der wahrscheinlich erkannte, daß sein alter Freund von den außer Kontrolle geratenen Ereignissen mitgerissen worden war, neigte dazu, Gnade walten zu lassen. Doch Theodora ließ dies nicht zu. Der Mann, so erklärte sie ihm, sei vom Volk gekrönt worden, und trotz seines ergrauten Haares könnten sich jederzeit weitere Revolten um ihn bilden. Wie immer beugte sich ihr Mann ihrem Willen. Gleich am folgenden Tag wurden Hypatios und sein Bruder Pompejus gemeinsam hingerichtet und ihre Leichen ins Meer geworfen.

Der Nika-Aufstand, wie er später genannt wurde, war für Justinian eine heilsame Lektion. Innerhalb weniger Wochen hatte er wieder genügend Oberwasser, um Tribonian und Johannes von Kappadokien wieder in ihre Ämter einzusetzen. Er verhielt sich in Zukunft jedoch umsichtiger. Obwohl die Steuern hoch blieben, überstiegen sie nie mehr ein vernünftiges Maß. Aber auch seine Untertanen waren ernüchtert. Dreißigtausend von ihnen waren erschlagen, und es muß unzählige gegeben haben, die ihr Fernbleiben vom Hippodrom an jenem schicksalaften Nachmittag einzig göttlicher Vorsehung zuschreiben konnten. Es machte ganz den Anschein, als wäre es doch nicht so einfach, einen Kaiser ein- oder abzusetzen, wie sie geglaubt hatten. Mit Anastasios hatten sie mehr oder weniger machen können, was sie wollten. Justinian (und Theodora) zeigte, daß mit ihm nicht zu spaßen war.

Viel Arbeit wartete auf Kaiser und Volk. Die Hauptstadt lag in Trümmern und mußte um jeden Preis wiederaufgebaut werden, wenn möglich in größerem, eindrucksvollerem Maßstab als zuvor. Dies war zwar in erster Linie Aufgabe des Stadtpräfekten und seiner Angestellten, die Gebäude im Zentrum der Hauptstadt waren aber eindeutig zu wichtig, um sie Untergebenen zu überlassen, und an oberster Stelle rangierte die Hagia Sophia. Justinian entschied, daß dies sein Werk werden solle, und verlor keine Zeit. Am 23. Februar 532, nur neununddreißig Tage nach ihrer Zerstörung, begannen die Arbeiten am dritten und letzten Bau der Kirche der Heiligen Weisheit.

Der erste der drei Kirchenbauten an jener Stelle war zwar von

Konstantin persönlich entworfen, doch erst unter der Herrschaft seines Sohnes Constantius um das Jahr 360 errichtet worden; er hatte noch kein halbes Jahrhundert bestanden, als er während der Unruhen nach der Verbannung des heiligen Johannes Chrysostomos im Jahre 404[13] niedergebrannt wurde. Die zweite Kirche, von Theodosios II. elf Jahre später neu eingesegnet, war mit großer Sicherheit eine Kopie der ersten, das heißt einmal mehr nach dem traditionellen Bauplan der Basilika erstellt. Justinians Bauwerk wies jedoch keine Ähnlichkeit mehr damit auf. Es wurde unendlich viel größer, ja, das mit Abstand größte christliche Bauwerk im gesamten Abendland.[14] Auch war der Grundriß nicht mehr rechteckig, sondern quadratisch, und den Höhepunkt bildete nicht mehr das Allerheiligste in der Apsis im Osten, sondern die hohe Kuppel im Zentrum. Dies Grundkonzept präsentiert sich in der Tat als so revolutionär, daß Justinian höchstwahrscheinlich bereits längere Zeit vor dem Nika-Aufstand mit den beiden auserwählten Architekten Anthemios von Tralles und Isidor von Milet daran gearbeitet hat. Trotz ihrer unbestrittenen fachlichen Qualitäten hätten sie ihre Pläne kaum in weniger als sechs Wochen zeichnen können.

Über diese beiden Architekten ist nur wenig bekannt. Anthemios, ein Grieche aus Kleinasien – Tralles (das heutige Aydin) war eine kleine Stadt im Tal des Mäander –, war in erster Linie Mathematiker und Ingenieur. Wahrscheinlich hat er in Alexandria studiert, bevor er nach Konstantinopel kam. Dort arbeitete er für Justinian an der Kirche der Heiligen Sergios und Bacchus und beeindruckte seinen Auftraggeber so sehr, daß er ihn danach als oberste Instanz für alle technischen Fragen im Neubauprogramm der Hauptstadt einsetzte. Sein Kollege Isidor kam aus derselben Gegend und war möglicherweise ebenfalls zu Bildungszwecken nach Ägypten gereist. Er hatte einen brillanten Kommentar zu einer berühmten Abhandlung des Mathematikers Heron von Alexandria aus dem ersten Jahrhundert über Gewölbe verfaßt. Als er den kaiserlichen Auftrag erhielt, wurde er bereits als der beste Lehrmeister seiner Zeit gepriesen.

Was Entwurf und Kosten des Gebäudes anging, scheint Justinian den beiden von Beginn an freie Hand gelassen zu haben. Seine einzige Bedingung war, daß die Kirche von unvergleichlicher Pracht sein und in kürzester Zeit errichtet werden mußte, war er doch bereits fünfzig Jahre alt und entschlossen, sie noch vor seinem Tod fertiggestellt zu sehen. Prokop zufolge[15] ließ er Künstler und Handwerker »aus der ganzen Welt« kommen. Laut einer anderen Quelle ernannte er hundert Vorarbeiter, von denen jeder hundert Männer unter sich hatte, fünftausend auf der Nord- und ebenso viele auf der Südseite; beide Gruppe sollten sich gegenseitig zu größerer Eile anstacheln. In der Zwischenzeit zirkulierte ein kaiserliches Reskript in allen Provinzen des Reiches, das die Gouverneure aufforderte, alle antiken Stätten zu überprüfen und jegliche klassischen Übrigbleibsel, die sich für eine Integration in den Neubau eignen könnten, umgehend in die Hauptstadt zu schicken. Als Antwort darauf, so heißt es, erhielt Justinian aus Rom acht Porphyrsäulen, die einmal im Sonnentempel gestanden hatten, und acht grüne Marmorsäulen aus Ephesus. Weiterer Marmor jeglicher Farbe und Art wurde für die Wände und Böden eigens abgebaut:

> Denn des Steinhauers Meißel durchbrach mit seinem Zahn den grünen Bergrücken von Karystos und zerspaltete den buntfarbigen Felsnacken Phrygiens, der sich teils rosig darbietet, von weißem Dufte durchzogen, teils üppig in Purpur- wie Silberblumen erstrahlt. Purpurfarben und mit zierlichen Steinen besetzt, leuchtet viel aufragendes Steinwerk; der schönarmige Nilstrom hat es auf Lastschiffen einstmals getragen. Auch kannst du den grünen Glanz des lakonischen Marmors sehen und anderes Gestein in gewundenen Maserungen blitzend, wie sie die tiefe Schlucht des jassischen Hügels hervorbrachte; Streifen, blutrot und grauweiß, ziehen schräg hindurch. Außerdem findest du ... Marmor, welchen Libyens goldglühender Sonnenstrahl auf dem Rücken des tiefgefurchten maurusischen Gebirgs goldglänzend und safrangelb aufleuchten läßt. Nicht zu vergessen das Gestein, welches das tiefvereiste Gebirge emporsandte, zwar schwärzlich schimmernd anzusehen, doch von vielen milchigen Adern durchzogen, die sich frei strömend, so wie es der Zufall will, bald dahin, bald dorthin wenden. Oder auch, was der leuchtende Onyx an Wertvollem in seinem lichtdurchfluteten Steinbruch ans Tageslicht gefördert hat und die atrakische Erde in ihren weiten Gefilden und nicht in stolzen Schluchten birgt, hier ganz grün leuchtend und dem Smaragde

> nicht unähnlich, dort noch dunkler und ins Blau sich verlierend. Endlich findet sich dort schneeiges Weiß, mit dem Glanz des Schwarzen verbunden, so daß die Anmut des Steins vom Farbengemisch noch erhöht wird.[16]

So schwärmt ein gewisser Paulos Silentiarios in seinem langen Lobgedicht – man könnte es beinahe eine Rhapsodie nennen – über die neue Kirche zum Gründungsfest, welches am Heiligen Abend des Jahres 563 stattfand, als der Bau neu eingesegnet wurde, nachdem er in zwei aufeinanderfolgenden Erdbeben beschädigt worden war. Trotz der blumigen homerischen Sprache ist es an Einzelheiten reich und so erstaunlich präzise, daß man das Gefühl hat, Paulos Silentiarios müsse es in der Kirche geschrieben haben. »Goldene Mosaiksteinchen überziehen die Decke«, so fährt er fort, »und funkelnder Goldglanz flutet von ihnen herab, so daß Menschenaugen es kaum ertragen können. Man möchte glauben, mittägliche Frühjahrssonne zu sehen, wenn sie jegliche Höhe übergoldet.«[17]

Interessanterweise erwähnen weder Paulos Silentiarios noch andere Zeitgenossen die Existenz figürlicher Mosaiken. Natürlich würde man kaum erwarten, daß derartige Arbeiten aus der Zeit Justinians überdauert hätten, da sie zweifellos im achten Jahrhundert von den Bilderstürmern zerstört worden wären. Hätte es aber welche gegeben, ist es unvorstellbar, daß Paulos und Prokop, ganz zu schweigen von anderen Autoren, kein Wort darüber verloren hätten. Letzterer bestätigt andererseits den erstgenannten, indem er schreibt, das Innere der Kirche sei durchflutet gewesen von Licht und Sonnenschein, was auf einen vom Raum selbst ausgehenden Glanz hinweist. Es besteht kein Zweifel, daß praktisch sämtliche Wände im Inneren oberhalb der Marmorverkleidungen – eine auf rund sechzehntausend Quadratmeter geschätzte Fläche – vollkommen mit Mosaiken überdeckt war, entweder in einheitlich goldenen oder in dekorativen Mustern mit eingelassenen roten, blauen und grünen Steinchen. Der Großteil der ursprünglichen Arbeit ist noch immer vorhanden. Das mächtige, mit Juwelen besetzte Kruzifix vor einem Sternenhintergrund aber, das sich einst über die Kuppel zog, ist leider verlorengegangen.[18]

Doch die Pracht der Kirche beschränkte sich nicht auf diese

Wandverzierungen. Auch architektonisch muß sie auf den ersten Blick wie ein Wunder gewirkt haben. Für den Historiker Evagrius war sie »ein großes, unvergleichliches Werk«, dessen Schönheit »jedes Beschreibungsvermögen überstieg«. Für Prokop schien sie sich in den Himmel zu erheben und die umliegenden Gebäude zu überragen »wie ein riesiges Schiff, das neben ihnen vor Anker lag«. Den größten Zauber aber barg die einzigartige Kuppel: dreiunddreißig Meter im Durchmesser, fünfundfünfzigeinhalb Meter über dem Boden, mehrere Male breiter und höher als jede andere Kuppel, die man jemals zu bauen versucht hatte, eine flache Schüssel, deren Rand durchbrochen war von vierzig Fenstern, so daß es aussah, als ob sie »an einer goldenen Kette vom Himmel herabhinge«.

Hinzu kam die Innenausstattung. Die Ikonostase, eine fünfzehn Meter hohe Bilderwand aus Massivsilber, an der die Heiligenbilder von Engeln und Aposteln hingen, auf dem Ehrenplatz in der Mitte jenes der Muttergottes; der mit Gold und Edelsteinen überladene Hochaltar, überdacht von einem silbernen Baldachin, der auf vier reichverzierten Säulen ruhte; der riesige runde Ambo (Lesepult) für den Prediger, funkelnd vor vielfarbigem Marmor und Mosaiken; die unzähligen goldenen Lampen. Auch mit ihren Reliquien konnte sich keine andere Kirche messen, allen voran das echte Kreuz, das Kaiserin Helena zusammen mit anderen Geräten aus dem Leben Jesu von Jerusalem mitgebracht hatte, darunter die Windeln Christi und den Tisch, an dem er mit den Aposteln das letzte Abendmahl gefeiert hatte. Zu bestaunen waren auch die Ketten des heiligen Petrus, der Teppich des heiligen Nikolas, der Kopf des heiligen Pantaleon und der Arm des heiligen Germanus, der bei jeder Einsetzung dem neuen Patriarchen aufgelegt wurde. Kein Wunder also, daß Justinian, als er den vollendeten Bau am 27. Dezember 537 zum ersten Mal betrat – nur fünf Jahre, zehn Monate und vier Tage nach der Grundsteinlegung –, lange schweigend dastand und man ihn dann murmeln hörte: »Salomo, ich habe dich übertroffen.«

10

Belisar

(532–540)

Sein hoher Wuchs und majestätisches Äußere entsprachen dessen Begriffen von einem Helden ... Durch die Vereinigung von Freigebigkeit und Gerechtigkeit erwarb er die Liebe der Soldaten ohne die Zuneigung des Volkes zu verwirken. Den Kranken und Verwundeten wurde mit Arzneien und Geld und noch wirksamer durch die wohlthuenden Besuche und die Freundlichkeit ihres Befehlshabers geholfen ... Niemand konnte sich rühmen, ihn während der Ungebundenheit des Kriegslebens von Wein berauscht gesehen zu haben; die schönsten weiblichen Gefangenen von gothischer und vandalischer Herkunft wurden seiner Umarmung geboten, er wandte sich aber von ihren Reizen ab, und den Gemahl der Antonina traf kein Argwohn, daß er je die Gesetze der eheliche Treue verletzt habe. Der Zeuge und Geschichtsschreiber seiner Thaten hat bemerkt, daß er mitten unter den Gefahren des Krieges kühn ohne Unbesonnenheit, klug ohne Furcht, langsam oder schnell je nach dem Erfordernisse des Augenblickes, in der äußerster Bedrängniß von wirklicher oder scheinbarer Hoffnung belebt, aber bescheiden und demüthig auf dem Gipfel des Glückes gewesen sei.

Gibbon, *Geschichte des Verfalles und Untergangs des römischen Weltreiches*, 41. Kapitel

In der Zeitspanne relativer innenpolitischer Ruhe, die auf die »Nika«-Revolte folgte, und des mit Persien acht Monate später geschlossenen Friedens konnte sich Justinian endlich auf das konzentrieren, was er immer schon als das primäre Ziel seiner Regierung betrachtet hatte: die Wiederherstellung des Weströmischen Reiches. Wie die große Mehrheit der Bevölkerung hielt er an der Vorstellung des einen, unteilbaren Römischen Reiches fest und sah dieses als politische Manifestation des Christentums. Daß es zur Hälfte Fremden und Häretikern in die Hände gefallen war, verstieß gegen Gottes Willen. Daher sah es Jusitinian als seine christliche Pflicht an, das verlorene Erbe zurückzuholen. Im voraufgegangenen Jahrhundert war an eine solche Rückeroberung nicht zu denken gewesen. Das Reich hatte alle Hände voll zu tun gehabt, sich der germanischen und slawischen Stämme zu erwehren, die fortwährend gegen seine Grenzen anrannten, und die Durchmischung des Heeres mit nichtrömischen Legionären hatte Zweifel an dessen Loyalität genährt. Zu Justinians Zeit waren diese Probleme jedoch weitgehend gelöst. Ja, er hatte sogar in Belisar einen der fähigsten Heerführer der ganzen byzantinischen Geschichte gefunden, den einzigen, den er mit dieser heiligen Aufgabe betrauen zu können glaubte.

Justinian hatte Belisar deshalb im August 531 aus Mesopotamien abberufen. Bereits zwei Jahre zuvor war der junge Befehlshaber zum *Magister militum per orientem* ernannt worden. In dieser Eigenschaft hatte er dem bis dahin überlegenen persischen Heer bei Dara etwa zwanzig Meilen nordwestlich von Nisibis eine schwere Niederlage beigebracht. An seiner militärischen Begabung gab es keinen Zweifel; er bewies immer wieder persönlichen Mut und war der geborene Führer. Zumindest eine Schwäche hatte er aber doch: Antonina, die Frau, mit der er sich bald nach seiner Rückkehr aus dem Osten verheiratete. Sie stammte aus einem ähnlichen Milieu wie Kaiserin Theodora. Auch sie war im Theater und im Zirkus groß geworden; über ihre Vergangenheit wird zwar nicht ganz so Anrüchiges berichtet, aber sie war wohl auch nicht gerade makellos. Da sie mindestens zwölf Jahre älter war als ihr Mann, brachte sie etliche Kinder, eheliche so gut wie uneheliche, in die Ehe. Im Unterschied zu Theodora änderte sie nach ihrer Heirat ihren Lebenswandel nicht.

Sie brachte Belisar in den folgenden Jahren oft in Verlegenheit und bereitete ihm so manche Pein. Doch Belisar hat sie offenbar trotz alledem geliebt und nahm sie auf all seine Feldzüge mit.

Das erste Gebiet, das man sich wiederzuholen gedachte, war das Vandalenreich in Nordafrika. Seit dem demütigenden Fiasko, mit dem König Geiserich fünfundsechzig Jahre zuvor das Unternehmen von Basiliskos vereitelt hatte, war eine Menge geschehen. Der Vandalenkönig war 477 gestorben und hatte dem Königreich eine Verfassung hinterlassen, die den Erstgeborenen zum Nachfolger designierte; in dieser Hinsicht war sie der jedes anderen germanischen Gemeinwesens und selbst des Römischen Reichs weit voraus. In der Folge war der Thron von Karthago an Geiserichs Enkel, einen zu der Zeit schon älteren Junggesellen namens Hilderich, übergegangen. Dieser war ein direkter Nachkomme von Eudokia, der Tochter von Valentinian III., die die Vandalen nach der Plünderung Roms mit ihrer Mutter und Schwester nach Afrika entführt und dort einem Sohn Geiserichs[1] angetraut hatten; dadurch war er mütterlicherseits Römer. Römische Lebensart hatte er so weit angenommen, daß er dem Arianismus seiner Vorväter abgeschworen und sich dem orthodoxen Glauben zugewandt hatte.

Er war Gewalt und Krieg so sehr abgeneigt, daß er, falls man Prokop glauben kann, niemandem erlaubte, dieses Thema in seiner Gegenwart auch nur zu erwähnen. All dies war natürlich frohe Botschaft für Justinian, der nun verständlicherweise glaubte, das Vandalenreich sei dem Römischen Reich mit etwas Diplomatie und Gelassenheit wiedereinzugliedern, ohne daß auch nur ein einziger römischer Soldat geopfert werden müsse. Leider blieb ihm nicht soviel Zeit, wie er dachte. Im Jahre 531 verlor Hilderichs entfernter Vetter Gelimer die Geduld und bestieg unter der begeisterten Zustimmung des vandalischen Adels selbst den Thron. Den sofortigen Protest des Kaisers beantwortete er mit einem Brief, in dem er ihn darauf aufmerksam machte, nichts sei wünschenswerter, als daß ein Monarch sich um seine eigenen Angelegenheiten kümmere.

Damit hatte Gelimer gar nicht so unrecht; Justinian faßte dies allerdings als Kampfansage auf. Das frühere Debakel vor Augen, rieten ihm seine Ratgeber unbedingt vom Krieg ab; mit besonderem Nachdruck Johannes von Kappadokien:

> Du beabsichtigst, gegen Karthago einen Feldzug zu unternehmen, wohin man auf dem Landweg einhundertvierzig Tage braucht, zu Schiff aber die ganze See durchqueren und bis zu den äußersten Grenzen des Meeres fahren muß. Und so wird es ein ganzes Jahr dauern müssen, bis von den Ereignissen im Feldlager eine Kunde einläuft. Hinzufügen könnte man noch, daß du selbst im Falle eines Sieges über deine Feinde nicht imstande sein dürftest, Libyen zu gewinnen, während Sizilien und Italien unter fremder Herrschaft stehen. Solltest du aber sogar noch eine Niederlage erleiden, mein Kaiser, dann wirst du, da ja die Verträge von dir bereits gebrochen sind, die Gefahr in unser Land ziehen. Kurz gesagt, du wirst einerseits die Früchte deines Sieges nicht genießen können, andererseits wird ein Mißgeschick den derzeitigen Wohlstand verderben.[2]

Justinian wurmte Gelimers Beleidigung aber immer weiter, und nachdem ein Bischof des Ostens ihm einen Traum mitgeteilt hatte, in dem ihm der Allmächtige seinen Beistand in einem heiligen Krieg gegen die arianischgläubigen Vandalen versprach, bedurfte es keiner weiteren Ermunterung. Belisar erhielt Order, und um die Sommersonnenwende des Jahres 533 sah der Kaiser vom Fenster aus dem Aufbruch des Heeres zu. Es setzte sich zusammen aus fünftausend Kavalleristen und doppelt so vielen Infanteristen. Mindestens die Hälfte davon waren Barbarensöldner, überwiegend Hunnen, jedoch stark mit Herulern aus Skandinavien durchsetzt. Das Heer verteilte sich auf fünfhundert Transportschiffe, die von zweiundneunzig *Dromonen* eskortiert wurden.[3] Auf dem Flaggschiff befanden sich unter anderen der Oberbefehlshaber, dessen militärischer Sekretär Prokop und, wie gewöhnlich, Ehefrau Antonina.

Die Reise begann recht unerfreulich, denn zwei betrunkene Hunnen – die Hunnen sollen, laut Prokop, besonders zügellos dem Alkohol zugetan gewesen sein – ermordeten zwei ihrer Kameraden; Belisar ließ sie auf dem Hügel oberhalb von Abydos sofort erhängen. Danach kam die Flotte recht zügig bis Methone im Südwesten des Peloponnes voran. Doch kam es zu einer Katastrophe, als man in den Säcken mit dem Schiffszwieback, die Johannes von Kappadokien gestellt hatte, Schimmel entdeckte, und zwar leider erst nachdem fünfhundert Mann sich bereits schwere Vergiftungen zugezogen hatten. (Prokop behauptet, Johannes habe aus Sparsamkeit den Teig nicht in eine ordentliche Bäckerei gegeben, sondern in den Ofen der Achillesbäder in Konstantinopel, so daß er nicht richtig durchgebacken war.) Es dauerte recht lange, bis die Schiffe sich mit Lebensmitteln aus der Umgegend versorgt hatten und die Fahrt fortsetzen konnten; weiter ging es über Zakynthos nach Katane (Catania).

Nach zwischenzeitlicher Herrschaft der Vandalen hatte Odoaker Sizilien gegen einen jährlichen Tribut zurückkaufen können. Da das ostgotische Königreich Italien immer noch wie zu Theoderichs Zeiten freundschaftliche Beziehungen zu Byzanz pflegte, eignete Katane sich besonders gut als Ausgangspunkt, von dem aus Belisar die Flotte auf den eigentlichen Angriff vorbereiten und gleichzeitig möglichst viel Einsicht in die Aufstellungen des Feindes gewinnen konnte. Zu diesem Zweck entsandte er Prokop nach Syrakus. Dort wollte es das Glück, daß er schon bald einem alten Freund aus seiner Jugendzeit begegnete, dessen einer Sklave drei Tage zuvor gerade aus Karthago zurückgekehrt war. Natürlich kamen die Informationen, die ihm dieser geben konnte, höchst gelegen: Die Vandalen wüßten noch nicht, daß die Flotte herannahe, sondern hätten ihrerseits vor kurzem ein großes Heer zur Niederschlagung eines Aufstandes auf Sardinien losgeschickt. Den Aufstand hatte Justinian angezettelt, was die Vandalen aber ebenfalls nicht wußten.

Als Belisar die Nachricht erhielt, ließ er die Flotte sofort in See stechen. Nach kurzer Zwischenlandung auf Malta gelangte sie sicher nach Nordafrika. Das Heer betrat die Küste am Strand des heutigen Ras Kaboudia, am äußersten Vorsprung der tunesischen Küste zwischen Sousse und Sfax. Von hier setzten sich Kavallerie und Infanterie nach Norden auf Karthago in Marsch, während die Schiffe ihnen auf dem Wasser folgten. Die Wegstrecke von etwa hundertvierzig Meilen, schreibt Prokop optimistisch, könne ein unbeschwerter Reisender in fünf Tagen bewältigen; aber die byzantinische Soldaten brauchten mit all ihrem Gepäck und Gerät zweimal so lange. Als das Vandalenheer am 13. September zuschlug, waren es immer noch zehn Meilen bis zur Hauptstadt.

Kaum waren die römischen Schiffe vor der Küste gesichtet worden, schritt Gelimer unverzüglich zur Tat. Zwar hielten sich ein Teil seines Heeres und seine Flotte tatsächlich in Sardinien auf, aber es befanden sich immer noch eine Menge Soldaten zu Hause. Bis die Invasoren ausgeschifft waren, hatte er seine Pläne entworfen. Die Gegend, die er für das Aufeinandertreffen vorgesehen hatte, lag in der Nähe des zehnten Meilensteins, wo die Straße von Süden in ein schmales Wadi einmündete. Der Angriff selbst sollte von drei Seiten erfolgen: Sein Bruder Ammatas sollte die Vorhut angreifen, während sein Neffe von den westlichen Hügeln gegen das Zentrum anrennen und er selbst die Nachhut von hinten angreifen wollte. Bei diesem ehrgeizigen Plan hing alles von einer sorgfältigen Zeitplanung ab. Zu Gelimers Unglück kam es zu Mißverständnissen zwischen den Truppenteilen. Ammatas schlug zu früh los, und so erwarteten die vorgewarnten Byzantiner Gelimer bereits. In der nachfolgenden Schlacht fiel der Vandalenfürst, nachdem er seinerseits ein Dutzend Gegner in den Tod geschickt hatte. Als die Soldaten ihren Anführer fallen sahen, verließ sie die Kraft. Rund um Gelimer wurden ein paar von ihnen in Stücke gehauen, und daraufhin ergriff der Rest die Flucht.

Dem Angriff von der Flanke erging es nicht besser, ja, er verlief noch unglückseliger; das Überraschungsmoment war nun endgültig dahin. Wäre indes Gibamund Ammatas schnell genug zu Hilfe geeilt, hätten sich die beiden Abteilungen vielleicht noch behaupten können. Statt dessen zögerte er, ließ die Truppen anhalten und sich sorgfältig zur Schlachtordnung aufstellen. Er war damit immer noch beschäftigt, als Belisars Reiterei bereits angriff. Diese stellten die wilden und unerbittlichen Hunnen. Beim ersten Anblick der heranbrausenden Horde flüchteten die Vandalen und liefen um ihr Leben. Nun hing alles von Gelimer ab. Er machte einen verheißungsvollen Anfang, denn er versuchte, Belisar und seine Offiziere von der Hauptmasse ihres Heeres abzuschneiden; als er jedoch plötzlich den Leichnam seines Bruders vor sich sah, verließ ihn aller Kampfwille. Eine Weile stand er reglos da; er verließ den Ort so lange nicht, bis der Leichnam vom Schlachtfeld gebracht und Anstalten zu einer angemessenen Beisetzung getroffen waren. Natürlich nutzte Belisar diese Chance. Er stellte rasch die Verbindung zwischen den Heeresteilen wieder her, stürzte sich auf das Vandalenheer und zerstreute es in alle Winde. Damit war die Schlacht entschieden. Die Verteidiger flohen, allerdings nicht Richtung Norden, wo sie hergekommen waren, denn diese Straße hatten die Römer schon unter Kontrolle gebracht, sondern nach Westen in die numidische Wüste. Der Weg nach Karthago war für Belisar frei.

Zwei Tage später, am Sonntag, dem 15. September, zog Belisar mit Antonina an der Seite offiziell in die Stadt ein. Seit dem ersten Tag der Landung in Afrika hatten seine Leute den strikten Befehl, Leben und Eigentum der ansässigen Bevölkerung zu respektieren, da sie trotz hundertjähriger Besetzung durch die Vandalen römisch sei wie sie selbst. Daher zogen sie ohne Großspurigkeit, Arroganz und Getue ein. Was sie in den Läden kauften, soll prompt und in voller Höhe bezahlt worden sein. Belisar begab sich unverzüglich zum Palast und empfing auf dem Thron des Vandalenkönigs die ersten Bürger der Stadt; anschließend hielt er mit seinen Offizieren ein Staatsbankett ab. Bei diesem wurden, immer laut Prokop, Gerichte aufgetischt, die für Gelimer bestimmt gewesen waren.

Aber Gelimer gab den Kampf noch nicht verloren. Von seinem hundert Meilen westlich von Karthago gelegenen, vorübergehenden Refugium im numidischen Bulla Regia aus sandte er eine Eilbotschaft an seinen noch lebenden Bruder Zazo, der an der Spitze des Sardinienfeldzugs stand. Darin forderte er ihn auf, unverzüglich mit seinem Heer nach Afrika zurückzukehren. In der Zwischenzeit machte er sich daran, sein eigenes Heer wieder zu sammeln und zu reorganisieren, und bemühte sich gleichzeitig um Unterstützung bei den ansässigen Phöniziern und Berberstämmen, denen er für jeden byzantinischen Kopf, den sie ihm vorlegten, eine hohe Belohnung in Aussicht stellte. Zug um Zug baute er seine Stellung wieder auf, und als Zazo Anfang Dezember mit seinen Leuten zu ihm stieß, fühlte er sich schon wieder stark genug, in die Offensive zu gehen. Nun war das neue Vandalenheer natürlich auf keinen Fall zehnmal so groß wie das byzantinische – womit sich Gelimer, einmal mehr laut Prokop, angeblich vor seinem Gefolge brüstete –, aber es war eine eindrucksvolle Streitmacht, die mit den beiden Brüdern an der Spitze Bulla verließ und sich auf Karthago zubewegte. Unterwegs zerstörte man den großen Aquädukt, von dem die Wasserversorgung der Hauptstadt weitgehend abhing.

Obwohl Belisar die Wochen seit der Schlacht am zehnten Meilenstein dazu genutzt hatte, die Verteidigungsanlagen Karthagos zu verstärken, wollte er es möglichst nicht zu einer Belagerung kommen lassen, vor allem weil er der Loyalität der Hunnen und der übrigen nichtrömischen Truppenteile unter seinem Oberbefehl immer weniger sicher war. Ihm war bekannt, daß Gelimers Spione heimlich Kontakt mit ihnen aufgenommen und sie zu überreden versucht hatten, als Arianer zu ihren Glaubensgenossen überzulaufen. Wenn sie ihn aber verrieten, dann lieber auf offenem Gelände als in einer belagerten Stadt. Auch er gab also Befehl zum Abmarsch und traf bei Tricamarum, dreißig Meilen westlich von Karthago, auf das Heer der Vandalen.

Die Schlacht fand am 15. Dezember statt. Die militärisch weit besser ausgebildeten und geführten Byzantiner übernahmen sofort die Initiative und griffen die Vandalenreihen dort, wo sie am dichtesten gestaffelt waren, dreimal an. Beim dritten Angriff fiel Zazo im Handgemenge vor den Augen seines Bruders. Auch diesmal zögerte Gelimer angesichts des Todes eines Bruders. Als seine Soldaten diese Unentschlossenheit bemerkten, wichen sie zurück. Erst da entschlossen sich die Hunnen, in den Kampf einzugreifen. Offenbar hatten sie, wie Belisar vermutet hatte, abgewartet, um zu sehen, auf welche Seite sich das Kampfglück neigte. Sie trieben die Pferde in einem geschlossenen donnernden Angriff vorwärts, so daß aus dem geordneten Rückzug der Vandalen eine ungeordnete Flucht wurde. Gelimer floh wieder zurück in die numidische Festung, sein Heer folgte in heillosem Durcheinander. Damit war die Sache endgültig entschieden. Belisar marschierte bis Hippo weiter, wo man die Tore sogleich öffnete, und legte die Hand auf den königlichen Schatz. Dann kehrte er mit einem Zug von Gefangenen, seine Wagen beladen mit der reichen Beute, die er und seine Soldaten sich verschafft hatten, nach Karthago zurück.

Obwohl Gelimer wußte, daß sein Königreich verloren war, gab er immer noch nicht auf. Wochenlang durchstreifte er die Berge, wobei er bei Berberstämmen Zuflucht fand. Zu Beginn des Jahres 534 sah er sich dann eines Tages plötzlich von byzantinischen Soldaten umzingelt. Deren Anführer, der Heruler Pharas, hieß ihn aufgeben, mit der Versicherung, Justinian hege keinen Groll gegen ihn; er werde ihn behandeln, wie es einem König gebühre, und ihm einen würdigen, angenehmen Abgang gewähren. Aber Gelimer lehnte ab. Er bat nur um einen Schwamm, einen Laib Brot und eine Lyra, was die Byzantiner sehr verwirrte. Der Bote erklärte ihnen, daß sein Herr den Schwamm für ein entzündetes Auge benötige, das Brot, um seinen Hunger auf echtes Brot zu stillen, nachdem er wochenlang nur ungesäuerte Fladen zu sich genommen habe, die Lyra aber, weil er die Zeit des Umherirrens genutzt habe, um ein Klagelied zu verfassen über das Unglück, das ihn und sein Volk getroffen habe, und dieses wolle er gerne singen. Es ist nicht bekannt, ob seinen Bitten entsprochen wurde.

Im März mußte er, nach einem äußerst strengen Winter, endgültig aufgeben. Als man ihn vor Belisar führte, soll es ihn vor Lachen geschüttelt haben, worüber die Anwesenden nicht wenig staunten. Prokop interpretiert die etwas unangebrachte Heiterkeit als Spott über die Eitelkeit menschlichen Strebens. Andere, die dabei waren, äußerten indes die – vielleicht eher zutreffende – Vermutung, daß der geschlagene König nach all dem, was er erduldet hatte, nicht mehr ganz bei Sinnen war.

Im Hochsommer wurde Belisar nach Konstantinopel zurückberufen. Zwar war Afrika noch nicht ganz befriedet – es verstrichen noch etliche Jahre, bis die Berberstämme sich mit der Kaiserherrschaft arrangierten –, aber diese Aufgabe konnte man ohne weiteres dem Prätorianerpräfekten überlassen, der für die sieben neuen Provinzen, in die man das Vandalenreich unterteilt hatte und zu denen auch Korsika, Sardinien und die Balearen gehörten, verantwortlich war. Für seinen siegreichen Feldherrn hatte der Kaiser andere und weitaus ehrgeizigere Unternehmungen im Sinn.

Zuerst sollte er jedoch angemessen belohnt werden. Entsprechend seiner Vorliebe für alte Bräuche und Traditionen beabsichtigte Justinian, Belisar einen Triumph auszurichten. Seit den ersten Tagen des Reiches waren derlei Zeremonien Vorrecht des Imperators (Kaisers) und vereinzelt der Mitglieder seiner Familie gewesen, in der jüngsten Vergangenheit aber fast völlig in Vergessenheit geraten. Als letztem nichtkaiserlichem Feldherrn war diese Ehre Lucius Cornelius Balbus dem Jüngeren im Jahre 19 v. Chr. zuteil geworden. Nun, 553 Jahre später, brach die Bevölkerung von Byzanz in Jubelgeschrei aus, als Belisar vor seinen Soldaten, gefolgt von Gelimer und seiner Familie und den stattlichsten vandalischen Gefangenen, ins Hippodrom einmarschierte.[4] Dem Aufmarsch folgte ein schier endloser Zug von Wagen, die unter dem Gewicht der Kriegsbeute ächzten. Unter den Beutestücken befand sich auch die Menorah, der heilige siebenarmige Leuchter, den Kaiser Titus im Jahre 71 n. Chr. aus dem Tempel in Jerusalem entwendet und nach Rom überführt hatte, wo Geiserich ihn 455 seinerseits an sich und mit nach Karthago genommen hatte.

Später gab der stets abergläubische Justinian die Menorah und andere Gefäße aus dem Tempel an Jerusalem zurück: Vertreter der jüdischen Gemeinde vermochten ihn zu überzeugen, daß anderenfalls unweigerlich Unheil über Konstantinopel kommen werde. Vorerst aber verliehen die berühmten und verehrungswürdigen Gegenstände dem Triumphzug Belisars zusätzlichen Glanz. Die Feierlichkeiten erreichten ihren Höhepunkt, als er und Gelimer, dem man nun den Purpurmantel von den Schultern riß, sich vor der kaiserlichen Loge, in der Justinian und Theodora im Staatsornat saßen, auf den Boden warfen. »*Vanitas vanitatum vanitas*« (Es ist alles eitel), soll der letzte Vandalenkönig vor sich hin gemurmelt haben, während er an der Seite seines Bezwingers im Staub lag. In der anschließenden persönlichen Unterredung mit dem Kaiser wies er zwar den ihm angetragenen Titel eines *Patrikios* von sich, da er dem arianischen Glauben nicht abschwören wollte, nahm aber Justinians Angebot eines Landgutes in Galatien an. Dort konnte er weitab vom Machtzentrum in Zurückgezogenheit mit seiner Familie leben und den Glauben ausüben, den er für richtig hielt. Seine Mitgefangenen hatten weniger Glück. Sie bildeten künftig den Kern von fünf kaiserlichen Regimentern, den sogenannten *Vandali Justiniani*, und wurden an die persische Front verlegt, um dort gegen ihren Willen für das Reich und, so gut es ging, um ihr Leben zu kämpfen.

Weder Justinian noch Belisar schenkten ihnen viel Aufmerksamkeit. Sie waren in Gedanken schon beim nächsten Akt des großangelegten kaiserlichen Vorhabens, das Römische Reich in seinem alten Glanz wiedererstehen zu lassen. Diesmal ging es um die Rückeroberung der italienischen Halbinsel.

Seit Justinian in den Tagen seines Onkels Justin erstmals Macht gekostet hatte, hegte er den Traum, die gesamte italienische Halbinsel wieder dem Reich einzugliedern. Ein Römisches Reich ohne Rom kam ihm vollkommen absurd vor, ein ostgotisches und arianischgläubiges Königreich mit Rom dagegen war aus seiner Sicht ein Schandfleck. Außerdem konnte es künftig politisch gefährlich werden. Nun, da Theoderich tot war, galt es als keineswegs sicher, daß seine Nachfolger die freundschaftlichen Beziehungen zu Konstantinopel weiterpflegten, die aufrechtzuerhalten dieser sich stets bemüht hatte. Sie konnten den Herren von Byzanz, wenn sie wollten, auf dem Balkan allerhand Schwierigkeiten bereiten.

Das Königreich mußte also zerstört werden; die Frage war nur, wie. Die Situation in Italien unterschied sich von der im vandalischen Nordafrika erheblich. Während Geiserich und seine Nachfolger stets stolz auf ihre Unabhängigkeit gepocht hatten, herrschte der Ostgotenkönig, zumindest theoretisch, als Vizekönig des Kaisers. Während jene die orthodoxe Kirche verfolgt hatten, war er, obwohl überzeugter Arianer, peinlich darauf bedacht, sich der Freundschaft und Unterstützung des Papstes und der führenden Schicht Roms zu versichern. Deshalb stand er bei der Bevölkerung des von ihm regierten Reiches auch in hohem Ansehen. Justinian wußte nur zu gut, daß diese mit ihrer Situation äußerst zufrieden waren und sich einem strafferen Regiment vermutlich widersetzen würden, ganz zu schweigen von der viel drückenderen Steuerlast, die bei einer Wiedereingliederung Italiens in das Reich nicht ausbleiben konnte.

Kurz vor seinem Tod im Jahre 526 hatte Theoderich die mächtigsten gotischen Häuptlinge an sein Krankenlager gerufen und ihnen als ihren künftigen König seinen acht Jahre alten Enkel Athalarich vorgestellt. Der Junge war der Sohn seiner einzigen Tochter Amalasuntha, die seit vier Jahren Witwe und wie Theodora ebenfalls eine der bemerkenswertesten Frauen ihrer Zeit war. Beide waren von den gleichen ehrgeizigen Träumen besessen, sie jedoch sprach als umfassend gebildete Intellektuelle außerdem fließend Latein und Griechisch, womit sie im sechsten Jahrhundert als gotische Frau und unter den Goten wohl einzigartig war. Leider hatte sie aber keinen Justinian, auf dessen Stärke und Unterstützung sie zählen konnte, und die gotische Gesellschaft war noch mehr von Männern dominiert als bereits die griechische. Kaum hatte sie nach ihres Vaters Tod anstelle ihres Sohnes die Regentschaft übernommen, bekam sie auch schon zunehmend die Abneigung um sich herum zu spüren. Diese vergrößerte sich noch, als sie darauf bestand, Athalarich eine ebenso gründliche klassische Bildung angedeihen zu lassen, wie sie selbst sie genossen hatte. Knapp ein Jahr später ließen es einflußreiche gotische Adlige, ihrerseits fast alles Analphabeten, auf eine Kraftprobe ankommen: Sie verlangten, daß Athalarich die Kriegskunst erlerne, anstatt seine Zeit mit graubärtigen Grammatikern und Philosophen zu verschwenden, und entzogen den jungen König ganz und gar dem Einfluß seiner Mutter.

Amalasuntha hatte keine Chance, sich dagegen zu wehren. Von dem Zeitpunkt an wies sie jede Verantwortung für Athalarich von sich. Er geriet fast sofort in schlechte Gesellschaft und ergab sich, obwohl fast noch ein Kind, dem Trunk und der Ausschweifung, denen er noch vor seinem siebzehnten Lebensjahr zum Opfer fiel. Die Mutter, die sich der zunehmenden Gefährdung ihrer Stellung bewußt war, nahm insgeheim Kontakt auf mit Justinian. In den folgenden Jahren wurden diese Beziehungen immer enger, obwohl sich die beiden nie sahen. Schließlich heckten sie einen Plan aus, nach dem Amalasuntha sich über die Adria zum Reichshafen Dyrrhachion begeben, dort offiziell um Asyl und den Kaiser bitten sollte, sie wieder in ihre rechtmäßige Machtstellung einzusetzen.

Justinian wußte, daß er mit Theoderichs Tochter an seiner Seite auch auf breite Unterstützung beim gotischen Volk rechnen durfte; mit einigem Glück würde sich Italien vielleicht sogar ohne Blutvergießen wieder eingliedern lassen. Aber genau wie drei Jahre zuvor in Afrika ging auch diesmal alles wieder viel zu schnell. Am 2. Oktober 534 starb der junge Athalarich in Ravenna, von seinem lasterhaften Leben erschöpft. Der Thron ging an das letzte männliche Glied der Dynastie Theoderichs, seinen Neffen Theodahad, über. Der neue König gab keine sonderlich gute Figur ab; seine Gier nach großen Landgütern und die Skrupellosigkeit, mit der er sie in seinen Besitz brachte, hatten ihn bereits zum größten Landeigentümer des Königreichs gemacht. Aber er zeigte keine Lust zum Herrschen, sondern zog es vor, als platonischer adeliger Gelehrter in einer seiner vielen Villen zu leben. Amalasuntha wußte vermutlich nicht, daß auch er insgeheim mit Justinian in Kontakt stand, aber als er den Thron bestieg, sah sie ihre Chance gekommen. Sie schlug ihm vor, die Herrschaft zwischen ihm und ihr aufzuteilen: Auf diese Weise werde Theodahad in den Genuß aller Freuden und Privilegien eines Königs kommen, brauche jedoch dessen Verantwortung nicht zu tragen, da sie die Staatsgeschäfte übernähme. Sie machte deutlich, daß ihr an Heirat nicht gelegen sei – Theodahad hatte ohnehin schon eine Frau –, sondern an einem Doppelkönigtum, in dem König und Königin gut und gleichberechtigt zusammenarbeiteten.

Theodahad ließ sich darauf ein, und das neue System wurde formell verkündet. Fast sofort bereute er aber seine Entscheidung und plante den Sturz seiner Cousine. Amalasuntha hatte immer noch viele Feinde in hohen Positionen, und manche davon schlossen sich nur zu willig einer Verschwörung gegen sie an. Im April 535 wurde sie verhaftet, auf einem Schloß auf einer Insel im Bolsenasee gefangengesetzt und bald darauf im Bad erdrosselt. So vehement Theodahad jegliche Beteiligung an dem Verbrechen auch bestritt, war die reichhaltige Belohnung, die er den Mordbuben zukommen ließ, doch für die meisten seiner Untertanen mehr als Beweis genug für das Gegenteil.

Laut Prokop ließ Justinian, als er von Amalasunthas Einkerkerung hörte, Theodahad durch den Gesandten *Patrikios* Peter mitteilen, falls die Königin nicht umgehend wieder auf den Thron gelange, sehe er sich zum Eingreifen gezwungen. Gleichzeitig sei jedoch eine zweite Botschaft von Theodora eingetroffen, mit der Versicherung, ihr Gatte habe dies nicht wirklich vor; Theodahad könne daher mit seiner Gefangenen verfahren, wie es ihm tunlich erscheine. Prokop legt nahe, Theodora habe diese zweite Botschaft aus Eifersucht diktiert; vielleicht hat sie aber auch, im Einvernehmen mit Justinian, ganz bewußt als Agent provocateur gehandelt. Nun, man weiß es nicht. Tatsache ist, daß Theodahad durch die Ermordung seiner Cousine Byzanz direkt in die Hände spielte und dem Kaiser genau den Kriegsvorwand lieferte, dessen er bedurfte. Kaum hatte ihn die Nachricht in Konstantinopel erreicht, ergingen denn auch schon seine Befehle. Mundus, der *Magister militum per Illyricum*, bekam Order, das zum Ostgotenreich gehörende Dalmatien zu besetzen. Unterdessen sollte sich Belisar, noch frisch und gestärkt von seinem

Triumph, mit einem siebeneinhalbtausend Mann starken Heer nach Sizilien einschiffen. Die beiden Unternehmen begannen verheißungsvoll, doch schon bald tauchten Schwierigkeiten auf. Die Goten leisteten in Dalmatien weit mehr Widerstand als erwartet, und schon nach wenigen Wochen fiel Mundus im Kampf. Belisar nahm Sizilien zwar fast kampflos ein,[5] wurde dann jedoch dringend nach Afrika gerufen, um dort eine ernstzunehmende Meuterei der kaiserlichen Besatzungsmacht niederzuschlagen. Das kostete ihn viele Wochen. Als er zurückkam, mußte er feststellen, daß die Unzufriedenheit auch seine Truppen erfaßt hatte. Bis die Moral einigermaßen wiederhergestellt war, nahte schon der Winter, und damit war die für Kriegshandlungen günstige Jahreszeit vorüber. Erst im späten Frühjahr des Jahres 536 sah sich sein Heer schließlich imstande, den Boden Italiens zu betreten. Dazwischen hatte Theodahad, der auf die Nachricht vom byzantinischen Feldzug hin zunächst in Panik geraten war, mit Justinian einen Geheimvertrag ausgehandelt, in dem er die Herrschaft über Italien gegen zwölfhundert Pfund Gold pro Jahr und eine hohe Stellung in Konstantinopel vollumfänglich abzutreten versprach. Nun aber widerrief er diese Vereinbarung und ordnete in einer für ihn untypischen Anwandlung von Kühnheit die Prägung neuer Münzen an, auf denen er allein, angetan mit den kaiserlichen Insignien, abgebildet war.

Aber seine Hochstimmung war nicht von langer Dauer. Eines Abends im April oder Anfang Mai überquerten Belisar und sein Heer die Straße von Messina, gingen in Reggio an Land und stürmten den Stiefelabsatz hoch. Erst in Neapel stießen sie auf Widerstand. Die Bevölkerung verteidigte ihre Stadt entschlossen drei ganze Wochen lang, und sie hätte sogar noch länger standgehalten, wenn nicht ein Isaurier aus dem Belagerungsheer durch Zufall auf eine alte Wasserleitung gestoßen wäre, durch die vierhundert Männer unter den Befestigungsanlagen hindurchkriechen und in die Stadt gelangen konnten. Auf ein verabredetes Zeichen legte der Rest des Heeres die Sturmleitern an und setzte zum Angriff auf die Mauern an. Die Verteidiger, die sich gleichzeitig von innen und von außen angegriffen sahen, mußten kapitulieren. Damit fiel Neapel wieder an das Reich.

Das heißt, was von der Stadt noch übrig war. Belisar hatte der

Bevölkerung von Neapel zu Beginn der Belagerung mitteilen lassen, er werde sein Heer, das sich schließlich zu einem großen Teil aus halbwilden Barbaren rekrutiere, im Falle eines Widerstandes nicht von Mord, Vergewaltigung und Plünderung abhalten, denn seine Soldaten würden dies nach Einnahme der Stadt für ihr gutes Recht halten. Dieser Warnung hatte die Bevölkerung tapfer widerstanden, so daß sie nun noch zusätzlich einen Preis für ihren heroischen Kampf zahlen mußten. Erst nach vielen Stunden veranlaßte Belisar die aus Alanen, Isauriern und Hunnen zusammengewürfelten Horden, ihre Fäuste, Schwerter und Speere ruhen zu lassen und in ihre Lager zurückzukehren. Schon bald, so erklärte er ihnen, werde der Marsch fortgesetzt; das nächste Ziel sei Rom.

Die Einnahme und Verwüstung Neapels durch das byzantinische Heer versetzte der Moral der Goten einen schweren Schlag, und sie schoben die Schuld an der Niederlage, ohne zu zögern, Theodahad zu. Seine Untertanen verabscheuten ihn ohnehin schon seit langer Zeit, weil er so unsäglich habsüchtig war und Wuchergeschäfte trieb, und neuerdings hatten die ständigen Gerüchte über seine Geheimkontakte mit dem Feind sein Ansehen noch mehr unterhöhlt. Daß er keinen einzigen Soldaten zur Unterstützung Neapels entsandt hatte, schien diesen Gerüchten recht zu geben; derart offensichtliche Gleichgültigkeit konnte ja nur bedeuten, daß er sich von Justinian hatte bestechen lassen, damit er sein Volk verrate. Deshalb erklärten ihn die Gotenführer auf einer großen Zusammenkunft in der Nähe von Terracina für abgesetzt und ernannten, da kein Nachkomme von Theoderich mehr lebte, den schon recht alten und nicht sonderlich profilierten Heerführer Witiges zu seinem Nachfolger. Der erste Befehl des neuen Gotenkönigs war der zur Hinrichtung des alten: Theodahad war nach Norden geflohen, wurde jedoch in der Nähe von Ravenna gefangengenommen und auf der Stelle getötet.

Mittlerweile marschierte Belisar auf Rom. So mancher gotische Häuptling muß sich gefragt haben, ob man mit der Wahl Witiges' zum König den richtigen Mann ausgesucht habe, als dieser erklärte, er werde die Stadt nicht verteidigen, die Bevölkerung müsse sich selbst helfen; er werde sich nach Ravenna zurückziehen, um dort die

Streitkräfte zu konsolidieren, eine Langzeitstrategie zu entwerfen und – das klang noch irritierender – sich von seiner Frau zu trennen, um Athalarichs Schwester Matasuntha zu heiraten. Nun gab es in der Tat gewichtige politische Gründe für eine solche Verbindung. Witiges war von niederer Herkunft und mußte seine gesellschaftliche Stellung aufwerten; außerdem wußte er wohl, daß jeder andere Ehemann der jungen Fürstin ein potentiell gefährlicher Rivale für ihn war. Schließlich mag auch die Überlegung eine Rolle gespielt haben, Justinians Vorwand für ein Eingreifen in Italien würde mit einer Enkelin Theoderichs auf dem Thron hinfällig. Doch wie man sich vorstellen kann, stand die Ehe von Anfang an unter einem unglücklichen Stern, und sie scheint dem Ruf des alten Witiges denn auch mehr geschadet als genützt zu haben.

Man hätte erwarten können, daß Belisar nach Witiges' Rückzug nach Ravenna in aller Eile auf Rom marschierte. Er schien es jedoch nicht besonders eilig zu haben, sondern blieb den Sommer und den Herbst über in Süditalien, um das bis dahin Eroberte weiter zu sichern. Erst im Dezember machte er sich auf den Weg nach Norden, und zwar ostentativ als Reaktion auf eine Aufforderung von Papst Silverius, die heilige Stadt zu besetzen.[6] Da liegt der Schluß sehr nahe, daß er in den dazwischenliegenden Monaten auf eine derartige Aufforderung hingearbeitet hatte, verbesserte sie doch seine politische Stellung erheblich. Es gibt keinen Grund für die Annahme, Silverius sei den Invasoren freundlicher gesinnt gewesen als die übrige römischen Bevölkerung; obwohl arianischen Glaubens, hatten die Goten immer tolerant und rücksichtsvoll geherrscht, während man Byzanz weithin mißtrauisch begegnete und sich vor den Soldaten fürchtete. Doch dürfte der furchteinflößende Ruf Belisars in Verbindung mit dem Gedanken an das Schicksal der Bevölkerung Neapels den Papst allein schon dazu veranlaßt haben, Belisars Wünschen zu entsprechen. Wie dem auch sei, Belisar und sein Heer brachen am 9. Dezember 536 in Neapel Richtung Norden auf und zogen durch die Porta Asinaria in der Nähe der Konstantinbasilika (heute S. Giovanni in Laterano) in Rom ein, während die gotischen Truppen die Stadt durch die Porta Flaminia verließen.

Sollten Silverius und seine Herde sich indes erhofft haben, durch das Öffnen der Tore für die kaiserlichen Truppen den Schrecknissen einer Belagerung zu entrinnen, sahen sie sich getäuscht. Belisar gab sich einer solchen Illusion nicht hin. Er war darauf gefaßt, daß die gotischen Truppen nur zu bald zurückkommen würden; und der zähe Widerstand, dem von ihm ausgesandte Vortrupps begegneten, die strategische Punkte in Umbrien, der Toskana und den Marken (Marchigiano) sichern sollten, deutete darauf hin, daß noch erbitterte Kämpfe bevorstanden. Sofort ließ er seine Leute die Aurelianische Mauer reparieren und verstärken; gleichzeitig ließ er große Mengen Getreide aus dem Umland beschlagnahmen und zusätzlich Schiffsladungen aus Sizilien anfordern, bis die riesigen öffentlichen Getreidespeicher Roms überquollen. Waren die Goten erst einmal da und schlossen die Stadt ein, konnte er nicht darauf bauen, den Nachschubweg zum Hafen von Ostia zur Verfügung zu haben; außerdem wußte er, daß eine Belagerung sich sehr lange hinziehen konnte.

Genauso kam es dann auch. Nach einem heftigen Aufeinanderprallen in der Nähe der Milvischen Brücke, bei dem die Byzantiner, obwohl sie sich heftig wehrten, den gotischen Vormarsch nicht aufhalten konnten, schloß Witiges mit seinen Truppen Mitte März des Jahres 537 die Stadt ein. Die Belagerung dauerte ein Jahr und neun Tage, und es war eine qualvolle Zeit für Belagerer wie Belagerte. Mit der Unterbrechung sämtlicher Aquädukte nach Rom, die die Goten sogleich zu Beginn dieser Zeit vornahmen, versetzten sie der Stadt einen Schlag, von dem sie sich tausend Jahre lang nicht erholte. Fast ebensolang reicht die Geschichte der Aquädukte in die Vergangenheit zurück, waren doch die ersten dieser hervorragenden Leitungen bereits im Jahre 312 v. Chr. angelegt worden, da die römische Bevölkerung sich nicht länger mit der unzureichenden Wasserversorgung aus dem trüben Tiber zufriedengeben wollte. Im Lauf der folgenden achthundert Jahre entstanden weitere zehn, damit man nicht nur den häuslichen Bedarf decken, sondern auch die zahlreichen Brunnen und öffentlichen Bäder speisen konnte, für die Rom so berühmt war. Die Aquädukte leisteten aber noch mehr; sie stellten unter anderem die Wasserkraft für die Mühlen, die der Bevölkerung das Mehl für ihr Brot lieferten. Dies fiel nun ebenfalls dahin. Zum weiteren Ruhme Belisars wird überliefert, er sei persönlich auf die Idee gekommen, die Mühlsteine an kleinen Booten anzubringen, dazwischen Wasserräder zu hängen und sie unter einem Brückenbogen in der stärksten Strömung festzubinden, damit die Stadt für die Dauer der Belagerung mit Mehl versorgt werden konnte.

Belisar hatte in der Zwischenzeit bei Justinian um Verstärkung gebeten, und deren erste Truppe traf noch vor Ende April ein. Es handelte sich um etwas mehr als anderthalbtausend slawische und hunnische Soldaten. Sie durchbrachen die Blockade und ermöglichten so zum ersten Mal gelegentliche Ausfälle vor die Mauer. Doch blieb die Pattsituation bestehen, und im Lauf des Sommers litten beide Seiten immer mehr: die in der Stadt an Hunger, die außerhalb der Stadt unter Krankheit und Seuchen. Erst im November begann sich mit dem Eintreffen von über fünftausend Mann Reiterei und Fußtruppen aus dem Osten unter dem Kommando von Johannes, einem Neffen des Rebellen Vitalian, der zwanzig Jahre zuvor dem alten Anastasios soviel Schwierigkeiten bereitet hatte, die Waagschale zugunsten der Byzantiner zu neigen. Bald darauf suchten die Goten um einen dreimonatigen Waffenstillstand nach, und in dieser Zeit boten sie Friedensverhandlungen an, was Belisar rundweg abgelehnt hätte, wäre er nicht verpflichtet gewesen, das Angebot dem Kaiser zur Begutachtung nach Konstantinopel zu übermitteln. Während er auf Antwort wartete, schickte er Johannes mit zweitausend Reitern auf eine Strafexpedition entlang der Ostseite des Apennin. Eine Spur der Zerstörung hinter sich lassend, durchquerten Johannes und seine Leute rasch die Halbinsel, ließen die befestigten Bergstädte Urbino und Osimo links liegen, besetzten aber den in der Ebene gelegenen Hafen Ariminum (das heutige Rimini) und richteten sich dort ein Hauptquartier für den weiteren Vormarsch ein.

Die Kunde, daß die Invasoren nun eine wichtige Stadt zweihundert Meilen in seinem Rücken und nur dreiunddreißig von Ravenna in ihrem Besitz hatten, reichte für Witiges hin, die Belagerung Roms abzubrechen. Zwar hatte er noch keine Antwort aus Konstantinopel erhalten, aber er war fast sicher, daß man sein Friedensangebot ohnehin abgelehnt hatte. Er wußte zudem, daß es Belisar in den ersten Tagen des Waffenstillstands gelungen war, frischen Proviant in die Stadt zu schaffen, was ihm ermöglichte, Rom nahezu unbegrenzt zu halten. Eines Morgens Mitte März des Jahres 538 setzten deshalb seine von Krankheit und Erschöpfung gezeichneten Truppen systematisch ihre sieben Lager rund um die Stadt in Brand und eilten die Via Flaminia entlang nach Norden. Aber diese Demütigung genügte Belisar noch nicht. Er stürmte mit seinen Leuten aus den Toren und fiel ihnen in den Rücken. Nach einem erneuten Gemetzel an der Milvischen Brücke blieben mehrere hundert Tote auf dem Schlachtfeld zurück oder ertranken, vom Gewicht ihrer Rüstungen hinabgezogen, im Frühlingshochwasser des Tiber.

Nach diesem Kampf konnten sich die überlebenden Goten unbehelligt zurückziehen. Doch nur wenige Tage später marschierte Belisar nach Norden und ließ nur eine kleine Einheit in Rom zurück. Seine Truppen besetzten auf diesem Zug weitere Städte und hoben vereinzelte Widerstandsnester aus. Spoleto, Peruggia und Narni waren schon von seiner Vorhut vor der Belagerung Roms eingenommen worden, nun kamen noch Ancona hinzu sowie eine ganze Reihe von Stützpunkten, die eine Verbindung zwischen diesen Städten und Rom mit der Adria herstellten. Nur eines machte ihm noch Sorgen: daß Johannes mit seiner starken Reiterei immer noch gefährlich exponiert in Rimini saß. Er sandte deshalb zwei vertrauenswürdige Offiziere mit dem Befehl an die Küste, Johannes habe mit seinen sämtlichen Truppen abzuziehen und sich ihm und seinen Leuten in Ancona anzuschließen.

Johannes, der die rebellische Ader seines Onkels geerbt zu haben scheint, weigerte sich schlichtweg. Er hegte eigene Ambitionen; außerdem hatte er heimlich Verbindung mit Königin Matasuntha aufgenommen, die, prokaiserlich gesinnt wie ihre Mutter, alles daransetzte, ihren nichtswürdigen Mann Witiges im Staub zu sehen. Die beiden Offiziere kehrten unverrichteterdinge zurück, um Bericht über diesen empörenden Akt von Befehlsverweigerung zu erstatten. Kaum hatten sie ihre Nachricht übermittelt, da tauchte auch schon das Gotenheer vor den Mauern Riminis auf, und ein paar Tage später begann die Belagerung. Die Aussichten für die Eingeschlossenen sahen keineswegs rosig aus. Im Unterschied zu Rom, das dank seiner hervorragenden Mauern und der gewaltigen Menge an Vorräten, die man vor Ankunft der Goten hatte herbeischaffen lassen, einer Belagerung standhalten konnte, handelte es sich hier um eine kleine Stadt in einer Ebene ohne jede Erhebung, dazu schlecht geschützt und ohne Nahrungsreserven. Man kann sich Belisars Wut vorstellen, als er die Nachricht erhielt. Johannes zu verlieren hätte er vermutlich mit Gleichmut verschmerzt, aber auf die zweitausend Reiter konnte er nicht so leicht verzichten. Auf der anderen Seite war eine Expedition zum Entsatz in jeder Beziehung recht schwierig und gefährlich, vor allem weil die Goten immer noch Auximum (Osimo) hielten. Sollte er wegen eines einzigen Reiterregimentes sich und sein ganzes Heer in Gefahr bringen? Sollte Johannes, der schließlich allein für sein Mißgeschick verantwortlich war, nicht jetzt den Lohn für seine Unbotmäßigkeit erhalten?

Während Belisar sich noch den Kopf über die nächsten Schritte zerbrach, trafen frische Truppen aus Konstantinopel ein, geführt von einer höchst einflußreichen Persönlichkeit am Kaiserhof: dem Eunuchen Narses, der in dieser Geschichte bereits einen kurzen Auftritt hatte, als er als Befehlshaber der kaiserlichen Leibgarde mit Belisar und Mundus eine entscheidende Rolle beim Blutbad im Hippodrom zur Niederschlagung des Nika-Aufstandes spielte. Er war um die sechzig Jahre alt, stammte aus dem Ostteil von Armenien, der bei der Teilung im Jahre 387 dem Perserreich zugeschlagen worden war, und hatte sich in der Palasthierarchie Schritt für Schritt bis zum *Praepositus Sacri Cubiculi*, das heißt zum obersten Kämmerer, hochgedient. In dieser Position bekleidete er den Rang *illustris* (erlaucht) und stand auf einer Stufe mit dem Prätorianerpräfekten und den *Magistri militum*. Und da er sich ständig in der unmittelbaren Umgebung des Kaisers aufhielt, war er vermutlich noch einflußreicher als alle soeben genannten.

Aber er war kein Soldat. Er hatte sein Leben im Palast verbracht, und sogar das Oberkommando über die Leibwache war eher eine Verwaltungsaufgabe als eine militärische. Es erhebt sich daher die Frage, warum er den Oberbefehl über die neuerlich entsandte Streitmacht erhalten hatte. Darauf kann es nur eine Antwort geben: Justinian traute Belisar nicht mehr. Dieser Feldherr war schlicht zu gut und zu erfolgreich und mit Anfang Dreißig zu jung. Er hatte das Zeug zum Kaiser, ja, schlimmer noch, das Zeug, sich selbst zum Kaiser zu machen. Kurzum, es hieß, ein Auge auf ihn zu haben. Und wer hätte dies besser gekonnt als Justinians intelligentester Vertrauter, ein Mann, dem Alter und Situation jegliche eigenen Ambitionen, nach der Krone zu greifen, verwehrten? Ein Fingerzeig darauf, daß dies der wirkliche Grund seiner Anwesenheit in Italien war, findet sich auch in der Anweisung Justinians an Narses, hieß es doch darin, er habe Belisar in allem zu gehorchen, *solange dies im Interesse des Allgemeinwohls liege*. Das heißt nichts anderes, als daß er die Anordnungen Belisars in militärischen Angelegenheiten zwar akzeptieren sollte, ihm jedoch in wichtigen staatspolitischen Entscheidungen vorgesetzt war.

Wenige Tage nach seiner Ankunft nahm Narses an einem Kriegsrat teil, den Belisar in Firmium (dem heutigen Fermo) abhielt. Dort wurde beratschlagt, ob etwas zum Entsatz Riminis unternommen werden sollte. Die Mehrheit der Anwesenden (zu denen wie immer auch Prokop gehörte) soll Johannes feindlich gesinnt gewesen sein, und zwar weil nichts als kalte Rücksichtslosigkeit und hemmungslose Gier nach großem finanziellem Gewinn – ein Motiv, das nicht näher erläutert wird – ihn dazu bewegt hätten, sich in die gefährliche Lage zu bringen, in der er sich nun befinde; außerdem habe er den Oberbefehlshaber daran gehindert, den Feldzug nach seinen strategischen Vorstellungen zu führen. Nachdem die Unterfeldherren sich geäußert hatten, erhob sich Narses. Er räumte zunächst seine militärische Unerfahrenheit ein und machte dann geltend, daß die Goten durch die Rückschläge, die sie in den letzten beiden Jahren hätten hinnehmen müssen, zwar sehr verunsichert seien, die Einnahme von Rimini und einer so gewichtigen byzantinischen Streitmacht in dessen Mauern aber mit Sicherheit als großen Sieg betrachten würden, ja möglicherweise sogar als Wendepunkt des gesamten Krieges. »Wenn nun«, so fuhr er, an Belisar gewandt, fort, »Johannes gegen deine Befehle gehandelt hat, teuerster Belisar, so hat er dir genug gebüßt; denn es liegt jetzt in deiner Macht, den Unglücklichen zu retten oder den Feinden preiszugeben. Sieh nur zu, daß nicht der Kaiser und wir es sind, die dir für unwissentlich begangene Fehler des Johannes büßen müssen.«[7]

Die Vermutung, Johannes habe wider besseres Wissen gehandelt, läßt sich wohl am besten durch Prokops Aussage erklären, Narses habe ihn mehr geliebt als jeden anderen Menschen. Er vermochte sich jedenfalls mit seinem Rat durchzusetzen, und Belisar, der klug genug war, das stillschweigend hinzunehmen, damit nicht der

Anschein entstand, er sei überstimmt worden, richtete sein Vorgehen danach aus. Eine oder zwei Wochen später schlug er das gotische Belagerungsheer durch eine gelungene Operation vom Meer her; die Goten rund um Rimini glaubten sich ihrerseits umzingelt, und zwar von einer sehr viel größeren Streitmacht, als tatsächlich anwesend war; sie ergriffen die Flucht, und Belisar und sein Heer betraten die Stadt gerade noch rechtzeitig, um die Verteidiger vor dem Hungertod zu retten. Belisars Abneigung gegen den neuen Rivalen verringerte sich wohl kaum, als Johannes, anstatt sich für sein Verhalten zu entschuldigen und für seine Befreiung zu danken, diese ausschließlich Narses gutschrieb und nicht im entferntesten an Dank auch nur dachte. Damit war die Saat der Zwietracht zwischen Belisar und Narses gesät, aber beide ahnten nicht, welch bittere Ernte ihnen noch bevorstand.

Belisar war ein ausgezeichneter Stratege und dank seiner überaus großen Kaltblütigkeit ein überragender Befehlshaber im Feld. Als Feldherr fehlte ihm jedoch eine Eigenschaft: die Fähigkeit, seine Untergebenen in unbedingter Treue an sich zu binden. Einer seiner Offiziere hatte sich schon einmal seinen Anordnungen widersetzt, und nach dem Fall von Rimini hatte ein beträchtlicher Teil des Heeres deutlich gemacht, daß man sich im Falle von Uneinigkeit im Befehlslager eher auf Narses' Seite als auf seine schlagen würde. Er wußte, daß er daran nichts ändern konnte. Daher teilte er das Heer, ob um das Gesicht zu wahren oder aus anderen Gründen, bei den nun folgenden Aufräumaktionen auf. Anfangs funktionierte dies recht gut; die byzantinischen Truppen nahmen Urbino, Imola und Orvieto ein sowie die Provinz Emilia wieder in Besitz. Aber dann brach plötzlich und unerwartet die Katastrophe herein. Ursache war die zunehmende Feindseligkeit zwischen den beiden Befehlshabern, und der Schauplatz war Mediolanum, uns heute besser bekannt unter dem Namen Mailand.

Im Frühjahr zuvor war während des dreimonatigen Waffenstillstands anläßlich der Belagerung Roms Erzbischof Datius von Mailand nach Rom gekommen und hatte Belisar angefleht, Truppen zu entsenden, um seine Diözese von der Besatzung durch die Fremden zu befreien. Belisar sagte es ihm zu. Warum, ist nicht ganz klar, scheint es sich doch um einen ähnlichen Fehler zu handeln, wie Johannes ihn bei der Besetzung von Rimini beging, nämlich eine gefährliche Überforderung der Verbindungswege für Informationen und Nachschub. Trotzdem, er gab dem Erzbischof tausend Soldaten mit auf den Rückweg nach Norden. Sie gelangten auf dem Seeweg nach Genua, überquerten mit den Beibooten der Schiffe den Po und schlugen ein gotisches Heer vor den Mauern von Pavia. Zu ihrer Enttäuschung konnten sie aber die Stadt nicht einnehmen. Als sie dann vor Mailand standen, öffneten ihnen die Bürger sogleich die Tore. Bergamo, Como, Novara und einige andere Städte bereiteten ihnen einen ähnlichen Empfang. Da jede Stadt aber ein kleines Kontingent der Truppe beanspruchte, blieben für Mailand nur noch dreihundert Mann.

Mailand war damals bereits die größte und reichste Stadt Italiens und hatte eine erheblich größere Bevölkerung als Rom; die freiwillige Übergabe traf die Goten hart. Gleich nach Erhalt der Nachricht entsandte Witiges unter seinem Neffen Uraias ein Heer, um es zurückzuerobern. Zur gleichen Zeit tauchte zum großen Unbehagen der byzantinischen Schutztruppe ein Heer von rund zehntausend Burgundern auf, die der fränkische König Theudibert entsandt hatte. So sah sich Mailand im Sommer 538 plötzlich von einer weit größeren Streitmacht belagert als jener, die Rimini bedroht hatte, während zur Verteidigung so wenige Soldaten vorhanden waren, daß jeder halbwegs taugliche Bürger auf die Wehranlagen beordert werden mußte. Belisar, der vermutlich erkannte, daß er zumindest einen Teil dieser Lage sich selbst zuzuschreiben hatte, sandte nun zum Entsatz Mailands unverzüglich zwei seiner besten Offiziere an der Spitze eines Heeres, dessen Größe er jener von Uraias Truppe für entsprechend hielt. Als die beiden am Ufer des Po eintrafen und feststellten, daß sie zahlenmäßig hoffnungslos unterlegen waren, weigerten sie sich, ohne Unterstützung von Johannes – der einer Strafe für sein früheres eigenmächtiges Handeln, vermutlich auf Narses' Betreiben hin, entgangen war – und Justin, der Mundus als *Magister militum per Illyricum* abgelöst hatte, weiterzumarschieren.

Belisar gab die nötigen Instruktionen sofort. Aber Johannes und Justin weigerten sich schlicht, sie auszuführen, und ließen ihn wissen, sie würden fortan nur noch Befehle von Narses entgegennehmen. Bis dieser die Befehle bestätigt hatte, war es zu spät. Die Schutztruppe, die sich schon seit einiger Zeit von Hunden und Mäusen ernähren mußte, hatte die Nase endgültig voll. Ohne auf die eindringliche Rede ihres Befehlshabers Mundilas zu achten, hatten sie die ihnen von Uraias offerierten Bedingungen angenommen; er hatte ihnen bei seinem Ehrenwort freien Abzug aus der Stadt versprochen.

Und den gewährte er ihnen auch. Aber das Angebot galt, wie sie wohl wußten, nicht für die Bevölkerung von Mailand, die die Stadt nach Ansicht der Goten verraten hatten. Alle männlichen Bürger, deren Zahl Prokop unwahrscheinlicherweise mit dreihunderttausend angibt, wurden mit Schwertern erschlagen, die Frauen vergewaltigt und als Sklavinnen zum Dank für deren Unterstützung an die Burgunder verschachert, und in Mailand selbst blieb kein Stein auf dem anderen.

Der Fall von Mailand erfolgte in den ersten Monaten des Jahres 539; es war ein katastrophales Ereignis. Als Folge davon rief Justinian auf die Nachricht hin seinen Bevollmächtigten sofort nach Konstantinopel zurück. Narses' Abreise brachte den Abzug der zweitausend Heruler mit sich, die ihm nach Italien gefolgt waren und sich weigerten, unter einem anderen Führer zu dienen. Aber selbst dies war nur ein geringfügiger Preis für Belisars nunmehr unangefochtene Befehlsgewalt. Da er sich nicht länger mit der Uneinigkeit unter den Offizieren herumschlagen mußte, konnte er sich ganz auf die Einnahme von Auximun und Fiesole. konzentrieren, der zwei letzten Widerstandsnester südlich von Ravenna. Diese beiden Städte wären wohl schon viel früher gefallen, wäre nicht zu Beginn des Frühsommers ein mächtiges fränkisches, diesmal von Theodibert selbst geführtes Heer aufgetaucht. Die mit den Franken vertraglich verbundenen Goten gingen davon aus, daß sie wie die Burgunder im Jahr zuvor als Verbündete kamen, öffneten ihnen die Tore Pavias und halfen ihnen bei der Überquerung des Po. Da aber zeigten die Franken ihr wahres Gesicht; unvermittelt wandten sie sich gegen ihre ahnungslosen Gastgeber und machten sie allesamt nieder. Während die überlebenden Goten nach Ravenna flohen, betrachteten nun die Byzantiner, ebenso verblendet, die eintreffenden Franken als ihre neuen Verbündeten. Aber diese machten keinerlei Unterschied, schleuderten ihnen ihre als bevorzugte Waffe benutzten Streitäxte entgegen und schlugen sie in die Flucht. Es sah ganz so aus, als sei Belisars wohlüberlegte Strategie zunichte, da befiel die Ruhr das fränkische Lager und raffte etwa ein Drittel der Soldaten Theudiberts dahin, woraufhin er den Befehl zum Rückzug gab. Innerhalb weniger Tage zog sich der Rest seiner schlagkräftigen Trupps über die Alpen zurück, und das angeschlagene, aber nicht entscheidend geschwächte byzantinische Heer konnte sich wieder seinem Vorhaben zuwenden. Gegen Ende des Jahres mußten die beiden Städte trotz hartnäckiger Verteidigung kapitulieren.

Inzwischen waren fast vier Jahre vergangen, seit die kaiserliche Streitmacht italienischen Boden betreten hatte; in diesen vier Jahren hatten die Heere die Halbinsel in ein Schlachtfeld verwandelt und vollständig geplündert und verwüstet. Die Höfe waren in Flammen aufgegangen, die Feldfrüchte vernichtet; das Land war wieder zur Wildnis geworden; die Bevölkerung Italiens litt ebenso Hunger wie die Goten. Belisar sammelte alle Kräfte. Er wollte dem Ostgotischen Reich um jeden Preis ein für allemal ein Ende bereiten und hoffte, dieses Ziel mit einem letzten, erfolgreichen Ansturm auf Ravenna zu erreichen. Witiges befand sich in einer desperaten Situation.

Ihm blieb nur noch eine Hoffnung. Vor einigen Monaten war ihm berichtet worden, Justinian habe an den östlichen Reichsgrenzen Schwierigkeiten, da dort der Sassanidenkönig Chosrau I. mit einer Invasion drohe; falls die Gefahr den Kaiser zwang, seine gesamte Streitmacht gegen Persien aufzubieten, war die Sache der Goten in Italien also möglicherweise gerettet. Witiges hatte deshalb durch zwei Geheimagenten, die vorgaben, als Bischof und Kaplan in kirchlichen Angelegenheiten in den Osten zu reisen, Chosrau einen Brief zukommen lassen, in dem er dem Großkönig zu bedenken gab, das Römische Reich wäre als Gegner weit furchterregender, wenn ihm alle menschlichen und sonstigen Kräfte Italiens zur Verfügung stünden. Chosrau solle doch sofort losschlagen und Byzanz somit zwingen, an zwei Fronten gleichzeitig zu kämpfen, denn dies würde seine Erfolgschancen erheblich verbessern.

Die beiden Agenten sind im Westen nicht wiederaufgetaucht. Ihr syrischer Dolmetscher dagegen wurde bei dem Versuch, die Grenze zu überqueren, gefangengenommen und in Konstantinopel so lange verhört und gefoltert, bis die ganze Geschichte nach und nach ans Licht kam. Die zunehmend bedrohliche Situation, die von Persien ausging, hatte Justinian seit langer Zeit beunruhigt. Nun war er aufs höchste alarmiert. Er konnte den Gedanken kaum verwinden, ausgerechnet jetzt, da seine Truppen unmittelbar vor dem Sieg standen, den Italienfeldzug abzubrechen und vielleicht für immer auf das Ziel seines Lebens verzichten zu müssen, nämlich die ganze Christenheit unter seiner Herrschaft zu vereinigen. Auf der anderen Seite konnte er sich nicht erlauben, die Bedrohung durch Chosrau leichtfertig abzutun. Falls der Großkönig wirklich auf Krieg sann, mußte das kaiserliche Heer für diesen Fall gerüstet sein. Die Entscheidung war schwer, aber schließlich traf er sie doch. Er mußte sich mit den Goten verständigen, um Belisar, den fähigsten seiner Feldherren, für einen erneuten Einsatz im Osten zur Hand zu haben.

Als diese kaiserliche Order in Italien eintraf, stand Belisar schon vor Ravenna. Die Stadt war bereits eingekesselt und von einer praktisch undurchdringlichen Blockade umgeben, auf der Landseite durch sein Heer, vom Meer her durch die kaiserliche Flotte. Kapitulation war also lediglich eine Frage der Zeit; man brauchte nur abzuwarten. Da trafen gegen Ende des Jahres 539 die Gesandten mit der Ermächtigung aus Konstantinopel ein, einen Vertrag mit den Goten zu unterzeichnen, nach dem diese, statt kapitulieren zu müssen, die Hälfte ihres königlichen Schatzes und das gesamte italienische Gebiet nördlich des Po behalten durften. Belisar war außer sich. Das war Verrat. Aber er sah keine Möglichkeit, das Abkommen zu verhindern. Schon wollte er sich in das Unvermeidliche schicken, da legten die Goten unerwartet ihr Schicksal in seine Hände. Von der guten Wende vermutlich genauso überrascht wie er, befürchteten sie, es handle sich nur um einen diplomatischen Schachzug, und erklärten, sie würden den Vertrag nur dann für gültig halten, wenn er außer den Unterschriften der kaiserlichen Bevollmächtigten auch die seine trage.

Diese Chance ließ sich Belisar nicht entgehen. Die Bedingungen, wie der Vorschlag sie aufzähle, so donnerte er, seien nicht nur eine Beleidigung für seine Soldaten, sondern überdies unnötig; der totale Sieg stehe bevor, denn in höchstens ein paar Wochen müßten die

Johannes Chrysostomos. Mosaik am Nordtympanon der Hagia Sophia, 9. Jh.
(Dumbarton Oaks)

Hagia Sophia, Südwestseite mit Arkaden und Empore. (BBC Hulton Picture Library)

Innenansicht der Kirche der hl. Sergios und Bacchus in Istanbul. (J. Powell)

Theodosios der Große oder Valentinian I. Bronzestatue vor der Kirche S. Sepolcro in Barletta. (The Mansell Collection)

Teil der Theodosianischen Mauer. (F. H. C. Birch, Sonia Halliday Photographs)

oben: Mosaik aus dem großen Kaiserpalast in Konstantinopel, 6. Jh. (J. Powell)
unten: Justinians Basilika-Zisterne, Stich aus dem 19. Jh. (BBC Hulton Picture Library)

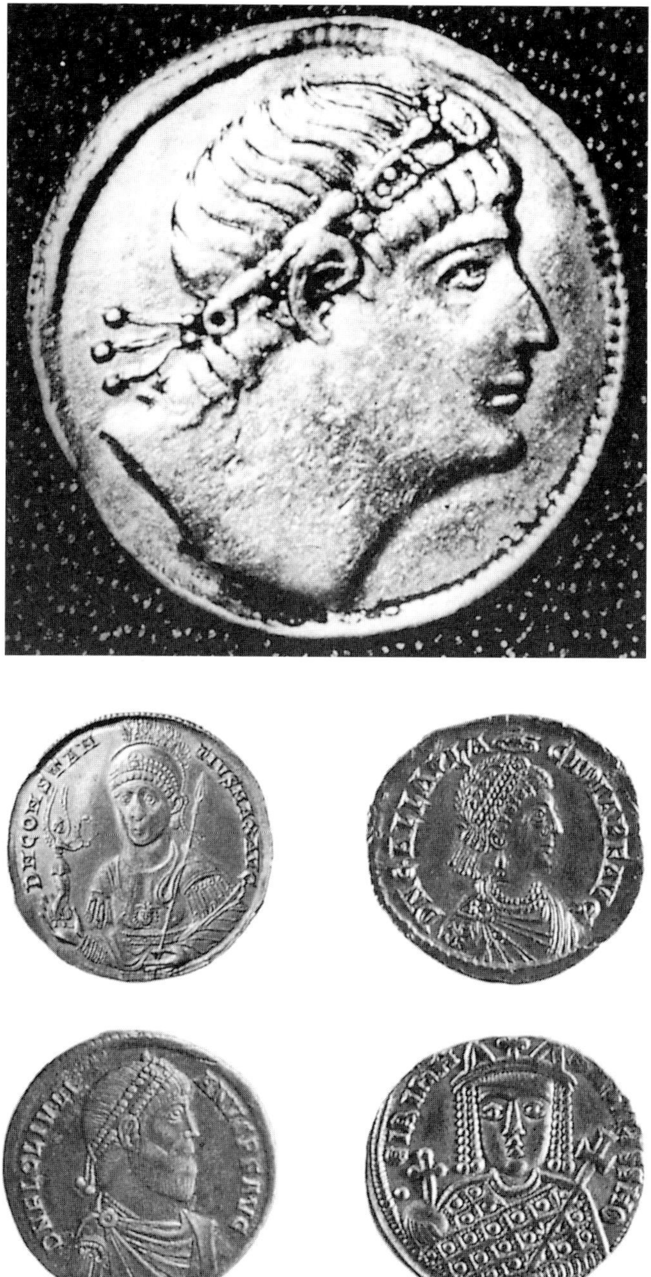

Münzen mit den Porträts von Konstantin dem Großen, Constantius II., Galla Placidia, Julian und Irene. (Abdruck mit freundlicher Genehmigung der Kuratoren des British Museum; Sonia Halliday Photographs)

Das sogenannte Barberini-Elfenbein. Vermutlich eine Darstellung von Kaiser Anastasios, der 496 in der Tat eine Gesandtschaft aus Indien empfing (siehe untere Platte). Die rechte Platte, auf der wahrscheinlich ebenfalls ein Kampfgefährte mit der Statuette einer Siegesgöttin abgebildet war, fehlt (Musée du Louvre, Lauros-Giraudon)

Mosaiken in der Kirche San Vitale in Ravenna, 6. Jh. (The Mansell Collection)
unten: Kaiserin Theodora und ihr Gefolge.

oben links: Classis, Hafeneinfahrt von Ravenna. Mosaik in der Kirche Sant' Appollinare Nuovo in Ravenna, 6. Jh. (The Mansell Collection)

oben rechts: Hagia Sophia, byzantinisches Kapitell. (BBC Hulton Picture Library)

unten: Johanneskirche des Studios in Istanbul: Das Kloster ist nicht mehr erhalten. (J. Powell)

Goten bedingungslos kapitulieren. Unter solchen Umständen weigere er sich strikt, den Vertrag zu unterzeichnen; er werde dies nur auf einen persönlichen Befehl des Kaisers hin tun. Für den Augenblick war das Patt perfekt. Dann traf eines Abends ein Geheimbote vom gotischen Hof mit einem neuen, höchst ungewöhnlichen Vorschlag ein: Witiges bot an, seinen Thron aufzugeben und die Krone Belisar zu überlassen, sofern jener sich zum Kaiser des Westens ausrufe. Manch kaiserlicher Feldherr hätte bei einer solchen Gelegenheit zugegriffen. Der überwiegende Teil des Heeres hätte Belisar vermutlich unterstützt, und gemeinsam mit den Goten an seiner Seite wäre er wohl auch mit einer Strafexpedition aus Konstantinopel fertig geworden. Aber er wankte nicht in seiner Loyalität, was für langfristige Ambitionen er auch gehegt haben mag. Prokop meint dazu, er habe die Bezeichnung Usurpator mit derart tödlichem Haß verabscheut, daß er das Angebot der Goten wahrscheinlich nicht einen Augenblick lang ernsthaft erwog. Dagegen betrachtete er es als ein durchaus geeignetes Mittel, um den Krieg rasch zu einem siegreichen Ende zu bringen, brauchte er den Goten doch lediglich mitzuteilen, er nehme ihr Angebot an, und sie würden ihm die Tore Ravennas öffnen.

Als erstes schickte er die vormals Narses ergebenen Offiziere auf Proviantsuche, um von vornherein zu verhindern, daß sie ihm Schwierigkeiten machten oder hinterher Sieg und Ruhm für sich beanspruchten. Dann versammelte er diejenigen um sich, auf deren Loyalität er sich verlassen konnte, und versicherte sich ihrer Unterstützung für einen letzten Kraftakt, eine Mühsal zwar, die aber verhieß, ganz Italien für das Reich zurückzugewinnen, den gesamten gotischen Adel als Gefangene und den königlichen Schatz als Kriegsbeute nach Konstantinopel zu bringen. Sobald sie dem zugestimmt hatten – und das taten sie, ohne einen Augenblick zu zögern –, bedurfte es keiner weiteren Vorbereitungen. Boten eilten an den gotischen Hof und verkündeten, der große Feldherr betrachte ihre Vorschläge mit Wohlwollen und würde sich formell nach dem Einzug in seine Hauptstadt das Diadem des Weströmischen Reiches aufsetzen. Sogleich taten sich die Tore auf, und das kaiserliche Heer konnte einmarschieren.

Es ist nicht überliefert, wann die Goten bemerkten, daß Belisar sie betrogen hatte. Möglicherweise hat er ihnen nicht einmal deutlich gesagt, daß er nicht die Absicht hatte, sich Justinian als Rivale entgegenzustellen, und sie haben erst allmählich begriffen, wie die Sache wirklich stand. Als sie sahen, wie die byzantinische Soldateska ihren Königsschatz auf die Schiffe verlud und Witiges, Matasuntha und die anderen hohen Adeligen abgeführt wurden, müssen sie Belisars Hinterlist voll Bitterkeit gedacht haben. Dieser scheint indes keinerlei Gewissensbisse verspürt zu haben. War der Vorschlag der Goten etwa nicht genauso hinterhältig gewesen? Und waren sie etwa nicht samt und sonders Rebellen gegen die gesetzmäßige Autorität des Kaisers? Krieg war nun einmal Krieg, und indem er Ravenna auf diese Weise in die Hand bekommen hatte, war schließlich ein Blutvergießen auf beiden Seiten verhindert worden. Immerhin hatte er ein Versprechen aus dem Brief gehalten: Es gab keine Plünderung von Privathäusern, keine Vergewaltigungen und kein Morden. Als Belisar im Mai 540 sein Schiff zum Bosporus bestieg, verspürte er deshalb nicht etwa Scham, sondern war voll hohen Mutes und Stolzes. Nach der Einnahme von Karthago war ihm ein glänzender Triumph bereitet worden; um wieviel herrlicher erst würde seine Belohnung für die Wiedereingliederung ganz Italiens samt Ravenna und sogar Rom in das Reich ausfallen?

Doch welch eine Enttäuschung! Vielleicht wäre er ja so oder so enttäuscht worden, da jeder Sieg, den er erstritt, des Kaisers Eifersucht neue Nahrung gab und dessen Furcht bestärkte, sein erfolgreicher junger Feldherr könnte eines Tages das Gesetz selbst in die Hand nehmen und den Thron usurpieren. Doch als er in Konstantinopel einzog, lag noch aus einem anderen Grund keine Siegesstimmung in der Luft, und weder Justinian noch seinen Untertanen war auch nur im geringsten nach Feiern zumute. Denn im Juni des Jahres 540, nur wenige Wochen nach dem Fall Ravennas, waren die Truppen König Chosraus ins Reich einmarschiert, hatten Antiochia eingenommen, die Stadt zerstört und die Einwohner zum großen Teil massakriert, die übrigen in die Sklaverei geschickt. Belisars Anwesenheit war wohl erwünscht, aber nicht im Hippodrom, sondern an der Ostgrenze des Reiches.

11

Der Gote Totila

(540–549)

Gewiß müßt ihr in dieser schlimmen Zeit manchmal der Wohltaten gedenken, die ihr vor noch nicht allzu langer Zeit aus der Hand Theoderichs und Amalasunthas entgegenzunehmen pflegtet ... Meine römischen Freunde, vergleicht nur, was ihr noch über jene Herrscher wißt, mit dem, wie die Griechen vor unser aller Augen heute ihre Untertanen behandeln. Glaubt nicht, ich spräche mit jugendlicher Anmaßung oder barbarischer Arroganz, wenn ich euch sage, daß wir all dies ändern und Italien von den Tyrannen befreien werden, und zwar nicht allein aufgrund unserer Tapferkeit, sondern weil wir fest davon überzeugt sind, daß wir im Dienst der göttlichen Gerechtigkeit gegen diese Unterdrücker ...

Aus Totilas Brief aus dem Jahre 545
an den Senat von Rom[1]

Großkönig Chosrau I. von Persien, den seine Untertanen Anuschirwan (den Unsterblichen) nannten, hatte den Thron seit 531 inne. Von allen großen Sassanidenkönigen, ja vielleicht sogar von allen persischen Herrschern überhaupt, war er die schillerndste Erscheinung, und die Erinnerung an ihn ist heute noch wach. Als Staatsmann ließ er das gesamte Regierungssystem reformieren und reorganisieren und das Finanzsystem vollständig neu ordnen; als Feldherr schuf er das erste stehende Heer, das nur dem König verpflichtet war, und unter seiner Herrschaft erweiterten sich die Grenzen seines Reiches so sehr, daß es sich schließlich vom Schwarzen

Meer bis zum Jemen, von den Ufern des Oxus bis an die Gestade des Mittelmeeres erstreckte. Er war sehr gebildet und hatte bereits vor seiner Thronbesteigung begeistert die hellenistisch-griechischen Wissenschaftler und Philosophen willkommen geheißen, die nach Persien abgewandert waren, nachdem Justinian im Jahre 529 die Hochschule von Athen hatte schließen lassen. Unter seiner Ägide wurden die große medizinische Akademie von Gondeschapur gegründet, mit dem *Awesta* die heilige Schrift der Lehre des Zoroaster (Zarasthustra) kodifiziert, die erste Sammlung von Mythen und Legenden seines Volkes kompiliert und aus Indien das Schachspiel eingeführt. Kurz, er war Justinian durchaus ebenbürtig und über dreißig Jahre lang sein Gegenspieler und Rivale.

So fortschrittlich er in mancher Hinsicht aber war, blieb er doch in vielem seiner Zeit verhaftet. Die Züge gegen das Byzantinische Reich zum Beispiel waren nicht auf Eroberung, sondern ganz ohne Skrupel lediglich auf Beute aus. Er ignorierte daher absichtlich den ersten Brief Justinians, in welchem dieser ihn ernsthaft an die Vertragsverpflichtungen des »Ewigen Friedens« erinnerte, und später auch einen von Theodora. Dieser war zwar an einen Minister gerichtet, aber so abgefaßt, daß er dem Großkönig unterbreitet werden mußte. Sie versprach ihm darin als Gegenleistung für den Verzicht auf eine Intervention reiche Belohnung; dies könne sie garantieren, denn ihr Mann unternehme nichts, ohne sich zuerst mit ihr zu beraten. Statt dessen überschritt Chosrau im März 540 die Reichsgrenzen und nahm die Stadt Sura am Oberlauf des Euphrat ein, deren wenige Verteidiger beim Anblick des heranrückenden riesigen Heeres klugerweise das Weite suchten. Von dort zog er nach Beröa (dem heutigen Aleppo), setzte die Stadt in Brand, als die Bevölkerung die viertausend Pfund Lösegeld nicht aufbringen konnte, und stand dann Anfang Juni vor den Mauern von Antiochia. Dort hielt er sein Heer rücksichtsvoll zurück, um der gerade angekommenen Besatzung von sechstausend von Panik erfüllten Soldaten die Flucht zu ermöglichen. Die Bevölkerung der Stadt gab jedoch nicht so schnell klein bei. Sie kämpfte entschlossen und mutig, die Grünen und die Blauen standen einträchtig auf den Verteidigungsanlagen, und viele starben, ohne von ihrem Platz zu weichen. Nur die zahlenmäßige Übermacht trug den Sassaniden schließlich den Sieg ein. Als es soweit war, ließen Chosrau und seine Truppen die Bevölkerung von Antiochia ihren Widerstand teuer bezahlen. Die große Kathedrale wurde ihres gesamten Goldes und Silbers beraubt; selbst die Buntmarmorplatten, die die Wände schmückten, wurden mitgenommen. Ähnlich erging es den anderen Kirchen, mit Ausnahme der Juliankirche, die nur darum verschont blieb, weil sie mitten zwischen den ausländischen Gesandtschaften lag. Derweil stillte die persische Soldateska ihre verschiedenen Lüste auf die altbekannte schreckliche Art und Weise; mindestens zwei Frauen allein der Oberschicht sollen sich in den Orontes gestürzt haben, um ihrer Gewalt zu entrinnen.

Mit den Reichtümern Antiochias auf den Wagen und in Erwartung eines triumphalen Zuges durch Nordsyrien, auf dem er von jeder Stadt am Weg große Tribute einzufordern gedachte, konnte Chosrau es sich leisten, großzügig zu sein. Also bot er Justinian Frieden an, und zwar als Gegenleistung für eine geringfügige Erhöhung des Blutgeldes: fünftausend Pfund Gold, die gleich zu entrichten waren, und jährlich weitere fünfhundert Pfund. Dem Kaiser blieb nichts anderes übrig, als anzunehmen und zu bezahlen. So kehrte Chosrau hochzufrieden mit dem Ausgang dieses Feldzugs nach Persien zurück. Doch im nächsten Jahr war er wieder da, denn es bot sich ihm eine Gelegenheit, die er einfach nicht auslassen konnte, obwohl dies mit einem Bruch seiner vertraglichen Vereinbarungen verbunden war.

An der äußersten südöstlichen Ecke des Schwarzes Meeres lag das kleine halbautonome Königreich Lazika, auch bekannt unter dem Namen Kolchis. Der dortige König Gobazes war seit Jahren als Vasall des byzantinischen Kaisers zufrieden gewesen, und dieser hatte ihn und seine unmittelbaren Vorgänger meist unbehelligt gelassen. Vor kurzem hatte nun Justinian einen persönlichen Beauftragten dorthin gesandt, der etliche kaiserliche Monopole eingerichtet und dadurch das Volk so gegen sich aufgebracht hatte, daß Gobazes sich nicht anders zu helfen wußte, als sich an den persischen König zu wenden. Lazika war ein armes Land und daher für Chosrau keine große Versuchung, doch würde es ihm, wie Gobazes sogleich herausstrich, einen Brückenkopf am Schwarzen Meer liefern: Von dort aus konnte er direkt nach Byzanz segeln und mit anderen potentiellen Verbündeten in Kontakt treten. So überschritt Chosrau im Frühjahr des Jahres 541 erneut an der Spitze seines Heers die Reichsgrenzen und marschierte nach Lazika. Dort nahm er nach einer regelrechten Feldschlacht gegen die Verteidiger, die auf beiden Seiten viele Opfer kostete, den bedeutendsten Hafen des Landes, die stark befestigte Stadt Petra[2], ein. Der Sommer wäre vermutlich für Byzanz noch schmählicher ausgegangen, wäre nicht gleichzeitig unter Belisars Führung ein Feldzug durchgeführt worden. Aber auch dieser stand nicht gerade unter einem glücklichen Stern. Belisar kümmerte sich gar nicht um Lazika, sondern marschierte geradewegs nach Mesopotamien und betrat in der Nähe von Nisibis persischen Boden. Da er jedoch diese große Festung für zu stark hielt, umging er sie und nahm nur die vergleichsweise unwichtige Stadt Sisaurana ein. Dann zwangen ihn der mesopotamische Sommer und die Ruhr, die unter seinen Soldaten ausbrach, zum Rückzug.

Vom alten Belisar schien nicht mehr viel übrig zu sein: kaum noch etwas von der Kraft, von der Klugheit und dem unerschöpflichen Einfallsreichtum, die ihn schon vor dem dreißigsten Lebensjahr an die Spitze seines Berufsstandes getragen und seinen Namen ruhmvoll in der ganzen Welt verbreitet hatten. Als er 540 aus Italien zurückgekehrt war, hatte man allgemein erwartet, daß er wie befohlen nach Osten aufbrechen werde; statt dessen war er jedoch in seinem Palast in Konstantinopel geblieben, hatte sich selten in der Öffentlichkeit gezeigt und nur mit wenigen engen Freunden Umgang gepflegt. Und als er schließlich zu einem Feldzug aufbrach, schien er nicht einmal mehr unbedeutende Entscheidungen treffen zu können, ohne den Rat und die Billigung seines Stabes einzuholen, dem er seltsam abwesend und uninteressiert vorkam und wohl auch tatsächlich war, hatte er sich doch wie besessen in die Tatsache hineingesteigert, daß seine Frau Antonina ihm untreu war und darin auch noch von Kaiserin Theodora höchstpersönlich unterstützt und geschützt wurde.

Theodora und Antonina waren schon seit langem befreundet, und die Freundschaft wurde im Verlauf des Jahres 541 durch die gemeinsam angegangene Verschwörung gegen Theodoras höchst verhaßten Feind, den Prätorianerpräfekten Johannes von Kappadokien, noch enger. Da dessen Gier nach dem Kaiserthron kein Geheimnis war, fiel es Antonina leicht, ihn zu einem geheimen Treffpnkt zu locken und dort so weit zu bringen, daß er die Pläne, wie er sein Ziel zu erreichen gedachte, ausplauderte, während Theodoras Spione im Versteck jedes Wort mithörten. Er wurde gefangengesetzt, schuldig gesprochen und büßte seinen enormen Reichtum ein, doch das Urteil lautete weder auf Verstümmelung noch auf Hinrichtung. Vielmehr erwartete ihn nach allgemeiner Auffassung ein weit besseres Los, als er verdiente, nämlich der erzwungene Eintritt in einen Orden und ein komfortables Exil in der angenehmen Diözese Kyzikos am Marmarameer.

Als Folge dieser Tat konnte Antonina Theodora in ihrem häuslichen Drama um Hilfe angehen, das um diese Zeit dem Höhepunkt zustrebte. Sie unterhielt schon seit einigen Jahren eine leidenschaftliche Beziehung zu einem jungen Mann namens Theodosios, was um so verwerflicher erschien, als es sich bei diesem um ihr und ihres Mannes Paten- und Adoptivkind handelte. Wieweit Belisar darum wußte und es stillschweigend duldete, ist nicht bekannt. Prokops Bericht ist die einzige Quelle, die wir dazu haben, und er ist wie üblich, wenn es um derlei Dinge geht, aus Unwahrscheinlichkeiten und offensichtlichen Übertreibungen zusammengebacken.[3] Aber Belisar war selbst eitel genug und verspürte natürlich nicht den geringsten Wunsch, öffentlich als Hahnrei dazustehen. Er hatte zwar nichts dagegen, daß Antonina ihn zum ersten Mal seit ihrer Heirat auf einem Feldzug nicht begleiten wollte, da er sehr wohl wußte, daß sie momentan in eine heikle Angelegenheit der Kaiserin verstrickt war. Aber er war niedergeschmettert, als er einen oder zwei Monate nach seinem Abmarsch die zuverlässige Kunde erhielt, Theodosios, der, um dem Skandal vorzubeugen, vorübergehend in einem Kloster bei Ephesos untergetaucht war, sei in die Hauptstadt zurückgekehrt und lebe wieder mit seiner Patin unter einem Dach.

Belisars Informant war kein anderer als sein Stiefsohn Photios, Antoninas Sohn aus einer früheren Verbindung, der ihn an die persische Front begleitet hatte. Photios verabscheute seine Mutter von Herzen; er verdächtigte sie (nicht ganz zu Unrecht), daß sie ihn beseitigen lassen wolle. Deshalb unterbreitete er die Nachricht von ihrem neuesten Coup, kaum daß er sie aus dem Munde eines gerade aus Konstantinopel eingetroffenen Freundes erhalten hatte, sogleich seinem Stiefvater. Gemeinsam brüteten sie ihr weiteres Vorgehen aus. Zu diesem Zeitpunkt war der Anschlag auf Johannes von Kappadokien erfolgreich abgeschlossen, und Antonina hatte ihre Absicht bekundet, nach Osten zu kommen. Falls sie dies wirklich tat, würde Theodosios wohl nach Ephesos zurückkehren. Photios sollte deshalb die Abwesenheit seiner Mutter dazu nutzen, ihrem Geliebten zu folgen, ihn zu entführen und in ein entlegenes geheimes Gefängnis zu bringen, wo er keinen Ärger mehr machen konnte.

Als Antonina eintraf, wurde sie zu ihrem Entsetzen sogleich unter Arrest gestellt. Unterdessen hatte sich Photios in Begleitung eines Eunuchen seiner Mutter nach Ephesos aufgemacht und erhielt von diesem zu seiner großen Genugtuung weitere interessante Informationen über ihr Privatleben. In Ephesos stellte er fest, daß Theodosios von seiner Ankunft in Kenntnis gesetzt war und in der Johanneskirche Zuflucht gesucht hatte, doch der dortige Hohepriester lieferte ihn gegen eine geringe Bestechungssumme ohne weiteres aus. Photios ließ ihn in eine abgelegene Burg in Kilikien bringen und kehrte seinerseits nach Konstantinopel zurück.

Dies war ein gravierender Fehler, denn gleichzeitig mit ihm traf in Konstantinopel ein Hilferuf Antoninas bei Theodora ein. Nun wurde Photios verhaftet und mit ihm auch mehrere andere enge Freunde seines Stiefvaters. Laut Prokop wurden etliche einzig um dieser Freundschaft willen eingekerkert und sogar hingerichtet. Photios wurde unsäglich grausam gefoltert, gab aber Theodosios' Aufenthaltsort nicht preis. Er schmachtete noch drei Jahre lang im Verlies des Palastes, bevor er mit dem unverhofften Beistand des Propheten Zacharias, der ihm im Traum erschien, nach Jerusalem entkommen konnte. Prokop macht Belisar die heftigsten Vorwürfe, weil dieser nach seiner Rückkehr nach Konstantinopel nichts unternahm, um seinem Stiefsohn zu helfen. Er mag dazu guten Grund gehabt haben, und diese Beschuldigungen werfen auf Belisars Charakter ein bezeichnendes Licht. Allein es ist schwer zu sagen, was er gegen Antonina, mit der er sich auf Anordnung der Kaiserin offiziell wieder versöhnt hatte, und Theodora hätte unternehmen können.

Theodora spürte schließlich den jungen Mann mit anderen Mitteln doch noch auf und führte ihn seiner Geliebten wieder in die Arme. Er fiel jedoch schon bald darauf einer Ruhrerkrankung zum

Opfer; soweit bekannt, bestand kein Verdacht, daß Gift im Spiel gewesen sein könnte. Offenbar fiel Belisar damit ein großer Stein vom Herzen, denn als er 542 erneut im Osten eintraf, war er wieder ganz der alte. Prokop beschreibt erfreut, wie er einen Gesandten Chosraus empfing:

> Während nun die Leute die Weisung ausführten, ließ Belisar auf die Meldung hin, daß sich der Gesandte ganz in der Nähe aufhalte, ein Zelt aus starker Leinwand, einen sogenannten Papyleon, errichten und nahm darinnen wie an einem einsamen Orte Platz, womit er deutlich machen wollte, daß er ohne irgendwelche besondere Zurüstung dorthin gekommen sei. Die Soldaten aber verteilte er auf folgende Weise: Zu beiden Seiten des Zeltes standen Thraker und Illyrer, hinter ihnen Goten und an diese anschließend Heruler, denen Vandalen und Maurusier folgten, und alle schwärmten weithin über die Ebene; denn sie blieben nicht immer auf dem nämlichen Platze stehen, sondern gingen in Abständen voneinander umher, wobei sie nur so nebenbei und mit möglichst geringer Aufmerksamkeit auf den Gesandten Chosraus blickten. Auch trug niemand von ihnen einen Kriegsmantel oder ein über die Schulter geknüpftes Gewand, sondern nur leinene Hemden und weite Beinkleider, die sie beim Umhergehen aufgeschürzt hatten. In der Hand aber hielt jeder eine Pferdepeitsche, während er als Waffe entweder ein Schwert, eine Axt oder einen schußbereiten Bogen führte. Man hatte von allen den Eindruck, als kümmerten sie sich um sonst nichts weiter und seien nur mit der Jagd beschäftigt... Der [Abandanes, der Gesandte] begab sich daraufhin zu Chosrau und legte ihm nahe, möglichst schnell sich zu entfernen, denn er habe den allertapfersten und allerklügsten Feldherrn angetroffen, dazu Soldaten, wie er selbst noch keine gesehen habe...[4]

Daraufhin zog sich der Großkönig zurück. »Die Römer aber erhoben Belisar in Lobreden, und er schien ihnen durch diese Tat größeren Ruhm erworben zu haben als damals, da er Gelimer oder Wittiges als Gefangene nach Byzanz gebracht hatte.«[5] Wie zumeist übertreibt Prokop auch hier gewaltig. Doch es wird doch deutlich, daß Belisar offenbar wieder zu seiner alten Stärke zurückgefunden hatte.

Aber der Feldzug von 542 brachte keine Entscheidung, da in beiden Lagern statt wie sonst häufig Ruhr oder Typhus diesmal die Beulenpest ausbrach, und zwar mit einer solchen Gewalt, daß die Epidemie in der Geschichte von Byzanz ihresgleichen sucht. Von Ägypten ausgehend, verbreitete sie sich rasch in allen Ländern des östlichen Mittelmeerraumes bis nach Konstantinopel. Dort wütete sie vier Monate lang, und auf dem Höhepunkt fielen ihr an die zehntausend Menschen pro Tag zum Opfer, an einem Tag sogar sechzehntausend, was dem gesamten Heer in Italien entsprach. Schon bald war ein würdiges Begräbnis der Toten nicht mehr möglich; die Leichen wurden auf eine riesige, längst verlassene Festung geschafft und bis unter das Dach aufgeschichtet. Das Alltagsleben in der Stadt kam zum Erliegen, die umliegenden Felder wurden nicht abgeerntet, die Märkte geschlossen, und die Mühlen und Bäckereien konnten nichts produzieren, da niemand mehr dort arbeitete. Und so folgte auf die Beulenpest der Hunger. Als die Epidemie schließlich vorüber war, hatte sie schätzungsweise dreihunderttausend Opfer gefordert und damit zwei Fünftel der Bevölkerung dahingerafft.

Zu den Erkrankten gehörte auch Justinian. Während jenes unseligen Sommers schwebte er wochenlang zwischen Leben und Tod. In dieser Zeit lag die oberste Staatsgewalt in den Händen seiner Frau; gleichzeitig galt es, sich mit einem neuen, dringenden Problem zu befassen, nämlich dem der Nachfolge. Theodora wußte, daß ihre Zukunft auf dem Spiel stand. Sie und Justinian hatten keine Kinder, und falls er starb, konnte sie ihre Macht nur behalten, wenn sie für ihn einen Nachfolger ihrer Wahl durchzusetzen vermochte, einen vertrauten Höfling vielleicht oder einen ihr ergebenen alten Heerführer, den sie schließlich auch ehelichen konnte wie ihre Vorgängerin Ariadne vor einem halben Jahrhundert Anastasios.

Aber traditionsgemäß wählte das Heer den Kaiser, und die meisten höheren Offiziere hielten sich im Osten auf. Als sie schließlich von Justinians Erkrankung erfuhren, hielten sie ihn schon für so gut wie tot. Auf einem in aller Hast einberufenem Treffen in Mesopotamien kamen sie überein, keinen in ihrer Abwesenheit und ohne ihre

Zustimmung in Konstantinopel gewählten Herrscher anzuerkennen. Von diesem Treffen gelangten umgekehrt Berichte in die Hauptstadt, aber erst als Justinian außer Lebensgefahr war. Theodora, die sich nun wieder sicher fühlte, geriet außer sich. Es hieß, zu dem Treffen hätten vor allem zwei Heerführer angestiftet. Den einen, er hieß Buzes und war schon Konsul und *Magister militum per orientem* gewesen, ließ sie in das mittlerweile berüchtigte Verlies werfen, wo er in totaler Finsternis achtundzwanzig Monate schmachtete. Dann soll er, eher einem Gespenst als einem Menschen ähnlich, wieder herausgekommen sein.

Der andere war Belisar. Er war zu populär und zu mächtig, als daß man mit ihm wie mit seinem Untergebenen hätte verfahren können. Prokop versichert zudem, gegen ihn habe man keinen der gegen Buzes erhobenen Vorwürfe vorbringen können. Warum, bleibt allerdings im dunkeln. Möglich, daß er bei dem fatalen Treffen persönlich nicht anwesend war; aber selbst dann muß er hinter den Beschlüssen gestanden haben. Jedenfalls mußte ein anderer Vorwand gefunden werden. Man klagte ihn deshalb an, er habe sich unrechtmäßig am Schatz der Vandalen und Goten bereichert, statt ihn dem Kaiser pflichtschuldigst abzuliefern. Hier hatte Theodora einiges Recht, den Hebel anzusetzen, denn Belisar hatte aus seinem unermeßlichen Reichtum nie ein Geheimnis gemacht. Die Art und Weise, in der er seit einigen Jahren hoch zu Roß, das mit einer höchst kostbaren Schabracke geschmückt war, und gefolgt von einem Regiment seiner persönlichen, aus nichtrömischen Soldaten bestehenden Leibwache, durch die Straßen von Konstantinopel ritt, hätte eher einem königlichen Zug angestanden als einem Bürger des Reiches, der die Grenzen seines Standes zu wahren hatte. So schlug Theodora zu, als Belisar nach Abbruch des Feldzugs von 542 in die Hauptstadt einzog. Zunächst sah er sich des Oberkommandos über das Ostheer entsetzt. Als nächstes wurden sein riesiger Haushalt aufgelöst, seine Speerträger und Garden zu Fuß unter die übrigen Offiziere und Palasteunuchen nach Losentscheid aufgeteilt und schließlich seine Reichtümer auf Anordnung Theodoras konfisziert, und zwar einfach, indem sie ihre persönlichen Bediensteten mit dem Befehl ausschickte, alles Wertvolle direkt in den Kaiserpalast zu schaffen.

Erst im folgenden Jahr, also 543, hatte sich Justinian so weit erholt, daß er die Amtsgeschäfte wiederaufnehmen konnte. Kurz darauf wurde Belisar begnadigt und kam teilweise wieder zu Ehren. Auch seine Schätze wurden ihm zurückerstattet, allerdings um rund dreißig Zentner Gold geschrumpft, die Theodora großzügig ihrem Mann geschenkt hatte. Die Versöhnung wurde durch die Verlobung von Joannina, Antoninas und Belisars einzigem Kind, mit Anastasios, dem Enkel Theodoras, besiegelt. In einem Brief an Belisar aus dieser Zeit betont Theodora, sie habe ihm vergeben, weil ihr seine Frau so nahestehe. Aber augenscheinlich gab es noch einen anderen und viel stichhaltigeren Grund für die Wiedereinsetzung des erfolgreichen Heerführers: In den Randprovinzen des Reiches verschlechterte sich die Situation rapide. Jenseits des Mittelmeeres erfaßte eine von maurischen Stämmen ausgehende Erhebung mit furchterregender Geschwindigkeit die Provinz Afrika, und in Italien schlugen die Goten unter Totila zurück und hatten bereits Neapel wiedererobert. Nur im Osten hatte das Jahr mit einem Hoffnungsschimmer begonnen, da König Chosraus Kriegsgelüste durch ein erneutes Ausbrechen der Pest vereitelt und außerdem durch eine Rebellion einer seiner Söhne gestoppt wurden. Aber selbst dort kam es im Spätsommer zur Katastrophe: Eine riesige byzantinische Streitmacht von rund dreißigtausend Mann, die größte, die Justinian je aufgestellt hatte, war in das persisch besetzte Armenien eingedrungen und dort von einem viel kleineren Sassanidenheer vernichtend geschlagen worden.

Dies war füglich nicht die Zeit, den fähigsten Feldherrn des Reiches entehrt, entwaffnet und gedemütigt in Konstantinopel zu verwahren; im Feld war er bitter nötig. Nichts wäre Belisar gelegener gekommen. Zunächst hoffte er, wieder an die persische Front zurückzukommen, doch diese Aussicht vereitelte Antonina entschlossen; nie wieder, darauf bestand sie, sollte er in jenen Teil der Welt zurückkehren, wo sie so schimpflich beleidigt worden war. Natürlich unterstützte Theodora sie darin; Belisar erhielt also den Oberbefehl über das kaiserliche Heer im Westen. Doch auch hier erwarteten ihn Enttäuschungen; anscheinend waren die alten Rechnungen immer noch nicht ganz beglichen. Nicht als *Magister militum*, wie er angenommen hatte, sondern bloß als *Comes stabuli* (Oberstallmeister) kehrte er im Mai 544 nach Italien zurück: trauriger, um einiges klüger und, obwohl erst vierzig, unendlich viel müder.

Nichts zeugt so sehr von Belisars strategischem Geschick wie der Zusammenbruch der byzantinischen Herrschaft in Italien nach seinem Abzug im Jahre 540. Doch nach seinem triumphalen Einzug in Ravenna in jenem Frühjahr muß es allen, der griechischen, der gotischen und der italischen Bevölkerung, so vorgekommen sein, als wäre die ganze Halbinsel für das Reich zurückerobert. Zwar gab es immer noch einige wenige Widerstandsnester, beonders Verona und Pavia, wo der gotische Adel einen jungen Häuptling namens Hildebad zum König ausrief, aber da dessen Heer nur tausend Mann stark war, schien es unvorstellbar, daß er sich länger als ein paar Wochen würde halten können.

Und er hätte dies auch nicht vermocht, wäre Belisar in Italien geblieben oder wenn Justinian wenigstens einen fähigen Nachfolger für ihn ernannt hätte. Doch eben das hatte der Kaiser versäumt. Statt dessen versuchten dort nun gemeinsam fünf untergeordnete Heerführer, von denen keiner den Oberbefehl innehatte, so gut es ging, die byzantinische Position in Italien zu konsolidieren. Vielleicht mit Ausnahme von Johannes, einem Neffen von Vitalian und trotz all seiner Fehler im Feld ein ausgezeichneter Befehlshaber, waren sie allesamt zweite Wahl: Einer, ebenfalls mit Namen Johannes, trug den Beinamen *Phagas* (Vielfraß), ein anderer, namens Bessas, war ein übergelaufener Gote, und die letzten beiden, Vitalius und Konstantian, waren erst vor kurzem aus Dalmatien eingetroffen. Nach Belisars Abzug hatten sie das Territorium unter sich aufgeteilt und nur noch eines im Sinn: Beute. Schon nach wenigen Wochen war die Moral des byzantinischen Heeres vollständig dahin. Gegen Ende des Jahres hatte Hildebad eine ansehnliche Streitmacht aufgeboten, der sich zahlreiche Deserteure aus den Reihen der Byzantiner angeschlossen hatten, und kontrollierte praktisch das ganze italienische Gebiet nördlich des Po.

Nach dem Grund für diese verhängnisvolle Entscheidung des Kaisers braucht man nicht lange zu suchen. Sicherlich war ihm hinterbracht worden, daß die Goten Belisar damals den Thron angeboten hatten. Die Furcht, jener könnte seine Meinung ändern und den Vorschlag annehmen, war gewiß mit ein Grund gewesen, ihn zurückzurufen. Aber ihm schauderte auch bei dem Gedanken, einer von Belisars Nachfolgern könnte jener Versuchung erliegen. Er war von dieser Furcht so besessen, daß er über zwei Jahre lang zusah, wie sich die Situation in Italien ständig verschlimmerte. Dann erst ernannte einen Prätorianerpräfekten, ein völlig unbeschriebenes Blatt, von dem er wußte, daß er einer Rebellion gegen ihn unfähig war. Allerdings, wie sich leider herausstellte, auch in allen anderen Belangen. Erst nach weiteren zwei Jahren gab Justinian das Kommando widerstrebend an Belisar zurück, den nicht nur begabtesten, sondern auch treuesten seiner Heerführer. Er hätte es ihm besser gar nicht erst entzogen.

Hildebad hatte sich nicht lange halten können; er war im Mai 541 bei einem Gelage von seinem Leibwächter Welas enthauptet worden, weil er dessen Braut unbedacht einem anderen zugesprochen hatte.[6] Sein Nachfolger Erarich machte den Versuch, sich mit Justinian zu verständigen, und wurde ebenfalls schon nach fünf Monaten ermordet. Damit war der Weg frei für einen jungen Mann, der sich als der größte und wohl auch interessanteste gotische Herrscher erweisen sollte. Nach den Münzen zu schließen, lautete sein Name Baduila; aber schon zu seinen Lebzeiten hieß er für seine Untertanen nur Totila, und so ist er auch in die Geschichte eingegangen.

Totila war Hildebads Neffe. Sein Geburtsdatum ist nicht bekannt, aber er kann kaum älter als fünfundzwanzig gewesen sein. Auch er hatte im geheimen mit den kaiserlichen Heerführern verhandelt, und diese waren, vermutlich nicht zu Unrecht, durch seine Ernennung beunruhigt. Sobald er aber an der Macht war, erklärte er ihnen ganz offen den Krieg. Er vermochte die Goten auf eine Weise dafür zu begeistern, von der seine Vorgänger nicht einmal hätten träumen können. Er hatte indes nicht nur sein eigenes Volk im Blick. Er war sich jederzeit bewußt, daß die Goten nur einen kleinen Teil seiner Untertanen in Italien ausmachten und daß er auf die Unterstützung der anderen angewiesen war, wenn er die Byzantiner aus Italien vertreiben wollte. Zur Zeit Theoderichs und unter dessen unmittelbaren Nachfolgern waren die Beziehungen zwischen der gotischen und italischen Bevölkerung ungezwungen gewesen, und zwar insbesondere jener der führenden Schicht, da die gotischen Herrscher ihr

Königreich nur mit Hilfe römischen Verwaltungs- und Finanzwissens behaupten konnten. Seit Belisars Siegen hatte diese Schicht Italiens sich jedoch auf die Seite des Byzantinischen Reiches geschlagen. Deshalb wandte sich der junge Totila an die Menschen vom anderen Ende der sozialen Leiter: an die Mittelschicht, das städtische Proletariat und die Bauern.

Diese reagierten genau so, wie er sich das gedacht hatte. Sie fühlten sich nicht mehr selbstverständlich als loyale Untertanen eines Reiches, das sich zwar immer noch das »Römische« nannte, inzwischen aber in erster Linie griechisch geprägt war. Außerdem hatten sie viel unter den byzantinischen Raubzügen zu leiden. Die Plünderungen der diversen Heerführer waren schon schrecklich genug gewesen; nun waren sie in letzter Zeit auch noch Justinians Steuereintreibern ausgeliefert, einer neuen Klasse von höheren Beamten, die er Logotheten nannte. Deren Ruf läßt sich nur zu deutlich am Spitznamen ihres Leiters erkennen, eines gewissen Alexander, der allgemein *Psalidon* (Schere) hieß. Er war dafür bekannt, daß er die Ränder der Goldmünzen beschnitt und die Schnipsel für sich behielt. Er und sein Stab wurden nach Erfolg bezahlt: sie durften der Reichskasse den zwölften Teil sämtlicher Einnahmen für sich entnehmen. Und sie saugten das Land förmlich aus.

Totila versprach ein Ende der Unterdrückung. Die Sklaven sollten befreit, die großen Landgüter aufgeteilt und das Land unter die Kolonen und Bauern (hörige und freie Bauern) verteilt werden. Die Steuergelder aus Italien würden nicht mehr an einen schlaffen und korrupten Hof abgeführt und dazu verwendet, in tausend Meilen Entfernung in riesige Paläste gesteckt zu werden, die kein Steuerzahler je zu sehen bekam, oder als Schutzzölle an Völker hinter den Reichsgrenzen am Ende der Welt zu verschwinden. Bei all diesen Versprechungen überrascht es nicht, daß die Leute auf ihn hörten und sich ihm anschlossen.

Viele kaiserliche Soldaten taten dies ebenfalls, denn auch sie hatten die Schneiden der »Schere« zu spüren bekommen. Wenige Monate nach seiner Thronbesteigung war Totila bereits so stark, daß er und seine Truppen ein kaiserliches Heer von zwölftausend Mann von den Toren Veronas vertreiben und ein anderes vor Faventia (Faenza) in offener Feldschlacht vernichten konnten. Im Frühjahr des Jahres 542 errangen sie einen weiteren Sieg im Tal des Mugello etwa fünfzehn Meilen nördlich von Florenz. Bei dieser Gelegenheit schlugen sie das Heer von Vitalians Neffen Johannes, und damit des fähigsten der fünf Heerführer Justinians auf der Halbinsel, in die Flucht. Nun lag ganz Mittel- und Süditalien offen vor ihnen, und so zogen sie weiter. Noch im Spätsommer des Jahres hatte Totila ganz Italien außer Ravenna, Rom, Florenz und ein paar befestigten Küstenstädten unterworfen, an deren Spitze Neapel stand. Und Neapel mit seiner tausend Mann starken isaurischen Verteidigungsgarnison begannen die Goten nun zu belagern.

Es ist bezeichnend, wenn auch nicht überraschend, daß keiner der kaiserlichen Heerführer in Italien auch nur den geringsten Versuch unternahm, der Stadt zu Hilfe zu kommen. Und erst jetzt konnte sich Justinian dazu durchringen, einem Prätorianerpräfekten den Oberbefehl über die Provinz zu übertragen. Dieser Maximin aber blieb bis Ende des Jahres an der Küste von Epiros, und als er schließlich in Syrakus gelandet war, war er nicht zu bewegen, diese Stadt zu verlassen. Zu der Zeit war eine Entlastungsflotte, die sich auf persönliche Initiative eines alten Mitstreiters von Belisar hin aufgemacht hatte, zerstört worden; eine zweite, entsandt im Januar 543 von Maximin, der sich allerdings hütete, sich dem Unternehmen anzuschließen, wurde vom Sturm überrascht und zerschellte an den Klippen.

Inzwischen hatten die Goten die Stadt vollständig eingeschlossen. Im Mai mußte die ausgehungerte neapolitanische Bevölkerung aufgeben. Totila verfuhr mit der besiegten Stadt bewußt sehr milde. Die Soldaten der byzantinischen Garnison wurden samt ihrem Besitz in Ruhe gelassen, ja, man stellte ihnen sogar Schiffe zur Verfügung, die sie an einen Ort ihrer Wahl bringen sollten. Sie entschieden sich für Rom. Als dann widrige Winde die Reise zur See unmöglich machten, stellte man ihnen Pferde und Lasttiere und gab ihnen sogar eine Eskorte mit. Nicht weniger bemerkenswert war die Art, wie Totila mit der Bevölkerung Neapels umging. Da er um die Gefahren wußte, die drohten, wenn man hungernden Menschen zu rasch zuviel zu essen gibt, ließ er die Stadt zunächst abriegeln und dann jedem Haushalt Nahrungsmittel in kleinen Rationen zuteilen, die am nächsten Tag und auch an den darauffolgenden Tagen stets erhöht wurden, bis die Menschen sich wieder an die normale Kost gewöhnt hatten.

Der nun bereits zweite Fall Neapels innerhalb von sieben Jahren versetzte der Moral der Byzantiner einen weiteren Schlag. Während der verbleibenden Monate des Jahres hob Totila noch mehrere Widerstandsnester aus und sicherte seine Position, so daß es im Januar 544 den griechischen Heerführern allmählich reichte. In einem von Konstantian in Ravenna formulierten und von den übrigen Feldherren unterzeichneten Schreiben an Justinian erklärten sie, sie könnten die Sache des Imperiums in Italien nicht länger verteidigen. Maximin scheinen sie, falls er überhaupt anwesend war, völlig übergangen zu haben. Mit großer Wahrscheinlichkeit veranlaßte dieses Schreiben Justinian, Belisar wieder nach Italien zu entsenden. Unterdessen wandte sich Totila, in der Hoffnung, Rom ohne Blutvergießen in seine Gewalt zu bekommen, in einem leidenschaftlichen Appell an den römischen Senat. Ein Auszug daraus, verdichtet und frei übersetzt, steht zu Beginn dieses Kapitels.

Eine Antwort blieb jedoch aus. Johannes, der in Rom das Sagen hatte, verbot dem Senat zu antworten, obwohl dieser es vermutlich liebend gern getan hätte. Danach wandte sich Totila direkt an die Bevölkerung Roms. Er ließ mehrere Kopien einer gekürzten Fassung seines Briefes anfertigen und sie im Schutz der Dunkelheit in die Stadt einschleusen. Eines Morgens fand die Bevölkerung sie überall in der Stadt an markanten Punkten angeschlagen. Totila sicherte ihnen darin die Freiheit zu und versprach, Leben und Eigentum all jener zu schonen, die ihn unterstützen würden. Der jetzt auf höchste beunruhigte Johannes redete sich ein, die arianische Geistlichkeit sei für die Verbreitung dieses Briefes verantwortlich, und verstieg sich dazu, sie allesamt aus der Stadt zu jagen. Die wahren Schuldigen wurden nie identifiziert.

Die Bevölkerung Roms erhob sich jedoch nicht spontan, wie Totila wohl erhoffte, und ihm blieb, wenn er die Stadt einnehmen wollte, nur der Weg der Gewalt. Im Augenblick hielt er sich noch weit im Süden auf und belagerte mit seinem Heer den kleinen apulischen Hafen Hydruntum (Otranto), da er fürchtete, die Byzantiner könnten ihn als Brückenkopf für Entlastungsoperationen benutzen. Es gab jedoch heftigeren Widerstand als erwartet. Deshalb ließ er eine kleine Streitmacht vor den Stadtmauern zur Fortsetzung der Belagerung zurück und begab sich im Sommer des Jahres 544 mit seiner Hauptstreitmacht unverzüglich auf den langen Marsch nach Norden Richtung Rom.

Er wäre vielleicht nicht ganz so zuversichtlich gewesen, hätte er gewußt, daß Belisar, noch während er marschierte, bereits auf dem Weg nach Italien war. Die nächste Runde im langwierigen Kampf zwischen griechischen und gotischen Heeren würde nicht mehr lange auf sich warten lassen.

Seit Belisar von Konstantinopel aufgebrochen war, wußte er, daß ihm auf diesem zweiten italienischen Feldzug praktisch immer eine Hand gebunden war. Zwar hatte Justinian ihn mit der Rückeroberung der Halbinsel betraut, ihm aber nur wenige kampferprobte Truppen, kaum Autorität und überhaupt kein Geld mit auf den Weg gegeben. Ja, es ging sogar das Gerücht, der Kaiser habe seinem Feldherrn das Versprechen abgenötigt, keine Mittel aus dem kaiserlichen Schatz anzufordern, sondern die Soldaten samt der nötigen Ausrüstung auf eigene Kosten auszustatten. Früher hätte Belisar vermutlich solche Auflagen bereitwillig akzeptiert. Ausgestattet mit einem Privatvermögen, welches das jedes anderen Bürgers im Reich außerhalb der Kaiserfamilie weit überstieg, hätte er sie vermutlich kaum gespürt, zumal ein paar Siege seine Truhen schon bald wieder füllen würden. Nun aber, da man ihn eines großen Teils seiner Reichtümer beraubt hatte und er nur zu gut wußte, daß Siege in der gegenwärtigen Situation möglicherweise gänzlich ausbleiben konnten, war er machtlos. Und die wenigen zusätzlichen Soldaten, die er auf dem Weg nach Italien noch hatte rekrutieren können, ließen die Zukunft auch nicht rosiger erscheinen.

Er machte das Beste daraus. Ein Jahr nach seiner Ankunft im Sommer 544 waren Otranto und Osimo entsetzt und die Verteidigungsanlagen von Pesaro so weit wiederaufgebaut, daß sie später einem entschlossenen Angriff von Totilas Heer standhielten. In dieser Zeitspanne hatte Belisar aber auch manche Truppenteile aus dem kaiserlichen Heer überlaufen sehen; viele von ihnen hatten schon seit über einem Jahr keinen Sold mehr erhalten. Auch bemerkte er nur allzu deutlich, daß sich die Situation in den vier Jahren seiner

Abwesenheit völlig geändert hatte. Nicht nur die Goten standen dem Reich jetzt feindselig gegenüber, sondern praktisch die gesamte Bevölkerung der italienischen Halbinsel. Mit der Streitmacht, die er nun befehligte, konnte er möglicherweise die kaiserliche Anwesenheit dort behaupten, Land und Leute jedoch nicht zurückgewinnen.

All dies mag er erwogen haben, als er im Mai 545 einen Brief an Justinian schrieb und darin darlegte, daß er dringend Soldaten, Pferde und Waffen benötige.

Ohne genügend Nachschub könne man nun einmal keinen Krieg führen. Nach mühseliger Suche habe er in Thrakien und Illyrien ein paar Soldaten auftreiben können, aber diese wenigen seien armselig ausgebildet, ohne nennenswerte Bewaffnung und ohne jegliche Kampferfahrung. Die Soldaten in Italien aber seien unzufrieden und mutlos, von den häufigen Niederlagen demoralisiert und beim ersten Anblick eines Feindes so sehr auf Flucht bedacht, daß sie sogleich vom Pferd glitten und die Waffen fallen ließen. Auch sei in Italien unmöglich Geld für den Krieg aufzutreiben, denn der Feind habe das Land großenteils zurückerobert. Er könne daher den Soldaten den längst überfälligen Sold nicht zahlen, und weil er wisse, was er ihnen schuldig sei, könne er nicht frei zu ihnen sprechen. Er müsse dem Kaiser leider die betrübliche Mitteilung machen, daß der größte Teil seiner Soldaten inzwischen unter den Fahnen des Feindes diene. Wenn es nur der Entsendung von Belisar nach Italien bedurft hätte, wäre an den Kriegsvorbereitungen des Kaisers nichts auszusetzen, aber ein Feldherr sei nun einmal ohne Soldaten nichts wert. Er brauche in erster Linie seine Reiterei und seine Infanterie, zweitens möglichst viele Hunnen und drittens Geld, um sie alle zu bezahlen.

Belisar gab den Brief Johannes mit auf den Weg und erwartete diesen natürlich möglichst bald mit all jener militärischen und finanziellen Unterstützung wieder zurück, von deren Notwendigkeit er den Kaiser zu überzeugen gedachte. Johannes blieb jedoch mehrere Monate in Konstantinopel und kehrte erst im Spätherbst zu Belisar zurück, der voller Ungeduld in Dyrrhachion auf ihn wartete. Belisars Gereiztheit über die Verzögerung dürfte sich nicht gelegt haben, als er hörte, daß sein Untergebener den Aufenthalt in der Hauptstadt dazu genutzt hatte, um die Tochter von Germanus, einem ersten Vetter des Kaisers, zu werben und sie zu heiraten; diese neue Verbindung zum Kaiser würde ihn künftig noch unerträglicher machen. Immerhin brachte er andererseits ein stattliches Heer mit, eine aus Römern und Barbaren bestehende Streitmacht; den Oberbefehl teilte er sich mit einem armenischen Feldherrn namens Isaak. Man setzte sogleich nach Italien über und landete gerade noch zur rechten Zeit, denn fast gleichzeitig erreichte Totila mit seinem Heer Rom und begann die Stadt zu belagern.

Für das byzantinische Heer waren die Aussichten düster. Totila kontrollierte das ganze Gebiet zwischen Rom und dem Meer; die Flotte hatte er bereits in der Tibermündung zusammengezogen. Außerdem war Bessas, der Befehlshaber der kaiserlichen Garnison, gotischer Abstammung und seine Loyalität daher ungewiß. Er hatte keinerlei Vorräte für den Notfall angelegt, die Versorgung war bereits zu Beginn der Belagerung nicht sonderlich gut, und in ihrem Verlauf schien ihm weniger an der Verteidigung der Stadt zu liegen als daran, den Meistbietenden das wenige zu verkaufen, was noch übrig war, um damit seine Taschen zu füllen. Als der Hunger Einzug hielt, versuchte Diakon Pelagius – Papst Vigilius befand sich aus in Kürze ersichtlichen Gründen in kaiserlichem Gewahrsam auf Sizilien – Verhandlungen mit Totila aufzunehmen; sie verliefen indes im Sande. Belisar erkannte sogleich, daß es nur eine Hoffnung gab, nämlich schnell in die Tibermündung zu segeln, sich durch die gotische Flotte durchzuschlagen, dann mit seinen Leuten an Land zu gehen und dem Belagerungsheer in den Rücken zu fallen. Doch Johannes widersetzte sich erneut, obwohl er ihm theoretisch untergeordnet war. Die Wiedereroberung des Südens, so insistierte er, habe Priorität. Erst dann könne sich das Heer nach Rom aufmachen. Diese Unstimmigkeit hatte die vermutlich schlechteste aller möglichen Lösungen zur Folge. Die zur Verfügung stehende Streitmacht wurde geteilt, und beide Befehlshaber verfolgten ihre eigenen Pläne.

Doch Belisar verlor den Mut nicht. Als er Portus an der Mündung des Tibers erreichte, waren seine Pläne bereits fertig. Bessas sollte die Goten durch Ausfälle ablenken. In der Zwischenzeit würde er ihnen vom Meer her in den Rücken fallen, wobei ein Teil des Heeres das

Südufer des Flusses entlangmarschieren und der Rest von den zweihundert Schiffen aus die feindliche Flotte zerschlagen und dann stromauf zu seiner Unterstützung segeln sollte. Während dieser ganzen Operation sollte der armenische Heerführer Isaak in Portus bleiben und sich um den Nachschub, die Versorgung, die verbleibenden Schiffe und – das war keineswegs nebensächlich – seine Frau Antonina kümmern, die kurz zuvor eingetroffen war. Unter keinen Umständen, darauf bestand er mit allem Nachdruck, nicht einmal, falls ihm berichtet würde, er, Belisar, sei gefangen oder getötet worden, sollte Isaak seine Stellung verlassen.

Bessas machte jedoch keine Ausfälle, ja, er unternahm überhaupt nichts, um seinem Befehlshaber zu helfen. Belisar griff trotzdem an. Mit einem Pfeilhagel vom Deck der Schiffe hielt er die gotischen Verteidiger in Schach, während die Schiffe sich langsam einen Weg stromaufwärts bahnten. Nach vier Meilen durchbrachen sie ohne Schwierigkeiten die große Eisenkette und die hölzerne Sperre, die Totila als zusätzlichen Schutz errichtet hatte. Doch gerade als sie die stark befestigte Brücke, das letzte Hindernis vor Rom, angreifen wollten, erhielt Belisar die Hiobsbotschaft, Isaak sei gefangengenommen worden. Für ihn konnte dies nur eines bedeuten: Die Goten hatten in einem Überraschungsangriff Portus eingenommen, um ihn vom Meer abzuschneiden. Noch mehr erschreckte ihn der Gedanke, daß mit Isaak auch Antonina in Gefangenschaft geraten sein mußte. Er blies den Angriff sofort ab und eilte zur Küste zurück, wo er erfahren mußte, daß Isaak, nervös geworden durch die ihm auferlegte Tatenlosigkeit, unter Mißachtung seines Befehls die gotische Garnison von Ostia angegriffen und von denen, die er hatte besiegen wollen, überwältigt worden war. Abgesehen von ihm selbst und der kleinen Begleitmannschaft waren alle, auch Antonina, unbehelligt geblieben.

Damit war die letzte Chance vertan und Roms Schicksal besiegelt. Doch so krank und hungrig die römische Bevölkerung auch war, Krankheit und Hunger waren nicht die eigentliche Ursache für den Fall der Stadt; sie hat sich nicht ergeben. Vielmehr öffneten in der Nacht des 17. Dezember 546 vier isaurische Garnisonssoldaten die Porta Asinaria, und die Goten zogen in die Stadt ein. Ob die Verräter zu jenen Isauriern gehörten, denen gegenüber sich Totila nach der

Einnahme Neapels vor dreieinhalb Jahren so ungewöhnlich großzügig erwiesen hatte, wird nie zu klären sein; mit Sicherheit mußte der junge König seine Großzügigkeit niemals bedauern.

Bessas floh sofort und mit ihm fast die gesamte Garnison; der von ihm auf so fragwürdige Weise zusammengeraffte Schatz blieb zurück und wanderte in die gotischen Truhen. Ein Teil des römischen Adels – jene, die ihre Pferde nicht hatten verzehren müssen – ritt mit ihm davon. Der Rest der Bevölkerung suchte in Kirchen Zuflucht, bis Totila seine Leute unter Kontrolle hatte, und tauchte dann nach und nach auf der verzweifelten Suche nach Lebensmitteln wieder auf, bis die Versorgung der Stadt sich normalisierte. Laut Prokop sollen nur gerade fünfhundert Leute in der Stadt geblieben sein.[7] Man mag diese Zahl, wie schon Gibbon, für recht unwahrscheinlich halten, und doch spricht nicht unbedingt etwas dagegen. Unzweifelhaft aber war der Fall Roms von großer symbolischer Bedeutung, selbst wenn er strategisch nicht viel besagte. Totila sah darin denn auch eine Gelegenheit, eine Gesandtschaft an den Kaiser zu schicken und ihm mit dem Vorschlag Frieden anzubieten, den Status quo der früheren und glücklicheren Tage wiederherzustellen.

Er habe gewiß gehört, so schrieb er, was sich in der Stadt Rom zugetragen habe; darüber solle man stillschweigend hinweggehen. Es bedürfe jedoch einer Erklärung, warum er ihm diese Boten schikke. Es sei sein Wille, daß der Kaiser den Segen eines Friedens akzeptiere und daß er diesen auch ihnen, den Goten, gewähre. Leuchtende Beispiele einer ähnlich segensreichen Übereinkunft stellten Anastasios und Theoderich dar, die vor noch nicht allzu langer Zeit geherrscht hätten und unter deren Regierung Frieden und Wohlstand gediehen seien. Sollte dies auch des Kaisers Wunsch sein, werde er zu ihm aufschauen wie zu einem Vater, der fortan auf sie, die Goten, als Verbündete gegen alle seine Feinde zählen könne.

Aber Justinian wollte von alldem nichts wissen. Auf Totilas Vorschläge einzugehen hätte bedeutet, zehn Jahre umsonst gekämpft zu haben und nicht nur die Niederlage des Heeres einzugestehen, sondern auch sein oberstes Ziel nicht erreicht zu haben. Belisar, so machte er geltend, sei sein Oberbefehlshaber in Italien und habe alle Vollmachten; wolle der König der Goten verhandeln, solle er sich gefälligst an ihn richten.

Totila hat wahrscheinlich keinen Gedanken daran verschwendet, sich gemäß Justinians Vorschlag an Belisar zu wenden. Und hätte er es getan, hätte er wohl erst recht keine Antwort in seinem Sinn erhalten. Roms Fall geriet schon bald in Vergessenheit. (Die Byzantiner vermochten die Stadt sogar im April 547 für kurze Zeit zurückzuerobern, verloren sie allerdings knapp drei Jahre später wieder.) Nach ein paar Monaten gelegentlicher Scharmützel hier und dort auf der Halbinsel ergab sich für beide Seiten eine Pattsituation, da keine sich als stark genug erwies, die andere zu schlagen. Belisar appellierte ein letztes Mal an den Kaiser. Er wußte, daß sich die Situation insgesamt für Justinian seit seinem letzten Hilferuf verbessert hatte: Es war schließlich doch noch ein Friedensschluß mit König Chosrau zustande gekommen (wenn auch zu einem beträchtlichen Preis), und die Unruhen in Afrika, die in den letzten fünf Jahren gewütet, ungeheure Summen Geldes verschlungen und den Einsatz vieler Menschen erfordert hatten, waren endlich niedergeschlagen worden. In dieser relativ ruhigen Situation hoffte Belisar doch noch zu bekommen, was er so heftig begehrte.

Diesmal überbrachte Antonina das Gesuch. Sie hatte die Schwierigkeiten, denen Belisar sich gegenübersah, mit eigenen Augen mit angesehen und konnte aus eigener Anschauung berichten. Außerdem hatte sie direkten Zugang zur Kaiserin und über sie zu Justinian, würde sich also nicht von Höflingen abwimmeln lassen. Sie brach im Hochsommer 548 nach Konstantinopel auf, fand jedoch die Stadt in tiefster Trauer vor. Wenige Tage zuvor, am 28. Juni, war Theodora einem Krebsleiden erlegen. Antonina begriff sofort, daß unter diesen Umständen ihre Mission zum Scheitern verurteilt war. Der Kaiser, den die Trauer niedergeworfen hatte, wünschte niemanden zu sehen und war zu keiner Entscheidung fähig. Das einzige, was sie von denen, die im Augenblick das Sagen hatten, erreichte, war die Rückbeorderung ihres Ehemannes. Wenn Italien schon verlorenging, dann sollte wenigstens ihn nicht die Schuld daran treffen.

Zu Beginn des Jahres 549 traf Belisar in der Hauptstadt ein. Im Unterschied zum ersten Italienfeldzug hatte ihm der zweite keinen Ruhm, sondern einzig fünf Jahre vergebliche Mühe und Enttäuschung gebracht. Aber er hatte Italien dem Reich wenigstens vorübergehend erhalten. Ohne seine Energie und Entschlossenheit angesichts total entmutigender Bedingungen wären die Byzantiner wohl im Jahre 544 endgültig vertrieben worden. So aber unternahm man einen zweiten Versuch zur Rückeroberung, und als die Stunde für seinen alten Rivalen Narses schlug, dem sämtliche Ressourcen, um die Belisar vergeblich gebeten hatte, zur Verfügung gestellt wurden, fiel das Siegen relativ leicht. Dies und der Lohn, den er dafür erhielt, hätten im Grunde Belisar zugestanden.

12

Justinians letzte Jahre

(549–565)

Es ist das natürliche Ziel eines hochherzigen Kaisers, danach zu streben, das Reich zu vergrößern und seinen Ruhm zu mehren.

Prokop

Justinian begrüßte seinen Heerführer wie einen lange verlorenen Freund, was er in gewissem Sinn ja auch war. Über Jahre hinweg hatte Theodora die beiden Männer voneinander ferngehalten. Sie traute Belisar nie ganz und warnte ihren Mann fortwährend vor dessen möglicher Treulosigkeit, Doppelzüngigkeit und kaiserlichen Ambitionen. Justinian scheint ihr allerdings nie wirklich geglaubt zu haben. Dennoch genügten die Zweifel, die sie gesät hatte, um in ihm ein unbestimmtes Gefühl des Mißtrauens zu wecken, und dies hielt so lange an, wie Theodora lebte. Mit ihrem Tod war es jedoch rasch zerstreut. Justinian trauerte zwar zeit seines Lebens um seine Frau, aber er hatte sich, bis Belisar nach Konstantinopel zurückkehrte, doch vom ersten Schock über den Verlust erholt und begrüßte ihn mit offenen Armen. Belisar wurde zu seinem engsten Vertrauten, und Justinian ließ von ihm sogar im Augusteum eine goldene Statue neben der seines Onkels Justin aufstellen.

Aber selbst Belisar scheint nicht in der Lage gewesen zu sein, den Kaiser dazu zu überreden, Soldaten und Geld für eine letzte Großoffensive gegen Totila zur Verfügung zu stellen. Nicht daß es Justinian an Entschlossenheit gefehlt hätte, Italien für das Reich zurückzugewinnen, war ihm doch dies, seit er den Thron bestiegen hatte, stets oberstes Ziel gewesen. Auch daß er sich nach der Einnahme Roms so kategorisch weigerte, Totilas Gesandte zu empfangen, belegt klar genug, daß er in dieser Entschiedenheit keineswegs schwach geworden war. Die vorangegangenen sechs Jahre über hatte ihn jedoch ein größeres theologisches Problem in Anspruch genommen, und es war durch den Tod seiner Frau womöglich noch schwieriger geworden. Die Zäsur in der Rückeroberung der italienischen Halbinsel – nach dem Rückruf von Belisar und vor dem kurzen letzten Akt des Dramas – bietet uns eine willkommene Gelegenheit, auszuführen, was inzwischen geschah.

An der Wurzel des Problems lag dieselbe Frage, die bereits alle vorhergehenden Dispute ausgelöst hatte: die Frage nach dem Wesen Jesu Christi. Die orthodoxe Sicht war die vor annähernd hundert Jahren vom Konzil von Chalkedon festgelegte, daß der Erlöser in seiner Person zwei untrennbare Naturen vereine, die menschliche und die göttliche. Diese Sicht war jedoch von den Monophysiten nie akzeptiert worden. Ihnen zufolge gab es einzig die göttliche Natur. Sie betrachteten deshalb Christus als Gott und nicht als Menschen. Und wenn sie auch als Häretiker galten, waren sie doch viel zu zahlreich und zu weit verbreitet, als daß man sie so einfach hätte ausschalten können. Ägypten zum Beispiel war durch und durch monophysitisch; in Syrien und Palästina hatte die Lehre ebenfalls gefährlich festen Boden gewonnen. Im Westen dagegen äußerte sich die Häresie, wenn es denn überhaupt eine solche gab, arianisch und nicht monophysitisch und fand sich praktisch ausschließlich unter den Angehörigen nichtrömischer Völker. Die römische Kirche war eisern orthodox und protestierte sofort gegen jede Abweichung vom chalkedonischen Pfad. Justinian mußte deshalb einen schwierigen, heiklen Kurs steuern. Wenn er zu streng mit den Monophysiten verfuhr, riskierte er einen Aufstand und den Verlust wichtiger Provinzen für das Reich; Ägypten zum Beispiel war eine seiner Kornkammern. Ging er dagegen zu nachsichtig mit ihnen um, zog er sich den Zorn der Orthodoxen zu und spaltete seine Untertanen stärker denn je in zwei Lager. Zum Glück hatte Theodora stark mit den Monophysiten sympathisiert; sie hatte im Großen Palast sogar ganz verschwiegen ein Kloster unterhalten. So konnte es sich Justinian leisten, nach außen eine strenge Haltung zu vertreten, wußte er doch, daß sie stets in der Lage sein würde, seine Strenge insgeheim zu mildern.

Dank dieser etwas unaufrichtigen Politik war es ihm gelungen, die meisten monophysitischen Gemeinschaften außerhalb Ägyptens, wo er sie strikte in Ruhe ließ, mit beträchtlichem Erfolg im Zaum zu halten. Doch dann tauchte plötzlich eine neue und charismatische Leitfigur auf: Jakob Baradäus (»der Zerlumpte«), ein syrischsprachiger Mönch aus Mesopotamien. Er hatte, möglicherweise als einer von Theodoras Protegés, bereits fünfzehn Jahre in Konstantinopel verbracht und während dieser Zeit der Obrigkeit kaum Probleme gemacht. 543 geruhte der monophysitische Patriarch von Alexandria jedoch, ihn zum Bischof von Edessa einzusegnen. Die Tatsache, daß keine Hoffnung bestand, daß er je einen Fuß in sein Bistum setzen würde, weil sich dieses bereits im sicheren Gewahrsam eines mustergültigen Chalkedon-Anhängers befand, machte ihm nicht die geringsten Sorgen. Für ihn war die Einsegnung das wichtigste, und sie wirkte denn auch wie ein Stromstoß. Als armer Bettler verkleidet – daher sein Name –, begab er sich auf eine Missionsreise, um den monophysitischen Glauben im ganzen Osten wiederzubeleben. Er reiste fortwährend und mit erstaunlicher Geschwindigkeit kreuz und quer durch Syrien und Palästina, durch Mesopotamien und Kleinasien, wobei er an die dreißig Bischöfe einsegnete und mehrere tausend Priester weihte.

Justinian war unfähig, den Fanatismus zu ersticken, der überall aufflammte, wo Baradäus durchgekommen war, und befand sich mehr und mehr in einem Dilemma. In ihrer gegenwärtigen Stimmung mußten die Monophysiten noch vorsichtiger behandelt werden als zuvor. Gleichzeitig wurde er im Westen bereits für seine Schwäche und Untätigkeit angesichts der neuen Bedrohung kritisiert. Eine nachdrückliche Aktion war zweifellos angesagt. In Ermangelung einer besseren Lösung entschied er sich deshalb für eine öffentliche Verurteilung – aber nicht der Monophysiten, sondern jener Gruppe am anderen Ende des theologischen Spektrums, welche die Menschlichkeit, nicht die Göttlichkeit Christi verfocht: der Nestorianer. Diese mittlerweile schon fast vergessene Sekte war bereits 431 am Konzil von Ephesus mit dem Kirchenbann belegt worden. Danach waren ihre Angehörigen mehrheitlich in den Osten geflohen, nach Persien und noch weiter; nur wenige hielten sich überhaupt noch innerhalb der Reichsgrenzen auf. Es kam deshalb nicht so sehr darauf an, ob sie erneut zu Sündenböcken gemacht wurden oder nicht. Dazu boten sie den »Vorteil«, daß sie bei den Monophysiten und den Orthodoxen gleichermaßen verhaßt waren. Eine Urteil ex cathedra, wie es Justinian beabsichtigte, würde – so hoffte er zumindest – dazu beitragen, die zunehmende Feindseligkeit zwischen den beiden Lagern zu entschärfen. Anfang 544 erließ er deshalb ein Edikt, das nicht die Häresie als solche verdammte, sondern drei besondere Ausformungen davon, die bald als die »Drei Kapitel« berüchtigt wurden, nämlich die Person und die Schriften von Nestorios' Lehrer Theodor von Mopsuestia sowie bestimmte andere Werke zweier noch unbekannterer Theologen namens Theodoret von Cyrrhus und Ibas von Edessa.

Es war eine närrische Idee, und sie löste die Reaktion aus, die sie verdiente. Nur die orthodoxen Geistlichen im Osten waren bereit, sich der kaiserlichen Politik zu beugen, und in manchen Fällen selbst diese nicht ganz ohne weiteres. Weder waren die Monophysiten, die auf echte Konzessionen gehofft hatten, beschwichtigt, noch machten die römischen Bischöfe im Westen einen Hehl aus ihrer Wut. Ein Angriff auf die Nestorianer könne doch nur einen Schachzug zugunsten des Monophysitismus bedeuten, donnerten sie. Außerdem: Hatte das Konzil von Chalkedon nicht die Schriften von Theodoret und Ibas geprüft und sie für makellos befunden? Kurzum, sie weigerten sich entschieden, die Drei Kapitel zu verurteilen. Stephan, der päpstliche Gesandte in Konstantinopel, brachte das Mißfallen seines Gebieters zum Ausdruck, indem er den Kirchenbann über den Patriarchen Menas persönlich verhängte.

Zunächst war Justinian völlig verblüfft über diese Reaktionen, dann aber ernstlich alarmiert. In Italien hatte sich die byzantinische Position in den vier Jahren, die seit dem ersten Rückruf von Belisar vergangen waren, stetig verschlechtert. Und nun hatte er es zu einem Zeitpunkt, da er ihrer Unterstützung mehr bedurfte denn je, fertiggebracht, Papst Vigilius und die gesamte römische Kirche gegen sich aufzubringen. Je rascher die ganze Sache vergessen war, desto besser. Deshalb protestierte er auch nicht, als der Papst die Drei Kapitel nicht verurteilte, sondern verhielt sich ruhig, um die Beziehungen wieder in Ordnung zu bringen.

Diese Politik verfolgte er anderthalb Jahre lang und hätte sie wahrscheinlich auch weiter betrieben, doch die Umstände erlaubten dies nicht. Denn im Herbst 545 standen Totila und sein Heer vor den Toren Roms. Wenn sie die Stadt einnahmen, konnte sie nichts davon abhalten, den Papst als Geisel zu nehmen, und das hieß noch mehr Öl ins Feuer gießen. Justinian handelte unverzüglich. Am 22. November trafen ein Offizier der kaiserlichen Garde und eine Kompanie von *Excubitores* in Rom ein, ergriffen Vigilius, als er nach der Messe die Cäcilienkirche verließ, luden ihn auf ein Boot, das am Tiber bereitlag, und fuhren mit ihm den Fluß hinunter davon.

Der Papst, der keinerlei Bedürfnis hatte, während einer, wie es aussah, unangenehmen und ausgedehnten Belagerung in der Stadt zu bleiben, protestierte nicht, als er erfuhr, man wolle ihn nach Konstantinopel bringen, wenn auch möglicherweise die Aussicht, Theodora wieder unter die Augen treten zu müssen, die Lage etwas trübte. Ein paar Jahre zuvor hatte er nämlich als päpstlicher Legat am kaiserlichen Hof heimlich ein Abkommen mit ihr getroffen: Belisar würde Papst Silverius seines Amtes entheben und ihn, Vigilius, an dessen Stelle einsetzen. Als Gegenleistung sollte er die in Chalkedon festgelegten Grundsätze verurteilen und erklären, er billige den monophysitischen Glauben. Theodora hatte ihren Teil des Handels erfüllt, Vigilius aber sein Wort gebrochen. In Konstantinopel würde er ihr eine Erklärung liefern müssen.[1] Es ergab sich aber, daß sein Zusammentreffen mit dem kaiserlichen Paar nicht so schnell stattfand, wie er es sich vorgestellt hatte. Ein ganzes Jahr lang blieb er in Catania auf Sizilien – als ihr Gast. In dieser Zeit sandte er mehrere mit Getreide beladene Schiffe zur Entlastung nach Rom. Erst im Januar 547 kam er schließlich in Konstantinopel an.

Bis zu diesem Zeitpunkt war Vigilius in seiner Weigerung, die Drei Kapitel zu verurteilen, fest geblieben. Obwohl ihn der Kaiser bei seiner Ankunft herzlich begrüßte und ihm sogar den alten Placidiapalast als Residenz zur Verfügung stellte, verlor er keine Zeit, seine Autorität zu beweisen, und verhängte eine weitere viermonatige Exkommunikation über den Patriarchen Menas und alle Bischöfe, die das kaiserliche Edikt unterschrieben hatten.[2] Es dauerte jedoch nicht lange, bis er unter dem anhaltenden Druck, den Justinian und Theodora auf ihn ausübten, nachzugeben begann. Theodora schien ihren früheren Groll vergessen zu haben und war in dieser Frage genauso ehrgeizig und entschlossen wie ihr Mann. Am 29. Juni versöhnte Vigilius sich offiziell wieder mit dem Patriarchen, und am selben Tag übergab er Justinian das unterzeichnete Dokument zur Verurteilung der Kapitel unter der Bedingung, daß es geheim bleiben sollte, bis eine formelle Untersuchung durch bestimmte westliche Bischöfe abgeschlossen sei – deren Ergebnisse, so deutete er an, jedoch bereits feststünden. Am 11. April 548 veröffentlichte er das *Judicatum*, worin er die Drei Kapitel feierlich mit dem Bann belegte. Gleichzeitig hob er hervor, daß er nach wie vor die Doktrin von Chalkedon verfechte.

So hätte man, als die Kaiserin elf Wochen später starb, annehmen können, sie und ihr Mann hätten den Sieg davongetragen und es sei ihnen gelungen, die Einheit der Kirche wiederherzustellen. Es stellte sich jedoch bald heraus, daß die Kluft größer war als je zuvor. Theodora war immer gefürchteter gewesen als ihr Mann. Solange sie lebte, hatten es daher viele anerkannte Kirchenmänner – darunter mehrere ihrer ehemaligen Schützlinge – vorgezogen, Zurückhaltung zu üben, um ja nicht ihr Mißfallen zu erregen. Erst nach ihrem Tod wagten sie, sich offen gegen das kaiserliche Edikt zu stellen. Allmählich folgten in ganz Europa auch andere ihrem Beispiel. Wenn Vigilius auch das Gegenteil behaupte, so könne es doch keinen Zweifel daran geben, daß seine Verurteilung der Drei Kapitel die Autorität des Konzils von Chalkedon gefährlich untergraben habe, hieß es nun, und der Papst wurde in der ganzen westlichen Christenheit als Renegat und Abtrünniger geschmäht und in Afrika von den Bischöfen sogar exkommuniziert.

Einzig in Italien gab es keine echte Opposition gegen Vigilius. Der bemitleidenswerten Bevölkerung der belagerten italienischen Halbinsel, die ausgeplündert, ständiger Gewalt ausgesetzt und inzwischen schon halb am Verhungern war, blieb keine Kraft für abstruse theologische Spitzfindigkeiten. Der lange Kampf zwischen byzantinischen und gotischen Machthabern um die Vorherrschaft in Italien trat nun in seine Entscheidungsphase.

Justinians, allerdings zum großen Teil selbst verursachte, Sorgen mit den Drei Kapiteln hatten ihn von den Problemen mit Italien abgelenkt. Er neigte zeitlebens dazu, die Goten zu unterschätzen. Es ist auch gut möglich, daß ihn die Rückgewinnung Roms durch Byzanz im April 547, nur vier Monate nach der Eroberung durch Totila, in dem Glauben bestärkte, es sei nur noch ein wenig mehr Zeit erforderlich und der gotische Widerstand werde von alleine nachlassen. Leider geschah nichts dergleichen. Am 16. Januar 550 wiederholte sich die Geschichte. Erneut öffnete eine unzufriedene Gruppe Isaurier in der römischen Garnison Totilas Männern die Tore: diesmal die Porta Ostiensis in der Nähe von San Paolo fuori le Mura. Während die Goten 546 jedoch als Invasoren in die Stadt eingefallen waren, machten sie diesmal Anstalten zu bleiben. Nicht wenige eigneten sich leerstehende Häuser an und ließen sich mit ihren Familien dort nieder. Der Senat tagte wieder, und die Flüchtlinge wurden ermutigt, in ihre Heimstätten zurückzukehren. Beschädigte Gebäude stellte man wieder instand. Im folgenden Sommer lieferte Totila noch nachhaltigere Beweise für seine Pläne für Rom. Er veranlaßte eine umfassende Wiederbelebung der Spiele im Circus Maximus und übernahm persönlich den Vorsitz in der kaiserlichen Loge. In der Zwischenzeit verwüstete seine Flotte Italien und Sizilien und kehrte 551 bis unter die Dollborde mit Beute beladen zurück. Diese beiden Kränkungen trieben Justinian schließlich zum Handeln. Ersteres konnte nur ein absichtliches Infragestellen seiner Autorität bedeuten. Letzteres war um so ärgerlicher, als Sizilien, seit Belisar die Insel wiedererobert hatte, als persönliches Gut des Kaisers galt. Die Inselerträge gingen direkt an ihn, nicht an den kaiserlichen Steuereintreiber. Er sah sich deshalb sofort nach einem neuen Oberbefehlshaber um, den er nach Italien entsenden konnte. Die Wahl fiel auf seinen Vetter Germanos.

Zu Theodoras Lebzeiten wäre diese Ernennung undenkbar gewesen. Sie hatte Germanos noch weniger gemocht als Belisar und ihn schlechtgemacht, wo sie nur konnte. Doch Theodora war tot. Germanos war ein fähiger, erfahrener Soldat, zwar ohne die Brillanz seines Vorgängers, doch zuverlässig, effizient und absolut loyal. Außerdem zeichnete ihn ein Vorteil aus, der seine Position noch beträchtlich zu stärken versprach, sobald er erst in Italien war. Er hatte vor kurzem Matasuntha geheiratet, die Witwe des glücklosen, ungeliebten Königs Witiges, der acht Jahre zuvor in der Gefangenschaft in Konstantinopel gestorben war. Es war zu erwarten, daß ihr als Enkelin des großen Theoderich die überwiegende Loyalität des gotischen Adels sicher war, ebenso wie Germanos mit etwas Glück die Unterstützung der italienischen Landbesitzer würde erringen können.

Arbeitete Justinian vielleicht bewußt auf die Wiederherstellung eines Weströmischen Reiches hin, in dem italische und gotische Teile der Bevölkerung vereint waren und das von Germanos, seinem künftigen Nachfolger, von Ravenna aus als Cäsar regiert wurde? Er mag an so etwas durchaus gedacht haben, als er sich von seinem Vetter an der Spitze der Armee verabschiedete. Diese war übrigens um einiges größer, als Justinian sie Belisar je zugestanden hatte. Matasuntha, die stolze, schöne Frau von Germanos, stand an dessen Seite. Sie erwartete ihr erstes Kind. Ob Germanos sein Ziel je erreicht hätte, ist schwer zu sagen. Im Herbst des Jahres 550 wurde er vom Fieber befallen und starb in seinem Lager in Serdika (dem heutigen Sofia). Er hat Italien nie betreten und seinen und Matasunthas Sohn nie gesehen.

Die Nachricht vom Tod seines Vetters war ein schwerer Schlag für Justinian. Da er bereits achtundsechzig Jahre alt und ohne Nachkommen war, beschäftigte er sich seit einer Weile ernsthaft mit Gedanken über seine Nachfolge, und Germanos war, unabhängig vom Ausgang des Italienfeldzugs, ganz offensichtlich sein Kandidat gewesen. Der Lage in Italien kam jedoch noch immer Vorrang zu, denn eine riesige Armee stand führerlos im Feld. Zu diesem Zeitpunkt wäre ein Rückzug schlimmer gewesen als eine Niederlage und einer offenen Anerkennung von Totilas Souveränität über die Halbinsel gleichgekommen. Ein neuer Befehlshaber mußte gefunden werden, und zwar schnell. Ob sich der Kaiser, wie bereits zweimal zuvor, an Belisar wandte? Wenn ja, muß Belisar rundweg abgelehnt haben, denn der Mann, der für diesen letzten Versuch, Italien in den Schoß des Reiches zurückzuführen, auserwählt wurde, war kein anderer als der gut siebzigjährige Eunuch Narses.

Diese Wahl kam, gelinde gesagt, unerwartet. Bei näherer Betrachtung zeigt sich jedoch, daß sie weniger befremdlich war, als man auf den ersten Blick annehmen könnte. Narses war zugegebenermaßen alt, doch hatte er nichts von seiner Energie oder Entschlossenheit eingebüßt. Er war zwar relativ unerfahren im Feld, doch mehrere ausgezeichnete Taktiker, darunter auch sein alter Freund Johannes, befanden sich ja bereits in Italien. Vor allem erforderlich war dort nun ein überlegener Organisator mit starkem Willen und Entschlußkraft, fähig, eine Mannschaft von zankenden Rivalen anzuführen und ihnen ein neues Ziel vor Augen zu halten und neuen Mut einzuflößen. Für diese Aufgabe eignete sich Narses bestens.

Und er war sich der Größe seiner Aufgabe auch bewußt. Zu jenem Zeitpunkt befanden sich in ganz Italien nur noch gerade vier Städte unter byzantinischer Herrschaft, nämlich Ravenna, Ancona, Otranto und Kroton. Nicht umsonst hatte Narses sein ganzes Leben im Kaiserpalast verbracht. Er kannte Justinian besser als alle anderen und überredete ihn mühelos, ihm eine noch größere Armee zur Verfügung zu stellen als Germanos, nämlich mindestens fünfunddreißigtausend Männer zumeist nichtrömischer Herkunft, Langobarden, Gepiden, Heruler und Hunnen, dazu eine Anzahl von im Krieg kurz zuvor gefangengenommener Perser. Narses und sein Heer verließen Konstantinopel im Frühjahr 551, verbrachten jedoch den Rest des Jahres in Thrakien und Illyrien; dort besichtigte Narses militärische Einrichtungen, rekrutierte noch mehr Truppen und machte sich ganz allgemein mit allem vertraut. Der bevorstehende Feldzug sollte den Höhepunkt seiner Karriere darstellen. Er konnte es sich nicht leisten zu versagen.

Erst im Frühsommer 552 begann er mit seinen Soldaten den Marsch nach Italien. Sie kamen auf dem Landweg, rückten um das nördliche Ende der Adria nach Ravenna vor, wo Narses den übriggebliebenen Einheiten vor Ort endlich ihren längst fälligen Sold bezahlen konnte, und nach neun Tagen, als die Truppen zusammengezogen waren, gingen sie weiter Richtung Süden, über den Apennin und die Via Flaminia entlang, während ihnen Totila auf derselben Straße entgegenkam, um ihnen den Weg abzuschneiden. So geschah es, daß sich irgendwann gegen Ende Juni das byzantinische und das gotische Heer in Taginae (zwischen den kleinen Städten Scheggia und Gualdo Tadino) gegenüberstanden und es zur Entscheidungsschlacht dieses Krieges kam.

Obwohl Prokop mit seinem Herrn Belisar nach Konstantinopel zurückgekehrt war und damit nicht mehr Augenzeuge sein konnte, liefert er uns dennoch eine bemerkenswert detaillierte Schilderung dieser Schlacht. Zum Beispiel erzählt er, wie Totila versuchte, Narses zu täuschen, indem er vorgab, den Kampf um eine Woche verschieben zu wollen, und dann am folgenden Tag angriff, daß Narses jedoch eine List vermutete und darauf gefaßt war. Wie Totila dann erfuhr, daß weitere zweitausend Männer unterwegs seien, und versuchte, tatsächlich Zeit zu schinden, wobei er so weit gegangen sei, den beiden Armeen die gotische hohe Schule der Reitkunst vorzuführen, nur um ein paar zusätzliche Stunden zu gewinnen. Dabei muß er einen denkwürdigen Kontrast zum welken alten Narses abgegeben haben, der von den gegenüberliegenden Rängen aus unbewegt zusah. Als sich das gotische Heer schließlich zum Kampf stellte, sei es, so Prokop, immer stärker von der Flanke des Feindes eingeschlossen und geschlagen worden. Bei Sonnenuntergang seien die Goten, die byzantinischen Soldaten hart auf den Fersen, dann in wilder Panik geflohen. Totila flüchtete, tödlich verletzt, mit den anderen und starb wenige Stunden später in dem kleinen Dorf Caprae (dem heutigen Caprara).

Für die Goten war alle Hoffnung verloren, aber sie ergaben sich nicht. Einstimmig wählten sie Teja, einen der mutigsten Generäle Totilas, zu seinem Nachfolger und kämpften weiter. Ein Versuch, sich mit den Franken zu verbünden, die einen Großteil Italiens nördlich des Po kontrollierten, scheiterte. Der Frankenkönig Theudibald zog es vor, die beiden Hauptakteure die Schlacht untereinander ausfechten zu lassen und sich herauszuhalten. Er nahm zwar Tejas Geschenke entgegen, machte jedoch keinen Finger krumm, um ihm zu helfen. Unterdessen setzte Narses den Vormarsch nach Süden fort. Stadt um Stadt öffnete den Eroberern die Tore. Auch Rom fiel nach einer kurzen Belagerung – und wechselte damit seit Justinians Regierungsantritt zum fünften Mal die Hand –, doch der alte Eunuch marschierte weiter. Er wußte, daß Totila große Vorräte an Schätzen sowie Gold- und Silberbarren in Sicherheit gebracht hatte, und zwar in Kyme am nördlichen Ende der Bucht von Neapel, und war entschlossen, sie sicherzustellen, bevor sie verschwanden. Teja seinerseits wollte dies um jeden Preis verhindern und eilte den dort stationierten Truppen zu Hilfe. Aus irgendeinem Grund kam er mit seinem Heer jedoch am Südende der Bucht aus den Bergen, und zwar in der Nähe von Nocera. Dort, im Tal des Sarno (damals Draco), südöstlich des Vesuvs und unweit des bereits seit langem vergessenen Pompeji, trugen Ende Oktober 552 das römische und das gotische Heer die Entscheidungsschlacht aus. Teja kämpfte unermüdlich, bis ihn ein gutgezielter Wurfspieß niederstreckte. Aber selbst nachdem sein Haupt auf eine Lanze gespießt und für alle sichtbar in die Höhe gehalten worden war, kämpften seine Leute weiter. Erst am Abend des folgenden Tages willigten die wenigen Überlebenden in Verhandlungen ein. Zu den Bedingungen des Abkommens gehörte das Versprechen der Goten, Italien zu verlassen und das Reich künftig nicht mehr anzugreifen, und im Gegenzug wurde ihnen garantiert, daß sie all ihre bewegliche Habe mitnehmen durften und niemals gewaltsam in die Reichsarmee eingezogen würden.

Ein paar Widerstandsnester blieben bestehen. Die Garnison in Kyme hielt sich noch ein paar Monate länger, und vor allem dank der verspäteten fränkischen Unterstützung blieben genaugenommen ein, zwei Städte nördlich des Po noch länger in gotischen Händen. Es dauerte noch neun Jahre, bis Narses seinem Kaiser die Schlüssel von Verona senden konnte. Im Grunde war es aber die verzweifelte Schlacht am Fuße des Vesuvs, welche die Niederlage der Goten in Italien besiegelte. Justinians ehrgeizigster Plan war endlich Wirklichkeit geworden.

Die Geschichte bietet nur wenige Beispiele von Feldzügen, die so rasch und entscheidend von einem über achtzigjährigen Feldherrn geführt wurden wie jener von Narses, und sicherlich auch kein überzeugenderes Argument für die Kastration. Kaum zu glauben, daß zur gleichen Zeit, da der alte Armenier im Frühjahr 552 seine Leute nach Italien führte, eine andere, kleinere byzantinische Streitmacht unter dem Kommando eines noch älteren Heerführers in Spanien gelandet war: Er hieß Liberios, und es heißt, er sei sechs Jahre zuvor, zur Zeit Theoderichs, Prätorianerpräfekt von Italien gewesen; er kann somit zu der fraglichen Zeit kaum unter fünfundachtzig gewesen sein.

Verglichen mit der Rückeroberung Italiens, war der Spanienfeldzug nicht mehr als ein Nebenschauplatz des Geschehens, und wie er ablief, ist schnell erzählt. Bis zu jener Zeit war Spanien fest in westgotischer Hand gewesen; diese waren zu Beginn des fünften Jahrhunderts dort eingezogen und hatten 418 einen Pakt mit dem Reich geschlossen. Ihre Stellung war deshalb ähnlich wie in Italien unter Theoderich, wo eine römische Aristokratie von Grundbesitzern bequem auf ihren Gütern gelebt hatte, zufrieden mit dem Status quo und zweifellos dankbar dafür, daß die riesige Distanz, die sie von Konstantinopel trennte, die kaiserliche Einmischung so weit reduzierte, daß sie kaum noch spürbar war. Für sie und ihre westgotischen Herren kam die erste Warnung des aufziehenden Sturms, als Belisar 533 das vandalische Nordafrika zurückeroberte und ein Jahr darauf im Hafen von Septem (dem heutigen Ceuta) eine westgotische Garnison räumte. Ein Versuch des westgotischen Königs Theodis, sie 547 zurückzugewinnen, endete in einem Debakel. Sein Protest, das byzantinische Heer habe ihn betrogen und an einem Sonntag angriffen, während er in der Kirche war, änderte nichts an der Tatsache, daß seine Armee vernichtend geschlagen worden war und er kurz darauf durch ein Attentat den Tod fand.

Dann, im Jahre 551, sah sich Theodis' zweiter Nachfolger, König Agila, gleich mit zwei Aufständen konfrontiert: einem römischen in Córdoba und einem weit größeren und gefährlicheren seines Verwandten Athanagild. Er setzte sich entschlossen zur Wehr, und es dauerte nicht lange, bis Athanagild den Kaiser um Hilfe bat.[3] Genau dies war eine Gelegenheit, wie sie Justinian erwartet hatte. Trotz der Erfordernisse des Italienfeldzugs und trotz des chronischen Mangels an einsatzfähigen Leuten befahl er, eine kleine Streitmacht, höchstens ein-, zweitausend Mann, von Narses' Armee freizustellen und unter Liberios zur Unterstützung von Athanagild und zum Schutz der römischen Aufständischen nach Spanien abzukommandieren. Die Landung erfolgte an der Südostküste und stieß auf wenig Widerstand, denn die westgotische Armee war bereits hoffnungslos gespalten in das Lager der Agila-Treuen und derer, die sich dem Aufstand angeschlossen hatten. Es dauerte daher nicht lange, bis Liberios das gesamte Gebiet südlich einer Linie von Valencia nach Cádiz unter Kontrolle brachte, darunter auch Córdoba. 555 wurde Agila von seinen eigenen Truppen ermordet, und Athanagild bestieg den Thron ohne Widerstand.

Hätte der neue König eingewilligt, als kaiserlicher Vasall zu regieren, wäre alles in Ordnung gewesen. Das war jedoch nie seine

Absicht gewesen. Er machte Liberios rasch klar, daß er von ihm und seiner Armee den raschestmöglichen Abzug erwartete. Der alte Mann, ein offensichtlich ebenso guter Diplomat wie Feldherr, willigte im Prinzip ein, überredete Athanagild jedoch nach und nach zu Verhandlungen. Schließlich wurde eine Vereinbarung getroffen, wonach ein Großteil des eroberten Gebiets beim Reich verbleiben sollte. Es gab jedoch nur wenige Soldaten, und die Kommunikationswege waren gefährlich lang. Justinian mußte daher einsehen, daß sieben Achtel der Halbinsel seiner Macht entzogen blieben. Er behielt die Balearen, die ihm zusammen mit Korsika und Sardinien (die Belisar und Narses zurückerobert hatten) eine feste Basis im westlichen Mittelmeer boten, und konnte sich damit brüsten, daß sich das Reich einmal mehr vom Schwarzen Meer bis zum Atlantik erstreckte. Der Feldzug hatte sich also, wenn auch nicht gerade als ein voller Erfolg, gewiß nicht als Fehlschlag erwiesen.

Als Narses' Armee die Goten zum letzten Mal aus Rom vertrieb, war Papst Vigilius nicht dort, um die Dankesmesse zu zelebrieren. Er hielt sich noch immer in Konstantinopel auf, immer auswegloser in den Drei-Kapitel-Streit verstrickt. Der Feindseligkeiten wegen, die sein *Judicatum* ausgelöst hatte, ließ er das streitbare Papier 550 widerrufen. Obwohl er Justinian im August jenes Jahres insgeheim einen schriftlichen Eid ablegte, daß er seinen Einfluß für ihn geltend machen werde, entfernten ihn die Bemühungen, seinen Primat wiederherzustellen und, was noch schwieriger war, die Hochachtung der westlichen Kirchen wiederzuerlangen, zwangsläufig immer weiter von der Position des Kaisers. Im Jahr darauf wurden die Beziehungen zwischen den beiden noch gespannter. Justinian erließ ein zweites Edikt in Form einer langen Abhandlung. Darin legte er – wie ein Ein-Mann-Konzil – seine Interpretation der grundlegenden Dogmen des Christentums dar und schloß mit einer weiteren heftigen Verurteilung der Drei Kapitel. Zweifellos von vielen westlichen Kirchenmännern in der Stadt dazu angestiftet, warf ihm Vigilius vor, das Edikt verstoße gegen die Grundsätze des Konzils von Chalkedon, und forderte den Kaiser auf, den Erlaß zurückzuziehen. Wie vorauszusehen weigerte sich Justinian. Darauf ließ der Papst sämtliche in der Stadt anwesenden Bischöfe zu einem Treffen in den Palast kommen. Diese Versammlung sprach sich einstimmig gegen das Edikt aus und verbot allen Geistlichen feierlich, die Messe in einer Kirche zu lesen, in der es aushing. Als sich wenige Tage später zwei Prälaten über diese Verordnung hinwegsetzten, wurden sie auf der Stelle exkommuniziert, ebenso (zum dritten Mal) der Patriarch persönlich.

Als Justinian davon hörte, raste er vor Wut. Der Papst fürchtete eine drohende Verhaftung und floh in die Peter-und-Pauls-Kirche, die der Kaiser vor kurzem neben dem Hormisdaspalast hatte errichten lassen.[4] Kaum hatte er sie erreicht, traf der Volksprätor und Befehlshaber der Stadtpolizei mit einer Kompanie der kaiserlichen Garde ein. Gemäß einer Gruppe italischer Kirchenmänner, die Zeugen der Vorkommnisse waren und diese danach in allen Einzelheiten den fränkischen Gesandten erzählten,[5] stürzten die Polizisten mit gezogenen Schwertern und gespannten Bögen in die Kirche, geradewegs auf den Papst zu. Als er sie sah, tat er einen Sprung auf den Hochaltar zu. Unterdessen machten die Priester und Diakone um ihn herum dem Prätor Vorhaltungen, und es kam zu einem Handgemenge, in dem mehrere, wenn auch nur leicht, verletzt wurden. Dann packten die Soldaten den Papst, der sich an die Stützpfeiler des Altars klammerte, und versuchten, ihn mit Gewalt an Beinen, Haaren und Bart wegzuschleifen. Doch je mehr sie zogen, desto stärker klammerte er sich fest – da gaben die Säulen nach, der Altar stürzte ein, und die Trümmer verfehlten nur knapp seinen Kopf.

Vom Tumult angezogen, hatte eine beträchtliche Menge begonnen, heftig gegen eine solche Behandlung des Stellvertreters Christi zu protestieren. Die Soldaten fühlten sich sichtlich unwohl, und der Prätor entschloß sich klugerweise zum Rückzug und ließ einen zwar triumphierenden, aber arg in Mitleidenschaft gezogenen Vigilius zurück, der den Schaden begutachtete. Am folgenden Tag kam eine Großdelegation, angeführt von Belisar, um ihm für das, was geschehen war, das Bedauern des Kaisers auszusprechen und offiziell zuzusichern, daß er in seine Residenz in Konstantinopel zurückkehren könne, ohne sich vor gewalttätigen Übergriffen oder einer Festnahme fürchten zu müssen.

Der Papst kehrte sogleich zurück, erkannte jedoch bald, daß er mit einer Strenge überwacht wurde, die einem Hausarrest gleichkam. Außerdem wurde ihm klar, daß er, wenn er einen Ausweg aus der gegenwärtigen Sackgasse finden und das Ansehen behalten wollte, welches er sich so mühevoll wieder zu erarbeiten versucht hatte, die Initiative ergreifen mußte. Zwei Tage vor Weihnachten, am späten Abend des 23. Dezember 551, zwängte er daher seine nicht geringe Leibesfülle durch ein kleines Palastfenster und nahm ein Boot über den Bosporus nach Chalkedon, wo er sich direkt zur Euphemiakirche begab. Dies war ein geschickter Schachzug und ein symbolträchtiger dazu, distanzierte er sich doch dadurch vom Kaiser, der seine Autorität in Frage gestellt hatte, und suchte bewußt in dem Gebäude Zuflucht, in dem hundert Jahre zuvor die Sitzungen des großen Konzils stattgefunden hatten. Wieder erschien eine Delegation unter Belisar, um mit ihm zu verhandeln, doch diesmal blieb er hart. Und als wenige Tage später eine Abordnung von Soldaten eintraf, begnügten sie sich damit, ein paar Priester festzunehmen, und machten keinen Versuch, den Papst zu ergreifen. In der Zwischenzeit entwarf Vigilius einen langen Brief an Justinian, der als seine *Encyclica* bekannt wurde. Darin ging er auf die vom Kaiser gegen ihn erhobene Anklage ein, legte ihm die Kontroverse aus seiner Sicht dar und schlug erneut Verhandlungen vor. In einer weniger versöhnlichen Stimmung veröffentlichte er auch seine Exkommunikationsurteile über den Patriarchen und die zwei Bischöfe, die im vergangenen August seinen Zorn geweckt hatten.

Die Verhandlungen wurden im Frühjahr wiederaufgenommen. Im Juni entschied sich Justinian für ein wichtiges taktisches Zugeständnis, indem er den Patriarchen und die exkommunizierten Bischöfe zur Euphemiakirche entsandte, um vor Vigilius auf die Knie zu fallen und sich zu entschuldigen. Darauf kehrte der Papst in seine Residenz zurück. Außerdem einigte man sich darauf, alle bisherigen auf beiden Seiten gemachten Aussagen in bezug auf die Drei Kapitel für ungültig zu erklären, darunter auch das Edikt des Kaisers. Die päpstliche Anhängerschaft hat dies gewiß als Sieg verbucht. Wenn die vorangegangenen Aussagen für ungültig erklärt wurden, war es unwahrscheinlich, daß neue erfolgten, und mit etwas Glück konnte die ganze Sache begraben und vergessen werden. Doch Justinian gab sich noch nicht geschlagen. Er berief ein neues ökumenisches Konzil ein, das die Angelegenheit ein für allemal regeln sollte, und lud Vigilius ein, den Vorsitz zu übernehmen.

Theoretisch war ein ökumenisches Konzil der Kirche eine Versammlung aller Bischöfe selbst aus den hintersten Winkeln des Christentums. Wenn alle zusammen waren, glaubte man, senke sich der Heilige Geist auf sie herab und verleihe ihren Erklärungen eine gewisse Unfehlbarkeit. Ihr Urteil galt als absolut, ihre Beschlüsse als endgültig. In der Praxis war die Teilnahme jedoch unweigerlich selektiv. Wenn die Kirche deshalb über eine bestimmte Frage geteilter Meinung war, hingen die Entscheide des Konzils weniger von göttlichen Intervention ab als davon, wie viele Bischöfe von jeder Seite daran teilnehmen konnten. Sowohl der Kaiser als auch der Papst wußten sehr wohl, daß die Bischöfe im Osten mit dem Thema vertrauter waren als jene im Westen und daß – vor allem wenn die Sitzungen in Konstantinopel stattfanden – die aus dem Osten die Mehrheit stellen würden. Vigilius schlug deshalb vor, die Frage vor einem kleinen Komitee zu erörtern, das zu gleichen Teilen aus Repräsentanten des Ostens und des Westens bestehen sollte, aber Justinian weigerte sich. Nachdem verschiedene andere Möglichkeiten vorgebracht und ebenfalls zurückgewiesen worden waren, kam der Papst zum Schluß, daß seine einzige Chance darin lag, die Versammlung zu boykottieren. Als Folge davon waren, als sich das fünfte ökumenische Konzil schließlich am 5. Mai 553 unter dem Vorsitz von Eutychios, Menas' Nachfolger als Patriarch, in der Hagia Sophia versammelte, von den hundertachtundsechzig anwesenden Bischöfen nur deren elf aus dem Westen, neun davon aus Afrika. Justinian hatte es ebenfalls vorgezogen, nicht daran teilzunehmen, um, wie er sagte, die Versammlung nicht zu beeinflussen. In einem Brief an die Delegierten, der in der Eröffnungssitzung vorgelesen wurde, erinnerte er sie daran, daß sie die Drei Kapitel bereits verdammt hatten. Es konnte keinen Zweifel geben, was von ihnen erwartet wurde.

Die Beratungen dauerten über eine Woche. Dann, am 14. Mai, nach mehreren Einladungen, daran teilzunehmen, legte der Papst ein von ihm als *Constitutum* bezeichnetes Dokument mit seiner Unterschrift sowie der von neunzehn westlichen Kirchenmännern vor. Bis zu einem gewissen Grad stellte es einen Kompromiß dar, denn Vigilius räumte ein, daß es in den Schriften des Theodor von Mopsuestia in der Tat schwere Fehler gebe. Es hob jedoch hervor, die anderen beiden angeklagten Autoren seien in Chalkedon als »orthodoxe Väter« bezeichnet worden und es sei ohnehin nicht in Ordnung, Tote zu verdammen. Die gegenwärtige Aufregung über die Drei Kapitel sei deshalb unbegründet und unnötig und selbst zu verdammen. Vigilius schloß, indem er es »kraft der Autorität des Apostolischen Stuhls, dem wir mit Gottes Gnade vorstehen«, jedem Geistlichen verbot, sich weiter in dieser Angelegenheit zu äußern.

Erst am 25. Mai sandte der Papst eine offizielle Kopie seines Schreibens in den Palast. Er kann nicht erwartet haben, daß es auf Anklang stieß, aber er hatte auch nicht mit der veränderten Lage in Italien gerechnet. Totila war tot, das gotische Reich geschlagen; es bestand somit keine Notwendigkeit mehr, bei der reichstreuen Bevölkerung in Italien um Unterstützung zu werben. Justinian hatte mehr als genug von Vigilius. Nun konnte er es sich endlich erlauben, ihn zu behandeln, wie es ihm zustand. Er reagierte nicht auf das *Constitutum*, sondern sandte einen Sekretär zum Konzil mit einem Paket, das drei Dokumente enthielt. Das erste war der Text mit Vigilius' geheimer Erklärung vom Juni 547, worin er die Drei Kapitel verurteilte, das zweite dessen schriftlicher Eid vom August 550, mit dem er versprach, alles in seiner Macht Stehende zu unternehmen, um ihre Verurteilung durchzusetzen, und das dritte ein Erlaß, wonach sein Name von den Diptychen entfernt werden solle. Dies kam einer Exkommunizierung des Papstes gleich, aber Justinian betonte zugleich entschieden, daß er mit der persönlichen Abwendung von Vigilius keineswegs die Gemeinschaft mit Rom verletze.[6] An seiner siebten Sitzung am 26. Mai bekräftigte das Konzil offiziell die Verordnung des Kaisers und verurteilte den Papst ebenfalls, »bis daß er seine Fehler bereue«. An seiner achten und letzten Sitzung am 2. Juni verdammte die Versammlung praktisch in wörtlicher Übereinstimmung mit dem zweiten Edikt des Kaisers eine ganze Reihe Häretiker, darunter auch Theodor und Theodoret. Ibas kam davon, weil den ihm zugeschriebenen, anstoßerregenden Brief in Wahrheit ein anderer geschrieben hatte.

Für Vigilius bedeutete dies das Ende. Er wurde auf eine Insel im Marmarameer verbannt, und man teilte ihm mit, solange er die

Beschlüsse des Konzils nicht akzeptiere, dürfe er nicht nach Rom zurückkehren. Noch sechs Monate hielt er durch; Nierensteine bereiteten ihm fast unerträgliche Schmerzen. Als er schließlich aufgab, war seine Kapitulation vollkommen. In einem Brief vom 8. Dezember an den Patriarchen gestand er all seine Fehler ein, und zwei Monate später richtete er, höchstwahrscheinlich auf Drängen Justinians, ein zweites *Constitutum* an die Kirchen im Westen, verdammte offiziell die Drei Kapitel und alle, die es wagten, sie zu unterstützen, und erklärte, was immer in seinem Namen zu ihrer Verteidigung vorgebracht oder entdeckt werde, für ungültig. Mehr konnte er nicht sagen. Inzwischen war er zu krank, um noch zu reisen. So blieb er ein weiteres Jahr in Konstantinopel. Erst dann, als er einmal für kurze Zeit ohne Schmerzen war, machte er sich auf den Weg nach Hause. Doch die Anstrengung war zu groß. Unterwegs verschlimmerte sich sein Zustand, und er mußte seine Reise in Syrakus unterbrechen; dort starb er, körperlich wie geistig ein gebrochener Mann.

Es ist ein nahezu allgemeingültiges Merkmal von Alleinherrschern, daß sie sich, zum Leidwesen ihrer Untertanen und zum Schaden ihres Ansehens, zwanghaft an die Macht klammern. Wäre Justinian zur gleichen Zeit gestorben wie Papst Vigilius, hätte man ihn aufrichtig betrauert. Durch die Rückeroberung der italienischen Halbinsel hatte das Reich unter seiner Herrschaft die alten Grenzen wiedergewonnen, und das Mittelmeer war wieder zu einem »römischen See« geworden. Mit dem Konzil von Konstantinopel hatte er der christlichen Kirche zumindest den Anschein von Einheit verliehen. Seine Arbeit war getan, in seinem Herrschaftsbereich herrschte Frieden. Er war dreiundsiebzig Jahre alt, seine geliebte Theodora war tot, und es war an der Zeit, ihr ins Grab zu folgen. Doch der Tod ließ sich bitten, und zwar volle zehn Jahre lang und sehr zum Nachteil des Reichs.

Während dieses gesamten letzten unglücklichen Jahrzehnts seines Lebens weigerte sich Justinian konsequent, seine Macht zu delegieren, während allen um ihn herum immer klarer wurde, daß er mittlerweile weder die Fähigkeit noch die Lust besaß, sie selbst angemessen auszuüben. Dem Alten sei nichts mehr wichtig, schrieb ein Zeitgenosse, seine Seele sei bereits im Himmel. Geld – schon immer ein Problem – war knapper denn je. Während der Kaiser früher jedoch selbst Maßnahmen ergriff, um zumindest einen Teil dessen aufzutreiben, was er brauchte, überließ er es nun seinen Magistraten, zu tun, was sie konnten. Eines seiner Hauptanliegen war stets die Grenzverteidigung gewesen. Er hatte buchstäblich Hunderte von Mauern, Schutzwällen, Burgen und Festungen errichten lassen, vom Euphrat bis an den Guadalquivir. Doch bis 555 hatte er die Reichsarmee von einst stattlichen 645 000 Soldaten auf nur 150 000 schrumpfen lassen. Die großen Grenzbefestigungen standen einsam und verlassen da. Krieg, Finanzen, Verteidigung, ja sogar Eroberungen – all dies begann ihn zu langweilen. Alles, wofür er sich noch interessierte, war die Religion, der Zustand der Kirche – *seiner* Kirche – und die endlosen theologischen Dispute, in denen er, als der echte Byzantiner, der er war, Anregung und Entspannung fand.

Feindselige Nachbarn wurden eher gekauft als bekämpft, nur leider enthielt die Staatskasse nicht die Mittel, um sie zu bezahlen. So erzielte 556 die Zahlung von dreißigtausend *Solidi* in Gold an den Sassanidenkönig einen Friedensvertrag über fünfzig Jahre mit Persien, und Justinians Meinung nach war dies das Geld durchaus wert, denn die Perser gaben dafür alle Ansprüche auf Lazika auf, und es wurde möglich, die byzantinische Armee an der scheinbar endlosen Ostgrenze aufzulösen. Aber leider bot die Zahlung von Schutzgeldern schon damals eine schlechte Garantie für die Zukunft. Wer einmal zu bezahlen anfängt, kann kaum mehr aufhören. Und in manchen Fällen erwies sich diese Methode auch als undurchführbar. Nur drei Jahre später drang der Hunnenstamm der Kutriguren, denen die Donaufestungen und die lange innere Kette von Festungen, die Justinian dahinter errichtet hatte, kaum Widerstand geleistet hatten, tief auf Reichsgebiet vor. Sie kämpften sich Richtung Süden nach Thessalien durch und drangen ostwärts durch Thrakien bis auf dreißig Kilometer zur Hauptstadt vor.

Es war nicht die erste Invasion, die das Reich in den vergangenen Jahren erlebt hatte; schon 548 und nochmals 550 hatten slawische Stämme die Balkanhalbinsel überrollt und waren bis zum Golf von Korinth, an die Adria und die ägäische Küste vorgedrungen. Für die Bevölkerung von Konstantinopel war es jedoch bei weitem die schrecklichste. Viele flüchteten in Panik mit ihren Angehörigen und der gesamten beweglichen Habe über den Bosporus. Justinian war nicht übermäßig beunruhigt. Die Invasoren hatten nur so nahe kommen können, weil die Mauer des Anastasios, die sich etwa fünfzig Kilometer westlich der Stadt von Selymbria am Marmarameer zum Schwarzen Meer erstreckte, vor kurzem durch ein Erdbeben beschädigt worden war. Die Theodosianische Mauer und damit die innere Verteidigungslinie war dagegen intakt geblieben und noch immer voll bemannt. Justinian wußte, daß man unter diesen Umständen darauf vertrauen konnte, jede Armee fernzuhalten, ganz zu schweigen von einer so primitiven und schlecht ausgerüsteten wie die der Kutriguren.

Was er aber empfand, war Schmach. Er, der das ostgotische und das Vandalenkönigreich in Afrika vernichtet und die militärische Präsenz des Reichs in Spanien wiederhergestellt hatte, gestattete einem rohen Barbarenstamm, von dem noch kaum jemand etwas gehört hatte, praktisch bis an seine Türschwelle vorzumarschieren und auf seinem Weg alles zu plündern und zu verwüsten? Diesmal gab es keinen anderen Ausweg, als zu kämpfen. Wie früher so oft in kritischen Augenblicken sandte er nach Belisar.

Belisar war inzwischen Mitte Fünfzig. Obwohl es jetzt zehn Jahre her war, seit er zuletzt aktiv an einem Krieg teilgenommen hatte, hatte er nichts von seiner Energie eingebüßt. Sein Vorrat an taktischen Ideen war ungeschmälert. Da er nur wenige hundert Mann zur Verfügung hatte, organisierte er einen Guerillaangriff und lockte die Kutriguren in einen sorgfältig geplanten Hinterhalt. Dabei brachten seine Leute vierhundert Hunnen um und trieben den Rest zurück in deren Basislager in der Nähe von Arkadiopolis (Lüleburgaz). Mit Justinians Erlaubnis hätte er sie zweifellos noch weiter zurückgedrängt und noch lieber wohl mit wenig mehr Leuten vollständig aufgerieben. Doch dies entsprach nicht des Kaisers Art. Er bevorzugte diplomatische Verhandlungen, wenn nötig unterstützt durch klingende Münze. Und wie bereits den Sassaniden versprach er auch den Kutriguren eine großzügige jährliche Unterstützung unter der Bedingung, daß sie in ihr Heimatland zurückkehrten und nicht mehr auf Reichsgebiet vordrangen.

Justinian feierte dieses Ende der Geschichte mit einem Triumphzug von Selymbria nach Konstantinopel im August. (Er hatte sich auf einer seiner seltenen Reisen von Konstantinopel nach Selymbria begeben, um den Wiederaufbau der Mauer des Anastasios zu überwachen.) Die außergewöhnliche Feier, an der Belisar nicht teilnahm, sollte seine Untertanen offensichtlich überzeugen, daß der große, ruhmreiche Sieg über die Kutriguren allein dem Kaiser zuzuschreiben war. Die alte Eifersucht auf seinen herausragenden Truppenführer war unversehens wiederaufgeflammt, zum ersten Mal seit Theodoras Tod.

Belisar nahm dies zweifellos zur Kenntnis und zog sich einmal mehr zurück. Trotzdem war wohl niemand überraschter als er, als im Herbst 562 behauptet wurde, auch er sei an einem angeblich auf den Kaiser geplanten Mordanschlag beteiligt gewesen, dessen mehrere angesehene Bürger angeklagt waren. Man konnte ihm natürlich nie das geringste nachweisen, aber er wurde trotzdem all seiner Würden und Vorrechte enthoben und lebte acht Monate lang in Ungnade, bis Justinian ihn schließlich, offenbar von seiner Unschuld überzeugt, rehabilitierte. Vermutlich war dieser unglückselige Vorfall der Anlaß für die Legende, der Kaiser habe Belisar geblendet und nur mit einer Bettlerschüssel versehen auf die Straße geworfen. Die erste Quelle für diese Geschichte ist jedoch mehr als fünfhundert Jahre später datiert und entbehrt zweifellos jeder ernstzunehmenden Grundlage.[7] Belisar verbrachte, nachdem er die Gunst des Kaisers wiedererlangt hatte, einen geruhsamen, bequemen Lebensabend und starb im März 565 im Alter von etwa sechzig Jahren. Die inzwischen gut siebzig Jahre alte Antonina überlebte ihn.

In demselben Monat fiel Justinians letzte Gesetzgebung, das Ende einer langen Reihe von Verordnungen über kirchliche Fragen und darunter auch ein Gesetz, welches die offiziellen Daten für Weihnachten und den Tag der Heiligen Drei Könige festlegte. Mit zunehmendem Alter hatte er immer mehr Zeit darauf verwandt. Im Sommer und den Frühherbst hindurch arbeitete er weiterhin an seinem Schreibtisch, gab Audienzen und veranstaltete theologische Diskussionen. Dann starb er in der Nacht auf den 15. November, plötzlich, ohne jede Vorwarnung, vermutlich an einem Herzinfarkt oder Schlaganfall. Der einzige Beamte, der sich zu der Zeit bei ihm befand, war *Patrikios* Callinicus, der Vorsteher des Heiligen Schlafzimmers, und dieser berichtete darauf, der Kaiser habe mit dem letzten Atemzug einen Nachfolger bestimmt: seinen Neffen Justin, den Sohn seiner Schwester Vigilantia.

Es mag welche gegeben haben, die Zweifel an dieser Sache hegten, doch stand es niemandem zu, die Aussage in Frage zu stellen. Die Schilderung dessen, was darauf geschah, ist ebenfalls etwas fragwürdig, denn sie beruht auf dem Zeugnis eines drittklassigen Dichters namens Corippus aus Afrika, der ganz offensichtlich darauf bedacht war, sich bei dem neuen Kaiser einzuschmeicheln. Da er aber wußte, daß mit Sicherheit auch mehrere Augenzeugen der Ereignisse sie zu Gesicht bekamen, entspricht sie wohl zumindest in den Grundzügen doch der Wahrheit. Corippus beschreibt in Versen, wie Callinicus rasch eine Anzahl Senatoren zusammenrief und sie darauf gemeinsam zu Justins Villa eilten. Dort fanden sie in einem schönen Raum mit Ausblick auf das Meer den künftigen Herrscher in Gesellschaft seiner Frau Sophia, Theodoras Nichte, und begrüßten ihn als den neuen Kaiser. Darauf kehrte die ganze Gesellschaft in den Palast zurück, wo Justinian auf eine goldene Bahre gebettet wurde. Sophia nahm eine Decke hervor, auf die sie mit Goldfaden Szenen aus dem Leben ihres Onkels gestickt hatte, und breitete sie ehrfürchtig über den Toten.

Am folgenden Morgen fuhr das Kaiserpaar in vollem Staat zur Hagia Sophia, wo Justin, der in alter römischer Manier feierlich auf einem Schild emporgehoben und mit dem kaiserlichen Diadem gekrönt worden war, eine Antrittsrede hielt. Darin legte er einen Eid auf den orthodoxen Glauben ab, versprach, fromm und gerecht zu herrschen, und entschuldigte sich – etwas undankbar, möchte man meinen – dafür, daß sein Vorgänger im hohen Alter so viele wichtige Bereiche des Staatswesens vernachlässigt oder schlecht gehandhabt habe. Darauf gingen er und Sophia zum Hippodrom, wo sie von ihren Untertanen bejubelt wurden und auf der Stelle alle Schulden beglichen, die Justinian bei seinem Tod hinterlassen hatte. Erst als diese Formalitäten erledigt waren, wandten sie sich der Bestattung zu. Auf einem hohen Katafalk, der vor Gold und Juwelen erstrahlte, wurde der Tote gemessen aus dem Palast und durch dichtgesäumte, aber dennoch ruhige Straßen getragen. Zu Fuß folgten ihm Justin und Sophia, der Senat und die älteren Magistraten, der Patriarch,

Bischöfe und Geistliche, die Soldaten und die Palastwache. Vor der Apostelkirche hielt der Trauerzug an. Dann wurde der Katafalk das Mittelschiff hinuntergetragen zum Grabmahl von Theodora, neben dem schon ein großer Porphyrsarkophag wartend und leer bereitstand. Sorgsam ließ man ihn hinab, derweil eine Bittmesse für die ewige Seelenruhe des alten Kaisers gelesen wurde.

Eine Ära war zu Ende. Das Reich war so reibungslos und unbestritten vom Onkel an den Neffen übergegangen wie kaum je zuvor. Es kann jedoch keinen Zweifel daran geben, daß Justinian keineswegs das glorreiche neue Zeitalter einläutete, wie er sich das erträumt hatte. Im Gegenteil, er war der letzte römische Kaiser auf dem Thron von Byzanz. Nicht nur, weil er als Lateiner geboren war und – wenn man Prokop glauben darf – sein Leben lang ein schauderhaftes Griechisch sprach, sondern vielmehr, weil sein gesamtes Denken und Handeln von lateinischer Ausprägung waren. Den Großteil seiner enormen Energie verwandte er auf die Wiederherstellung des alten Römischen Reiches. Niemals hätte er eingesehen, daß das Imperium inzwischen zu einem Anachronismus geworden war. Die Zeiten, da ein einzelner mit unbestrittener, alleiniger Macht regieren konnte, waren unwiederbringlich vorbei. Seine Macht hatte dem vandalischen und dem ostgotischen Reich ein Ende bereitet, und dennoch waren die fremden Völkerschaften, die an seine Nordgrenzen heranwogten, so zahlreich wie eh und je. Und sie brannten mehr denn je darauf, ebenfalls in den Genuß der Wärme und Fruchtbarkeit des Mittelmeerraums zu kommen. Anders als ihre Vorläufer waren sie jedoch nicht mehr bereit, die Rolle von Barbaren zu übernehmen. Die slawischen Stämme hatten mit der langsamen und unerbittlichen Infiltration des Balkans bereits begonnen. Die italienische Halbinsel, mit deren Rückeroberung Justinian sein halbes Leben verbracht hatte und die er um den Preis vieler tausend Menschenleben und unsäglichen menschlichen Elends ertrotzt hatte, verblieb nach seinem Tod noch genau drei Jahre unter Reichsherrschaft.

Von allen byzantinischen Kaisern können wir uns Justinian am besten vorstellen, und zwar dank den großartigen zeitgenössischen Mosaiken im Chor der Kirche San Vitale in Ravenna von 546, dem Jahr, da der Bau vollendet wurde. Er sieht jünger aus als vierundsechzig. In auffallendem Kontrast zum kaiserlichen Diadem, das er trägt, und dem goldenen Heiligenschein, der seinen Kopf umrahmt, ist sein Gesicht schlicht gehalten und kaum idealisiert: eindeutig ein aus dem Leben gegriffenes Porträt, ebenso wie das von Maximianus, dem Erzbischof von Ravenna, der neben ihm steht. Es ist kein schönes Gesicht – der makedonische Bauer ist ganz offensichtlich – und auch kein besonders starkes. Auf keinen Fall vermag es dem Vergleich mit dem Bildnis Theodoras an der gegenüberliegenden Wand standzuhalten, die hoch aufgerichtet zwischen Perlengehängen hervorblickt und einen großen, mit Juwelen besetzten Kelch ausstreckt: in derselben Geste wie die den Saum ihrer Purpurrobe entlang gestickten Heiligen Drei Könige. Man kann sich des Eindrucks nicht erwehren, daß es für diese Frau ein leichtes war, ihren Mann zu führen – und noch viel mehr.

Und doch gab sich Justinian, so willensschwach und unschlüssig er auch oft sein konnte, außer seiner Frau gegenüber durch und durch als Alleinherrscher. Er besaß alle Fehler, die man mit absoluter Macht verbindet, und zwar in vollem Ausmaß: die Eitelkeit, die Launenhaftigkeit, die gelegentlichen Anfälle beinahe paranoiden Mißtrauens, die kindische Eifersucht auf alle, von denen er fürchtete, sie könnten seinem Ansehen gefährlich werden, wobei für gewöhnlich Belisar das Opfer war. Andererseits versetzte seine Energie alle, die ihn kannten, in Erstaunen. Seine Arbeitskapazität schien grenzenlos. Am Hof nannte man ihn *Akoimetos*, den Kaiser »ohne Schlaf«. Er verbrachte ganze Tage und Nächte damit, über Staatsangelegenheiten zu brüten, schenkte persönlich selbst den kleinsten Einzelheiten Beachtung und rieb ganze Heerscharen von Sekretären und Schreibern auf, während sich der Himmel vor den Palastfenstern verdunkelte, wieder hell wurde und erneut dunkel. Dies waren seiner Meinung nach die Pflichten, die Gott einem Kaiser auferlegte. Und er erfüllte sie mit bewußter Hingabe und, abgesehen von den letzten Lebensjahren, mit unfehlbarer Effizienz.

Es gibt im Leben eines Kaisers jedoch auch andere Erfordernisse. Justinian konnte sich nicht die ganze Zeit in der kaiserlichen Kanzlei verschanzen. Er mußte sich auch dem Volk zeigen, mußte es blenden mit Majestät und Herrlichkeit, um den Ruhm des Reichs und seine eigene Macht und Größe deutlich zu machen. Daher die kostspieligen Triumphzüge, der zeremonielle Pomp, von dem er bei allen öffentlichen Auftritten umgeben war. Daher auch seine Leidenschaft für die Errichtung prachtvoller Bauwerke. Er war der Meinung, die Pracht des Reichs müsse im Glanz seiner Hauptstadt sichtbar werden. So verlieh Justinian Konstantinopel ein neues Gesicht. Und wenn auch viele seiner außergewöhnlichsten Denkmäler längst zu Staub geworden sind – darunter zum Beispiel der Große Palast, den er für sich und seine Nachfolger völlig neu wiederaufbauen ließ, mit dem berühmten »Bronzetor«, der *Chalké* aus leuchtendem Buntmarmor und Mosaiken, oder seine riesige Reiterstatue auf einer Säule im Augusteum –, haben doch die großartige Hagia Sophia und die Irenenkirche sowie das kleine Wunder, die Kirche der Heiligen Sergios und Bacchus, die Zeit überdauert und sind nach wie vor atemberaubend schön. Dasselbe gilt überraschenderweise auch für manche öffentlichen Bauwerke, vor allem für die großen, säulengeschmückten Zisternen, heute bekannt als Yerebatansaray und Binbirdirek, Konstruktionen, die auf ihre Art so bemerkenswert sind wie nur irgend etwas in der Stadt. Obwohl Justinian Konstantinopel höchst selten verließ, beschränkten sich die von ihm initiierten gewaltigen Bauprojekte nicht auf die Hauptstadt. Straßen wurden gebaut, Abwasserkanäle gezogen, Brücken und Aquädukte entstanden in jedem Winkel des Reichs. Und nicht nur eine, sondern gleich mehrere neue Städte ließ er gründen und sich zu Ehren Justiniana nennen. Nachdem Chosrau und seine Soldaten Antiochia im Jahre 540 geplündert und verwüstet hatten, wurde die Stadt in unendlich luxuriöserem Maßstab wiederaufgebaut als zuvor, ebenso die syrischen Städte, die den Erdbeben der Jahre 551 und 554 zum Opfer fielen und die die Provinz in ihren Grundfesten erschütterten.

Ein Grund für Justinians Baumanie ist vielleicht die annähernde Sicherheit, daß bei diesen Projekten das herauskam, was er sich vorgestellt hatte. Nicht alle anderen Unternehmungen waren so erfolgreich, und zwar nur zu oft, weil er chronisch unfähig war, sich damit abzufinden, daß die Welt nun einmal so war, wie sie war, und nicht so, wie er sie gerne gehabt hätte. Wie wir gesehen haben, gelang es ihm zum Beispiel nicht, die religiöse Einheit wiederherzustellen. Die Kluft zwischen Ost und West, Orthodoxen und Monophysiten, wurde sogar noch größer. Hatte er einmal einen Beschluß gefaßt, kam ihm nie in den Sinn, er könnte falsch sein. Und seine enormen Anstrengungen, die Administration zu verbessern und sie von Korruption zu befreien, sabotierte er wiederholt durch eigene Extravaganz; sein Geldbedarf war so ungeheuerlich, daß er es sich einfach nicht leisten konnte, im einzelnen zu fragen, wie der Reichtum erworben worden war. Selbst seine Eroberungen zeitigten enttäuschende Ergebnisse. Durch Integration der eroberten Gebiete in das Reich hoffte er ihnen Frieden, Wohlstand und eine gute Regierung zu verschaffen. In Tat und Wahrheit stürzten die Mord- und Raubzüge seiner Soldaten, gefolgt von zahllosen Steuereintreibern und Logotheten, die einheimische Bevölkerung in Elend und Not. Zwar stellten große Investitionen in Afrika – darunter der Wiederaufbau von Karthago in aller Herrlichkeit – die Wirtschaft letztlich wieder auf eine feste Grundlage, doch schlugen ähnlich geartete Versuche auf der italienischen Halbinsel fehl und ließen die verzweifelte Bevölkerung die langobardische Invasion nur allzu bereitwillig begrüßen.

Dennoch gab es auch Erfolge, vor allem auf dem Gebiet von Handel und Gewerbe. Zu Justinians Zeit war Konstantinopel bereits das wichtigste Zentrum des Warenaustauschs zwischen Europa und Asien und tätigte rege Geschäfte im Mittelmeerraum und mit dem Orient. (Der Westen war in der Zwischenzeit allerdings hoffnungslos verarmt.) Byzanz fand seine kommerzielle Prosperität sowie die Seide, Gewürze und Edelsteine, auf die man so großen Wert legte, im Fernhandel mit China und Indien. Wer immer jedoch mit solchen Gütern handelte, stand vor demselben Problem: der Allgegenwart Persiens. Karawanen aus dem Osten gelangten auf dem Landweg ohne Behinderung bis zu den Oasen von Samarkand und Buchara und an den Oxus; danach bewegten sie sich jedoch auf persischem Gebiet, wo die Sassaniden eine strikte Kontrolle über alle Transaktionen innehielten und in Kriegszeiten den Handel oft verunmöglichten. Der Seeweg bot dieselben Schwierigkeiten, denn jede Fracht mußte im Persischen Golf an Land gebracht werden. Die Sassaniden erhoben hohe Zölle, vor allem auf Seide, das begehrteste aller Güter. Jeglicher Direkthandel war untersagt und ein Verkauf nur über persische Mittelsmänner möglich, die natürlich unerhörte Kommissionen verlangten.

Justinian war entschlossen, diesen Würgegriff zu durchbrechen. Während seiner Regierungszeit wurden als erstes neue Routen eröffnet, so angelegt, daß sie Persien vollkommen umgingen: eine nördliche über die Krim, Lazika und den Kaukasus, wo man bereits einen florierenden Handel mit Textilien, Schmuck und Wein unterhielt, indem man gegen Leder, Pelze und Sklaven tauschte; eine südliche über das Rote Meer, also nicht den Golf, über deren Eröffnung er bereits in den dreißiger Jahren des sechsten Jahrhunderts mit dem äthiopischen Königreich Axum verhandelte. Der erste Versuch gelang teilweise, letzterer dagegen mißlang, weil Persien die indischen und ceylonesischen Häfen fest in seiner Hand hielt. Der wahre Durchbruch kam erst 552, als eine Gruppe orthodoxer Mönche den Kaiser um eine Audienz ersuchte und ihm anbot, sich über gewisse Kontakte in Sogdien, dem fernen Land jenseits des Oxus, Seidenraupeneier sowie das nötige technische Wissen zu beschaffen, um eine eigene Seidenproduktion aufzubauen. Justinian zögerte keinen Moment. Es dauerte nicht lange, bis es nicht nur in Konstantinopel, sondern auch in Antiochia, Tyros und Beirut (später auch in Theben und in Böotien) Seidenmanufakturen gab. Diese kaiserliche Seidenindustrie – immer ein Staatsmonopol – wurde eine der einträglichsten Geldquellen für den Kaiser und das Reich.

Nach achtunddreißig Jahren auf dem Thron war der Abgang einer so mächtigen Persönlichkeit wie Justinian zwangsläufig spürbar. Doch sein Tod wurde kaum betrauert. Selbst in den ersten Jahren seiner Regierung hatte er die Zuneigung seines Volks nicht zu gewinnen vermocht. Und bis er alt geworden war, hatte die Tyrannei seiner Steuereintreiber eine gefährliche Unzufriedenheit geschürt. Während der letzten zehn Jahre seiner Herrschaft kam es in nicht weniger als sechs davon zu ernsthaften Unruhen in der Hauptstadt. Und trotz all seiner Anstrengungen hinterließ Justinian das Reich in einem wirtschaftlich heruntergekommenen Zustand, was nicht für einen wahrhaft großen Herrscher spricht. Andererseits hinterließ er es auch unendlich viel reicher an Einrichtungen, öffentlichen Diensten und Bauten sowie unvergleichlich viel schöner. Während seiner Herrschaft erweiterten sich die Reichsgrenzen, und die Gesetze wurden vereinfacht und geordnet. Er arbeitete persönlich hart und setzte sich unermüdlich für das ein, was er als das Wohl seiner Untertanen betrachtete. Wenn er scheiterte, lag es fast stets daran, daß er seine Ziele zu hoch steckte, aber niemals am Gegenteil. Die Zeit seiner Herrschaft prägte das Reich, und es dauerte Jahrhunderte, bis es aus diesem Schatten trat.

13

Der Niedergang

(565–610)

Sieh da, Awaren und wilde Franken, Gepiden und Geten und so viele andere Völker bewegen sich mit flatternden Bannern kriegerisch von allen Seiten auf uns zu! Mit welcher Kraft werden wir diese vielen Feinde überwinden, wenn du, römische Tugend, darnieder liegst?[1]

Justin II., zitiert von Corippus,
In Laudem Justini, I, 254–257

Byzanz war in der Tat von Feinden umzingelt. Ob Kaiser Justin II. am Katafalk seines Vorgängers wirklich den Verlust der alten römischen Tugend betrauerte, wie uns Corippus in seinen Versen glauben machen will, oder nicht, er tat jedenfalls sein Bestes, um sie wiederaufleben zu lassen. Er war stolz, arrogant und von unerschütterlichem Selbstbewußtsein und glaubte, mit Weisheit und Entschlossenheit, mit Klugheit und Stärke und vor allen Dingen mit Mut könnten und würden diese Feinde in alle Winde zerstreut werden – und er sei der Mann, um dieses Ziel zu erreichen. Er sollte seine Illusionen nur allzubald und auf schmerzliche Weise verlieren.

Justin erbrachte den tatkräftigen Beweis für die neue Philosophie schon in der ersten Woche nach seiner Thronbesteigung, als er eine awarische Gesandtschaft empfing. Die Angehörigen dieses Volkes unbekannten, aber vermutlich tatarischen Ursprungs, waren erst wenige Jahre zuvor zum ersten Mal im Westen aufgetaucht. Justinian hatte seiner Politik gemäß eingewilligt, ihnen eine jährliche Unterstützung zu bezahlen, wenn sie dafür verschiedene andere feindlich eingestellte Völkerschaften von den Reichsgrenzen fernhielten. 562 waren sie jedoch ihrerseits in Thrakien einmarschiert und hatten es kategorisch abgelehnt, im Tausch den ihnen in Pannonien angebotenen Landstrich anzunehmen. Dies war kein besonders gutes Zeichen für Verläßlichkeit. Nachdem ihre Vertreter den neuen Kaiser offiziell beglückwünscht hatten, verlangten sie die Ausrichtung des ihnen nach dem früheren Abkommen zustehenden Betrages. Justin weigerte sich jedoch. Im Verlauf des folgenden Jahres machte er klar, daß er diese Politik auch auf andere Empfänger von Justinians Zuschüssen auszudehnen gedachte, darunter Chosrau, den Großkönig des Sassanidenreichs. Mit dieser harten Haltung erhöhte er die Beliebtheit bei seinen Untertanen beträchtlich, und zwar vor allem, weil sie auch die vielversprechende Aussicht auf niedrigere Steuern zu enthalten schien. Es stellte sich jedoch bald heraus, daß Justinian seine Tribute nicht umsonst bezahlt hatte.

Ironischerweise war jenes Volk, das dem Reich nun am schlimmsten zusetzte, eines, das zuvor keine Schwierigkeiten gemacht und nie auch nur einen Pfennig an byzantinischen Schutzgeldern erhalten hatte: die Langobarden. Sie waren germanischer Herkunft, ein Volk, das im vierten und fünften Jahrhundert von seiner Heimat an der unteren Elbe allmählich nach Süden in die Gegend des heutigen Österreich gewandert war. Zusammen mit den mit ihnen verbündeten Awaren fügten sie den benachbarten Gepiden 567 eine vernichtende Niederlage zu. Im Frühling des folgenden Jahres überquerten sie die Julischen Alpen Richtung Italien. Es sagt viel aus über die Auswirkungen der Feldzüge von Belisar und Narses, daß fünfzehn Jahre danach der Großteil des Landes noch immer in Trümmern lag und die Bevölkerung demoralisiert und wie gelähmt war. Außer in Pavia, welches sie erst nach dreijähriger Belagerung einnehmen konnten, stießen die Langobarden nirgends auf echten Widerstand. Sie verzichteten jedoch auf einen Angriff auf Ravenna, und der kaiserliche Befehlshaber Longinus begnügte sich damit, die Stadt und ihre unmittelbare Umgebung zu sichern. Derweil setzten die Eroberer ihren Vormarsch Richtung Süden fort. Ihr König Alboin marschierte nicht weiter als bis in die Toskana, doch zahlreiche kleinere Fürsten drangen weiter vor und bauten in Spoleto und Benevento unabhängige Herzogtümer auf, die gut fünfhundert Jahre Bestand hatten.[2]

Das langobardische Volk kam also nicht nach Italien, um das Land zu plündern, sondern um es zu besiedeln, und zwar von Anfang an. Es vermischte sich mit der italischen Bevölkerung, nahm ihre Sprache an, absorbierte ihre Kultur und beabsichtigte zweifellos, die gesamte Halbinsel zu seiner eigenen zu machen. Die Tatsache, daß seine Truppen zu der Zeit weder das byzantinische Ravenna noch die damit verbündeten Städte um die venezianische Lagune angriffen, mag auf ihre zahlenmäßige Unterlegenheit zurückzuführen sein, und aus demselben Grund blieben wohl auch Neapel, Kalabrien und Sizilien in den Händen des Reichs. Es wäre daher falsch, die Langobarden als Zerstörer all dessen anzusehen, was Justinian, Belisar und Narses für Byzanz erreicht hatten. Aber sie setzten der byzantinischen Autorität in Italien enge Grenzen und brachten ein mächtiges neues Element in die politische Landschaft. Während mehr als zweihundert Jahren gedieh das unabhängige langobardische Königreich, dann wurde es vom neugegründeten Heiligen Römischen Reich geschluckt, und Karl der Große riß seine Krone an sich.

Man hätte erwartet, daß ein so eiserner Verfechter der römischen Traditionen wie Kaiser Justin unverzüglich ein Heer entsenden würde, um die Langobarden aus seinem Herrschaftsgebiet zu vertreiben, aber er war vollauf mit den Awaren beschäftigt. Auch sie hatten ungemein von dem Sieg profitiert, den die Langobarden mit ihrer Hilfe über die Gepiden errungen hatten. Erstere waren nach Italien gezogen, letztere praktisch ausgerottet worden. Die alten langobardischen Gebiete waren damit zur Besiedlung frei. Als die Awaren sich in ihrer neuen Heimat eingerichtet hatten, waren sie endlich in der Lage, sich an Justin für seine Weigerung zu rächen, weiterhin Tributzahlungen zu leisten. Im Jahre 568, nur wenige Monate nach der langobardischen Einwanderung, fielen sie in wilder Wut in Dalmatien ein. Diesmal reagierte der Kaiser sofort und entsandte unter der Führung von Tiberios, seinem *Comes Excubitorum*, ein so zahlreiches Heer, wie er nur einziehen konnte. Nach drei Jahren Krieg war der erschöpfte Feldherr am Ende und sah sich gezwungen, einen Waffenstillstand auszuhandeln. Das daraus resultierende Abkommen kostete Justin achtzigtausend Silberstücke und damit eine weit größere Summe als die ursprünglichen Zuschüsse und eine wohl noch größere Kränkung für seinen Stolz.

Im selben Jahr, also 571, setzte eine gefährliche Entwicklung im Osten ein. Justin war nicht der einzige Herrscher, der Probleme mit seinen Nachbarn hatte. König Chosrau setzten die Armenier zu. Ausschlaggebend war weniger die Tatsache, daß sie, nachdem sie ihre Unabhängigkeit und ihre politische Einheit verloren hatten, nun zwischen Byzanz und Persien aufgespalten waren, als vielmehr der unbändige Stolz auf ihr Christentum: Die unter der Gewalt des Sassanidenkönigs verbliebene Bevölkerung strebte eifrig danach, dem persischen Joch zu entfliehen. Wenn sie schon kein eigenes Königreich mehr haben konnten, so wollten sie sich wenigsten ihren Landsleuten als Untertanen des christlichen Kaisers anschließen. Nun brach dieser latente Mißmut plötzlich in eine offenen Revolte aus. Die Aufständischen baten Justin um Unterstützung, eine Bitte, die er als christlicher Monarch kaum abschlagen konnte. Es bestand wenig Hoffnung, daß Chosrau, der bereits darüber wutentbrannt war, daß Justin die von seinem Onkel versprochenen Tributzahlungen nicht mehr fortzusetzen gedachte, sich zurückhalten würde. Anfang 572 wurden die Kriegshandlungen gegen die Perser wiederaufgenommen, und sie dauerten mit Unterbrechungen zwanzig Jahre.

Die Dinge liefen von Anfang an schlecht für Byzanz. Im November 573 eroberten die Perser Dara am Tigris und damit eine der wichtigsten Diözesen des Ostens. Ziemlich genau zur selben Zeit fielen ihre Truppen in Syrien ein und verwüsteten es. Wie uns die Chronisten versichern, kehrten sie von dort mit nicht weniger als 292 000 Gefangenen zurück, von denen Chosrau persönlich die zweitausend schönsten Christinnen zusammengetrieben haben soll, um sie dem Khan der Türken zum Geschenk zu machen, weil er ihn als Verbündeten gewinnen wollte. An einem etwa zweihundertfünfzig Kilometer vom Lager des Khans entfernten Fluß baten die Frauen ihre zahlreiche Militäreskorte darum, ein Bad nehmen zu dürfen. Aus Gründen der Sittlichkeit entfernten sie sich ein Stück von den Soldaten und ertränkten sich, um nicht gleichzeitig ihres Glaubens und ihrer Ehre beraubt zu werden.[3]

Bis zu diesem Zeitpunkt hatte der Kaiser seine einstige Politik der wachsamen Toleranz gegenüber dem Monophysitismus aufgegeben und war zur offenen Verfolgung übergegangen, eine Entscheidung, die noch fragwürdiger erscheint, wenn man bedenkt, daß sowohl er als auch Sophia früher selbst dieser Glaubensrichtung angehangen hatten und nur aus politischen Gründen zum orthodoxen Glauben übergetreten waren. Soweit wir wissen, gab es weder Hinrichtungen noch Folterungen, doch die Nonnen und Mönche wurden aus ihren Klöstern vertrieben und monophysitische Abteien und Geistliche nicht mehr anerkannt. Dieser unvermittelte Sinneswechsel erfolgte 571, und in der Geschichtsforschung ist er verschiedene Male als Beginn jener Geisteskrankheit diagnostiziert worden, die Justin im Laufe der nächsten drei Jahre in den Zustand hoffnungsloser geistiger Umnachtung versetzte. Johannes von Ephesus berichtet, in seinen ruhigeren Augenblicken habe Justins größtes Vergnügen darin bestanden, sich in einem kleinen Wagen von seinen Wächtern durch die Gemächer ziehen zu lassen. Er litt jedoch oft unter heftigen Gewaltausbrüchen und stürzte sich dann auf alle, die in seine Nähe kamen.[4] Auch versuchte er sich aus einem der Fenster zu stürzen, woraufhin man diese zu seinem Schutz mit Gitterstäben versah. In einer solchen Verfassung vermochte ihn nur ein Mittel zu beruhigen: wenn man ihm, wie einem kleinen Kind, mit dem Namen von Harith drohte, dem Anführer des kleinen Araberstammes der Ghassaniden. Aus Gründen, die nie ganz geklärt werden konnten, versetzte ihm der Name dieses eher unbedeutenden Stammesführers einen solchen Schrecken, daß er sofort lammfromm wurde.

In der Zwischenzeit hatte Kaiserin Sophia die Regierung des Reichs übernommen und Chosrau 574 überredet, gegen die Entrichtung von fünfundvierzigtausend *Nomismata* in einen einjährigen Waffenstillstand einzuwilligen. Weil die Bürde der Alleinherrschaft unter den Umständen zu schwer auf ihr lastete, ergriff sie während einer kurzen Phase der Klarsicht bei ihrem Mann die Gelegenheit, ihn dazu zu bringen, daß er Tiberios in den Rang eines Cäsaren erhob. Dessen Niederlage gegen die Awaren hatte seinem Ansehen offenbar nicht geschadet. Sophia und Tiberios regierten von nun an gemeinsam. Als Justin am 4. Oktober 578 starb, stand sein ehemaliger *Comes Excubitorum* als sein unbestrittener Nachfolger da.

Für Tiberios war die Zeit der Regentschaft nicht leicht gewesen. Wütend über den Frieden mit den Sassaniden, der ohne ihr Wissen geschlossen worden war und den sie als Verrat ansahen, hatten die Türken die Allianz für ungültig erklärt und eine byzantinische Festung auf der Krim erobert. 577 war eine riesige Anzahl Slawen in Thrakien und Illyrien eingefallen und hatte sich dort häuslich niedergelassen; nach vorsichtigen Schätzungen belief sich ihre Zahl auf rund hunderttausend, und die wenigen unbedeutenden Reichsgarnisonen waren nicht in der Lage gewesen, sie aufzuhalten. Ein dringenderes Problem stellte sich ihm hingegen in Gestalt von Sophia. Nicht umsonst war sie Theodoras Nichte. Sie hatte zwar Tiberios' Beförderung gesichert, aber danach nahm ihre Neigung, die Macht mit ihm zu teilen, rasch und sichtlich ab. Dies vor allem in finanziellen Belangen, hielt sie ihn doch für höchst unnötig verschwenderisch. Solange ihr Mann lebte, bestand sie darauf, die Schlüssel zu den kaiserlichen Schatzkammern zu behalten, und gewährte dem unglücklichen Cäsar lediglich ein höchst knauseriges Taschengeld, mit dem er auch den Unterhalt seiner Familie bestreiten mußte. Auch war sie dagegen, daß seine Frau Ino oder ihre beiden Töchter den Palast betraten. Erst nach Justins Tod wagte Tiberios die offene Auseinandersetzung. Nach mehreren gescheiterten Versuchen, ihn abzusetzen, fand Sophia sich unvermittelt ihrerseits des Hofes beraubt und einer strengen Überwachung unterstellt, und sie blieb es für den Rest ihres Lebens. Ino ließ sich in Anastasia umtaufen und gelangte nun endlich in den Genuß der Vorrechte, die ihr so lange versagt geblieben waren.

Der neue Kaiser, der bei seiner Thronbesteigung den Beinamen Konstantinos annahm, war im Gegensatz zu seinen beiden Vorgängern beim Volk äußerst beliebt. Er war ein Pragmatiker und setzte während seiner kurzen Herrschaft alles daran, dem stetigen Niedergang von Byzanz entgegenzuwirken. Die Verfolgung der Monophysiten wurde sofort eingestellt. Da Tiberios selbst aus Thrakien stammte, war ihm intuitiv klar, daß er angesichts des überall zunehmenden griechischen Einflusses vor allem dafür sorgen mußte, daß die griechischsprechenden Provinzen Asiens loyal und zufrieden blieben. Wenn dies zugleich bedeutete, den Westen gegen sich aufzubringen, so mußte er das wohl oder übel in Kauf nehmen.[5] Als bewußte Antwort auf den überheblichen aristokratischen Stil, den Justinian und Justin gepflegt hatten, versuchte er auch, seine Herrschaft auf eine breitere Grundlage zu stellen, indem er die Machtbefugnisse des zuvor serbelnden Senats und der Demen (der beiden Zirkusparteien, die Justinian nach dem Nika-Aufstand unterdrückt hatte) vergrößerte. Am meisten Aufmerksamkeit widmete er jedoch der Armee. Kaum hatte er die Kontrolle über die Staatskasse erlangt, begann er seine Truppen mit allen in seiner Macht stehenden Mitteln aufzurüsten. Im Jahre 581 baute er ein neues Elitekorps von fünfzehntausend *Foederati* aus nichtrömischen Soldaten auf,[6] aus dem Jahrhunderte später die bekannten Waräger hervorgingen.

Angesichts all seiner hervorragenden Absichten und unermüdlichen Anstrengungen hätte Tiberios Konstantinos ein großartiger Kaiser werden können. Die Tatsache, daß er versagte, muß in großem Maße der fatalen Schwäche zugeschrieben werden, die Sophia schon früh erkannt hatte: seiner ungezügelten Verschwendungssucht. Er begnügte sich nicht damit, kurz nach seiner Inthronisierung ein Viertel aller im Reich erhobenen Steuern zurückzuzahlen, sondern spendete während seiner Herrschaft mehrmals riesige Summen für die verschiedensten Zwecke. Allein im ersten Jahr verschenkte er nicht weniger als siebentausendzweihundert Pfund Gold – davon allein achthundert an das Heer in Asien –, ganz zu schweigen vom Silber, von der Seide und allen anderen Luxusgütern, in unsinnigen Mengen. In den drei Jahren darauf war er ähnlich großzügig, und es war bestimmt nicht zum Schaden der kaiserlichen Schatzkammern, daß er am Ende des vierten tot war: vergiftet, munkelte man, mit einem Teller früher, besonders saftiger Maulbeeren.

Tiberios Konstantinos starb am 13. August des Jahres 582 im Hebdomonpalast.[7] Eine Woche zuvor hatte er Maurikios, einen jungen Kappadokier, zu seinem Nachfolger bestimmt und ihm gleichzeitig seine zweite Tochter Constantina zur Frau gegeben. Maurikios rühmte sich bereits einer erfolgreichen militärischen Vergangenheit. Er war soeben von einem vierjährigen Aufenthalt an der persischen Front zurückgekehrt, wo er das Heer weitgehend reorganisiert und seinen entmutigten Offizieren neues Leben und neue Hoffnung eingegeben hatte. »Du aber, Maurikios, sollst mir zu unserem schönsten Grabesschmuck dein Kaisertum machen« waren unter anderem die letzten Worte des sterbenden Kaisers gewesen. Die folgenden zwanzig Jahre regierte Maurikios das Reich kompetent und mit fester Hand.[8] Da er den Thron während einer der kurzen Pausen bestieg, die den nicht enden wollenden Krieg mit den Sassaniden gelegentlich unterbrachen, konnte er sich ernsthaft Gedanken über die Lage im Westen und die Überreste von Justinians Eroberungen in Italien und Afrika machen. In der Folge schuf er die beiden großen Exarchate Ravenna und Karthago, die nach streng militärischen Grundsätzen organisiert waren und einem Exarchen unterstanden, der die absolute Macht über die militärische und die zivile Administration innehatte. Sie blieben lange Zeit die wichtigsten westlichen Stützpunkte kaiserlicher Macht.

Aber nur zu bald flammten die Feindseligkeiten mit Persien wieder auf. Der alte Chosrau war 579 gestorben, nur wenige Monate nach Justin. Er wurde von seinem Sohn Hormisdas abgelöst, der den Kriegseifer seines Vaters ungeschmälert geerbt hatte. Maurikios hatte ihm 581 zwar eine so schwere Niederlage zugefügt, daß er Zeit brauchte, um seine zerschlagene Armee wiederaufzubauen. Bis zum Ende des folgenden Jahres hatte er aber seine Angriffe erneut aufgenommen. Eine detaillierte Schilderung des nun folgenden Kriegsverlaufs zu geben hätte keinen großen Sinn. Es soll an dieser Stelle nur festgehalten werden, daß Byzanz trotz einer ernstzunehmenden Revolte in seinem Heer im Jahre 588 noch zwei weitere Jahre standhalten konnte und daß ein Staatsstreich in Persien zu einem Bürgerkrieg führte. Hormisdas wurde getötet, sein Sohn Chosrau II. flüchtete auf byzantinisches Reichsgebiet und bat Maurikios um Hilfe. Obwohl ihm sein Magistrat praktisch einstimmig abriet, erblickte der Kaiser darin eine Chance, die er auf keinen Fall verpassen wollte. Er sagte dem Sassanidenkönig die nötige Unterstützung zu, aber nur unter dem Vorbehalt, daß dieser dafür einen Friedensvertrag zwischen den beiden Reichen unterzeichnete. Dessen Bedingungen zufolge fielen das persische Armenien sowie das östliche Mesopotamien, einschließlich der beiden großen Städte Dara und Martyropolis am Tigris, an Byzanz zurück. Im Jahre 591 brachte der junge Chosrau II. mit Maurikios' Hilfe den Widerstand der Opposition zu Fall. Buchstabengetreu hielt er sein Wort. Der Krieg mit Persien war zu Ende, früher und zu günstigeren Bedingungen, als irgend jemand zu erwarten gewagt hätte.

Jetzt konnte sich Maurikios endlich mit seiner ganzen Streitmacht einem Feind entgegenwerfen, der im Verlauf der vergangenen zwei Jahre ebenso gefährlich geworden war wie Persien. 571 hatten die Awaren ihren ersten wichtigen Sieg über Tiberios errungen, der damals Cäsar und Mitregent des Reichs war. Als nächstes hatten sie 581 mit einer List Sirmium eingenommen, die Schlüsselstadt an der Save, und sie bald darauf als Basis für die Räumung mehrerer schlecht verteidigter byzantinischer Festungen entlang der Donau benutzt. In der Zwischenzeit erhöhten sie ihre Tributforderungen fortlaufend, bis Maurikios 584 gezwungen war, der enormen Summe von hunderttausend Goldstücken zuzustimmen. Ein Elefant und ein goldenes Bett – Beschwichtigungsgeschenke – waren vom awarischen Chagan verächtlich zurückgewiesen worden. Zu der Zeit hatte der Kaiser bereits Komentiolos, den ehemaligen Befehlshaber seiner Leibwache, zum Feldherrn seines Heers im Westen ernannt. Das Heer bestand jedoch nur noch aus zehntausend Mann, und von denen waren kaum mehr als die Hälfte ausgebildete Soldaten. Abgesehen von einem deutlichen Sieg bei Adrianopel gelang es ihm nicht, die hereinbrechende Flut der vielen nichtrömischen Völkerschaften einzudämmen.

Der Frieden mit Persien bedeutete, daß Maurikios plötzlich viel größere Streitkräfte zum Einsatz im Westen zur Verfügung standen.[9] Seine Euphorie war so groß, daß er erklärte, er beabsichtige, selbst ins Feld zu ziehen. Der Patriarch und der Senat, ganz zu schweigen von seiner Familie, flehten ihn an, sein Leben nicht so leichtfertig aufs Spiel zu setzen. Doch er wollte nicht auf sie hören. So wie sich die Dinge entwickelten, hätten sie sich aber gar nicht erst zu sorgen brauchen. Der Kaiser kam nur gerade bis nach Anchialos am Golf von Burgas im heutigen Bulgarien, als ihn das unerwartete Eintreffen einer persischen Gesandtschaft eilig nach Konstantinopel zurückrief. Bis die Gesandten wieder abgereist waren, verspürte er keine Lust mehr, zu seinem Heer zurückzukehren. Vielleicht war das ganz gut so. Trotz der neugefundenen Stärke seiner Truppen gelang es diesen nämlich nicht, die slawische Landnahme aufzuhalten, und auch der Krieg gegen die beutegierigen Awaren dauerte während seiner restlichen Regierungszeit an, ja, er führte sogar indirekt zu seinem Tod.

Maurikios' Schwierigkeiten im Westen wurden noch kompliziert durch den Umstand, daß sich seine Beziehungen zum Papsttum rasch verschlechterten. Es hatte über die Jahre hinweg bereits mehrere Reibungsflächen gegeben, aber die ernsthaften Schwierigkeiten begannen erst 588, als Johannes Nesteutes (der Faster), der Patriarch von Konstantinopel, den Titel eines *Oikumenos* annahm und damit den universellen Supremat über alle anderen Prälaten, einschließlich des Papstes, beanspruchte. Johannes war nicht der erste Patriarch, der diesen Anspruch geltend machte. Der Titel war an die hundert Jahre lang verschiedentlich benützt worden, aber offenbar ohne daß dies irgendwem mißfallen hätte. Diesmal gab es wütende Vorhaltungen von seiten Papst Pelagius'. Noch heftigere Proteste folgten zwei Jahre später, als Pelagius von einer der furchteinflößendsten Persönlichkeiten abgelöst wurde, die jemals auf dem Heiligen Stuhl saßen: von Gregor dem Großen. Er entsandte unverzüglich zwei Briefe. Der erste war an Maurikios gerichtet und forderte ihn auf, dem Frieden des Reichs zuliebe seinen widerspenstigen Patriarchen zur Ordnung zu rufen. Den zweiten schrieb er an Kaiserin Constantina und bat sie, bei ihrem Mann zu intervenieren. Johannes' überhebliche Beanspruchung des Titels »der Ökumenische« spreche nur zu deutlich dafür, daß das Zeitalter des Antichristen nahe, erklärte er.

Ob Constantina je zurückschrieb, ist nicht überliefert. Ihr Mann aber antwortete, und er stellte sich voll und ganz hinter seinen Patriarchen. Von diesem Zeitpunkt an wird Gregors Verärgerung offensichtlich. Selbst eine an sich ganz vernünftige Maßnahme wie Maurikios' Gesetz, das Soldaten im Dienst zu desertieren verbot, um in ein Kloster einzutreten, wertete er als weiteren Schlag gegen die Kirche. Doch auch Byzanz war verärgert. Es ist durchaus möglich, daß der verhängnisvolle Titel als Folge der päpstlichen Proteste um so rascher zum normalen Bestandteil des patriarchalen Namens wurde. Gregors Nachfolger beschlossen klugerweise, nicht weiter darauf einzugehen. Beiden Seiten muß aber sehr wohl klar gewesen sein, daß der Vorfall, so unbedeutend er rückblickend auch erscheinen mochte, den Beginn einer neuen Phase der stetig zunehmenden Rivalität zwischen Ost- und Westkirche kennzeichnete – einer Rivalität, die über vierhundertfünfzig Jahre später im Schisma endete.

Vom ersten Augenblick seiner Thronbesteigung an hatte Maurikios mit dem alles dominierenden Problem chronischen Geldmangels zu kämpfen. In Folge der Extravaganz seines Vorgängers hatte er einen mehr oder weniger bankrotten Staat geerbt. Die beinahe unaufhörlichen Kriege im Osten wie im Westen – ganz zu schweigen von den enormen Tributen, die er seinen potentiellen Feinden zahlen mußte – machten es ihm unmöglich, die kaiserlichen Schatztruhen so zu füllen, wie er sich das gewünscht hätte. Das Ergebnis war eine Knauserigkeit, die in seinen späteren Jahren zur Obsession wurde. Damit machte er sich bei seinen Untertanen immer unbeliebter, insbesondere da er mit der Zeit jegliches Feingefühl dafür verlor, wie weit er gehen durfte. Bereits 588 hatte seine Bekanntmachung, sämtliche Militärzuteilungen um ein Viertel zu kürzen, in der Armee des Ostens zu gefährlichen Revolten geführt. 599 soll er sich, auch diesmal aus Spargründen, geweigert haben, zwölftausend Gefangene freizukaufen, die darauf von den Awaren getötet wurden. Drei Jahre später erließ er eine Verordnung mit besonders verheerenden Folgen für das Reich, indem er darauf bestand, daß das Heer im kommenden Winter nicht in seinen Stützpunkt zurückkehren dürfe, sondern im ungemütlichen Hinterland jenseits der Donau ausharren müsse.

Die Reaktion erfolgte unverzüglich und drastisch. Die Soldaten hatten acht Monate lang heftig gekämpft und waren am Ende ihrer körperlichen und geistigen Kräfte. Sie hatten geplündert und dabei beträchtliche Beute gemacht, aber das brachte ihnen erst dann wirklich etwas ein, wenn sie die Schätze auf den Märkten von Konstantinopel verkaufen konnten. Zudem bestand eine allgemein eingehaltene Tradition, daß die Soldaten im Winter zu ihren Frauen und Kindern zurückkehrten. Statt dessen wurde ihnen nun befohlen, die große Kälte und alle Unnannehmlichkeiten eines Winters unter Zeltplanen in der pannonischen Ebene auf sich zu nehmen, von der lokalen Bevölkerung zu leben, so gut sie konnten, und in der ständigen Gefahr, von gegnerischen Clans überfallen zu werden – und alles nur, weil ihr geiziger Kaiser behauptete, er könne es sich nicht leisten, sie nach Hause zu lassen. Als sie die Festung von Securisca (das heutige bulgarischen Nikopol) erreichten, wo sie die Donau überqueren sollten, weigerten sie sich kategorisch, auch nur einen Schritt weiterzumarschieren. Alle Verhandlungen und Bitten ihres Befehlshabers Peter, dessen Stand auch nicht gerade besser wurde durch die Tatsache, daß er des Kaisers Bruder war, führten zu nichts. Sie wandten sich zornig von ihm ab, hoben einen ihrer Zenturionen, einen gewissen Phokas, auf ihre Schilde und erklärten diesen zu ihrem Anführer.

Peter, zweifellos heilfroh, mit dem Leben davongekommen zu sein, eilte mit der Nachricht von der Meuterei nach Konstantinopel und überbrachte dem Kaiser eine Mitteilung der Rebellen. Diese schickten sich zur selben Zeit an, gegen die Hauptstadt vorzurükken, betonten jedoch, daß sie nicht die Absicht hätten, Phokas zum Kaiser zu machen. Maurikios würden sie zwar nicht mehr anerkennen, seiner Familie ihre Loyalität aber nicht entziehen. Sie seien bereit, seinen siebzehnjährigen Sohn Theodosios (er wäre der erste purpurgeborene Kaiser seit Theodosios II. gewesen) oder anderenfalls seinen Schwiegervater Germanos als Nachfolger auf den Thron zu erheben.

Zufällig befanden sich die beiden Männer gerade zusammen auf der Jagd. Sie wurden sogleich von Maurikios zurückbeordert und des Verrats bezichtigt. Theodosios wurde ausgepeitscht, Germanos, der (mit gutem Grund) um sein Leben fürchtete, floh in die Hagia Sophia, wo es ihm mit Hilfe zahlreicher Anhänger gelang, mehreren Versuchen der kaiserlichen Garde, ihn mit Gewalt hinauszuzerren, zu widerstehen. Der Kaiser hatte unterdessen die Demen um Unterstützung gebeten, jene beliebten Zirkusparteien der Blauen und der Grünen, die Tiberios wieder gesellschaftsfähig gemacht hatte und die erneut wichtige Kräfte in der Stadt verkörperten. Er hatte gehofft, sich die Ergebenheit beider Gruppen sichern zu können, und war erleichtert gewesen, als sie einwilligten, die Theodosianische Mauer gegen die vorstoßenden Rebellen zu besetzen, bemerkte aber bald, daß er sich zwar auf die Loyalität der neunhundert aktiven Blauen verlassen konnte, die fünfzehnhundert Grünen ihm hingegen gefährlich werden konnten. In der Zwischenzeit waren in der ganzen Stadt Unruhen ausgebrochen. Eine wütende Menge hatte sich auf dem Platz vor dem Palast versammelt, stieß Verwünschungen gegen den Kaiser aus und schrie nach seinem Blut.

In jener Nacht – man schrieb den 22. November – schlichen sich

Maurikios, seine Frau Constantina und ihre acht Kinder zusammen mit Konstantinos Lardys, dem Prätorianerpräfekten des Ostens, dessen Haus von der Menge niedergebrannt worden war, verkleidet aus dem Palast und bestiegen ein kleines Boot, das sie über das Marmarameer nach Asien bringen sollte. Ein schwerer Sturm brachte sie jedoch weit von ihrem Kurs ab. Sie landeten schließlich in der Bucht von Nikomedia, in unmittelbarer Nähe zur Kirche des Märtyrers Autonomos. Der Kaiser war nach mehreren heftigen Gichtanfällen nicht mehr reisefähig und mußte mit Constantina und den Kindern dort bleiben. Nur Theodosios und der Präfekt reisten nach Osten weiter an den Hof des Sassanidenkönigs. Für Chosrau, der seinen Thron Maurikios' Unterstützung verdankte, war jetzt die Gelegenheit gekommen, sich zu revanchieren.

In Konstantinopel hatte Germanos unterdessen seine Zuflucht in der Hagia Sophia verlassen. Ermutigt durch die breite Unterstützung, die er erhalten hatte, versuchte er, die Macht zu ergreifen. Er wußte, daß alles von der Gunst der Demen abhing. Er hatte zwar stets die Blauen vorgezogen, doch es war klar, daß er keine Chance hatte ohne die Rückendeckung der viel zahlreicheren und einflußreicheren Grünen. Ihrem Anführer Sergios versprach er deshalb eine reiche Belohnung, sobald das Reich erst in seiner Hand sei. Nach reiflicher Überlegung lehnte Sergios das Angebot ab. Im Innersten davon überzeugt, daß Germanos all seinen Beteuerungen zum Trotz sich niemals wirklich gegen ihre Gegner stellen würde, schlugen sich die Grünen auf Phokas' Seite, der in der Zwischenzeit mit den Truppen den Stadtrand erreicht hatte.

Auch Phokas hatte sich entschieden. Daß er einst jedwelche kaiserlichen Ambitionen von sich gewiesen hatte, mag damals zwar aufrichtig gemeint gewesen sein, aber nun hatte sich das Blatt gewendet, war doch der eine Thronkandidat (Theodosios) geflohen und der andere (Germanos) offenbar nicht mehr annehmbar. Phokas sandte deshalb von seinem Hauptquartier auf dem Hebdomon einen Boten mit einer Nachricht nach Konstantinopel, die von der hohen Kanzel der Hagia Sophia verlesen werden sollte. Darin forderte er den Patriarchen, den Senat und das Volk auf, sich sogleich zur Kirche von Johannes dem Täufer zu begeben. Und dort wurde dieser »ausschweifendste Kentaur« – wie Theophylaktos[10] ihn bezeichnet – wenige Stunden später zum byzantinischen Kaiser gekrönt. Am nächsten Morgen fuhr er im Triumph in einem von vier Schimmeln gezogenen Wagen in der Hauptstadt ein und überschüttete im Vorbeifahren die Menge mit einem Goldregen. Am Tag danach übergab er den Soldaten die traditionellen Geschenke und setzte mit noch größerem Pomp seine Frau Leontia in Rang und Namen der Augusta ein.

Während jener Zeremonie kam es zwischen den Blauen und den Grünen zu einem Handgemenge. Als ein gewisser Alexander die Auseinandersetzungen schlichten wollte, hörte man mehrere Blaue rufen: »Geh, erkundige dich nach der Lage. Maurikios ist noch nicht tot.«[11] Dies hatte Phokas nun gewiß nicht vergessen, und da ihm der Zustand nicht behagte, war er fest entschlossen, Abhilfe zu schaffen. Dazu entsandte er einen Trupp Soldaten nach Asien, der die Flüchtigen rasch aufstöberte. Maurikios unternahm keinen Fluchtversuch, er konnte nicht mehr. In der Tat schien er seine Ergreifung fast zu begrüßen. Er schickte sogar einen Boten, um Theodosios und Konstantinos Lardys zurückzurufen, und hielt das Kindermädchen vom Versuch ab, einen seiner Söhne durch ein anderes Kind zu ersetzen, ja, er soll ungerührt zugesehen haben, wie seine vier jüngeren Söhne vor seinen Augen niedergemetzelt wurden und nur immer wieder gemurmelt haben: »Gerecht bist du Herr, und gerecht ist dein Urteil.«[12] Dann trat er ohne ein weiteres Wort vor den Henker, und dieser tötete ihn mit einem Hieb. Alle Leichen warf man ins Meer. Theophylaktos erzählt, wie eine große Menge Schaulustiger zusammenströmte, um zu sehen, wie sie auf dem ruhigen Wasser in der Bucht leise auf und ab schaukelten. Lilios, der Führer des Trupps, kehrte mit den fünf abgeschlagenen Köpfen nach Konstantinopel zurück, wo sie später auf dem Hebdomon zur Schau gestellt wurden.

Als Herrscher hatte Maurikios zweifellos seine Fehler gehabt. Er hatte zur Vetternwirtschaft geneigt, was dazu führte, daß er unfähige Leute wie seinen Bruder Peter in Positionen beförderte, die ihre Fähigkeiten weit überstiegen, und Familienmitgliedern und anderen Günstlingen große Güter vermachte. In Anbetracht seiner berüchtigten Knauserigkeit waren seine Untertanen auch überrascht zu sehen, welch große Summen er dafür ausgab, den unbedeutenden kleinen kappadokischen Ort Arabissus, in dem er geboren war, wiederholt in eine reiche, prächtige Stadt zu verwandeln.[13] Wir haben schließlich seinen eigenartigen Mangel an Feinfühligkeit seinen Untertanen gegenüber gesehen und seine Unfähigkeit, zu beurteilen, wie weit man mit unliebsamen Maßnahmen gehen durfte. In anderen Belangen hatte er sich wieder als kluger und weitsichtiger Staatsmann erwiesen. Ganz abgesehen von seinen neu errichteten Exarchaten Karthago und Ravenna hatte er die Verwaltung des Reichs neu organisiert und die verstreuten kaiserlichen Herrschaftsgebiete im Osten wie im Westen in ein neues Provinzsystem eingeteilt, das viel einfacher und logischer war als das alte. Er war darauf bedacht, die letzte Verantwortung für alle Provinzen statt in zivile in militärische Hände zu legen. So erhielt der ehemalige *Magister militum* neu den Titel eines Exarchen; damit war er faktisch ein souveräner Vizekönig und direkt dem Kaiser unterstellt. Hätte zu Justinians Zeiten eine so straffe Organisation bestanden, hätte Byzanz die italienische Halbinsel möglicherweise um einiges rascher erobert, und vielleicht wäre es gar gelungen, die lombardische Einwanderung aufzuhalten.

Somit hat Maurikios seinen tragischen Untergang im Grunde nicht verdient, obwohl er die Schuld daran größtenteils sich selbst zuzuschreiben hat. Durch eine Kombination von Entschlossenheit, Klarsicht und Knochenarbeit ließ er das Reich viel stärker zurück, als er es vorgefunden hatte. Und dies ist mehr, als man von seinen drei Vorgängern sagen kann. Hätte er seinen Soldaten nur etwas mehr Brot zugestanden oder seinem Volk ein paar zusätzliche Spiele, wäre er seinem Schicksal womöglich mit Leichtigkeit entgangen. Aber auch so, wie die Dinge lagen, sollte es nur wenige Wochen dauern, bis seine Untertanen seinen Tod bitter beklagten und sich fragten, wie sie ihn je dem verworfenen sadistischen Ungeheuer hatten opfern können, das nun seine Stelle einnahm.

Der Chronist Georg Credenus hat uns eine anschauliche Beschreibung von Kaiser Phokas überliefert, und sie nimmt uns kaum für ihn ein. Unter einem Gewirr roter Haare waren buschige, über der Nase zusammengewachsene Augenbrauen zu sehen, und der Rest seines Gesichts wurde von einer gräßlichen langen Narbe entstellt, die sich rötete, wenn er zornig wurde, was ihn noch häßlicher machte. Er war jedoch noch viel schlimmer, als er aussah. Lasterhaft, trunksüchtig und krankhaft brutal, liebte er angeblich nichts so sehr wie den Anblick von Blut. Bis zum Beginn seiner Herrschaft waren Folterungen im Byzantinischen Reich eher selten gewesen. Es war Phokas, der den Galgen und die Folterbank einführte, die Blendungen und Verstümmelungen, die einen düsteren Schatten über die kommenden Jahrhunderte warfen.

Seine acht Jahre dauernde Herrschaft brachte das Reich an seinen Tiefpunkt. Demütigung, Erniedrigung und Verzweiflung herrschten in einem Ausmaß, wie es die byzantinische Geschichte bis dahin nie erlebt hatte. Es war nicht das erste Mal, und es sollte auch nicht das letzte Mal bleiben, daß eine Revolution aus dem Volk einem Schrekkensregime Platz gemacht hatte, und es stellte sich heraus, daß der Tod von Maurikios und seinen Söhnen erst der Anfang war. Danach folgten Hinrichtungen und Justizmorde Schlag auf Schlag. Unter den Opfern befanden sich unter vielen anderen auch der Prätorianerpräfekt Konstantinos Lardys, Komentionolos, des Kaisers Bruder Peter und ziemlich sicher auch sein Sohn Theodosios. Allerdings scheint Phokas an das hartnäckige Gerücht, Theodosios sei nach Persien geflüchtet, geglaubt zu haben, ließ er doch kurz darauf einen seiner wichtigsten Gefolgsleute töten, weil er sich angeblich hatte bestechen lassen, um dem jungen Prinzen die Flucht zu ermöglichen. Vom neuen Kaiser und seinen Gesinnungsgenossen abgesehen, überlebten von den Hauptakteuren des Dramas als einzige Germanos, der Phokas Treue schwor und dessen Leben unter der Bedingung verschont blieb, daß er Priester wurde, und Kaiserin Constantina, die mit ihren drei Töchtern in ein Kloster gesteckt wurde. Alle, die unter dem Verdacht standen, noch immer Maurikios treu zu sein, starben unabhängig von Rang und Namen durch das Henkersbeil, den Pfeilbogen und noch häufiger durch langsame Marter.

In der Zwischenzeit hatte König Chosrau im gewaltsamen Tod seines Genossen und Wohltäters den lange ersehnten Vorwand gefunden und entsandte 603 ein riesiges Heer gegen Byzanz. Zu dieser Zeit hatte das Reich nur einen einzigen erstklassigen Feldherrn im Osten, und zwar einen gewissen Narses – soviel wir wissen, kein Verwandter seines berühmten Namensvetters –, der sich in der vorangegangenen Kriegsphase offenbar hervorgetan hatte, heißt es doch, bei der Erwähnung seines Namens sei jedes persische Kind vor Furcht zusammengezuckt. Für Maurikios hätte Narses vermutlich sofort zu den Waffen gegriffen und den Angreifer zurückgeschlagen. Unter Phokas weigerte er sich jedoch, auch nur einen Finger zu rühren. Er hatte genug von diesem Emporkömmling gehört und war fest entschlossen, ihn zu stürzen, selbst um den Preis eines persischen Sieges. So sammelte er seine Soldaten unter seinem eigenen Banner und erhob sich mit ihnen. Sie nahmen Edessa (heute Urfa) ein und gingen Chosrau um Hilfe an. Der Teil des Heeres, der Phokas treu geblieben war, sah sich deshalb gleich zwei Feinden gegenüber und ergriff bald die Flucht. Narses und Chosrau trafen sich – laut Überlieferung eines armenischen Chronisten – in Edessa mit einem jungen Thronanwärter, der behauptete, Theodosios zu sein. Gemeinsam begannen sie, ihren Angriff auf den Usurpator zu planen.

Es war nun klar, daß Phokas, wenn er seine Haut retten wollte, jeden Soldaten an der Ostfront brauchen würde. Er schloß deshalb eilig einen Waffenstillstand mit den Awaren, versprach ihnen einen enormen Tribut und warf sich mit voller Kraft in den Kampf gegen die vorrückenden Perser. Doch es half nichts. Darauf wurde Narses, vorgeblich zu Friedensverhandlungen, mit dem Versprechen freien Geleits nach Konstantinopel gelockt. Hätte der Kaiser in guter Absicht gehandelt, wäre es möglicherweise zu einer Einigung gekommen, und er hätte vielleicht sogar die Loyalität seines Feldherrn zurückgewinnen können. Statt dessen wurde Narses festgenommen, sobald er die Stadt betreten hatte, und bei lebendigem Leibe verbrannt. Mit einem Schlag hatte sich Phokas seines besten Feldherrn beraubt. Es blieben ihm nur noch zwei Befehlshaber mit vergleichbaren Fähigkeiten. Der eine aber starb nach einer Schlacht an seinen Wunden, der andere wurde unter dem Verdacht des Verrats zurückgerufen und in Konstantinopel ins Gefängnis geworfen. Dann ging der Oberbefehl über die Truppen an den Neffen des Kaisers, einen gewissen Domentziolos, einen unreifen und unerfahrenen jungen Soldaten, der, wie sich zeigen sollte, seinen brillanten Gegnern das Wasser nicht reichen konnte. Im Verlauf der folgenden vier Jahre überrollten die persischen Truppen einen Großteil des Westens von Mesopotamien und Syrien, Armenien, Kappadokien,

Paphlagonien und Galatien. Sie rückten stetig und unerbittlich immer weiter vor, bis ihre Vorhut 608 das Lager in Chalkedon aufschlug – und damit in Sichtweite der Reichshauptstadt. Zugleich überfluteten Slawen und Awaren, die das erhaltene Schutzgeld offenbar vergessen hatten, weiter ungehindert die Balkanhalbinsel.

Krisen wie diejenige, mit der sich das Reich nun konfrontiert sah, rufen oft starke nationale Gefühle hervor. Das bedrohte Volk ordnet politische, soziale, ja sogar religiöse Differenzen der Entschlossenheit unter, dem gemeinsamen Feind mit vereinten Kräften gegenüberzutreten. Als einzige Chance, die Katastrophe abzuwenden, wäre Phokas daher die Möglichkeit geblieben, eine derartige Geisteshaltung bei seinen Untertanen zu fördern. Statt dessen wählte er ausgerechnet diesen Augenblick, um eine umfassende Kampagne zur Verfolgung und Zwangskonvertierung der Juden zu lancieren. Die meisten seiner anvisierten Opfer lebten in den Ostprovinzen, angesichts der persischen Angriffe sozusagen an der Front. Sie zu einem solchen Zeitpunkt auszugrenzen war ein Akt unglaublichen Wahnsinns. Entsprechend waren die Folgen. Die Juden von Antiochia erhoben sich. Sie wehrten sich, indem sie ihrerseits die ortsansässigen Christen zu massakrieren begannen, wobei Patriarch Anastasios auf besonders schreckliche, abstoßende Weise zu Tode kam. Tausende, christlichen wie jüdischen Glaubens, flohen in Panik vor dem Gemetzel und suchten auf persisch besetztem Gebiet Zuflucht. Es sah aus, als treibe das ganze Reich in Windeseile der Anarchie zu.

Ein Komplott nach dem anderen wurde geschmiedet. Eines sah vor, daß Phokas im Hippodrom ermordet werden und Theodoros, der Prätorianerpräfekt des Ostens, seinen Platz einnehmen sollte. Ein anderes sah an der Stelle des Präfekten Germanos, der trotz der Priesterweihen, die er gegen seinen Willen empfangen hatte, noch immer Ambitionen auf den Thron hegte. Beide Verschwörungen wurden aufgedeckt und dem Kaiser verraten, und dieser ließ umgehend alle Beteiligten hinrichten, diemal auch Exkaiserin Constantina und ihre drei Töchter. Als Phokas erkannte, wie das Reich rund um ihn allmählich zusammenbrach, verlor er vollends den Verstand und setzte immer weitere Hinrichtungen an. In Konstantinopel erhoben sich die Grünen und steckten mehrere öffentliche Gebäude in Brand. In den Ostprovinzen herrschte das nackte Chaos. Christen und Juden fuhren einander nun überall an die Kehle. Letztere verbanden sich offen mit den Persern, die sie, was nicht weiter überrascht, mit offenen Armen empfingen. Sogar im weit entfernten Palästina, in Jerusalem, hatte, was als Faktionskampf zwischen Blauen und Grünen begonnen hatte, die Ausmaße eines Bürgerkriegs angenommen.

Und ausgerechnet aus Afrika kam schließlich die Erlösung. Als Exarch in Karthago regierte damals ein gewisser Herakleios, der zwanzig Jahre zuvor im Krieg gegen Persien einer von Maurikios' wichtigsten Befehlshabern gewesen war. Als sein Stellvertreter amtierte sein Bruder Gregor. Die beiden Männer waren mittlerweile nicht mehr die Jüngsten und zu alt, um selbst noch aktiv etwas zu unternehmen, was über den Abbruch der Beziehungen mit Konstantinopel und die Einstellung der Kornversorgung hinausging, von der die Hauptstadt abhing, aber sie brachten im Verlauf des Jahres 608 ein beachtliches Heer zusammen, rüsteten eine Kriegsflotte und unterstellten sie dem Befehl ihrer Söhne: die Landtruppen Niketas, einem Sohn Gregors, und die Flotte einem Sohn von Herakleios, der denselben Namen trug wie sein Vater. Gegen Ende des Jahres machte sich Niketas auf dem Landweg nach Ägypten auf, wo es ihm bald gelang, Alexandria einzunehmen, bevor er seinen Vormarsch auf Konstantinopel fortsetzte.[14] 609 setzte der junge Herakleios Segel in Richtung Thessalonike. In allen Häfen, in die er einlief, wurde er begeistert empfangen. In Thessalonike verbrachte er dann fast ein Jahr damit, Unzufriedene unter seinem Banner zu sammeln und weitere Schiffe zu beschaffen, um sein Unterfangen zu stärken. Dann, im Sommer 610, brach er zur letzten Etappe seiner Reise auf.

Aber selbst da hatte er es noch nicht eilig. Es gab noch viele weitere Zwischenhalte auf dem Weg nach Konstantinopel, und jeder bescherte ihm wieder ein neues Kontingent von Anhängern. Es muß in der Tat eine furchterregende Streitmacht gewesen sein, die am Samstag, dem 3. Oktober, voller Zuversicht das Marmarameer überquerte und am Goldenen Horn landete. Herakleios war nicht auf Widerstand gefaßt. Er hatte bereits seit einiger Zeit einen geheimen Briefwechsel mit Priskos geführt, dem Schwiegersohn des Kaisers und ebenfalls ehemaligen Befehlshaber von Maurikios, der ein oder zwei Jahre zuvor nur knapp der Hinrichtung entgangen war,[15] und der hatte ihm versichert, man werde ihn in der Stadt als Befreier begrüßen. Er wußte außerdem, daß er sich, sollten doch noch Schwierigkeiten auftreten, auf die Fraktion der Grünen verlassen konnte; sie würden sich geschlossen für ihn einsetzen. Aber dies war in der Tat nicht nötig. Zwei Tage später hatte man den blutrünstigen Kaiser gefangengenommen, ruderte ihn, der kaiserlichen Gewänder bereits entledigt, zu Herakleios' Schiff hinaus und schleppte ihn vor ihn.

Herakleios fragte ihn vorwurfsvoll, wie er denn das Reich regiert habe.

»Wirst du«, erwiderte Phokas unerwartet geistreich, »besser regieren?«[16]

Es war eine gute Gegenfrage, allerdings kaum geeignet, Herakleios milde zu stimmen. Laut Johannes von Antiochia, einer unserer Quellen, befahl er, Phokas in Stücke zu hauen, um sie den Hunden vorzuwerfen. Andere geben an, er sei den Blauen und den Grünen ausgeliefert worden: mit demselben Ergebnis. Seine Gefolgsleute und Kumpane erlitten ein ähnliches Schicksal. Noch am selben Nachmittag unterzog sich Herakleios im Großen Palast in der Stephanskapelle zwei verschiedenen, aber fast gleichzeitig stattfindenden Zeremonien. Zuerst wurde er mit der Frau vermählt, mit der er seit langem verlobt gewesen war; sie hatte zuvor Fabia geheißen und nannte sich nun Eudokia. Unmittelbar darauf wurde er zum Kaiser gekrönt.

14

Der erste Kreuzfahrer

(610–641)

Der erhabenste unter den Göttern, König und Herr des Erdkreises, Sohn des großen Hormisdas, CHOSRAU, an Herakleios, seinen elenden, törichten Sklaven: Du weigerst Dich, Dich unserer Herrschaft zu unterwerfen, und nennst Dich selbst Herr und Gebieter. Du bemächtigst Dich unseres Schatzes und verteilst ihn, Du hintergehst unsere Diener, Du hörst nicht auf, uns mit Deinen Räuberbanden zu belästigen. Habe ich Euch Griechen nicht vernichtet? Du sagst, daß Du auf Gottes Hilfe baust; warum hat er denn nicht Cäsarea, Jerusalem, Alexandria aus meiner Hand befreit ... könnte ich nicht auch Konstantinopel zerstören?

Brief Chosraus II. an Herakleios, um 622

Im Vollbesitz seiner Kraft, gerade sechsunddreißig Jahre alt, den dreifachen Triumph von Eroberung, Heirat und Krönung an einem einzigen Tag noch voll auskostend, muß Herakleios am Montagabend des 5. Oktober 610 wie eine Art Halbgott erschienen sein, als er, seine ebenfalls strahlende Frau am Arm, mit seiner blonden Mähne und der breiten Brust aus dem Großen Palast trat. Und doch gab es unter all jenen, die ihm begeistert zujubelten, manche, die fürchteten, dieser einundzwanzigste Kaiser von Byzanz könnte auch der letzte sein.

Keiner seiner Vorgänger hatte das Amt in einer derart desperaten Situation angetreten. Im Westen hatten die Awaren und Slawen den Balkan überrannt, und ihre beutegierigen Trupps tauchten regelmäßig unmittelbar vor den Toren Konstantinopels auf. Im Osten aber waren die persischen Wachfeuer in Chalkedon auf der direkt gegenüberliegenden Seite des Bosporus von den Fenstern des Kaiserpalastes deutlich zu sehen. Konstantinopel war, das wußte er, im Augenblick sicher. Die Theodosianische Mauer war in gutem Zustand, während die Perser nicht über die nötigen Schiffe zur Überquerung der Meerenge verfügten, auf der für alle Fälle aber dennoch ständig seine eigene Flotte patrouillierte. Konstantin der Große hatte die Lage ihrer Uneinnehmbarkeit wegen gewählt und eine gute Wahl getroffen. Doch ach, war auch das Herz des Reiches sicher, so gingen doch die entlegenen Gebiete rasch verloren. Die gesamte Balkanhalbinsel war mittlerweile in slawische Hände übergegangen. Der Vormarsch der Perser war zwar an der Grenze zu Europa zum Stehen gekommen, ging aber in Asien unaufhaltsam weiter. Und er erhielt zur Zeit dank der Unterstützung durch die jüdischen Gemeinden fortwährend zusätzliche Stoßkraft. Innerhalb eines Jahres nach Herakleios' Regierungsantritt hatte der vorzügliche persische Feldherr Schahr-Baras, der »Königliche Eber«, Antiochia eingenommen. 613 eroberte er Damaskus, und 614 folgte auch Jerusalem.

Von den zahlreichen Katastrophen, die über die immer wieder schwer heimgesuchte Stadt Jerusalem während ihrer langen Geschichte hereingebrochen sind, waren die mit der Eroberung durch die Perser verbundenen Ereignisse besonders schrecklich. Der Anfang hört sich noch harmlos an. Die Bevölkerung akzeptierte die recht günstigen Bedingungen, die man ihr anbot – unter anderem die Stationierung einer persischen Garnison –, und einen Monat lang schien alles gutzugehen. Ohne jede Vorwarnung erhoben sich dann die Christen und begannen sämtliche Perser und Juden abzuschlachten, deren sie habhaft werden konnten. Die glücklich Entronnenen flüchteten sogleich zu Schahr-Baras, der inzwischen weitermarschiert war. Als er zurückkehrte, hatten sich Jerusalems Tore wieder geschlossen. Einen knappen weiteren Monat vermochte die Stadt sich zu halten, aber die Perser untergruben die Mauern und konnten sich so in die Stadt vorkämpfen.

Danach kam es erneut zu einem Massaker, und einmal mehr zu einem, das an Grausamkeit seinesgleichen sucht. Es dauerte drei Tage lang. Am Ende war kaum noch ein Christ oder eine Christin am

Leben und kaum noch ein Stein auf dem anderen. Die Grabeskirche lag in Schutt und Asche. Den meisten anderen christlichen Stätten widerfuhr das gleiche Schicksal. Patriarch Zacharias wurde gefangengesetzt, das echte Kreuz sowie die meisten anderen Reliquien der Kreuzigung, darunter auch die Lanze und der Schwamm, wurden beschlagnahmt und nach Ktesiphon (heute Bagdad) geschafft. Anscheinend waren die Perser aber nicht die einzigen und vielleicht sogar nicht einmal die schlimmsten Schlächter. Manche Juden hatten das erste christliche Massaker überlebt, viele weitere sich schon vorher dem persischen Heer angeschlossen, und vermutlich kamen noch mehr aus den umliegenden Städten und Dörfern herbeigeeilt, als sie hörten, was in Jerusalem vorging, um sich für erlittenes Leid zu rächen. Nach einer der Hauptquellen für diese Zeit, dem Bericht des Mönchs Theophanes, sollen jüdische Schlächter in jenen schlimmen Tagen neunzigtausend seiner Glaubensgenossen umgebracht haben. Niemand, so behauptet er, sei verschont worden, schon gar nicht die vielen Nonnen und Mönche, die man oft abgesondert habe, um besonders brutal gegen sie vorzugehen. Dieser Bericht entstand allerdings erst zweihundert Jahre später und ist einseitig aus christlicher Perspektive abgefaßt.

Die Nachricht von der Zerstörung Jerusalems und vor allem von der Entwendung des Kreuzes Jesu rief in Konstantinopel Entsetzen hervor. Deutlicher hätte Gott seinen Zorn nicht offenbaren können. Aber damit waren die Heimsuchungen des Reiches noch nicht zu Ende. Drei Jahre später wandte sich der Großkönig Ägypten zu, und schon bald darauf war diese lebenswichtige Kornkammer des Byzantinischen Reiches eine persische Provinz. Da die gesamte griechische Halbinsel an die Slawen verlorengegangen war und die Awaren sich der ertragreichen Weizenfelder Thrakiens bemächtigt hatten, mußte es zu Hungersnöten kommen und in ihrem Gefolge zum Ausbruch der Pest. Es machte immer mehr den Anschein, als müßte Byzanz zu Kreuze kriechen, wenn auch nicht infolge von Eroberung, sondern aus Hunger.

Schon im Jahre 618 hatte Herakleios eine drastische und unerhörte Maßnahme ins Auge gefaßt, nämlich die Hauptstadt aufzugeben, sich in seine Heimatstadt Karthago zurückzuziehen und dort eine großangelegte Offensive gegen den Feind vorzubereiten, jener vergleichbar, die zur Vernichtung von Phokas geführt hatte. Vom Gesichtspunkt des Reichsganzen aus sprach manches für einen solchen Plan. Er hätte ihn von Rücksichten entbunden, denen er sich im belagerten Konstantinopel nicht würde entziehen können. Er wäre frei gewesen vom hemmenden, häufig negativen Einfluß des byzantinischen Adels und des Senats, der seit Justinians Tod einen bedrohlichen Machtzuwachs erfahren hatte. Außerdem hätte es ihm die Kosten für den Unterhalt des Kaiserpalastes und des damit verbundenen Hofzeremoniells erspart, wodurch riesige Summen für die Aushebung von Soldaten sowie deren Ausrüstung und Versorgung frei geworden wären. Die Bevölkerung von Konstantinopel war natürlich hell entsetzt. Unter der Führung von Patriarch Sergios traten einige Bürger geschlossen vor den Kaiser und flehten ihn an, mit ihnen auszuharren. Herakleios ließ sich von ihren Bitten erweichen. Vielleicht befürchtete er auch einen Aufstand für den Fall, daß er hart blieb. Mag auch sein, daß er den Untergang jenes Schiffes im schweren Sturm, das er vor wenigen Wochen in aller Heimlichkeit mit Teilen des Palastschatzes nach Karthago vorausgeschickt hatte, als Zeichen des Himmels deutete. Auf jeden Fall muß er diesen Appell als eine gute Gelegenheit betrachtet haben, den Bund mit seinen Untertanen zu erneuern. Wenn er bei ihnen bleibe, so meinte er, müßten sie ihrerseits jedes Opfer auf sich nehmen, das er ihnen abverlange, und sei es auch noch so schwer. Ohne Zögern nahmen sie an. Einen oder zwei Tage später gelobte Herakleios seinerseits in der Hagia Sophia in Anwesenheit des Patriarchen feierlich, Konstantinopel niemals im Stich zu lassen.

Zu der Zeit hatte Herakleios den Thron bereits acht Jahre inne. Über diese Zeitspanne enthalten die Hauptquellen ungewöhnlich wenig. In manchen historischen Untersuchungen wird Verwunderung darüber geäußert, daß ein junger energiegeladener Kaiser sich so lange inaktiv verhalten haben soll in einer Zeit, da das Reich sich einer der gewaltigsten äußeren Bedrohungen seiner Geschichte gegenübersah. Mußte er denn – so wird gefragt – nach seiner Thronbesteigung zwölf Jahre lang warten, bevor er an der Spitze seines Heeres in die Schlacht zog? Die Antwort kann nur lauten: Ja. Er hatte das Reich in chaotischem Zustand vorgefunden. Die Staatskassen waren leer, das

Heer war demoralisiert und ohne jede Orientierung, die öffentliche Verwaltung inkompetent und hoffnungslos korrupt. An einen Sieg gegen zwei solch mächtige Feinde, wie sie dem Reich gegenüberstanden, war vor einer grundlegenden Erneuerung des gesamten Staatswesens und seiner Umformung in eine schlagkräftige Kampfmaschine nicht zu denken. Bei dieser Aufgabe ließ Herakleios sich Zeit. Die Mauern von Konstantinopel und die Gewässer des Bosporus würden seine Feinde in Schach halten, solange es nötig war, vermutlich auch noch länger. Sollte sich Chosrau doch an den östlichen Provinzen aufreiben. Sobald er besiegt war, würde er, Herakleios, das verlorene Territorium auf einen Schlag wiedergewinnen. Aber ohne gründliche Vorbereitung gegen ihn zu ziehen würde nicht nur bedeuten, den Untergang des byzantinischen Heeres zu riskieren, sondern auch sein eigenes Ende – war er doch fest entschlossen, seine Truppen selbst anzuführen – und dies wiederum mit ziemlicher Sicherheit das Ende des Reiches.

Schon am Tag nach seiner Krönung hatte er die Arbeit aufgenommen. Zunächst hieß es diejenigen in seinen Herrschaftsgebieten, die ihm noch ergeben waren, gründlich auf den Krieg vorbereiten. Die Jahre in Karthago, einem der beiden großen Exarchate, die Kaiser Maurikios etwa dreißig Jahre zuvor eingerichtet hatte, hatten ihn gelehrt, daß es nützlich war, entlegene Provinzen nach strengen militärischen Grundsätzen zu regieren. Auf ebendieser Basis begann er nun den Teil Kleinasiens zu reorganisieren, der nicht an Persien gefallen war. Dieses Gebiet umfaßte, grob gesagt, das Land westlich einer Schlangenlinie, die nordöstlich von Seleukia (dem heutigen Silifke) an der Mittelmeerküste nach Rhizos (Rize) am Schwarzen Meer verlief,[1] und Herakleios unterteilte es nun in die vier *Themata* (Verwaltungsbezirke) Opsikion im Nordwesten, Armeniakon im Nordosten, Anatolikon in der Mitte und schließlich Kibyraioton, das den größten Teil der Südküste samt dem Hinterland umfaßte. Die neue Bezeichnung spricht für sich; *thema* ist das übliche griechische Wort für eine Truppenabteilung, und damit war der militärische Charakter der Einteilung von Anfang an klar. Die einzelnen Themen standen im übrigen nicht nur unter dem Oberbefehl eines *Strategos*, also eines Militärgouverneurs, sondern man besiedelte sie auch mit einer beträchtlichen Anzahl Soldaten oder potentieller Soldaten, die als Gegenleistung für (erblichen) Militärdienst feste Lehen zugeteilt bekamen.

Diese neue Einrichtung erwies sich für die Verteidigung des Reichs in den folgenden Jahren als von unschätzbarem Wert. Sie schuf die Grundlagen für ein gut ausgebildetes und insgesamt verläßliches Heer aus Einheimischen und machte dem alten verrotteten Rekrutierungssystem ein Ende, das den Kaiser zwang, nichtrömische Abteilungen oder andere fremde Hilfstruppen zu verpflichten, die ihn allzuhäufig im Stich ließen. Noch vor dem Ende des siebten Jahrhunderts war überall in Westanatolien eine neue Klasse von Soldatenbauern (Stratioten) herangewachsen, die sich auf eigenem Land selbst versorgten und im Gegenzug bewaffnet und beritten antreten mußten, wenn der Ruf an sie erging. Die frühere Provinzverwaltung samt ihren Prätorianerpräfekturen, die weitgehend aus den Tagen Diokletians und Konstantins und in mancher Hinsicht sogar aus noch früherer Zeit stammten, welkte dahin.

Als nächstes galt es, die Reichsfinanzen in Ordnung zu bringen. Dies war gleichfalls eine Aufgabe, die nicht über Nacht zu erledigen war. Herakleios ging sie auf verschiedene Weise an: auf dem Wege erhöhter Besteuerung, durch erzwungene Anleihen sowie drückende Bußgelder für frühere Mitglieder der bekanntermaßen korrupten Bürokratie von Phokas. Überdies vermochte er von Familienangehörigen und Freunden in Afrika bedeutende Zuschüsse loszueisen. Doch die ausschlaggebende Einkommensquelle stellte zum ersten Mal in ihrer Geschichte die orthodoxe Kirche dar. Patriarch Sergios begriff den kommenden Krieg als einen Religionskrieg, als einen Krieg, der den endgültigen Sieg der Streitmacht Christi über die heidnischen Anbeter des Feuers besiegeln würde. Und dafür wollte er dem Kaiser seine volle Unterstützung gewähren. Zwischen den beiden Oberhäuptern war es kurz zuvor zu Spannungen gekommen. Kaiserin Eudokia war 612 nach der Geburt ihres zweiten Kindes an einem epileptischen Anfall gestorben, und ihr Mann hatte bald darauf seine Nichte Martina geheiratet, was in kirchlichen Kreisen einen Riesenskandal ausgelöst hatte. Sergios hatte damals scharfen Protest eingelegt. Jetzt aber war er im nationalen Interesse bereit, auch über die dunkelsten Flecken im Privatleben des Kaisers hinwegzusehen. Ohne zu zögern, stellte er den gesamten Schatz der Kirchen und Klöster aus allen Diözesen und Pfarreien, die ihm unterstanden, dem Staat zur Verfügung. Herakleios griff natürlich sofort zu. Zumindest für den Augenblick waren damit seine finanziellen Sorgen behoben.

Bevor er jedoch gegen die Perser ziehen konnte, mußte er mit den Awaren fertig werden. Im Jahre 619 schien eine Übereinkunft in Reichweite; ihr Khan schlug ein Treffen mit dem Kaiser am Marmarameer vor. Herakleios nahm die Einladung gerne an, denn er hoffte, diese Barbarenhorde mit prunkvollen Feierlichkeiten und Theateraufführungen zu blenden und damit die Großartigkeit des Reichs unter Beweis zu stellen. Noch während er mit der Planung dieser Demonstrationen in Selymbria befaßt war, wurde ihm unvermutet gemeldet, eine Abteilung awarischer Soldaten beziehe gerade Position auf den bewaldeten Erhebungen oberhalb der Mauer des Anastasios.[2] Natürlich handelte es sich um ein abgekartetes Spiel. Man wollte ihm den Rückzug nach Konstantinopel abschneiden, um ihn dann leicht gefangennehmen zu können. Er entledigte sich nur noch rasch seiner kaiserlichen Gewänder und verkleidete sich als armer Bauer, sprang dann auf sein Pferd und jagte in gestrecktem Galopp der Hauptstadt zu. Minuten später sah er sich von den awarischen Soldaten verfolgt. Zwar schlossen sich vor ihnen die Tore der Theodosianischen Mauer, aber sie zogen erst ab, nachdem sie mehrere Kirchen in den Außenbezirken dem Erdboden gleichgemacht hatten.

Wie die Beziehungen zwischen Byzanz und den Awaren nach diesem bedauerlichen Zwischenfall wieder gekittet wurden, ist unbekannt. Einmal mehr schweigen unsere Quellen. Sicher ist nur, daß Herakleios im Frühjahr des Jahres 622 für den Krieg gerüstet war, welcher der persischen Bedrohung ein für allemal ein Ende setzen sollte. Am Ostermontag, dem 5. April, bestieg er sein Flaggschiff. Seit Theodosios dem Großen hatte kein Kaiser mehr seine Streitmacht persönlich in den Kampf geführt.[3] Er segelte an der Spitze seiner Kriegsflotte gen Südwesten. Allein schon damit überraschte er die Perser, aber er wußte es nicht. Sie hatten nämlich damit gerechnet, daß er durch den Bosporus ins Schwarze Meer fahren würde, um von Armenien aus anzugreifen. Statt dessen stieß er genau in die entgegengesetzte Richtung vor: durch das Marmarameer und den

Hellespont die ionische Küste entlang nach Rhodos und von dort entlang der Südküste Kleinasiens bis in die Bucht von Issos. Hier, nur wenige Meilen von jenem Schlachtfeld entfernt, wo Alexander der Große und seine Soldaten einst die Hauptmasse des persischen Heeres in die Flucht geschlagen hatten, landete er mit seinen Truppen und verbrachte den ganzen Sommer dort, mit intensiven taktischen Übungen und Manövern beschäftigt, in deren Verlauf er seine Fähigkeiten als Feldherr erprobte und die Härte und das Durchhaltevermögen seiner Leute trainierte, bis er glaubte, daß sie gemeinsam allem, was der Großkönig ihnen entgegenzuwerfen imstande sei, Paroli bieten könnten. Die ganze Zeit über betrieb er auch stete psychologische Kriegführung, um die Moral der Soldaten aufzubauen. Es sei ihr Privileg, so hämmerte er ihnen ein, als Instrumente Gottes ausersehen zu sein, um die Macht des Antichristen zu brechen. Sie kämpften nicht nur für das Reich, sondern auch für ihren Glauben und hätten sich entsprechend zu verhalten. Der Hofpoet des Kaisers, Georg von Pisidia, der das Heer begleitete, beschreibt frömmelnd, wie er den Kontrast zwischen den beiden Lagern sah. Das Lager der Perser sei von Zymbelklängen und Musik aller Art erfüllt gewesen, zu der die orientalischen Schönen (Huris) nackt zum Vergnügen der Heerführer tanzten. Im römischen Lager habe der Kaiser dagegen Erbauung gesucht, indem er zu mystischen Instrumenten gesungenen Psalmen lauschte, die in seiner Seele einen göttlichen Nachhall fanden.[4]

Erst zu Beginn des Herbstes brachen Herakleios und seine Soldaten nach Norden in Richtung Pontus und das Schwarze Meer auf. Die byzantinischen und persischen Truppen prallten vermutlich irgendwo in den Bergen Kappadokiens aufeinander. Das persische Heer wurde wieder von Schahr-Baras, seinem bedeutendsten und erfahrensten Feldherrn, angeführt. Im Gegensatz zu ihm hatte Herakleios bis dahin noch nie ein Heer befehligt. Dennoch endete das Treffen mit der kopflosen Flucht der Perser; die kaiserlichen Truppen verfolgten sie über Stock und Stein bis in den letzten Winkel, so schreibt Georg von Pisidia, als jagten sie Wildziegen. Kriegs- und siegestrunken eilte Herakleios auf dem Seeweg von Trapezunt nach Konstantinopel zurück, wo die Awaren wieder einmal Schwierigkeiten machten. Das Heer blieb den Rest des Winters über in Pontus.

Diesmal protestierten die Soldaten nicht dagegen, daß sie nicht zu ihren Familien zurückkehren durften, waren sie doch Soldaten des Kreuzes – und darum siegreich.

Das zweite Jahr des Feldzugs gestaltete sich noch erfolgreicher als das erste. Nachdem das Awarenproblem gelöst war und der Kaiser das Osterfest mit seiner Familie in Nikomedia verbracht hatte, reiste er auf dem Seeweg, diesmal von seiner angetrauten Martina begleitet, zurück nach Trapezunt. Dort erwartete ihn das schon marschbereite Heer. Man zog in südöstlicher Richtung durch Armenien und über die persische Grenze in die Gegend des heutigen Aserbaidschan (»Land des Feuers«), das Zentrum des zoroastrischen Feuerkultes. Da erreichte ihn die Nachricht, Chosrau halte sich ganz in der Nähe auf, nämlich in seinem prächtigen Palast von Ganzak. Da ihm außerdem kürzlich das Gerücht zu Ohren gekommen war, das echte Kreuz und die anderen heiligen Reliquien aus Jerusalem befänden sich ebenfalls dort, stieß Herakleios direkt zu dieser Stadt vor.

Angesichts der rund vierzigtausend Mann starken dortigen Garnison rechnete man damit, daß der Großkönig sich dort verschanzte. Statt dessen floh er aber sofort in Richtung Ninive und überließ den großen Palast samt dem angrenzenden Feuertempel der Großmut der Invasoren. Herakleios war aber nicht auf Schonung bedacht. Beim Anblick des Tempels mit Chosraus Standbild im Mittelpunkt, umgeben von geflügelten Wesen, die Sonne, Mond und Sterne symbolisierten, geriet er in rasende Wut. Das Heiligtum wurde dem Erdboden gleichgemacht, ebenso der Palast. Anschließend zogen die Soldaten mordbrennend weiter zu der benachbarten Stadt Thebarmes, dem Geburtsort Zoroasters, und legten auch diese in Schutt und Asche. Zu Herakleios' Enttäuschung fand sich von den Reliquien dort keine Spur; aber zumindest hatten er und seine Leute nun für die Schändung Jerusalems durch die Perser ihrerseits gebührend Rache geübt.

Man marschierte weiter, jetzt fast direkt nach Süden auf die persische Hauptstadt Ktesiphon zu. Zurück blieben verwüstete Felder und brennende Städte, deren Bevölkerung massakriert und vertrieben wurde. Hätte Herakleios seine Männer etwas schärfer vorwärtsgetrieben, hätten sie vielleicht ihr Ziel erreicht, ehe Schahr-

Baras mit einem frisch ausgehobenen Heer von Westen her eintraf, und der Krieg wäre womöglich vier Jahre eher zu Ende gewesen. Nun aber nahte der Winter. Es gab indes noch andere, persönlichere Gründe, derentwegen Herakleios eine Unterbrechung wünschte. Er ließ seine Soldaten wissen, daß er sich zu einer *Sors evangelica* entschlossen habe. Alle sollten vier Tage lang fasten; danach werde er die Evangelien aufschlagen, ohne hinzusehen, und sich vom ersten Vers, auf den sein Blick falle, leiten lassen. Welche Textstelle dies schließlich war, ist nicht überliefert. Aber es überrascht keineswegs zu hören, daß sie des Kaisers Absichten voll und ganz entgegegkam; selbst der kriegslüsternste Offizier würde sich schwerlich einem Befehl widersetzen können, der sich auf die Billigung des Allmächtigen selbst berufen konnte. Doch wurden wahrscheinlich mehr als nur einige Blicke gewechselt, als Kaiserin Martina einen oder zwei Monate später ohne weitere Komplikationen ein Kind zur Welt brachte.

Das Gebiet, in das sich Herakleios und sein Heer nun aufmachten, wurde merkwürdigerweise Albanien genannt und lag jenseits der persischen Reichsgrenzen an der Westküste des Kaspischen Meeres. Damals lebten dort verschiedene Völkerschaften, meist hunnischer Herkunft; sie haßten die Perser und waren darum deren Feinden wohlgesinnt. Viele von ihnen schlossen sich sogar begierig dem kaiserlichen Heer an. Auf diese Weise konnte Herakleios den Feldzug von 624 mit einem beträchtlich vergrößerten Heer starten. Dieser Feldzug beschränkte sich ausschließlich auf das Gebiet zwischen den Flüssen Kyros und Araxes (heute Kura und Aras), das teils zu Albanien, teils zu Armenien gehörte. Dort errangen die Byzantiner einen noch entscheidenderen Sieg als zwei Jahre zuvor, diesmal über die vereinigten Heere von Schahr-Baras und seinem Kollegen Sarablagas, der in der Schlacht fiel. Kaum war dieser Kampf vorüber, erschien Schahin[5], ein dritter persischer Feldherr, an der Spitze einer weiteren Streitmacht, um das Schlachtenglück doch noch zu wenden. Aber er kam zu spät. Und als er dies bemerkte, mußte er erkennen, daß es nun auch für den Rückzug zu spät war. Sein Heer, vom langen Marsch erschöpft und entsetzt vom unerwarteten Anblick des mit Verwundeten und Toten übersäten Schlachtfelds, war rasch aufgerieben.

Kaiser und Heer überwinterten am Vansee. Bei Frühjahresbeginn entschloß sich Herakleios, das armenische Hochplateau zu verlassen. Den dort ansässigen Stämmen mißfiel seine zunehmende Stärke mehr und mehr, und er traute ihnen nicht mehr. Außerdem würden die Perser nach den Niederlagen im vergangenen Jahr sich sicherlich nicht noch einmal dort zur Schlacht stellen. Viel wahrscheinlicher war, daß Schahr-Baras nach Kleinasien zurückkehrte und vielleicht, wie er es schon einmal getan hatte, nach Chalkedon vorstieß, besonders da er darüber informiert war, daß die Awaren eine großangelegte Offensive von Westen her vorbereiteten. So brach Herakleios mit seinen Soldaten am 1. März 625 zum längsten und härtesten Marsch auf, den sie je unternommen hatten. Der Weg führte nach Norden entlang der Ostküste des Sees zum Fluß Arsanias (heute Murat) im Vorgebirge des Ararat, folgte dessen Lauf etwa zweihundert Meilen westwärts und schwenkte dann wieder nach Süden zu den benachbarten Städten Martyropolis und Amida (Diyarbakir), die sie beide erstürmten. Von Amida waren es dann nur noch siebzig oder achtzig Meilen bis zum Euphrat, den sie erreichten, ohne den Feind jemals gesehen oder von ihm gehört zu haben.

Schahr-Baras hatte er jedoch richtig eingeschätzt. Dieser hatte jede seiner Bewegungen verfolgt und erreichte den großen Fluß gerade rechtzeitig, um ihn auf einer Seilbrücke, dem einzigen Übergang weit und breit, zu überqueren. Er kappte sie hinter sich, und Herakleios mußte sich notgedrungen nach Süden wenden, fand aber in der Nähe von Samosata (Samsat) glücklich eine Furt. Dann ging es ohne Hindernisse bis zum schnell dahinströmenden Sarus (heute Seyhan), an den sie nördlich von Adana gelangten. Hier endlich stieß er auf das persische Heer, das ihn jenseits des Flusses schon in Schlachtordnung erwartete. Da sich, wie es der Zufall wollte, in der Nähe eine schmale Brücke befand, gingen die Byzantiner, ihrer Erschöpfung vom langen Marsch zum Trotz, sogleich zum Angriff über. Schahr-Baras täuschte einen Rückzug vor und lockte sie in einen sorgfältig vorbereiteten Hinterhalt. In kürzester Zeit war die Vorhut des bis dahin unbesiegbaren kaiserlichen Heeres jämmerlich geschlagen.

Die Perser, höchst zufrieden mit dem Gelingen ihres Plans und ganz damit beschäftigt, das byzantinische Heer weiter aufzureiben, achteten für den Augenblick nicht mehr auf die Brücke. Herakleios sah darin seine Chance. Er gab seinem Pferd die Sporen und preschte an der Spitze seiner ihm dicht folgenden Nachhut an das andere Ufer. Ein persischer Hüne stellte sich ihm in den Weg, aber er streckte ihn mit einem Schwertstreich nieder, und er stürzte in den Fluß. Als Schahr-Baras die Situation erkannte, befahl er seinen Bogenschützen, das Ufer zu verteidigen. Doch Herakleios stürmte weiter, als bemerke er den Pfeilhagel um sich herum gar nicht und auch nicht, daß ihn mehrere Pfeile getroffen hatten. Die Perser kamen aus dem Staunen nicht mehr heraus, und selbst ihr Feldherr konnte seine Bewunderung nicht verhehlen. »Sieh da, euer Kaiser«, soll er einem griechischen Überläufer in seiner Nähe zugerufen haben. »Er fürchtet diese Pfeile und Speere nicht mehr als einen Amboß.«[6]

Allein durch seinen kühnen Streich hatte Herakleios die Situation gerettet. In den frühen Morgenstunden des nächsten Tages schlugen die Perser ihr Lager ab. All ihre Kampflust war ihnen vergangen, und sie machten sich auf den langen und mühsamen Weg in ihre Heimat zurück. Doch der Ausgang der Schlacht hatte auf Messers Schneide gestanden, und während Herakleios sein arg dezimiertes und geschundenes Heer durch Kappadokien in die Winterquartiere bei Trapezunt zurückführte, mag er darüber nachgedacht haben, wie gefährlich es ist, sich selbst zu überschätzen. Trotz der mißlichen Lage blieb die Moral der Truppe weiterhin gut. Dank seinem kühnen Vorpreschen war Herakleios' Ansehen sogar noch gestiegen. Dennoch hatte er in diesem Jahr zum ersten Mal der Niederlage ins Auge geblickt, und was er sah, gefiel ihm nicht. Der Krieg war längst noch nicht zu Ende. Alles deutete darauf hin, daß der Feind, ja, beide Feinde, im Frühjahr wieder angreifen würden. Und diesmal würde Konstantinopel ihr Ziel sein.

Trapezunt war der ideale Umschlagplatz für Nachrichten aus Ost und West. Aus keiner Richtung trafen indes günstige Berichte ein. Der persische Großkönig, entschlossen, den Krieg zu einem raschen Ende zu bringen, hatte eine Massenaushebung aller wehrfähigen Männer einschließlich der Fremden in seinem Herrschaftsbereich angeordnet, Schahin ein Heer von fünfzigtausend kampferprobten Soldaten anvertraut und ihm befohlen, Herakleios zu verfolgen und sein Heer aufzureiben; anderenfalls sei sein Leben verwirkt. Zudem sollte Schahr-Baras mit einem Heer frischer, untrainierter und kampfunerfahrener Rekruten durch Kleinasien nach Chalkedon marschieren und dort den Awaren bei ihrem geplanten Angriff alle erdenkliche Hilfe gewähren. Die Zeit auch für dieses Unternehmen stand unmittelbar bevor. Unterdessen hatte der Khan der Awaren fast sämtliche Stämme zwischen Weichsel und Ural zusammenrufen lassen und bewegte sich mit seinen riesigen Belagerungsmaschinen bereits auf die Mauern Konstantinopels zu. Wieweit er seine Pläne mit jenen der Perser hatte koordinieren können, ist unklar. Eine gewisse Übereinkunft gab es jedoch ohne Zweifel: als Folge des langen Aufenthaltes von Schahr-Baras in Chalkedon vor den letzten Feldzügen.

Herakleios stand vor einer schwierigen Entscheidung. Blieb er mit seinem Heer in Anatolien, fiel womöglich die Hauptstadt, weil nicht genügend Leute zu ihrer Verteidigung bereitstanden; eilte er jedoch zu ihrer Verteidigung, war er gezwungen, strategische Positionen zu räumen, von denen aus er die Perser in Schach halten konnte. Und erst recht würden dann alle Hoffnungen, das Kreuz Christi zurückzuholen, dahin sein. Sollte er auf einen Schlag alles in den Wind schlagen, was ihn während vier zwar erschöpfender, aber erfolgreicher Feldzüge so viel Mühe gekostet hatte? Er entschied sich, an Ort und Stelle zu bleiben, seine Streitkräfte aber dreizuteilen. Der erste Heeresteil begab sich sofort auf dem Seeweg nach Konstantinopel; den zweiten sandte er unter dem Oberbefehl seines Bruders Theodoros dem persischen Feldherrn Schahin entgegen, den er in Mesopotamien wußte, und mit dem dritten, bei weitem kleinsten Kontingent wollte er Armenien und den Kaukasus halten und, so hoffte er, schließlich in das relativ schutzlose Sassanidenreich einmarschieren.

Dieser Entschluß hieß aber nicht, daß er Konstantinopel und seine Verteidiger sich selbst überlassen hätte. Ganz im Gegenteil überschüttete er Patriarch Sergios und *Patrikios* Bonus, denen er die Verteidigung der Stadt anvertraut hatte, mit einer wahren Flut von Befehlen und Instruktionen, Ratschlägen und ermutigenden Botschaften. Letztere wurden überall in den Straßen angeschlagen und zeigten augenblicklich Wirkung, stachelten sie doch die gesamte

Bevölkerung dazu auf, den bevorstehenden Kampf entschlossen und freudig zu unterstützen. Herakleios wandte sich unterdessen einem der wichtigsten Hunnenstämme aus dem Kaukasus zu, nämlich den Chasaren. Er fing sie auf dem Rückweg von einem Raubzug in Aserbaidschan ab und blendete ihren Khan Ziebil durch den Glanz seines Hofstaates, auf den er sogar im Feld nicht verzichtete, und durch verlockende Geschenke. Im Lauf einer ihrer zahlreichen Zusammenkünfte zeigte er dem Khan ein Bild seiner Tochter Epiphania und bot sie ihm zur Ehe an. Ziebil war von dem Bild bezaubert und fühlte sich insbesondere über alle Maßen durch die Behandlung und auch die Aussicht geschmeichelt, ein Mitglied der kaiserlichen Familie zu werden. Er bot Herakleios seinerseits vierzigtausend seiner besten Männer als Gegenleistung an. Ende des Jahres war er glücklicherweise tot, so daß Epiphania das grausame Schicksal, dem ihr Vater sie bedenkenlos preisgegeben hätte, erspart blieb.

Während Herakleios und sein neues Chasarenheer Aserbaidschan verwüsteten, gelang seinem Bruder Theodoros in Mesopotamien ein großer Sieg. Über die Schlacht ist nicht viel bekannt, außer daß sie in einem Hagelsturm ausgefochten wurde, der seine ganze Wucht gegen das persische Heer richtete. Die Byzantiner fanden auf unerfindliche Weise Unterschlupf oder wurden von ihm verschont. Nach dieser Niederlage verfiel der persische Oberbefehlshaber in tiefe Depression und starb bald darauf, ob von eigener Hand, um der verheißenen Rache seines Herrn zuvorzukommen, oder aus reiner Verzweiflung, bleibe dahingestellt. Als Chosrau sein Tod gemeldet wurde, befahl dieser, den Leichnam einzusalzen und unverzüglich ihm zu überbringen. Er soll dann grimmig zugesehen haben, wie man ihn entkleidete und bis zur Unkenntlichkeit peitschte.

Seit einiger Zeit gab es am persischen Hof bei manchen Zweifel am Verstand des Großkönigs. Nach diesem Vorfall zweifelte niemand mehr.

Man schrieb den 29. Juni des Jahres 626. Der Nachthimmel glühte rot im Widerschein brennender Kirchen, da gaben sich Perser und Awaren über den Bosporus Zeichen, die besagten, daß sie jeweils ihre vorgesehenen Stellungen bezogen hatten und zum gemeinsamen Angriff bereit waren. Die Bevölkerung der Bezirke außerhalb der

Mauer lud in aller Eile ihre Habseligkeiten auf Schubkarren und Wagen und suchte Zuflucht innerhalb der Tore, die sich hinter ihr fest verschlossen. Die seit langem befürchtete Belagerung begann. Schon gruben sich die fremden Kampftruppen entlang der Mauer ein, da machte der Awarenkhan noch ein letztes Angebot, die Stadt gegen ein gewaltiges Lösegeld zu schonen. Die Kampfmoral in Konstantinopel war jedoch noch nie so hoch gewesen wie jetzt, und man wies seinen Vorschlag verächtlich zurück.

Die Kampftruppen aus Awaren, Hunnen, Gepiden, Bulgaren, Skythen und Slawen umfaßten insgesamt etwa achtzigtausend Mann und verteilten sich nun über die gesamten sieben Meilen entlang der Theodosianischen Mauer vom Marmarameer bis zum Goldenen Horn. Eine oder zwei Meilen nördlich der Stadt, im oberen Teil des Goldenen Horns, lag eine Flotte kleiner Boote mit slawischer Besatzung beiderlei Geschlechts in Bereitschaft, um im Notfall den Belagerern von der See her Unterstützung zu gewähren. Die Mauern wurden von über zwölftausend byzantinischen Soldaten zu Pferd verteidigt. Ihnen ging die gesamte Bevölkerung von Konstantinopel zur Hand, waren doch alle von Patriarch Sergios in einen wahren Taumel religiösen Wahns hineingesteigert worden. Der Belagerungsdruck hielt auch während der Nacht an; große Katapulte und Steinschleudern wurden eine nach der anderen in Stellung gebracht und schleuderten riesige Steinbrocken gegen und gelegentlich auch über die Wehrbrüstung. Doch die Mauer hielt stand, und die Verteidigung wich und wankte nicht. Man war etwas verunsichert, weil die persischen Truppen noch immer keinen Versuch unternahmen, den Bosporus zu überqueren. Da sie über keine Belagerungsmaschinen verfügten, sahen sie vielleicht im Augenblick keine Möglichkeit, in das Geschehen einzugreifen. Für die Bevölkerung von Konstantinopel verhielten sie sich jedoch ungewöhnlich – und bedrohlich – still.

Die Belagerung dauerte den ganzen glühend heißen Juli hindurch an. Täglich zog Patriarch Sergios mit dem Klerus in einer Prozession die gesamte Mauer entlang, wobei er hoch über seinem Kopf erhoben eine geweihte Marienikone trug, die, so wurde behauptet, die Herzen der Barbaren mit Schrecken erfülle. Am 2. August, es war ein Samstagabend, schlug der Khan *Patrikios* Bonus vor, eine Gesandtschaft in sein Lager zu schicken; er werde ihr weit günstigere Bedingungen für eine Beendigung des Angriffs unterbreiten als jene, die er noch vor kurzem genannt habe. Die Gesandten erreichten pflichtschuldigst sein Zelt, wo sie zu ihrer großen Wut drei in seidene Gewänder gekleidete Unterhändler von Schahr-Baras vorfanden; sie fühlten sich noch mehr beleidigt, als man den Persern Sitzgelegenheiten anbot, sie aber stehenbleiben mußten. Es kam zu einem heftigen Wortwechsel, in dessen Verlauf die Byzantiner noch einmal bekräftigten, daß sie auf keinen Fall die Absicht hätten, zu kapitulieren, dann wütend auf dem Absatz kehrtmachten und nach Konstantinopel zurückkehrten. Sie rächten sich noch in derselben Nacht. Das Boot mit den drei Persern wurde auf dem Rückweg nach Chalkedon abgefangen. Dem ersten, der sich unter Wolldecken zu verstecken versuchte, hieben sie auf der Stelle den Kopf ab, dem zweiten hackten sie die Hände ab und schickten ihn zum Khan zurück, und der dritte wurde direkt vor Chalkedon für alle Anwesenden im persischen Lager gut sichtbar hingerichtet. Den Kopf warfen sie mit einer daran befestigten Botschaft an Land; sie lautete: »Wir sind mit dem Khan nun versöhnt. Er hat sich der ersten beiden Eurer Gesandten angenommen. Dies hier ist der dritte!«

Möglicherweise hatten die unglücklichen Perser in einem letzten Versuch, ihr Leben zu retten, den Byzantinern Einzelheiten über die Pläne ihres Heeres preisgegeben, denn am folgenden Donnerstag, dem 7. August, sah sich eine Flotte von Flößen und Kähnen, die in aller Stille über den Bosporus an die asiatische Küste gefahren war, um dort persische Truppen an Bord zu nehmen und sie über die Meeresstraße überzusetzen, plötzlich von griechischen Schiffen umringt. Die Besatzung, zahlenmäßig hoffnungslos unterlegen, wurde entweder sofort umgebracht oder aber lebendigen Leibes ins Meer geworfen, wo sie ertrank; ihre einfachen Gefährte brachte man im Schlepp triumphierend nach Konstantinopel. Fast unmittelbar darauf mußte sich eine Abteilung ähnlichen Zuschnitts, welche die Slawen im oberen Abschnitt des Goldenen Horns zusammengezogen hatten, gleichfalls zur Wehr setzen. Laut Befehl sollte sie auf ein verabredetes Zeichen – ein Leuchtfeuer am Fuß der Mauer an der Stelle, wo sie beim Blachernenpalast bis ans Wasser reicht – warten, dann in geschlossener Formation das Horn hinabrudern und sich den Weg ins offene Meer freikämpfen. Aber auch diesmal bekam Bonus vorher Wind von dem Plan. In aller Eile versammelte er sämtliche verfügbaren Zwei- und Dreiruderer bei Blachernae und ließ, kaum hatten sie Stellung bezogen, selbst ein Signalfeuer entzünden. Die Slawen hatten das Zeichen erst Stunden später erwartet und waren entsprechend verblüfft, machten sich jedoch dem Befehl entsprechend trotzdem auf den Weg und gerieten prompt geradewegs in den byzantinischen Hinterhalt. In nur einer Stunde war ihre gesamte Flotte zerstört.

Nach dieser zweiten Katastrophe scheint die Belagerer eine Art Panik erfaßt zu haben. Ihre Belagerungsmaschinen, in die sie so große Hoffnungen gesetzt hatten, hatten sich als wirkungslos erwiesen, die ausgeklügelten Strategien waren ebenfalls verpufft. Zudem trafen gerade um diese Zeit die Nachrichten von Theodoros' Sieg über Schahin und Herakleios' Allianz mit den Chasaren ein. Dafür konnte es nur eine Erklärung geben: Das Reich stand unter göttlichem Schutz. Hatte man nicht eine reichgekleidete Frau, die viele als die Muttergottes persönlich erkannt haben wollten, die Wehrbrüstung auf und ab geben sehen? Am nächsten Morgen begannen die Belagerer ihre Lager abzuschlagen, und tags darauf waren sie verschwunden. Das Gesicht wahrten sie, indem sie eine oder zwei weitere Kirchen wie angedroht auf dem Rückzug in Flammen aufgehen ließen, die üblichen Racheschwüre ausstießen und androhten, so bald wie möglich zurückzukehren und die Belagerung wiederaufzunehmen. Doch für die byzantinische Bevölkerung müssen diese Worte hohl geklungen haben. Kaum war der letzte Trupp außer Sichtweite, stürmte alles einträchtig nach Blachernae, wo sich direkt vor der Mauer eine große, Maria geweihte Kirche erhob. Zur allgemeinen Freude war sie unversehrt – was anderes als ein neuerlicher Beweis für die wunderbare Macht, der sie, ohne zu zaudern, ihre Rettung zuschrieben?

Das für Konstantinopel so denkwürdige Jahr 626 gestaltete sich für Kaiser Herakleios äußerst ärgerlich. Die Allianz mit den Chasaren, von der er sich soviel versprochen hatte, entpuppte sich als große Enttäuschung. Nach dem Tod Ziebils entschwanden dessen Stammesgenossen in aller Stille in den Steppen Turkestans, aus denen sie gekommen waren, und nach Theodoros' Sieg über Schahins Truppen fand kein bedeutendes Treffen mit den Persern mehr statt. Anfang des Jahres 627 entschloß er sich daher zum langen Marsch auf den Palast des Großkönigs in Dastagird, etwa zwanzig Meilen nördlich von Ktesiphon. Dieser Zug beanspruchte fast das ganze Jahr. Zum einen hatte Herakleios es nicht besonders eilig, zum anderen aber war ihm daran gelegen, alle Gebiete, durch die er mit den Seinen zog, möglichst nachhaltig zu verwüsten. Natürlich war ihm auch klar, daß er ständig auf der Hut sein mußte. Schließlich lag ein gewaltiges persisches Heer nicht allzuweit entfernt und konnte jederzeit losschlagen. Er durfte deshalb nicht riskieren, von seiner Nachhut abgeschnitten zu werden.

Aber auch das persische Heer konzentrierte sich auf den rechten Augenblick. Sein neuer Oberbefehlshaber war Feldherr Rasates. Da auch ihm von Chosrau befohlen worden war, zu siegen oder zu sterben, wollte er Herakleios nicht eher begegnen, als bis er dazu in der Lage war, und dann unter von ihm diktierten Bedingungen. Dazu aber kam es erst am Jahresende, als er bei den Ruinen von Ninive auf das byzantinische Heer stieß. Auch diesmal fand kein Überraschungsangriff statt; beide Feldherren hatten reichlich Zeit, ihre Stellungen zu beziehen und ihre Streitmacht möglichst günstig aufzustellen. Beide Heere bezogen in der Frontlinie Position; im Morgengrauen des 12. Dezember begann die Schlacht. Die Männer schlugen sich ohne Unterbrechung elf Stunden lang; allen war bewußt, daß es sich um die entscheidende Schlacht des gesamten Krieges handelte. Auf dem Höhepunkt forderte Rasates plötzlich Herakleios zum Zweikampf heraus. Sofern der Darstellung Georgs von Pisida zu glauben ist, nahm dieser die Herausforderung an, gab seinem graubraunen Schlachtroß Dorkon die Sporen und schlug Rasates mit einem einzigen Streich den Kopf ab. Noch zwei persische Heerführer sollen das gleiche Schicksal erlitten haben. Herakleios wurde mehrfach verwundet, aber er steckte sein Schwert nicht weg. Noch bei Sonnenuntergang tobte der Kampf. Da merkten die Byzantiner, daß von den feindlichen Soldaten fast keiner mehr übrig war. Das persische Heer war vernichtet. Alle seine Anführer lagen tot auf dem Schlachtfeld.

Es wurde Morgen, bevor sie sich über die Beute hermachen konnten. Der Kaiser selbst begehrte den mit hundertzwanzig Goldplatten bestückten Schild von Rasates ebenso wie dessen gepanzerte Handschuhe und den prächtigen Sattel. Das abgeschlagene Haupt des Feldherrn wurde, auf einer Lanzenspitze aufgespießt, mitten im byzantinischen Lager aufgepflanzt, umgeben von einem Kreis von achtundzwanzig eroberten persischen Standarten. Die siegreichen Soldaten bemächtigten sich inzwischen der Helme und Schwerter, Rundschilde und Brustplatten. Kaum einer mußte ohne eine stolze Trophäe zur Erinnerung an den denkwürdigen Tag nach dem Westen zurückkehren.

Doch die Zeit der Heimkehr war noch nicht gekommen. Immer noch galt es, Chosrau aufzuspüren und vom Thron zu stoßen. Nach ein paar Ruhetagen setzte das Heer seinen Marsch nach Süden fort und zog das linke Tigrisufer entlang gen Dastagird. Die beiden gewaltigen Nebenflüsse des Tigris, der große und der kleine Zab, wurden ohne Zwischenfall überschritten; Herakleios konnte daher in der Oase Jezdem die Weihnachtsmesse feiern, wobei Zoroasters Priester ohnmächtig zusehen mußten. Um diese Zeit war ihm das Glück besonders hold, gelang es doch, einen Boten Chosraus mit einem Brief an Schahr-Baras in Chalkedon abzufangen, in dem Chosrau diesen sofort zurückbeorderte. Eine solche Gelegenheit konnte sich Herakleios nicht entgehen lassen. Er diktierte rasch eine andere Botschaft, die man übersetzte und gegen die erste austauschte. Sie vermeldete einen großen persischen Sieg über Byzanz und wies Schahr-Baras an, zu bleiben, wo er war. Damit war zumindest eine mögliche Gefahr listig abgewendet.

Der Großkönig war in der Zwischenzeit geflohen. Er sowie seine Frau und seine Kinder waren durch ein Loch in der Mauer aus dem Palast zu Dastagird entwichen, und nicht einmal seine engsten Vertrauten oder seine Leibwache hatten davon etwas bemerkt. Sein Weg führte zuerst nach Ktesiphon, der alten Hauptstadt, in die er seit vierundzwanzig Jahren keinen Fuß mehr gesetzt hatte. Erst bei seiner Ankunft erinnerte er sich dessen, was die Magier ihm prophezeit hatten: daß jede Rückkehr in die Stadt unausweichlich seinen Sturz bedeute. Da blieb ihm nichts anderes übrig, als seine Flucht ostwärts nach Susiana (heute Khusistan) fortzusetzen. Als Herakleios in Dastagird eintraf, fand er den riesigen Palast verlassen vor. Nach einhelliger Aussage aller Chronisten war er von unvergleichlicher Schönheit und Pracht, was gewiß zutrifft, war er doch ein Vierteljahrhundert lang Stammsitz des größten Sassanidenherrschers gewesen. Aber Herakleios und seine Truppen zeigten sich weder gnädig noch respektvoll. Da sie ihn ohnehin nicht mitnehmen konnten, übergaben sie ihn im Januar des Jahres 628 samt und sonders den Flammen, so wie Alexander der Große und sein Gefolge tausend Jahre zuvor Persepolis hatten in Flammen aufgehen lassen.

Da König Chosrau sich in Susiana sicher fühlte, lehnte er ein byzantinisches Friedensangebot ab und ließ statt dessen Frauen und Kinder, alte Männer und Eunuchen zur Verteidigung von Ktesiphon aufrufen. Aber niemand schrieb sich in die Listen ein. Das persische Volk verlor die Geduld mit seinem König; es war nicht mehr bereit, sein irrationales Gehabe länger zu ertragen und auch nicht seine damals schon legendäre Grausamkeit. Ganz offensichtlich war der Siedepunkt bald erreicht. Für Herakleios bestand somit weder ein Grund, die alte Hauptstadt zu belagern noch einer, einen Herrscher zu stürzen, dessen Untertanen dies selbst zu erledigen imstande und offenbar auch willens waren. Vielleicht erinnerte er sich aber auch daran, daß sein ferner Vorfahre, Kaiser Julian, fast dreihundert Jahre zuvor auf dem Rückweg von einem ähnlichen Ostfeldzug von einem persischen Heer in der Wüste nur wenige Meilen von Ktesiphon entfernt geschlagen worden war. Ihn gelüstete nicht nach dem gleichen Schicksal. Noch in Dastagird befahl er seinen Leuten, sich marschbereit zu machen; ein oder zwei Wochen später trat er den Rückweg an.

Der darauffolgende Sturz Chosraus gehört eigentlich nicht mehr zu unserer Geschichte. Es bleibt nur noch zu erwähnen, daß die Revolte im Frühjahr 628 ausbrach, angeführt von Kawat-Sirau, dem Sohn des Königs, von Gundarnasp, dem Oberbefehlshaber von Ktesiphon, und weiterhin von Schahr-Baras, der inzwischen von der langen, erzwungenen Tatenlosigkeit bei Chalkedon zurückgekehrt war, nachdem er erfahren hatte, daß Chosrau aus Wut darüber, daß er nicht zum befohlenen Zeitpunkt bei ihm eingetroffen war, seine Exekution befohlen hatte.[7] Chosrau wurde gefangengenommen und in den berüchtigten Turm der Dunkelheit geworfen; er erhielt gerade so viel Brot und Wasser, daß er am Leben blieb, damit man seine Leiden verlängern konnte. Alle Kinder von seiner schönen zweiten Frau Schirin, von denen er eines als Nachfolger bestimmt hatte, wurden vor seinen Augen von ihrem Halbbruder niedergemacht. Schließlich wurde er selbst fünf Tage nach seiner Einkerkerung durch Pfeilschüsse allmählich zu Tode gequält.

Diese Nachricht erhielt Herakleios in Tauris (heute Täbris). Die persischen Gesandten, die sie überbrachten, hatten auf ihrem Weg die Leichen von dreitausend Landsleuten liegen sehen, erfroren im Schnee in den Bergen als Opfer des letzten kaiserlichen Feldzugs. Erst nachdem Gundarnasp zugesagt hatte, sie zu begleiten, wagten sie, ihre Mission durchzuführen; am 3. April erreichten sie dann das byzantinische Lager. Siraus Brief, in dem er vermeldete, er habe den Thron ohne Schwierigkeiten durch Gottes Gnade bestiegen, hätte einem Geringeren den Magen umgedreht. Herakleios blieb ihm nichts schuldig; er richtete seine Antwort an den »lieben Sohn« und beteuerte, er habe nicht im Traum daran gedacht, Chosrau zu stürzen; wäre er in seine Gewalt geraten, hätte er ihn vielmehr gleich wieder in Amt und Würden eingesetzt. Das Ganze endete mit einem Friedensschluß, nach dessen Bedingungen Persien sämtliche eroberten Gebiete und alle Kriegsgefangenen zurückgab, dazu auch das Kreuz Christi und die anderen Passionsreliquien.

Am Pfingstsonntag, dem 15. Mai 628, verlas Patriarch Sergios von der hohen Ambo (Kanzel) die Botschaft des Kaisers an sein Volk.[8] Er begann mit einem *Jubilate* (Frohlocket im Herrn), und es handelte sich, wie voraussehbar, mehr um eine Dankeshymne und religiöse Erbauung denn um eine Verkündigung des Sieges. Zwar wurde der tote Chosrau immer wieder geschmäht und beschimpft (er sei auf den Pfaden des Judas Ischariot gewandelt, von dem der Allmächtige gesagt habe, es sei besser, er wäre nie geboren), aber es ist doch bemerkenswert, daß Sirau mit keinem Wort getadelt wird und erst recht nicht sein Vatermord. Doch der Bevölkerung von Konstantinopel war dies ohnehin gleichgültig. Der Senat beschloß, Herakleios den Ehrentitel eines *Scipio* zu verleihen, und es wurden alle Vorbereitungen getroffen, dem Sieger einen würdigen Empfang zu bereiten.

Herakleios hatte die Unterzeichnung des Friedensvertrages seinem Bruder Theodoros überlassen und sich mit seinem Heer mittlerweile auf den langen Heimweg gemacht. Als er schließlich in seinem Palast Hiera auf der asiatischen Seite des Bosporus eintraf, war dort nahezu die gesamte Bevölkerung der Hauptstadt versammelt, um ihn mit Olivenzweigen und brennenden Kerzen in den Händen willkommen zu heißen. Im Palast sah er seine Familie wieder: den sechzehnjährigen ältesten Sohn Konstantin, der sich bereits während der Belagerung mutig hervorgetan hatte; die Tochter Epiphania, die hoffentlich niemals vernommen hat, was für ein Schicksal ihr Vater für sie vorgesehen hatte, dem sie so knapp entronnen war; Heraklonas, den jüngeren Sohn von Martina, nun dreizehn Jahre alt; und natürlich Kaiserin Martina, die schon ein paar Monate vorher mit ihrem Baby aus dem Osten zurückgekehrt war.

Es muß laut Theophanes ein glückliches, tränenreiches Wiedersehen gewesen sein. Man hätte erwartet, daß die Familie danach sogleich nach Konstantinopel übersetzte. Herakleios hatte jedoch gelobt, die Hauptstadt nicht ohne das Kreuz Christi zu betreten, und Theodoros befohlen, es so rasch wie möglich herbeizuschaffen. Es kam jedoch zu einer Verzögerung, denn das Kreuz war zunächst gar nicht aufzufinden. Aber schließlich gab Schahr-Baras das Versteck als Gegenleistung für eine Zusicherung des Kaisers, ihm gewogen zu sein, preis. Mit dieser allerheiligsten Reliquie im Gepäck eilte nun Theodoros zurück, traf jedoch erst Mitte September in Chalkedon ein. Nun aber konnte man endlich Anstalten zur Heimkehr des Kaisers treffen.

Das Goldene Tor von Konstantinopel, jener große feierliche Bogen, den Theodosios der Große um 390 errichten ließ und der etwa dreißig Jahre später in die neuerrichtete Mauer integriert wurde, bietet heute einen traurigen Anblick. Die Platten aus purem Gold, mit denen er einst verkleidet war und denen er seinen Namen verdankt, sind längst verschwunden; dahin sind auch die Skulpturen aus Marmor und Bronze, welche die Fassade schmückten. Aber das ist noch nicht das Schlimmste: Da die drei Durchgänge zugemauert sind, ist der Bogen nicht einmal mehr ein Tor. Heute ist »das Tor« als Teil der osmanischen Festung *Yediküle* überwuchert und beinahe unkenntlich und vergessen. Am Morgen des 14. September 628, als Herakleios im Triumph in die Hauptstadt einzog, muß es dagegen völlig anders ausgesehen haben. Vor ihm her wurde das Kreuz Christi getragen, hinter ihm trotteten, umgeben von siegreichen Soldaten, vier Elefanten, die man auf die lange Reise von Persien mitgenommen hatte; sie sollen die ersten gewesen sein, die man in Konstantinopel zu Gesicht bekam. In der jubelnden Menge bemerkten viele, wie sehr der Kaiser in den Kriegsjahren gealtert war. Kaum etwas erinnerte jetzt noch an den kraftvollen jungen Halbgott, als den man ihn achtzehn Jahre zuvor, aus Karthago kommend, in die Stadt hatte einziehen sehen. Die Jahre der Unruhe und der Entbehrungen hatten ihren Tribut gefordert. Obwohl er erst Mitte Fünfzig war, wirkte er verbraucht und krank, sein Körper war vorzeitig gebeugt, und von seiner einst gerühmten blonden Mähne waren nur noch ein paar graue Strähnen übrig. Aber schließlich hatte er sich ja im Dienst für das Reich aufgerieben. Ihm war es zu verdanken, daß das persische Reich der Sassaniden, obwohl es noch einige Jahre weiterkämpfte, inskünftig keine ernsthafte Bedrohung für Byzanz mehr darstellte.

Die Prozession zog langsam durch die Straßen auf die Hagia Sophia zu, wo Patriarch Sergios sie erwartete. Im anschließenden feierlichen Dankgottesdienst wurde das Kreuz, an welchem der Erlöser der Christenheit gestorben war, langsam aufgerichtet, bis es senkrecht vor dem Hochaltar stand. Dies war gewiß einer der bewegendsten Momente in der Geschichte dieser Kirche, und es ist verständlich, daß viele darin ein Zeichen dafür sahen, daß Gottes Feinde zerschmettert waren und ein neues goldenes Zeitalter für das Reich aufdämmerte.

Aber ach! Nichts dergleichen traf ein. Gerade sechs Jahre zuvor, im September 622, dem Jahr, da Herakleios seinen Persienfeldzug begonnen hatte, war Mohammed mit ein paar Anhängern aus der ihm feindlich gesinnten Stadt Mekka ins gastlichere Medina geflohen. Damit war das islamische Zeitalter eingeläutet. Und genau fünf Jahre später, im Jahre 633, brachen die Streiter für den Islam zu jenem Siegeszug auf, der sie im Verlauf von nur hundert Jahren bis hundertfünfzig Meilen vor Paris und auch vor die Tore von Konstantinopel brachte. Die bedeutendste rivalisierende Macht für das Christentum und in den folgenden tausend Jahren dessen unerbittlichster Widersacher war bereits in die Welt gesetzt und drauf und dran loszumarschieren.

Zu diesem Zeitpunkt, dem zweiten Viertel des siebten Jahrhunderts, war die arabische Halbinsel dem christlichen Teil der damaligen Welt noch weitgehend unbekannt. Abgelegen und unwirtlich, produzierte sie nichts, was die verwöhnten Kaufleute aus dem Westen hätte anlocken können, wehalb man von keinen Beiträgen zur Zivilisation wußte und solche für die Zukunft auch nicht erwartete. Die verschiedenen Völkerschaften galten, sofern überhaupt etwas über sie bekannt war, als Halbwilde, die sich von Zeit zu Zeit in blutigen Stammesfehden gegenseitig abschlachteten und nicht den leisesten Versuch machten, sich zu einigen oder ein beständiges Staatswesen zu errichten. Außer einigen verstreuten jüdischen Kolonien an der Küste und in Medina sowie einer kleinen christlichen Gemeinde im Jemen schien die überwiegende Mehrheit einem primitiven Polytheismus zu huldigen, dessen Hauptinteresse sich auf das Handelszentrum Mekka konzentrierte und dort auf einen mächtigen schwarzen Stein mit der Bezeichnung *Ka'aba* im Haupttempel. An der Außenwelt bestand offenbar kein Interesse; man stieß daher mit ihr nicht zusammen und bedeutete erst recht keine Bedrohung für sie.

All dies veränderte sich mit einem Schlag. Im Jahre 633 brachen die arabischen Kräfte unvermittelt und mit einer Disziplin und Zielstrebigkeit los, von denen vorher nichts zu spüren gewesen war und die ihre Opfer deshalb völlig überraschten. Schon drei Jahre später hatten sie Damaskus eingenommen, nach fünf Jahren Jerusalem und nach sechs Jahren ganz Syrien. Innerhalb von zehn Jahren waren Ägypten und Armenien gleichfalls den arabischen Schwertern erlegen, nach zwanzig Jahren das ganze persische Reich und nach dreißig Afghanistan und der größte Teil des Pandschab. Nach einem kurzen Intervall der Konsolidierung lenkten die siegreichen Heere ihr Augenmerk dann nach Westen. Nachdem sie die ganze nordafrikanische Küste in Besitz genommen hatten, fielen sie 711 in Spanien ein. Im Jahre 732, also nicht einmal hundert Jahre nach ihrem ersten Aufbruch aus der heimatlichen Wüste, hatten sie bereits die Pyrenäen überschritten und waren bis an das Ufer der Loire vorgedrungen, wo ihnen nach einer einwöchigen Schlacht endlich Einhalt geboten wurde.

Für einen solch legendären Eroberungszug hält die Geschichte nur wenige Parallelen und nur eine mögliche Erklärung bereit: daß nämlich die Araber von einer großen Woge religiösen Fanatismus getragen und getrieben wurden, die Mohammed als ihr erster und größter Anführer in ihnen geweckt hatte. Dies war zweifellos tatsächlich der Fall, aber es sei in diesem Zusammenhang daran erinnert, daß dieser Fanatismus kaum durch missionarisches Eifern gekennzeichnet war. Während der gesamten hundert Jahre ihres Vordringens waren Versuche, die besiegten Feinde massenhaft oder auch nur einzeln zu bekehren, bemerkenswert selten. Die Moslems zeigten zuweilen vielmehr eine geradezu verwirrende Hochachtung vor der jüdischen und christlichen Religion, deren Angehörige als »Volk der Bibel« in der Regel auf Toleranz und Gutwilligkeit zählen konnten. Ihr Glaube vermittelte ihnen vor allem ein Gefühl von Brüderlichkeit, Zusammengehörigkeit und fast grenzenlosem Selbstvertrauen sowie das Bewußtsein, daß Allah bei all ihrem Tun mit ihnen war und sie, sollten sie nach seinem Willen in der Schlacht fallen, sogleich im Paradies ihren Lohn erhielten – in einem Paradies voller Sinnenfreuden, dessen verheißene Genüsse weit verlockender waren als die seines christlichen Gegenstücks. Dafür nahmen sie in dieser Welt freiwillig ein diszipliniertes Leben voller Entsagung auf sich, wie es ihnen bis dahin unbekannt gewesen, und außerdem einen fraglosen Gehorsam, zu dessen äußeren Zeichen unter anderem Verzicht auf den Genuß von Wein und anderen alkoholischen Getränken, periodisches Fasten und rituelles Beten fünfmal am Tag gehörten.

Der Stifter der islamischen Religion führte seine Anhänger nie persönlich in den Kampf. In dem in kleinen Verhältnissen um 570 geborenen, in früher Kindheit schon verwaisten und später mit einer reichen Witwe verheirateten Mohammed vereinten sich die seltenen Gaben eines mystischen Visionärs mit denen eines klugen, weitsichtigen Staatsmannes. In der zuerst genannten Eigenschaft predigte er zum einen den Glauben an einen einzigen Gott und zum anderen, wie wichtig es sei, daß sich die Menschheit dessen Willen vollständig unterwerfe *(islam)*. Dieses Credo war zwar nicht gerade neu, praktizierten es doch die jüdischen und christlichen Religionsgemeinschaften überall und auch in Arabien schon seit Jahrhunderten – aber es kam den meisten, da sie es zum ersten Mal hörten, so vor.

Mohammed verfügte zudem über die Fähigkeit, es in einer neuen, auf die Traditionen des Landes zugeschnittenen Form, nämlich in Sinnsprüchen, sprichwörtlichen Erkenntnissen des Lebens in der Wüste sowie Formeln von geradezu musikalischer Beredsamkeit zu präsentieren. All diese wurden in der nach seinem Tod erschienenen Sammlung, die als Koran bekannt geworden ist, vereinigt. Auch die Art, in der er seinen Namen und seine Person mit der von ihm gepredigten Lehre zu identifizieren wußte, zeugt davon, wie klug er war, wenn er sich wohl auch eher als Reformer und nicht als Revolutionär betrachtete. Er bezeichnete sich nicht wie Jesus als göttlich, sondern stellte sich schlicht als Letzten und Größten in die Reihe der Propheten, die alle seine Vorgänger, einschließlich Jesus, umfaßte.

Als Staatsmann erwies er sich vor allem in seinem pragmatischen Vorgehen. Trotz genuiner spiritueller Glut war er kein Fanatiker. Er verstand die Menschen, unter denen er lebte, sehr gut und war immer sorgfältig darauf bedacht, sie nicht weiter zu treiben, als sie freiwillig zu gehen bereit waren. Er wußte zum Beispiel, daß sie nie auf die Polygamie verzichten würden; also behielt er sie bei und nahm auch selbst nach dem Tod seiner ersten Frau noch mehrere andere Frauen. Die Sklaverei war ein weiterer fester Bestandteil im Leben der Araber, und auch diese tolerierte er. Er vermochte sich sogar mit Elementen der alten animistischen Religion zu arrangieren. 624 verkündete er, die Gläubigen sollten ihr Gebet der *Ka'aba* in Mekka zugewandt verrichten und nicht gegen Jerusalem, wie er es vorher verlangt hatte. Doch hat er immer wieder einen ganz neuen und eigentlich nur schwer verdaulichen Aspekt seines Credos betont, nämlich daß niemand dem göttlichen Gericht nach dem Tod entrinnen könne. Ja, oft macht es den Anschein, als male er die Qualen der Hölle lebhafter aus als die Freuden des Paradieses. Für das Einbinden seiner Gefolgschaft in ein politisches Staatswesen mag sich die Furcht vor Vergeltung im Jenseits als dienlich erwiesen haben.

Mohammed starb in Mekka, wohin er im Triumph zurückgekehrt war, am 8. Juni 632 an einem Fieber. Die religiöse und politische Führung ging an seinen ältesten Freund und treuesten Gefolgsmann Abu-Bakr über, der den Titel eines Kalifen annahm, was wörtlich soviel heißt wie »Stellvertreter« des Propheten. Im folgenden Jahr marschierten die moslemischen Heere los. Aber Abu-Bakr war schon recht alt und starb bald: nach der Überlieferung im August 634, am Tag der ersten Eroberung von Damaskus. Erst unter Omar, dem zweiten Kalifen, wurden die zahlreichen historischen Siege der ersten Zeit errungen. Besonders in einer Hinsicht stand den Arabern auch der Umstand zur Seite, daß der letzte Krieg zwischen Byzanz und Persien beide Reiche weitgehend erschöpft hatte und diese keinen ernsthaften Widerstand mehr leisten konnten. Daß die Völkerschaften von Syrien und Palästina nicht wirklich loyal zum Kaiser in Konstantinopel standen, der für die ihnen fremde griechisch-römische Kultur stand und dessen Abneigung gegen ihre monophysitische Tradition sie von Zeit zu Zeit Verfolgungen aussetzte, wirkte sich für das Byzantinische Reich zusätzlich nachteilig aus. Die moslemische Woge, die sich aus verwandten semitischen Stammesangehörigen zusammensetzte, sich zu einem dem ihren nicht unähnlichen strengen Monotheismus bekannte und zudem alle Schattierungen des christlichen Glaubens zu tolerieren versprach, kann ihnen nicht schlimmer vorgekommen sein als das Regime, das sie hinwegfegte.

Als dic Araber 633 in Syrien einfielen, weilte Herakleios bereits wieder im Osten. Nach seiner triumphalen Heimkehr hatte er es nur gerade sechs Monate in Konstantinopel ausgehalten; zu sehr war er sich der Aufgaben bewußt, die in den vor kurzem verlassenen Gebieten seiner harrten. Es galt, die Provinzen, die Byzanz von Persien zurückerobert hatte, wiederaufzubauen und neu zu ordnen, das heißt, sie mußten militärisch und ökonomisch gestärkt werden, um künftig sicher zu sein. Und es galt, die Lehrstreitigkeiten mit den östlichen Kirchen zur Kenntnis zu nehmen, zu diskutieren und möglichst zu lösen. Ein Anliegen ersten Ranges war zudem die Rückführung des Kreuzes Christi nach Jerusalem, wohin es gehörte. So machte er sich zu Beginn des Frühjahres 629 mit Martina und dem ältesten Sohn Konstantin über Anatolien auf nach Syrien und Palästina. In der Heiligen Stadt trug er das Kreuz auf seinen Schultern die Via Dolorosa hoch bis zu der wiederaufgebauten Grabeskirche. Dort wartete schon Patriarch Zacharias, um es in seine Obhut zu nehmen.

Daß Herakleios sich in den folgenden sieben Jahren ganz in den östlichen Provinzen aufhalten, ständig von Ort zu Ort ziehen und in Damaskus oder Antiochia, in Edessa (Urfa), Emesa (Homs) oder auch Hieropolis (Manbidj) hof halten konnte, um Inkompetenz und Ineffizienz zu beseitigen, die Macht der Großgrundbesitzer zu beschneiden, den Verwaltungsapparat zu verbessern und zu straffen, spricht für die Güte der Herrschaft, die er aufgebaut hatte, ganz zu schweigen von der Sicherheit seiner Stellung. Auf theologischem Gebiet setzte er sich nachdrücklich für eine neue Glaubensformel ein, die Patriarch Sergios in Konstantinopel jüngst ausgearbeitet hatte, in der Hoffnung, daß sie sowohl für die orthodoxen als auch für die monophysitischen Gemeinden annehmbar war und so die Kluft, die immer bedrohlichere Ausmaße annahm, überbrücken würde.

Sergios' Vorschlag besagte im wesentlichen, daß Christus zwar zwei verschiedene Naturen, eine menschliche und eine göttliche, in sich vereinige, diese zusammen jedoch nur über eine einzige tätige Kraft oder Energie verfügten. Die Monophysiten brauchten folglich nur noch zu akzeptieren, daß die Einheit, die sie im Erlöser ganz richtig betonten, eben in jener Energie bestehe und nicht in der Natur. Von Anfang an unterstützte Herakleios diese Lösung des Problems begeistert, hatte er sie doch schon 622 einem armenischen Bischof vorgeschlagen. In den folgenden Jahren war er denn auch mit durchaus ermutigendem Erfolg immer wieder darauf zurückgekommen: 629 bekräftigte der monophysitische Bischof Athanasios in Hieropolis diese Formel und wurde dafür zum Patriarchen von Antiochia ernannt. Im Jahr darauf meldete der neue Patriarch von Alexandria einen weiteren bemerkenswerten Erfolg. Aus Rom hatte Papst Honorius inzwischen insgeheim verlauten lassen, er habe keine Einwände, ließ aber auch keinen Zweifel daran, daß ihn die ganze Angelegenheit nicht sonderlich interessierte.

Von anderer Seite gab es aber beträchtlichen Widerstand, in Szene gesetzt und angeführt vom fanatisch orthodoxen Mönch Sophronios. Vielleicht wäre nicht viel passiert, hätte Sophronios sein Kloster nicht verlassen. Doch bestimmte ihn das Schicksal 634 ironischerweise zum Patriarchen von Jerusalem. Mit der ganzen Autorität seines neuen Amtes verdoppelte er nun seine Angriffe. Die neue Lehre, so donnerte er, sei nichts anderes als ein nur fadenscheinig bemäntelter Bastard des Monophysitismus und als solcher wie die frühere Häresie ein Verrat an den Beschlüssen des Konzils von Chalkedon. Schlagartig verlor nun die Theorie von der einzigen Energie an Boden. Viele, die sie zuvor befürwortet hatten, erkannten nun Mängel und innere Widersprüche. Der Kaiser mußte ohnmächtig mit ansehen, wie all das, was er so geduldig und mühsam aufgebaut hatte, zu Staub zerfiel.

Doch war dies nicht der einzige Schlag, den er zu ertragen hatte. Im Katastrophenjahr 634 ergossen sich die Heere des Propheten erstmals nach Syrien. Kurze Zeit später erhielt Herakleios in Antiochia die Nachricht, die bescheidene byzantinische Streitmacht, die man ihnen entgegengeworfen hatte, sei völlig aufgerieben worden. Ein paar Monate später hatten die Moslems Damaskus und Emesa eingenommen und belagerten Jerusalem. Damit waren nicht nur die Ergebnisse langer und geduldiger Verhandlungen über Nacht zuschanden, sondern alles, was in sechs Jahren harten Kampfes erreicht worden war. Obwohl erschüttert über den Verlauf der Dinge, machte sich Herakleios sogleich daran, ein großes Heer aufzustellen. Schon ein Jahr darauf hatte er achtzigtausend Mann bei Antiochia zusammengezogen, darunter auch etliche tausend aus Armenien sowie eine große Abteilung christlich-arabischer Reiterei.

Angesichts dieser Bedrohung zogen die Moslems ihre Truppen aus Emesa und Damaskus ab und an den Jarmuk zurück, der südlich des Sees Genezareth in den Jordan mündet. Im Mai 636 marschierte das kaiserliche Heer Richtung Süden. Es griff aber nicht sofort an, sondern wartete drei Monate unentschlossen, und dieser Aufschub stellte sich als fatal heraus. Die christlichen Truppen, von der unbarmherzigen Sonne des syrischen Sommers demoralisiert, wurden unruhig, zumal der hervorragende, junge moslemische Heerführer Khalid sie unablässig mit Überfällen reizte, während er auf die Entsatztruppen wartete, die er aus Arabien angefordert hatte. Kurz nachdem diese am 20. August eingetroffen waren, fegte ein heftiger Sandstrum von Süden her übers Land; Khalid sah seine Chance und griff an. Die Byzantiner, überrumpelt und blind vom Sand, der diesmal ihnen direkt in die Augen wehte, wichen vor dem

anstürmenden Heer zurück und wurden fast bis auf den letzten Mann niedergemacht.
Damit war der Kampf fürs erste vorbei. Emesa und Damaskus waren zurückerobert und blieben fortan unter moslemischer Herrschaft. Jerusalem leistete unter Führung von Patriarch Sophronios so lange wie möglich entschlossen Widerstand, doch wurden die Vorräte knapp, da sich das gesamte Land um die Stadt herum in arabischer Hand befand. Zwar war in Cäsarea eine kleine Garnison stationiert, aber erst in Ägypten wieder ein christliches Heer. Im Herbst 637 willigte der Patriarch in die Kapitulation ein. Er bestand jedoch auf der einen Bedingung, daß Kalif Omar seine Unterwerfung persönlich entgegennehme. So zog dieser im Februar 638 in Jerusalem ein. Er ritt ein schneeweißes Kamel, war aber, getreu den Vorschriften des Propheten, in zerrissene und fadenscheinige Gewänder gehüllt. Sophronios empfing ihn auf dem Ölberg und erwies ihm alle Ehren; so begleitete er ihn persönlich auf einem Rundgang zu den bedeutendsten heiligen Stätten des Christentums.[9] Erst beim Anblick der trotz ihrer Lumpen majestätischen Gestalt, die schweigend verharrte, wo einst der Tempel Salomons gestanden hatte und sein Freund Mohammed in den Himmel aufgefahren sein soll, verlor der Patriarch für einen Augenblick die Fassung. »Siehe«, murmelte er, »die Greuel der Verwüstung, von der der Prophet Daniel spricht, am heiligen Ort.«

Wie reagierte nun Herakleios auf diese schreckliche Katastrophe? Nun, er hat das Unglücksheer zwar aufgestellt, aber nie wieder, weder vor dieser Schlacht noch danach, persönlich an einer Kampfhandlung teilgenommen. Wie, so fragt man sich, ist es möglich, daß dieser heroische Soldatenkaiser, Geißel der Perser und erster Kaiser seit zweihundert Jahren, der seine Untertanen wieder persönlich in die Schlacht führte, untätig blieb, während der neue, schreckliche Feind alles vor sich hertrieb? Daß dieser unerschütterliche Verteidiger des Christentums, der das Kreuz Christi zurückgeholt hatte, nun tatenlos zusah, wie Jerusalem in die Hände von – in seinen Augen – Ungläubigen fiel, und zur Rettung keinen Finger rührte?

Die bittere Antwort auf diese Frage wird verständlich, wenn man sich die Tragik von Herakleios' letzten Lebensjahren vor Augen führt. Bereits von der Krankheit gezeichnet, die schließlich zu seinem Tod führte, verfiel er psychisch und geistig zusehends. Schon vor der Schlacht am Jarmuk, als er mit ansehen mußte, wie die Soldaten des Propheten all die Gebiete überrannten, deren Rückeroberung ihn und die Seinen soviel Mühsal gekostet hatte, war er von der schrecklichen Vorstellung gepeinigt worden, Gott habe sich von ihm abgewandt, ja, der Allmächtige habe gar seine Unterstützung auf diesen neuen Stamm von Eroberern übertragen. Nach der Schlacht hatte er alle Hoffnung fahrenlassen. Alles, sein ganzes Lebenswerk, der lange Kampf gegen die Sassaniden und die aufreibenden Bemühungen um die Beilegung theologischer Kontroversen, war vergeblich gewesen. Er nahm sich nur gerade Zeit, in das belagerte Jerusalem zu schleichen und das heilige Kreuz, das er eben erst zurückgebracht hatte, einmal mehr zu entführen; dann kehrte er, als gebrochener Mann, Syrien für immer den Rücken und machte sich auf den langen und beschwerlichen Weg nach Konstantinopel.

Als er schließlich am Bosporus ankam, war er geistig ernsthaft angegriffen. Ihn hatte auf der Reise eine unerklärliche Angst vor dem Meer befallen, und einmal im Palast von Hiera angelangt, ließ er sich durch nichts und niemanden bewegen, über die nur eine Meile breite Meeresstraße überzusetzen. Er verharrte schlotternd in seinen Gemächern, weigerte sich, die besorgten Gesandtschaften aus der Hauptstadt zu empfangen, die ihn baten, seine Rückkehr nicht länger hinauszuschieben, und schickte nur gelegentlich seine Söhne vor, damit sie ihn bei Spielen oder anläßlich großer Kirchenfeste vertraten. Auch legte er nun eine für ihn untypische Brutalität an den Tag. Auf Gerüchte von einer Verschwörung in der Hauptstadt hin, in die sein Neffe Theodoros und sein unehelicher Sohn Athalarich verwickelt sein sollten, schickte er beide in die Verbannung, nachdem man ihnen auf seinen Befehl Nasen und Hände abgeschnitten hatte. Als Theodoros in seinem Exil auf der Insel Gozo vor Malta eintraf, erfuhr er, daß der Gouverneur dort Befehl erhalten hatte, ihm auch noch einen Fuß abzuhacken.

Erst nach etlichen Wochen Verzögerung fanden seine Frau und sein Gefolge einen Weg, ihn nach Hause zu befördern: Wenn man der Version von Theophanes Glauben schenken kann – es sei noch einmal daran erinnert, daß sie fast zweihundert Jahre nach den

Ereignissen entstand –, wurde mit Booten eine Brücke über den Bosporus gelegt, die man beidseits mit einer Art Hecke aus zusammengebundenen grünen Ästen versehen hatte, so daß das Wasser dem Blick des Kaisers verborgen blieb. Herakleios soll sein Pferd bestiegen haben und hinübergeritten sein, als habe er festen Boden unter sich. Angesichts der Breite und der starken Strömung des Bosporus scheint die Geschichte wenig glaubwürdig. Vielleicht ist der Kaiser, wie neuerdings vermutet wird, auf einem ähnlich ausgestatteten Boot übergesetzt. Wie dem auch sei, seine letzte Rückkehr in die Hauptstadt konnte nur eine traurige sein. Sie stand in grellstem Kontrast zu seinem Einzug knapp neun Jahre zuvor.

Um diese Zeit war allen klar, daß er dem Tod geweiht war. Seine abergläubischen Untertanen zögerten nicht, nach Erklärungen für seinen Niedergang zu forschen. Ganz klar, tuschelte man, habe er durch die inzestuöse Heirat mit seiner Nichte Gottes Zorn auf sich gezogen. Waren von den neun Kindern, die Kaiserin Martina geboren hatte, nicht vier schon als Kinder gestorben? Hatte nicht eines von ihnen einen schiefen Hals, und war nicht ein weiteres, nämlich Theodosios, taubstumm? Konnte es deutlichere Anzeichen göttlichen Mißfallens geben? Der stetige geistige und körperliche Verfall des Kaisers war nur noch eine weitere Bestätigung dafür. Kaiserin Martina, in Konstantinopel ohnehin nie besonders beliebt, sah sich nun Haß und öffentlichen Schmähungen ausgesetzt.

Ob sie sich darum aber viel kümmerte, ist ungewiß, konzentrierte sie doch nun ihre gesamte Energie darauf, die Einsetzung ihres Erstgeborenen Heraklonas[10] als Mitkaiser Konstantins, des Sohnes von Herakleios' erster Frau Eudokia, sicherzustellen. Das Vorhaben schien nicht allzu schwierig; der junge Konstantin war trotz der Kühnheit, die er während der Belagerung Konstantinopels im Jahre 626 bewiesen hatte, zu einem kränkelnden jungen Mann herangewachsen und litt vermutlich an Schwindsucht. Zwar besteht kein Grund zur Annahme, daß er geistig zurückgeblieben war, doch soll er nicht ohne ständige Betreuung ausgekommen sein. Auch verfügte Herakleios nicht mehr über die Kraft, sich seiner Frau zu widersetzen, selbst wenn er dies gewünscht hätte. So setzte er am 4. Juni 638 im Palast am Bosporus, in Martinas und Konstantins Anwesenheit, Heraklonas mit zitternden Händen das kaiserliche Diadem auf. Die beiden Söhne, mittlerweile dreiundzwanzig und sechsundzwanzig Jahre alt, herrschten von nun an gemeinsam mit ihrem Vater, standen ihm bei offiziellen Feierlichkeiten zur Seite, wenn er überhaupt in Erscheinung trat, und vertraten ihn immer häufiger ganz.

Eine besonders wichtige all dieser Feierlichkeiten fand nur wenige Wochen nach der Krönung seines Sohnes statt: Herakleios' Verkündung der sogenannten *Ekthesis*, mit der er zum letzten Mal den immer noch wütenden Monophysitenstreit beizulegen versuchte. Die Lehre von der einen Energie Christi war, wie schon beschrieben, vor vier Jahren durch Sophronios von Jerusalem zu Fall gebracht worden. In Konstantinopel hatte Patriarch Sergios aber keineswegs aufgegeben und inzwischen seine Glaubensformel leicht modifiziert. Das Problem der unterschiedlichen Energien war anscheinend nicht mehr relevant; von Bedeutung war nun, daß Christus zwar, wie das Konzil von Chalkedon bekräftigt hatte, zwei Naturen besaß – aber nur einen einzigen *Willen*. Oh, würde dieser Vorschlag doch nur allgemein akzeptiert, dann könnte endlich Frieden in seine gemarterte Kirche einziehen.

Also wurde das Prinzip des Monotheletismus, die Lehre vom einem Willen, wie sie in der *Ekthesis* niedergelegt war, an alle Bischöfe der Christenheit versandt und im Narthex der Hagia Sophia eine Abschrift niedergelegt. Als Patriarch Sergios im Dezember 638 starb, sah es ganz so aus, als vermöchte diese Lehre sich durchzusetzen, signalisierten doch alle vier Patriarchen des Ostens Zustimmung. Zwei Jahre später ereilte sie jedoch das Schicksal, und zwar kam der Schlag von ganz unerwarteter Seite: Der neugewählte Papst Johannes IV. verurteilte zu Beginn des Jahres 641 die Lehre in Bausch und Bogen. Dabei betraf dieser Streit ja im Grunde nur die Ostkirche, welcher der Papst in Rom bislang indifferent gegenübergestanden hatte. Nun blähte er ihn plötzlich auf zu einem großen Schisma zwischen dem Osten und dem Westen.

Dieser Schritt leitete die letzte Demütigung für Kaiser Herakleios ein. Mit aufgedunsenem, durch die Fallsucht nahezu paralysiertem Leib und zusätzlich gepeinigt durch weitere schreckliche Symptome,[11] verbrachte er seine Tage stöhnend auf einer Liege und brütete über die Vergeblichkeit seiner Anstrengungen, die Hoffnungslosigkeit seines Lebens und die Qualen, die er nach seinem Tod erleiden zu müssen glaubte. Im Dezember 640 hatte man ihm noch die Ankunft des Sarazenenheeres vor den Toren von Alexandria mitgeteilt; nun, zwei Monate später, erreichte ihn die Nachricht, daß der Papst den Monotheletismus verurteilt habe. Wäre sie nur etwas später eingetroffen, hätte er sie nicht mehr begreifen können; so aber steigerte sie noch seine Verzweiflung. Zu erschöpft, um Mut zu zeigen, soll er noch während seiner letzten Atemzüge jegliche Verantwortung für die *Ekthesis* bestritten haben. Sie sei allein Sergios' Werk, stöhnte er, lediglich auf Bitten des Patriarchen habe er widerstrebend seine Zustimmung gegeben. Damit starb, am 11. Februar 641, einer der bedeutendsten byzantinischen Herrscher mit einer offensichtlichen Lüge auf den Lippen in Scham und Elend.

Er hatte zu lange gelebt. Wäre er schon 629 gestorben, als das Sassanidenreich am Boden lag und das Kreuz Christi nach Jerusalem zurückgekehrt war, gälte seine Regierungszeit als die glänzendste in der Geschichte des Byzantinischen Reiches. Die letzten zwölf Jahre brachten ihm nur noch Enttäuschung, die Zerstörung seiner Illusionen und letztlich Schmach und Schande, dazu die Qualen und das Unwürdige einer abstoßenden Krankheit. Aber trotz seines unglückseligen Endes bleiben ein paar große Leistungen für das Reich bestehen. Ohne Herakleios' Energie, Entschlossenheit und Führungsqualitäten wäre Konstantinopel vermutlich an die Perser gefallen und in diesem Fall wohl unweigerlich ein paar Jahre später von den moslemischen Heeren überrannt worden, mit kaum absehbaren Folgen für Westeuropa. So aber stand Byzanz dank der militärischen und administrativen Organisation, die er konzipiert und verwirklicht hatte und die zum Rückgrat des mittelalterlichen Reiches wurde, stärker da als seit mehreren hundert Jahren. Daß das Reich noch achthundert Jahre länger bestand, in denen es sich zu ungeahntem Glanz erheben sollte, ist weitgehend auf ihn zurückzuführen.

Auch in kultureller Hinsicht leitete seine Regierungszeit eine neue Ära ein. War Justinian der letzte echte römische Kaiser, so versetzte Herakleios den alten römischen Traditionen endgültig den Todesstoß. Bis in seine Tage wurde in Verwaltung und Heer noch durchweg Latein gesprochen, dies, obwohl die überwältigende Mehrheit der Untertanen diese Sprache nicht verstand. In einer Zeit, da es auf exakte sprachliche Verständigung ankam, war dieser Zustand geradezu lächerlich. Herakleios erhob Griechisch, das seit langem die Sprache des Volkes und der Kirche war, zur offiziellen Reichssprache. Innerhalb einer Generation war Latein selbst bei der gebildeten Oberschicht praktisch verschwunden. Um das Ende des alten Reichs und den Beginn eines neuen deutlich zu machen, schaffte er auch die alten römischen Ehrentitel ab. Wie seinen Vorgängern war auch ihm als *Imperator Caesar* und *Augustus* gehuldigt worden; diese Titel ließ er nun durch den alten griechischen Ausdruck *Basileus* (»König«) ersetzen, welcher während der gesamten Dauer des Reiches als offizieller Titel beibehalten wurde.

Nach seinem Tod lag der grotesk entstellte Leichnam des Kaisers drei Tage lang auf einer von den Palasteunuchen bewachten Bahre. Wer sich noch an seine große Zeit erinnern konnten, defilierte langsam in schweigender Verehrung daran vorüber. Danach wurde er in einem Sarkophag aus weißem Onyx in der Apostelkirche neben Konstantin dem Großen beigesetzt. Damit hatten Herakleios' Leiden auf Erden endlich ein Ende gefunden, doch harrte seiner noch eine allerletzte Demütigung. Knapp drei Monate nach seiner Beisetzung wurde der Sarkophag auf Anordnung seines ältesten Sohnes geöffnet und ihm das Juwelendiadem vom Kopf gerissen.[12] Als Motiv kommt eher Groll als Begierde in Frage: Konstantin hat seinem Vater vermutlich nie verziehen, daß er die Krone, die ihm allein zugestanden hätte, mit einem anderen teilen mußte. Dennoch kann man sich, angesichts der letzten scheußlichen Jahre dieses so überaus unglücklichen Kaisers, des Gefühls nicht erwehren, daß er – vielleicht mehr als jeder andere byzantinische Herrscher – verdient hätte, in Frieden zu ruhen.

15

Die Herakleische Dynastie

(641–685)

Aber das siebte Jahrhundert bedeutete für den griechischen Orient ebenso das Ende der Antike, und unter diesem Aspekt mag es der Mühe wert sein, an ein paar Beispielen aufzuzeigen, wie die Menschen, seelisch aus dem Gleichgewicht geraten und verwirrt, reagierten, als sie mit ansahen, wie dieser große Entwicklungsschritt sich vollzog.

Charles Diehl, *Choses et Gens de Byzance*

Obwohl Herakleios' Tod schon so lange zu erwarten war, stürzte er Byzanz in ein Chaos. Ein Grund des Übels war Martinas Ehrgeiz. Sie hatte sich nicht damit begnügt, ihren Mann zur Einsetzung ihres Sohnes Heraklonas als Mitkaiser zu überreden, sondern ihn zusätzlich gedrängt, ein entsprechendes Testament zu verfassen, nach dem die Regierung des Reichs an seinen ältesten Sohn und eigentlichen Erben Konstantin III., an Heraklonas und an sie gemeinsam übergehen solle. Eine ihrer ersten Amtshandlungen als Witwe war die Veranstaltung eines öffentlichen Rennens im Hippodrom, bei dem sie das Testament verkündete und gleichzeitig allen Anwesenden vor Augen führte, daß sie die eigentliche Macht zu übernehmen gedachte.

Aber die byzantinische Bevölkerung wollte nichts dergleichen hören. Schon lange mißtraute man Martinas zielstrebigem Ehrgeiz; viele machten sie sogar zum Sündenbock und legten ihr, reichlich widersinnig, den Verfall und Tod ihres Mannes zur Last. Und nun schienen sich die schlimmsten Befürchtungen zu bestätigen. Überhaupt, hieß es, wie sollte eine Frau denn imstande sein, ausländische

Gesandte zu empfangen oder ihnen Rede und Antwort zu stehen, geschweige denn ein Reich zu regieren? Schon der bloße Gedanke sei ja absurd. Sie würden ihr gerne den Respekt erweisen, den man der Mutter eines Kaisers zollte, aber unterordnen würden sie sich nur ihrem Sohn und Stiefsohn. Martina war bestürzt und zornig, aber sie hatte keine andere Wahl, als sich in den Palast zurückzuziehen. Noch gab sie sich jedoch nicht geschlagen. Kurz darauf erkrankte der ältere amtierende Kaiser Konstantin. Möglicherweise um einer Luftveränderung willen, doch wahrscheinlicher, um Distanz von seiner Stiefmutter zu gewinnen, begab er sich über den Bosporus in den Palast von Chalkedon. Es brachte ihm aber keinen Nutzen; er starb am 25. Mai 641 nach nur dreieinhalbmonatiger Regierungszeit.

Ob Martina ihn umbringen ließ, ist alles andere als gewiß. Es liegen keine zeitgenössischen Berichte vor, und so bleibt nur die Möglichkeit, sich auf die dürftigen Informationen vor allem von Nikephoros und Theophanes zu stützen, die beide zu Beginn des neunten Jahrhunderts schrieben. Und Nikephoros, dessen Bericht detaillierter ist, äußert keinerlei Verdacht. Konstantin war in der Tat schon lange kränklich und kann sehr wohl auf natürliche Weise gestorben sein. Andererseits können einem die Umstände und vor allem der Zeitpunkt seines Todes zumindest verdächtig vorkommen. Auch hatte, wie noch zu hören sein wird, sein Sohn und Nachfolger keine Skrupel, die Kaiserin ganz eindeutig des Mordes zu beschuldigen.

Konstantin fühlte sich wohl von der stiefmütterlichen Konkurrenz tatsächlich bedroht. Warum sollte er sonst nicht nur nach Asien übergesetzt sein, sondern auf seinem Totenbett auch noch das Heer angewiesen haben, seinen unmündigen Erben Herakleios und seine anderen Kinder zu schützen und ihre Thronfolgerechte zu wahren? So wie die Sache schließlich ausging, hätte er sich keine Sorgen zu machen brauchen. Die Bevölkerung Konstantinopels, deren Gunst ohnehin bereits der älteren Linie der Familie zuneigte, reagierte zornentbrannt, als die undiplomatische Martina noch fast vor Eintritt der Totenstarre ihres Stiefsohnes in aller Offenheit all seine Berater in die Verbannung schickte und, über ihren eigenen Sohn hinweggehend, die kaiserliche Gewalt ganz an sich zog. Noch mehr aber empörte man sich über ihre begeisterte Unterstützung des einst von Kaiser Herakleios verkündeten Monotheletismus, einer inzwischen völlig abgeschmetterten Lehre, die nie populär geworden war und die Konstantin nachhaltig auszurotten versucht hatte. Im Sommer 641 wurde der kleine Herakleios unter wachsendem Druck von der Straße zum Kaiser gekrönt und nahm – vermutlich um eine Verwechslung mit seinem Großvater auszuschließen – den Namen Konstanz an. Im September desselben Jahres offenbarte sich der Machtkampf hinter den Kulissen endgültig. Auf Befehl des Senats wurden Martina und Heraklonas überraschend verhaftet. Ihr riß man die Zunge heraus, ihm schnitt man die Nase ab.[1] Dann wurden die beiden auf die Insel Rhodos verbannt, ohne jemals wieder in ihre Heimat Konstantinopel zurückzukehren. War Ehrgeiz das einzige Vergehen der Kaiserin, dann hat sie schwer dafür bezahlt. Sollten sie und ihr Sohn den Kaiser tatsächlich ermordet haben, wären sie eher glimpflich davongekommen.

> Mein Vater Konstantin regierte eine ganze Zeit lang zusammen mit Herakleios, seinem Vater und meinem Großvater; nach dessen Tod jedoch nur noch kurze Zeit, denn die Mißgunst seiner Stiefmutter Martina vernichtete seine Hoffnungen und beraubte ihn seines Lebens, und das alles nur zugunsten von Heraklonas, des Sohnes aus ihrer inzestuösen Verbindung mit Herakleios. Eure Stimme war ausschlaggebend für ihre und ihres Sohnes Entkleidung von der kaiserlichen Würde, damit dem Römischen Reich eine derartige Beleidigung des Gesetzes nicht angetan werde. Dessen waret ihr edlen Eminenzen euch bewußt; deshalb ersuche ich euch, mir mit eurem Rat und Urteil zum allgemeinen Wohl meiner Untertanen zur Seite zu stehen.[2]

Diese Worte richtete der elfjährige Konstanz II., nun alleiniger Herrscher von Byzanz, zu Beginn des Jahres 642 an den versammelten Senat und betraute ihn damit, solange er noch minderjährig war, mit der Verantwortung für das Wohlergehen des Reiches. In den Jahren nach dem Tod Justinians hatte der Senat rasch an Macht und Einfluß zugenommen. Er war nun wieder so einflußreich wie ehedem und diente dem Herrscher als mächtiger Ratgeber und als oberster Gerichtshof. Solange die kaiserliche Familie kein volljähriges Mitglied aufzubieten hatte, übernahm er als Institution ganz selbstverständlich die Regierungsgewalt. Doch Konstanz reifte zu einem entschlossenen, eigenwilligen Autokraten und duldete diese Stellvertretung nicht lange.

Seine siebenundzwanzigjährige Regierungszeit war von Anfang bis Ende überschattet vom ständigen Kampf mit den anscheinend unbesiegbaren Sarazenen. Schon bei seiner Thronbesteigung rückten sie kontinuierlich durch Ägypten vor, ein Gebiet, das Martina während ihrer kurzen Herrschaft ihnen praktisch überlassen hatte. 642 räumte die byzantinische Garnison gehorsam Alexandria und beließ das Land in der Hand des großen arabischen Feldherrn Amr. Als zwei Jahre darauf Kalif Omar starb, wurde Amr von dessen Nachfolger Othman nach Medina beordert. Byzanz sah darin eine Chance zum Gegenangriff und entsandte eine Flotte, die Alexandria vorübergehend zurückerobern konnte. Doch eilte Amr, sowie er diese Nachricht erhielt, nach Ägypten zurück. Im Sommer 646 war das Land wieder unter seiner Kontrolle. Nachdem er die Mauern von Alexandria geschleift hatte, ließ er am Südende des Nildeltas eine neue Hauptstadt errichten, die gegen Angriffe weit besser geschützt war. Zunächst nur ein Dorf namens Fostat, erhielt die Siedlung später den Namen Kairo. Die altbekannte Überlieferung, die moslemischen Heere hätten die berühmte Bibliothek von Alexandria – die größte der Spätantike – in Brand gesteckt, entbehrt jeglicher Grundlage, war sie doch längst vorher von den Christen zerstört worden, und zwar während der antiarianischen Unruhen des Jahres 391. Auch haben die Moslems auf keinerlei Art Vergeltung an der Zivilbevölkerung geübt. Der größte Teil der ägyptischen Einwohnerschaft scheint im übrigen wie ihre syrischen und palästinensischen Nachbarn die Eroberer der byzantinischen Herrschaft vorgezogen zu haben.

Nachdem die Moslems den Kaiser seiner reichsten und wertvollsten Provinz beraubt hatten, zogen sie weiter der nordafrikanischen Küste entlang nach Westen. 647 bereiteten sie Gregor, dem Exarchen von Karthago, der sich ihnen mit einem angeblich hundertzwanzigtausend Mann starken Heer entgegenstellte, eine vernichtende Niederlage.

Der neue Kalif Othman war zwar als Anführer schwächer und

nicht so erfolgreich wie der in seiner Nüchternheit große Omar, aber in einer Hinsicht zeigte er sich weitsichtiger. Omar, der dem Meer wie alle Wüstenbewohner aus tiefster Seele mißtraute, hatte sich dem Bau einer Flotte stets widersetzt. Othman gab nun dazu, auf das beharrliche Drängen von Muawija, dem arabischen Gouverneur von Syrien, seine Einwilligung. Es war unvermeidlich, daß sich das Schiffbauprojekt, obwohl es unverzüglich in Angriff genommen wurde, bis zur Vollendung über mehrere Jahre hinzog. In der Zwischenzeit startete Muawija eine Großoffensive nach Armenien und stieß 647 bis nach Kappadokien vor, wo er Cäsarea (heute Kayseri) einnahm. Nur zwei Jahre später aber war die Flotte fertig, und die Matrosen waren ausgebildet. Unverzüglich führte er sie unter seinem Kommando gen Zypern. Das Ziel war gut gewählt, denn Zypern war ein bedeutender Flottenstützpunkt von Byzanz. Obwohl Muawija nicht über genügend Leute verfügte, um die Insel dauernd zu besetzen, gelang es ihm und seinen Leuten doch, die Hauptstadt Constantia[3] im Sturm zu nehmen, sie zu plündern, den Hafen und die Hafenanlagen zu zerstören und große Teile des Umlandes zu verwüsten.

Im Jahre 650 ging Arados (heute Arwad), eine blühende Handelsstadt auf einer Insel vor der syrischen Küste, in Flammen auf und wurde unbewohnbar; die Einwohner flüchteten in alle Himmelsrichtungen. Danach konnte Konstanz einen zweijährigen Waffenstillstand aushandeln, aber Muawija nutzte diese Zeit, um die Flotte zu vergrößern, so daß er 654 eine noch wirkungsvollere Expedition gegen Rhodos durchführen konnte. Wie stark Rhodos bei dieser Gelegenheit zerstört wurde und die Bevölkerung gelitten hat, ist nicht bekannt; vermutlich aber beträchtlich. Die zuverlässigste Quelle, Theophanes, ist vor allem daran interessiert, über das Schicksal des berühmten Kolosses zu berichten. Diese über dreißig Meter hohe Bronzestatue des Sonnengottes Helios, eines der sieben Weltwunder der Antike, war vom einheimischen Bildhauer Chares von Lindos im Jahre 304 v. Chr. geschaffen und an der Hafeneinfahrt aufgestellt worden.[4] Allein schon hundert Jahre später stürzte sie bei einem Erdbeben zu Boden. Erschüttert wagte die Bevölkerung von Rhodos weder sie wiederaufzurichten noch sie wegzuschaffen, und so ließ man sie neunhundert Jahre lang liegen, wo sie hingefallen war. Nun erst, während der Besetzung der Insel durch die Araber, ließ Muawija die Statue auseinanderbrechen und die Trümmer verkaufen. Die ganze Bronze wurde schließlich an einen jüdischen Kaufmann aus Edessa verkauft; er soll zu ihrem Abtransport neunhundert Kamele benötigt haben.

Die Eroberung von Rhodos – und anschließend der Nachbarinsel Kos – machte Konstanz klar, daß er nun die Initiative ergreifen mußte. Ließ er Muawija einfach weitermachen, würde dieser Insel um Insel erobern und schließlich vor Konstantinopel auftauchen. Deshalb verließ die kaiserliche Flotte 655 das Marmarameer und segelte die Küste entlang nach Süden. Sie traf bei Phönikos (dem heutigen Finike) in Lykien auf die Sarazenen, und man schlug unverzüglich los. Dies war die erste von unzähligen Seeschlachten zwischen Christen und Moslems während der nächsten tausend Jahre. Sie endete für Byzanz katastrophal. Die byzantinische Flotte wurde zerschmettert, Konstanz konnte nur entkommen, indem er mit einem seiner Leute die Kleider tauschte; der Ärmste fiel dann an seiner Statt im Kampf.

Nun sah die Lage allerdings sehr ernst aus. Allein im nächsten Jahr ereignete sich etwas Denkwürdiges, das Muawija vom weiteren Vordringen abhielt. Am 17. Juni 656 wurde Kalif Othman in seinem Haus in Medina beim Koranlesen ermordet. Unverzüglich wurde Ali, der Schwiegersohn des Propheten, zu seinem Nachfolger bestimmt; hinter ihm standen die Stämme aus Mesopotamien. Muawija dagegen, der gleichzeitig in Syrien zum Nachfolger proklamiert worden war, bezichtigte Ali der Komplizenschaft mit dem Mörder, hängte Othmans blutbeflecktes Gewand über die Mimbar[5] der großen Moschee von Damaskus und schwor Rache. Die nachfolgenden Kämpfe zogen sich bis 661 hin; dadurch, daß auch Ali ermordet wurde, behielt Muawija die Oberhand. In den nächsten fünf Jahren gärte es innerhalb des Islams, und so konnte man in Byzanz erst einmal aufatmen.

Dem Kaiser, dem seine starke Behaarung inzwischen den Spitznamen *Pogonatos* (der Bärtige)[6] eingetragen hatte, kam die Verschnaufpause zweifellos gerade recht. Er akzeptierte daher im Jahre 659 bereitwillig Muawijas Angebot, gegen die Einstellung der feindseligen Aktionen tausend *Nomismata* Tribut und zudem ein Pferd und einen Sklaven pro Tag für die Dauer des Friedens zu bezahlen. Es erhebt sich indes die Frage, warum er nach seiner Thronbesteigung bis 655, das heißt vierzehn Jahre lang, gewartet hatte, bevor er aktiv etwas gegen den Feind unternahm. Dieselbe Frage stellte sich bei seinem Großvater Herakleios, und auch die Antwort lautet in etwa wie damals: Er benötigte Zeit, um seine Streitmacht zu formieren. Doch für Konstanz war noch etwas anderes von Belang: das Unbehagen, das durch den monotheletischen Disput und das Gerangel um die Macht gegen Martina entstanden war und Konstantinopel gespalten hatte. Er mußte daher notgedrungen versuchen, die religiöse und politische Einheit, zumindest soweit es in seiner Macht stand, wiederherzustellen.

Persönlich scherte er sich um theologische Spitzfindigkeiten nicht. Von der Lehre vom einzigen Willen verstand er vermutlich wenig, und noch weniger interessierte sie ihn. Obwohl ursprünglich als konstruktiver Kompromiß gedacht, hatte sie nur die vorhandene Verhärtung und Verwirrung vermehrt. Am gescheitesten hätte man alles Diesbezügliche einfach vergessen und vorgegeben, man habe nie dergleichen propagiert. Leider hatte die Lehre aber in der Hauptstadt immer noch einflußreiche Anhänger, die sich um ihr Haupt, den Patriarchen Paulos, scharten, während sich in Afrika eine stimmgewaltige Opposition unter Führung eines gefährlich redegewandten Mönchs namens Maximus der Bekenner organisiert hatte. Zu Beginn des Jahres 646 hatte Maximus für ein Manifest gesorgt, das die Häresie verurteilte und, von einer Synode afrikanischer Bischöfe bekräftigt, an Papst Theodor weitergeleitet wurde. Der Papst, verständlicherweise irritiert, daß die Maßnahme seines Vorgängers nur sechs Jahre zuvor kaum Wirkung gezeitigt hatte, forderte brieflich vom Patriarchen eine ausführliche Darlegung seines Glaubens. In seiner Antwort verteidigte Paulos die anstößige Lehre mit allem Nachdruck, woraufhin ihn Theodor prompt exkommunizierte.

Konstanz war zu dieser Zeit erst siebzehn Jahre alt, aber wie er reagierte, ist so charakteristisch für ihn, daß die Antwort gewiß von ihm persönlich ausging. Während sein Großvater Herakleios den Patriarchen in einem langen Brief mit wohlbegründeten Sätzen verteidigt hätte – dazu hat Paulos ihn wohl auch gedrängt –, ergriff er bewußt für keine Seite Partei und verhielt sich fest und entschlossen. Zu Beginn des Jahres 648 veröffentlichte er ein Edikt, das unter der Bezeichnung *Typos* bekannt geworden ist. Darin machte er nicht etwa den Versuch, das Für und Wider des Monotheletismus darzulegen, ja, er ging nicht einmal auf das Problem ein. Er befahl schlicht und einfach, den ganzen Disput zu vergessen und den Status quo ante wiedereinzuführen, als hätte sich das Thema nie gestellt. Falls ein Bischof oder ein Beamter je wagen sollte, dieses Thema aufzugreifen, würden sie sofort abgesetzt, Mönche exkommuniziert, Angehörige des Heeres oder der Zivilverwaltung ihres Ranges oder Amtes enthoben, ein Senator oder Personen von entsprechendem Rang ihres Eigentums verlustig gehen und eine Privatperson ausgepeitscht und verbannt.

Eine gewisse Sympathie mit Konstanz' radikaler Reaktion läßt sich nicht verhehlen, aber so jung er auch war, hätte er wissen müssen, daß man die Uhr nicht einfach zurückstellen kann. Das Problem konnte sich ja nicht einfach in Luft auflösen, sein *Typos* befriedigte niemanden. Im Oktober 649 berief der Nachfolger Papst Theodors, Martin I., hundertfünf Bischöfe in den Lateran zu einem Konzil, wo das Edikt, wie nicht anders zu erwarten, verurteilt wurde. Anschließend sandte er dem Kaiser einen ausführlichen Bericht über die Beschlüsse des Konzils; um ihm entgegenzukommen, hatte er ihn ins Griechische übersetzen lassen. In der Anlage befand sich ein überaus höflich abgefaßter Brief, in dem er ihn offiziell aufforderte, dem Monotheletismus abzuschwören.

Man braucht wohl kaum zu erwähnen, daß Konstanz daran im Traum nicht dachte. Papst Martin wußte wahrscheinlich nicht, daß noch vor der Abfassung seines Briefes Olympios, der neuernannte byzantinische Exarch von Ravenna, mit einer kleinen Heeresmacht sich nach Italien auf den Weg gemacht und Order hatte, den Pontifex zu verhaften. Die recht fadenscheinige Begründung dafür lautete, man habe in Konstantinopel nicht die erforderliche Bestätigung für seine Wahl eingeholt. Papst Martins Biograph Anastasios behauptet, Olympios habe den Papst nicht nur verhaften, sondern beseitigen wollen, seine Versuche seien aber immer wieder vereitelt worden, woraus er geschlossen habe, daß sein Opfer unter göttlichem

Schutz stehe; darauf habe er eine ausführliche Beichte abgelegt. Tatsache ist, daß der Exarch die weitverbreitete Aversion gegen Byzanz in Italien nutzen wollte, um die gesamte Provinz aus dem Reich zu lösen und selbst die weltliche Macht an sich zu reißen. Zwar gelang ihm dies nicht, doch konnte er sich schließlich mit seinem Heer nach Sizilien retten, wo er drei Jahre später starb.

Ein Jahr nach seinem Tod, im Juni 653, landete sein Nachfolger im Amt des Exarchen, ein gewisser Theodoros Kalliopas, in Italien. Er hatte ähnliche Anweisungen und war entschlossen, sie durchzuführen. Schon wenige Tage nach seiner Ankunft wurde Papst Martin, ohnehin schon ein kranker Mann, verhaftet und an Bord des Schiffes gebracht, das ihn nach Konstantinopel vor Gericht bringen sollte. Aus unerklärlichen Gründen wurde er aber nicht direkt dorthin überführt, sondern ein Jahr lang auf der Insel Naxos gefangengehalten. Als er im September 654 endlich am Bosporus eintraf, erkannte er, daß seine bisherige Drangsal erst der Auftakt gewesen war. Das Schiff war am frühen Morgen eingelaufen, und er mußte zunächst bis Sonnenuntergang an Bord bleiben und den ganzen Tag über den Spott und Hohn der Bevölkerung über sich ergehen zu lassen. Bei Einbruch der Nacht brachte man ihn in das Gefängnis von Prandearia. Dort schmachtete er dreiundneunzig Tage. Schließlich wurde er, dem Hungertode nahe, halb erfroren (denn inzwischen herrschte strenger Winter) und unfähig, selbst zu gehen, vor das Tribunal gezerrt.

Zur ursprünglichen Beschuldigung, er habe das päpstliche Amt ohne kaiserliche Zustimmung angetreten, fügte man einen neuen und schwerer wiegenden Anklagepunkt hinzu: Martin habe mit Olympios gegen den Kaiser konspiriert. Natürlich bestritt er all diese Vorwürfe, aber das Urteil stand ohnehin von vornherein fest. Er wurde für schuldig befunden, zum Tod verurteilt und auf einen großen offenen Hof geführt, wo man ihn vor einer dichtgedrängten Menschenmenge seiner päpstlichen Gewänder entledigte. Sogar das Untergewand zerriß man von oben bis unten, so daß er an mehreren Stellen entblößt war. Dann warf man ihm eine eiserne Kette um den Hals und trieb ihn durch die Straßen bis zum zum kaiserlichen Gefängnis *(Praetorium);* dabei wurde das Richtschwert vor ihm hergetragen. Als er dort ankam, mußte er die Zelle mit Mördern und gemeinen Verbrechern teilen und wurde so brutal in die Mangel genommen, daß seine Beine tiefe Schnitte aufwiesen und sich auf dem Boden der Zelle Blutlachen bildeten.

Inzwischen lag Patriarch Paulos auf dem Sterbebett. Dort suchte ihn Konstanz auf und berichtete ihm, wahrscheinlich um ihn etwas aufzuheitern, ausführlich über Papst Martins Prozeß und seine anschließenden Qualen. Der Kaiser war reichlich verdutzt, als der Sterbende sich sehr betroffen zeigte und murmelte, nun werde er auch dafür noch Rechenschaft abzulegen haben. Er bat den Kaiser, ihm einen letzten Wunsch zu erfüllen, nämlich den Papst nicht weiter schlecht zu behandeln und sein Leben zu schonen. Diesem Wunsch wurde entsprochen, allerdings erst nachdem Martin weitere fünfundachtzig Tage im Kerker gelegen hatte, und die Todesstrafe in Verbannung umgewandelt. Man verfrachtete den alten Mann nach Cherson auf der Krim, und dort starb er knapp sechs Monate später am 16. September 655. Er war aber nicht der einzige Märtyrer der Lehre vom einen Willen. Bald nach seiner Verurteilung ereilte Maximus den Bekenner das gleiche Schicksal. Auch ihn schleppte man von Italien vor das Gericht in Konstantinopel, und er wurde unaussprechlich brutaler Folter ausgesetzt. So schnitt man ihm unter anderem die Zunge heraus und hieb ihm die rechte Hand ab, um ihn zum Widerruf zu zwingen. Aber wie Martin blieb auch er fest und entrann, in erster Linie dank seines großen Ansehens als Theologe, ebenfalls der Hinrichtung.[7] Er starb im Alter von achtzig Jahren im Exil 662 eines natürlichen Todes.

Während die Ostprovinzen des Reiches eine nach der anderen an die arabischen Invasoren fielen, begann Konstanz den westlichen Reichsteilen verstärkte Aufmerksamkeit zu widmen. Seit rund fünfzig Jahren hatten sie seinen Vorgängern und ihm praktisch keine Scherereien gemacht; sein Großvater Herakleios hatte kaum einen Gedanken an sie verschwendet. Konstanz wußte allerdings, daß dieser günstige Zustand nicht ewig andauern würde. Auf dem Balkan gebärdeten die slawischen Siedler sich widerspenstig, so daß es zunehmend schwieriger wurde, den jährlichen Tribut von ihnen einzutreiben. Auf der italienischen Halbinsel war Byzanz, besonders nach der Verhaftung und dem Prozeß gegen Papst Martin, verhaßter als je zuvor und Sizilien mittlerweile ernsthaft von den Sarazenen bedroht. Sie hatten erstmals 652 angegriffen und hielten seither noch größere Teile der nordafrikanischen Küste besetzt; von dort aus würden sie über kurz oder lang sicherlich weitere Vorstöße unternehmen. Das bedeutete nichts anderes, als daß die westlichen Provinzen so gewiß wie die östlichen vom Reich abfallen würden, wenn nicht umgehend präventive Vorkehrungen getroffen wurden.

Die Ruhepause, die dem Reich dadurch vergönnt war, daß Muawija mit dem Kalifat beschäftigt war, bot dem Kaiser die willkommene Gelegenheit. Schon 658 führte er eine Strafexpedition gegen die slawischen Stämme auf dem Balkan durch, von denen er viele nach Kleinasien verschleppen ließ und dort ansiedelte. Doch erst 662 fiel die Entscheidung, welche die zukünftige Geschichte des Byzantinischen Reichs in völlig andere Bahnen hätte lenken können: nämlich Konstantiopel zu verlassen und den Hof in den Westen zu verlegen. Rund fünfzig Jahre zuvor hatte sein Großvater Herakleios diesen Plan erwogen, war aber durch das gemeinsame Eintreten des Patriarchen und der Bevölkerung davon abgebracht worden. Herakleios war jedoch außergewöhnlich populär gewesen. Nicht so sein Enkel. Konstanz hatte die monophysitischen und monotheletischen Gemeinden gegen sich aufgebracht, indem er ihnen die Unterstützung versagte, die sie sich erhofft hatten, und die orthodoxen Gemeinden durch die Art, wie er gegen Martin und Maximus vorgegangen war. Noch mehr aber lastete man ihm an, daß er 660 skrupellos die Ermordung seines Bruders Theodosios angeordnet hatte, nachdem er ihn zuvor gezwungen hatte, Priester zu werden. Der wahre Grund lag nicht, wie er vorgab, in einer Verschwörung Theodosios' gegen ihn, sondern darin, daß Konstanz ihn eigentlich hätte zum Mitkaiser ernennen müssen, den Gedanken an eine Teilung seiner Macht aber nicht ertragen konnte.

Behauptungen späterer Chronisten, Konstanz sei aus Konstantinopel geflohen, um den schrecklichen Bildern seines blutüberströmten Bruders, die ihn nächtlicherweile heimsuchten, zu entrinnen, kann man wohl getrost als übertrieben abtun; auch seine Unbeliebtheit reicht allein als Erklärung für diese Entscheidung nicht aus. Sie erklärt aber bis zu einem bestimmten Grad, warum die Bevölkerung ihn einfach ziehen ließ.[8] An Popularität hatte ihm nie etwas gelegen, und solange er sich seiner Position sicher fühlte, war es ihm vollkommen gleichgültig gewesen, ob ihn die Untertanen mochten oder nicht. Er verließ die Stadt vielmehr in erster Linie aus einem durchaus ehrenwerten Motiv, nämlich um die italienische Halbinsel, Sizilien und was von den afrikanischen Gebieten noch übrig war, vor der Eroberung durch die Sarazenen zu bewahren. Falls er zusätzlich die Lombarden aus Italien, oder wenigstens aus dem südlichen Teil der Halbinsel, vertreiben konnte – um so besser.

Er ließ seine Frau mit drei Söhnen in Konstantinopel zurück und segelte Anfang des Jahres 662 nach Griechenland, wo es mehr zu tun gab, als er angenommen hatte. Er blieb ein ganzes Jahr dort, zuerst in Thessalonike, dann in Athen; erst im Frühjahr 663 überquerte er schließlich die Adria und landete mit seinem Heer in Tarent. Die Lombarden leisteten soviel Widerstand wie möglich, doch verfügten sie dort nur über kleine Truppenkontingente. Ohne nennenswerte Schwierigkeiten rückte Konstanz deshalb bis Benevent vor, das er belagerte. Doch die Stadt hatte schon ein dringendes Hilfsgesuch an den lombardischen König Grimuald gesandt, der sich in seiner Hauptstadt Pavia aufhielt und sofort ein Entsatzheer von beträchtlicher Stärke losschickte. Falls Benevent sich bis zu dessen Eintreffen zu halten vermochte, würde sich das Verhältnis der Streitmächte zahlenmäßig zuungunsten der byzantinischen Truppen umdrehen.

Während das lombardische Heer zügig nach Süden marschierte, wurde ein Bote, den Grimuald vorausgesandt hatte, um Benevent von seiner Ankunft in Kenntnis zu setzen, abgefangen und Konstanz vorgeführt. Der Kaiser versprach ihm hinterlistig, sein Leben zu schonen, falls er die gegenteilige Meldung überbringe, nämlich daß keine Hilfe zu erwarten sei. Der Bote namens Sesuald stimmte zu, schrie jedoch, als man ihn vor die Mauer zerrte, noch bevor seine Aufseher ihn zum Schweigen bringen konnten, das Entsatzheer sei unterwegs und bereits am Sangro angekommen. Kaum vermochte er anschließend noch die Bitte um Unterstützung von Frau und Kindern hervorzustoßen, da schlug man ihm auch schon den Kopf ab und schoß ihn mit einem Katapult über die Mauer.

Sesuald hatte Benevent gerettet. Dem kaiserlichen Heer blieb nichts anderes übrig, als nach Neapel zu marschieren, das als griechische Stadt auf der Seite des Kaisers stand, und dann weiter nach Rom, wo Konstanz trotz der üblen Behandlung Martins von Papst Vitalian offiziell empfangen und feierlich in die Stadt geleitet wurde. Konstanz war der erste Kaiser, der seit dem Fall des Weströmischen Reiches vor beinahe zweihundert Jahren den Fuß in die Stadt setzte. Im *Liber pontificalis* wird lobend erwähnt, er habe in den folgenden zwölf Tagen alle bedeutenden Kirchen besucht. Weniger erfreut war die römische Bevölkerung, als er begann, die Stadt der wenigen noch vorhandenen Schätze zu berauben. Selbst das Kupfer vom Dach des Pantheon ließ er nach Konstantinopel schaffen. Man wird befreit aufgeatmet haben, als er endlich am 12. Juli nach Neapel zurückkehrte.

Nachdem Konstanz gemächlich durch Kalabrien nach Süden marschiert war, setzte er im Herbst 663 über die Straße von Messina nach Sizilien über und richtete seinen Hof für die nächsten fünf Jahre in Syrakus ein. Für Sizilien waren diese fünf Jahre ein einziger fortwährender Alptraum. Die Ehre, die ihnen dadurch widerfuhr, daß ihre Insel zum Regierungssitz des Reiches erwählt wurde, war, verglichen mit der unablässigen Ausbeutung durch die kaiserlichen Steuereintreiber, geradezu ein Hohn. So sollen, um ihren Forderungen zu genügen, Ehemänner als Sklaven verkauft, Ehefrauen zur Prostitution gezwungen und Kinder von ihren Eltern getrennt worden sein. Man weiß nicht, wie lange die Auszehrung des Landes weitergegangen wäre, hätte das Leben des Kaisers nicht plötzlich ein gewaltsames, schmähliches Ende gefunden. Er wurde aber nicht etwa Opfer eines Meuchelmordes, und es gab erst recht keine organisierte Verschwörung. Nein, ihn erschlug vielmehr am 15. September 668 ein griechischer Diener, während er nichtsahnend im Bad lag, vermutlich in einem Anfall von Schwermut mit einer Seifenschale.

Während der langen Abwesenheit des Kaisers von Konstantinopel hatte der älteste seiner drei Söhne die Ostprovinzen verwaltet, und dieser trat jetzt seine Nachfolge als Konstantin IV. an. Aufgrund des durchgängigen, höchst frustrierenden Mangels an zeitgenössischen Chronisten ist wenig über seine Erscheinung und seinen Charakter bekannt. Was sich aber schon bald nach seinem Regierungsantritt ereignete, macht ihn nicht gerade sympathisch. Im Jahre 669 marschierten Regimenter von Kleinasien gegen die Hauptstadt und forderten, Konstantin solle die beiden jüngeren Brüder zu Mitregenten einsetzen, was sie damit begründeten, daß, wenn schon der Himmel von einer Trinität regiert werde, dies auf Erden auch so sein solle. Seine entschlossene und unverzügliche Reaktion erhellt schlagartig, wie er zu regieren gedachte. Er lud die Anführer zu einer Konferenz in den Palast, ließ sie sogleich nach ihrem Eintreten verhaften und hinrichten. Gibbon berichtet etwas maliziös: »... der Anblick ihrer am Galgen in der Vorstadt Galata hängenden Leichen söhnte ihre Gefährten mit der Einheit der Regierung Konstantins aus.«[9] Darüber, ob die beiden jungen Prinzen die Erhebung unterstützten oder nicht, gehen die Meinungen auseinander. Ihr Bruder war auf alle Fälle nicht in der Stimmung, etwaige diesbezügliche Zweifel zu ihren Gunsten auszulegen. Entsprechend der mittlerweile beängstigend häufig in der byzantinischen Politik geübten Praxis wurde ihnen die Nase abgeschnitten, eine Maßnahme, die, wie bereits erwähnt, nicht nur der Bestrafung und Warnung für die Zukunft diente, sondern als wortloser Hinweis an das Heer und die Bevölkerung, daß sie nicht in der Lage seien, die Herrschaft zu übernehmen.

Dies galt, trotz gelegentlicher brutaler Anwandlungen, keineswegs für Konstantin. Er erwies sich im Laufe der Zeit vielmehr sogar als fähiger Staatsmann und wie sein Großvater als geborener Anführer. Nun hatte er von Herakleios aber auch einen hervorragend organisierten Staat übernommen, zumindest was das anatolische Kernland betraf. Außerdem, ließe sich ohne weiteres hinzufügen, hat er geradezu unverschämtes Glück gehabt. Fraglos stellt die erste Dekade seiner Regierungszeit einen historischen Wendepunkt dar, nicht allein für das Byzantinische Reich, sondern für die ganze Christenheit, wurden doch zum ersten Mal die moslemischen Heere des Halbmonds aufgehalten und durch die christlichen des Kreuzes in die Flucht geschlagen.

Die kurze Atempause war vorbei. 661 war Kalif Ali vor der Moschee seines Hauptquartiers in Kufa ermordet worden. Seither lag die Regierungsgewalt in der Hand Muawijas. Als eine seiner ersten Amtshandlungen machte er Damaskus zur Hauptstadt. Er gründete die Dynastie der Omajjaden, die sich achtzig Jahre lang hielt. Die alte und ehrwürdige Stadt lag für das von ihm angestrebte Hauptanliegen, nämlich die Vernichtung des Römischen Reiches, geographisch ungleich günstiger als die entlegenen Städte der arabischen Hidscha (Landstrich am Roten Meer). Da ihm inzwischen erheblich mehr Ressourcen zur Verfügung standen, hatte er die Taktik wiederaufgenommen, die ihm zehn Jahre zuvor so gut bekommen war. Jahr für Jahr schickte er ein Heer nach Anatolien und eine Flotte die ionische Küste entlang, die eine kaiserliche Stadt und Insel nach der anderen wie eine reife Frucht pflückten. Auf Kos folgte Chios, auf Chios Smyrna. Im Jahre 672 segelten die Sarazenen den Hellespont hinauf bis ins Marmarameer und besetzten die Halbinsel Kyzikos an der Küste von Bithynien. Damit befanden sie sich nur fünfzig Meilen Wasserlinie von Konstantinopel entfernt. Sie bauten die Halbinsel zu ihrem Hauptbrückenkopf aus, und zwei Jahre später setzte die Belagerung ein.

Die meisten früheren Angriffe auf Konstantinopel waren von der Landseite her ausgeführt worden; dieser nun erfolgte vom Meer aus. Auf den Schiffen der Sarazenen befanden sich schweres Belagerungsgerät und riesige Katapulte, die sie gegen die Mauern und auf deren Verteidigungstruppen abfeuerten. Aber die Befestigungsanlagen am Marmarameer und am Goldenen Horn hielten all ihren Angriffen stand, während Byzanz seinerseits mit Hilfe einer Geheimwaffe, die vor nicht allzu langer Zeit ein gewisser Kallinikos, Architekt und Chemiker aus der syrischen Stadt Heliopolis (heute bekannter unter dem Namen Baalbek), entwickelt hatte, unter den Angreifern verheerende Schäden anrichtete. Das Geheimnis war so gut gehütet, daß wir bis heute die genaue Zusammensetzung dessen, was im Mittelalter als »Griechisches Feuer« bekannt war, nicht kennen.[10] Mal spritzte man es mit einer Pumpe oder durch die Rohre der Kanalisation auf ein feindliches Schiff, mal wurde es in lange, schmale Patronen gegossen und gegen feindliche Objekte geschleudert. Das Ergebnis war fast immer katastrophal, vor allem da die brennende, auf Öl basierende Flüssigkeit auf der Wasseroberfläche schwamm und in der Regel die hölzernen Schiffsrümpfe ebenso in Brand steckte, wie sie all jene gefährdete, die sich durch einen Sprung über Bord zu retten versuchten.

Doch die Moslems waren solchen Widerstand nicht gewohnt und nicht bereit, ihre Niederlage einzugestehen. Bei Einbruch des Winters zogen sie sich nach Kyzikos zurück, beorderten Verstärkung aus Syrien und machten ihre Schiffe während der folgenden Monate wieder see- und kampftüchtig. Sowie das Frühjahr kam, griffen sie erneut an. Aber auch das zweite Belagerungsjahr verlief nicht erfolgreicher als das erste. Dasselbe gilt für das dritte und das vierte. Erst nach fünf Jahren vergeblichen Anrennens wurde die Belagerung im Jahre 678 endgültig aufgegeben, und was von der zerschmetterten sarazenischen Flotte übrig war, drehte bei und segelte heimwärts. Aber das war noch nicht das Ende ihrer Pein. Auf der Rückfahrt entlang der Küste von Pamphylien gerieten sie in einen heftigen Herbststurm, und dieser bescherte ihnen weitere Verluste.

Während Muawijas Seestreitmacht vergeblich gegen die Mauern Konstantinopels angestürmt war, hatte sein Landheer, ohne sich allerdings so weit von der Heimat zu entfernen, ähnliche Rückschläge hinzunehmen. Dessen Feinde waren jedoch nicht die byzantinischen Heere, sondern die sogenannten Mardaiten, Banden christlicher Freischärler, die von ihren Adlerhorsten in den taurischen Bergen nach Syrien und in den Libanon einfielen und einen endlosen Kleinkrieg gegen die Araber bis hin nach Jerusalem und an das Tote Meer entfesselten. Den Kalifen, auf dem bereits die Tatsache, daß mit diesen rohen Banden nicht fertig zu werden war, schwer lastete, versetzte die Nachricht von der Demütigung seiner Flotte einen schweren Schlag: Es schien, als sei das Reich unter dem Schutz des christlichen Gottes unbesiegbar. Im Jahre 679 nahm er Konstantins Friedensangebot an, zu Bedingungen, die ihm noch wenige Jahre zuvor schändlich vorgekommen wären: Räumung der ägäischen Inseln, die er jüngst erobert hatte, und Zahlung eines jährlichen Tributs von fünfzig Sklaven, fünfzig Pferden und dreitausend Pfund Gold an den Kaiser. Ein Jahr darauf war Muawija tot.

Konstantin IV. dagegen erfreute sich einer Beliebtheit und eines Ansehens wie nie zuvor. Er hatte seinen Untertanen den Mut und die moralische Stärke eingeflößt, um fünf Jahre Belagerung gegen eine bislang für unbesiegbar gehaltene Macht durchzustehen, und die abendländische Kultur bewahrt. Da die uneinnehmbaren Mauern Konstantinopels und die Unnachgiebigkeit des Kaisers und seiner

Untertanen den Heeren des Propheten das Übersetzen nach Europa verwehrten, waren sie gezwungen, das Mittelmeer in seiner ganzen Länge bis zur Straße von Gibraltar zu durchqueren und von dort aus europäisches Festland zu betreten; derart enorme Entfernungen strapazierten die Kommunikations- und Versorgungswege bis zum Zerreißen und verunmöglichten dauerhafte Eroberungen jenseits der Pyrenäen. Hätten sie Konstantinopel im siebten und nicht erst im fünfzehnten Jahrhundert eingenommen, wären vielleicht ganz Europa und wohl auch Amerika heute moslemisch.

Und die Christenheit wußte, wem sie ihre Erhaltung zu verdanken hatte. Nicht nur der awarische Khan und die slawischen Stammesfürsten auf dem Balkan gratulierten Konstantin durch Gesandtschaften, die um Frieden und Freundschaft baten, sondern auch die lombardischen und fränkischen Fürsten aus dem Westen. Schließlich war er der einzige Kaiser der christlichen Welt, ein Herrscher, mit dem sie vielleicht Meinungsverschiedenheiten hatten oder gegen den sie gelegentlich auch Krieg führten, dessen Vorrangstellung sie aber nicht in Frage stellten. Und er hatte sich dieser Auszeichnung als würdig erwiesen.

Nach dem endgültigen Abzug der Sarazenen konnte sich Konstantin einem weniger bedrohlichen Feind, nämlich den Bulgaren, zuwenden. Dieses kriegerische nichtchristliche Volk gehörte eigentlich nicht zu den Slawen – dafür hält man dessen Nachfahren heute hauptsächlich aus sprachgeschichtlichen Gründen –, sondern war türkischen Ursprungs. Es hatte sein altes Stammland zwischen dem Unterlauf der Wolga und dem Don verlassen, war westwärts bis in den nördlichen Donauraum gewandert und von dort nach und nach über den Fluß in Reichsgebiet eingedrungen. Im Jahre 680 segelte ein großes Geschwader byzantinischer Schiffe unter dem Oberbefehl des Kaisers durch den Bosporus in das Schwarze Meer und setzte ein Heer nördlich des Donaudeltas an Land. Dummerweise war versäumt worden, die Gegend zu erkunden. Das sumpfige Gelände verhinderte jeglichen geordneten Vorstoß. Außerdem erlitt Konstantin einen Gichtanfall, der ihn zwang, sich für ein paar Tage in den nahe gelegenen Ort Mesembria zurückzuziehen. Die vergleichsweise harmlose Unpäßlichkeit hätte sich normalerweise auf den Feldzug nicht besonders ausgewirkt. Nun verbreitete sich aber das Gerücht im Heer, der Kaiser sei geflohen. Daraufhin brach eine Panik aus, und die Soldaten flüchteten kopflos. Die Bulgaren nutzten ihre Chance, verfolgten sie über die Donau bis in die frühere Provinz Mösien und machten nieder, wer ihnen in die Hände fiel.

Unter dem Strich war das Ergebnis das genaue Gegenteil dessen, was Konstantin angestrebt hatte. Statt daß es gelungen war, die Bulgaren zurückzudrängen, hatte man ihnen die Einwanderung in das Reich erleichtert, ja, sie geradezu dazu ermutigt. Das Gebiet, in dem sie sich nun befanden, war ausgesprochen fruchtbar, zudem im Norden durch die Donau, im Süden durch das Balkangebirge und im Osten durch das Schwarze Meer geschützt, und sie stellten bald einmal fest, daß es dem, aus welchem sie gerade aufgebrochen waren, vorzuziehen war. Nachdem sie die sieben dort ansässigen slawischen Stämme ohne große Mühe unterworfen hatten, errichteten sie in kurzer Zeit einen starken bulgarischen Staat – der in etwas geänderter Form bis heute besteht – und konnten sogar den Kaiser verpflichten, ihrem König ein jährliches Schutzgeld zu entrichten.

Diese Entwicklung war eine Demütigung, aber keine wirkliche Katastrophe. Das bulgarische Volk war stark, und daher hätte sich an der Grenze eine derartige Regelung früher oder später zwangsläufig ergeben. Sie brachte außerdem den Vorteil eines allgemeinen Friedens, der bis zum Ende der Regierungszeit Konstantins Bestand hatte und der ihm den Weg frei machte, das hartnäckigste seiner innenpolitischen Probleme in Angriff zu nehmen. Die Lehre vom einen Willen Christi hatte unter der Herrschaft seines Vaters zwar schwere Schläge hinnehmen müssen, hielt sich aber dennoch zäh. Schon 678 hatte der Kaiser dem Papst brieflich ein ökumenisches Kirchenkonzil vorgeschlagen, das die Angelegenheit ein für allemal entscheiden sollte. Dem stimmte der Papst, nachdem er vorsorglich eine Synode in Rom einberufen hatte, um sicherzustellen, daß wenigstens die westlichen Teilnehmer geschlossen argumentierten, mit Begeisterung zu. Den Frühherbst des Jahres 680 hindurch strömten die Delegierten herbei: hundertvierundsiebzig an der Zahl aus allen Winkeln der damaligen christlichen Welt. Die italienische Fraktion, die sich aus den Bischöfen von Palermo, Reggio und Porto sowie deren Gefolgschaft zusammensetzte und denen sich noch der

Priester Theodor als Vertreter der griechischen Kirche in Ravenna zugesellte, wurde mit besonderen Ehren empfangen und im Placidiapalast auf kaiserliche Kosten untergebracht. Anfang November waren die meisten Geladenen eingetroffen, so daß eine Woche später im *Trullos*, im Kuppelsaal des kaiserlichen Palastes, das sechste ökumenische Kirchenkonzil eröffnet werden konnte.

Das Konzil, für das achtzehn Vollversammlungen vorgesehen waren, zog sich über die folgenden zehn Monate hin. Die ersten elf Sitzungen sowie die letzte präsidierte Konstantin persönlich, wobei er sich bewußt unparteiisch gab und mit seiner eigenen Meinung zurückhielt. Am 16. September 681 segnete er die fast einmütigen Ergebnisse offiziell ab. Die Lehre vom einen Willen, so entschied das Konzil, sei mit der von der menschlichen Natur des Erlösers unvereinbar, der im Gegenteil zwei natürliche Willen und zwei natürliche Energien besitze, die unteilbar, unabtrennbar, unveränderlich und unvermengbar seien. Wer jemals anderes behauptet hatte, wurde verurteilt und verdammt, darunter auch der mittlerweile verstorbene Papst Honorius, der vor rund fünfzig Jahren nur halbherzig Stellung bezogen hatte.

Das Problem, daß damit über einen rechtmäßig gewählten Papst von seinen Nachfolgern das »Anathema« verhängt wurde, hat seither römisch-katholische Theologen immer wieder aufs neue irritiert. Vor allem jene, die später die Lehre von der Unfehlbarkeit des Papstes zu verteidigen hatten. Indes bereitete es denen, die im Kuppelsaal versammelt waren, keinerlei Kopfzerbrechen. Sie jubelten dem Kaiser nach seiner abschließenden Rede zu, daß es von den Wänden widerhallte, priesen ihn als das Licht der Welt, als neuen Konstantin den Großen, als neuen Markian[11] sowie als neuen Justinian und Vernichter aller Häresien. Keine dieser Lobeshymnen war berechtigt, am wenigsten die letzte. Doch als Konstantin vier Jahre später unerwartet im Alter von erst dreiunddreißig Jahren an der Ruhr starb, konnte er sich nicht nur anrechnen, daß das Reich gefestigter, friedlicher und einiger war als irgendwann in diesem Jahrhundert, sondern auch daß er der monotheletischen Häresie einen Schlag versetzt hatte, von dem diese sich nicht wieder erholte.

16

Der Kaiser, der seine Nase verlor

(685–711)

Es ist nicht jedem gegeben, eine Nase zu haben.

Martial

Konstantin IV. war kaum siebzehn Jahre alt, als Anastasia, seine Frau, ihr erstes Kind gebar. Wäre er etwas älter und klüger gewesen, hätte man das Kind vielleicht nicht ausgerechnet Justinian getauft. Denn dieser überhebliche, ungebärdige Junge, der nur gerade sechzehn Jahre später Herr und Meister über das Reich wurde, war von allem Anfang an entschlossen, seinem gewaltigen Namensvetter nachzueifern und wie Justinian I. jedem Aspekt des Reiches unauslöschlich den Stempel seiner Person aufzudrücken. In gewissen Bereichen gelang ihm dies sogar. Er war intelligent und schlau, besaß politische Scharfsicht und all die rastlose Energie seines Urgroßvaters, und er zeigte als junger Mann alle Anlagen, die einen fähigen und begabten Herrscher auszeichnen, ja vielleicht sogar einen großen. Sein Unglück war, daß er, und zwar in vollem Ausmaß, auch die fortschreitende Geistesstörung geerbt hatte, die die letzten Jahre von Herakleios getrübt und sich im Verhalten des alternden Konstanz offenbart hatte. Wenn es wenig Anzeichen für diese Krankheit bei Konstantin IV. gab, so mag dies daran liegen, daß er starb, bevor sie erkennbar wurde. Bei seinem Sohn Justinian trat sie dafür um so früher in Erscheinung. Sie beherrschte ihn ganz und gar, beraubte ihn jeglicher Urteilskraft und Mäßigung und verwandelte ihn in ein unmenschliches Ungeheuer. Abgesehen von seinem Elan und seiner unbestreitbaren Kühnheit, fielen an ihm als typische Eigenschaften nur ein krankhaftes Mißtrauen gegenüber allen aus, mit denen er zu tun hatte, sowie eine schier unstillbare Blutrünstigkeit.

Seine Herrschaft hatte vielversprechend begonnen. Erfolgreiche Feldzüge nach Armenien, Georgien und Syrien ließen den fünften Kalifen Abdalmalik, der den Supremat über die Gläubigen im selben Jahr übernommen hatte, wie Justinian den Thron bestieg, im Jahre 688 eine Erneuerung des Vertrags anstreben, den Konstantin IV. mit Muawija geschlossen hatte. Dieses neue Abkommen stellte aus byzantinischer Sicht eine deutliche Verbesserung dar. Zusätzlich zur Zahlung von tausend *Nomismata* mußte neu nur noch jeden Freitag ein Tribut von einem Pferd und einem Sklaven entrichtet werden. Außerdem kam man in bezug auf die Einnahmen von Armenien und Iberien[1] einerseits sowie Zypern andererseits überein, daß sie künftig zu gleichen Teilen unter den Unterzeichnenden aufgeteilt werden sollten. Dies führte zur Entmilitarisierung von Zypern, wo die Bevölkerung in der Folge annähernd dreihundert Jahre lang einen Status beneidenswerter Autonomie genoß.[2] Eine etwas zweifelhaftere Klausel des Vertrags sah vor, daß die plündernden Mardaiten aus dem Libanon evakuiert und in Anatolien wieder angesiedelt werden sollten. Während Jahren waren diese wilden christlichen Banden ein Stachel im Fleisch der Sarazenen gewesen und hatten so dem Reich einen Dienst erwiesen. Es gab viele in Byzanz, die befürchteten, ihre Umsiedlung könnte nun die syrische Grenze gefährlich schwächen. Justinian war, vermutlich zu Recht, der Meinung, daß es seine Verteidigung eher verstärkte, wenn er sie nach Attalea (Antalya) und mehrere andere wichtige Stellungen entlang der Südküste verlegte.

Zudem sah er die Umsiedlung als Bestandteil eines viel größeren, ehrgeizigeren Plans: der Wiederbevölkerung Anatoliens, das sich nie wirklich von den Raubzügen seines Namensvetters, Justinians des Großen, erholt hatte. Diese Politik war nicht neu. Man hatte sie immer mal wieder verfolgt, seit Maurikios hundert Jahre zuvor an die dreißigtausend Mann armenische Reiterei eingeführt hatte. Justinian aber gab ihr neue Impulse, und unter diesem Blickwinkel ist vermutlich sein großangelegter Feldzug in die slawisch besiedelten Gebiete im Westen in den Jahren 688/689 zu betrachten. Nach einem triumphalen Einzug in Thessalonike veranlaßte er, daß ein großer Teil der slawischen Bevölkerung aus ihren Dörfern und von ihren Höfen über die Ägäis deportiert und im Thema Opsikion, dem ehemaligen Bithynien, angesiedelt wurden. Das Gebiet umfaßte die gesamte Südküste des Marmarameers und einen beträchtlichen Teil des Hinterlandes. Im folgenden Jahr ordnete er verschiedene ähnliche Zwangsumsiedlungen ganzer Völkerschaften von entlegenen Ländern im Osten und Westen an. In einem Zeitraum von fünf bis sechs Jahren ließen sich auf seine Order hin schätzungsweise eine Viertelmillion Immigranten in Kleinasien nieder.

Derart gewaltige Bevölkerungsverschiebungen bringen unweigerlich radikale Veränderungen mit sich. Rückgrat der Verwaltungsstruktur blieben zwar die von Herakleios eingeführten Themen, die sozialen Bedingungen unterschieden sich jedoch stark von denen seiner Zeit. Zu Beginn des Jahrhunderts hatten die Großgrundbesitzer – sozusagen die Prototypen der Feudalherren Westeuropas – einen allesbeherrschenden Einfluß ausgeübt. An seinem Ende verlagerte sich das Gewicht auf eine neue Klasse von freien, unabhängigen Bauersleuten, die ihre eigenen Felder bestellten, aber durch den gemeinsamen Besitz der Wälder, Wiesen und Weiden eng an ihre Nachbarn gebunden waren. Eine so rasche Verbesserung der Lebensbedingungen führte erwartungsgemäß zu einer steigenden Geburtenrate und einer stetigen Zunahme von Kulturland. Weil streng an Herakleios' Einführung des obligatorischen Militärdienstes für das Haupt oder den ältesten Sohn jeder Familie festgehalten wurde, führte das Bevölkerungswachstum dazu, daß sich eine immer stärkere, in kürzester Zeit einsatzbereite Provinzmiliz entwickelte. Diese regelrechte soziale Revolution spiegelt sich auch in einem der beiden aufschlußreichsten Gesetze wider, die uns aus jener Zeit überliefert sind, nämlich in der Landpolizeiordnung des »Nomos Georgikos« welche heute zumeist Justinian zugeschrieben wird (sie könnte jedoch auch etwas später zu datieren sein). Es finden sich darin zwar für verschiedene Vergehen in der Dorfgemeinschaft oft grausame Strafen – wie zum Beispiel Auspeitschen oder Blenden für den Diebstahl von Getreide, Abhacken einer Hand für das Anzünden einer Scheune oder eines Kornspeichers –, aber gleichzeitig zeichnen sie ein herrlich anschauliches Bild vom Landleben in dem sonst für uns so unbekannten siebten Jahrhundert.[3]

Klar ist auch, daß um diese Zeit die Steuern nicht von den einzelnen im Dorf, sondern von der Gemeinde insgesamt erhoben wurden. Dagegen ließ sich grundsätzlich nichts einwenden. Alle bezahlten ihren Anteil in einem Verhältnis, das die Gemeinschaft bestimmte. Die Probleme fingen erst an, als Justinian Forderungen zu stellen begann, welche die Kräfte seiner Untertanen bei weitem überstiegen. Und dies war schon sehr bald der Fall. Man muß sich vergegenwärtigen, daß die Mehrheit der Bevölkerung Fremde waren, erst vor kurzem eingetroffen, gegen ihren Willen in ihrer Heimat entwurzelt, und daß sie verständlicherweise keinerlei angeborene Loyalität für den Kaiser fühlten. Zweifellos waren dies auch die Gründe, weshalb 691 nach dem Ausbruch der Feindseligkeiten mit den Arabern an die zwanzigtausend slawische Soldaten zum Feind überliefen, was im folgenden Jahr zu einer schweren Niederlage des Reichs in Sebastopolis (heute Sulusaray zwischen Siwasch und Amasya) und dem Verlust von Armenien führte. Theophanes zufolge lieferte Justinian bei dieser Gelegenheit den ersten Beweis für die Grausamkeit, die seinen Namen in Verruf brachte. Es heißt, er habe alle slawischen Familien in Bithynien an der Küste des Golfs von Nikomedia zusammengetrieben – viele hundert Meilen vom Ort des Verrats entfernt – und dann ein Massaker angeordnet, bei dem Männer, Frauen und Kinder zu Tausenden kaltblütig erschlagen und ins Meer geworfen wurden.

Gerechterweise sei auch festgehalten, daß gewisse Zweifel an dieser Darstellung aufgetaucht sind. So wurde ein Bleisiegel von 694 oder 695 gefunden, also zwei oder drei Jahren *nach* dem Massaker, das seinen Besitzer als einen Verwaltungsbeamten der slawischen Söldner in Bithynien identifiziert. Dies deutet darauf hin, daß zumindest nicht die *ganze* dort ansässige slawische Bevölkerung ermordet wurde. Andererseits ließe sich das Siegel aber ebensogut mit einem Zustrom neuer Zwangsumgesiedelter erklären, die man als Ersatz für die umgebrachten herschaffte. Ein moderner Historiker geht jedoch sogar so weit, kategorisch zu erklären: »Man darf natürlich der Mitteilung des Theophanes nicht Glauben schenken, daß Justinian II. aus Rache sämtliche Sklaven in Bithynien niedermetzeln ließ …«[4] Was wir über das spätere Leben des Kaisers wissen, legt allerdings nahe, daß diese Geschichte leider nur allzu wahr sein könnte.

Ebenso faszinierend wie die Bestimmungen der Landpolizeiordnung ist ein anderes Dokument, das uns Aufschluß über das gängige Verhalten und die Sitten zur Zeit Justinians II. gibt, nämlich der Horos der als Quinisextum bekannten großen Synode von hundertfünfundsechzig Bischöfen des Ostens, die im Jahre 691 vom Kaiser einberufen wurde. Das erklärte Ziel dieser Versammlung war, all jene Fragen zu regeln, die nach dem fünften und sechsten ökumenischen Konzil offengeblieben waren, und dies erklärt auch seinen merkwürdigen Namen. Es war jedoch ebensosehr ein weiteres Beispiel für den Ehrgeiz des Kaisers, seinen Stempel sowohl der Kirchenpolitik als auch allen anderen Regierungsbereichen aufzudrücken. In Ermangelung wirklich wichtiger Fragen blieb den Delegierten deshalb die meiste Zeit nichts anderes übrig, als sich mit unwichtigen, ja manchmal verblüffend trivialen Dingen zu befassen.

Diese sind allerdings kein bißchen weniger interessant. So lesen wir zum Beispiel in Kanon 3, daß es den Geistlichen verboten war, ein zweites Mal zu heiraten, und daß keiner, der nach der Taufe eine Witwe, Prostituierte, Sklavin oder Schauspielerin geheiratet hatte, Priester werden durfte. Kanon 11 legte fest, daß kein Priester einen jüdischen Arzt aufsuchen oder in Gegenwart eines Juden ein Bad nehmen durfte. Kanon 24 verbot den Geistlichen, zu den Rennen oder ins Theater zu gehen; wenn sie zu einer Hochzeit eingeladen waren, mußten sie sich zurückziehen, »bevor die Spiele begannen«. Kanon 42 verlangte, daß Einsiedler, die sich schwarz kleideten, das Haar lang trugen und sich in Städten aufhielten, wo sie mit Laien und Frauen in Kontakt kamen, ihr Haar schneiden und in ein Kloster eintreten oder, falls sie sich weigerten, in einsame Gegenden geschickt werden müßten. Kanon 50 bestimmte, daß das Würfelspiel auch für Laien mit Exkommunikation zu bestrafen sei. Kanon 61 hielt fest, wer sich wahrsagen lasse, Bären oder andere Tiere zur Schau stelle, um Leichtgläubige zu täuschen, oder Glücksbringer und Amulette verkaufe, habe dies sechs Jahre zu bereuen. Kanon 62 verbot alle heidnischen Feste, darunter die *Bota* (Pan zu Ehren) und die *Brumalia* (Bacchus zu Ehren), ebenso alle Tänze von Frauen sowie sämtliche beider Geschlechter zu Ehren heidnischer Gottheiten, Masken, ob komische, tragische oder satirische, alle Transvestien und alle Anrufungen Bacchus' während der Traubenernte. Kanon 65 untersagte es, bei Neumond um Freudenfeuer zu tanzen. Kanon 79 verbot den Austausch von Weihnachtsgeschenken. Kanon

91 verlangte, daß jene, die Abtreibungen vornahmen, wie auch die Frauen, die abtreiben ließen, wie Mörder zu bestrafen seien. Kanon 96 schließlich legte fest, daß der Kirchenbann verhängt werde über die, welche »das Haar auf herausfordernde oder verführerische Art in Locken legen«.

Wir können wohl ziemlich sicher annehmen, daß die Beratungen des Quinisextums keinen oder höchstens geringen Einfluß auf die Gewohnheiten und althergebrachten Vorstellungen der Bauernvölker von Anatolien und der Balkanländer ausübten, die sie ja zum Teil bis heute bewahrt haben. Es wäre auch alles gutgegangen, hätte Justinian, der sich nicht einmal die Mühe gemacht hatte, besondere Würdenträger Roms zu dieser Synode einzuladen, die hundertzwei Kanones nicht an Papst Sergius I. gesandt mit einer reichlich gebieterischen Aufforderung, diese zu billigen. Da mehrere davon – zum Beispiel die, welche Säkularklerikern die Heirat erlaubten oder das Fasten an Samstagen in der Fastenzeit verboten – römischen Gepflogenheiten diametral zuwiderliefen, weigerte sich der Papst natürlich rundweg.[5] Darauf befahl Justinian dem Exarchen von Ravenna, einem gewissen Zacharias, den Papst umgehend verhaften und nach Konstantinopel vor Gericht bringen zu lassen.

Dabei dachte er zweifellos daran, wie sein Großvater Papst Martin behandelt hatte, und vielleicht sogar noch stärker an Justinian I., der mit Papst Vigilius auf ähnliche Weise umgesprungen war. Doch die Zeiten hatten sich geändert. Papst Sergius war um einiges mächtiger und beliebter als seine beiden unglücklichen Vorgänger. Die kaiserlichen Milizen verweigerten auf den Befehl hin schlankweg den Gehorsam. Kaum hatte Zacharias den Lateran betreten, umzingelten sie das Gebäude, und der Unglücksrabe wurde zum Gefangenen seiner eigenen Truppen sowie auch der römischen Bevölkerung. Sie verfluchten den Kaiser und auch ihn, weil er es gewagt hatte, Hand an den Pontifex zu legen. Erst nachdem sich Sergius persönlich für ihn eingesetzt hatte, ließ er sich dazu überreden, wieder unter dem päpstlichen Bett hervorzukriechen und für seine Flucht zu sorgen.[6]

Als die Nachricht Konstantinopel erreichte, hatte Justinian einen seiner berüchtigten Tobsuchtsanfälle. Die überwiegende Mehrheit seiner Untertanen wird ihn jedoch kaum sehr bedauert haben. In den sieben Jahren seit seiner Thronbesteigung hatte der nun dreiundzwanzigjährige Kaiser einen Grad von Unbeliebtheit erreicht wie vor ihm vielleicht nur Phokas. Seine selbstherrliche Handhabung der Siedlungspolitik hatte, wie wir gesehen haben, bereits zu einer massiven Revolte geführt und ihn Armenien gekostet. Die alteingesessene Aristokratie, seiner feindseligen Haltung sehr wohl bewußt, hatte ohnmächtig zusehen müssen, wie er immer mehr ihrer Machtbefugnisse und Privilegien zugunsten einer freien Bauernschaft beschnitt, die ihm direkt unterstellt war. Doch selbst deren Sympathien hatte er mit seinen unersättlichen Geldforderungen verwirkt.

Das einzige Gebiet, auf dem sich Justinian II. mit seinem großen Namensvetter messen konnte, war die Bautätigkeit. Auch er hatte eine Leidenschaft dafür, allerdings in einem Maß, das seine Untertanen in die Armut zu treiben drohte. Die Steuereintreiber, allen voran sein Großlogothet (und seines Talars beraubter Priester) Theodotos sowie sein *Sakellarios* Stephan von Persien, ein großer, häßlicher Eunuch, den man nie ohne Peitsche sah, hatten sich schnell als ebenso brutal und gnadenlos erwiesen wie Johannes von Kappadokien zu seinen schlimmsten Zeiten. Sie folterten ihre Opfer gnadenlos (zum Beispiel indem sie sie über ein schwelendes Feuer hängten, bis sie die Besinnung verloren), wenn sie dadurch ein paar zusätzliche Goldstücke für ihren Herrn herauspressen konnten. Zwangsläufig litt die reiche Aristokratie am meisten unter dieser Politik. Justinian machte keinen Hehl aus der Tatsache, daß er diese Schicht haßte und entschlossen war, sie als Klasse auszulöschen. Sie ertrugen die Zwangsmaßnahmen, solange sie konnten. Dann erhoben sie sich.

Anführer war einer der Ihren, ein Berufssoldat namens Leontios. Er hatte sich im Armenien- und Kaukasusfeldzug ausgezeichnet und war 692 in Ungnade gefallen. Möglicherweise hatte er die in Sebastopolis geschlagene Streitmacht befehligt. Darauf war er ins Gefängnis geworfen worden. Es heißt, dort hätten ihn zwei Mönche aufgesucht. Der eine habe ihm vorausgesagt, er werde eines Tages das kaiserliche Diadem tragen. Diese Prophezeiung ließ ihm keine Ruhe mehr, so daß er, als er im Jahre 695 unvermutet freigelassen wurde und zum *Strategos* des neuen Themas Hellas ernannt wurde, auf das kaiserliche Gefängnis marschierte, den Präfekten überwältigte und alle dortigen Gefangenen freiließ. Viele davon waren alte Waffenkameraden, die sich sofort für ihn entschieden. Gemeinsam zogen sie darauf zur Hagia Sophia. Unterwegs riefen sie allen zu, sich ebenfalls dorthin zu begeben. Bei ihrem Eintreffen sprach sich der Patriarch, der den Kaiser vor kurzem gekränkt hatte und nun das Schlimmste befürchten mußte, ohne zu zögern, für sie aus und pries den Tag als von Gott bestimmt. Dank der begeisterten Unterstützung der Blauen war Leontios am nächsten Morgen zum Basileus ausgerufen. Der Aufstand war vorüber. Justinian wurde gefangengenommen und unter Beleidigungen und Schmähungen seitens seiner Untertanen in Ketten rund um die Rennbahn geschleppt. Dank der langen Freundschaft, die den neuen Kaiser Leontios mit Justinians Vater Konstantin IV. verbunden hatte, wurde sein Leben verschont. Man fügte ihm lediglich die inzwischen üblichen Verstümmelungen von Nase und Zunge[7] zu, bevor er auf die Krim nach Cherson für immer ins Exil geschickt wurde. Seine habgierigen Magistraten hatten weniger Glück. An den Füßen hinter schwere Wagen gekettet, wurden sie vom Forum Augusteum zum Bovisforum – im heutigen Stadtteil Aksaray – die Mesé hinunter zu Tode geschleift und dort verbrannt.

Zehn Jahre und zwei Kaiser später hatte die Bevölkerung von Byzanz allen Grund, bitter zu bereuen, daß sie Justinian II. nicht ein ähnliches Schicksal bereitet hatte.

Nur etwas während der sonst vollkommen unspektakulären Herrschaft Leontios' ist erwähnenswert: die Eroberung Karthagos durch die Sarazenen und der daraus resultierende Untergang des Exarchats von Afrika im Jahre 698. Der emporgeschossene Kaiser hatte sein Bestes getan, um die Lage zu retten, und eine so große Flotte zur Entlastung der belagerten Stadt entsandt, wie er nur aufbieten konnte. Ironischerweise war es aber ausgerechnet diese Flotte, die ihn stürzte. Anstatt zurückzukehren und ihre Niederlage einzugestehen, entschlossen sich ihre Befehlshaber nämlich zur Revolte. Sie ernannten einen *Drungarios* (dessen Rang in etwa dem eines Vizeadmirals entspricht) aus ihren eigenen Reihen zum Basileus; dessen germanischer Name Apsimar wurde schnellstens in Tiberios geändert. Als die Flotte Konstantinopel erreichte, unterstützten die Grünen, die Leontios nie gemocht hatten, die Sache der Rebellen, und ihre Hilfe erwies sich als entscheidend. Der Unglückliche verlor – wie nur allzuleicht vorherzusehen war – die Nase und soviel Haar, wie nötig war, um ihm eine Tonsur zu schneiden, und wurde in das Kloster Dalmatus gebracht.

Tiberios erwies sich als wesentlich effizienter. Mit Hilfe seines Bruders Herakleios stärkte er die See- und die Landverteidigung Anatoliens und marschierte im Jahre 700 im sarazenisch besetzten Syrien ein, um Teile Armeniens zurückzuerobern, wenn auch leider nur für kurze Zeit. In den Jahren 703/04 schlug er nacheinander mehrere in Kilikien eingefallene arabische Heere zurück und fügte ihnen schwere Verluste zu. Wäre er im Besitz des kaiserlichen Diadems geblieben, hätte er möglicherweise noch Größeres zu leisten vermocht und sich einen ehrenvollen Platz unter den byzantinischen Kaisern erobert. Doch es war ihm nicht vergönnt. Im Jahre 705 wurde auch er gestürzt. Nach einem Jahrzehnt im Exil und trotz seiner häßlichen Verstümmelungen war Justinian in die Hauptstadt zurückgekehrt: sein Ehrgeiz ungebrochen, sein Herz nach Rache dürstend.

Von Cherson (heute unter dem Namen Korsun bekannt) sind nur noch ein paar freigelegte Straßen mit den Überresten des Hauptplatzes, ein Theater und mehrere ziemlich gut erhaltene Mosaikböden aus dem sechsten Jahrhundert zu sehen. Vor dreizehnhundert Jahren war dies jedoch eine ansehnliche Stadt, eine halbautonome Kolonie des Reichs mit eigener hellenistischer Tradition, eigenen Beamten und einem eigenen Senat. Die kleine dort stationierte kaiserliche Garnison erfüllte mehr Schutz- als Kontrollaufgaben. Sie war Byzanz jedoch in doppelter Hinsicht nützlich. Erstens war sie ein wertvoller Beobachtungsposten, von dem aus die verschiedenen Stämme überwacht werden konnte, die Alanen und Awaren, Bulgaren und Slawen, Chasaren und Petschenegen, die in Südrußland und dem Kaukasus noch immer ihr traditionelles Nomadenleben führten, und zweitens machte sie ihre geographische Abgeschiedenheit zu einem großartigen Exil: unter vielen andern zum Beispiel für Papst Martin, der dreißig Jahre vor Justinians Ankunft dort gestorben war.[8] Zum Zeitpunkt seiner Verbannung war Justinian erst sechsundzwanzig Jahre alt, und er machte von Anfang an klar, daß er seinen Aufenthalt in Cherson nur als vorübergehend betrachte. Allmählich scharte er einen Kreis ergebener Anhänger um sich, die mit der Zeit ihre Feindschaft zu Leontios immer offener äußerten. Als dieser 698 abgesetzt wurde, machten sie keinen Hehl aus ihrer Freude. Bis 702 oder Anfang 703 war Justinian zu einem solchen Risiko für die örtlichen Beamten geworden, daß sie beschlossen, ihn nach Konstantinopel zurückzuschaffen. Gerade noch rechtzeitig erfuhr er von diesem Plan, verließ heimlich die Stadt und suchte beim Chasaren-Chagan Ibusir Zuflucht. Dieser nahm ihn erfreut auf und gab ihm sogleich seine Schwester zur Frau. Der erste Eindruck, den Justinian auf sie machte, ist – vermutlich zum Glück – nicht überliefert; er kann wahrhaftig keinen schönen Anblick geboten haben. Es ist jedoch bezeichnend, daß er sie sofort in Theodora umbenannte. Das Paar ließ sich in Phanagoria an der Mündung des Asowschen Meers nieder, um dort die weitere Entwicklung abzuwarten.

Ihr Eheleben erfuhr jedoch schon bald eine Unterbrechung. Es war natürlich nur eine Frage der Zeit, bis der Aufenthaltsort des exilierten Kaisers in Konstantinopel bekannt wurde. Im Verlauf des Jahres 704 erhielt Theodora von einer ihrer Dienerinnen die Nachricht, daß ein kaiserlicher Gesandter am Hof ihres Bruders eingetroffen sei und ein großes Lösegeld für Justinian biete – tot oder lebendig. Offenbar war Ibusir anfangs fest geblieben, hatte jedoch, als der Ton des Gesandten drohender wurde, allmählich nachgegeben. Sein Schwager befand sich deshalb in unmittelbarer Lebensgefahr.

Dieser Bericht wurde wenige Tage später bestätigt, als plötzlich ein Trupp Soldaten in Phanagoria auftauchte, die vorgaben, eine neuformierte Leibwache zu sein. Justinian glaubte ihnen keinen Augenblick. In zweien der Offiziere vermutete er schon bald seine potentiellen Attentäter. Bevor sie zuschlagen konnten, lud er sie einzeln zu sich ein, und kaum waren sie eingetreten, stürzte er sich auf sie und erwürgte sie eigenhändig. Die unmittelbare Gefahr war abgewendet. Trotzdem galt es, keine Zeit zu verlieren. Theodora war hochschwanger, und ihr blieb keine andere Wahl, als zu ihrem Bruder zurückzukehren. Justinian schlich sich zum Hafen hinunter, beschlagnahmte – oder vielmehr stahl – ein Fischerboot und segelte in die Nacht hinaus, um die Krim herum und zurück nach Cherson. Dabei muß er sich bewußt gewesen sein, daß er sein Leben aufs Spiel setzte. Er war eine wohlbekannte Figur in der Stadt; eine Verkleidung kam für ihn nicht in Frage, und die Behörden würden ihn kein zweites Mal entkommen lassen. Irgendwie gelang es ihm trotzdem, mit seinen Anhängern Kontakt aufzunehmen und sie zu einem geheimen Treffpunkt zusammenzurufen. Von dort setzten sie im Schutze der Dunkelheit gemeinsam Segel und brachen Richtung Westen über das Schwarze Meer auf.

Es geht die Sage, das schwächliche Boot sei während der Überfahrt in einen furchterregenden Sturm geraten. Jemand habe die Ansicht geäußert, der göttliche Zorn könne nur beschwichtigt werden, wenn der Kaiser verspreche, sobald er wieder auf dem Thron sei, alle zu verschonen, die sich ihm entgegengestellt hatten. Justinians Reaktion war völlig typisch: Wenn er einen einzigen verschone, soll er erwidert haben, wolle er auf der Stelle ersaufen. Nichts geschah. Der Sturm ließ vielmehr nach, und das kleine Boot wurde sicher in die bulgarisch besetzten Gebiete um das Donaudelta getragen.

Der bulgarische König Tervel empfing Justinian ebenso freudig wie der Chagan der Chasaren ein oder zwei Jahre zuvor und stimmte seinem Vorschlag bereitwillig zu: Tervel sollte ihm die nötige militärische Unterstützung bieten, damit Justinian seinen Thron zurückgewinnen könne; dafür würde er den Titel Cäsar und die Hand seiner Tochter[9] erhalten. So kam es, daß im Frühjahr 705 der exilierte Kaiser an der Spitze eines Heeres aus Slawen und Bulgaren vor den Mauern Konstantinopels erschien. Er wartete drei Tage lang, erntete aber mit seinen herrischen Aufforderungen, ihm die Tore zu öffnen, nur Spott und Hohn. Da schritt er zur Tat. In den drei Tagen hatten seine Späher eine alte Wasserleitung entdeckt, die schon lange nicht mehr benutzt wurde und unter der Mauer durch in die Stadt führte. In der Nacht des dritten Tages gelang es ihm in Begleitung von wenigen ausgewählten Freiwilligen, sich durch diesen Tunnel zu zwängen. Sie tauchten direkt vor dem Blachernenpalast am Nordende der Mauer auf. Die schlafenden Wachen wurden überrumpelt, und in wenigen Minuten befand sich das Gebäude in seiner Gewalt. Als sich am folgenden Morgen die Nachricht verbreitete, der Kaiser sei wieder da und habe seinen Palast in Besitz genommen, floh Tiberios sofort nach Bithynien. Die Bevölkerung von Konstantinopel, vor die Alternative einer Kapitulation oder sofortigen Plünderung der Stadt durch fremde Horden gestellt, entschied sich höchst klugerweise für das erstere.

Falls der Kaiser während der Überquerung des Schwarzen Meers tatsächlich jenen fürchterlichen Schwur leistete, hatten seine damaligen Begleiter allen Grund, sich in den folgenden Tagen immer wieder daran zu erinnern. Tiberios wurde bald ergriffen und sein Vorgänger Leontios unter Protest aus dem Kloster geholt. Am 15. Februar 706 wurden die beiden dann wie Justinian zehn Jahre zuvor in Ketten durch die Stadt zum Hippodrom geführt, während ihre ehemaligen Untertanen nun sie mit Schmähungen bedachten und mit Schmutz bewarfen. Nach der vorgeschriebenen Runde stieß man sie vor den Kaiser, und dieser setzte beiden symbolisch einen Purpurstiefel auf den Nacken. Die Menge brüllte dazu im Chor den einundneunzigsten Psalm, dessen Vers dreizehn besonders dazu zu passen schien:

> Über Löwen und Ottern wirst du schreiten, wirst zertreten Leuen und Drachen.[10]

Dann wurden sie zum Richtplatz geführt, und der Henker hieb ihnen den Kopf ab.

Unterdessen wartete das bulgarische Heer vor den Toren. Tervel hatte seine Männer nur mit Mühe davon zurückhalten können, in die Stadt einzufallen und dort der Gewalt und dem Plündern zu frönen, auf die sie sich bereits gefreut hatten. Justinian war sich sehr wohl bewußt, daß sein neuer Verbündeter sie nicht nach Hause führen würde, bevor er nicht seine Belohnung erhalten hatte. Von der geplanten Heirat seiner Tochter mit Tervel ist allerdings nirgends mehr die Rede. Da die Chronisten sie auch danach nie mehr erwähnen, läßt sich daraus nur schließen, daß sie ihrer Mutter schon früh ins Grab gefolgt war. Die andere Hälfte des Handels war jedoch unausweichlich. So kam es, daß Justinian kurz nach seiner Rückkehr in einer beeindruckenden Feier vor großem Publikum dem Bulgarenkönig den Purpurmantel um die Schultern legte, ihn neben sich Platz nehmen ließ und offiziell zum Cäsar ausrief. Viele der Anwesenden waren schockiert. Mußten sie wirklich tatenlos zusehen, wie der zweithöchste Titel, der bis dahin ausnahmslos älteren Mitgliedern der kaiserlichen Familie vorbehalten war, einem fremden Briganten verliehen wurde, der noch nicht einmal Bürger des Reichs war? Die Antwort lautete kurz und bündig: Ja, es blieb ihnen nichts anderes übrig. Nur zu bald wurde ihnen klargemacht, daß ihr Basileus nichts von Traditionen hielt und daß sie gut daran taten, für sich zu behalten, was immer sie davon hielten.

Denn nun begann das Terrorregime. Eine noch schlimmere Orgie des Blutvergießens als jene, die Phokas hundert Jahre zuvor eingeleitet hatte. Paulus Diaconus drückte sich, in einer abfälligen Anspielung auf des Kaisers fehlende Nase, überdeutlich aus: Er habe fast ebenso oft, wie er sich die Schleimtropfen von den Nasenlöchern wischte, die Hinrichtung eines weiteren Gegners angeordnet.[11] Tiberios' Bruder Herakleios, der fähigste Feldherr des Reiches, den zu verlieren sich Justinian gar nicht leisten konnte, wurde mit all seinen Getreuen an einer entlang der Landmauer errichteten Reihe von Galgen erhängt. Andere wurden in mit Gewichten beladene Säcke gebunden und ins Meer geworfen. Der Patriarch Kallinikos, der beide Usurpatoren gekrönt hatte, wurde geblendet und nach Rom verbannt – als Warnung, so munkelte man, an Papst Johannes VII., falls er das Quinisextum nicht ratifiziere. Die zahllosen übrigen Fälle von Folter und Verstümmelung beschränkten sich keineswegs auf ehemalige Gegner Justinians. Für seine Zeitgenossen gab es nur eine mögliche Erklärung: Justinian war geistig zerrüttet. Mittlerweile schien er Staatsgeschäften oder der immer bedenklicher werdenden Lage an den Reichsgrenzen gegenüber völlig gleichgültig. Er wollte nur noch zwei Dinge. Das eine war Blut – und wenn es der Lebenssaft des Reichs selbst war, kümmerte ihn das keinen Deut. Das andere war seine Frau.

Es war unterdessen zwei Jahre her, seit er sie zum letzten Mal gesehen hatte. Möglicherweise wußte er nicht einmal, ob sie und das Kind überhaupt noch am Leben waren. Auch war er nicht sicher, ob ihr Bruder Ibusir ihr überhaupt gestatten würde, den Hof zu verlassen. Darüber hätte er sich aber nicht zu sorgen brauchen. Als Chagan Ibusir von der Wiedereinsetzung des Kaisers hörte, bereute er seine Treulosigkeit. Er setzte nun alles daran, ihre Freundschaft wiederzubeleben und in den Genuß der Vergünstigungen eines kaiserlichen Schwagers zu kommen. Theodora kam mit ihrem kleinen Jungen, der ungeschickterweise Tiberios hieß, sicher in Konstantinopel an. Sie war die erste Nichtrömerin auf dem Thron von Byzanz. Justinian kam in den Hafen, um sie zu empfangen. Und nun verschlug es dem zahlreich anwesenden Publikum vollends die Sprache, als ihm langsam die Wahrheit dämmerte. Dieses Monster, ihr Kaiser, dieses unmenschliche Ungeheuer, das nur Bitterkeit und Haß zu atmen schien, war verliebt. Unweigerlich gab es da und dort Kopfschütteln, als man zusah, wie der Kaiser seiner Frau und seinem Sohn in der Hagia Sophia die Diademe aufsetzte. Diese Frau war ja nicht nur eine Fremde. Das allein wäre schon schlimm genug gewesen. Nein, obendrein war sie eine Barbarin, und ihr Sohn, den Justinian gleichzeitig zum Mitkaiser machte, war ebenfalls ein halber Barbar. Solche unstandesgemäßen Ehen, so flüsterte man, wären früher undenkbar gewesen.

Dasselbe galt schließlich jedoch auch für einen Kaiser ohne Nase. Derlei altmodische Vorurteile waren in Justinians Konstantinopel unannehmbar geworden. Bezeichnenderweise hatte er keinem der Thronräuber die Nase abschneiden lassen. Als lebendiges Beispiel dafür, daß ein Kaiser auch ohne Nase Kaiser sein konnte, sah er keinen Grund mehr dafür. Die einzige Möglichkeit sicherzugehen, daß sie keine Schwierigkeiten mehr machen würden, war, sie ganz aus dem Weg zu räumen – was er auch getan hatte. In der Folge hörte man denn auch kaum mehr von der widerwärtigen Praxis der *Rhinokopia,* wie man das Nasenabschneiden nannte. Ebenso war die Chasarin Theodora nur die erste von vielen Kaiserinnen, die außerhalb auch der entferntesten Grenze des Reiches geboren war.

Kurz gesagt, das Byzantinische Reich des achten Jahrhunderts unterschied sich stark vom Byzanz des siebten. Und das ging trotz all seiner Gewalttätigkeit und Brutalität in großem Maße auf Justinian II. zurück.

Daß Justinian Tervel zum Cäsar ernannte, war nicht sein einziger Versuch, die nachbarlichen Beziehungen zu verbessern. Bald nach seiner Wiederkunft befreite er sechstausend arabische Kriegsgefangene seiner beiden Vorgänger. Und ein oder zwei Jahre später sandte er Kalif Walid I. ansehnliche Mengen Goldes, eine Gruppe Facharbeiter und eine große Lieferung Mosaiksteinchen zur Verschönerung der großen Moschee von Medina, die damals gerade im Bau war. Im Gegenzug, heißt es, habe ihm Walid ein ganzes Haus voll Pfeffer im Wert von zwanzigtausend Dinar zukommen lassen.

Aber auch noch so viele großzügige Gesten vermochten den Frieden an den Reichsgrenzen nicht für lange Zeit zu sichern. Justinians Nachbarn im Osten und Westen merkten nur allzu bald, daß er mit seinen Säuberungsaktionen die besten Offiziere umgebracht hatte, und sie warteten nicht lange, um davon zu profitieren. Im Jahre 708 fügten einige – ziemlich sicher nicht Tervel unterstehende – bulgarische Stämme in Anchialos in der Nähe der Donaumündung den Byzantinern eine schwere Niederlage zu. 709 wurde ihnen ein noch schlimmerer Schlag versetzt: der Verlust der strategisch wichtigen Festung von Tyana in Kappadokien an die Araber, was jene ermutigte, erneut und immer noch tiefer in das Reichsgebiet vorzudringen.

Im selben Jahr 709 ereignete sich ein Vorfall, der Justinians Ruf jedoch viel mehr Schaden zufügte als der Verlust noch so vieler Festungen. Dies war sein Rachefeldzug gegen Ravenna. Die Gründe dafür sind bis heute ein Rätsel. Gewiß, als er versucht hatte, Papst Sergius' habhaft zu werden, hatte ihm die Stadt Widerstand geleistet. Doch dies war vor siebzehn Jahren geschehen. Selbst sein zehnjähriges Exil bietet keine ausreichende Erklärung für eine verspätete Rache. Agnellus aus Ravenna, unsere illusterste Quelle für jene Episode, legt nahe, Männer aus Ravenna seien für Justinians *Rhinokopia* verantwortlich gewesen, aber diese Hypothese klingt noch unwahrscheinlicher.

Es gibt noch eine dritte Möglichkeit, und zwar die, daß Ravenna gefährliche Anstalten machte, gegen Rom zu rebellieren. Die Beziehungen zwischen den beiden Städten waren stets etwas gespannt gewesen. Als Hauptstadt des Exarchats beanspruchte Ravenna immer einen gewissen Grad an kirchlicher Autonomie und neigte dazu, Rom die Oberhoheit übelzunehmen: vor allem das spezielle Gehorsamsgelübde, das alle Erzbischöfe bei der Weihe vor dem

Papst ablegen mußten. In der Regel richtete dieser unterschwellige Unmut keinen Schaden an. Im Jahre 708 weigerte sich der neue Erzbischof Felix jedoch kategorisch, die erforderliche Verpflichtung zu unterschreiben. Darauf kam es zu einer wütenden Auseinandersetzung. Dies könnte den Kaiser zu seiner Handlungsweise veranlaßt oder ihm zumindest als Vorwand gedient haben. Im Frühjahr 709 sandte er unter dem Befehl eines *Patrikios* namens Theodor eine Flotte mit dem Befehl nach Ravenna, in seinem Namen alle örtlichen Würdenträger zu einem Bankett einzuladen. Nichts Böses ahnend, erschienen diese am festgesetzten Tag, worauf man sie ergriff, mit zusammengebundenen Füßen auf ein Schiff lud und nach Konstantinopel verfrachtete, während Theodor mit seinen Truppen Ravennas Bevölkerung raubend und plündernd Gewalt antat. In Konstantinopel wurden die Honoratioren Justinian vorgeführt, der laut Agnellus auf einem goldenen, mit Smaraden besetzten Thron saß, auf dem Kopf ein perlenbesetztes Diadem, das die Kaiserin eigenhändig für ihn angefertigt hatte. Er verurteilte sie, ohne zu zögern, zum Tode. Nur das Leben von Erzbischof Felix verschonte er, hatte er doch in der Nacht zuvor einen Traum gehabt, der ihm dies gebot. Dessen Todesurteil wurde umgewandelt. Man blendete[12] ihn und verbannte ihn danach nach Pontus. Erst nach Justinians Tod durfte er in sein Bistum zurückkehren.

Justinians militärische Aktion erwies sich in Ravenna wie erwartet als Debakel. Der bisher nur unterschwellige Mißmut flammte auf. Er gipfelte in einem offenen Aufstand, gefolgt von einer Welle zivilen Ungehorsams, die den nachfolgenden Exarchen in den kommenden Jahren beträchtliche Sorgen bereitete. In Rom dagegen scheint man die Angelegenheit kaum wahrgenommen zu haben. Von jedem Papst, der seine Tiara wert gewesen wäre, hätte man erwarten dürfen, daß er gegen eine so empörende Behandlung seiner Herde protestierte, und zwar lauthals, insbesondere da auch ein eingesegneter Prälat betroffen war, ob er nun ungehorsam war oder nicht. Von Papst Konstantin I. hörte man dagegen kein Wort der Entrüstung. Die folgenden Ereignisse zeigten, weshalb. Der Kaiser und der Papst hofften, endlich die strittige Frage des Quinisextums lösen zu können.

Während der gesamten Dauer von Justinians Exil waren die hundertzwei von seiner Synode verabschiedeten Kanones ohne päpstliche Billigung geblieben. Nach seiner Rückkehr hatte er in einer seiner ersten Amtshandlungen zwei führende Bischöfe zum damaligen Papst Johannes VII. entsandt, um ihn aufzufordern, wenigstens jenen Kanones zuzustimmen, gegen die er keine Einwände erhoben hatte. Diese Forderung schien bescheiden, vor allem wenn sie von einem Autokraten wie Justinian kam. Offenbar war sie aber nicht bescheiden genug für den Pontifex, denn er verweigerte seine Zustimmung rundweg. Das daraus resultierende Patt hätte wohl wer weiß wie lange gedauert, wäre Johannes nicht im Jahre 707 gestorben. Sein unmittelbarer Nachfolger, ein älterer Syrer namens Sisinnius, war nur gerade drei Wochen im Amt, dann starb auch er. Der folgende Papst war Justinian günstiger gesinnt. Er hieß Konstantin und war ebenfalls Syrer. 710 nahm er Justinians Einladung an, persönlich in die Hauptstadt zu kommen und die Angelegenheit ein für allemal zu regeln.

Konstantin traf Anfang Frühjahr 711 mit großem Gefolge ein. Er hatte die letzte Etappe auf dem Landweg zurückgelegt und wurde beim siebten Meilenstein von einer beeindruckenden Gesandtschaft unter der Führung des Patriarchen und des Mitkaisers Tiberios, Justinians mittlerweile sechsjährigem Sohn, empfangen; glänzend herausgeputzte Pferde mit goldenem Zaumzeug wurden ihnen zur Verfügung gestellt. Die gemischte Gruppe zog formell durch das Goldene Tor in die Stadt ein und ritt die Mesé hinunter zum Placidiapalast weiter, der einmal mehr für einen päpstlichen Besucher bereitgemacht worden war. Eigenartigerweise befand sich der Kaiser nicht in der Stadt, um seinen Gast zu empfangen, sondern hielt sich in Nikäa auf, sandte von dort aber ein herzliches Willkommensschreiben. Er schlug vor, daß sie sich auf halbem Weg in Nikomedia treffen sollten. Ob dies ein taktischer Schachzug war, indem er Konstantin zwang, herauszukommen, um ihn zu treffen, bleibe dahingestellt. Jedenfalls willigte der Pontifex bereitwillig ein und wurde ein, zwei Tage später, als das Treffen stattfand, vom Anblick Justinians in vollem Staat samt Diadem belohnt, der sich niederbeugte und ihm die Füße küßte. Am folgenden Sonntag erhielt der Basileus vom Papst die heilige Kommunion und ersuchte um Absolution seiner Sünden. Dann kehrten die beiden gemeinsam nach Konstantinopel zurück, wo die Streitgespräche begannen.

Von ihrer Übereinkunft ist leider herzlich wenig überliefert. Unsere beiden griechischen Quellen interessierten sich offenbar nicht für die Westkirche, während sich der Autor des *Liber Pontificalis* enthusiastisch in Einzelheiten über den Empfang des Papstes und die Feierlichkeiten ergeht, die ihm zu Ehren stattfanden, auf die theologischen und liturgischen Fragen, die zur Debatte standen, jedoch nicht eingeht. Mit Bestimmtheit läßt sich nur sagen, daß auf beiden Seiten Konzessionen gemacht wurden. Der Papst billigte schließlich die Hälfte der Kanones unter der Bedingung, daß der Kaiser auf die übrigen verzichtete. Die beiden trennten sich in Freundschaft. Justinian »erneuerte alle Vorrechte der Kirche« – was auch immer das heißen mag. Im Oktober kehrte die päpstliche Mission sicher nach Rom zurück, genau ein Jahr nachdem sie aufgebrochen war.

Es wäre zu erwarten gewesen – und die Mehrheit seiner Untertanen hat wohl ergeben darauf gehofft –, daß der Kaiser nach dem heftigen Aufstand, der seiner Strafexpedition in Ravenna folgte, von ähnlichen Abenteuern absah. Doch Justinians Handlungen waren so unvorhersehbar wie eh und je. Anfang 711, also etwa um die Zeit, da er mit dem Papst verhandelte, schlug er erneut zu, diesmal gegen Cherson, den Ort seines Exils auf der Krim. Wie schon bei Ravenna sind die Gründe nur schwer auszumachen. Laut Nikephoros und Theophanes bestand sein einziges Motiv darin, sich an der Stadt zu rächen, die ihn dem kaiserlichen Emporkömmling Tiberios hatte ausliefern wollen. Aber weshalb hätte er nach seiner Wiedereinsetzung sechs Jahre damit warten sollen? Es gibt, zum Glück, noch eine andere, glaubwürdigere Erklärung. Einige Zeit nachdem er die Krim verlassen hatte, scheint Schwager Ibusir, der Chagan der Chasaren, nach Cherson vorgerückt zu sein und, wenn er die Stadt nicht sogar ganz eroberte, dort zumindest in der Person eines Chasaren-*Tudun* oder Gouverneurs Präsenz markiert zu haben. Mag sein, daß dieser Übergriff auf die Reichsgrenze Justinian zu seiner Aktion verleitete. In dem Fall hätte sich sein Zorn hauptsächlich gegen die Chasaren und nicht gegen die eigentliche Stadtbevölkerung gerichtet.

Was auch immer seine Beweggründe gewesen sein mögen, Justinians Streitkräfte, die Berichten zufolge hunderttausend Mann umfaßt haben sollen (wass aber gewiß reichlich übertrieben ist), taten ihnen hinlänglich Genüge. Sieben der führenden Bürger wurden bei lebendigem Leib verbrannt, zahlreiche andere auf bewährte Weise (mit angehängten Gewichten) ertränkt und etwa dreißig, unter ihnen der *Tudun* und der griechische Bürgermeister Zoilos, mit ihren Familien in Ketten nach Konstantinopel verschleppt. Anstelle des *Tudun* wurde ein kaiserlicher Gouverneur namens Elias eingesetzt, der sich mit einer wesentlich größeren Garnison in der Stadt niederließ. Als der Kaiser jedoch sein Heer nach Hause berief, schlug das Schicksal zu. Wieder einmal kam einer der unerwarteten Stürme, für die das Schwarze Meer so berüchtigt ist, auf und verschlang die gesamte Flotte. Die Zahlen sind wie immer mit Vorsicht zu genießen: Schätzungen zufolge sollen dem Unglück dreiundsiebzigtausend Mann zum Opfer gefallen sein.

Als Justinian die Nachricht des Unglücks erfahren habe, sei er in schallendes Gelächter ausgebrochen; dies berichten beide Quellen übereinstimmend. Falls dies zutrifft, ist die gnädigste Erklärung dafür, daß er einen hysterischen Anfall erlitt. Sonst bietet sich eigentlich nur noch der Schluß an, daß er der Geisteskrankheit in seiner Familie nun vollends zum Opfer gefallen war. Fast sogleich bekundete er die Absicht zu einem zweiten Feldzug, doch dem kamen Boten mit einer weiteren beunruhigenden Nachricht zuvor. Ein Chasarenheer sei in Cherson eingetroffen, um die Stadt vor einem byzantinischen Angriff zu verteidigen. Und was noch schlimmer war: Der kaiserliche Gouverneur Elias sowie die gesamte Besatzung der Festung seien, zahlenmäßig hoffnungslos unterlegen und in Lebensgefahr, zum Feind übergelaufen.

Übergeschnappt oder nicht, Justinian schlug den einzig möglichen Kurs ein: den der Diplomatie. Er ließ sowohl den *Tudun* als auch den Bürgermeister frei und sandte sie mit einer Eskorte von dreihundert Soldaten zurück, um ihre einstigen Stellungen wieder einzunehmen. Begleitet wurden sie von seinem Großlogotheten Georg von Syrien mit dem Auftrag, den Chagan für alles, was geschehen war, in seinem Namen aufrichtig um Verzeihung zu bitten. Dann sollte er die Auslieferung von Elias und eines weiteren führenden Byzantiners im Exil verlangen, nämlich eines Feldherrn armenischer Abstammung namens Vardan (hellenisiert zu Bardanes), den er, wohl zu Recht, für den Verrat des Gouverneurs verantwortlich hielt.

Der Bevölkerung von Cherson war jedoch an Versöhnung nicht gelegen. Der Logothet und sein Gefolge wurden bei ihrer Ankunft getötet, der *Tudun* samt seiner dreihundertköpfigen Eskorte zum Chagan entsandt. Unseligerweise starb er unterwegs. Da die Chasaren befanden, er werde seine Eskorte auf der Reise in die nächste Welt ebenso nötig haben wie in dieser, brachten sie sie ebenfalls um. Cherson und weitere Städte der Krim versagten Justinian nun offiziell die Gefolgschaft als Kaiser und bekannten sich zu Bardanes, dem exilierten Armenier, der sich darauf unter dem schönen alten Namen Philippikos zum Basileus ausrief. Von diesem Augenblick an herrschte offener Krieg.

Justinians Zorn war furchterregend, als man ihm diese neueste Entwicklung zitternd berichtete. Er zog auf der Stelle eine neue Streitmacht unter der Leitung des *Patrikios* Mauros zusammen, mit dem Befehl, Cherson dem Erdboden gleichzumachen und nichts innerhalb seiner Mauern am Leben zu lassen. Dank der mitgebrachten riesigen Belagerungsmaschinen gelang es Mauros tatsächlich, zwei Verteidigungstürme der Stadt zu zerstören. Da traf jedoch ein weiterer Trupp Chasaren ein, und es blieb ihm keine Wahl, als Verhandlungen anzubieten. Er wußte sehr wohl, daß danach an eine Rückkehr und ein Eingeständnis seiner Niederlage vor Justinian nicht zu denken war. Deshalb verlangte er, vor Philippikos gebracht zu werden, und warf sich vor ihm auf die Knie. Die Würfel waren gefallen. Es hatte keinen Sinn, noch länger zu warten. Die byzantinische Flotte und was vom Heer übriggeblieben war, segelte mit dem neuen Kaiser an der Spitze zurück nach Konstantinopel.

In der Zwischenzeit hatte Justinian einen entscheidenden Fehler gemacht. Er hatte die Hauptstadt verlassen. Nicht daß er geflohen wäre (er hatte noch keine Ahnung von den jüngsten Vorfällen), sondern lediglich, um einen unbedeutenden Aufstand in Armenien niederzuschlagen. Er kam allerdings nie dort an. Kaum hatte ihn die Nachricht erreicht, daß ein dritter potentieller Usurpator sich auf dem Weg über das Schwarze Meer befinde, machte er kehrt und eilte »brüllend wie ein Löwe«, so schnell er konnte, nach Konstantinopel zurück. Er kam jedoch zu spät. Philippikos war vor ihm eingetroffen und von der Bevölkerung Konstantinopels mit offenen Armen empfangen worden. Justinian wurde beim zwölften Meilenstein von einem Trupp unter dem Kommando eines Offiziers namens Elias festgenommen; aller Wahrscheinlichkeit nach war es derselbe, den er wenige Monate zuvor zum Gouverneur von Cherson ernannt hatte. Dieser beanspruchte das Recht, die Hinrichtung persönlich auszuführen, schlug Justinian mit einem Schlag den Kopf ab und sandte ihn dem neuen Kaiser als Trophäe. Das abgeschlagene Haupt soll daraufhin in Rom und Ravenna zur Schau gestellt worden sein. Dem kopflosen Leichnam wurde die Würde einer christlichen Beisetzung versagt. Man warf ihn kurzerhand ins Marmarameer.

Als die Nachricht vom Tod Justinians in Konstantinopel die Runde machte, suchte dessen Mutter, Kaiserin Anastasia, mit ihrem Enkel Tiberios eilig in der Blachernenkirche Zuflucht. Sie war kaum mit ihm dort angekommen, als zwei Bevollmächtigte von Philippikos erschienen und verlangten, daß Tiberios ihrem Gewahrsam übergeben werde. Die Kaiserin versuchte sich für Tiberios einzusetzen, und einer der beiden schien auch geneigt, ihr zuzuhören. Aber derweil stürzte sich sein Kollege, ein gewisser Johannes Strouthos (»der Sperling«), auf das verängstigte Kind, das sich mit der einen Hand am Altar fest- und mit der anderen ein Stück des echten Kreuzes Christi umklammert hielt. Kein Byzantiner durfte über einen so heiligen Gegenstand einfach hinweggehen, doch von seinem Auftrag ließ sich Strouthos deswegen nicht abbringen. Er entwand Tiberios das Holzstück und legte es ehrfürchtig auf den Altar. Darauf löste er ein Behältnis mit weiteren Reliquien von dessen Hals und hängte es sich selbst um. Dann aber schleifte er seinen kleinen Gefangenen zur Tür einer angrenzenden Kirche, riß ihm die Kleider vom Leib und schlachtete ihn, wie es ein Chronist sehr anschaulich beschreibt, »wie ein Schaf« ab. Damit wurde die herakleische Dynastie mit dem kaltblütigen Mord an einem knapp siebenjährigen Jungen für immer ausgelöscht.

Mit fünf Kaisern in direkter Folge war sie die erste wirkliche Dynastie der byzantinischen Geschichte gewesen. Was so grandios begonnen hatte, endete hundertundein Jahre später auf brutale und beschämende Weise. Es sei jedoch betont, daß die Herrschaft Justinians II. keineswegs das reine Desaster war, als das sie oft dargestellt wird. Vor allem im ersten Abschnitt war er ebensosehr bestrebt wie irgendeiner seiner Vorgänger, die Verteidigung des Reiches zu stärken, indem er das Themensystem weiterentwickelte und wenn nötig sogar ganze Völkerschaften aus ihrer angestammten Heimat umsiedelte, um mit ihnen in strategisch wichtigen Gebieten Militärdistrikte einzurichten. Seine Landpolizeiordnung – falls es wirklich seine war – leistete zudem einen wichtigen Beitrag zur Liberalisierung des Kleinbauerntums von den Fesseln der Landaristokratie; sie verlieh den Bauersleuten Unabhängigkeit, Selbstachtung und den folgenden Generationen die Bereitschaft, ihr Land gegen Eindringlinge zu verteidigen. Außerdem bemühte er sich, die Beziehungen zu seinen beiden gefährlichsten Nachbarn, den Arabern auf der einen und den Bulgaren auf der anderen Seite, zu verbessern. Hatte er auf diesem Gebiet letztlich auch weniger Erfolg, so war es doch den Versuch wert gewesen. Und schließlich hinterließ er das Reich im besten Einvernehmen mit der Kirche Roms. Er hatte sogar den Papst als Ehrengast in seiner Hauptstadt begrüßt: Nach Konstantin I. vergingen über zwölfhundertfünfzig Jahre, bis wieder ein gewählter Pontifex die Stadt betrat.[13]

Diese Leistungen für das Reich sind nicht zu verachten, selbst wenn wir die ungewöhnliche Unerschrockenheit und Entschlossenheit außer acht lassen, mit denen Justinian nach fast zehnjährigem Exil, schrecklich entstellt, aus der Krim zurückkehrte und seinen Thronanspruch wieder geltend machte. Dennoch kann kein Argument zu seinen Gunsten all die Greuel entschuldigen, die er verursacht hat, oder die enorme Zahl von Untertanen verringern, die – zumeist unschuldig – auf seinen Befehl hin umgebracht wurden. Man hat versucht, sein unkontrolliert gewalttätiges Wesen zumindest teilweise auf die erlittene Verstümmelung und das häßliche, erniedrigende Aussehen zurückzuführen, mit dem er sich von da an der Welt zeigen mußte, ein Gesicht, dessen Anblick durch die künstliche Nase aus Gold, die er in späteren Jahren getragen haben soll, wohl kaum viel erträglicher wurde. Dies mag eine Erklärung sein, doch mitnichten eine Entschuldigung. Es wäre für seine Opfer und ihre Familien auch höchstens ein kleiner Trost gewesen. Vor allem aber wird damit seinem Verhalten während des ersten Regierungsabschnitts keinerlei Rechnung getragen. Obwohl er sich damals noch nicht ganz so zügellos verhielt wie in seiner zweiten Herrschaftsperiode, war er doch unerträglich genug gewesen, um eine Revolution auszulösen.

Kurz gesagt, seine Untertanen waren froh, ihn los zu sein. Wir mögen mit seiner Mutter Anastasia fühlen, von der es heißt, sie sei einmal von *Sakellarios* Stephan ausgepeitscht worden, ohne daß ihr Sohn einen Finger zu ihrer Verteidigung gekrümmt oder diesen nachher dafür bestraft hätte. Oder mit seiner Frau Theodora, von deren Schicksal wir nichts wissen, die sich aber vermutlich bei ihrem Mann befand – da sie ja offenbar nicht bei ihrem Sohn war –, als das Ende kam. Und vor allem mit seinem Sohn, dem armen, verängstigten Tiberios, der ohne guten Grund kurz vor seinem siebten Geburtstag ermordet wurde. Justinian war zweiundvierzig, als er starb. Von ihm kann man trotz allem nur sagen, daß er an diesem 4. November 711 keinen Tag zu spät umkam.

17

Die ersten Bilderstürmer

(711–775)

In der langen Nacht des Aberglaubens waren die Schriften weit von der Einfachheit des Evangeliums abgewichen, und es war für sie nicht leicht, den Faden zu unterscheiden, um sich in den Irrgängen des Labyrinthes zurück zu finden. Die Verehrung der Bilder war wenigstens für eine fromme Phantasie unzertrennlich mit dem Kreuze, der Jungfrau, den Heiligen und ihren Reliquien vereinigt: Der geheiligte Boden war in eine Wolke von Wundern und Geschichten gehüllt, und die Nerven des Geistes, Forschsucht und Zweifelsucht, durch die Gewohnheiten des Gehorsams und Glaubens erstarrt.

Gibbon, *Geschichte des Verfalles und Untergangs des römischen Weltreiches*, Kapitel 49

Es war ein Glück, daß Justinian II. als noch erfolgreicher Herrscher soviel unternommen hatte, um das Kerngebiet des Reichs sowohl in wirtschaftlicher als auch in militärischer Hinsicht zu stärken, denn in Konstantinopel war der Kampfgeist inzwischen dem Nullpunkt gefährlich nahe. Weniger Glück verhieß dagegen der Umstand, daß sein Nachfolger Philippikos Bardanes sich rasch als hoffnungsloser Hedonist erwies, der Unsummen ausgab, um seinem Vergnügen zu frönen, und sich in ernsthafteren Momenten nur dafür zu interessieren schien, die alten theologischen Dispute wiederaufleben zu lassen, für die Byzanz über die Jahre hinweg bereits einen so hohen Preis bezahlt hatte. Seiner innersten Überzeugung nach neigte er wahrscheinlich dem Monophysitismus zu, derjenigen Irrlehre, die die Gemüter am leichtesten zu erhitzen pflegte, aber er war wenigstens so klug, daß er nicht versuchte, diese wiederzubeleben. Dagegen machte er einen entschlossenen Vorstoß, den monotheletischen Kompromiß wiedereinzuführen, ja, er ging sogar so weit, in eigener Regie ein kaiserliches Edikt zu erlassen, das die Beschlüsse des sechsten ökumenischen Konzils und damit die dreißig Jahre zuvor erfolgte Verurteilung dieser Doktrin widerrief. Gleichzeitig ordnete er die Entfernung einer Darstellung aus dem Kaiserpalast an, auf der das Konzil bei einer Sitzung zu sehen war, und auch einer Platte am Miliontor, deren Inschrift an das Ereignis erinnerte.

Papst Konstantin, den bereits das Schicksal seines Freundes Justinian in Rage versetzt hatte und der dessen Nachfolger mit unversöhnlicher Feindschaft gegenüberstand, bekam vollends einen Wutanfall, als die Nachricht davon Rom erreichte. Den offiziellen Brief, den ihm Philippikos gesandt hatte und der ihn auf eine Art über seine Thronbesteigung in Kenntnis setzte, die ihm zutiefst ketzerisch erschien, wies er kurzerhand zurück. Er reagierte mit einem eigenen Erlaß, indem er schlankweg verbot, das Porträt des neuen Kaisers auf Münzen zu prägen, im Briefkopf von Dokumenten auf dessen Herrschaft zu verweisen oder auch nur dessen Namen in kirchlichen Gebeten einzuschließen. Offensichtlich als Vergeltung gegen die Entfernung des anstößigen Bildes gab er schließlich den Auftrag zu einer ganzen Serie ähnlicher Darstellungen nicht nur vom sechsten, sondern auch von allen andern Konzilen für die Wände der Peterskirche.

In einer friedvolleren Zeit hätte es sich der Kaiser ja gut und gerne nach Herzenslust der so typisch byzantinischen Kombination von sinnlichem Vergnügen und christologischen Spekulationen hingeben und seine Untertanen in Ruhe lassen können, nicht jedoch im Jahre 712. Der Mord an Justinian hatte Tervel die Möglichkeit eröffnet, auf die er gewartet hatte. Unter dem Vorwand, die Ehre gebiete ihm, den ehemaligen Freund zu rächen, fiel er zum zweiten Mal in das Reich ein. Er drang bis zu den Mauern Konstantinopels vor und ließ mit seinen Leuten eine Spur der Verwüstung hinter sich zurück. Justinian hatte den thrakischen Befestigungen, vielleicht weil er seinem bulgarischen Verbündeten vertraute, wenig Beachtung geschenkt, und sein Nachfolger hatte sich noch weniger darum gekümmert. Wollte er die Invasoren zurückschlagen, hatte er nun keine andere Wahl, als Verstärkung von jenseits des Marmarameers, aus dem Thema Opsikion, anzufordern.

Doch so unvermeidlich die Entscheidung schien, sie erwies sich als Anlaß für seinen Untergang. Die Opsikianer waren berüchtigt für ihre Eigenwilligkeit und brachten einem armenischen Emporkömmling, der den Thron, gelinde gesagt, mit fragwürdigen Methoden errungen hatte und nun offenbar leichtfertig damit umgehen wollte, noch lange nicht so ohne weiteres Loyalität entgegen. Sie legten sich ihren Plan sorgfältig zurecht. Am Pfingstsamstag, dem 3. Juni 713, kurz nachdem sich der Kaiser nach einem höchst angenehmen, bei einem Gelage mit Freunden verbrachten Morgen zum Mittagsschlaf zurückgezogen hatte, drangen einige Soldaten in sein Schlafzimmer ein, ergriffen ihn und eilten mit ihm zum Hippodrom. Dort stach man ihm, im Umkleideraum der Wagenlenker der Grünen, die Augen aus. Er hatte nur gerade neunzehn Monate regiert.

Nachdem den Opsikianern ihr Staatsstreich geglückt war, hätte man erwartet, daß sie einen der Ihren zum Basileus ausrufen würden. Irgendwie vermochte man dies aber zu verhindern, und die Wahl von Senat und Volk fiel auf einen gewissen Artemios, den wichtigsten Sekretär des vorherigen Kaisers. Vielleicht war es dieser Hintergrund, der ihn bewog, als Kaiser den Namen eines anderen ehemaligen Beamten anzunehmen, der zur höchsten Regierungsgewalt aufgestiegen war. Am folgenden Tag, am Pfingstsonntag, wurde er in der Hagia Sophia vom Patriarchen zum Kaiser Anastasios II. gekrönt.

Anastasios war ein bei weitem fähigerer Herrscher als sein Vorgänger und hätte eine um einiges längere Amtszeit verdient, als ihm vergönnt war. Er begann, völlig vernünftig, mit der Aufhebung von Philippikos' monotheletischem Edikt und ließ das Bild und die Platte zu Erinnerung an das sechste ökumenische Konzil an ihren jeweiligen rechtmäßigen Platz zurückbringen. Dann widmete er sich den Problemen der Verteidigung. Dank den Truppen aus Opsikion hatte sich die bulgarische Streitmacht in ihre Heimat zurückgezogen. Statt ihrer waren wieder einmal die Araber auf dem Vormarsch. Die kaiserlichen Spione meldeten, sie bereiteten gerade einem drohenden neuerlichen Großangriff auf Konstantinopel vor. Anastasios veranlaßte sofort größere Arbeiten an den Landmauern, ließ sie ausbessern und verstärken, wo immer es nötig schien. Die staatlichen Kornspeicher wurden bis zum Bersten gefüllt, und alle freien Bürger mußten für sich und ihre Familienangehörigen einen Notvorrat für drei Jahre anlegen. Gleichzeitig arbeiteten die byzantinischen Reedereien auf Hochtouren. Sollte es zu einem Angriff kommen, dann würde er das Reich nicht unvorbereitet treffen.

Aber ließ sich der Angriff nicht überhaupt vermeiden? Anastasios war davon überzeugt. Anfang 715 entschloß er sich, von der Basis Rhodos aus zu einem vorbeugenden Schlag gegen die Sarazenen auszuholen. Seine Erfolgschancen standen hervorragend. Hätte er vorgehen können wie geplant, wäre seinen Untertanen viel Leid erspart geblieben. Die Truppen aus Opsikion waren aber bei ihrem Umsturz auf den Geschmack gekommen. Kaum war General-Logothet Johannes, dem Anastasios das Kommando des Feldzugs übergeben hatte, in Rhodos angekommen, wandten sie sich, knapp zwei Jahre nachdem sie bereits Philippikos entthront hatten, auch gegen ihn und erschlugen ihn. Dann zogen sie nach Konstantinopel. Unterwegs ergriffen sie einen unscheinbaren, harmlosen Steuereintreiber namens Theodosios, den sie aus nicht ganz geklärten Gründen zum Kaiser ausrufen wollten. Als Theodosios von dieser Absicht hörte, war er klug genug, in die Berge zu fliehen. Er wurde jedoch aufgespürt und mit vorgehaltenem Schwert, wenn auch noch immer höchst widerwillig, gezwungen, die ebenso unerwartete wie unerwünschte Ehre anzunehmen. Dann erreichten die Rebellen die Hauptstadt, und Anastasios wurde nach ein paar Monaten erbitterter Kämpfe abgesetzt und zog sich in ein Kloster in Thessalonike zurück.

Mit der Thronbesteigung von Theodosios III. konnte Byzanz auf nicht weniger als sechs Kaiser in nur gerade zwanzig Jahren zurückblicken. Die Herrschaft von ihrer fünf war gewaltsam abgebrochen worden, und die sechste sollte schon bald auf dieselbe Weise enden. Seit der Gründung Konstantinopels hatte es noch nie eine so lange Zeit ruheloser Anarchie gegeben. Nun, die Bevölkerung konnte es zwar noch nicht wissen, aber die Rettung war nahe. Und ihrem Urheber wenden wir nun unsere Aufmerksamkeit zu. Sein Name war Leon. Oft wird er »der Isaurier« genannt, war aber in Wirklichkeit ziemlich sicher nichts dergleichen.[1] Soweit es sich rekonstruieren läßt, stammte er aus einer einfachen Bauernfamilie, die ursprünglich in der alten römischen Stadt Germanikea im Distrikt Commagene hinter dem Taurusgebirge (heute Marasch) zu Hause war und später infolge der großräumigen Zwangsumsiedlungen unter Justinian II. in die Nähe von Mesembria nach Thrakien deportiert wurde.

Von Leons Blickwinkel aus hätte die Wahl für seine neue Heimat kaum auf einen besseren Standort fallen können. Seit seiner Kindheit von einer unnachgiebigen Entschlossenheit getrieben, in dieser Welt voranzukommen, war er im Jahre 705 ausgeritten, um auf Justinian II. zu treffen, der gerade auf Konstantinopel zumarschierte, und hatte ihm traditionsgemäß fünfhundert Schafe für das Heer angeboten. Als Gegenleistung durfte er im Rang eines *Spatharios* in die kaiserliche Garde eintreten. Es dauerte nicht lange, bis seine außergewöhnlichen Fähigkeiten (oder, wie es andere weniger wohlwollend ausdrückten, sein nur zu schlecht verhohlener Machthunger und Ehrgeiz) Justinian bewogen, ihn auf eine heikle diplomatische Mission zu den verschiedenen nichtrömischen Völkerschaften in Syrien und im Kaukasus zu schicken, und zwar hauptsächlich zu alanischen, abasgischen und armenischen Stämmen. Je nachdem mußte er die einen gegen die anderen aufhetzen oder Verbindungen zwischen ihnen gegen die Araber festigen. Es war eine Aufgabe, für die Leon geradezu ideal geeignet war, und er erfüllte sie über mehrere Jahre hinweg brillant. Es überraschte deshalb nicht, daß ihn Anastasios im Jahre 715 zum Gouverneur *(Strategos)* von Anatolikon ernannte, einem der größten und wichtigsten Themen des Reichs. Er erhielt seine neue Stellung gerade rechtzeitig, denn zu Beginn des folgenden Jahres überquerten zwei riesige sarazenische Heere die Reichsgrenze, eines unter dem Befehl von Maslama, dem Bruder des Kalifen, das andere unter einem Feldherrn namens Suleiman, dessen erstes Ziel Amorium war, die Hauptstadt von Anatolikon.[2]

Was dann geschah, ist nicht gesichert. Theophanes liefert einen wahren Schelmenroman mit einer Überfülle an Details, was darauf hindeutet, daß er sich möglicherweise auf ein verlorengegangenes Tagebuch von Leon stützte. Leider ist sein Bericht aber derart verworren, daß man den Gang der Dinge größtenteils nicht begreift.

Mit einiger Sicherheit geht einzig der Umstand daraus hervor, daß Leon sofort in Verhandlungen mit den arabischen Befehlshabern trat und daß sich deren Heere darauf gegen Ende 716 wieder hinter die Grenze zurückzogen. Aber eine so gewagte Folgerung wirft mehr Fragen auf, als sie beantworten kann. Wie erreichte Leon dieses bemerkenswerte Resultat? Was bot er den Sarazenen für den Rückzug an? Vor allem aber: Was für geheime Absprachen bestanden zwischen ihm und den Arabern? Unsere Quellen geben darauf keine Antwort. Am wahrscheinlichsten ist wohl, daß Maslama und sein Gefährte Suleiman versuchten, Leon für ihre Zwecke zu benutzen, aber von diesem mit demselben Ziel überlistet wurden. Sie wußten bereits, daß er Theodosios feindlich gesinnt war und daß man allgemein erwartete, er werde früher oder später den Thron ergreifen. Ihre Absicht bestand darin, zunächst seine Revolte zu befördern und ihn dann, wenn er erst einmal fest im Sattel saß, zu ihrer Marionette zu machen, bis er schließlich das ganze Reich dem Kalifen übergeben mußte. Theophanes schreibt, man habe Suleimans Truppen vor den Mauern Amorions befohlen, zu rufen: »Lang lebe Kaiser Leon!« und die Verteidiger der Stadt zu ermutigen, den Ruf aufzunehmen. Zwei unterschiedliche arabische Quellen berichten, Leon, der *Strategos,* habe heimlich versprochen, die beiden Feldherren als Auftraggeber zu akzeptieren und auszuführen, worum sie ihn gebeten hatten.

Nun, dies hat er fast sicher getan – aber nicht ohne gleichzeitig darauf hinzuweisen, wie sehr es ihm den Weg auf den Kaiserthron erschwere, wenn bekannt würde, daß die Sarazenen ihn unterstützten, und sie so zu ihrem taktischen Rückzug zu bewegen. Es gibt keinerlei Anhaltspunkt dafür, daß Leon jemals tatsächlich die Absicht hatte, das Reich zu verraten. Auch sein späteres Verhalten als Kaiser spricht klar dagegen. Seine tiefgreifende Kenntnis der arabischen Psychologie und die Tatsache, daß er ihre Sprache fließend beherrschte – bedenkt man seine Abstammung, kann sie möglicherweise sogar seine Muttersprache und Griechisch seine Zweitsprache gewesen sein –, bot ihm vielmehr alle nur erdenklichen Möglichkeiten, sie zu täuschen und in die Irre zu führen. Daß er dies besonders gut verstand, hatte er schon früher zur Genüge bewiesen.

Einige Monate zuvor hatte sich Leon umsichtig die Unterstützung von Artabasdos, dem Gouverneur des Themas Armeniakon, gesichert. Als Gegenleistung versprach er ihm die Hand seiner Tochter und den Rang *Kuropalates* (einer der drei höchsten, die in der Regel Mitgliedern der kaiserlichen Familie vorbehalten waren). Dann marschierten sie gemeinsam auf Konstantinopel. In Nikomedia schlugen sie mit Leichtigkeit eine kleine Streitmacht, die sich ihnen unter dem Befehl von Theodosios' Sohn entgegenstellte; sie nahmen ihn mitsamt seinem gesamten Gefolge gefangen. Da Leon wußte, daß die Befestigung der Hauptstadt praktisch unüberwindlich war, nahm er von dort aus Verhandlungen mit dem Patriarchen und dem Senat auf. Große Überredungskünste waren nicht nötig. Wie sie sehr wohl wußten, war es nur eine Frage von Monaten, bis die Sarazenen erneut angreifen würden. Es gab kaum Zweifel, wer ihnen im Falle einer neuerlichen Belagerung von Konstantinopel an der Spitze lieber war. Nachdem man Theodosios offiziell versprochen hatte, daß weder ihm noch seinem Sohn etwas zustoßen werde, verzichtete er Anfang 717, freiwillig abdankend, auf den Thron, den man ihm gegen seinen Willen aufgedrängt hatte, und zog sich erleichtert in Ephesos in ein Kloster zurück. Am 25. März hielt der bedeutendste Kaiser seit Herakleios seinen triumphalen Einzug in die Stadt durch das Goldene Tor und wurde in der Hagia Sophia gekrönt.

Wenn unsere These zutrifft, kann es durchaus sein, daß Maslamas Marsch durch Kleinasien im Hochsommer des Jahres 717 sorgfältig geplant war. Er eroberte mit seinen Soldaten Pergamon und eilte dann nach Abydos weiter, wo sie den Hellespont nach Thrakien überquerten. Am 15. August stand er mit achtzigtausend Mann vor Konstantinopel. Und nur gut zwei Wochen später, am 1. September, lief Suleiman an der Spitze einer von den Chronisten auf achtzehnhundert Kriegsschiffe geschätzten Flotte ins Marmarameer ein. Die Blockade Konstantinopels begann.

Leon III. war bereit – wenn auch nicht unbedingt so ganz in der Art, wie die arabischen Heerführer dies erwarteten. Er hatte die fünf Monate seit seiner Krönung gut genutzt, die verschiedenen von Anastasios begonnenen Maßnahmen zur Verteidigung vorangetrieben und sichergestellt, daß sein Volk alles hatte, um sich gegen das Schlimmste verteidigen zu können, was ihm die Sarazenen entgegenschleudern konnten. Je länger die Belagerung dauerte, desto mehr glich sie den vorangegangenen Blockaden der siebziger Jahre des siebten Jahrhunderts, als Konstantin IV. und die Bevölkerung von Byzanz fünf Jahre lang sarazenische Angriffe abzuwehren hatten. Damals hatten sich die Kämpfe jedoch auf die Sommermonate beschränkt. Jetzt dauerten sie auch den Winter über an. Und dieser Winter erwies sich als der härteste, an den sich die ältesten Bewohnerinnen und Bewohner in der Stadt erinnern konnten. Eine dicke Schneeschicht bedeckte den Boden über zehn Wochen lang. Da die Belagerer nicht an das trügerische Klima Konstantinopels gewöhnt waren und keinen Schutz gegen Wind und Wetter hatten außer ihren dürftigen Zelten, die sie indes besser vor der Wüstensonne schützten als vor den eisigen Winden Thrakiens, litten sie unweigerlich am meisten. Schon bald gingen ihnen auch die Lebensmittel aus. Unter den herrschenden Bedingungen war es aber unmöglich, etwas Eßbares aufzutreiben, und wenn man Theophanes glauben darf, waren die verzweifelten Araber bald so weit, daß sie ihre Pferde, Esel und Kamele aufaßen und schließlich sogar Menschenfleisch, gemischt mit ihren eigenen Exkrementen, in ihren Lageröfen brieten. Wie immer folgten dem Hunger Krankheiten. In der hartgefrorenen Erde war an ein Begraben der Toten nicht zu denken. Hunderte von Leichen wurden ins Marmarameer geworfen. Auch Suleiman befand sich unter den Opfern. Zusätzlich forderte unterdessen auf See das »Griechische Feuer« täglich seinen Tribut unter den sarazenischen Schiffen. Zu Beginn des Frühjahrs gab es einen schlimmen Augenblick, als die Verteidiger zu ihrem Schrecken am Horizont eine zweite, fast ebenso große Kriegsflotte wie die erste ausmachten, die von Ägypten kam. Zum Glück bestand die Besatzung jedoch hauptsächlich aus christlichen Galeerensklaven, die bei der erstbesten Gelegenheit gesamthaft desertierten.

Es war schließlich eine bulgarische Streitmacht, die der Sache ein Ende bereitete. Die Bulgaren mochten die Byzantiner nicht besonders, doch sie zogen sie den in ihren Augen Ungläubigen vor und waren auf jeden Fall fest entschlossen, daß Konstantinopel, wenn es denn eingenommen werden sollte, eher ihnen in die Hände fiel als den Arabern. Als der Frühling in den Sommer überging, rückten sie von Norden her vor, stürzten sich auf die kranken, demoralisierten Sarazenen und schlachteten, so wird berichtet, zweiundzwanzigtausend Mann ab. Da endlich hatte Maslama genug. Anfang August gab er das Zeichen zum Rückzug. Das Landheer oder vielmehr, was davon noch übrig war, schleppte sich ohne weitere Zwischenfälle nach Syrien zurück. Der Rest der unterdessen so beschädigten Flotte, daß sie kaum noch seetüchtig war, wurde in zahlreichen Sommerstürmen nahezu vernichtet. Nur fünf Schiffe sollen ihren Heimathafen noch erreicht haben.

Diesmal war der byzantinische Sieg entscheidend. In den kommenden Jahren, das heißt während der gesamten Regierungszeit Leons, unternahmen arabische Heere zwar zahlreiche Raubzüge und Einfälle in Anatolien, aber sie gefährdeten weder ernsthaft das Überleben des Reichs, noch belagerten sie dessen Hauptstadt. Was den Kaiser betraf, so hatte er seine Machtergreifung vollauf gerechtfertigt. Sein Beitrag zum Entsatz seiner Untertanen war zudem sehr viel weiter gegangen, als die meisten von ihnen wußten. Wie aus annähernd zeitgenössischen arabischen Berichten hervorgeht, stand er von allem Anfang an mit Maslama und Suleiman in Verbindung, machte ihnen endlose Versprechungen, die er nicht die Spur zu halten gedachte, und gab ihnen reichlich Ratschläge, von denen er wußte, daß sie sich für sie verheerend auswirken würden. Natürlich merkten die beiden arabischen Anführer bald, daß sie zum Narren gehalten wurden, und Leon gab dies sogar bereitwillig zu, doch da war es bereits zu spät, hatte er doch in der Zwischenzeit mehr als genug Zeit gehabt, seinem Hang zu Intrigen zu frönen. Es gibt gute Gründe für die Annahme, daß die Galeerensklaven und die zeitlich perfekt abgestimmte Ankunft des bulgarischen Heers zumindest teilweise seinen Machenschaften zu verdanken waren.

So war Leon in einem guten Dutzend Jahren – er kann zu der Zeit noch kaum viel mehr als dreißig Jahre alt gewesen sein – vom einfachen syrischen Bauern zum Kaiser von Byzanz aufgestiegen und hatte das Reich ziemlich sicher vor dem Untergang bewahrt. Und doch beruht seine geschichtliche Reputation nicht in erster Linie auf einer dieser Taten. Den größten und schicksalsträchtigsten Schritt seiner Laufbahn galt es erst noch auszuführen.

Mit dem Beginn der Geschichte, als die Menschen religiöse Wesen wurden und fast gleichzeitig, das heißt vielleicht tausend oder zweitausend Jahre früher oder später, erste ungeschickte Versuche machten, die Wände von Höhlen zu schmücken, mußten sie sich der grundlegenden Frage stellen, ob die Kunst im Dienst der Religion steht oder eine fundamentale Bedrohung für diese darstellt. Die sogenannten primitiven Völkerschaften wählten in der Regel den einfachen Weg, Religion und Kunst einander gleichzusetzen, das heißt, sie schufen einen Fetisch und verehrten ihn. Mit dem Beginn theologischer Spekulation und der Vorstellung einer universalen, nicht an ein Stück Holz oder an einen Stein gebundenen Gottheit drängte sich ein differenzierterer Ansatz auf. So erhielt auch die Frage immer mehr Gewicht, ob eine Abbildung dieser Gottheit überhaupt möglich sei und, wenn ja, ob sie erlaubt sein sollte.

In notgedrungener Verallgemeinerung der großen Weltreligionen ließe sich folgendes sagen: Der Judaismus und später der Islam lehnten dies entschieden ab, während es für den Hinduismus und den Buddhismus keinen Hinderungsgrund dafür gab. Was das Christentum betrifft, so ist eine endgültige Entscheidung nicht getroffen worden.

Während eines großen Teils seiner Geschichte und von den meisten seiner Gläubigen sind bildliche wie auch figürliche Darstellungen Jesu Christi sowie, wenn auch etwas weniger häufig, von Gottvater mit Eifer angeregt und gefördert worden, und zwar mit unermeßlichem künstlerischen Gewinn. An gewissen Orten und zu bestimmten Zeiten – England unter dem Commonwealth oder die lutherische Reformation sind naheliegende Beispiele dafür – schwang das Pendel dagegen nachdrücklich in die andere Richtung. Kein derartiger Umschwung brachte jedoch mehr Zerstörung und größere Erschütterungen in der gesamten christlichen Welt mit sich als jener, den Leon III. in Gang setzte und den sein Sohn Konstantin mit noch größerem Fanatismus weiterführte.

Das plötzliche Auftreten des Ikonoklasmus (wörtlich: Zerstörung von Bildern) in der byzantinischen Religionslandschaft wurde oft mit der Nachbarschaft des Islams begründet, für den schon die bloße Vorstellung der Abbildung einer menschlichen Gestalt, ob religiös oder weltlich, ein Greuel war. Und es wäre in der Tat schwierig von der Hand zu weisen, daß Leon mit seinem syrischen Hintergrund nicht zumindest bis zu einem gewissen Grad von islamischen

Ansichten und Praktiken beeinflußt war. Zum anderen ist aber auch zu bedenken, daß diese neue, revolutionäre Lehre eine naheliegende Folge des Monophysitismus darstellte. Wenn man nur die göttliche Natur Christi anerkennt – welche ja unmöglich abzubilden ist –, die menschliche dagegen ablehnt, ist es nur logisch, eine zwei- oder dreidimensionale Darstellung seiner als Mensch auf keinen Fall zu billigen. Es überrascht deshalb nicht, daß die neue Bewegung das größte Echo in den Ostprovinzen des Reiches fand, wo sich der Monophysitismus schon immer stärker durchgesetzt hatte und die von jeher mehr von orientalischer Mystik als von der nüchterneren materialistischen Philosophie des Westens geprägt waren.

Es gab jedoch auch ganz handfeste Gründe für die Bilderstürmerei. Seit Beginn des Jahrhunderts hatte der Ikonenkult zugenommen, und zwar in immer unkontrollierbarerem Maß. Die Auswüchse gingen so weit, daß Heiligenbilder offen um ihrer selbst willen verehrt wurden und bei Taufen zum Teil sogar die Patenschaft übernahmen. Als deshalb mehrere Bischöfe in Kleinasien ein ikonoklastisches Manifest unterzeichneten in der Absicht, ihre Vorstellungen auch im Rest des Reichs zu verbreiten, geschah dies als Protest gegen eine Praxis, die sie als flagrante Götzenverehrung betrachteten und entsprechend ablehnten.

Leon zeigte trotz seines syrischen Hintergrundes anfänglich kaum diesbezügliche Neigungen. Er hatte im Gegenteil während der sarazenischen Belagerung von einer der beliebtesten wundertätigen Ikonen Konstantinopels, der *Hodegetria* (»Die den Weg zeigt«), ausgiebigen Gebrauch gemacht, indem er sie auf den Stadtmauern auf und ab tragen ließ, um seinen Leuten Mut zu machen und dem Belagerungsheer Angst einzuflößen. Andererseits protestierte er, obwohl er allen Grund dazu gehabt hätte, auch nicht, als Kalif Jezid im Jahre 723, nachdem ihn ein jüdischer Geisterbeschwörer aus Tiberias von einer ernsthaften Erkrankung geheilt hatte, von diesem überredet wurde, per Edikt die sofortige Zerstörung aller christlichen Bilder in Kirchen, auf Märkten oder in Privathäusern im ganzen Herrschaftsgebiet anzuordnen.[3] Es gibt sogar Hinweise, daß dieselbe »graue Eminenz« darauf in Konstantinopel erschien und den Kaiser unter Druck setzte, dasselbe zu tun. 725 taten dies jedenfalls die ikonoklastisch orientierten Bischöfe. Es scheint deshalb, daß Leons Stimmungswandel alles andere als spontan erfolgte, sondern vielmehr als Ergebnis von moslemischen und jüdischen Einflüssen, verbunden mit dem wohl noch entscheidenderen Druck, den seine eigenen christlichen Untertanen auf ihn ausübten. Im selben Jahr geißelte er in mehreren Predigten einige besonders schändliche Auswüchse der Ikonodulie (Bilderverehrung) als offenen Ungehorsam gegenüber dem zweiten Gebot. Im Jahre 726 beschloß er dann, ein Exempel zu statuieren.

Er hätte dafür kaum ein wirkungsvolleres Objekt auswählen können. Auf der einen Seite des großen offenen Platzes vor dem Augusteum und gegenüber der Hagia Sophia befand sich das nach Nordosten ausgerichtete Haupttor zum Kaiserpalast, das Chalketor. Es war während des Nika-Aufstandes von der aufgebrachten Menge zerstört worden, und Justinian hatte es als eigenständiges, prachtvolles Gebäude wiederherstellen lassen. Prokop schildert es als großes überwölbtes Bauwerk mit Zentralkuppel, das innen mit Buntmarmorfliesen ausgekleidet sowie darüber mit einem Zyklus schillernder Mosaiken geschmückt war, die Justinians und Belisars Siege sowie die Eroberung verschiedener italienischer und libyscher Städte darstellten.[4] In der Mitte befanden sich lebensgroße Mosaikabbildungen von Kaiser Justinian und Kaiserin Theodora – vermutlich in ähnlichem Stil wie jene in der Kirche San Vitale in Ravenna, die bis heute erhalten sind –, vor ihnen der gotische und der vandalische König in Fesseln und zu beiden Seiten feierlich flankiert vom Senat. Die Wände entlang standen zahlreiche Statuen, zum Teil antike, zum Teil solche früherer Kaiser, und außen prangte über den mächtigen Bronzetüren, die ihm den Namen gaben, eine riesige goldene Christus-Ikone.

Diese große Ikone, vielleicht die größte und auffallendste der ganzen Stadt, ließ Leon als erste zerstören. Das Volk reagierte unverzüglich. Eine Gruppe empörter Frauen stürzte sich auf den leitenden Offizier des Zerstörungstrupps und brachte ihn auf der Stelle um. Als sich die Nachricht von der Entweihung verbreitete, kam es zu weiteren Ausschreitungen. Meutereien im großen Stil wurden von der ägäischen Flotte gemeldet, weitere aus dem Heer in Thrakien. Was auch immer die Bischöfe des Ostens sagen mochten, die Untertanen des Kaisers im europäischen Teil des Reichs, Erben der alten griechisch-römischen Tradition, hatten ihren Souverän nicht im Zweifel über ihre Gefühle gelassen. Für sie bedeutete der Bilderstreit nichts anderes als ein willentliches Sakrileg. Sie liebten und verehrten ihre Bilder, und sie waren bereit, für sie zu kämpfen.

Leon sah ein, daß er vorsichtiger vorgehen mußte. Er verhandelte mit den Aufständischen und beschloß, ihnen Zeit zu geben, damit sich ihre Gemüter abkühlen konnten. Leider geschah jedoch nichts dergleichen. 727 erhob sich die Bevölkerung im Exarchat Ravenna, wobei sie die volle Unterstützung von Papst Gregor genoß, der, abgesehen von der spontanen Abscheu, welche die Zerstörung der Heiligenbilder in ihm hervorgerufen hatte, dem Kaiser außerdem verübelte, daß er sich anmaßte, die höchste Autorität in Glaubensfragen an sich zu reißen. Der Exarch wurde ermordet, und seine Provinzgouverneure wurden schimpflich in die Flucht geschlagen. Dann wählten die rebellischen, vor Ort rekrutierten Truppen ihre eigenen Befehlshaber und erklärten sich kurzerhand für unabhängig.[5]

Wohlgemerkt, diese Revolte erfolgte nicht auf ein kaiserliches Edikt hin, sondern auf eine einzelne Maßnahme des Kaisers, nämlich die Zerstörung der Christus-Ikone über den Bronzetüren des Chalketors. Nach den heftigen Reaktionen hätte man erwarten können, daß Leon die Aktion abbrechen würde, um einen offenen Bürgerkrieg zu verhindern. Doch von derlei Skrupeln ließ dieser Kaiser sich keinen Augenblick von seinem Entschluß abbringen. Drei Jahre lang versuchte er erfolglos mit den oppositionellen führenden Kirchenmännern im Osten wie im Westen zu verhandeln. Dann setzte er im Jahre 730 kurzerhand den bilderfreundlichen Patriarchen Germanos ab und den schwachen und ihm ergebenen Geistlichen Anastasios an dessen Stelle und erließ schließlich sein einziges Edikt gegen die Bilder.

Die Würfel waren gefallen. Es erging der Befehl, daß sämtliche Heiligenbilder unverzüglich zu zerstören seien; wer nicht gehorche, werde festgenommen und bestraft, wer weiterhin Bilder verehre, müsse mit gnadenloser Verfolgung rechnen. Im Osten traf der Schlag die Klöster am härtesten, denn viele besaßen erlesene Sammlungen antiker Ikonen, ganz zu schweigen von den Unmengen von Reliquien, die dasselbe Schicksal erleiden sollten. Hunderte von Mönchen und Nonnen flohen heimlich nach Griechenland und Italien und nahmen von den kleineren und wertvolleren Schätzen mit, was sie unter ihren Roben verstecken konnten. Weitere retteten sich in die Wüsten Kappadokiens, in deren Tuffsteinhöhlen bereits seit fast hundert Jahren andere christliche Gemeinden, von den vordringenden Sarazenen bedroht, Zuflucht gefunden hatten. Papst Gregor, der im Westen mittlerweile erkannt hatte, daß ein Bruch unvermeidlich war, veröffentlichte eine Verurteilung des Ikonoklasmus und sandte Leon gleichzeitig zwei Briefe. Darin legte er die orthodoxe Sicht des Bilderstreits dar und dem Kaiser dringend nahe, es jenen zu überlassen, das christliche Dogma zu definieren, die am meisten davon verstünden.

Leons sofortige Reaktion war, mit Gregor ähnlich kurzen Prozeß zu machen wie Konstanz II. mit Papst Martin. Die zur Verhaftung des Pontifex ausgesandten Schiffe wurden jedoch in der Adria versenkt; und bevor er weitere Schritte gegen ihn unternehmen konnte, war Gregor tot. Doch sein Nachfolger und Namensvetter verfolgte einen ebenso entschlossenen Kurs. Zusätzlich entrüstet, weil der Kaiser Anfang 713 die Jahreseinkommen der Kirchen von Sizilien und Kalabrien beschlagnahmt hatte, berief er im November eine Synode ein, welche die Exkommunikation aller anordnete, die respektlos Hand an heilige Objekte jeglicher Art legten. Leon rächte sich darauf, indem er die römischen Kirchenprovinzen von Sizilien und Kalabrien zusammen mit einer beträchtlichen Zahl weiterer auf dem Balkan ab sofort dem Patriarchat Konstantinopel unterstellte. Von dem Zeitpunkt an nahmen die ohnehin bereits gespannten Beziehungen zwischen der östlichen und der römischen Kirche den Charakter offener Feindschaft an, und diese dauerte mit kurzen Unterbrechungen mehr als dreihundert Jahre lang; dann kam es zum endgültigen Schisma.

Aus dem letzten Jahrzehnt von Leons Herrschaft ist nur wenig überliefert. Die dreißiger Jahre des siebten Jahrhunderts waren eine relativ ruhige Zeitspanne für Byzanz. Abgesehen von den regelmäßig erfolgenden Raubzügen der Sarazenen in Anatolien, die mittlerweile schon fast zur Tagesordnung gehörten, waren sie vermutlich zu einem großen Teil ausgefüllt mit Folgeerscheinungen des ikonoklastischen Erlasses, von dessen weiterer Durchsetzung sowie der

Verfolgung und Züchtigung all derer, die sich seiner Anwendung widersetzten. So ruhig diese Jahre aber auch gewesen sein mögen, es waren bestimmt keine glücklichen. Wie vor ihm Herakleios hatte Leon III. das Abendland zwar vor dem Zugriff der arabischen Heere bewahrt. Während Herakleios jedoch danach gestrebt hatte, dem Religionsstreit ein Ende zu setzen, scheint ihn Leon fast mit Absicht noch aufgereizt zu haben. Als er am 18. Juni 741 starb, hinterließ er ein Reich, das zwar endgültig vor seinen arabischen Feinden sicher, aber innerlich tiefer gespalten war als je zuvor in seiner Geschichte.

Konstantin V., sein Sohn und Nachfolger, der Nachwelt und bereits zu Lebzeiten unter dem wenig anziehenden Übernamen Kopronymos bekannt – ein Spitzname, von dem Theophanes behauptet, er verdanke ihn einem peinlichen Zwischenfall bei der Taufe –, war der letzte, der es hätte vereinen können. Er wurde im Jahre 720 als Zweijähriger von seinem Vater zum Mitkaiser gekrönt und stand von Jugend auf fest zu Leon und seiner ikonoklastischen Politik. Ziemlich sicher mit aus diesem Grund lancierte sein viel älterer Schwager Artabasdos, Leons wichtigster Verbündeter bei der Machtergreifung und – als Belohnung dafür – Ehemann seiner Tochter Anna, im Jahre 742 auf einem Feldzug Richtung Osten gegen die Sarazenen einen Überraschungsangriff auf den jungen Kaiser. Er besiegte ihn, stürmte nach Konstantinopel und ließ sich dort an seiner Statt zum Basileus ausrufen. Als solcher hob er sofort das Bilderverbot auf. Die Bevölkerung war höchst verblüfft, als plötzlich eine große Zahl angeblich zerstörter Heiligenbilder unversehrt wieder zum Vorschein kam, und ebenso darüber, daß so viele ehemalige Bilderstürmer offenbar die ganze Zeit über Bilderfreunde gewesen waren. Sechzehn Monate lang präsentierte Konstantinopel wieder sein wahres Selbst: Kirchen und öffentliche Gebäude erstrahlten im Goldglanz.

Doch Konstantin war nicht endgültig geschlagen. Er suchte in Amorion Zuflucht, der Stadt, in der sein Vater die ersten Erfolge gefeiert hatte. Die dort ausschließlich aus ansässigen Anatoliern rekrutierte Garnison umfaßte bis zum letzten Mann Ikonoklasten, und sie bereiteten ihm einen begeisterten Empfang. Danach war es für ihn ein leichtes, weitere Truppen derselben Glaubensrichtung auszuheben. Mit ihrer Hilfe schlug er Artabasdos 743 bei der antiken Stadt Sardis (Sardes) in Lydien und marschierte auf Konstantinopel, das sich ihm am 7. November ergab. Artabasdos und seine beiden Söhne wurden im Hippodrom öffentlich geblendet, ihre einflußreichsten Anhänger hingerichtet oder auf mannigfache Art und Weise verstümmelt. Den zitternden Patriarchen Anastasios, der, wie nicht anders zu erwarten, sein Mäntelchen in den Wind gehängt und den Usurpator gekrönt hatte, ließ Konstantin zuerst auspeitschen, dann nackt ausziehen und verkehrt herum auf einem Esel sitzend schändlich durch die Arena führen. Nach dieser von seinem Vorgänger Germanos schon fünfzehn Jahre zuvor prophezeiten Demütigung wurde er zur allgemeinen Verblüffung wieder in sein Amt eingesetzt. Dies war einer von Konstantins raffinierteren Schachzügen. Er war stets sorgsam darauf bedacht, den Einfluß der Hierarchie zu verringern und soviel Macht wie möglich in seiner Hand zu konzentrieren. Daher war ihm ein vollkommen in Mißkredit geratener Patriarch äußerst willkommen.

Artabasdos' Revolte hatte zwei bedeutsame Folgen. Zum einen nahm der Haß des Kaisers auf die Bilderverehrer danach fast krankhafte Ausmaße an. Als er wieder auf dem Thron war, intensivierte er die Verfolgung aller, die auch nur das geringste Anzeichen religiöser Abweichung erkennbar werden ließen. Vor allem die Bevölkerung von Konstantinopel war dem neuen Schreckensregime ausgeliefert. Doch – und dies mag überraschen – huldigte Konstantin selbst wie schon sein Vater keineswegs nüchterner Strenge. Wenn es nicht gerade um Bilder ging, waren die Bilderstürmer alles andere als puritanisch, ja in Wirklichkeit viel weniger als so mancher bilderfreundliche westliche Kirchenmann. In einem seiner Briefe hatte Papst Gregor Kaiser Leon vorgeworfen, er versuche jetzt diejenigen, welche die alten Ikonen vermißten, mit »Harfen, Zimbeln, Flöten und ähnlichen Banalitäten« zu trösten. Auch in den bildenden Künsten wurden weltliche Themen aktiv gefördert. Ein Beinahezeitgenosse[6] berichtet zum Beispiel, die Mosaiken in der Blachernenkirche mit Szenen aus dem Leben Jesu seien praktisch sofort durch andere, ebenso schöne ersetzt worden, nämlich Darstellungen von Landschaften mit so zahlreichen Bäumen, Vögeln und Früchten, daß man gar nicht mehr wisse, ob man einen Gemüsemarkt oder ein Vogelhaus vor sich habe. Noch viel phantastischer muß der Palast des Patriarchen ausgesehen haben; er soll, so heißt es, reich mit Abbildungen von Pferderennen und Jagdszenen verziert gewesen sein.

Wenn wir den dürftigen (und ausschließlich ikonodulen) Quellen glauben dürfen, grenzte Konstantins Geschmack ans Ausschweifende. Er stand offen zu seiner Bisexualität und füllte den Hof mit ausgewählten jungen Günstlingen. Wenn auch die Geschichten über zügellose Orgien zum Teil den boshaften Zungen seiner Feinde zuzuschreiben sind, gab es doch gewiß eine Menge Musik und Tanz; auch soll Konstantin gut Harfe gespielt haben. Dies bedeutet aber noch lange nicht, daß er nicht religiös war, beschäftigte er sich doch eingehend mit den Implikationen für die Glaubenslehre, die seine Politik aufgeworfen hatte. Im Laufe seines Lebens verfaßte er nicht weniger als dreizehn theologische Abhandlungen und hielt mit seinen persönlichen Schlußfolgerungen nicht hinter den Berg. Das vorliegende Material macht deutlich, daß er im Grunde ein Monophysit war. Er verabscheute den Marienkult und sprach Maria das Recht auf den Ehrentitel *Theotokos* (Mutter Gottes) rundweg ab, hatte sie doch seiner Meinung nach lediglich den materiellen Körper Jesu Christi und damit nur das vorübergehende Gefäß von Gottes Geist geboren. Für die Heiligenverehrung und erst recht für Reliquien zeigte er noch größere Verachtung, ebenso für jegliche Form von Fürbitten. Selbst der Gebrauch des Attributs »heilig« vor einem Namen erregte seinen Zorn. Den heiligen Petrus durfte man nur Petrus den Apostel nennen, die Kirche der heiligen Maria nur Marienkirche. Wenn sich einer seiner Höflinge vergaß und aufgebracht den Namen eines oder einer Heiligen als Kraftausdruck benutzte, tadelte ihn der Kaiser sofort – aber nicht etwa mangelnden Respekts für die fragliche heilige Person wegen, sondern weil ihr dieser Titel seiner Meinung nach nicht zustand.

Zum anderen machte Artabasdos' Staatsstreich Konstantin mit der vollen Stärke der Bildersturmgegner bekannt, und zwar vor allem in der Hauptstadt, und dies brachte ihn zur Überzeugung, daß Leons Erlaß von 730 allein nicht genügte; erforderlich war nun ein Konzil. Wie seinem Vater war aber auch ihm bewußt, daß überstürztes Handeln sich fatal auswirken, ja eine Revolution auslösen konnte. Er wartete deshalb zwölf Jahre; dann fühlte er sich stark genug, um ein, wie er es nannte, ökumenisches Konzil einzuberufen, das der ikonoklastischen Lehre die offizielle Billigung erteilen sollte. In der Zwischenzeit traf er in aller Sorgfalt seine Vorbereitungen. Bischöfe, deren Ansichten er als unzuverlässig betrachtete, wurden in aller Stille ihrer Diözesen enthoben und durch kaisertreue Kandidaten ersetzt. Zudem wurden neue Bischofssitze eingeführt und an vertrauenswürdige Anhänger vergeben.

Außerhalb des Patriarchats von Konstantinopel besaß der Kaiser vergleichsweise wenig Einfluß, ein Umstand, der um so negativer war, als sich die Patriarchate von Alexandria, Antiochia und Jerusalem *für* bildliche Darstellungen ausgesprochen hatten. Statt das Risiko einer hitzigen Diskussion einzugehen, welche die Gefahr in sich barg, daß die Ergebnisse des Konzils anders ausfielen, als er beabsichtigte, beschloß Konstantin, keine Vertreter aus diesen Patriarchaten, geschweige denn aus Rom, einzuladen. Die relativ kleine Gruppe, die schließlich am 10. Februar 754 im Hiereapalast an der asiatischen Küste des Bosporus zusammenkam, hatte offensichtlich nicht das geringste Recht auf die Bezeichnung »ökumenisch«, mit der sie sich so anmaßend versah. Sie setzte sich zusammen aus insgesamt dreihundertachtunddreißig Prälaten und stand unter dem Vorsitz von Bischof Theodosios von Ephesos, einem Sohn des ehemaligen Kaisers Tiberios II., denn Patriarch Anastasios war im Herbst zuvor einer besonders ekelerregenden Krankheit erlegen,[7] und man hatte bis dahin noch keinen geeigneten Nachfolger finden können. Man debattierte sieben Monate lang. Die am 29. August in Konstantinopel bekanntgemachten Beschlüsse brachten jedoch keine Überraschung. Christi Natur sei, so erklärten die Versammelten einstimmig, *aperigraptos*, das heißt nicht zu definieren, und deshalb logischerweise auch nicht mit den definierten Grenzen einer Gestalt in einem endlichen Raum abzubilden. Was die Bilder Marias und anderer Heiligen betreffe, so hafte ihnen der Geruch heidnischen Götzenkultes an und sie seien deshalb ebenfalls verdammenswürdig.

Wie vorauszusehen, waren diese Beschlüsse in unzählige Seiten akribischer Argumentationen verpackt und mit ebenso unzähligen Bibelzitaten, Aussagen von Kirchenvätern und jeder Menge vernichtender Gelehrtheit untermauert. Aber sie waren genau das, was der

Kaiser brauchte. Der Befehl zur Zerstörung aller heiligen Bilder wurde verstärkt erneuert, die Anführer der Bilderfreunde, unter ihnen der abgesetzte Patriarch Germanos sowie der führende Polemiker Johannes von Damaskus, wurden exkommuniziert. Die Verfolgung ging mit verstärkter Heftigkeit weiter, doch zeigte sich eine allmähliche Verlagerung der Stoßrichtung. Wie wir gesehen haben, waren die Klöster zwar schon seit langer Zeit ein Hauptziel der Bilderstürmer gewesen, hauptsächlich weil sie so viele Ikonen und Reliquien besaßen. Nach diesem Konzil ließ der Kaiser sie aber um ihrer selbst willen verfolgen, dazu mit einer Vehemenz, die Zweifel an seinem Geisteszustand aufkommen läßt. Er bezeichnete sie als die »Unaussprechlichen« und wetterte mit manischem Haß gegen ihre Gier, Bestechlichkeit und allgemeine Verworfenheit. Es schien kein Verbrechen zu geben, dessen sie nicht schuldig waren, keine Tiefen der Erniedrigung, in die sie nicht gesunken waren. Das bekannteste Opfer (da er Gegenstand einer bis heute erhaltenen Biographie ist) war Stephan, Abt des Klosters des heiligen Auxentios in Bithynien und Brennpunkt des klösterlichen Widerstandes. Er wurde unter dem Vorwurf aller Arten von Vergehen verhaftet. Der schwerwiegendste lautete, er habe unter Vorspiegelung falscher Tatsachen viele Unschuldige zum Klosterleben überredet. Zuerst wurde er verbannt, dann ins Gefängnis geworfen und schließlich wie einst sein Namensvetter auf offener Straße gesteinigt.

Stephan war aber nur einer von vielen Hunderten, vielleicht sogar mehreren Tausenden von Mönchen und Nonnen, die in den letzten fünfzehn Jahren von Konstantins Regierungszeit Hohn und Spott preisgegeben, verstümmelt oder umgebracht wurden (und manchmal auch all dies zusammen), nur weil sie für ihre Art zu leben einstanden. Im Thema Thrakesion, das, weit entfernt von Thrakien, den mittleren Teil der ionischen Küste mitsamt dem Hinterland umfaßte, ließ der örtliche Gouverneur alle Mönche und Nonnen zusammenkommen und befahl ihnen, auf der Stelle zu heiraten, oder sie würden nach Zypern gebracht. Vom selben Beamten, Michael Lachandrakon, heißt es, er habe die Bärte der Mönche, die sich ihm widersetzten, mit einer leicht entzündbaren Mischung aus Öl und Wachs getränkt und sie dann angezündet. In den verlassenen Klöstern übergab er ganze Bibliotheken den Flammen, verkaufte die geweihten Gold- und Silbergefäße und sandte den Erlös dem Kaiser. Dieser antwortete mit einem überschwenglichen Dankesschreiben und bezeichnete ihn als Mann nach seinem Herzen. Über das, was in den anderen Themen geschah, wissen wir weniger, doch wahrscheinlich ging es dort nicht wesentlich anders zu und her.

Für Greueltaten dieser Art kann es natürlich keine Entschuldigung geben, selbst dann nicht, wenn man zu Konstantins Rechtfertigung darauf hinweisen könnte, daß im Verlauf des siebten und achten Jahrhunderts sowohl die Größe als auch die Zahl der Klöster im Reich derart zugenommen hatte, daß sie der Verwaltung ernsthafte Probleme bereiteten. Trotz der ehrgeizigen Zwangsumsiedlungspläne Justinians II. und anderer blieben riesige Gebiete Kleinasiens hoffnungslos unterbevölkert. Die Lage verschlimmerte sich noch, als zwischen 745 und 747 die Beulenpest rund ein Drittel der Bevölkerung dahinraffte. Sowohl aus wirtschaftlichen als auch aus militärpolitischen Gründen war dort jedoch eine größere Anzahl von Menschen dringend notwendig: um den Boden zu bebauen, die Grenzen zu verteidigen und, vor allem, sich zu vermehren. Statt dessen wählten immer mehr Frauen und Männer, Reiche und Arme, Junge und Alte ein Leben, das in seinen Augen unfruchtbar und unproduktiv und, wie sehr es ihren unsterblichen Seelen auch zugute kommen mochte, für den Staat vollkommen nutzlos war. Diese von ihm als gefährlich erachtete Tendenz bekämpfte Konstantin in seinen späteren Jahren ebenso wie den religiösen Aberglauben im engeren Sinne. Wie es heißt, ärgerte ihn nichts so sehr, wie wenn Höflinge oder, noch schlimmer, Offiziere der Armee die Absicht äußerten, sich im Ruhestand in ein fernes Kloster zurückzuziehen. Seine drakonischen Maßnahmen waren zwar kurzfristig sehr wirksam, letztlich verlor er den Kampf aber trotzdem. Innerhalb weniger Jahre nach seinem Tod waren die Klöster wieder genauso voll und blühten wie zuvor. Das Problem, das sie verursachten, wurde in der Tat nie völlig aus der Welt geschafft. Trotz ihres unbestrittenen Beitrags an die byzantinische Kultur entzogen sie dem Reich doch fortwährend Lebenskraft, dies noch siebenhundert Jahre lang bis zu seinem Ende.

Die Herrschaft Konstantins V. Kopronymos wird so sehr überschattet vom Bilderstreit, daß seine militärischen Errungenschaften mehr oder weniger unbeachtet blieben. Er war keineswegs der geborene Soldat wie sein Vater, sondern nervös und reizbar, von chronisch schwacher Konstitution. Zudem neigte er zu Depressionen und Krankheiten. Kurz, wenige Kaiser schienen von ihrer körperlichen Disposition und ihrem Temperament her schlechter für das Soldatenleben geeignet als Konstantin. Und doch erwies er sich wider Erwarten als tapferer Kämpfer, sehr guter Taktiker und hervorragender Heerführer; so stand er von all seinen Untertanen wohl bei seinen Soldaten am höchsten im Kurs.

Seine Hauptgegner nach der Absetzung von Artabasdos waren im ersten Jahrzehnt seiner Herrschaft die Araber. Da sie von einem langen und erbittert geführten Bürgerkrieg geschwächt waren, konnte Byzanz aber endlich die Initiative ergreifen. 746 fielen Konstantins Truppen im Norden Syriens ein und nahmen Germanikea, den Heimatort seiner Vorfahren, ein. Der Großteil der Bevölkerung wurde zwangsweise nach Thrakien umgesiedelt, wo eine syrische, monophysitische Gemeinde bis weit in das neunte Jahrhundert hinein bestehenblieb. Das folgende Jahr brachte Konstantin einen bedeutenden Seesieg. Eine arabische Flotte aus Alexandria fiel, wie so viele vor ihr, den verheerenden Auswirkungen des »Griechischen Feuers« zum Opfer. Weitere Triumphe in Armenien und Mesopotamien folgten.

Im Jahre 750 veränderte sich die Lage dann entschieden. Bei der Schlacht am Großen Zab wurde das Heer des Kalifen Merwan II. von Abu Al-Abbas al-Saffach geschlagen, was der Dynastie der Omajjaden von Damaskus ein Ende setzte. Das Kalifat ging in der Folge an die Abbasiden aus Bagdad über, und diese interessierten sich mehr für den Osten, das heißt Persien, Afghanistan und Transoxanien, als für Europa, Afrika oder auch Kleinasien. Dadurch konnte der Kaiser in Konstantinopel die Aufmerksamkeit einer anderen, unmittelbaren Gefahr näher der Heimat zuwenden.

Nämlich den Bulgaren. Seit mehreren Jahren hatten sie dem Reich gegenüber eine zunehmend bedrohlichere Haltung eingenommen. Im Jahre 756 spitzten sich die Dinge zu. Unmittelbarer Anlaß für die Schwierigkeiten scheint die wachsende Zahl der syrischstämmigen Bevölkerung in Thrakien gewesen zu sein, die nach Konstantins Feldzug merklich zugenommen hatte, sowie der noch weniger willkommene Zuzug einer armenischen Siedlungsgruppe ein, zwei Jahre später. Dies hatte den Bau mehrerer Festungen notwendig gemacht, was durchaus eine technische Verletzung des Vertrages zwischen Theodosios III. und Tervel bedeutet haben könnte. Auf alle Fälle lieferte es den Bulgaren den Vorwand für einen erneuten Einfall in Reichsterritorium. Der Kaiser ritt ihnen sogleich an der Spitze seines Heeres entgegen, und sie schlugen die Invasoren mühelos in die Flucht, doch er konnte nicht verhindern, daß sie in den folgenden Jahren immer wieder kamen. Von dem Zeitpunkt an gehörten Feldzüge gegen bulgarische Heere zum wiederkehrenden Bestandteil des militärischen Alltags von Byzanz. Allein Konstantin führte neun derartige Unternehmungen an. Das Jahr 763 brachte ihm den ruhmreichsten, aber auch den am härtesten erkämpften Sieg seiner Laufbahn. Am 30. Juni bereiteten seine Soldaten dem Heer von König Teletz in einer Schlacht, die an einem der längsten Tage des Jahres vom Morgengrauen bis zum Einbruch der Dunkelheit dauerte, eine nahezu totale Niederlage. Diesen Erfolg feierte Konstantin mit einem Triumphzug in die Hauptstadt und besonderen Spielen im Hippodrom.

Aber auch dies bedeutete noch nicht das Ende. 773 gab es einen weiteren größeren Feldzug und 775 noch einen: es war Konstantins letzter. Auf dem Marsch in der glühenden Augusthitze Richtung Norden auf die Grenze zu schwollen seine Beinen an und waren so entzündet, daß sie ihn nicht mehr trugen. Man transportierte ihn auf einer Trage zurück nach Arkadiopolis und von dort zum Hafen von Selymbria, wo kurz darauf ein Schiff eintraf, um ihn nach Konstantinopel zurückzubringen. Es war keine lange Reise, doch er erlebte ihr Ende nicht. Sein Zustand verschlimmerte sich, und er starb am 14. September im Alter von siebenundfünfzig Jahren.

Als unglücklich, ja für Byzanz vielleicht sogar katastrophal, erwies sich der Umstand, daß Konstantin den Herrschaftsgebieten im Westen nicht einen Bruchteil der Sorge und Aufmerksamkeit schenkte, die er auf den Osten verwandte. Nur wenige Jahre nach seiner Thronbesteigung geriet Italien stark unter Druck durch die vorrükkenden Langobarden, die sich bereits Stück um Stück des Byzantinischen Reiches angeeignet hatten. Zu diesem Zeitpunkt hätte ein gezielter Feldzug – der problemlos möglich gewesen wäre – die Situation für das Reich retten können. Statt jedoch die so dringend notwendige Solidarität zu zeigen, machte sich Konstantin mit ungeschickten Versuchen, seine ikonoklastischen Vorschriften durchzusetzen, den Papst und dadurch den Großteil dessen italienischer Herde zum Feind. Irgendwie überlebte das Exarchat noch die Ereignisse von 727, wenn auch nur knapp. Im Jahre 751 wurde Ravenna vom Langobardenkönig Aistulf schließlich eingenommen, und damit war der letzte kaiserliche Stützpunkt in Norditalien unwiederbringlich verloren. Rom, vom Kaiser aufgegeben, war seinen Feinden schutzlos preisgegeben.

Doch nicht für lange. Jenseits der Alpen stieg im Westen eine neue, freundlicher gesinnte Macht rasch zu ungeahnter Größe auf. Im selben Jahr, da Ravenna fiel, hatte der Frankenführer Pippin der Kleine vom Papst die Zustimmung erhalten, den Merowingerkönig Childerich III. abzusetzen, den er ohnehin schon seit langer Zeit am Gängelband geführt hatte, und sich selbst krönen zu lassen. Papst Stephan II., dem die Franken als die viel wünschenswerteren Verbündeten erschienen sein müssen als das häretische, anmaßende Byzanz, hielt seine Position für stark genug und bat sie um Hilfe. Dazu machte er sich persönlich nach Frankreich auf, wo er am Dreikönigstag des Jahres 754 in Ponthion Pippin den Titel eines *Patrikios* (Schutzherrn) verlieh und ihn gemeinsam mit den beiden Söhnen Karl und Karlmann zu Königen der Franken salbte. Als Gegenleistung versprach Pippin, alle Gebiete, die dem Reich von den Langobarden abgeluchst worden waren, statt ihrem rechtmäßigen Souverän dem Papst zu geben.

Und er hielt Wort. Als Antwort auf einen Brief, den, so heißt es, durch ein Wunder der heilige Petrus selbst geschrieben habe, marschierten fränkische Truppen in Italien ein und zwangen Aistulf in die Knie. Im Jahre 756 erklärte Pippin den Papst zum Alleinherrscher über das sich durch Mittelitalien ziehende Gebiet, welches das kaiserliche Exarchat Ravenna sowie Perugia und Rom umfaßte (»Pippinische Schenkung«). Seine Vollmacht zu einem derartigen Schritt war, gelinde gesagt, zweifelhaft. Es ist auf die sogenannte Konstantinische Schenkung hingewiesen worden, mit der er sein Vorgehen gerechtfertigt habe und auf die noch zurückzukommen sein wird; neueres Material legt jedoch nahe, daß diese schamlose Fälschung erst ein halbes Jahrhundert später ausgeheckt wurde. Tatsache ist, daß der Kirchenstaat, den Pippin ins Leben rief, trotz seiner rechtlich schwachen Grundlage, elfhundert Jahre bestand und eine ständige Verlockung für fremde Abenteurer bis und mit Napoleon III. darstellte. Darüber hinaus erwies er sich als eines der größten Hindernisse bei der Umsetzung von Italiens lange gehegtem Traum der Einheit. Die fränkische Allianz mit dem Papst führte dagegen weniger als ein halbes Jahrhundert später zur Errichtung des mit Ausnahme des Papsttums einzigen christlichen Staatswesens mit einem ähnlichen Anspruch wie Byzanz: des Heiligen Römischen Reichs.

18

Irene

(775–802)

Ist das Urbild nicht gegenwärtig, kann das Ebenbild denselben Glanz ausstrahlen. Ist die Wirklichkeit jedoch präsent, wird selbst das Bild noch von ihrem Glanz übertroffen; die Ähnlichkeit bleibt jedoch bestehen, enthüllt sie doch die Wahrheit.

Clemens von Alexandria, zitiert von Nikephoros

Trotz seiner unorthodoxen sexuellen Neigungen war Konstantin Kopronymos dreimal verheiratet, und es gelang ihm offenbar sogar Vater zu werden, brachten doch zwei seiner Frauen sechs Söhne und eine Tochter zur Welt. Nach seinem Tod bestieg der älteste dieser Söhne, auch er das Kind einer Chasarenprinzessin, den Thron als Leon IV. Obwohl viel ausgeglichener als sein Vater, erwies sich Leon als Herrscher nicht annähernd so fähig wie dieser. Man muß ihm jedoch zugestehen, daß er in seiner kurzen Herrschaftszeit mit zwei gnadenlosen Hindernissen zu kämpfen hatte. Das eine war die Krankheit – vermutlich Tuberkulose –, an der er in seinem einunddreißigsten Lebensjahr starb, das andere war seine Frau Irene.

Irene, die als zweite Athenerin den Thron von Byzanz bestieg, hätte sich charakterlich kaum mehr von der brillanten, jungen Athenais unterscheiden können, die dreihundertfünfzig Jahre zuvor Theodosios II. geheiratet hatte. Intrige und Doppelspiel nutzend wie so viele Herrscher vor ihr und von ebenso unersättlichem Ehrgeiz und unstillbarem Machthunger getrieben, beherrschte sie das Reich fast ein Vierteljahrhundert lang in einer Zeit der Uneinigkeit und Unruhe. Der dunkelste Punkt ihrer Laufbahn ist einer der abscheulichsten Morde, welche die an Grausamkeiten ja nicht gerade arme byzantinische Geschichte aufzuweisen hat. Zu Lebzeiten ihres Mannes konnte sie nur durch ihn handeln, aber da er sowohl charakterlich als auch körperlich schwach, sie jedoch in jeder Hinsicht stark und ihm überlegen war, ist ihr Einfluß von dem Augenblick an spürbar, da er die höchste Regierungsgewalt übernahm.

Warum Leon – oder wahrscheinlicher sein Vater – sie erwählte, ist nicht bekannt. Sie war zwar von überwältigender Schönheit, aber es gab im Reich eine Menge schöner Frauen. Sie muß also noch andere Qualitäten besessen haben, auch wenn diese im dunkeln bleiben. Ihre Familie und ihre Vorfahren waren nichts Besonderes. Den Namen Irene hat sie offenbar erst bei der Heirat angenommen, aber ein anderer ist nicht überliefert. Ihre Geburtsstadt hatte seit langem den alten Glanz verloren; die ehemalige Hochburg der Intellektuellen war nur mehr eine kleine, der Frömmigkeit ergebene Provinzstadt. Selbst den Parthenon hatte man in eine Kirche umgewandelt. Aus kaiserlicher Sicht viel schlimmer aber war die Tatsache, daß die Athener Bevölkerung bekanntermaßen glühend den Bildern huldigte – Irene nicht ausgenommen. Unbeeinflußt wäre ihr Mann ohne Zweifel Ikonoklast gewesen wie sein Vater, ließ er doch in einer seiner seltenen Anwandlungen von Entschlossenheit eine Gruppe von älteren Beamten öffentlich auspeitschen und wegen Ikonenanbetung inhaftieren. Seine Frau machte jedoch keinen Hehl aus ihrer Sympathie und unternahm stete Anstrengungen, um dem Ikonoklasmus und allem, was damit zusammenhing, ein für allemal ein Ende zu setzen.

Es gibt keinen Grund, an der Aufrichtigkeit von Irenes Glauben zu zweifeln. Und solange sich ihre Aktivitäten darauf beschränkten, einen mäßigenden Einfluß auf ihren Mann auszuüben, erwies er sich als segensreich. So war es in hohem Maße ihr zu verdanken, daß verbannte Nonnen und Mönche in ihre Klöster zurückkehren durften, daß die Mutter Gottes wieder Gegenstand der Verehrung wurde und nicht mehr Zielscheibe derber Späße war und daß der Kaiser als »Freund der Mutter Gottes« bejubelt wurde – eine Bezeichnung, die bei seinem Vater einen Tobsuchtsanfall hervorgerufen hätte.

Im Hochsommer 780 verschlechterte sich Leons Gesundheitszustand plötzlich. Überall am Kopf und im Gesicht brachen Eiterbeulen aus. Er bekam hohes Fieber, und am 8. September war er tot.

Sein und Irenes Sohn war erst zehn Jahre alt. Das war Irenes Chance. Sie erklärte sich unverzüglich zur Regentin für ihren Jungen und herrschte als solche die folgenden elf Jahre über das Römische Reich.

Ihre Stellung war allerdings keineswegs unumstritten. Das noch immer überwiegend ikonoklastische Heer in Anatolien revoltierte innerhalb weniger Wochen zugunsten des einen oder anderen der fünf Brüder des verstorbenen Kaisers, die zwar alle hoffnungslos unfähig waren, aber eine nützliche Zielscheibe boten, um Unfrieden zu stiften. Der Aufstand wurde schnell niedergeschlagen und die Rädelsführer bestraft. Die fünf Brüder, die vielleicht sogar unschuldig waren, bekamen die Tonsur verpaßt und wurden zur Priesterweihe gezwungen. Damit auch niemandem nur der leiseste Zweifel an ihrem religiösen Stand blieb, wurden sie genötigt, am folgenden Weihnachtsfeiertag gemeinsam in der Hagia Sophia das Abendmahl zu spenden. Irene erkannte die Lektion und lernte daraus. Mehr denn je wurde ihr das Ausmaß der Opposition bewußt. Sämtliche hohen Staats- und Kirchenämter sowie die Mehrheit der Armee waren in der Hand von Bilderstürmern. Wenn sie ihr Ziel erreichen wollte, mußte sie ihre Mittel umsichtig und klug wählen.

Der im Keim erstickte Aufstand lieferte ihr den Vorwand für eine Säuberungsaktion in den Reihen der Armee, doch der Preis, den sie dafür bezahlte, war hoch. Die Entlassung vieler der besten und beliebtesten Offiziere bewirkte eine solche Unzufriedenheit und Demoralisierung bei den Truppen, die der Säuberung entgangen waren, daß sie sich der Krone nicht mehr zu Loyalität verpflichtet fühlten. Auf Sizilien erklärte der byzantinische Gouverneur die Unabhängigkeit und schloß sich kurz darauf den Sarazenen in Nordafrika an. Als im Osten 782 der Kalifensohn Harun al-Raschid an der Spitze eines auf hunderttausend Mann geschätzten Heers die Grenze überschritt, fiel der armenische Feldherr Tatzates sogleich auf dieselbe Weise von ihr ab, und seine Leute folgten ihm, ohne zu zögern. Schließlich wurde ein demütigender, teurer Waffenstillstand von Harun erwirkt: Irene mußte ihm in den folgenden drei Jahren einen jährlichen Tribut von siebzigtausend Golddinaren entrichten. Es ist bezeichnend, daß Irene die einzigen militärischen Erfolge in ihrer griechischen Heimat erringen konnte, wo das Heer größtenteils aus Westlern bestand und es nur wenige Ikonoklasten gab. Dorthin entsandte sie 783 ihren wichtigsten und bevorzugten Magistraten, den Eunuchen Staurakios. Nachdem er mit seinem Heer slawische Aufständische in Makedonien und Thessalien niedergeworfen hatte, stieß er tief in den noch immer nicht unterworfenen Peloponnes vor und kehrte mit reicher Beute zurück.

Nach diesem kleinen Triumph fühlte sich Irene stark genug, um ihre kirchenpolitischen Ziele weiterzuverfolgen. 784 dankte der ikonoklastische Patriarch ab – aus gesundheitlichen Gründen, wie er angab, doch scheint ein gewisses Maß an Überredungskunst nicht ausgeschlossen. Seinen Platz nahm Tarasios ein, ein ehemaliger Sekretär der Kaiserin. Unter den gegebenen Umständen hätte sie keine bessere Wahl treffen können. Der neue Patriarch war nie ein Mann der Kirche gewesen, sondern – obwohl wie alle gebildeten Byzantiner versiert in Theologie – als Beamter und Diplomat ausgebildet. Er ging die Frage des Bilderstreits deshalb als an der Praxis geschulter Staatsmann und nicht wie ein Geistlicher an. Wie zu sehen sein wird, unterliefen ihm zwar auch Fehler, aber manches am kurzfristigen Erfolg der bilderfreundlichen Gegenbewegung ging auf seine Klugheit und sein vernünftiges Urteilsvermögen zurück.

Irenes erste Priorität galt der Wiederherstellung der Beziehungen mit Rom. Am 29. August 785 schrieben sie und ihr Sohn deshalb an Papst Hadrian I. und luden ihn ein, Delegierte an ein neues Konzil nach Konstantinopel zu entsenden, das die häretischen Beschlüsse des vorangegangenen Konzils widerrufen würde. Der Papst reagierte mit vorsichtiger Begeisterung. Es sei schade, meinte er, daß der Kaiser und die Kaiserin es passend gefunden hätten, einen Laien in das Patriarchat einzusetzen und ihn einmal mehr als »ökumenisch« zu bezeichnen. Andererseits freue er sich sehr über die Rückgabe der süditalienischen, sizilianischen und illyrischen Diözesen unter seine Oberhoheit. Ferner sei er zuversichtlich, daß aus dem jungen Konstantin einmal ein neuer Konstantin der Große werde und Irene sich als tüchtige zweite Helena erweisen werde, sofern sie sich pflichtschuldigst seiner Führung als geistlicher Vater anvertrauten.

Als sich das Konzil am 17. August 786 zur Eröffnungssitzung in der Kirche der heiligen Apostel – das unter Konstantin V. Kopronymos verbotene Attribut durfte glücklich wieder verwendet werden – komplett einfand, samt Delegierten aus Rom und allen drei östlichen Patriarchaten, schien die Sache der Bilderfreunde gesichert. Doch so sorgfältig sich Irene und Tarasios ihre Pläne auch zurechtgelegt hatten, den Fanatismus der bilderstürmerischen Reaktionäre hatten sie unterschätzt. Diese gaben sich noch nicht geschlagen und machten das auch höchst energisch klar. Kaum hatten die Delegierten ihre Plätze eingenommen, drang eine Abordnung Soldaten der kaiserlichen Garde und der Stadtgarnison in die Kirche ein und drohte allen mit härtesten Strafen, die das Gebäude nicht sofort verließen. Die Versammlung zerstreute sich darauf in panischer Hast. Die päpstlichen Gesandten bestiegen arg gebeutelt sogar sofort das Schiff zurück nach Rom.

Irene und Tarasios handelten mit Entschiedenheit. Wenige Wochen später kündigten sie einen neuen Feldzug gegen die Sarazenen an. Die aufständischen Garden wurden sofort eingezogen und nach Asien gebracht. Dort angekommen, wurden sie in aller Stille aufgelöst, und ihren Platz in der Hauptstadt nahmen vertrauenswürdige bithynische Einheiten ein. Gleichzeitig wurden die abgereisten Delegierten eifrig wieder versammelt. Im September 787 nahm das siebte Konzil in der Hagia Sophia in Nikäa, wo vierhundertfünfzig Jahre zuvor Konstantin der Große das erste Konzil abgehalten hatte, unter strengsten Sicherheitsvorkehrungen endlich doch noch seine Arbeit auf. Als Zeichen der guten Absichten gegenüber Rom erhielten die beiden päpstlichen Gesandten, die auf der Rückfahrt bis Sizilien gekommen und widerwillig wieder umgekehrt waren, auf den Präsenzlisten den Vorrang vor allen anderen, darunter auch vor Patriarch Tarasios. Dieser übernahm den stellvertretenden Vorsitz – der eigentliche Vorsitz war Jesus Christus vorbehalten und, wie in kirchlichen Versammlungen üblich, durch das auf dem Thron des Vorsitzenden aufgeschlagene Evangelium symbolisiert.

Diesmal gab es keine Unterbrechungen. Aufgabe des Konzils war offenbar nicht, das Für und Wider des Ikonoklasmus zu diskutieren, sondern lediglich das Zurück zur Bilderverehrung zu ratifizieren. In dem einen Jahr, das seit der abgebrochenen Zusammenkunft in Konstantinopel vergangen war, schien die gesamte Gegnerschaft geschwunden zu sein. Das heißt aber nicht, daß die Angelegenheit völlig reibungslos über die Bühne gegangen wäre. In Wirklichkeit erhitzte vielmehr bereits der erste Diskussionspunkt die Gemüter beträchtlich: Wie sollte mit den ehemaligen ikonoklastischen Bischöfen verfahren werden, die nun bereit waren, die vergangenen Irrtümer einzugestehen? Fast hätten manche Delegierten darüber Prügel bezogen. Das Konzil beschloß dann zwar klugerweise, diese nach einem öffentlichen und vollumfänglichen Widerruf wieder in den Schoß der Kirche aufzunehmen, der Antrag konnte jedoch nur gegen den heftigsten Widerstand auf seiten der gegenerischen monastischen Fraktion durchgesetzt werden, die darauf bestand, die betreffenden Prälaten für immer ins Reich der Finsternis zu verstoßen. Zorniges Gemurmel ging durch den Raum, als sich die ehemaligen Bilderstürmer einer nach dem andern erhoben, um zu gestehen, daß sie in Häresie geboren, aufgewachsen und erzogen worden seien, wie es einer formulierte, der das Konzil von 754 darüber hinaus als eine Versammlung von Sturheit und Wahnsinn geißelte, die gegen alle Wahrheit und Frömmigkeit, tollkühn und unbesonnen das traditionelle Gesetz der Kirche unterwandert habe, indem sie den heiligen, verehrungswürdigen Bildern Beleidigungen entgegenschleuderte und Verachtung entgegenbrachte.

Erleichtert wandten sich die Teilnehmer des Konzils darauf einem weniger streitbaren Thema zu. Zwar waren sich alle Anwesenden darin einig, daß Bilder allgemein erwünscht seien, doch schien es wesentlich, entsprechend aussagekräftiges Material aus der Bibel und den Schriften der frühen Kirchenväter zusammenzustellen und so ein für allemal diese Wahrheit festzuhalten. Zusätzlich hoffte man sicherzustellen, daß derselbe doktrinäre Fehler in kommenden Generationen nicht noch einmal gemacht wurde. Manche der dabei angeführten Zeugnisse waren von solch alberner Trivialität, daß man sie besser gestrichen hätte: Bischof Basileos von Ankyra versicherte der Versammlung zum Beispiel in seinem Widerruf, er habe die Geschichte vom Opfer des Isaak oft ungerührt gelesen; kaum habe er aber Darstellungen davon erblickt, sei er in Tränen ausgebrochen. Ein anderer ehemaliger Ikonoklast namens Theodor von Myra setzte dem noch die Krone auf mit der Geschichte eines seiner Erzbischöfe; dieser habe eine Vision des heiligen Nikolaus gehabt und ihn zum Glück anhand der Ikone sofort erkannt. Die Aufgabe war schließlich zur allgemeinen Zufriedenheit vollendet, und anläßlich seiner siebten Sitzung war das Konzil bereit, eine neue Definition der Doktrin zu verabschieden. Darin wurde die Voreingenommenheit gegenüber heiligen Bildern als Irrglaube verurteilt und verfügt, daß sämtliche ikonoklastischen Schriften sofort der patriarchalen Kanzlei in Konstantinopel zu übergeben seien, ansonsten die Schuldigen ihrer Weihen verlustig gehen und Laien exkommuniziert würden. Zum Abschluß billigte das Konzil die Bilderverehrung ganz formell. Die neue Doktrin endete wie folgt:

> Deshalb definieren wir mit aller Sorgfalt und Genauigkeit, daß gleich dem Zeichen des verehrungswürdigen und lebenspendenden Kreuzes auch die ehrwürdigen und heiligen Ikonen, die aus Farben, Mosaiksteinen oder aus einem anderen entsprechenden Material gefertigt sind, in den Kirchen, auf den Kultgeräten und den liturgischen Gewändern, auf den Wänden und auf Tafeln, in den Häusern und auf den Wegen zu Ehre Gottes angebracht werden sollen: die Ikonen unseres Herrn und Erlösers Jesus Christus, der heiligen Jungfrau und Gottesmutter, der Engel und aller Heiligen.
>
> Je öfter wir nämlich diese durch die Bilder betrachten, desto mehr werden wir uns durch das Sehen der Bilder an die Urbilder erinnern und sie lieben und sie küssen und verehren, freilich nicht mit jener Anbetung, die nach unserem Glauben allein der göttlichen Natur gebührt, sondern auf die Art und Weise, wie auch das ehrwürdige und lebenspendende Kreuz, die heiligen Evangelien und die anderen heiligen Dinge verehrt werden: indem zu ihrer Ehre Weihrauch und Lichter dargebracht werden, nach dem frommen Brauch der Alten.[1]

Der letzte Satz ließ eine leise Warnung anklingen: Ikonen sollten also Gegenstand der Verehrung *(Proskynesis)* und nicht der Anbetung *(Latreia)* sein. Der springende Punkt ist in der Tat selbstverständlich: Alles andere wäre der reine Götzendienst. Die Delegierten waren sich sehr wohl bewußt, daß es gerade das Verwischen dieser Unterscheidung gewesen war, die zumindest zum Teil die Schuld am Aufkommen der ikonoklastischen Bewegung trug. Es war daher wohl angebracht, die Gläubigen zur Vorsicht zu mahnen.

Für seine achte und letzte Sitzung wurde das gesamte Konzil nach

Konstantinopel verlegt, wo es am 23. Oktober im Magnaurapalast unter dem Vorsitz von Irene und ihrem Sohn zusammentrat. Die Doktrin wurde noch einmal im Wortlaut vorgelesen, einstimmig gutgeheißen und dann feierlich von der Kaiserin und vom Kaiser unterzeichnet, worauf die Delegierten den Heimweg antraten. Irene und Tarasios hatten allen Grund, einander zu beglückwünschen. Ihr Ziel war endlich erreicht.

Gibbon bezeichnet dieses zweite Konzil von Nikäa als »ein merkwürdiges Denkmal des Aberglaubens und der Unwissenheit, der Unredlichkeit und der Thorheit«.[2] In gewisser Hinsicht trifft dies zu, vor allem wenn man bedenkt, daß es trotz äußerlich manifestierter Einstimmigkeit nur eine kurze Unterbrechung des Bilderstreits einleitete. Fünfundzwanzig Jahre später wurden nämlich auch seine Beschlüsse widerrufen und die Darstellung von Heiligen einmal mehr verurteilt. Der Verfasser eines der umfassendsten Werke zum Bilderstreit vertritt jedoch eine völlig andere Sicht.[3] Für ihn ist das Konzil »eines jener Ereignisse, die an sich zwar trivial sind, aber dennoch einen bedeutenden Wendepunkt in der Geschichte des Christentums darstellen«, weil »es [das Konzil] den Prozeß der Identifikation des Christentums mit der griechisch-lateinischen Kultur abschloß«. Martin vertritt die Meinung, die Bilderstürmer stünden wie die Monophysiten vor ihnen für die orientalische, mystische Seite der christlichen Religion, zu der sich Byzanz dank des Einflusses der Ostprovinzen – und nicht zuletzt des Islams – stets hingezogen fühlte. Es habe den Widerstand aber nie aufgegeben, und dies sei der Grund, daß das Reich theologisch in der mediterranen Welt verankert blieb. Wenn wir diese These akzeptieren – und es spricht nichts dagegen –, kann das zweite Konzil von Nikäa als Fortsetzung desjenigen von Chalkedon betrachtet werden, als eine »letzte Geste des Widerstandes gegen die Ansprüche des asiatischen Ideals«. Die Tragik war, daß Byzanz über die Jahre hinweg immer mehr den politischen Kontakt mit dem Westen verlor und deshalb zu einem »tragischen Denkmal starrköpfiger Isolation« wurde – ein Umstand, der im weiteren Verlauf seiner Geschichte zunehmend an Bedeutung gewann.

Der siebzehnjährige Kaiser Konstantin VI., der die Beschlüsse des zweiten Konzils von Nikäa unterzeichnet hatte, war noch immer nicht mehr als eine Galionsfigur. Und trotz seiner Heirat mit der schönen Paphlagonierin Maria von Amnia im darauffolgenden Jahr war er mit seiner Rolle für den Augenblick zufrieden. Wie lange er sich noch mit dem fast vollkommenen Ausschluß von sämtlichen Regierungsgeschäften abgefunden hätte, wenn seine Mutter ihren Ehrgeiz hätte zügeln können, ist schwer zu sagen. Doch im Jahre 790 ging Irene zu weit. Statt ihren Sohn stärker in die Regierung einzubeziehen, fügte sie ihm eine neue und an sich unnötige Erniedrigung zu, indem sie anordnete, ihr sei als älterer Herrscherin der Vorrang zu geben und ihr Name müsse immer vor dem seinem genannt werden. Ob es Konstantin gefiel oder nicht, von dem Augenblick an richteten sich die Erwartungen aller Gegner seiner Mutter, und damit zwangsläufig auch jene der zahlreichen Bilderstürmer der alten Garde, auf ihn. Es dauerte nicht lange, bis eine Gruppe eine Verschwörung organisierte mit dem Ziel, die Kaiserin festzunehmen und nach Sizilien zu verbannen. Irene, wie immer auf der Hut, bekam jedoch rechtzeitig Wind von dem Plan und verfuhr entschlossen mit den Verantwortlichen. Ihren Sohn warf sie ins Gefängnis. Und um ihre Stellung zusätzlich zu stärken, verlangte sie vom ganzen Heer einen persönlichen Treueeid zu ihren Gunsten.

Damit war sie einmal mehr zu weit gegangen. In Konstantinopel und in den europäischen Provinzen leisteten die Soldaten den Eid zwar bereitwillig, aber in Kleinasien, wo die ikonoklastischen Einheiten immer noch stark waren, gab es hartnäckigen Widerstand. Die von den Truppen aus dem Thema Armeniakon angeführte Revolte dehnte sich rasch aus. Nach wenigen Tagen wurde Konstantin von allen Seiten zum einzigen rechtmäßigen Herrscher des Reichs ausgerufen. Nachdem er in aller Eile aus dem Gefängnis befreit worden war, schloß er sich seinen Anhängern in Anatolien an. Dann kehrte er in die Hauptstadt zurück. Staurakios, Irenes Logothet und wichtigster Stellvertreter, wurde ausgepeitscht, tonsuriert und nach Armeniakon verbannt. Mehrere weniger wichtige Mitglieder aus dem Hofstaat der Kaiserin erlitten ein ähnliches Schicksal. Kaiserin Irene selbst wurde in ihrem kurz zuvor fertiggestellten Eleutherionpalast unter Hausarrest gestellt. Es ist kaum anzunehmen, daß Konstantin persönlich für derart einschneidende Maßnahmen verantwortlich war. Viel wahrscheinlicher ist, daß die Entscheidungen von seinen militärischen Anhängern getroffen wurden und er sich wie gewöhnlich passiv verhielt. Dennoch: Er war so beliebt wie nie zuvor, seine Stellung unbestritten. Ihm gehörte die Zukunft.

Aber er vertat seine Chance. Unfähig, labil und leicht zu beeinflussen, wie er war, erwarb er sich rasch den Ruf, alles zu glauben, was man ihm sagte, und immer dem neuesten Ratschlag zu folgen. Als im Herbst 791 Harun al-Raschids Sarazenenscharen in die Ostprovinzen einfielen, schloß er sofort einen weiteren schmählichen Friedensvertrag mit einer Verpflichtung für eine Tributzahlung, die sich das Reich kaum leisten konnte. Als etwa zur gleichen Zeit Unruhen an der bulgarischen Grenze ausbrachen und er selbst in den Kampf ziehen mußte, erwies er sich als unfähiger Befehlshaber und räumte 792 in Marcellae schmachvoll das Feld. Im selben Jahr ließ er sich überreden, seine Mutter in die Hauptstadt zurückzurufen und ihr die einstige Machtposition wiederzugeben. Für die heimlichen Bilderstürmer Konstantinopels, deren Hoffnungen er dadurch zunichte machte, war damit das Maß voll. Eine neue Verschwörung wurde ausgeheckt, diesmal mit dem Ziel, Mutter und Sohn zugunsten von Caesar Nikephoros (einem der fünf Brüder Leons IV.) abzusetzen, und zwar trotz der Priesterweihe, die man ihm zwölf Jahre zuvor aufgezwungen hatte. Doch auch dieser Plan wurde entdeckt, und zum ersten Mal in seinem Leben handelte Konstantin entschlossen. Er ließ Nikophoros blenden. Und für den zwar unwahrscheinlichen Fall, daß ein anderer Onkel ähnliche Ziele verfolgen sollte, ließ er allen vieren die Zunge abschneiden.

Damit erwies sich der Kaiser nicht nur als unentschlossen, illoyal und feige vor dem Feind, sondern auch brutaler Grausamkeit fähig. Wohl wenige seiner Untertanen empfanden noch Respekt für einen so verachtungswürdigen Herrscher. Abgesehen von den Bilderstürmern im Heer Kleinasiens war nur noch eine Gruppe bereit, ihm ein bescheidenes Maß an Unterstützung zu gewähren: die Repräsentanten der alten monastischen Partei, die dankbar zur Kenntnis genommen hatten, daß er, anstatt die Bilderstürmer zu bevorzugen, wie sie befürchtet hatten, ihnen offenbar wohlgesinnt war und zu ihrer noch größeren Genugtuung sogar seine Mutter wieder auf den Thron berufen hatte. Doch dann stieß er auch sie vor den Kopf. Im Januar 795 erfuhren sie zu ihrem Entsetzen, daß er sich von seiner

Frau hatte scheiden lassen, um eine zweite Ehe einzugehen. Trotz ihrer Schönheit war Maria von Amnia offenbar nicht die Richtige gewesen. Sie hatte zwar eine Tochter namens Euphrosyne zur Welt gebracht, und diese erlangte dreißig Jahre später als Frau Michaels II. kaiserlichen Rang. Das Paar hatte jedoch keinen Sohn, auf dessen sichere Nachfolge man hätte bauen können. Im übrigen war Konstantin ihrer ohnehin überdrüssig, hatte er sein Herz doch seit langem an die Hofdame Theodote verloren. Maria wurde kurzerhand in ein Kloster gesteckt, Patriarch Tarasios gab der Scheidung widerwillig seinen Segen, und im folgenden August wurden Konstantin und Theodote im Mamaspalast außerhalb von Konstantinopel getraut. Etwas über ein Jahr darauf brachte Theodote einen Sohn zur Welt.

Die Mönche waren außer sich. Daß ein Kaiser nach dem Tod seiner Frau wieder heiratete, mochte noch angehen, daß er aber die rechtmäßige Kaiserin zugunsten einer anderen einfach wegschickte – das bedeutete eine Sünde gegen den Heiligen Geist. Sie rasten: Konstantins Verbindung mit Theodote könne unter keinen Umständen geduldet werden; und keinesfalls werde man das illegitime Kind als möglichen Nachfolger betrachten. Die führenden Protestanten Platon, der Abt des Sakkudionklosters in Bithynien, und sein Neffe Theodor, der später als Abt des Studiosklosters in Konstantinopel berühmt werden sollte, wurden nach Thessalonike verbannt. Ihre Gefolgschaft ließ sich jedoch nicht zum Schweigen bringen. Nicht nur der ehebrecherische Kaiser war Zielscheibe dieses monastischen Donnerwetters, der Zorn richtete sich ebensosehr gegen Tarasios, weil er die Eheschließung gebilligt, wenn auch wohlweislich die Trauung nicht selbst vorgenommen hatte.

Ob der weltliche Patriarch seinen Anklägern je enthüllte, daß ihm Konstantin gedroht hatte, sich offen mit den Bilderstürmern zu verbinden, wenn er ihm die nötige Erlaubnis verweigere, ist nicht überliefert. Es bewahrte ihn jedenfalls nicht vor der Anklage der Häresie, die gegen ihn vorbereitet wurde. Die Monate verstrichen, und der sogenannte Moicheanische Streit[4] sollte sich als von weit größerer Tragweite erweisen denn nur als vergleichsweise kleineres Problem einer zweiten kaiserliche Ehe. Längerfristig vertiefte er nämlich weniger den Graben zwischen Ikonoklasten und Ikonodulen, sondern zwischen den beiden Parteien der letzteren noch zusätzlich: den mehr oder weniger fanatischen Mönchen auf der einen und den maßvoll Eingestellten auf der anderen Seite, die wußten, daß das Reich kein übergroßes Kloster war und daß es nur dann zu einer wirksamen Zusammenarbeit zwischen Kirche und Staat kommen konnte, wenn beide Seiten ihr Scherflein dazu beitrugen. Diese Kluft hatte sich bereits in der Diskussion um den Status der widerrufenden Bischöfe während des Konzils von Nikäa bemerkbar gemacht. Sie bestand noch mehr als hundert Jahre fort und spaltete und schwächte die Kirche verschiedentlich gerade dann, wenn Einheit besonders vonnöten gewesen wäre. Und sie vergiftete die Beziehungen zwischen den Kirchenmännern, die dem Reich bleibenden Nutzen hätten bringen können, wenn sie zusammengearbeitet hätten.

Mittlerweile hatte Konstantin die Gunst der letzten potentiellen Anhänger in Konstantinopel verwirkt und war nun hilflos seiner größten Gegnerin ausgeliefert, seiner Mutter Irene. Sie hatte ihm die, wenn auch nur vorübergehende, Absetzung nie verziehen und wußte, wie leicht sich so etwas wiederholen konnte. Auch war ihr vollkommen klar, daß die wahren Sympathien ihres Sohnes bei den Bilderstürmern lagen und umgekehrt, und sie gab sich keinen Illusionen in bezug auf deren Stärke bei den Truppen Kleinasiens hin: Solange Konstantin lebte, war ein neuer Staatsstreich jederzeit möglich, und zwar einer, der nicht nur ihr Ende bedeuten, sondern auch ihr ganzes Werk zunichte machen und der ikonoklastischen Lehre im gesamten Reich erneut zum Durchbruch verhelfen konnte. Sie hatte deshalb, seit sie wieder an die Macht gekommen war, keine Gelegenheit ausgelassen, um Konstantins Stellung auf jede erdenkliche Weise zu untergraben. Man kann sich sogar gut vorstellen, daß sie seine Scheidung und neuerlichen Heiratsabsichten mit voller Absicht unterstützte, weil sie wußte, daß ihn dies in den Augen ihrer eigenen eifrigsten Anhänger, der Mönche, um so mehr in Mißkredit brachte. Ziemlich sicher waren es auch ihre Spione, die Konstantin, als er mit dem Heer im Frühjahr 797 gegen die Sarazenen marschierte, die falsche Information zuspielten, der Feind habe sich hinter die Grenze zurückgezogen. Daß Harun al-Raschid nichts dergleichen getan hatte und noch immer ausgedehnte Landstriche des byzantinischen Reichsgebietes besetzt hielt, fand Konstantin erst heraus, als er sich wieder in Konstantinopel befand, aber da waren die nie ganz verstummten Stimmen, die behaupteten, er sei feige, bereits wieder lauter geworden – ganz nach Irenes Plan.

Im Juni war sie bereit zuzuschlagen. Als Konstantin eines Tages vom Hippodrom zur Mamaskirche in den Blachernen ritt, sprang eine Gruppe Soldaten aus einer Seitenstraße hervor und stürzte sich auf ihn. Seine Garde verteidigte ihn, und im darauffolgenden Durcheinander gelang es ihm, zu entkommen und sich über den Bosporus rudern zu lassen, wo er auf Unterstützung hoffte. Doch Irene handelte schneller als ihr Sohn. Er wurde fast unverzüglich festgenommen und in den Kaiserpalast zurückgebracht. Dort stach man ihm am 15. August um drei Uhr nachmittags im Porphyrpavillon, wo er siebenundzwanzig Jahre zuvor zur Welt gekommen war, die Augen aus. Es heißt, man sei dabei besonders brutal verfahren, um sicherzustellen, daß er nicht überlebte. Zwar wissen wir nicht genau, wie lange er danach noch lebte, aber es gibt kaum Zweifel, daß Irene an seiner Ermordung die Schuld trug. Theophanes zufolge soll sich, natürlich als Zeichen göttlicher Mißbilligung, darauf der Himmel für volle siebzehn Tage verdunkelt haben.

Da der Sohn von Theodote und Konstantin wenige Monate nach der Geburt gestorben war – wahrscheinlich eines natürlichen Todes, obwohl wir dessen in Kenntnis seiner Großmutter nie ganz sicher sein können –, war Irene nun nicht nur Alleinherrscherin auf dem byzantinischen Thron, sondern auch die erste Frau, die dem Reich nicht nur als Regentin, sondern von Rechts wegen vorstand. Diese Stellung hatte sie seit langem angestrebt. Leider war ihr aber nicht vergönnt, sich daran zu erfreuen. Über die letzten Jahre hinweg hatte sich zwischen ihren beiden wichtigsten Beratern, den Eunuchen Staurakios und Ätios, eine fast krankhafte Eifersucht entwickelt, und ihre unaufhörlichen Intrigen machten ein wirksames Regieren nahezu unmöglich. Irenes Beliebtheit bei ihren Untertanen, die selbst zu ihren besten Zeiten nie besonders groß gewesen war, nahm nach dem Mord an ihrem Sohn schlagartig ab. Sie versuchte das mit enormen Steuerrückzahlungen wiederaufzuholen, die sich das Reich jedoch im Grunde gar nicht leisten konnte. Zu den am meisten bevorzugten Günstlingen gehörten die klösterlichen Institutionen, die von jeher die Hauptquelle ihrer Unterstützung dargestellt hatten. Zusätzlich wurden die in Abydos und an den Meerengen erhobenen, äußerst gewinnbringenden Zölle sowie die Verbrauchssteuer um jeweils die Hälfte gekürzt und die verhaßte Einkommenssteuer sowie eine Art Kopfsteuer, die alle freien Bürger Konstantinopels zu entrichten hatten, ganz abgeschafft.

Solche Maßnahmen konnten das Unvermeidliche jedoch höchstens für kurze Zeit hinauszögern. Wer von Irenes Untertanen etwas auf sich hielt, gab sich schockiert über die Unverantwortlichkeit ihrer Handlungsweise und voller Verachtung für die Annahme, ihre Gunst lasse sich so leicht erkaufen. Die mehrheitlich ikonoklastischen Truppen Kleinasiens, die sie schon immer gehaßt hatten und nach Konstantins Ermordung fast gemeutert hätten, waren empört und fühlten sich durch den neuen und erhöhten Tribut, den sie Harun al-Raschid zugestanden hatte, gedemütigt. Man muß sich im Heer auch gefragt haben, wo denn inskünftig der Sold herkommen sollte. Die Beamtenschaft sah hilflos zu, wie die Reichsschatzkammer sich jeden Tag mehr leerte, und langsam schwand die Hoffnung, daß man die Wirtschaft je wieder würde in Ordnung bringen können. Indes sahen die Reaktionären jeglichen Alters und Standes im ganzen Reich, denen ein weibliches Reichsoberhaupt prinzipiell und von Anfang an gegen den Strich gegangen war, all ihre schlimmsten Befürchtungen bestätigt. Klar, daß es nur noch eine Frage der Zeit war, bis sich die eine oder andere Gruppierung – natürlich nicht im eigenen, sondern im Interesse von Byzanz – erheben und sie stürzen würde.

Welcher der obenerwähnten Gründe mag die Verschwörer letztlich wohl zum Staatsstreich bewogen haben, als sie endlich handelten? Vermutlich gar keiner; denn nun gab es einen anderen, und dieser verlangte noch dringender nach einer raschen und entscheidenden Aktion. Am Weihnachtsfeiertag des Jahres 800 wurde Karl, der Sohn des Frankenkönigs Pippin, in der Peterskirche in Rom von Papst Leo III. zum römischen Kaiser gekrönt. Und im Sommer 802 sandte er Botschafter zu Irene mit einem Heiratsantrag.

Schon einige Zeit vor der Krönung fehlte Karl dem Großen, wie er schon sehr bald genannt wurde, nur der offizielle Titel zum Kaisertum. Nach dem plötzlichen Tod seines Bruders Karlmann war er 771 Alleinherrscher der Franken geworden; zwei Jahre später hatte er mit seinen Truppen Pavia eingenommen und sich zum König der Langobarden ausgerufen. Dann wurden im Gebiet des heutigen Deutschland in den sogenannten Sachsenkriegen die Sachsen mit großer Gewalt unterworfen und christianisiert und mit dem bereits christlichen Bayern das letzte Stammesherzogtum annektiert. Ein Einfall in Spanien war weniger erfolgreich, aber immerhin Inspiration für das erste bedeutende mittelalterliche Heldenepos Westeuropas, das *Chanson de Roland*. Noch zuvor hatten Karls Feldzüge gegen die Awaren in Ungarn und Oberösterreich zur Vernichtung von deren unabhängigem Königreich und dessen Eingliederung in sein Herrschaftsgebiet geführt. In knapp dreißig Jahren hatte er das fränkische Königreich somit vom Status eines von vielen europäischen Halbstammesstaaten zu einer politischen Einheit riesigen Ausmaßes geführt, ein Prozeß ohnegleichen seit der Entstehung des Römischen Reichs.

Bei alledem, oder doch bei einem Großteil davon, hatte er mit enthusiastischer Billigung des Papsttums gehandelt. Es war nun fast fünfzig Jahre her, seit sich Papst Stephan über die Alpen gekämpft hatte, um bei Karls Vater Pippin um Unterstützung gegen die Langobarden nachzusuchen – ein Appell, den er angemessener an den byzantinischen Kaiser gerichtet hätte, was wohl auch geschehen wäre, wenn Konstantin Kopronymos auch nur ein wenig von seiner ikonoklastischen Besessenheit hätte lassen können, um seine Aufmerksamkeit den Problemen in Italien zuzuwenden. Pippin und Karl hatten dort Erfolg, wo Byzanz versagt hatte. Und obwohl das Konzil von Nikäa den Riß zwischen Rom und Konstantinopel theoretisch gekittet hatte, war Papst Hadrian alles andere als glücklich über den Bericht, den ihm seine Gesandten bei ihrer Rückkehr erstatteten. Sie hatten zum Beispiel festgehalten, daß beim Vortragen der Botschaft des Papstes an Irene und Konstantin vor dem versammelten Konzil sämtliche kontroversen Abschnitte unterschlagen worden waren, darunter jene, in denen er auf die nichtkanonische Einsegnung von Patriarch Tarasios und dessen Titel »ökumenisch« hingewiesen hatte. Auch suchte er vergeblich nach einem Hinweis dafür, daß die umstrittenen süditalienischen, sizilianischen und illyrischen Bischofssitze der päpstlichen Zuständigkeit zurückgegeben werden sollten. Deshalb ist es kaum verwunderlich, daß Hadrian und sein Nachfolger Leo ihrem soviel verläßlicheren westlichen Fürsprecher loyal blieben, auch wenn dies im Hinblick auf den Bilderkult gewisse Konzessionen mit sich brachte. Karl hatte nämlich ungünstigerweise eigene Ansichten zu diesem Thema, die zwar weniger extrem waren als die Beschlüsse des Konzils von 754, der ikonoklastischen Lehre jedoch reichlich näher, als die Kurie wahrhaben mochte.

Der Frankenkönig war zuvor schon einmal in Rom gewesen. Auf einem Staatsbesuch im Jahre 774 war er als Zweiunddreißigjähriger von Hadrian empfangen worden und tief beeindruckt gewesen von allem, was er sah, und bestätigte die von seinem Vater Pippin getätigte Schenkung des mittelitalienischen Gebietes, das den Kern des Kirchenstaates ausmachte. Im Jahre 800 kam er in einer ernsteren Mission. Papst Leo war seit seiner Einsetzung vier Jahre zuvor Zielscheibe endloser Intrigen von seiten einer Gruppe junger römischer Adliger gewesen, die zu seiner Absetzung entschlossen waren. Am 25. April wurde er dann tatsächlich auf offener Straße überfallen und bewußtlos geschlagen. Nur dem größten Zufall war es zu verdanken, daß er von Getreuen gerettet und an Karls Hof in Paderborn in Sicherheit gebracht wurde. Unter dem Schutz einer fränkischen Abordnung kehrte er wenige Monate später nach Rom zurück und fand sich dort mit zahlreichen, von seinen Feinden fabrizierten schweren Vorwürfen konfrontiert, darunter Simonie, Meineid und Ehebruch.

Doch wer sollte über ihn zu Gericht sitzen? Mit anderen Worten: Wem stand das Recht zu, über den Stellvertreter Christi zu urteilen? Unter normalen Umständen wäre die einzige denkbare Antwort auf diese Frage der Kaiser von Konstantinopel gewesen. Auf dem Kaiserthron saß zu der Zeit jedoch Irene. Daß sie in Verruf geraten war, weil sie ihren eigenen Sohn hatte blenden und ermorden lassen, war für Leo und Karl nebensächlich. Ihnen genügte vollauf der Umstand, daß sie eine Frau war. Wußte man denn nicht, daß Frauen unfähig zu regieren und deshalb nach alter Salischer Gesetzestradition auch davon ausgeschlossen waren? Aus der Sicht der Herren in Westeuropa galt der Kaiserthron daher als nicht besetzt. Irenes Anspruch darauf war ihnen vielmehr, sofern überhaupt noch erforderlich, ein weiterer Beweis dafür, wie tief das sogenannte Römische Reich gesunken war.

Als Karl gegen Ende des Jahres 800 nach Rom reiste, wußte er genau, daß er keineswegs besser dazu legitimiert war als Irene, in der Peterskirche zu Gericht zu sitzen, aber auch, daß der Christenheit, solange die Anschuldigungen unwiderlegt blieben, nicht nur ein Kaiser, sondern auch ein Papst fehlte. Er war daher entschlossen, alles in seiner Macht Stehende zu tun, um Leos Namen reinzuwaschen. Was er sich genau für sein Zeugnis einfallen ließ, können wir nur erraten. Am 23. Dezember schwor der Papst jedoch am Hochaltar den feierlichen Eid auf die Bibel, daß er in allen Punkten unschuldig sei – und die versammelte Synode nahm sein Ehrenwort an. Als Belohnung setzte er Karl, als dieser sich zwei Tage später am Ende der Christmesse von den Knien erhob, die Kaiserkrone auf das Haupt, und der Jubel der ganzen Gemeinde hallte in der Kirche wider. Wie kritische Zungen rasch betonten, hatte er nur einen Titel erhalten, brachte die Krone ihm doch weder neue Untertanen noch Soldaten, noch neues Reichsgebiet. Aber dieser Titel erwies sich als von weiter reichender Bedeutung denn noch so viele Eroberungen, gab es doch mit ihm nach mehr als vierhundert Jahren wieder einen Kaiser in Westeuropa.

Die Frage, weshalb der Papst so handelte, bleibt offen. Bestimmt war es nicht seine Absicht, eine Spaltung des Römischen Reichs zu provozieren, und noch weniger, an die Stelle des bislang einen zwei rivalisierende Kaiser zu setzen. Doch da es seiner Ansicht nach zu dem Zeitpunkt keinen lebenden Kaiser gab, mußte er einen erheben. Und weil sich Byzanz in jeder Hinsicht, also politisch, militärisch und in Glaubensfragen, als so unbefriedigend erwiesen hatte, wählte er nun einen Mann aus dem Westen: den Mann, der an Klugheit und politischer Begabung, aber auch an Größe seines Herrschaftsgebietes sowie seiner körperlichen Gestalt seine Zeitgenossen um Kopf und Schultern überragte. Aber so groß die Ehre, die Papst Leo Karl an jenem Weihnachtsmorgen erwies, auch war, verlieh er doch sich selbst eine noch größere, nämlich das Recht, den römischen Kaiser zu ernennen und ihm Krone und Szepter zu übergeben. Das war neu, vielleicht sogar revolutionär. Kein Pontifex hatte sich je ein solches Vorrecht herausgenommen. Mit dieser Geste machte er nicht nur die Kaiserkrone zu seinem ganz persönlichen Geschenk, sondern verlieh sich selbst zugleich die Suprematie über den Kaiser, den er erschaffen hatte.

Mit welchem Recht aber wurde denn dieser außerordentliche Schritt ausgeführt, wenn es keinen Präzedenzfall dafür gab? Damit kommen wir zu der wohl bedeutendsten und erfolgreichsten Fälschung des Mittelalters, der sogenannten Konstantinischen Schenkung. Laut dieser Urkunde soll sich Konstantin der Große, den Vorrang seines Zeitgenossen Papst Sylvester anerkennend, diplomatisch in die »Provinz« Byzanz zurückgezogen und es dem Papst unter anderem überlassen haben, die Kaiserkrone demjenigen zu verleihen, den er als römischen Kaiser erwählte. Dieses um die Jahrhundertwende von der Kurie verfertigte und von A bis Z gefälschte Dokument war über sechshundert Jahre lang für den päpstlichen Machtanspruch von unschätzbarem Wert. Seine Echtheit wurde nicht einmal von Roms Feinden angezweifelt. Vorübergehend im zehnten, richtig aber erst Mitte des fünfzehnten Jahrhunderts wurde es schließlich von den Gelehrten Nikolaus von Kues und Lorenzo Valla als Fälschung entlarvt.[5]

In der Geschichtsforschung haben die Gelehrten lange hin und her debattiert, ob Leo und Karl die Krönung gemeinsam planten oder ob, wie es damals den Anschein machte, der Frankenkönig völlig überrumpelt war. Die zweite Möglichkeit scheint um einiges wahrscheinlicher. Karl hatte vorher nie das geringste Interesse am Anspruch der Kaiserwürde gezeigt und nannte sich auch nach der Krönung konsequent *Rex Francorum et Langobardorum*. Vor allem anderen wollte er nicht in der Schuld des Papstes stehen. Es gibt gute Gründe für die Annahme, daß er in der Tat sogar sehr ärgerlich war über diese ihm auferlegte Verpflichtung. Zu jedem anderen Zeitpunkt seiner Laufbahn hätte er die Krone vermutlich verächtlich abgelehnt. In jenem geschichtlich kritischen Moment erkannte er aber wohl eine Chance, die sich ihm vielleicht nie mehr bieten würde: Kaiserin Irene war Witwe – den Schilderungen nach sogar eine bemerkenswert attraktive –, und sie konnte sich wiederverheiraten. Wenn er sie dazu überreden konnte, seine Frau zu werden, waren alle kaiserlichen Gebiete in Ost und West wieder unter einer einzigen Krone vereinigt, und zwar der seinen.

Wie man in Konstantinopel auf die Nachricht von Karls Krönung reagierte, läßt sich unschwer vorstellen. Allen aufrechten griechischen Untertanen mußte sie nicht nur als Akt unglaublicher Arroganz erscheinen, sondern geradezu als Sakrileg. Das Byzantinische Reich stützte sich auf eine doppelte Grundlage: auf die römische Macht auf der einen und den christlichen Glauben auf der anderen Seite. Diese Grundsätze waren zum ersten Mal in der Person Konstantins des Großen vereinigt worden, der sich als römischer Kaiser und den Aposteln gleich sah, und diese mystische Einheit war auf alle legitimen Nachfolger übergegangen. Daraus folgte unweigerlich, daß es nur einen einzigen obersten Herrscher auf Erden geben konnte, genauso wie es nur einen Gott im Himmel gab. Alle anderen, die Anspruch auf einen solchen Titel erhoben, waren deshalb Betrüger und Gotteslästerer.

Außerdem kannte man in Byzanz, anders als die westlichen Fürsten, kein Salisches Gesetz. Wie sehr die Bevölkerung ihre Kaiserin auch hassen mochte und obschon verschiedentlich versucht worden war, sie abzusetzen, stand ihr grundsätzliches Recht auf den Kaiserthron außer Frage. Um so größer war deshalb ihre Besorgnis, als ihnen klar wurde, daß Irene die Vorstellung einer Heirat mit einem in ihren Augen barbarischen Analphabeten (Karl konnte zwar ein bißchen lesen, machte aber keinen Hehl daraus, daß er nicht schreiben konnte) keineswegs von vornherein von sich wies, ja sich nicht einmal gekränkt fühlte, daß er sich einen derartigen Antrag überhaupt angemaßt hatte, sondern im Gegenteil interessiert, geschmeichelt und grundsätzlich geneigt war, ihn anzunehmen.

Angesichts dessen, was wir über ihre Situation wissen, sind ihre Motive nicht schwer zu verstehen. Irene war pragmatisch veranlagt und nicht zuletzt auch auf ihr eigenes Wohl bedacht. Als Karls Abgeordnete 802 in Konstantinopel eintrafen, befand sich ihr Reich in einem vollkommen heruntergewirtschafteten Zustand. Bei den Untertanen war sie verhaßt und verachtet, ihre Berater hingen sich gegenseitig an der Kehle, ihr Schatzmeister war erschöpft. Früher oder später – eher früher als später – war vermutlich ein Staatsstreich nicht mehr zu vermeiden, und der konnte sie durchaus das

Leben kosten. Hier aber präsentierte sich unerwartet eine Chance, dem ganzen Schlamassel zu entkommen. Weder daß ihr Freier ein gegnerischer Kaiser war noch daß er ihr als Abenteurer und Häretiker erscheinen mußte, fand sie von Bedeutung. Wenn er so ungebildet war, wie die Berichte nahelegten, würde sie ihn ohnehin ebenso leicht beeinflussen können wie ihren verstorbenen Mann und ihren Sohn. Mit dieser Heirat konnte sie die Einheit des ganzen Reiches bewahren – und ihre Haut retten.

Doch es kam anders. Ihre Untertanen waren offenbar nicht gewillt, den Kaiserthron diesem ungehobelten Franken in seinem komischen Leinenrock und den lächerlichen, mit gekreuzten Sokkenhaltern befestigten roten Beinkleidern zu überlassen, der eine vollkommen unverständliche Sprache sprach und außer mit Hilfe einer goldenen Schablone nicht einmal seinen Namen schreiben konnte – wie der Ostgote Theoderich dreihundert Jahre vor ihm. Am 31. Oktober 802 – Irene erholte sich gerade von einem geringfügigen Unwohlsein in Eleutherios – übernahm eine Gruppe ranghoher Beamter den Palast, berief eine Versammlung im Hippodrom ein und erklärte sie für abgesetzt. Sie wehrte sich nicht, als man sie verhaftete und in die Stadt brachte, und stellte sich der Situation gefaßt und würdig, vielleicht sogar mit einer gewissen Erleichterung. Sie wurde zuerst auf die Prinzeninseln im Marmarameer und dann nach Lesbos verbannt. Ein Jahr später war sie tot.

Mit dem Sturz von Kaiserin Irene geht der erste Abschnitt der Geschichte von Byzanz zu Ende. Vierhundertzweiundsiebzig Jahre waren seit dem Frühjahrsmorgen vergangen, an dem Konstantin der Große sein neues Rom an der Mündung des Bosporus geweiht hatte – eine Zeitspanne, die sich in etwa mit der vergleichen läßt, die uns von der Reformation trennt. In dieser Zeit hatten sich das Römische Reich und die Stadt in seinem Zentrum bis zur schieren Unkenntlichkeit verändert. Das Reich war viel kleiner geworden: Syrien und Palästina, Ägypten, Nordafrika und Spanien waren von der islamischen Welle überrollt, Mittelitalien war zuerst in langobardische Hand und dann in die der Franken gefallen, und diese gaben es dem Papst weiter. Konstantinopel war dramatisch gewachsen und nun unbestritten nicht nur die größte, sondern auch die reichste und prächtigste Stadt der damaligen Welt. Obwohl verschiedene Pestepidemien immer wieder ihren Tribut gefordert hatten, betrug die Bevölkerung zu Beginn des neunten Jahrhunderts wohl mindestens eine Viertelmillion, aller Wahrscheinlich nach sogar beträchtlich mehr.

Konstantinopel blieb jedoch die belagerte Stadt, die es immer gewesen war. Im Osten stellten die hervorragend trainierten und organisierten Sarazenen längerfristig eine größere Bedrohung dar als die Perser zu ihren gefährlichsten Zeiten. Im Westen war man zwar mit den gotischen, hunnischen und awarischen Völkerschaften auf Dauer wie erwünscht verfahren, dafür erwies sich nun der von bulgarischer und slawischer Seite ausgeübte Druck als so gnadenlos wie eh und je. Hätte Konstantin einen strategisch weniger günstig gelegenen Ort für seine Hauptstadt gewählt und Theodosios und seine Nachfolger etwas weniger Zeit und Energie auf die Land- und Seemauern verwandt, dann hätten die einen oder anderen dieser Feinde sie sicherlich im Strum genommen – und dieses Buch wäre wesentlich kürzer geworden.

Doch noch zu den schlimmsten Zeiten, etwa als persischen Truppen auf der anderen Seite des Bosporus ihr Lager aufgeschlagen hatten, awarische Scharen vor den Stadttoren standen oder es auf dem Marmarameer von sarazenischen Galeeren wimmelte, hatten alle in Byzanz, vom Basileus bis zu den niedrigsten Untertanen, Stärke und Zuversicht aus einem unerschütterlichen Glaubensartikel gezogen: daß das Römische Reich unteilbar und sein Herrscher von Gott als Statthalter auf Erden bestimmt sei. Andere, weniger erhabene christliche Fürsten mochten ihm nicht immer mit der verdienten Hochachtung begegnen, ja gelegentlich sogar die Waffen gegen ihn erheben, doch noch nie hatten sie einen ähnlichen Titel für sich geltend gemacht. Nun war ohne große Vorwarnung das Unvorstellbare eingetroffen: Ein barbarischer Stammeshäuptling war vom Papst in Rom zum Kaiser gekrönt worden. Von nun an würde es zwei Reiche geben, und nicht mehr nur eines. Die alte Ordnung war untergegangen; der christliche Teil der Welt würde nie mehr derselbe sein.

Karten und Pläne

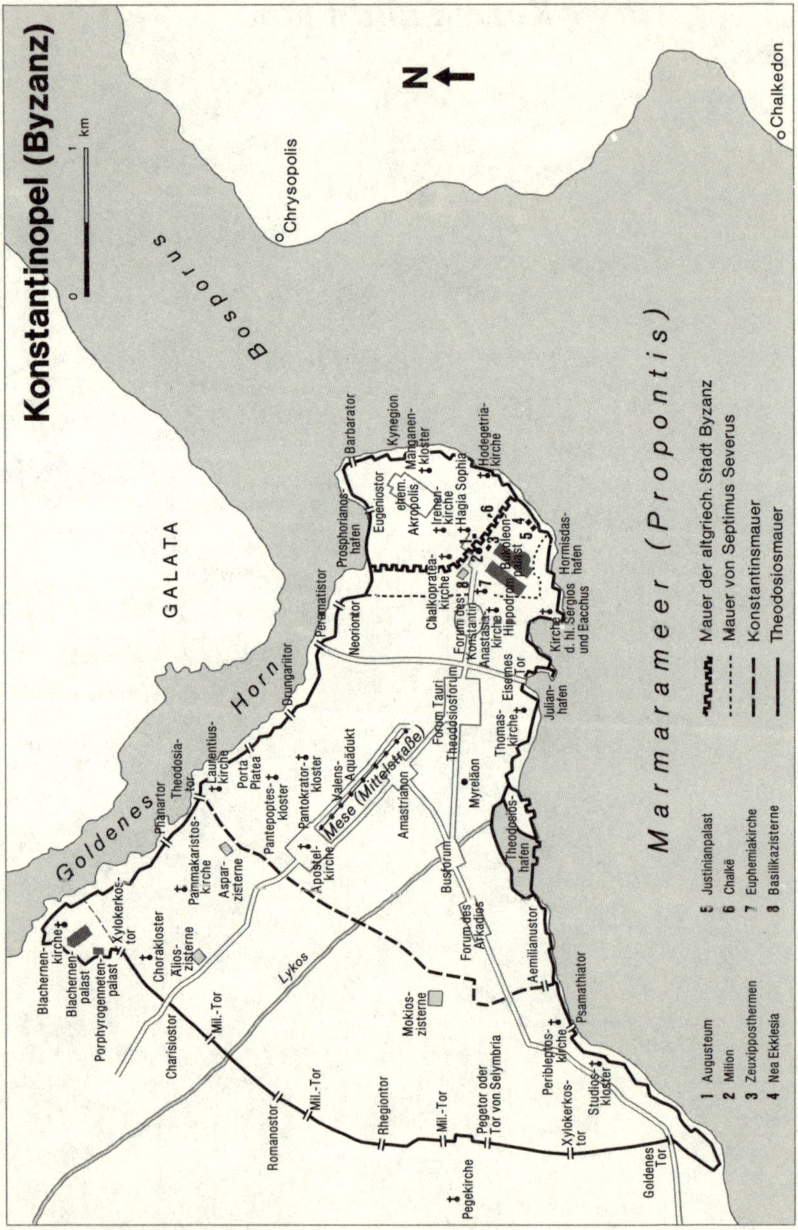
Konstantinopel (Byzanz)
0
1 km
N
Bosporus
Chrysopolis
Chalkedon
GALATA
Goldenes Horn
Marmarameer (Propontis)
Barbarator
Kynegion
Manganen-kloster
Eugeniostor
ehem. Akropolis
Irenen-kirche
Hagia Sophia
Hodegetria-kirche
Prosphorianos-hafen
Peramatistor
Neoriontor
Chalkopratea-kirche
Forum des Konstantin
Anastasia-kirche
Hippodrom
Bukoleon-palast
Hormisdas-hafen
Kirche d. hl. Sergios und Bacchus
Eisernes Tor
Julian-hafen
Thomas-kirche
Drungariitor
Forum Tauri Theodosiosforum
Myreläon
Valens-Aquädukt
Mese (Mittelstraße)
Amastrianon
Pantokrator-kloster
Pantepoptes-kloster
Porta Platea
Laurentius-kirche
Theodosia-tor
Phanartor
Pammakaristos-kirche
Aspar-zisterne
Apostel-kirche
Bosforum
Theodosios-hafen
Forum des Arkadios
Aemilianustor
Psamathiator
Peribleptos-kirche
Studios-kloster
Xylokerkos-tor
Goldenes Tor
Pegetor oder Tor von Selymbria
Mil.-Tor
Pegekirche
Rhegiontor
Romanostor
Mokios-zisterne
Lykos
Charisiostor
Aëtios-zisterne
Choraklöster
Xylokerkos-tor
Blachernen-kirche
Blachernen-palast
Porphyrogenneten-palast
1 Augusteum
2 Milion
3 Zeuxipposthermen
4 Nea Ekklesia
5 Justinianpalast
6 Chalkê
7 Euphemiakirche
8 Basilikazisterne
Mauer der altgriech. Stadt Byzanz
Mauer von Septimus Severus
Konstantinsmauer
Theodosiosmauer

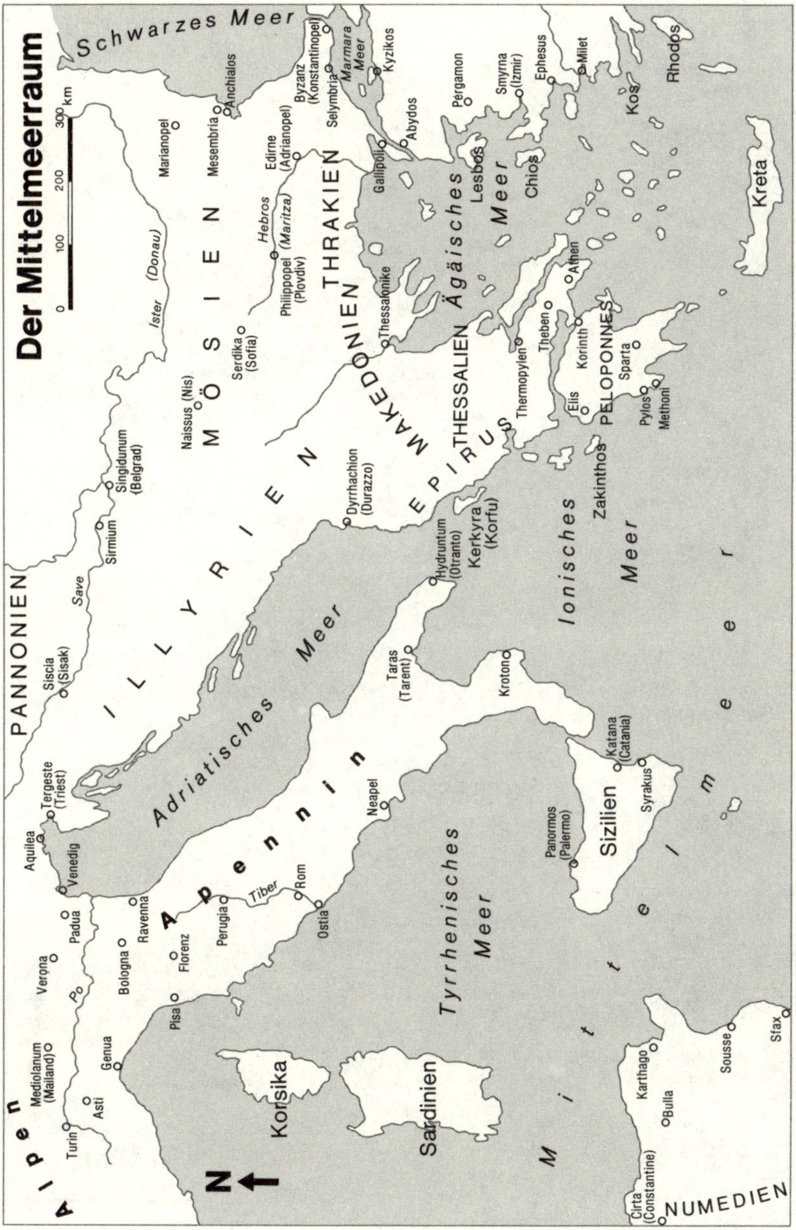
Der Mittelmeerraum
0 100 200 300 km
Schwarzes Meer
Anchialos
Mesembria
Marianopel
Byzanz (Konstantinopel)
Selymbria
Marmara Meer
Kyzikos
Abydos
Pergamon
Smyrna (Izmir)
Ephesus
Milet
Rhodos
Kos
Edirne (Adrianopel)
Hebros (Maritza)
Philippopel (Plovdiv)
THRAKIEN
Gallipoli
Lesbos
Chios
Ägäisches Meer
Kreta
Ister (Donau)
MÖSIEN
Serdika (Sofia)
Naissus (Nis)
Thessalonike
MAKEDONIEN
THESSALIEN
Athen
Theben
Thermopylen
Korinth
PELOPONNES
Sparta
Elis
Pylos
Methoni
Singidunum (Belgrad)
Sirmium
Save
PANNONIEN
Siscia (Sisak)
ILLYRIEN
Dyrrhachion (Durazzo)
EPIRUS
Kerkyra (Korfu)
Zakinthos
Hydruntum (Otranto)
Ionisches Meer
Adriatisches Meer
Tergeste (Triest)
Aquilea
Venedig
Padua
Verona
Po
Mediolanum (Mailand)
Asti
Turin
Genua
Alpen
Bologna
Ravenna
Florenz
Pisa
Perugia
Tiber
Rom
Ostia
Apennin
Neapel
Taras (Tarent)
Kroton
Katana (Catania)
Syrakus
Panormos (Palermo)
Sizilien
Tyrrhenisches Meer
Korsika
Sardinien
Mittelmeer
Karthago
Bulla
Sousse
Sfax
Cirta (Constantine)
NUMEDIEN
N

PANNONIEN
Como
Bergamo
Garda-see
Novara
Brescia
Vicenza
Isonzo
Aquilea
Tergeste (Triest)
Mediolanum (Mailand)
Turin
Pavia
Peschiera
Verona
Padua
Venedig
Asti
Po
ISTRIEN
Save
Placentia (Piacenza)
Pollentia
Modena
Reggio
Pula
ILLYRIEN
DALMATIEN
Genua
Bologna
Ravenna
Imola
Classis
Faventia (Faenzia)
Ariminum (Rimini)
Pisa
Arno
Fiesole
Florenz
Urbino
Ancona
Scheggia
Auximum (Osino)
Salona (Split)
Taginae
Gualdo Tadino
Perugia
Nocera
Firmum (Fermo)
Adriatisches Meer
Orvieto
Spoleto
Bolsena-see
Narni
Korsika
Tiber
Milvische Brücke
Saxa Rubra
Corfinium
Rom
Ostia
Terracina
Canusium
Cumae
Neapel
Brundisium (Brindisi)
Caprae (Caprara)
Taras (Tarent)
Hydruntum (Otranto)
Sardinien
Tyrrhenisches Meer
Kroton
Mittelmeer
Panormus (Palermo)
Messina
N
Sizilien
Catania
Karthago
Syrakus
Bulla
Italien
Sousse
0 50 100 150 km

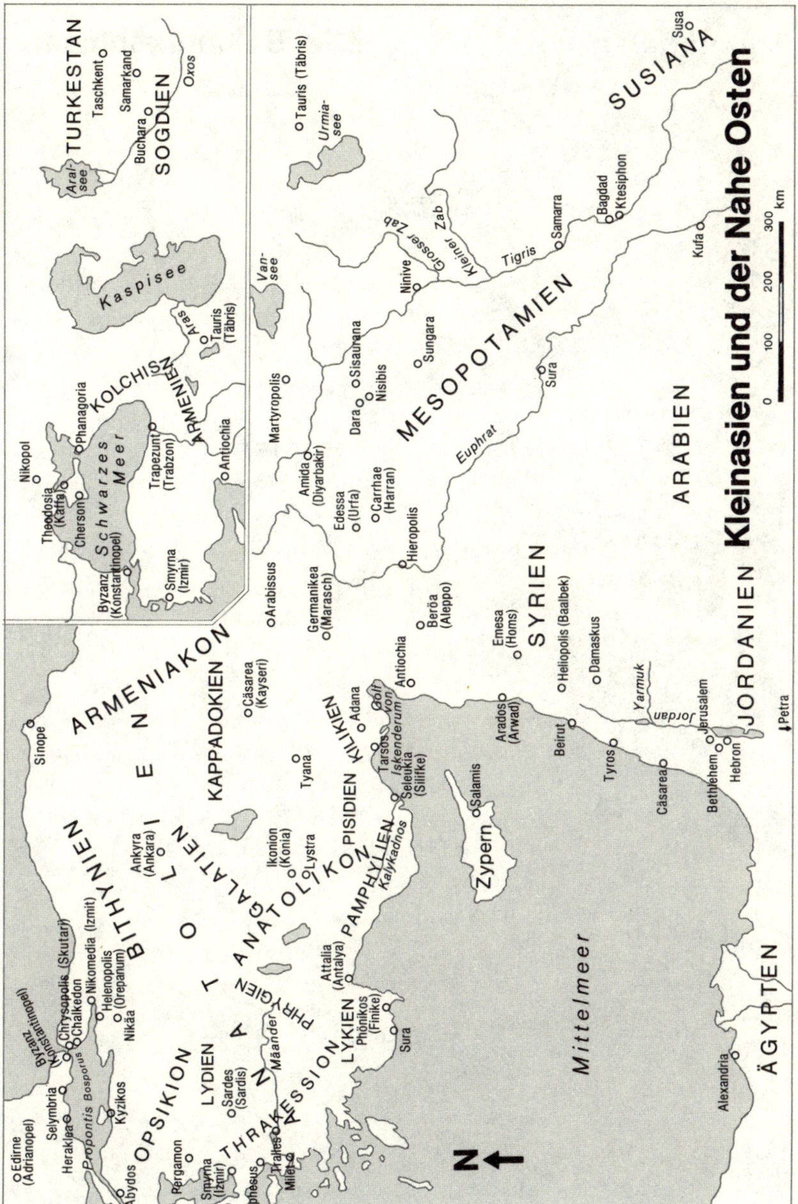
Kleinasien und der Nahe Osten
0 100 200 300 km
N
TURKESTAN
SOGDIEN
Taschkent
Samarkand
Buchara
Oxos
Aral-see
Kaspisee
Aras
Tauris (Täbris)
KOLCHIS
ARMENIEN
Phanagoria
Nikopol
Theodosia (Kaffa)
Cherson
Schwarzes Meer
Trapezunt (Trabzon)
Antiochia
Byzanz (Konstantinopel)
Smyrna (Izmir)
Urmia-see
Van-see
Grosser Zab
Kleiner Zab
Tigris
Euphrat
Ninive
Samarra
Bagdad
Ktesiphon
Susa
SUSIANA
MESOPOTAMIEN
Martyropolis
Amida (Diyarbakir)
Sisaurana
Nisibis
Dara
Sungara
Edessa (Urfa)
Carrhae (Harran)
Hieropolis
Sura
Kufa
ARABIEN
Arabissus
Germanikea (Marasch)
Beröa (Aleppo)
Antiochia
Emesa (Homs)
SYRIEN
Heliopolis (Baalbek)
Damaskus
Yarmuk
Jordan
Arados (Arwad)
Beirut
Tyros
Cäsarea
Jerusalem
Bethlehem
Hebron
JORDANIEN
Petra
ARMENIAKON
KAPPADOKIEN
Cäsarea (Kayseri)
Sinope
Tyana
KILIKIEN
Adana
Golf von Iskenderum
Tarsos
Seleukia (Silifke)
Salamis
Zypern
Mittelmeer
ÄGYPTEN
Alexandria
BITHYNIEN
ANATOLIKON
GALATIEN
Ankyra (Ankara)
Ikonion (Konia)
Lystra
PISIDIEN
PAMPHYLIEN
Kalykadnos
Attalia (Antalya)
Phönikos (Finike)
Sura
LYKIEN
PHRYGIEN
Mäander
KIBYRRHAIOTEN
THRAKESION
LYDIEN
Sardes (Sardis)
OPSIKION
Edirne (Adrianopel)
Herakleia
Selymbria
Byzanz (Konstantinopel)
Chrysopolis (Skutari)
Chalkedon
Nikomedia (Izmit)
Helenopolis (Drepanum)
Nikäa
Kyzikos
Propontis
Bosporus
Abydos
Pergamon
Smyrna (Izmir)
Ephesus
Tralles
Milet

Die Balkanhalbinsel
0 100 200 km
N
PANNONIEN
Siscia (Sisak)
Cibalae (Vinkovci)
Save
Sirmium
Singidunum (Belgrad)
ILLYRIEN
DALMATIEN
Salona (Split)
Ister (Donau)
Naissus (Nis)
MÖSIEN
Serdika (Sofia)
Adriatisches Meer
Hebros (Maritza)
Philippopel
Axios (Vardar)
Dyrrhachion
THRAKIEN
MAKEDONIEN
Tarent
Amphipolis
Apollonia
Thasos
Hydruntum (Otranto)
EPIRUS
Samothrake
Kerkyra (Korfu)
Larissa
Lemnos
THESSALIEN
Ägäisches Meer
Lesbos
Ionisches Meer
Thermopylen
EUBÖA
Naupaktos
BÖOTIEN
Chalkis
Theben
Chios
Patras
ATTIKA
Eleusis
Elis
Korinth
Athen
Zakinthos
Piräus
PELOPONNES
Alphios
Sparta
Paros
Naxos
Pylos
Methoni
Melos
Kythira

Genealogie

Die Familien von Diokletian, Konstantin dem Großen, Valentinian

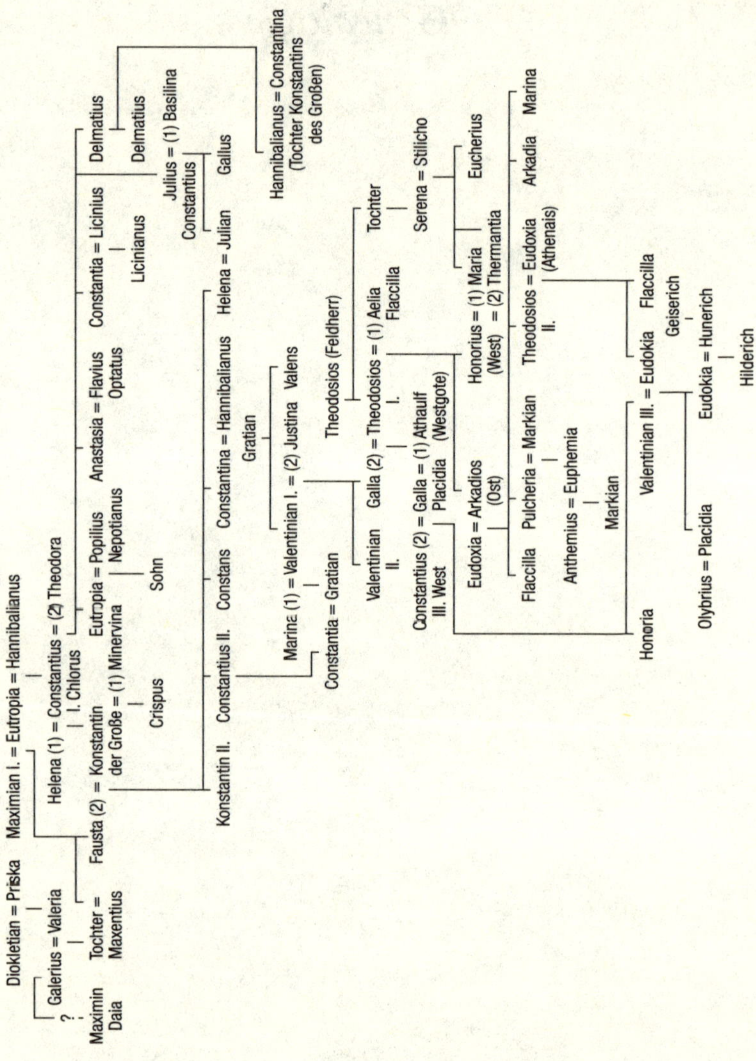

Die Familie Leons I.

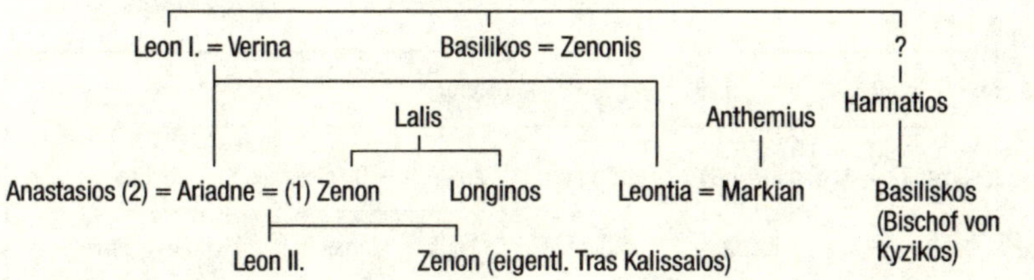

Die Familie Leons III.

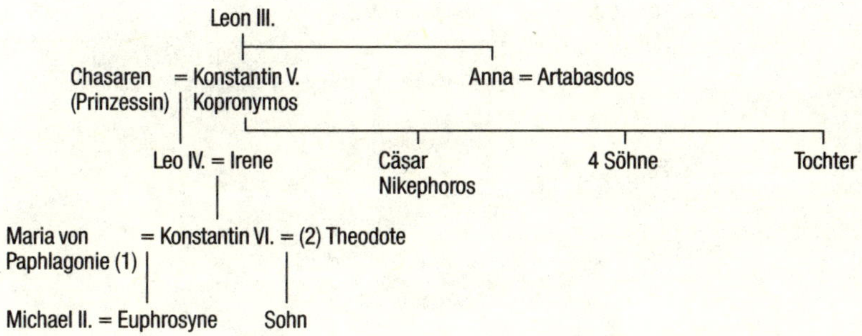

Die Familien Justinians und Theoderichs

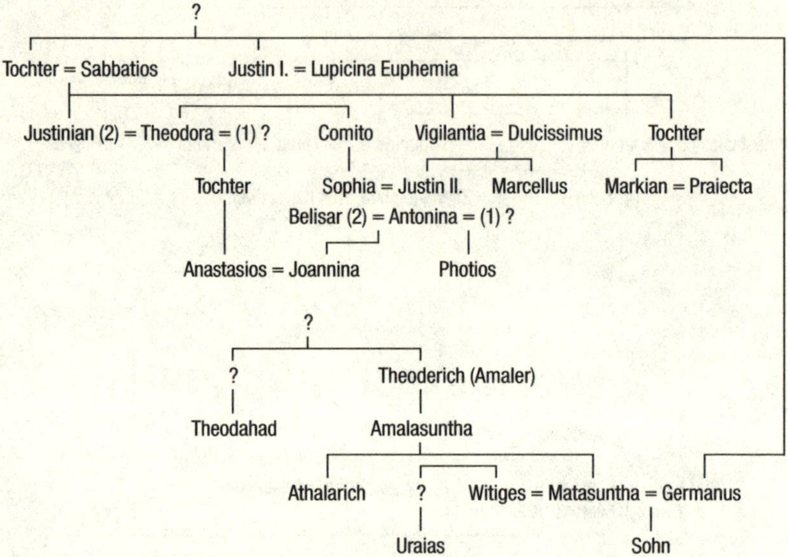

Die Familie von Tiberios Konstantinos

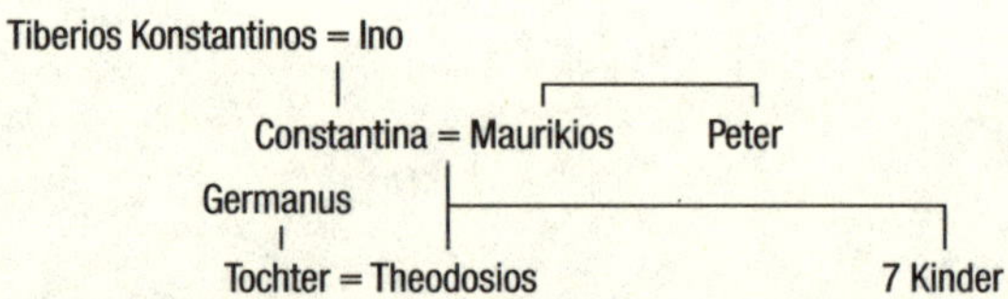

Die Familie von Herakleios

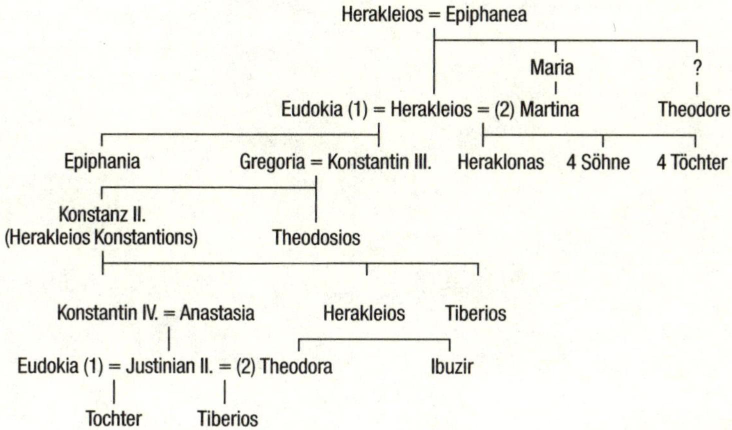

Chronologisches Verzeichnis der Herrscher

(284 – 814)

284–305	Diokletian	Doppelregenten (Augusti)
286–305	Maximian	
305–306	Constantius I. Chlorus	Doppelregenten (Augusti)
305–311	Galerius	
306–312	Maxentius (ersetzte Constantius)	
306–324	Konstantin I. der Große	Doppelregenten (Augusti)
312–324	Licinius (nach Maxentius)	
324–337	Konstantin I.	alleiniger Herrscher
337–340	Konstantin II.	gemeinsame Regenten
337–350	Constantius II.	
337–350	Constans	
350–361	Constantius II.	alleiniger Herrscher
361–363	Julian	
363–364	Jovian	Doppelregenten
364–375	Valentinian I.	
364–378	Valens	Doppelregenten
375–383	Gratian	
379–392	Theodosios I.	
383–392	Valentinian II. (ersetzte Gratian)	
392–395	Theodosios I.	

Ost		*West*	
395–408	Arkadios	395–423	Honorius
408–450	Theodosios II.	423	Constantius III.
		423–425	Johannes
450–457	Markian	425–455	Valentinian III.
		455	Petronius Maximus
		455–456	Avitus
457–474	Leon I.	457–461	Maiorian
		461–465	Libius Severus
		467–472	Anthemius
		472	Olybrius
		472–474	Glycerius

Ost		*West*	
474	Leon II.	474	Julius Nepos
474–491	Zenon	474–476	Romulus Augustulus
(475–476	Basiliskos)		
491–518	Anastasios I.		
518–527	Justin I.		
527–565	Justinian I.		
565–578	Justin II.		
578–582	Tiberios II. Konstantinos		
582–602	Maurikios		
602–610	Phokas		
610–641	Herakleios		
641	Konstantin III. Heraklonas	} Doppelregenten	
641–668	Konstanz II. Pogonatos		
668–685	Konstantin IV.		
685–695	Justinian II. Rhinometos		
695–698	Leontios		
698–705	Tiberios III.		
705–711	Justinian II. Rhinometos (erneut)		
711–713	Philippikos Bardanes		
713–715	Anastasios II.		
715–717	Theodosios III.		
717–741	Leon III.		
741	Konstantin V. Kopronymos		
742	Artabasdos		
743–775	Konstantin V. Kopronymos (erneut)		
775–780	Leon IV.		
780–797	Konstantin VI.		
797–802	Irene	800–814	Karl d. Große

Byzantinische Bauwerke im heutigen Istanbul

(aus der Zeit vor 800)

Das hier ist ein Geschichtsbuch, kein Reiseführer. Aber wer nach Istanbul fährt, ist vielleicht daran interessiert, zu erfahren, welche Bauwerke aus den frühbyzantinischen Jahrhunderten erhalten geblieben sind. Die folgende Liste erhebt keinen Anspruch auf Vollständigkeit, enthält jedoch alle Bauwerke und Ruinen dieser Zeitspanne, die für Laien von Interesse sein könnten.

*** Bauwerke von Weltbedeutung, die eine Reise wert sind.
** Sehenswert.
* Interessant, aber zu klein oder zu verfallen für durchschnittliche Kurzbesuche.

Einträge ohne Stern sind vor allem als Kuriosa aufgeführt.

NB: Ohne die umfassenden Kenntnisse von John Freely und Hilary Sumner-Boyd, deren *Istanbul. Ein Führer*, München 1975, mir eine unschätzbarer Hilfe bedeutete, wäre diese Liste niemals so umfassend ausgefallen.

** VALENSAQUÄDUKT

375 im Auftrag von Kaiser Valens als Bestandteil einer neuen Wasserversorgung für die Hauptstadt erbaut. Es verbindet den dritten und vierten Stadthügel. Ursprünglich ungefähr einen Kilometer lang; gegenwärtig sind noch etwa achthundert Meter erhalten.

* KATAKOMBEN

Hinter der Murat-Paşa-Moschee, wo die beiden Hauptstraßen Millet Caddesi und Vatan Caddesi zusammenkommen, wurden erst vor kurzem mehrere vermutlich aus dem sechsten Jahrhundert stammende Gewölbe entdeckt.

Kirchen

*** *Hagia Sophia*. Die Kirche der Heiligen Weisheit ist Sitz des Patriarchen von Konstantinopel und wurde erstmals 360 von Constantius, dem Sohn Konstantins des Großen, eingesegnet. Der heutige Bau, der dritte an dieser Stelle, wurde nach dem Nika-Aufstand von 532 im Auftrag von Justinian neu entworfen und am 26. Dezember 537 eingesegnet. Natürlich waren Erneuerungen unvermeidlich, in ihrer Grundstruktur ist die Hagia Sophia jedoch praktisch gleich geblieben. Die größten Veränderungen sind Folgen der Umwandlung in eine Moschee nach der Eroberung Konstantinopels durch die Türken im Jahre 1453.

*** *Irenenkirche*. Sie befindet sich im ersten Hof des Topkap-Serails und ist eine der ältesten christlichen Kirchen von Byzanz. Im Auftrag von Konstantin dem Großen oder seinem Sohn Constantius wiederaufgebaut, diente die Kirche des heiligen Friedens – so die Bedeutung des griechischen Namens – bis zum Bau der Hagia Sophia daneben als patriarchale Kathedrale. Auch sie wurde bei den Bränden während des Nika-Aufstandes vollständig zerstört, im Auftrag von Justinian wiederaufgebaut und 537 neu eingesegnet. Sie ist in der Regel geschlossen; es lohnt sich jedoch unbedingt, bei der Verwaltung der Hagia Sophia um Besuchserlaubnis zu ersuchen.

*** *Kirche der Heiligen Sergios und Bacchus*. Heute eine Moschee namens Küçük Ayasofya. Sie steht an der Stelle, wo die verlängerte Achse des Hippodroms auf die Seemauern stoßen würde. Mit dem Bau wurde 527 unter Justinian und Theodora begonnen; er ist somit älter als die heutige Hagia Sophia und auch als die Irenenkirche.

* *Johanneskirche von Studios*. Sie befindet sich nahe der Stelle, wo die Landmauer auf das Marmarameer stößt; 462 gegründet und damit die älteste »erhaltene« Kirche der Stadt: eine Ruine unter freiem Himmel. Von dem berühmten Kloster, dem vielleicht größten spirituellen und kulturellen Zentrum in Byzanz, ist nichts übriggeblieben.

* *Martyrion der Heiligen Karpos und Papylos.* Diese Kirche liegt direkt unterhalb der modernen griechischen Menas-Kirche und dient heute als Schreinerwerkstatt. Großer Backsteinrundbau mit Kuppel aus dem vierten oder fünften Jahrhundert.

* *Polyeuktoskirche.* Neben der großen Kreuzung mit der Şehzadebaşi beim Valensaquädukt; zwischen 524 und 527 erbaut. Zwar eine Ruine, aber durchaus sehenswert.

Chalkoprateakirche. Von der einst großen und prächtigen Kirche aus dem fünften Jahrhundert steht nur noch die Apsis und ein Stück Mauer mit zinnenartigen Verzierungen; bei der Alemdar Caddesi, etwa hundert Meter westlich der Hagia Sophia.

Zisternen

** *Basilikazisterne (Yerebantsaray).* 532 im Auftrag von Justinian nach dem Nika-Aufstand erbaut. Die größte und schönste der gedeckten Zisternen der Stadt, mit zwölf Reihen von je achtundzwanzig Säulen. Prachtvoll restauriert, sehenswert.

** *Binbirderek.* In einer Seitenstraße der Divan Yolu, etwa vierhundert Meter von der Hagia Sophia entfernt. Der Name bedeutet »Tausendundeine Säule«. In Wirklichkeit sind es sechzehn Reihen zu je vierzehn Säulen mit einer Höhe von bis zu vierzehneinhalb Metern. Mit dem Bau wurde möglicherweise unter Konstantin dem Großen begonnen und die Zisterne wahrscheinlich im fünften oder sechsten Jahrhundert vergrößert. Der Öffentlichkeit zugänglich, jedoch stockdunkel, feucht und schmuddelig.

Ätioszisterne (offen). An der Fevzi Paşa Caddesi, direkt vor der Mihrimarmoschee. Gegen 421 erbaut. 224 Meter lang, 85 Meter breit und 8 Meter tief; wird gegenwärtig für Sportanlässe benutzt.

Asparzisterne (offen). Unmittelbar südwestlich der Moschee von Sultan Selim I. Gegen 470 von Aspar erbaut. Bedeckt eine quadratische Fläche mit 152 Meter Seitenlänge; gegenwärtig sogenannter Trockengarten mit landwirtschaftlichen Gebäuden.

Mokioszisterne (offen). Im heutigen Stadtteil Altimermer. Das größte der alten Stadtreservoire, unter Arkadios (491–518) erbaut, mißt über 25 000 Quadratmeter. Gegenwärtig mit Gemüsegärten und Obstplantagen belegt.

* *Pulcheriazisterne* (gedeckt). Gegenüber der Südwestecke der Asparzisterne. Die Zuordnung ist nicht gesichert, aber sie datiert vermutlich aus dem fünften oder sechsten Jahrhundert. Vier Reihen korinthischer Säulen. Der Öffentlichkeit nicht zugänglich.

* *Studioszisterne* (gedeckt). Südlich der Johanneskirche im ehemaligen Klosterbereich; gegenwärtig ein Trödelladen; dreiundzwanzig eindrucksvolle korinthische Granitsäulen.

Säulen

* *Arkadiossäule*. Cerrah Paşa Caddesi, in der zweiten Straße rechts nach der Moschee. Nur der Sockel der 402 nach dem Vorbild der Konstantinsäule errichteten Säule dieses Kaisers ist noch erhalten. Im Inneren führt eine Treppe hoch, und oben ist noch ein kurzes Stück des 1715 zerstörten Schaftes zu sehen.

* *Konstantinsäule*. Von Konstantin zur Einweihung der Stadt errichtet. Noch immer erhalten, aber in einem desolaten Zustand.

* *Gotensäule*. Im Gülhanepark beim Topkap-Serail. Ein Granitmonolith mit korinthischem Kapitell und der Inschrift: FORTUNAE REDUCI OB DEVICTOS GOTHOS (»Der Göttin Fortuna dank einem Sieg über die Goten zurückgegeben«). Wahrscheinlich von Konstantin dem Großen, vielleicht aber auch schon von Claudius II. Gothicus (268–270) errichtet.

* *Markiansäule (Kıztaşi)*. Etwa zweihundert Meter südlich der Fatihmoschee. Der Inschrift zufolge vom Präfekten Tatianos zu Ehren des Kaisers (450–457) errichtet. Der türkische Name bedeutet »Jungmädchensäule«.

** Das Hippodrom

Unter dem Namen At Meydanı hat dieses Zentrum Konstantinopels seine Gestalt im wesentlichen bewahrt. Auf der Mittelachse war die *Spina* angelegt, und dort standen unter vielen anderen Denkmälern die Theodosiussäule, ein ägyptischer Obelisk, der einst den Tempel Thutmosis' III. (1549–1503 v. Chr.) in Karnak schmückte, dann die Schlangensäule aus dem Apollotempel in Delphi, von der der Sockel erhalten ist, sowie der sogenannte Gemauerte Obelisk, welchen die Inschrift auf dem Sockel etwas vermessen mit dem Koloß von Rhodos vergleicht.

* Hospiz von Samson

Von dieser von Prokop beschriebenen gemeinnützigen Institution zwischen der Irenenkirche und der Außenmauer des Topkapı-Serails ist nichts übriggeblieben als ein Trümmerfeld und ein paar rekonstruierte Säulen.

Paläste

* *Großer Kaiserpalast.* Unter Konstantin dem Großen erbaut, danach Hauptresidenz der Kaiser bis zum vierten Kreuzzug von 1204. Vor Ort ist außer den Ruinen des alten Bukoleontores nur wenig erhalten; die drei großen marmorgerahmten Fenster sind heute Teil der Seemauer. Die faszinierenden **Bodenmosaiken des Palastes sind im neuen Mosaikenmuseum zu bewundern.

Antiochospalast. Etwa dreihundert Meter westlich der Hagia Sophia in der Divan Yolu; Ruinen sind alles, was vom Palast des Antiochos aus dem fünften Jahrhundert noch übrig ist. Er wurde später in ein Martyrion für den Leichnam der heiligen Euphemia von Chalkedon umgebaut.

* *Romanospalast.* Etwa zweihundert Meter südlich der Tulpenmoschee sind die Ruinen der einstigen Bodrummoschee (Bodrum bedeutet »unterirdisch«) zu sehen, ehemals eine zum Myreläonkloster gehörende byzantinische Kirche. Die große Rotunde unter der Terrasse daneben wurde im fünften Jahrhundert als Empfangshalle eines Palastes gebaut, aber nie fertiggestellt, später dann überdacht und als Zisterne benutzt, über der der Romanospalast errichtet wurde.

*** Mauern

Die ältesten Abschnitte der Mauern, die die Stadt am Ufer des Goldenen Horns schützten, stammten aus der Zeit Konstantins, doch der weitaus größere Teil – darunter fast alle der noch stehenden

Landmauern – gehen im wesentlichen auf Anthemios, den Präfekten des Ostens, zurück, unter dessen Leitung sie 413 während der Herrschaft von Theodosios II. vollendet wurden. Die Landmauern sowie die Mauern am Ufer des Marmarameers sind durchgehend, jene am Goldenen Horn größtenteils verschwunden.

Anmerkungen

Kapitel 1

1 Eusebius, *Über das Leben des Kaisers Konstantin,* I, 19, Seite 19.
2 Kurz nach seinem Rückzug erhielt Diokletian eine Botschaft des rastlosen Maximian, worin ihn dieser beschwor, den Purpur wieder anzulegen. Nach Gibbon soll er der Versuchung mit einem mitleidigen Lächeln widerstanden und gelassen dazu bemerkt haben, wenn Maximian den Kohl sehen würde, den er mit eigener Hand gezogen habe, würde dieser ihn nicht mehr länger nötigen, den Genuß des Glücks gegen die Ausübung der Macht einzutauschen.
3 Eusebius, *Kirchengeschichte*, VIII, 16, Seite 402.
4 Die Stelle wird heute Grotta Rossa genannt.
5 Eusebius, *Über das Leben des Kaisers Konstantin,* I, 28, Seite 25.
6 Die im Jahre 109 v. Chr. erbaute Milvische Brücke steht heute noch, allerdings nach mehrmaligem Wiederaufbau und Instandstellen, zuletzt 1850 auf Veranlassung Pius' IX., nachdem Garibaldi sie in die Luft gesprengt hatte.
7 Konstantins Rundbau ist nicht erhalten geblieben. Das heutige achteckige Bauwerk stammt aus der Zeit von Papst Sixtus III. (432–440 n. Chr.).
8 Laktanz, *Von den Todesarten der Verfolger,* Kapitel XLIV, Seite 52.
9 Laktanz, a. a. O., Kapitel XLIX.
10 Laktanz, a. a. O., Kapitel XLVIII, Seite 57f.
11 Dieses Doppelkonsulat gehörte zu den ältesten und ehrenvollsten Ämtern der römischen Republik, in der die Konsuln während ihres Amtsjahres die höchste Zivil- und Militärgewalt im Staat darstellten. Im späten Kaiserreich war der Titel zum reinen Ehrentitel und die Stellung der Konsuln funktionslos geworden. So »stand es ihnen«, wie Gibbon (Kapitel 17, Seite 483) so unnachahmlich süffisant schreibt, »frei, sich in den Schatten des Privatlebens zurückzuziehen und während des Überrestes des Jahres die ungestörte Betrachtung

ihrer eigenen Größe zu genießen«. Die Jahreszählung erfolgte allerdings nach den jeweiligen Konsuln, und das Amt blieb so erhaben, daß nur die würdigsten es bekleiden durften, nicht selten der Herrscher selbst: Konstantins Konsulat im Jahre 320 war bereits sein sechstes.

Kapitel 2

1 Eusebius, *Über das Leben des Kaisers Konstantin,* II, 57 und 60, Seiten 82 und 83.

2 Ebda.

3 »Wir erweisen ihm zuviel Ehre, wenn wir ihn als Vater der religiösen Musik in der christlichen Kirche feiern« *(Dictionnaire de Théologie Catholique,* im Eintrag über den Arianismus; zitiert nach der englischen Übersetzung). Nun, dies tun wir wahrhaftig.

4 Eusebius, *Über das Leben des Kaisers Konstantin,* II, 64 – 72, Seiten 85–88.

5 Eusebius, a. a. O., III, 10, Seite 102 f.

6 Nach der späteren Legende sollen einige mit der arianischen Lehre sympathisierende Bischöfe in ihre Abschrift der Erklärung, die sie unterzeichnen mußten, den Buchstaben I (das griechische Jota) in das umstrittene Wort eingefügt haben, so daß es nun hieß *homoiousios,* was »ähnlichen Wesens« bedeutet. Dies wäre jedoch geradezu tollkühn gewesen; auch gibt es dafür keinerlei Beweis.

7 Eusebius, a. a. O., III, 18.

8 Dieser Beschluß wurde 1200 Jahre lang befolgt; erst seit der Kalenderreform von Papst Gregor XIII. im Jahre 1582 gehen der östliche und der westliche Kalender wieder getrennte Wege.

9 Eusebius, a. a. O., III, 15, Seite 105.

10 Zosimos, *Historia*, II, 29.

11 *Saturni aurea saecla quis requirat? Sunt haec gemmea, sed Neroniana* (Sidonius, Briefe, V, 8).
Das Zeitalter des Saturn, dessen man in Rom alljährlich in den Saturnalien gedachte, galt der Legende nach als eine Zeit, in der man die Sexualität uneingeschränkt ausleben konnte. Und da Nero und seine Mutter Agrippina zusätzlich bekanntermaßen inzestuöser Verbindungen bezichtigt wurden, hätte die Anspielung nicht deutlicher sein können.

12 Die heutige Kirche S. Paolo fuori le Mura ist eine Rekonstruktion der alten Basilika, die, unter Konstantins Nachfolgern erbaut, 1823 einem

Brand zum Opfer fiel. Die zum großen Teil restaurierten Mosaiken auf dem Triumphbogen, eine Stiftung von Galla Placidia, sind einer genauen Betrachtung wert, und der romanische Kreuzgang sucht in Rom seinesgleichen. Aus Konstantins Tagen hat sich jedoch nichts erhalten.

13 Heute S. Sebastiano, eine reine Barockkirche; die darunter liegenden Katakomben und die Nachbarkirche S. Callisto gehen jedoch auf die Zeit vor Konstantin zurück und sind von Geheimnis umwittert.

14 Die alte Legende, Konstantin habe den Grundriß der Basilika eigenhändig gezeichnet – so wie er auch den Verlauf der Mauern von Konstantinopel festgelegt haben soll –, ist kaum glaubhaft. Es ist allgemein bekannt, daß Papst Julius II. die alte Peterskirche zu Beginn des 16. Jahrhunderts abreißen ließ; das heutige Bauwerk wurde auf den Tag genau 1300 Jahre nach der ersten Basilika geweiht, nämlich am 18. November 1626. Bei Grabungen zwischen 1940 und 1949 in den »Grotte Vaticane« wurden Überreste eines Monumentes freigelegt, bei dem es sich in der Tat um Petri Grab handeln könnte.

Kapitel 3

1 Sozomenos, *Kirchengeschichte,* II, 3.

2 Gibbon erwähnt diese Episode und hält sie, obwohl sie auf den »verdächtigen Schriftsteller« Philostorgius zurückgeht, für »charakteristisch und wahrscheinlich«. Die Konstantinsmauer verlief etwas über eine Meile innerhalb der Theodosianischen Mauern, die heute noch stehen. Über dem Erdboden findet sich von ihr keine Spur mehr.

3 Die Köpfe der drei ineinandergeschlungenen Bronzeschlangen sollen von einem betrunkenen Mitglied der polnischen Gesandtschaft an die Hohe Pforte im Jahre 1700 abgeschlagen worden sein; ein Rudiment eines dieser Köpfe wurde 1847 wiedergefunden und ist heute im Archäologischen Museum zu bewundern.

4 Die Konstantinsäule steht immer noch, doch in was für einem Zustand! Nach einer Beschädigung wurde sie im Jahre 416 in Eisenringe gefaßt (die Sultan Mustafa III. 1701 erneuerte). 1106 stürzte die Statue des Kaisers bei einem Sturm um; das Haupt wurde noch im gleichen Jahrhundert von Manuel Comnenus erneuert. Außerdem wurde das Denkmal öfter durch Feuer schwer beschädigt, weshalb man es im Englischen die »Verbrannte Säule« nennt; bei den Türken heißt es die »Beringte Säule«. Doch wie man sie auch nennt, sie ist heute ein Bild des Jammers.

5 Konstantin soll zwei davon bestimmt haben; einer war der *Tyche* geweiht und der andere, in der Nähe des Hippodroms gelegene, den Dioskuren Castor und Pollux, den himmlischen Zwillingen; vermutlich gab es aber noch mehr, ganz abgesehen von jenen, die noch aus früherer Zeit vorhanden waren.

6 »Eine eigene Beschreibung, welche ungefähr ein Jahrhundert nach der Gründung dieser Stadt verfaßt wurde, zählt ein Kapitol oder eine Hochschule, einen Cirkus, zwei Theater, acht öffentliche und hundertdreiundfünfzig Privatbäder, zweiundfünfzig Portiken, fünf Kornmagazine, acht Aquädukte oder Wasserleitungen, eine geräumige Halle zu den Versammlungen des Senates oder der Gerichtshöfe, vierzehn Kirchen, vierzehn Paläste, viertausenddreihundertachtundachtzig Häuser auf, welche durch Umfang oder Schönheit vor der Menge plebejischer Wohnhäuser ausgezeichnet zu werden verdienten« (Gibbon, *Geschichte des Verfalles und Untergangs des römischen Weltreiches,* 17. Kapitel, Seite 475).

7 Die Kapelle der heiligen Helena in der Krypta dieser Kirche ist, ebenso wie die mit ihr verbundene Kapelle des heiligen Gregor, Teil des alten Palastes. Nach der Legende befand sich hier einst das Schlafgemach der Kaiserin; heute vermutet man darin eher ihre private Kapelle.

8 *Apostelgeschichte,* I, 18.

9 Sokrates Scholastikos berichtet zum Beispiel, es habe Arius erwischt, während er stolz durch die Stadt paradierte, die Augen aller auf sich gerichtet, direkt nachdem er das Konstantinforum passiert habe. Sokrates' Bericht stammt zugegebenermaßen aus der ersten Hälfte des folgenden Jahrhunderts; es wirkt aber durchaus glaubwürdig, wenn er schreibt, die Stelle, an der das Unglück geschah, werde in Konstantinopel hinter dem Gewühl der Kolonnaden noch immer gezeigt und dadurch, daß die Leute im Vorübergehen stets dorthin wiesen, werde die Erinnerung an diesen doch sehr ungewöhnlichen Tod dauerhaft bewahrt.

10 Als ein weiterer Beweis für den Anspruch der neuen Hauptstadt Konstantinopel, Nachfolgerin Roms zu sein, mußte auch sie auf sieben Hügeln erbaut sein; es erfordert allerdings erheblich mehr Phantasie und Gutgläubigkeit, um diese zu erkennen, als bei den römischen Hügeln.

11 Eusebius, *Über das Leben des Kaisers Konstantin,* IV, 60–71, Seite 182 f.

12 Ebda.

13 Gibbon, a. a. O., 20. Kapitel, Seite 599.
14 John Holland Smith, *Constantine the Great,* 1971.
15 »Der asiatische Pomp, welchen Diokletian aus Stolz angenommen hatte, erhielt in der Person Konstantins den Anschein weibischer Weichlichkeit. Er wird dargestellt mit falschem Haar von verschiedener Farbe, welches die geschicktesten Künstler seiner Zeit sorgfältigst geordnet hatten; mit einem Diadem von neuer und viel kostbarerer Gestalt; mit einem verschwenderischen Überflusse von Edelsteinen und Perlen, Armspangen und Halsbändern, und mit einem bunten, wallenden, seidenen, höchst kunstvoll mit goldenen Blumen geschmückten Gewande. In einer solchen, kaum durch die Jugend und Narrheit des Heliogabal zu entschuldigenden Tracht die Weisheit eines betagten Monarchen und die Einfachheit eines römischen Veteranen zu entdecken, setzt uns in Verlegenheit« (Gibbon, a. a. O., 18. Kapitel, Seite 515).
16 Die angesichts seines eigenen Namens beklemmend anmutende Phantasielosigkeit, die Konstantin bei der Namensgebung seiner Kinder an den Tag legte, hat in der späteren Geschichtsschreibung viel Verwirrung ausgelöst, ganz zu schweigen von denen, die diese Berichte lasen. Trösten wir uns damit, daß sie nur gerade eine Generation lang anhält; in einer Geschichte wie der vorliegenden ist dieser Zeitraum schnell verstrichen.

Kapitel 4

1 Gregor von Nazianz, *Reden,* V, 23, Seite 174.
2 Julian, zitiert nach der englischen Übertragung.
3 Ammianus Marcellinus, *Das römische Weltreich vor dem Untergang,* Buch XXI, Kapitel 1, Seite 291.
4 Libanios, Rede XVIII, 130, zitiert nach der englischen Übertragung.
5 Libanios, Rede XVIII, 143, zitiert nach der englischen Übertragung.
6 Ammianus Marcellinus, a. a. O., Buch XXII, Kapitel 5, Seite 342.
7 Julian, zitiert nach der englischen Übertragung.
8 Julian, *Misopogon,* 361–362, zitiert nach der englischen Übertragung.
9 Gibbon, *Geschichte des Verfalles und Untergangs des römischen Weltreiches,* 18. Kapitel, Seite 531.
10 Heute eine markante Ruine etwa dreißig Kilometer südöstlich von Bagdad.

Kapitel 5

1 Ammianus Marcellinus: *Das römische Weltreich vor dem Untergang*, Buch 25, Kapitel 5, Seite 479.
2 Ammianus Marcellinus, a. a. O., Buch 25, Kapitel 7, Seite 485.
3 Ammianus Marcellinus, a. a. O., Buch 25, Kapitel 9, Seite 492 f.
4 Gibbon, *Geschichte des Verfalles und Untergangs des römischen Weltreiches,* Kapitel 25, Seite 783.
5 Ammianus Marcellinus, a. a. O., Buch 26, Kapitel 5, Seite 513.
6 Zosimos (IV, 19, 43) behauptet, Justina sei vor ihrer Ehe mit Valentinian mit dem Usurpator Magnentius verheiratet gewesen: eine mögliche, jedoch ziemlich unwahrscheinliche These.
7 Zosimos (IV, 44) vertritt die Ansicht, Theodosios sei auf das Unternehmen, Maximus anzugreifen, zunächst nur sehr zögerlich eingegangen. Justina, die von seiner Witwerschaft und seiner extremen Schwäche für attraktive Frauen wußte, habe daraufhin ihre Tochter Galla in einer Art diplomatischen Mission zu ihm gesandt, und danach habe er sich dazu bereit erklärt. Sie habe den Kaiser, so deutet er an, aber nicht nur zu überzeugen, sondern zugleich zu betören vermocht: Gallas Unterhandlungen führten nicht nur zum Krieg, sondern auch zur kaiserlichen Hochzeit.
8 Ambrosius, *De Obitu Valentiniani,* in: *Opera,* Band VII.

Kapitel 6

1 »Die Garderobe des Monarchen, der goldene Teller, das Anrichten der kaiserlichen Mahlzeiten, das Beziehen der heiligen Liege, die Leitung des Corps von glänzend gewandeten Pagen, die Postierung der dreißig *Silentiarii,* die in Helm und Küraß vor dem zweiten Vorhang standen und den Schlaf des Monarchen bewachten – dies alles gehörte zu den gewichtigen Aufgaben, die die ungeteilte Aufmerksamkeit eines Haushofmeisters des römischen Reichs erforderten« (T. Hodgkin, *Italy and her Invaders,* Band I., Kapitel 3).
2 Die kaiserliche Hauptstraße, die von der Adria über die Balkanhalbinsel und Thrakien nach Konstantinopel führte.
3 Claudian, *In Eutropium,* I, 199–207. »Wir dürfen jedoch auf keinen Fall vergessen, die Vorurteile zu berücksichtigen«, warnt Professor Bury, »die einer Person mit Eutropios' körperlichen Behinderungen entgegengebracht wurden« (Bury, *A History of the Later Roman Empire).*

4 *Chrysostomos* bedeutet wörtlich »Goldmund«.
5 Prediger Salomonis, 1, 2 und 12, 8. Vgl. dazu *Des hl. Kirchenlehrers Johannes Chrysostomos Predigten und kleine Schriften,* Bände 2–9.
6 Dieses Ereignis bewog Claudian, fünfhundert Zeilen besonders schwülstiger Verse zu verfassen. Sein Hochzeitsgedicht endet mit dem rührenden Bild vom kleinen Sohn auf den Knien seiner Eltern. Man sagt jedoch, Maria habe jungfräulich gelebt und sei auch so gestorben.
7 »Wir können daraus den schlechten Geschmack des Jahrhunderts ersehen«, schnaubt Gibbon, »welches seine Statuen mit solchem ungeschicktem Flitterstaate zierte« (Gibbon, *Geschichte des Verfalles und Untergangs des römischen Weltreiches,* Kapitel XXX, Seite 1007, Anmerkung u).
8 Noricum bestand in etwa aus dem östlichen Österreich südlich der Donau und dem Gebiet der Republik Slowenien. Die Gesamtfläche der drei Provinzen, die Alarich verlangte, betrug an die 80 000 Quadratkilometer. Die Grenzlinie zog sich durch Passau, Wien, Dubrovnik und Venedig.
9 Gibbon, a. a. O., Kapitel XXXI.

Kapitel 7

1 In Purpur geboren *(porphyrogenitos)* ist ein Titel, der einem Thronfolger nur dann zustand, wenn er nach der Ernennung seines Vaters zum Kaiser und dadurch, wenigstens theoretisch, im Purpursaal des Großen Palastes geboren wurde.
2 Der bischöfliche Diakon Markus berichtet, er und sein Herr hätten vor der Kirche gestanden und, als die Taufprozession vorüberzog, geschrien und das Dokument vorgezeigt. Da habe derjenige, der das Kind trug, Schweigen geboten, das Schreiben entrollt, einen Teil davon gelesen und dann, die Hand unter den Kopf des Kindes gelegt, gerufen, Seine Majstät habe befohlen, die Bitte zu gewähren. Im Palast habe der Kaiser später das Papier ebenfalls zu lesen begehrt und gemeint, die Forderung sei zwar hart, aber sie zu verweigern noch härter, da es sich um den ersten Befehl seines Sohnes handle. Zitiert nach Bury, *A History of the Later Roman Empire* bzw. nach den *Abhandlungen* der Berliner Akademie von 1879.
3 Von diesem Zeitpunkt an müßte sie eigentlich Eudokia genannt werden. Da aber sowohl ihre Schwiegermutter als auch ihre Tochter Eudoxia hießen, soll sie weiterhin bei ihrem ursprünglichen, nicht-

christlichen Namen genannt werden, um eine Verwechslung zu vermeiden. Außerdem ist er viel schöner.

4 Er hatte Constantinus als Gegenleistung für die Kapitulation das Leben geschenkt und ihn und seinen Sohn Julian unter strenger Bewachung zurück nach Ravenna geschickt; doch wurden die beiden Gefangenen am zwanzigsten Meilenstein hinter der Stadt auf Befehl des Kaisers abgefangen und hingerichtet. Dem zeitgenössischen Historiker Olympiodoros zufolge wurden die Köpfe der beiden auf Stangen aufgespießt und vor den Toren Karthagos aufgestellt – warum gerade vor dieser Stadt, erläutert er nicht.

5 Diese Vorstellung hatten auf dem Konzil von Nikäa schon etliche Delegierte vorgetragen (siehe Kapitel 2).

6 Obwohl Nestorios in Ungnade gefallen war, sollte sein Einfluß länger anhalten, als er je erfahren hat. Einige seiner Anhänger zogen gen Osten nach Persien und Mesopotamien, wo sie später eine eigene, nämlich die nestorianische Kirche gründeten. Nach Zeiten beachtlicher Blüte flohen sie schließlich vor der mongolischen Repression unter Timur-Leng in die Berge Kurdistans, wo sich einzelne Enklaven bis in die Neuzeit halten konnten.

7 Solche Huldigungen verfehlen ihre Wirkung auf die Herzen des Publikums selten. Als Vergleich diene Kennedys Ausruf »Ich bin ein Berliner!« (1963).

8 Eine dieser Reliquien sandte sie an ihre Tochter Eudoxia, die sogleich die heute als S. Pietro in Vincoli bekannte römische Kirche dafür erbauen ließ. Dort fanden sich später noch weitere Ketten ein, mit denen der Heilige während seiner Gefangenschaft in Rom gefesselt gewesen sein soll.

9 Bury, a. a. O., Band 1, Seite 133 f.

10 Siehe weiter unten.

11 Ihr Mausoleum in Ravenna ist das herausragende Denkmal dieser Zeit. Der linke der drei Marmorsarkophage unter den großartigen Mosaiken birgt die Gebeine ihres zweiten Ehemannes Constantius und die ihres Sohnes Valentinian III., der rechte die Überreste des Honorius; im mittleren Sarkophag, dem größten von allen, ruht die Kaiserin selbst. Ihr Leichnam soll elfhundert Jahre lang in voller Staatsrobe auf einem Thron geruht haben, was man durch ein kleines Guckloch an der Rückseite sehen konnte. 1577 sollen Kinder eine brennende Kerze in das Loch hineingehalten haben. Da sei plötzlich eine Flamme aufgelodert und in Sekundenschnelle alles, Thron, Kleider und Kaiserin, zu einem Häufchen Asche zusammengesunken.

12 Zitiert nach der englischen Übertragung.
13 Zitiert nach der englischen Übersetzung.
14 Die drei anderen Konzile hatten in Nikäa (325), Konstantinopel (381) und Ephesos (431) stattgefunden.
15 Nach einer anonymen englischen Schrift (1190) sollen die oppositionellen Lager der Orthodoxen und Monophysiten beschlossen haben, den Streit zu entscheiden, indem man Schriftstücke mit den jeweiligen Auffassungen in den Sarkophag der heiligen Euphemia legte, einer Einheimischen, die 303 den Märtyrertod erlitten hatte, und somit ihr die Entscheidung überließ. Als der Sarg eine Woche später geöffnet wurde, soll sich das Schriftstück der Orthodoxen auf ihrem Herzen, das der Monophysiten unter ihren Füßen befunden haben. Damit war die Sache entschieden.
16 Die Lehre der Monophysiten ist heute noch in der koptischen und der äthiopischen Kirche sowie bei den Jakobiten Syriens und Armeniens lebendig.
17 In den alten Chroniken werden Ort und Bezeichnung der Schlacht unterschiedlich angegeben. Hodgkin entscheidet sich nach gründlicher Untersuchung aller auswertbaren Quellen für Méry-sur-Seine, etwa dreißig Kilometer nordwestlich von Troyes. Wenn er recht hat, was durchaus wahrscheinlich ist, hat die Schlacht vermutlich in der weiten Ebene direkt im Süden zwischen Méry und Estissac stattgefunden.

Kapitel 8

1 Nach Prokop, *Vandalenkriege*, III, iv, ging die Ermordung Valentinians auf Maximus' Initiative zurück, da der Kaiser angeblich kurz vorher seine Frau vergewaltigt hatte. Aber Prokop (der um 500 geboren ist) berichtet, zumindest nach Gibbons Ansicht, über Ereignisse, die er nicht als Augenzeuge miterlebt hat, recht phantasievoll.
2 Eudoxia verbrachte sieben Jahre in Karthago; erst 462 durfte sie, auf wiederholte Bitte Papst Leos hin, mit ihrer Tochter Placidia nach Konstantinopel zurückkehren. Diese Placidia war die Frau des römischen Senators (und späteren Übergangskaisers) Olybrius; deren Schwester, Eudokia, hatte Geiserich mit seinem Sohn Hunerich vermählt.
3 Sie hinterließ ihren gesamten unermeßlichen Reichtum den Armen, ein Vermächtnis, das Markian getreulich in die Tat umsetzte, was ihn für immer zum Ruhme gereicht.
4 Prokop, a. a. O., III, vi, Seiten 51–53. Trotz Gibbons skeptischer Hal-

tung (siehe Anm. 1) kann man Prokop hier wohl trauen. Die Fakten werden zu seiner Zeit allgemein bekannt gewesen sein; außerdem hat er an dem Feldzug gegen Karthago 533 teilgenommen, in dem Belisar gelang, was Basiliskos nicht geglückt ist.

5 Ebda.

6 Einen großen Teil des Lösegeldes trieb Severus nach seiner Rückkehr persönlich auf, und zwar durch den Verkauf kostbarer Kleider und Gold- und Silbergefäße. Mit diesen hatte er am Hof der Vandalen Eindruck gemacht und die Herrlichkeit von Byzanz unter Beweis gestellt.

7 Um Verwechslungen mit Patricios, dem Sohn Aspars, zu vermeiden, wird er hier Patricius genannt.

8 Der Säulenheilige Daniel hatte nach einer Reise zum heiligen Simeon auf der Säule in der Nähe von Antiochia und nach dessen Tod den Entschluß gefaßt, seinem Beispiel zu folgen. Nachdem er eine Zeit auf einer recht bescheidenen Säule verbracht hatte, zog er auf eine großartige Doppelsäule um, die Kaiser Leon eigens für ihn hatte errichten lassen; über eine Verbindung aus Planken gelangte er von der einen auf die andere Säule. Er starb am 11. Dezember 493. Insgesamt hatte er in dieser luftigen Höhe dreiunddreißig Jahre und drei Monate verbracht. Sein Biograph schreibt, er habe bei diesem seinem einzigen Abstieg auf den Boden, Basiliskos von seinem Irrweg überzeugt und erreicht, daß er ihm in der Hagia Sophia förmlich abgeschworen habe; doch das klingt allzu verdächtig nach Wunschdenken.

9 Die Sueben gehörten zu jenen germanischen Stämmen, die vor den heranstürmenden Hunnen aus ihrer Heimat hatten fliehen müssen. Sie stammten aus dem Elbetal und hatten sich zum größten Teil in Spanien und Portugal angesiedelt.

10 Auch Odowakar genannt. Er war der Sohn eines gewissen Edeko, der möglicherweise identisch ist mit jenem Boten Attilas, der in Kapitel 7 in Verbindung mit dem geplanten Mordanschlag auf Attila erwähnt ist. Die germanischen Skiren spielen in dem vorliegenden geschichtlichen Abriß keine nennenswerte Rolle.

11 Der Orden der *Akoimetai*, das heißt derer, »die den Schlaf fliehen«, war um 400 von einem namens Abt Alexander gegründet worden. Ihre Regel verlangte absolute Armut, verbot körperliche Arbeit und forderte ununterbrochenes Gebet und ständigen Lobpreis im chorischen Wechselgesang (daher der Name). Der Orden wurde schnell mächtig und machte sich dank seiner Gewohnheit, die Herrschenden öffentlich anzuprangern, bei diesen natürlich entsprechend unbe-

liebt. Nestorios hatte seine Anhänger und Anhängerinnen aus Konstantinopel vertrieben, aber sie setzten sich bald darauf mit einer männlichen und einer weiblichen Gemeinschaft auf der asiatischen Seite des Bosporus wieder fest.

12 Das einzige Vergehen von Boethius bestand darin, daß er seinen Freund, Exkonsul Albinus, verteidigte, als dieser zu Unrecht des Verrats angeklagt wurde. Dies trug ihm und seinem Schwiegervater Symmachus die gleiche Anklage ein. Im Gefängnis schrieb er sein Werk *Trost der Philosophie*, das sich in den folgenden Jahrhunderten großer Beliebtheit erfreute.

13 Die Montage des gigantischen, zweihundert Tonnen schweren Monoliths als Dach dieses Bauwerks zählt zu den erstaunlichsten architektonischen Leistungen des Mittelalters.

Kapitel 9

1 Dies entbehrte nicht einer gewissen Ironie; soweit wir wissen, war Felix der erste Papst, der seine Wahl dem Kaiser offiziell mitgeteilt hatte.

2 Dyrrhachion, später unter dem Namen Durazzo bekannt, entspricht dem heutigen albanischen Hafen Durres und galt als der westliche Endpunkt der Via Egnatia.

3 Es ist nie wirklich möglich, den genauen Gegenwert solcher Summen zu errechnen, doch die von Prokop angegebene Zahl (siehe *Anekdota*, xix, Seite 165) läßt einen interessanten Vergleich zu mit den 130 000 Pfund, die er als Kosten des von Leo I. durchgeführten, unglückseligen Feldzuges nach Afrika des Jahres 468 angibt.

4 Ursprünglich hatte es vier Mannschaften gegeben, doch bis zu diesem Zeitpunkt waren die Roten und die Weißen in den beiden anderen aufgegangen.

5 Prokop, a. a. O., vi–viii.

6 Ebda., vi, Seite 53.

7 Ebda., viii, Seite 69.

8 Darauf standen die Namen orthodoxer Gläubiger, an die in der frühchristlichen Zeit während der Eucharistiefeier regelmäßig erinnert wurde.

9 Prokop, a. a. O., ix, Seiten 77–83.

10 Dieses erlesene Bauwerk, heute unter dem Namen Kleine Hagia-Sophia-Moschee (Küçük Ayasofya Camii) bekannt, ist noch immer

erhalten. Es steht am Südende des Hippodroms direkt hinter der Seemauer. Die beiden Schutzheiligen, zum Christentum übergetretene römische Zenturionen, die darauf für ihren Glauben sterben mußten, lagen Justinian besonders am Herzen, seit er in seiner Jugend nach einer Verschwörung gegen Anastasios zum Tode verurteilt worden war und sie seine Freilassung bewirkt hatten, indem sie Anastasios im Traum erschienen.

11 Prokop, *Perserkriege*, I, xxiv, Seite 179.

12 Prokop, a. a. O., I, xxiv, Seite 183 f.

13 Siehe Kapitel 6.

14 Dies sollte es bis zum Bau der Kathedrale von Sevilla rund 700 Jahre später auch bleiben.

15 Prokop, *Bauten,* i.

16 Silentiarios, in: Prokop, *Bauten*, Seite 339, Verse 620–646.

17 Ebda., Seite 341, Verse 668–672.

18 Die erste Kuppel brach am 7. Mai 558 zusammen, nachdem sie von den Erdbeben der Jahre 553 und 557 stark beschädigt worden war. Isidors Neffe und Namensvetter baute sie wieder auf; er verlieh ihr eine etwas steilere Neigung und erhöhte den Scheitelpunkt gegenüber dem vorhergehenden um etwa sechs Meter. Doch auch diese zweite Kuppel stürzte zusammen mit der westlichen Nebenkuppel im Jahre 989 ein, ebenso wie die dritte im Jahre 1346, als die östliche Nebenkuppel einbrach. Die heutige Hauptkuppel ist die vierte, sie ist mit Eisenketten verstärkt, die der italienische Architekt Gaspare Fossati anläßlich seiner großen Renovation im Jahre 1860 anbringen ließ.

Kapitel 10

1 Siehe Kapitel 8.

2 Prokop, *Vandalenkriege*, III, x, Seite 79.

3 Das *Dromon* war der kleinste Schiffstyp der byzantinischen Flotte, ein leichtes, wendiges Fahrzeug. Die Besatzung bestand aus etwa zwanzig Ruderern, die in einer einzigen Reihe angeordnet waren; ein Dach schützte sie gegen feindliche Geschosse.

4 Prokop betont jedoch, daß selbst Belisar zu Fuß ins Hippodrom einzog und nicht in der *Quadriga*, dem von vier Pferden gezogenen Wagen, den man ihm in alten Zeiten zur Verfügung gestellt hätte.

5 Nur die gotische Garnison in Panormus (dem heutigen Palermo), damals eine unbedeutende kleine Hafenstadt, leistete Widerstand.

Belisar zog seine Flotte so nahe am Ufer zusammen, daß die Schiffsmasten die Stadtmauern überragten. Dann ließ er seine Leute die Beiboote besteigen und diese auf die Nocken der Segel hieven. Von dort aus konnten sie ihre Pfeile auf die Verteidiger abschießen und sich anschließend ins Kampfgetümmel stürzen. Die Garnison ergab sich rasch.

6 Silverius, der das Pontifikat erst sechs Monate bekleidete, war wahrscheinlich als einziger Papst der Geschichte der eheliche Sohn eines anderen, denn sein Vater, Papst Hormisdas, hatte sich erst nach dem frühen Tod seiner Frau zum Priester weihen lassen.

7 Prokop, *Vandalenkriege*, VI, xvi. Seiten 329–331.

Kapitel 11

1 Nach der englischen Übertragung von Hodgkin, allerdings recht frei übersetzt, wenn man Prokop danebenhält (*Gotenkriege*, VII, ix).

2 Nicht zu verwechseln mit der Karawanenstadt im südlichen Arabia, von der um diese Zeit nur noch Ruinen übrig waren.

3 Prokop, *Anekdota*, i–iii.

4 Prokop, *Perserkriege*,, II, 21, Seiten 347–349.

5 Prokop, a. a. O.

6 Als er, auf der Liege ruhend, die Hand nach dem Essen ausgestreckt habe, habe ihn Welas plötzlich mit dem Schwert am Nacken getroffen. Während er die Speise noch mit den Fingern umschlossen gehalten, sei sein Kopf zum Entsetzen aller Anwesenden schon über den Tisch gerollt; Prokop, *Gotenkriege*, VII, i. Seite 449.

7 Prokops ausführlicher Bericht der Belagerung Roms durch Totila findet sich a. a. O., VII, xv – xx. Seiten 533–575.

Kapitel 12

1 Der Autor Anastasius Bibliothecarius (»der Bibliothekar«) behauptet, es sei nicht Justinian gewesen, sondern Theodora, die Vigilius' Festnahme in die Wege geleitet habe, um sich dafür und für andere Vergehen des Papstes (einschließlich Mord) zu rächen. Doch so, wie er die Geschichte erzählt, ist sie noch viel unwahrscheinlicher, als daß man sie ernst nehmen könnte.

2 Kein Geringerer als Papst Gregor der Große behauptet, er habe auch Theodora exkommuniziert. Doch zu der Zeit war Gregor noch ein

Kind, und seine Geschichte klingt höchst unwahrscheinlich. Hätte Vigilius einen so gewagten Schritt unternommen, wäre gewiß von einem zeitgenössischen Chronisten darüber berichtet worden, selbst wenn dies vermutlich sein Todesurteil bedeutet hätte.

3 Wie fast alle sogenannten Barbarenstämme war das westgotische Volk streng arianisch; laut Bischof Isodor von Sevilla war Athanagild jedoch insgeheim ein »Katholik«, mit anderen Worten ein orthodoxer Christ. Sollte dies tatsächlich zutreffen, wäre Justinian zweifellos noch eher bereit gewesen, ihm zu helfen.

4 Dies war ein Gebäude aus der Zeit Konstantins mit Blick auf das Marmarameer direkt südlich der Hagia Sophia. Der Name stammt von seinem ersten Bewohner, einem persischen Flüchtling und später einem der wichtigsten Berater von Kaiser Konstantius.

5 Ihr Brief findet sich in Migne, *Patrologia Latina*, Band 69, Kolumnen 113–119.

6 *Non sedem sed sedentem* (nicht den Sitz, sondern den Sitzenden).

7 Eigenartigerweise erwähnt das fragliche Werk – eine Schilderung Konstantinopels aus dem späten elften Jahrhundert, versuchsweise Michael Psellus zugeschrieben – auf derselben Seite das Weiterbestehen einer vergoldeten Statue von Belisar, die Justinian 549 errichten ließ. Diese wäre bestimmt abmontiert worden, hätte der Feldherr das oben beschriebene Schicksal erlitten.

Kapitel 13

1 Das lateinische Original lautet: »En Avares Francique truces Gipidesque Getaeque totque aliae gentes commotis undique signis bella movent. Qua vi tantos suberabimus hostes cum, virtus Romana, jaces?«

2 Einer überlieferten Sage zufolge waren die Langobarden von Narses aufgefordert worden, nach Italien zu kommen, als Rache für eine Kränkung, die ihm Kaiserin Sophia zugefügt hatte. Sie soll ihm angeblich als pointierte Anspielung auf seine Entmannung einen Spinnrocken gesandt haben. »Ich werde ihr einen Strang spinnen, den sie ihr Leben lang nicht mehr entwirren kann«, soll der alte Eunuch gemurmelt haben. Eine nette Anekdote, mehr aber wohl nicht.

3 Johannes von Ephesos, *Kirchengeschichte,* VI, i. In diesen Zeitraum fällt das erste Auftauchen der Türken in der Geschichte des Westens. Im Jahre 568 oder 569 hatten sie eine Abordnung nach Konstantinopel

entsandt. Im folgenden Jahr war für den Fall eines Wiederaufflammens der Feindseligkeiten mit Persien ein Bündnis mit ihnen unterzeichnet worden. Chosrau hatte jedoch offenbar trotzdem die Hoffnung noch nicht aufgegeben, sie für seine Sache gewinnen zu können.

4 »Sie wählten starke junge Männer aus, die ihm als Kammerdiener und Wächter dienten; und wenn sie hinter ihm her laufen und ihn festhalten mußten, drehte er sich, stark, wie er war, zu ihnen um, packte sie mit den Zähnen und riß; zweien fügte er am Kopf derart schlimme Bißwunden zu, daß sie ernsthaft verletzt wurden und das Bett hüten mußten. In der Stadt verbreitete sich in der Folge die Nachricht, der Kaiser habe zwei seiner Kammerdiener aufgegessen« (Johannes von Ephesos, a. a. O., III, iii).

5 Allerdings muß auch festgehalten werden, daß er dem Arianismus gegenüber um einiges weniger tolerant war; weil es sich dabei um eine Häresie handelte, der fast ausschließlich »Barbaren« anhingen, verdiente sie seiner Ansicht nach vermutlich weniger Respekt.

6 Siehe Kapitel 5.

7 Das Hebdomon, die griechische Entsprechung des römischen Marsfeldes, lag etwas außerhalb von Konstantinopel, beim siebten Meilenstein.

8 Unsere Hauptquelle für die Herrschaft von Maurikios ist die *Weltgeschichte* des Theophylaktos Simokattes aus Ägypten, dessen Name dem Sinn nach »flachnasige Katze« bedeutet und in dessen Stil – ich zitiere Professor Bury – »der Schwulst in seiner ganzen Steifheit zu einem beispiellosen Extrem getrieben wird«. Die oben zitierten, letzten Worte finden sich im 1. Buch, 3. Kapitel, Seite 44.

9 Theophylaktos berichtet: »Da nun eben für die Angelegenheiten im Osten ein freundlicher Tag angebrochen war und er nicht, wie Homer sich auszudrücken pflegte, vom Lager der Barbaren her seinen Ausgang nahm und es von sich wies, rosenfingrig genannt zu werden, zumal doch das Schwert nicht mehr vom Blute rot war, verlegte der Kaiser die Truppen so schnell wie möglich nach Europa ...« (a. a. O., 5. Buch, Kapitel 16, Seite 160 f.).

10 Theophylaktos Simokattes, a. a. O., 8. Buch, Seite 215. Der vollständige Bericht über Maurikios' Sturz findet sich im 8. Buch, Kapitel 6 bis12, Seiten 209–219.

11 Ebda., Seite 216.

12 Ebda.

13 Das heutige noch unbedeutendere Dorf Yarpuz, etwas nördlich von Marasch. Als ein Erdbeben alles zerstörte, was Maurikios hatte erbauen lassen, begann er sein Werk sogleich von vorn.

14 Aufgrund seiner Verspätung in Ägypten erreichte Niketas Konstantinopel einige Zeit nach seinem Vetter. Doch Gibbon berichtet: »... er unterwarf sich aber ohne Murren dem Glücke seines Freundes, und seine lobenswerthen Gesinnungen wurden mit einer Reiterstatue und mit der Hand einer Tochter des Kaisers belohnt.« Gibbon, *Geschichte des Verfalles und Untergangs des römischen Weltreiches,* Kapitel 46, Seite 1634.

15 Priskos war an Verschwörungen gegen seinen Schwiegervater beteiligt, seit die Führer der Demen Statuen von seiner Frau und ihm neben denen des Kaisers und der Kaiserin im Hippodrom aufgestellt hatten. In einem Tobsuchtsanfall hatte Phokas ihre Entfernung befohlen. Nur mit Mühe konnte er daran gehindert werden, Priskos als Verräter hinrichten zu lassen. Zwei Jahre nach seiner Thronbesteigung hatte Herakleios fundiertere Gründe, an Priskos' Loyalität zu zweifeln. Er ließ ihm gewaltsam die Tonsur scheren und ihn in ein Kloster stecken, wo er ein oder zwei Jahre später starb.

16 Gibbon, a. a. O., Kapitel 46, Seite 1633.

Kapitel 14

1 Das Lager der Perser bei Chalkedon war im Grunde lediglich ein Vorposten; das gesamte Gebiet darum herum war dem Kaiser treu ergeben.

2 Siehe Kapitel 12.

3 Im Jahre 487 wollte Kaiser Zenon in einem unbedachten Augenblick gegen den Ostgoten Theoderich marschieren; ein Jahrhundert später hatte Maurikios gegen die Awaren ins Feld ziehen wollen. Doch beide besannen sich schließlich eines Besseren.

4 Georg von Pisidia, *Der persische Feldzug,* iii, I; Bury, a. a. O., V., iii.

5 In manchen Quellen taucht er auch unter dem Namen Saes auf.

6 Theophanes, *Chronographie,* Seite 654.

7 Dies kam ans Licht, als Byzanz einen weiteren persischen Boten abfing. Diesmal ließ man die Botschaft Schahr-Baras natürlich zuspielen, nachdem man eine Liste mit vierhundert anderen, angeblich gleichfalls verurteilten hohen persischen Offizieren beigefügt hatte – und dadurch der Revolte erheblichen Vorschub leistete.

8 Der Text dieser Predigt ist vollständig im *Chronicon Paschale (Osterchronik)* aufgezeichnet.

9 Der Kalif soll zur Gebetsstunde in der Grabeskirche geweilt, sich

jedoch geweigert haben, seinen Gebetsteppich in der Kirche auszubreiten, solange das Gebäude noch nicht vom Islam in Besitz genommen sei. Er habe sich darum in die Vorhalle zum Gebet zurückgezogen. Seine Scheu hat eine Bestätigung durch die Realität erhalten: die Vorhalle – aber auch nur sie – wurde bald darauf besetzt und befindet sich bis heute in moslemischem Besitz.

10 Er hieß eigentlich Herakleios, wurde aber zur Unterscheidung von seinem Vater allgemein Heraklonas genannt.

11 Jedesmal wenn er Wasser lassen mußte, soll man ihm ein Brett auf den Bauch gepreßt haben, damit der Urin ihm nicht ins Gesicht spritzte (Nikephoros, VII, xi). Klar, flüsterte man sich hinter vorgehaltener Hand zu, habe der Allmächtige jenes Glied zum Leiden erwählt, welches Mittel der inzestuösen Beziehung gewesen sei.

12 Cedrenus, I, Seite 753.

Kapitel 15

1 Das Abschneiden der Nase war ein alte orientalische Art der Bestrafung, die Herakleios in Byzanz eingeführt hatte: Er ließ Theodoros und Athalarich einige Jahre zuvor (siehe Kapitel 14) wegen einer angeblichen Verschwörung auf diese Weise bestrafen. Die Verstümmelung hatte den Zweck, den Anspruch des Opfers auf den Thron zunichte zu machen, da ein Kaiser nach byzantinischer Auffassung keine sichtbaren und eindeutigen körperlichen Gebrechen aufweisen durfte.

2 Theophanes, 6134.

3 Constantia, das heute unter seinem ursprünglichen griechischen Namen Salamis besser bekannt ist, liegt fünf Kilometer nördlich von Famagusta. Die Stadt, die später wiederaufgebaut und befestigt worden ist, mußte noch zahlreiche Überfälle und Erdbeben über sich ergehen lassen, wodurch der Hafen verschlammte und nicht mehr benutzt werden konnte; deshalb gab man sie auf. Ihre Ruinen dienten Famagusta während seiner Blüte im vierzehnten Jahrhundert als Steinbruch.

4 Entgegen der bekannten Sage hat der Koloß die Hafeneinfahrt jedoch niemals überspannt.

5 Die überdachte Kanzel, auf die eine lange Treppe hinaufführt und von welcher das Freitagsgebet vorgetragen wird.

6 Dieser Spitzname wurde lange Zeit fälschlich seinem Sohn, Kaiser Konstantin IV., zugeordnet. Den Irrtum hat E. W. Brooks in seinem Beitrag »Who was Constantine Pogonatus?« in *Byzantinische Zeit-*

schrift, Band xvii (1908), Seiten 460 ff., aufgeklärt. Alle Kaiser dieser Zeit trugen Bärte; ein Blick auf die Münzen offenbart jedoch sofort Konstanz' starken Bartwuchs, der auch nach dem Maßstab des siebten Jahrhunderts besonders auffällig war.

7 Maximus war mehr noch als Papst Martin der führende Kopf der Opposition gegen *Ekthesis* und *Typos* gewesen. Er war sogar noch weiter gegangen, indem er gefordert hatte, der Kaiser habe sich als Laie in theologische Angelegenheiten überhaupt nicht einzumischen. Als Autor von neunzig großen Werken war er in vieler Hinsicht ein Vorläufer jener mittelalterlichen Kichenväter, die den Anspruch der Kirche gegenüber dem Staat in den kommenden Jahrhunderten aufrechterhielten.

8 Sie haben möglicherweise auch deshalb tatenlos zugesehen, weil sie seine wahren Absichten nicht kannten und sich im Glauben befanden, er breche nur zu einer ausgedehnten Reise in die Westprovinzen auf.

9 Gibbon, *Geschichte des Verfalles und Untergangs des römischen Weltreiches,* Kapitel 48, Seite 322.

10 Marcus Graecus, ein Historiker des zehnten Jahrhunderts, verrät das ungefähre Rezept wie folgt: »Man nehme reinen Schwefel, Weinstein, dann Sarcocolla (persisches Gummi), Pech, Salpeterlösung, Petroleum (das aus Lagern an der Erdoberfläche in Mesopotamien und im Kaukasus stammte) und Harz, koche dies zusammen auf, tränke dann ein Seil damit und zünde es an. Das Entflammte breitet sich aus und kann nur mit Urin, Essig oder Sand gelöscht werden.« Wenn dies zutraf, eröffnete sich daraus eine ganz neue Perspektive für die Brandbekämpfung.

11 Markian hatte 451 das Konzil von Chalkedon einberufen, auf dem der Monophysitismus zum ersten Mal verurteilt wurde (siehe Kapitel 7).

Kapitel 16

1 Das Gebiet unmittelbar nördlich von Armenien, zwischen dem Schwarzen und dem Kaspischen Meer.

2 Unter anderem wurden sie vom obligatorischen Militärdienst befreit, und sie blieben auch von den Verfolgungen des Bildersturms im achten Jahrhundert verschont.

3 Eine englische Übersetzung findet sich zum Beispiel im *Journal of Hellenic Studies,* Band XXXII (1912), Seiten 87–95.

4 Ostrogorsky, *Geschichte des byzantinischen Staates*, 2. Auflage, Seite 110.
5 Ein weiterer Kanon, an dem der Papst besonderen Anstoß nahm, war jener, der die beliebte Metapher von Christus als Lamm Gottes verbot. Sergius hatte eine besondere Vorliebe für dieses Bild und drückte sein Mißfallen dadurch aus, daß er der Messe das »Agnus Dei« hinzufügte.
6 *Liber Pontificalis*, I, 373–374.
7 Das Herausschneiden der Zunge scheint diesmal mehr symbolischen Charakter gehabt zu haben, denn soweit sich das beurteilen läßt, blieb Justinian sein Leben lang außergewöhnlich gesprächig. Die Verletzung seiner Nase führte jedoch zu einer bleibenden Entstellung: Er trug danach den Beinamen *Rhinometos* (»Schnittnase«).
8 Der Papst hatte den Ort gehaßt und sich bitter über die Lebensbedingungen beklagt. Er schrieb sogar an seine Freunde und bat sie, ihm Brot zu schicken, von dem, wie er meinte, man zwar spreche, das man aber nie sehe.
9 Ein Kind seiner ersten, jung verstorbenen Frau Eudokia.
10 Die Pointe liegt im Wortspiel: Der Löwe ist auf Leontios (lat. *leo)*, die Schlange (lat. *aspis)* auf Apsimar gemünzt.
11 Paulus Diaconus, *Historia Langobardorum*, VI, xxxii.
12 Dabei soll eine seltsame Methode angewandt worden sein: Man erhitzte eine große Silberschüssel, bis sie glühte, und goß darauf »den stärksten Essig« hinein. Dann wurde der Patriarch gezwungen, so lange direkt in die Schüssel zu blicken, bis sein Augenlicht vollkommen zerstört war (Agnellus, Seite 369).
13 Der nächste Besuch eines Oberhauptes der römisch-katholischen Kirche in Istanbul fand durch Papst Paul VI. am 25. Juli 1967 statt.

Kapitel 17

1 Die Verwirrung entstand aufgrund eines mißverständlichen Abschnitts bei Theophanes (Seite 21). Wer sich eingehender mit dieser Frage befassen will, sei auf den enorm gelehrten Aufsatz von K. Schenk verwiesen, »Kaiser Leons III. Walten im Innern« in *Byzantinische Zeitschrift*, Band V (1896), Seite 296 ff.
2 Amorium, einst eines der wichtigsten Bollwerke des Reiches, besteht heute nur noch aus ein paar Ruinen und den Überresten einer Verteidigungsmauer. Bisher wurden noch keine Ausgrabungen vorgenom-

men. Der Ort heißt heute Ergankale und befindet sich außerhalb des Dorfes Asarköy, etwa fünfundfünfzig Kilometer südwestlich von Sivrihisar.

3 Die Einzelheiten sind ungewiß, da der Wortlaut von Jezids Erlaß nicht überliefert ist. Es besteht jedoch kein Zweifel an den folgenden großangelegten Zerstörungen.

4 Prokop, *Bauten*, i, 10.

5 Im Küstengebiet der Lagune von Venedig fiel ihre Wahl auf einen gewissen Ursus oder Orso aus Heraklea, der an die Spitze der ehemaligen Themenadministration gestellt wurde und den Titel *Dux* erhielt. Dies war der Anfang der Republik Venedig. Der Titel, im venezianischen Dialekt Doge, wurde in den folgenden tausend Jahren an hundertsiebzehn Nachfolger weitergegeben, bis zum Ende der Republik im Jahre 1797.

6 Simeon Metaphrastes, der 808 nach früheren Berichten über Stephan, den Diakon der Hagia Sophia, dessen Lebensgeschichte schrieb.

7 Eine von Theophanes als *Chordapsus* bezeichnete Verstopfung, die ihn den Darminhalt erbrechen ließ. Die Gemeinde machte sich über seine mittelmäßigen Verdienste als Patriarch Gedanken und zog, wie gewöhnlich, ihre eigenen Schlüsse.

Kapitel 18

1 Zitiert nach C. Schönborn, Seite 191 f., in Wolmuth Josef (Hrsg.), *Streit um das Bild*, vgl. Bibliographie Seite 40 f.

2 Gibbon, *Geschichte des Verfalles und Untergangs des römischen Weltreiches*, Kapitel 49, Seite 1802.

3 E. J. Martin, *A History of the Iconoclastic Controversy*.

4 Vom griechischen Wort *moicheia* (»Ehebruch«) abgeleitet.

5 Dante, dieser standhafte Wahrer kaiserlicher Ansprüche, bedauert dies in der berühmten Passage:

»Weh Konstantin, wie großes Unheil zeugte
deine Bekehrung nicht, doch jene Schenkung,
die du dem ersten reichen Papst gemacht.«

(Dante, *Die göttliche Komödie. Inferno*, 19. Gesang, Verse 115 bis 117; zitiert nach der Übersetzung von Ida und Walther von Wartburg, Zürich 1963.)

Bibliographie

1. Originalquellen

Sammelwerke

Bibliothek der Kirchenväter. Eine Auswahl patristischer Werke in deutscher Übersetzung, hrsg. von Bardenhewer, Schermann, Weymann und Zellinger, 79 Bände, Kösel/Kempten, München 1869–1888 und 1911 ff. (BK).

Blockley, R. C., *The Fragmentary Classicising Historians of the Later Roman Empire,* mit englischen Übersetzungen, Band II, Liverpool 1983 (BFCH).

Corpus Scriptorum Ecclesiasticorum Latinorum, 57 Bände, Wien 1866 ff., nicht vollständig (CSEL).

Corpus Scriptorum Historiae Byzantinae, Bonn 1828 ff., nicht vollständig (CSHB).

Cousin, L., *Histoire de Constantinople,* französische Übersetzungen, 8 Bände, Paris 1685 (CHC).

Hoare, F. R., *The Western Fathers,* mit englischen Übersetzungen, London 1954 (HWF).

Migne, J. P., *Patrologia Graeca,* 161 Bände, Paris 1857–1866 (MPG).

Ders., *Patrologia Latina,* 221 Bände, Paris 1844–1855 (MPL).

Monumenta Germaniae Historica, hrsg. von G. H. Pertz, T. Mommsen u. a., Hannover 1826 ff., wird fortgeführt (MGH).

Muller, C. I. T., *Fragmenta Historicorum Graecorum,* 5 Bände, Paris 1841–1883 (MFGH).

Muratori, L. A., *Rerum Italicarum Scriptores,* 25 Bände, Mailand 1723 bis 1751 (MRIS).

Library of the Nicene and Post-Nicene Fathers, 2. Serie, 14 Bände, mit Übersetzungen, Oxford 1890–1900 (NPNF).

Einzelne Autoren

Agathias aus Myrina, *The Histories* (Geschichten), ins Engl. übers. und hrsg. von J. D. Frendo, Berlin 1975.

Agnellus von Ravenna, *De Sancto Felice,* in *Liber Pontificalis Ecclesiae Ravennatis,* hrsg. von O. Holder-Egger. In MGH, *Scriptores Rerum Langobardicarum et Italicarum, saec. VI–IX,* Hannover 1878.

Al-Baladuri, *Kitab Futuh al-Buldan,* deutsch erschienen unter dem Titel *El-Beladori's »Kitab futuh el-buldan (Buch der Eroberung der Länder),* O. Rescher, Leipzig 1917; engl. Fassung *The Origins of the Islamic State,* übers. von P. K. Hitti und F. C. Murgotten, New York 1916 und 1924.

Ambrosius, *Opera,* in CSEL, Band 73, 10 Teile, Wien 1955–1964.

Ammianus Marcellinus, *Rerum Gestarum Libri,* hrsg. von V. Gardthausen, 2 Bände, Leipzig 1874–1875; Ders., *Das römische Weltreich vor dem Untergang,* übers. von Otto Veh, in *Die Bibliothek der Alten Welt. Römische Reihe,* Zürich und München 1974.

Anastasius Bibliothecarius. In MPL, Band 80; MPG, Band 108.

Anonymos Valesii; wird in der Regel unter Ammianus Marcellinus geführt, siehe dort.

Aurelius Victor, *De Caesaribus,* hrsg. von F. Pichlmayr und R. Gruendal, Leipzig 1966.

Candidus, der Isaurier, *Historia,* in BFCH.

Georgius Cedrenus. In CSHB, auch MPG, Bände 121 und 122.

Chronicon Paschale (»Osterchronik«). In MPG, Band 92.

Claudian, *Carmina,* hrsg. von T. Birt, in MGH, Band 10.

Corippus, *De Laudibus Justini Augusti Minoris.* In MGH, *Auctores Antiquissimi,* III, ii.

Eunapius, *Historia,* übers. in BFCH.

Eusebius von Caesarea, *Kirchengeschichte,* übers. von Ph. Haeuser (1932), hrsg. von H. Kraft, München 1967; auch in BK.

Ders., *Des Eusebius Pamphili vier Bücher über das Leben des Kaisers Konstantin und des Kaisers Konstantin Rede an die Versammlung der Heiligen,* aus dem Griechischen von P. J. M. Pfättisch, München 1913, in BK, Band 9.

Eutropius, *Breviarium ab Urbe Condita,* hrsg. von F. Ruehl, Leipzig 1887; engl. Übers. von J. S. Watson, London 1890.

Evagrius. In MFHG, Band 5.

Georg von Pisidia, *Herakleios-Lied, Der persische Feldzug und der Awaren-Krieg,* in CSHB, Band 19; auch in MPH, Band 92.

Germanos der Patriarch, *Briefe,* in MPG, Band 98, 156 ff.

Gregor von Nazianz, *Des heiligen Bischofs Gregor von Nazianz Reden (Orationes),* aus dem Griechischen übers. und mit einer Einleitung versehen von Ph. Haeuser, München u. a. 1928, in BK, Band 59.

Hieronymus (Hl.), *Lettres* (Briefe), übertr. von J. Labourt, 8 Bände, Paris 1951–1963.

Johannes Antiochenos. In MFHG, Bände 4 und 5.

Johannes Chrysostomos, *Opera,* frz. von Abbé Joly, 8 Bände, Paris 1864 bis 1867; *Des hl. Kirchenlehrers Johannes Chrysostomos Predigten und kleine Schriften,* aus dem Griechischen übers.; hrsg. von Joh. Andre Cramer ... verbess. von Vital Moesl, Bände 2–9, Augsburg und Innsbruck 1772; Augsburg 1776.

Johannes Damaskenos, *Orationes,* in MPG, Band 94, 1232 ff.

Johannes von Ephesos, *Ecclesiastical History* (Kirchengeschichte), Teil III, hrsg. und ins Englische übers. von R. P. Smith, Oxford 1860.

Johannes Lydos, *Über die Ämter des römischen Staates,* engl. unter dem Titel *On Powers or The Magistracies of the Roman State,* Philadelphia 1983.

Johannes Malalas. In MPG, Band 97.

Johannes Zonaras, *Annales,* ex rec. M. Pindari; in CSHB und MPG, 134 bis 135.

Jordanes (Jornandes). In MRIS, Band 1.

Julian (Kaiser), *Opera* (Werke), engl. von W. C. Wright, 3 Bände, London 1913.

Justinianus, *Digesta Iustiniani Augusti,* Textausgabe von Th. Mommsen mit Hilfe von P. Krueger, Berlin 1870. Neuausgabe unter dem Titel *The Digest of Justinian,* ins Englische übersetzt von Alan Watson, Philadelphia, Pa., 1985.

Konstantinos VII. Porphyrogennetos, *De Administrando Imperio,* griech. Text mit engl. Übertragung von R. J. H. Jenkins, Washington 1969.

Kommentar zu Konstantinos VII. Porphyrogennetos von R. H. J. Jenkins, London 1962.

Laktanz, *Von den Todesarten der Verfolger,* in deutscher Übertragung unter dem Titel *Des Luc. Cael. Firm. Lactantius Schriften,* München 1919.

Leo Grammaticus, *Lives of the Emperors (813–948)* (Lebensläufe der Herrscher von 813 bis 948), in CHC, Band III.

Libanios, *Epistolae. Orationes,* ins Deutsche übers. in BK, Band 24, 1903; ders., *Selected Works* (Ausgewählte Werke), ins Engl. übers. von

A. F. Norman, 2 Bände, London und Cambridge, Mass., 1969 und 1977.

Liber Pontificalis. De Gestis Romanorum Pontificum, Text, Einf. und Kommentar von L. Duchesne, 2 Bände, Paris 1886–1892, Neuausgabe Paris 1955.

Martin I. (Papst), *Letters* (Briefe), in MPL, Band 87.

Menander Protector, *Embassies,* in CHC, Band III.

Nikephoros, *Opuscula Historica (602–770),* hrsg. von C. de Boor, Leipzig 1880, frz. Übertragung in CHC, Band III.

Olympiodoros, *History* (Geschichte), in BFCH.

Paulos Silentiarios, »Beschreibung der Hagia Sophia«, in Prokop, *Werke,* Band 5: *Bauten,* griechisch-deutsch, hrsg. von Otto Veh, München 1977.

Paulus Diaconus, *Historia Langobardorum,* in MGH, *Scriptores,* Bände ii, xiii, engl. Übertragung von W. C. Foulke, Philadelphia 1905.

Paulinus, *Life of Ambrose* (Leben des heiligen Ambrosius), in HWF.

Philostorgos, *Historia Ecclesiae,* In MPG, Band 65, zum Teil ins Engl. übers. von E. Walford, London 1851.

Priscus, *Historia,* übertr. in BFCH.

Prokop, *Werke,* griechisch-deutsch, hrsg. von Otto Veh, 5 Bände: *Anekdota, Gotenkriege, Perserkriege, Vandalenkriege, Bauten,* München 1961–1977; *Procopii Caesariensis opera omnia,* hrsg. von J. Haury, 4 Bände, Leipzig 1905–1913; davon Neuausgabe von G. Wirth, Leipzig 1962–1964.

Prokop, Anekdota (»Geheimgeschichte«); Theodoret: übers. von Unbekannt.

Rufinus Tyrannius, *Ecclesiastical History* (Kirchengeschichte), übers. in NPNF, Band 3.

Sebeos (Bischof), *Histoire d'Héraclius* (Geschichte von Herakleios), übers. und hrsg. von F. Macler, Paris 1904.

Sidonius Apollinaris, *Poems and Letters* (Gedichte und Briefe), übers. von W. C. Anderson, 2 Bände, London 1936.

Sokrates Scholastikos, *Ecclesiastical History* (Kirchengeschichte), übers. in NPNF, Band 2.

Sozomenos, *Ecclesiastical History* (Kirchengeschichte), übers. von Unbek., in NPNF, Band 2.

Theodoret, *History of the Church* (Geschichte der Kirche), übers. von Unbek., London 1854.

Theophanes Confessor, *Bilderstreit und Arabersturm in Byzanz. Das 8. Jh. (717–813) aus der Weltchronik des Theophanes,* übers., eingeleitet

und erklärt von Leopold Breyer, in *Byzantinische Geschichtsschreiber,* hrsg. von Endre Ivánka, Band 6, Graz u. a. 1957.
Ders., *Chronographia,* hrsg. von C. de Boor, 2 Bände, Leipzig 1883 (Neuausgabe Hildesheim 1963).
Theophylaktos Simokattes, *Geschichte,* in *Bibliothek der griechischen Literatur,* hrsg. von P. Wirth und W. Gessel, Band 20, übers. und erläutert von P. Schreiner, Stuttgart 1985.
Zosimos (Panopolitanus), *Historia,* mit Übers. ins Lateinische hrsg. von J. F. Reitemeyer, Leipzig 1784.

2. *Neuere Literatur*

Alfoldi, A., *The Conversion of Constantine and Pagan Rome,* Oxford 1948.
Andreotti, R., *Il Regno dell'Imperatore Giugliano,* Bologna 1936.
Baynes, N. H., *Byzantine Studies and Other Essays,* London 1955.
Baynes, N. H., und Moss, H. (Hrsg.), *Byzantium: an Introduction to East Roman Civilisation,* Oxford 1948.
Beck, H. G., *Studien zur Frühgeschichte Konstantinopels,* München 1973.
Bidez, J., *La Vie de L'Empereur Julien,* Paris 1930.
Bowersock, G. W., *Julian the Apostate,* London 1978.
Browning, R., *Justinian und Theodora,* Bergisch Gladbach 1981.
Ders., *Byzanz. Roms goldene Tochter,* Bergisch Gladbach 1982.
Ders., *The Emperor Julian,* London 1975.
Burckhardt, C. J., *Die Zeit Konstantins des Großen,* Basel 1853.
Bury, J. B., *A History of the Later Roman Empire (395–800 A. D.),* 2 Bände, London 1889.
Butler, A. J., *The Arab Conquest of Egypt and the Last Thirty Years of Roman Dominion,* Oxford 1902.
Byron, R., *The Byzantine Achivement,* London 1929.
Caetani, G. C., *Annali dell'Islam,* Bände I–VIII, Mailand 1905–1918.
Cambridge Medieval History, besond. Band IV, *The Byzantine Empire, 717–1453,* neu hrsg. von J. M. Hussey, 2 Bände, Cambridge 1966 bis 1967.
Charlesworth, M. P., *The Roman Empire,* Oxford 1951.
Cobham, C. D., *The Patriarch of Constantinople,* Cambridge 1911.
Delehaye, H., *Les Saints Stylites,* Brüssel und Paris 1923.
Dictionnaire d'Histoire et de Géographie Ecclésiastiques, hrsg. von A. Baudrillat, R. Aubert u. a., Paris 1912 ff. (wird fortgeführt).

Dictionnaire de Théologie Catholique, 15 Bände in 30, Paris 1909–1950 (mit Suppl.)

Diehl, C., *L'Afrique Byzantine,* 2 Bände, Paris 1896.

Ders., *Figures Byzantines,* 2 Teile, Paris 1906 und 1913.

Ders., *Histoire de l'Empire Byzantin,* Paris 1918.

Ders., *Choses et Gens de Byzance,* Paris 1926.

Downey, G., *Constantinople in the Age of Justinian,* University of Oklahoma 1960.

Drapeyron, L., *L'Empereur Héraclius et l'Empire Byzantin,* Paris 1869.

Ducellier, A., *Byzanz. Das Reich und die Stadt,* Frankfurt a. M. 1990.

Dudden, F. H., *The Life and Times of St Ambrose,* 2 Bände, Oxford 1935.

Dunlop, D. M., *The History of the Jewish Khazars,* Princeton 1954.

Ebersolt, J., *Le Grand Palais de Constantinople et le Livre des Cérémonies,* Paris 1910.5

Enciclopedia Italiana, 36 Bände, 1929–1939 (mit späteren Nachträgen).

Encyclopedia Britannica (11th Ed.), 29 Bände, Cambridge 1910–1911, sowie (15. Ed.) 30 Bände, University of Chicago 1974.

Finlay, G., *History of Greece, BC 146 to AD 1864,* neu hrsg. von H. F. Tozer, 1877, 8 Bände.

Firth, J. B., *Constantine the Great,* New York 1905.

Fischer Weltgeschichte, Band 9, *Die Verwandlung der Mittelmeerwelt,* hrsg. von F. G. Maier, Frankfurt a.M. 1992.

Fischer Weltgeschichte, Band 13, *Byzanz,* hrsg. von F. G. Maier, Frankfurt a.M. 1973.

Fischer Weltgeschichte, Band 19, *Zentralasien,* hrsg. von G. Hambly, Frankfurt a.M. 1966.

Fisher, H. A. L., *A History of Europe,* London 1935.

Fliche, A., und Martin, V., *Histoire de l'Eglise, depuis les Origines jusqu'à nos Jours,* Paris 1934.

Freely J., und Sumner-Boyd, H., *Istanbul. Ein Führer,* Übers. und dt. Bearbeitung von Wolf-Dieter Bach, München 1975.

French, R. M., *The Eastern Orthodox Church,* London und New York 1951.

Gardner, A., *Julian, Emperor and Philosopher, and the Last Struggle of Paganism against Christianity,* London 1895.

Ders., *Theodore of Studium,* London 1905.

Gibbon, E., *The History of the Decline and Fall of the Roman Empire,* 7

Bände, hrsg. von J. B. Bury, London 1896; deutsch *Die Geschichte des Verfalles und Untergangs des römischen Weltreiches, nebst einer biographischen Skizze über den Verfasser,* hrsg. von Johann Sporschil, Leipzig 1843, 2. Aufl.

Gordon, C. D., *The Age of Attila,* Übersetzungen zeitgenössischer Quellen, University of Michigan 1966.

Grant, M., *Der Untergang des römischen Reiches,* Bergisch Gladbach 1976.

Grosvenor, E. A., *Constantinople,* 2 Bände, Boston 1895.

Gwatkin, H. M., *Eusebius of Caesarea,* London 1896.

Harnack, A., *Dogmengeschichte,* Tübingen 1931

Head, C., *Justinian II of Byzantium,* University of Wisconsin Press 1972.

Hefele, C. J. von, *Conciliengeschichte I bis IV,* Freiburg i.Br. 1855 bis 1860

Hill, Sir George, *A History of Cyprus,* 3 Bände, Cambridge 1913.

Hitti, P. K., *History of the Arabs,* New York 1951, 3. Auflage.

Hodgkin, T., *Italy and her Invaders,* 8 Bände, 1880–1899.

Holmes, W. G., *The Age of Justinian and Theodora,* 2 Bände, London 1907.

Hussey, J. M., *The Byzantine World,* London und New York 1957.

Janin, R., *Constantinople Byzantine,* Paris 1950.

Jenkins, R., *Byzantium: The Imperial Centuries, AD 610–1071,* London 1966.

Jones, A. H. M., *Constantine and the Conversion of Europe,* London 1948.

Kähler, H., *Die Hagia Sophia,* Berlin 1967.

Krautheimer, R., *Early Christian and Byzantine Architecture* (Pelican History of Art), London 1965.

Lethaby, W. R., und Swainson, H., *The Church of Sancta Sophia, Constantinople: a Study of Byzantine Building,* London 1894.

Maclagan, M., *The City of Constantinople,* London 1968.

Macmullen, R., *Constantine,* London 1970.

Mainstone, R. J., *Hagia Sophia: Architecture, Structure and Liturgy of Justinian's Great Church,* London 1988.

Mann, H. K., *The Lives of the Popes in the Middle Ages,* 18 Bände, London 1902–1932.

Marin, E., *Les Moines de Constantinople,* Paris 1897.

Martin, E. J., *A History of the Iconoclastic Controversy,* London 1930.

Milman, H. H., *The History of Christianity from the Birth of Christ to the*

Abolition of Paganism in the Roman Empire, 3 Bände, rev. Auflage 1867.

Neander, A., *Allgemeine Geschichte der christlichen Religion und Kirche,* 6 Bände, Hamburg 1825–1852.

New Catholic Encyclopedia, Washington 1967.

Ockley, S., *History of the Saracens,* 4. Aufl., London 1847.

Oman, C. W. C., *The Byzantine Empire,* London 1897.

Ostrogorsky, Georg, *Geschichte des byzantinischen Staates,* in *Byzantinisches Handbuch,* Teil I, Band 2, München 1963.

Perowne, S., *The End of the Roman World,* London 1966.

Ridley, F. A., *Julian the Apostate and the Rise of Christianity,* London 1937.

Rubin, B., *Das Zeitalter Justinians,* Berlin 1960.

Runciman, S., *A History of the First Bulgarian Empire,* London 1930.

Schreiner, Peter: *Byzanz,* Band 22, *Oldenbourg, Grundriß der Geschichte,* hrsg. v. Jochen Bleicken, Lothar Gall, Hermann Jakobs, München 1986.

Setton, K. M., *The Byzantine Background to the Italian Renaissance,* Proceedings of the American Philosophical Society, Band 100, Nr. 1 (Februar 1956).

Smith, J. H., *Constantine the Great,* London 1971.

Smith, W., und Wace, H., *Dictionary of Christian Biography,* 4 Bände, London 1877–1887.

Stein, E., *Histoire du Bas-Empire, II: de la Disparition de l'Empire de L'Occident à la Mort de Justinien (476–565),* Paris und Brüssel 1949.

Swift, E. A., *Hagia Sophia,* New York 1940.

Sykes, Sir Percy, *A History of Persia,* 2 Bände, 3. Aufl., London 1930.

Talbot Rice, D., *Byzantinische Kunst,* München 1964.

Talbot Rice, D., und Hirmer, M., *Kunst aus Byzanz,* München 1959.

Thompson, E. A., *A History of Attila and the Huns,* London 1938.

Van der Meer, F., *Atlas of the Western Civilisation,* übers. von T. A. Birrell, Amsterdam 1954.

Van der Meer, F., und Mohrmann, C., *Atlas of the Early Christian World,* übers. von M. F. Hedlund und H. H. Rowley, London 1958.

Vasiliev, A. A., *The Goths in the Crimea,* Cambridge, Mass., 1936.

Ders., *Justin the First: an Introduction to the Epoch of Justinian the Great,* Cambridge, Mass., 1950.

Ders., *History of the Byzantine Empire, 324–1453,* Madison, Wisc., 1952.

Vogt, J., *Der Niedergang Roms. Metamorphose der antiken Kultur,* Zürich 1965

Wohlmuth, J. (Hrsg.), *Streit um das Bild, Das Zweite Konzil von Nizäa (787) in ökumenischer Perspektive,* in *Studium Universale,* Schriftenreihe der Universität Bonn, Band 9, Bonn 1989.

3. Literarische Umsetzungen

Dahn, Felix, *Der Kampf um Rom,* Wien 1977.

Ders., *Julian der Abtrünnige,* Wien 1977.

Ders., *Gelimer,* Wien 1977.

Ders., *Attila,* Wien 1977.

Vidal, Gore, *Julian,* Köln 1965.

Personen- und Ortsregister